Architekturführer Hamburg

Ralf Lange

Architekturführer Hamburg

Edition Axel Menges

ISBN 3-930698-58-7

Lektorat: Nora Krehl-von Mühlendahl
Layout: Helga Danz

Printed in Spain.

Inhalt

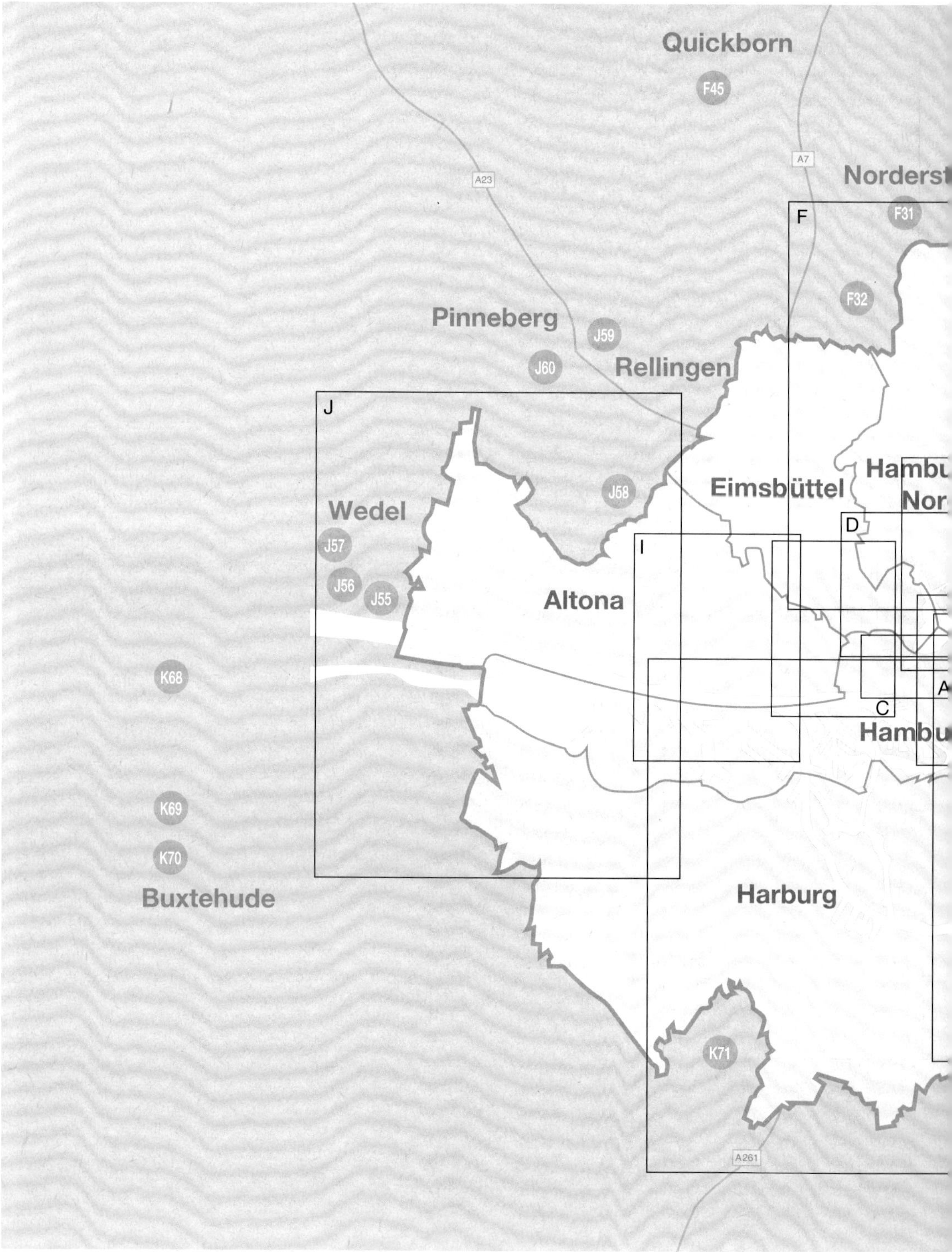

Quickborn
F45
A7
A23
Norderst
F
F31
F32
Pinneberg
J59
J60
Rellingen
J
Hambu
Nor
Eimsbüttel
J58
Wedel
J57
D
I
J56
J55
Altona
K68
A
C
Hambu
K69
K70
Buxtehude
Harburg
K71
A261

H46
H44
H43
Ahrensburg
H45
H47
A1
Wandsbek
H
A24
E
Friedrichsruh
M53
M52
Mitte
Reinbek
B
G
M50
M49
M45-M48
M43
M51
Aumühle
M42
M44
M41
Bergedorf
L
K
M

Einführung

Hamburg ist eine vielfältige Stadt

Vorab ein Wort zum Gebrauch dieses Architekturführers. Den Leser erwarten 13 Stadtrundgänge bzw. -rundfahrten, die die aktuelle und historische Baukultur Hamburgs und seines Umlands erschließen, dabei aber auch immer wieder Fingerzeige auf soziale, ökologische und städtebauliche Probleme bieten. Die Auswahl der Kartenausschnitte mag auf den ersten Blick irritieren. Das übliche System, Stadträume über Verwaltungsgrenzen zu definieren, wurde hier beherzt beiseite gelassen zugunsten historisch gewachsener räumlicher Zusammenhänge und Verflechtungen. Der Stadtstaat Hamburg setzt sich seit dem Groß-Hamburg-Gesetz von 1937 aus einer Vielzahl ehemals selbständiger preußischer Gemeinden zusammen wie den Großstädten Altona und Harburg-Wilhelmsburg oder der Mittelstadt Wandsbek. Dieser regionalen Besonderheit wird die Grobeinteilung Hamburgs in die sieben Bezirke Eimsbüttel, Altona, Mitte, Nord, Wandsbek, Bergedorf und Harburg jedoch ebenso wenig gerecht wie die bisweilen völlig willkürlichen Grenzziehungen zwischen einzelnen Stadtteilen wie Altona und St. Pauli oder die zwischen Hamburg und seinem Umland.

Selbstverständlich läßt sich keine der vorgeschlagenen 13 Touren in einem Stück bewältigen. Suchen Sie sich einzelne Abschnitte aus, die möglichst unterschiedliche, nicht zuletzt auch landschaftlich reizvolle Bereiche zu einem Rundgang integrieren, z. B. den Weg vom gründerzeitlichen Industriequartier Ottensen durch den Villenvorort Othmarschen zum malerischen Fischer- und Lotsendorf Övelgönne am Elbufer (Nr. I 1 bis Nr. I 40)! Oder setzen Sie thematische Schwerpunkte, z. B. mit den Großsiedlungen und dem Städtebau der Schumacher-Ära in Winterhude und Barmbek (Nr. E 32 bis E 66)! Und falls Sie nur wenig Zeit für einen Hamburg-Besuch haben, die Sie vor allem zur Information über die aktuelle Entwicklung in der Innenstadt nutzen möchten: Starten Sie an den Alsterarkaden (Nr. A 74) und erkunden Sie das Passagenviertel zwischen Neuem Wall und Gänsemarkt. Dann setzen Sie Ihren Rundgang jedoch nicht mit dem Finanzamt von Fritz Schumacher fort (Nr. A 94), sondern mit dem Deutsch-Japanischen Zentrum (Nr. A 135), von wo aus der Weg über die Fleetinsel zu dem spektakulären Verlagsgebäude von Gruner & Jahr (Nr. A 145.1) und schließlich zum Hanseatic Trade Center im Westen der Speicherstadt führt (Nr. K 1.3).

Hamburg ist eine attraktive Stadt

Gerade unter Architekturinteressierten hat es sich mittlerweile herumgesprochen: Hamburg ist eine attraktive Stadt. Ausgedehnte Villen- und Landhausviertel und die geschlossene Bebauung der Vorkriegsjahre fügen sich mit den zahlreichen Wasserläufen, Parks und Grünanlagen zu einem unverwechselbaren Ganzen von außergewöhnlichem Reiz. Dabei ist es noch gar nicht lange her, daß sich Hamburg als das häßliche Entlein unter den europäischen Metropolen empfand: in seiner ökonomischen Entfaltung durch die Randlage im westeuropäischen Wirtschaftsraum behindert, architektonisch und städtebaulich in weiten Bereichen von eher provinziellem Zuschnitt und kulturell bis auf das renommierte Schauspielhaus so aufregend wie Nürnberg oder Krefeld. Der Michel, die Davidwache, das Chilehaus, dazu eine feine Prise Pöseldorf (vgl. Nr. D 42.4) und ein kräftiger Schlag Hafenschmer und am Sonntagmorgen natürlich der obligatorische Fischmarkt-Besuch (nach einem wohl eher ernüchternden Reeperbahn-Bummel) – sehr viel mehr schien die Hansestadt ihren Gästen nicht zu bieten zu haben.

Aber Hans Christian Andersens poetisches Märchen hat auch eine überraschende Pointe: Aus dem häßlichen Entlein wurde fast über Nacht der stolze Schwan. Der wirtschaftliche und politische Wandel im ehemaligen Ostblock hat aus Hamburg in den letzten Jahren unversehens eine Boom-Town gemacht, die mittlerweile auch (bau-)kulturell kräftige Akzente setzt. Und plötzlich fragt man sich, warum man das nicht schon früher alles mit offenen Augen gesehen hat: den überwältigenden Reichtum an bürgerlicher Wohnkultur, die lebendigen Gründerzeitviertel mit ihren attraktiven Hinterhoffabriken, die Türmchen und Giebel der neogotischen Speicherstadt, nicht zuletzt die weltstädtischen Kontorhäuser und die Klinkerquartiere der Weimarer Republik. Doch wer, außer einigen intimen Kennern, kannte das denn auch schon alles, geschweige denn, daß er es überhaupt gewürdigt hätte? Hamburg hatte schon vor dem Ersten Weltkrieg eine moderne Cityarchitektur von europäischem Rang herausgebildet (vgl. Nr. A 58). Nach 1918 setzte die Hansestadt vor allem im Massenwohnungsbau Maßstäbe (vgl. z. B. Nr. E 45, E 61 oder G 1). Nimmt man jedoch die Standardwerke der internationalen Baugeschichte zur Hand, merkt man schnell, daß hier deutliche Lücken klaffen. Und auch einzelne Persönlichkeiten wie Fritz Schumacher, Gustav Oelsner oder Karl Schneider hätten wohl mehr verdient als nur eine Fußnote in der Literatur zur Architektur des zwanzigsten Jahrhunderts.

Hamburg ist ein Gesamtkunstwerk

Hamburg war es mehrmals in seiner Geschichte vergönnt, zu den bedeutendsten Stadtkunstwerken zu zählen (auch wenn dies den Zeitgenossen wohl nicht immer bewußt war). Noch vor 160 Jahren erstreckte sich innerhalb des Wallrings eine intakte Barockstadt, deren pittoreske Gestalt ihresgleichen suchte. An einzelnen Bauwerken hatte die Hansestadt dagegen über Jahrhunderte wenig Überragendes hervorgebracht. Vor allem das tradierte Schema der Dielenhäuser (vgl. Nr. A 32.4 und A 36) und das enge Geflecht der kleinstädtischen Gassen und Plätze setzten dem gestalterischen Impetus der Hamburger Architekten lange Zeit enge Grenzen. Welche visionäre architektonische Kraft hier gerade im 18. Jahrhundert brach lag, läßt schon allein die berühmte St.-Michaelis-Kirche von Johann Leonhard Prey und Ernst Georg Sonnin erahnen (vgl. Nr. A 142): ein Hauptwerk des protestantischen Sakralbaus, das sich mit der Dresdner Frauenkirche von George Bähr messen kann, aber eben gerade nicht für eine Residenz geschaffen wurde, sondern für eine ansonsten eher genügsame Bürgerstadt. So bedurfte es in Hamburg denn auch immer wieder neuer Anstrengungen, um das Bauen auf eine Höhe zu bringen, die auch überregionale Vergleiche nicht zu scheuen brauchte, wie die klassizistischen Landhäuser von Christian Frederik Hansen oder die Entwürfe von Alexis de Chateauneuf.

Weite Bereiche dieser beschaulichen Kaufmannsstadt sind in der Brandkatastrophe vom Mai 1842 untergegangen. Das neue Hamburg des Wiederaufbaus in den 1840er Jahren – das »Kunstwerk Hamburg« (Fritz Schumacher) – war trotz seiner repräsentativen Schauseite zur Binnenalster weitaus nüchterner und zeigte bereits deutlich großstädtische Züge. Aber selbst nachdem sich 1861 endlich die Stadttore geöffnet hatten, blieb die Stadt noch für lange Zeit in den verdichteten Kernbereich der Innenstadt und der Vorstädte St. Pauli und St. Georg sowie eine aufgelockerte, an der Außenalster fast parkartige Peripherie geschieden, in der die ersten Villen und Stadthäuser entstanden. Anders dagegen die Situation ab den 1880er Jahren. Nun expandierte die Stadt mit Macht in ihre Außenbezirke; die ersten Nachbrandgebäude z. B. am Jungfernstieg wurden abgerissen und durch maßstabsprengende Neubauten ersetzt. Man kann sich Hamburg um 1900 durchaus als häßliche Stadt vorstellen mit kahlen Brandmauern in den noch nicht fertiggestellten Spekulationsvierteln, verwahrlosten Innenstadtquartieren und breiten Schneisen, die die ersten Sanierungen nach der Cholerepidemie von 1892 in die historischen Fachwerkviertel geschlagen hatten.

Es ist im wesentlichen das Verdienst Fritz Schumachers, 1909 zum Leiter des öffentlichen Hochbauwesens und 1923 zum Oberbaudirektor ernannt, dieser aufstrebenden Metropole baukünstlerisch wieder einen unverwechselbaren Charakter verliehen zu haben. Schumachers simples Geheimnis war die Favorisierung des vermeintlich ortstypischen Backsteins, insbesondere des Klinkers, gepaart mit einer traditionalistischen, in der Weimarer Republik gemäßigt modernen Architektursprache. Dabei konnte Schumacher auf die Mitarbeit und das Engagement einer Reihe Hamburger Architekten zählen, die zugleich als Wegbereiter und kongeniale Übersetzer seiner Ideen fungierten, wie Carl Gustav Bensel, Block & Hochfeld, Distel & Grubitz, Erich Elingius, Paul A. R. Frank, Hans und Oskar Gerson, Henry Grell, Fritz Höger, Friedrich R. Ostermeyer oder Karl Schneider, um nur die bedeutendsten zu nennen.

Hamburg ist nicht nur Klinker

Im Feuersturm der Luftangriffe von 1943 wurde dieses Schumachersche Gesamtkunstwerk der sensibel modellierten Großstadtlandschaft mit ihren Klinkersiedlungen und den geschickt korrigierten oder, wie Schumacher es selber nannte, »retuschierten« kaiserzeitlichen Mietskasernen- und Kontorhausvierteln zerstört. Es zeugt von der Hochachtung, die Schumacher und sein Altonaer Kollege, Bausenator Gustav Oelsner, auch in der Nachkriegszeit genossen, daß ihre ausgebrannten Siedlungen und öffentlichen Gebäude schon bald rekonstruiert wurden. Ansonsten hat das Erbe beider im Hamburger Wiederaufbau aber nur wenige Spuren hinterlassen. Die Stadtplanung verkümmerte unter Oberbaudirektor Werner Hebebrand (1952–64) zu einem abstrakten Beziehungsgeflecht von Entwicklungsachsen und Bebauungs- und Besiedlungsdichten. Stadtgestalterische Aspekte wurden sträflich vernachlässigt. Erst die Kritik der 60er und 70er Jahre machte auch in Hamburg wieder deutlich, daß das städtische Ganze mehr ist als nur die Summe seiner einzelnen Teile, und seien diese auch noch so sorgfältig konzipiert. Eine gesamtstädtische Vision fehlte, wie sie Fritz Schumacher in dem knappen Vierteljahrhundert seiner Amtszeit so überzeugend vertreten hatte.

Die Antwort schien um 1980 wieder in einem traditionsverhafteten Bauen mit rotem Verblendmauerwerk zu liegen. Heute, nach anderthalb Jahrzehnten dieser Entwicklung, wird allerdings deutlich, daß auch traditionelle Baumaterialien und geschlossene Blockränder keine zwingenden Garanten für urbane architektonische Qualitäten sind, wie das monofunktionale Büroviertel City Süd belegt (vgl. Nr. B 31 ff.). Dafür wurde immer wieder die Experimentierfreude jüngerer, noch nicht arrivierter Architekten beschnitten, die bei Wettbewerben zu scheitern drohten, wenn sie sich mit ihren Entwürfen nicht in das Prokrustesbett der mittlerweile auch von den Investoren verlangten Backsteinarchitektur zwängten. So erwehrt sich Oberbaudirektor Egbert Kossak denn auch längst selber der Geister, die er rief, und engagiert sich für kreative, aber noch unbekannte Kollegen (vgl. Nr. D 12) oder internationale Büros (vgl. Nr. C 42). Die Diskussion ist in Hamburg zu Beginn der 90er Jahre also wieder komplizierter geworden. Die Patentrezepte des vergangenen Jahrzehnts haben sich erschöpft, von den neuen Herausforderungen wie der sozialen Erosion der Gesellschaft, der Umweltzerstörung oder der anonymen Macht internationaler Investorenkonsortien ganz zu schweigen.

A Altstadt und Neustadt

Die Keimzelle der heutigen Weltstadt Hamburg – die Hammaburg – lag südlich der St.-Petri-Kirche. Hier befand sich bereits im 7. und 8. Jahrhundert eine sächsische Burg, die vermutlich um 804 zerstört und um 810 als Ringwall von 120 m Durchmesser wieder aufgebaut wurde, der eine kleine Kirche schützte – eine der Vorläuferinnen der bis zum 13. Jahrhundert mehrfach erneuerten Domkirche St. Marien des 831 gegründeten Bistums Hamburg (später Erzbistum Hamburg-Bremen). Heute befindet sich an dieser Stelle allerdings nur noch ein Parkplatz, seitdem der Dom 1804 bis 1807 abgebrochen wurde und auch das an seiner Stelle errichtete Johanneum 1943 einem Bombenangriff zum Opfer fiel. Das einzige noch erhaltene Zeugnis der bischöflichen Altstadt stellt das 1962 östlich von St. Petri freigelegte Findlingsfundament eines Wohnturms dar, der wohl durch Erzbischof Bezelin Alebrand (1035–43) errichtet wurde.

1186/87 gründete Graf Adolf III. von Schauenburg anstelle der Neuen Burg (um 1060) in der Kurve des heutigen Nikolaifleets die Neustadt als Kaufmannssiedlung und erwirkte hierfür 1189 angeblich bedeutende Zollprivilegien von Kaiser Friedrich Barbarossa. In der ersten Hälfte des 13. Jahrhunderts erlebte Hamburg daraufhin einen starken Entwicklungsschub, der auch nicht gebremst wurde, als die Stadt von 1201 bis 1225 unter dänische Herrschaft geriet und bischöfliche Altstadt und gräfliche Neustadt vereinigt wurden: Die Marschgebiete der heutigen Altstadt wurden eingedeicht und mit Gräben entwässert sowie die Alster mit einem Mühlendamm, dem heutigen Jungfernstieg, aufgestaut (um 1235). Außerdem erhielt Hamburg um 1230 eine Stadtmauer – um 1260 um das Kirchspiel St. Jacobi erweitert –, deren Verlauf bis in das 16. Jahrhundert hinein die Ausdehnung des Stadtgebiets vorgab.

Über die Baukultur Hamburgs im Mittelalter ist wenig bekannt. Selbst von den vier Hauptkirchen der Altstadt, die um 1250 bereits bestanden, sind zwei bei der Brandkatastrophe von 1842 zerstört worden. Über Jahrhunderte trug die Stadt wohl eher dörfliche als urbane Züge. Wie sich für Lübeck nachweisen läßt, bildete sich vermutlich erst in der Mitte des 13. Jahrhunderts ein typisch städtischer Haustyp heraus, d. h. das giebelständige und mit den Traufseiten unmittelbar an die Nachbargebäude gefügte Dielenhaus, dessen hohe Diele als Verkaufs- und Packraum des Kaufmanns bzw. in den in Hamburg häufigen Brauereien als Sudort diente. Lagen die Häuser ursprünglich hinter dem Deich, so wurde mit dem zunehmendem Stadtwachstum ab dem 15. Jahrhundert auch das knapp bemessene Vorland der Deiche mit Häusern bebaut, die die Wohnräume und den Speicher unter einem Dach vereinigten (vgl. Nr. A 32.4 und A 36).

War Hamburg im Mittelalter das »Brauhaus« der Hanse gewesen, so gewann ab der zweiten Hälfte des 16. Jahrhunderts der Fernhandel immer stärker an Bedeutung. Eine Folge war die bauliche Erneuerung der Marschgebiete, die bis zu ihrer sukzessiven Zerstörung im 19. Jahrhundert überwiegend barocke Bausubstanz aus dem 17. und 18. Jahrhundert aufwiesen. Außerdem investierte die Stadt in eine seinerzeit hochmoderne sternförmige Umwallung nach Plänen des Niederländers Johan van Valckenburgh (1615–26), gerade noch rechtzeitig, um Hamburg vor den Söldnerheeren des Dreißigjährigen Krieges zu schützen. Dabei wurde das befestigte Siedlungsgebiet um die Neustadt erweitert – nicht zu verwechseln mit der Gründung Graf Adolfs III. –, die das Wohnviertel der Unterschichten und des Kleinbürgertums bildete und mit der St.-Michaelis-Kirche, dem späteren Wahrzeichen der Stadt (vgl. Nr. A 142), bis 1661 auch ein eigenes Gotteshaus erhielt.

Auch in der Bauweise fand diese soziale Differenzierung ihren Niederschlag. Kennzeichneten sich die Kaufmannsviertel durch aufwendig dekorierte Backsteingiebel an Gebäuden, die sich – modern gesprochen und daher nicht völlig zutreffend – als Einfamilienhäuser charakterisieren lassen, so stellten die Neustadt und das Kirchspiel St. Jacobi Massenwohnquartiere mit Mietshäusern in Fachwerkbauweise dar. Bestimmend für das Bild waren hier auch die beidseitig bebauten schmalen Gassen, mit denen das ursprünglich als Gartenland genutzte Blockinnere erschlossen wurde und die nur durch schmale Durchlasse in den Vorderhäusern zugänglich waren. Diese »Gängeviertel« galten durchaus als solide kleinbürgerliche Adressen (vgl. Nr. A 141). Nicht selten verbarg das labyrinthische Gassengewirr jedoch auch ein unvorstellbares soziales Elend, das schon die Aufklärer des 18. Jahrhunderts, z. B. Caspar Voght (vgl. Nr. I 50), nicht ruhen ließ.

Ab den 1820er Jahren wandelte sich die engumgrenzte Barockstadt auf mittelalterlichem Grundriß zu einer modernen Großstadt, begünstigt durch eine für Hamburg positive Entwicklung des Welthandels. Den Auftakt dieser Maßnahmen bildete die Schleifung der Stadtbefestigung, die schrittweise zu Grünanlagen umgestaltet wurde. Auch die über Jahrhunderte tradierte Einheit der Wohn- und Arbeitsstätte des Kaufmanns wurde nun aufgebrochen, so z. B. bei der Anlage der Promenaden Neuer Jungfernstieg und Esplanade (ab 1825, vgl. Nr. A 99 bzw. A 102). Die einschneidensten Veränderungen nach diesen eher punktuellen Eingriffen brachte jedoch der Große Brand, der vom 5. bis zum 8. Mai 1842 wütete und dem die Gebiete zwischen dem Nikolaifleet und der Binnenalster einschließlich des Jungfernstiegs und des nördlichen St.-Jacobi-Kirchspiels, mithin ein Viertel der Innenstadt zum Opfer fielen.

Die Wiederaufbaupläne wurden von einer Technischen Kommission erarbeitet, die sich aus Vertretern der Baudeputation und Privatarchitekten zusammensetzte. Einer ihrer führenden Köpfe war der britische Ingenieur William Lindley, der die erste Hamburger Eisenbahnlinie geplant hatte (vgl. Nr. M 34) und der auch die Infrastrukturen für den Wiederaufbau konzipierte, d. h. die Kanalisation und die Gas- und Wasserversorgung (vgl. Nr. L 13). Die künstlerischen Anregungen gingen dagegen vor allem von Alexis de Chateauneuf und dem in Altona gebürtigen Gottfried Semper aus, der seine städtebaulichen Vorstellungen mit venezianisch inspirierten Ansichten illustrierte. Auch Chateauneuf griff derartige Motive mit den Alsterarkaden auf, mit denen sich die Fleete, die bis dahin nur als Transportwege zu den Speichern und als Abwasserkloaken wahrgenommen wurden, übrigens zum ersten Mal als gestalterisches Element im Stadtbild emanzipierten (vgl. Nr. A 74).

Von den zumeist im Rundbogenstil oder Spätklassizismus errichteten Nachbrandgebäuden sind heute nur noch spärliche Reste erhalten. Das nach 1842 neugeordnete Gebiet bot ab den 1880er Jahren die besten Voraussetzungen für die Herausbildung einer Geschäftscity, zumal die einkommensstärkeren Bevölkerungsgruppen nach der Aufhebung der Torsperre 1860/61 in die Alsterviertel abwanderten. Auch das noble Kaufmannsviertel auf den Wandrahminseln wurde ab 1883 für den Bau der »Speicherstadt« niedergelegt (vgl. Nr. K 1). Die übrige Innenstadt präsentierte sich aber auch noch um 1890 als weitgehend intaktes Barockviertel, sieht man von einigen eng begrenzten Sanierungsmaßnahmen ab wie z. B. der Verfüllung des Reichenstraßenfleets oder dem Durchbruch der Wexstraße (vgl. Nr. A 48 bzw. A 131).

Als im August 1892 in Hamburg die Cholera ausbrach, forderte die Epidemie gerade in diesen völlig überbevölkerten und verslumten Quartieren, allen voran die »Gängeviertel«, die meisten Opfer, so daß am Ende rund 8 600 Tote zu beklagen waren. Damit hatte Hamburg im 19. Jahrhundert eine weitere Katastrophe ereilt, die zu umfassenden Modernisierungen zwang. Ab 1900 wurden die »Gängeviertel« kahlschlagsaniert; 1937 fanden diese Maßnahmen mit der Bebauung am Rademachergang ihren Abschluß (vgl. Nr. A 129). Während die Neustadt aber weiterhin Wohnviertel blieb, z. B. an der Martin-Luther-Straße (vgl. Nr. A 143), wurde in der Altstadt der Trend zur Citybildung fortgeschrieben. 1908 bis 1913 entstand die Mönckebergstraße (vgl. Nr. A 58); nach dem Ersten Weltkrieg folgte das Gebiet südlich der Steinstraße, wo ebenfalls überwiegend Kontorhäuser errichtet wurden wie das berühmte Chilehaus (vgl. Nr. A 51).

Im Zweiten Weltkrieg wurde die Innenstadt schwer zerstört; die Wohngebiete der Neustadt und die letzten barocken Ensembles der Altstadt waren weitgehend ausgelöscht. Daß die Hamburger City dennoch den Charakter der Vorkriegszeit bewahrt hat, ist vor allem den modernen Skelettkonstruktionen der Kontorhäuser zu verdanken, die den Brandbomben getrotzt hatten. Auch viele Neubauten ordneten sich mit unauffälligen Werksteinfassaden dem gewohnten Bild unter (vgl. Nr. A 14 und A 29). Empfindliche Störungen bedeuteten dagegen die Verfüllung eines Teils der Fleete mit Trümmerschutt sowie der Durchbruch der Verkehrsschneisen Ost-West-Straße bzw. Ludwig-Erhard-Straße (1953–63) und Domstraße, wo auch die ersten Hochhaussolitäre entstanden (vgl. Nr. A 21).

Mit dem Aufbauplan 1960 wurde die City Nord in Winterhude als City-Entlastungsgebiet ausgewiesen (vgl. Nr. F 1). Von 1964, als das Unileverhaus fertiggestellt wurde (vgl. Nr. A 112), bis weit in die 80er Jahre hinein entstanden deshalb nur noch wenige Großprojekte innerhalb des Wallrings. Und auch die dezentralen Einkaufszentren, z. B. das 1970 eröffnete Alstereinkaufszentrum in Poppenbüttel mit heute 40 000 m^2 Verkaufsfläche, hatten zur Folge, daß die City für Investoren wie Konsumenten an Attraktivität einbüßte. Dieser negative Trend wurde erst gestoppt, als um 1980 die exklusiven Einkaufspassagen in der nördlichen Neustadt entstanden, allen voran das populäre Hanse-Viertel (vgl. Nr. A 90). Es dauerte dann allerdings noch ein gutes Jahrzehnt, bis auch die letzten Lücken gefüllt wurden, z. B. die Fleetinsel (vgl. Nr. A 137).

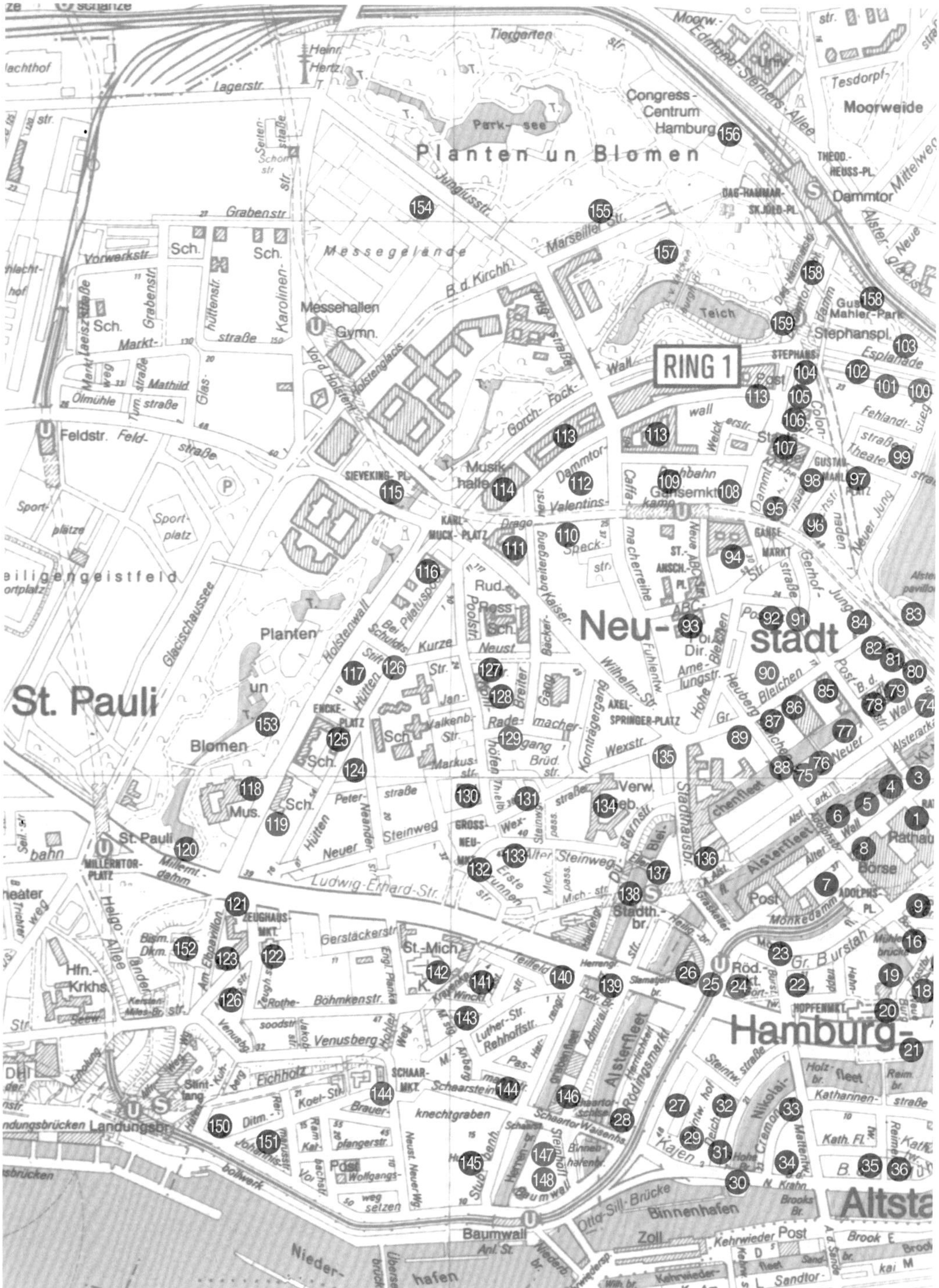
Planten un Blomen
Congress-Centrum Hamburg
Park-see
Tiergarten
Moorweide
Tesdorpf-
Dammtor
Messegelände
Messehallen
Gymn.
Jungiusstr.
Marseiller Str.
Grabenstr.
Lagerstr.
Vorwerkstr.
Karolinen-
Marktstraße
Feldstr.
Feldstraße
Sch.
Teich
Gustav-Mahler-Park
Stephanspl.
Esplanade
RING 1
Post
Gorch-Fock-Wall
Dammtorwall
Musikhalle
Sieveking-Pl.
Karl-Muck-Platz
Valentinskamp
Gänsemarkt
Caffamacherreihe
Drehbahn
Fehlandtstr.
Colonnaden
Neuer Jungfernstieg
Große Theaterstraße
Gerhofstraße
Heiligengeistfeld
Sportplatz
Glacischaussee
Holstenwall
Planten un Blomen
St. Pauli
Neustadt
Poolstr.
Kaiser-Wilhelm-Str.
Fuhlentwiete
ABC-Str.
Hohe Bleichen
Heuberg
Bleichen
Axel-Springer-Platz
Wexstr.
Kornträgergang
Peterstraße
Neanderstr.
Hütten
Neuer Steinweg
Großneumarkt
Alter Steinweg
Ludwig-Erhard-Str.
Stadthausbr.
Alsterfleet
Rathaus
Börse
Adolphsplatz
Post
Mönkedamm
Gr. Burstah
Hopfenmkt.
Hamburg-
Altstadt
Millerntor-Platz
St. Pauli
Helgoländer Allee
Bism. Dkm.
Zeughaus-Mkt.
Gerstäckerstr.
St.-Mich.
Böhmkenstr.
Venusberg
Rödingsmarkt
Admiralitätstr.
Hfn.-Krkhs.
Landungsbrücken
Eichholz
Schaar-Mkt.
Schaarsteinweg
knechtgraben
Stubbenhuk
Baumwall
Vorsetzen
Johannisbollwerk
Ditmar-Koel-Str.
Post
Binnenhafen
Otto-Sill-Brücke
Zoll
Kehrwieder
Niederhafen
Überseebrücke
Steintw.
Nikolaifleet
Cremon
Katharinenstraße
Holzbrücke
Brook
Sandtorkai
1
3
4
5
6
7
8
9
16
19
18
20
21
22
23
24
25
26
27
28
29
30
31
32
33
34
35
36
74
75
76
77
78
79
80
81
82
83
84
85
86
87
88
89
90
91
92
93
94
95
96
97
98
99
100
101
102
103
104
105
106
107
108
109
110
111
112
113
114
115
116
117
118
119
120
121
122
123
124
125
126
127
128
129
130
131
132
133
134
135
136
137
138
139
140
141
142
143
144
145
146
147
148
150
151
152
153
154
155
156
157
158
159

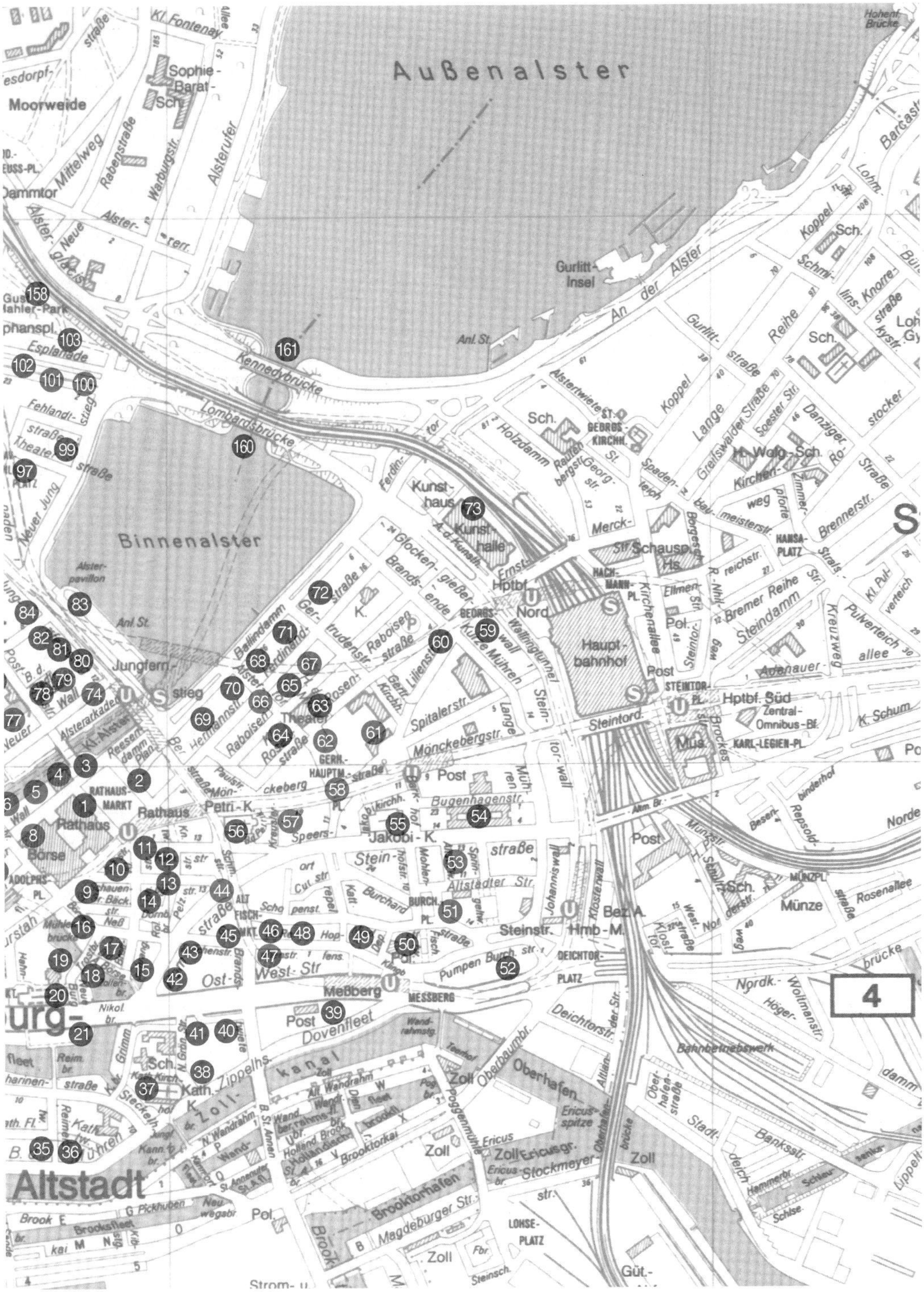
Außenalster
Binnenalster
Moorweide
Sophie-Barat-Sch.
Mittelweg
Rabenstraße
Warburgstr.
Alsterufer
Dammtor
Alsterglacis
Neue
Alster-terr.
Gurlitt-Insel
An der Alster
Koppel
Gurlittstraße
Lange Reihe
Kennedybrücke
Lombardsbrücke
Esplanade
Fehlandtstieg
Theaterstraße
Neuer Jungfernstieg
Alster-pavillon
Anl. St.
Jungfernstieg
Ballindamm
Ferdinandstr.
Gertrudenstr.
Raboisen
Glockengießerwall
Brandsende
Kunsthaus
Kunsthalle
Hptbf. Nord
Hauptbahnhof
Steintorwall
Holzdamm
Danziger Str.
Brennerstr.
Hansaplatz
Kirchenallee
Bremer Reihe
Steindamm
Kreuzweg
Pulverteich
Adenauerallee
Hptbf. Süd
Zentral-Omnibus-Bf.
Karl-Legien-Pl.
Steintorpl.
Mönckebergstr.
Spitalerstr.
Lange Mühren
Post
Bugenhagenstr.
Jakobi-K.
Petri-K.
Rathaus
Rathausmarkt
Börse
Adolphspl.
Speersort
Steinstraße
Altstädter Str.
Burchardpl.
Johanniswall
Klosterwall
Steinstr.
Hmb-M.
Bez.A.
Münzpl.
Münze
Rosenallee
Deichtorplatz
Pumpen
Meßberg
Ost-West-Str.
Dovenfleet
Zollkanal
Zippelhs.
Kath. K.
Altstadt
Brooktorkai
Brooktorhafen
Magdeburger Str.
Oberhafen
Ericusspitze
Ericusgr.
Stockmeyer
Lohseplatz
Deichtorstr.
Oberbaumbr.
Nordkanalbrücke
Högerdamm
Bahnbetriebswerk
Banksstr.
Stadtdeich
Hammerbr.
Schleusenbr.
Altstädter
4

A 1 Rathaus

Rathausmarkt, Altstadt

Architekten: Grotjan & Robertson. Haller & Lamprecht. Hanssen & Meerwein. Hauers & Hüser. Stammann & Zinnow (Vorentwurf). Johannes Grotjan. Martin Haller. Hanssen & Meerwein. Wilhelm Hauers. Stammann & Zinnow (Realisierung)

1880, 1886–97

Nachdem zwei Wettbewerbe 1854 und 1876 für den Neubau des beim Großen Brand 1842 zerstörten Alten Rathauses an der Trostbrücke keine befriedigenden Ergebnisse erbracht hatten, zog 1880 ein »Rathausbaumeisterbund« aus fünf bedeutenden Hamburger Architekturbüros das Heft an sich und legte noch zum Ende des Jahres unter Vorsitz von Martin Haller eine eigene Planung vor. 1884 folgte eine zweite, nahezu endgültige Entwurfsfassung, die vor allem eine Vergrößerung des Bauvolumens mit sich brachte. Der »flämische« Rathaustyp im Renaissancestil, d. h. mit Mittelturm (112 m) an einer langgestreckten Hauptfassade (111 m), stand dabei jedoch von vornherein fest, ebenso das Grundrißkonzept mit seiner polaren und somit gleichberechtigten Gegenüberstellung der Räume von Exekutive und Legislative, die bis heute ein sinnfälliges Abbild der hamburgischen Verfassung liefert – so wie ja auch die Architektur immer noch ungebrochen das Selbstbewußtsein der Hansestadt reflektiert.

Die bestechende Idee an dem Entwurf der schließlich sieben Rathausbaumeister – nach Veränderungen innerhalb der einzelnen Büros (vgl. oben) – war eine radikale Beschränkung des Raumangebots. Mußten sich die Teilnehmer des Wettbewerbs 1876 noch mit dem komplexen Raumprogramm eines »Behördenrathauses« einschließlich Standesamt auseinandersetzen, so sollte nun auf all diejenigen Räumlichkeiten verzichtet werden, die nicht unmittelbar dem Senat und der Bürgerschaft dienen. Die einzelnen Lösungsansätze waren dabei schon 1880 durch interne Konkurrenzen ermittelt worden: Haller & Lamprecht sollten für den Grundriß und die Senatsräume, Grotjan & Robertson für die Fassadenarchitektur, Hanssen & Meerwein für die repräsentativen Mittelräume und Stammann & Zinnow für den Bürgerschaftsbereich verantwortlich zeichnen. – »Hauers und Hüser wurden als Gotiker in den [Ratswein-] Keller gesteckt«, wie Wilhelm Emil Meerwein später einmal ausführte, wobei Wilhelm Hauers auch als Bauleiter fungierte.

Ein reiches Figurenprogramm sollte die Architektur zu malerischer Wirkung steigern und gerade der schematisch gegliederten Hauptfront Lebendigkeit verleihen. Wie das Alte Rathaus, erhielt auch der Neubau eine Kaisergalerie als Bekräftigung des Souveränitätsanspruchs der Freien und Hansestadt – deren Reichsunmittelbarkeit allerdings erst 1768 allgemein verbindlich anerkannt worden war. Am Turm mit dem Mosaik der Hammonia, der Personifizierung Hamburgs, und der Darstellung der vier »Bürgertugenden« auf dem Architrav – »Tapferkeit«, »Frömmigkeit«, »Klugheit«, »Eintracht« (Carl Garbers und Rudolf Thiele) – stehen sich die Skulpturen von Karl dem Großen und Friedrich Barbarossa gegenüber, den entscheidenden Förderern Hamburgs im Mittelalter (August Kramer bzw. August Vogel); links setzt sich die Herrschergenealogie relativ ununterbrochen bis zu Lothar III. von Sachsen (1125–37) fort, wogegen die rechte Reihe von Heinrich VI. (1190–97) bis Franz II. (1792–1806) deutliche Lücken aufweist.

Bemerkenswerterweise wurde auf eine Darstellung der zeitgenössischen Hohenzollernkaiser an der Hauptfassade jedoch verzichtet, fast so, als endete die legitime Thronfolge mit Franz II., der bekanntlich 1806 die römisch-deutsche Kaiserkrone niedergelegt hatte. Erst 1903 wurde das Reiterstandbild Kaiser Wilhelms I. von Johannes Schilling auf dem Rathausmarkt eingeweiht. Seine Verlagerung zum Sievekingplatz 1929 und der Verzicht auf eine erneute Aufstellung bei der Neugestaltung des Platzes 1982 (vgl. Nr. A 2) sind hinsichtlich der historischen Aussagekraft des Figurenprogramms an der Rathausfassade und der künstlerischen Ausstattung der Innenräume durchaus zu bedauern, denn gerade die Assistenzfigurengruppen des Standbilds mit den Themen »Einheitliches Recht«, »Einheitliches Geld«, »Wohlfahrtsgesetze« und »Verkehrswesen« machten die Veränderungen plastisch anschaulich, die nach der Reichsgründung 1871 für den Stadtstaat Hamburg eintraten und seine Souveränität sukzessive in Frage stellten – bis hin zu dem innenpolitisch überaus kontrovers diskutierten Zollanschlußvertrag von 1881.

Bürgerliches Selbstbewußtsein spiegelt auch die Ausschmückung der Innenräume wider. Die Eingangsdiele wird durch die Porträtmedaillons verdienter Hamburger Bürger an den Rundpfeilern zur Ehrenhalle. Im Piano nobile werden die entgegengesetzten Bereiche von Senat und Bürgerschaft durch eine Enfilade repräsentativer Empfangs- und Amtszimmer verbunden, deren Zentrum der Saal der Republiken mit allegorischen Darstellungen der Städte Athen, Rom, Amsterdam und Venedig bildet: Hinter dem erwähnten Hammoniamosaik am Turm und der Aufschrift »Libertatem quam pepere majoreas studeat digne servare posteritas« ebenda (sinngemäß: Die Freiheit, die schwer errungen die Alten, möge die Nachwelt würdig erhalten). Mit der flächig-stilisierten Ausmalung des Festsaals durch Hugo Vogel (1903–09) – u. a. eine moderne Hafenansicht – hielten dann abschließend auch noch einmal aktuelle künstlerische Tendenzen Einzug in die gründerzeitlich-pompösen Innenräume.

A 2 Neugestaltung des Rathausmarktes

Altstadt

Architekten: FNO-Planungsgruppe; Projektbearbeitung: Timm Ohrt; Mitarbeiter: Henning Dau, Dieter Paul, Hille von Seggern

1977 W, 1980–82

Von Fritz Schumacher als zentraler Bestandteil des Wiederaufbaus nach dem Großen Brand von 1842

A 1–4 Rathaus, Rathausmarkt, Kriegerdenkmal und ehemalige Reichsbank

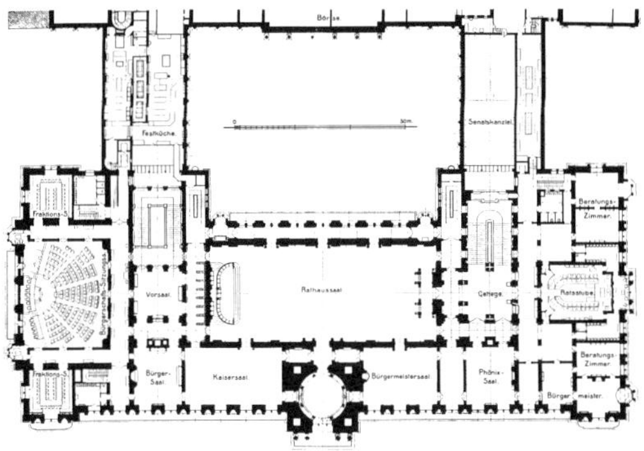

apostrophiert – das »Kunstwerk Hamburg« –, präsentierte sich der Rathausmarkt seit seiner Umgestaltung 1930/31 allerdings nur noch als unartikulierter »Leerraum«, nachdem schon die Kaiserzeit empfindliche Störungen des Platzgefüges gebracht hatte. Von dem Eingriff 1930/31 blieben nur die charakteristischen Hochleuchten erhalten, wogegen die Flaggenmasten noch von dem 1903 eingeweihten und 1929 abgeräumten Kaiser-Wilhelm-Denkmal herrühren, dessen übrige Bestandteile heute beziehungslos um den Sievekingplatz verteilt sind.

Die Neugestaltungsmaßnahmen ab 1980 waren von überzeugender Einfachheit: Der Platz wurde um wenige Stufen abgesenkt, wodurch die Fläche wieder eine strenge Fassung erhielt. Baumkulissen kaschieren die schlichte Nachkriegsbebauung an der Ostseite und die Einmündung der Mönckebergstraße, die seit 1910 die Südostecke des Platzes aufreißt (zum Versmannhaus vgl. Nr. A 58.1). Eine Glasarkadenreihe mit Stehcafés und Kiosken bildet in Verbindung mit einem Busbahnhof einen lebendigen, urbanen Mittelpunkt. Außerdem unterstreicht sie zusammen mit dem Heine-Denkmal an der Südseite (Waldemar Otto, 1982) die Längsausrichtung des Raumes, die durch die mittige Anordnung des Rathausturms negiert wurde.

Ausführung und Materialien – schwedischer Granit für den Platzbelag, eingegossenes Pflaster für die Seitenstraßen, Kugelkandelaber – sind von einer Gediegenheit, die dem Ort angemessen ist. Wenn auch im Detail nicht immer völlig befriedigend, wie die sarkophagartigen Bänke, bedeutete die Neugestaltung doch eine entschiedene Abkehr von dem wirren Layout der Fußgängerzonen der 70er Jahre. Bewährt hat sich auch die seinerzeit denkmalpflegerisch umstrittene Abtreppung zur Kleinen Alster anstelle der ursprünglichen Kaimauer.

A 3 Kriegerdenkmal

Rathausmarkt/Schleusenbrücke, Altstadt
Architekt: Klaus Hoffmann. Bildhauer: Ernst Barlach
1929 W, 1930/31

Die Stele an der schönen Viertelkreistreppe von Johann Hermann Maack (1846) spiegelt die innenpolitische Zerrissenheit der Weimarer Republik wider. Die Inschrift »Vierzigtausend Söhne der Stadt ließen ihr Leben für Euch 1914–1918« verklärt zwar das sinnlose Sterben im Ersten Weltkrieg zum Opfertod für das Vaterland, diese Aussage wird jedoch durch das 7,5 m hohe Relief von Ernst Barlach auf der anderen Seite der Stele konterkariert: Eine schwangere Frau mit leidgezeichnetem Gesicht blickt in die Ferne wie in eine ungewisse Zukunft; in ihren Armen sucht ein Mädchen Geborgenheit. In der NS-Zeit zerstört und von Ernst Ruwoldt durch einen Phönix ersetzt, wurde das Barlach-Relief 1949 durch Friedrich Busch nach dem erhaltenen Modell rekonstruiert.

A 4 Ehem. Reichsbank

Alter Wall 2, Altstadt
Architekten: Bauverwaltung der Reichsbank (Ursprungsbau). Schramm, Pempelfort, v. Bassewitz, Hupertz; Mitarbeiter: Bernd Meyerbröker, Christiane Leiska (Umbau und Restaurierung)
Baubeginn 1914–16, Fertigstellung 1918/19; Umbau und Restaurierung 1981–83

Einer der beispielhaftesten Hamburger Bauten für die gestalterischen Tendenzen des späten Kaiserreichs. Die straffe Pfeilergliederung der Fassaden verweist auf den strengen Berliner Neoklassizismus am Vorabend der architektonischen Moderne. Unter dem Frontispiz – Aufschrift »Reichsbank 1914–17« sowie Wappenkartusche mit Reichsadler – repräsentieren fünf Figuren mit den Themen Fischerei (Fischer), produzierendes Gewerbe (Schmied), Handel (Kaufmann), Land- wirtschaft (Bauer) und Seefahrt (Matrose) das Wirtschaftsleben im Hamburger Raum. »Zeitgeist« reflektieren die Porträts der drei Hohenzollernkaiser in den Medaillons an der Ostfassade und die beiden Figuren, die das Hauptportal bekrönen. Merkur und ein Ritter mit Schwert stehen sich hier als Sinnbilder von Wirtschaftsmacht und Streitkraft gegenüber den beiden Säulen des wilhelminischen Imperialismus. Völlig unmonumental und in ihrem gestalterischen Raffinement von nahezu intimer Wirkung sind dagegen das mosaizierte Oktogon in der ehemaligen Kassenhalle sowie das Treppenhaus und die Eingangshalle mit inkrustierten Marmorverkleidungen, für die das Material aus der ehemaligen deutschen Kolonie Togo beschafft wurde.

A 5 Bürogebäude von Johann Emil Schaudt

A 5.1 Kontorhaus

Alter Wall 10, Altstadt
Architekten: Johann Emil Schaudt. Walther Puritz
1909/10

A 5.2 Ehem. Verwaltungsgebäude der Norddeutschen Versicherungs-Gesellschaft

Alter Wall 12, Altstadt
Architekten: Johann Emil Schaudt. Emil Janda
1908/09

Zwei Entwürfe des vor allem in Berlin tätigen Erfolgsarchitekten Johann Emil Schaudt (z. B. Kaufhaus des Westens – vgl. hierzu Alter Wall 10). Bemerkenswert ist nicht nur der ursprüngliche gestalterische Aufwand, an den Fleetseiten und im Innern beim Wiederaufbau stark vereinfacht, der die Gebäude seinerzeit zu den kostspieligsten in Hamburg überhaupt machte, sondern vor allem auch die Originalität der bisweilen manieristischen Architekturdetails wie die langgestreckten, rüsselartigen Konsolen des Hauptportals von Alter Wall 12 oder die Eingangshalle mit schwarzweißer Marmorverkleidung im Wiener Sezessionsstil ebenda (heute unvollständig).

A 6 Bankgebäude von Martin Haller

A 6.1 Vereins- und Westbank AG

Alter Wall 20–22, Altstadt
Architekten: Martin Haller und Hermann Geißler (Ursprungsbau). Schramm & Elingius (Wiederaufbau und Erweiterung). Schramm, v. Bassewitz, Hupertz & Partner; Mitarbeiter: Hans-Joachim Höchst, Marina Hoffmann, Markus Lentzler, Herbert Oberhagemann. Innenarchitektin: Ellen Birkelbach (Umbau)
1900–02; Wiederaufbau und Erweiterung 1947–52; Umbau 1989–92

A 6.2 Deutsche Bank AG

Alter Wall 37–53, Altstadt
Architekten: Martin Haller (Ursprungsbau). Martin Haller und Hermann Geißler (Erweiterungen ab 1903). Helmut Lubowsky (Wiederaufbau)
1883–88; Erweiterungen 1890, 1896/97, 1903, 1910; Zerstörung 1943; Wiederaufbau um 1950

A 6.3 Ehem. Bankhaus Berenberg-Goßler

Adolphsplatz 5, Altstadt
Architekten: Martin Haller und Hermann Geißler (Ursprungsbau). Schramm, Pempelfort, v. Bassewitz, Hupertz (Umbau)
1907; Umbau 1977/78

Drei der für Martin Haller charakteristischen Bankpaläste mit Sandsteinfassaden bzw. -gliederungen vorzugsweise im italienischen Renaissancestil. Der Fassadenaufbau nach dem Palastschema – der »wehrhafte«, gequaderte Sockel mit den Tresorräumen und der Hausmeisterwohnung im Souterrain sowie der Kassenhalle im Hochparterre, die Beletage mit den Direktionsräumen und der Direktorenwohnung, das schlichtere zweite Obergeschoß mit den übrigen Büroräumen und das Attikageschoß mit weiteren Wohnungen und dem Aktenarchiv – ist in Hallers Entwürfen nicht nur eine Konsequenz der unterschiedlichen Nutzungen innerhalb des Gebäudes, sondern stellt auch ein getreues Abbild der Unternehmenshierarchie dar.

Die Straßenfassade von Alter Wall 20–22 blieb beim Wiederaufbau erhalten und wurde bis 1952 auf der linken Seite lediglich um drei Fensterachsen im ursprünglichen Stil verlängert. Erst der letzte Umbau Anfang der 90er Jahre hat die ausgewogenen Proportionen der Hallerschen Architektur verdorben. Die Fenster im Hochparterre haben die Brüstungen eingebüßt und präsentieren sich seitdem als transparente Schlitze, die bis in den ehemaligen Keller hinabreichen – das Gebäude sollte sich den Kunden einladender präsentieren –; die vormals unauffällige niedrige Staffel wurde außerdem zum Vollgeschoß für den Vorstand ausgebaut. Links anschließend Alter Wall 32 von Johannes Grotjan (1894/95), heute ebenfalls zur Bank gehörig.

A 7 Erweiterung der Deutschen Bank AG

Adolphsplatz 7, Altstadt
Architekt: Georg Wellhausen
1951 W, 1951–53

Einer der schönsten Hamburger Entwürfe aus den 50er Jahren, der gleichzeitig beispielhaft jene kompromißhafte Moderne verkörpert, wie sie für die Bewältigung repräsentativer Bauaufgaben in den Wiederaufbaujahren charakteristisch ist: Hinsichtlich des Sockelgeschosses – Lochfassade statt Skelettstruktur! –, der überhöhten Direktionsetage als »Piano nobile« sowie der repräsentativen Sandsteinverkleidung mit Gurtgesimsen paßt sich die Erweiterung problemlos der Palazzo-Architektur des Altbaus von Martin Haller an. Auf die Nachkriegsmoderne verweisen dagegen die Rasterfassaden und die Staffelgeschosse.

A 8 Börse

Adolphsplatz 1, Altstadt
Architekten: Carl Ludwig Wimmel und Franz Gustav Forsmann (Halle II). Hanssen & Meerwein (Halle I). Hochbauwesen, Albert Erbe (Halle III). Georg Wellhausen (Wiederaufbau). Wellhausen & Partner; Mitarbeiter: Klaus Grabner (Bauleitung), Sabine Dafeld, Jürgen Gundlach (Modernisierung); Mannhardt + Wollin (Projektleitung Modernisierung Halle I und Büros)
Halle II 1837 W, 1837–41, Neugestaltung der Fassade 1892–94; Halle I 1882–84; Halle III 1909–12; Zerstörungen 1941 und 1943; Wiederaufbau Halle II 1949–51; Einbauten am Alten Wall 1953/54; Wiederaufbau Halle I 1958–61; Modernisierung 1987, 1988/89

Der mehrfach erweiterte Baukomplex besteht aus drei Sälen, jeweils 16 bis 20 m breit und 36 m lang, sowie einer Vielzahl von Nebenräumen, u. a. für die Handelskammer und die bedeutende Commerzbibliothek. Der heutige Mittelsaal (Halle II) ersetzte den ersten Börsenbau von 1583 an der Trostbrücke. Baubeginn war 1837, die offizielle Grundsteinlegung erfolgte jedoch erst 1839. Der Entwurf stammt mit Baudirektor Carl

A 5.2 Ehem. Verwaltungsgebäude der Norddeutschen Versicherungs-Gesellschaft
A 6.1 Vereins- und Westbank AG
A 7 Erweiterung der Deutschen Bank AG

Ludwig Wimmel und seinem Mitarbeiter Carl Gustav Forsmann von zwei Vertretern der Hamburger Baudeputation, deren Entwurf zwar außer Konkurrenz lief, aber als einziger den Programmforderungen entsprach. Bei der Feuersbrunst im Mai 1842 zählte die neue Börse zu den wenigen Gebäuden, die im Brandgebiet gerettet werden konnten. Ursprünglich ein Putzbau, wurde das Gebäude infolge des Rathausneubaus mit Sandstein verkleidet und der westlichen Erweiterung von 1884 (Halle I) angepaßt.

Der bauhistorisch bedeutsamste Teil ist die mittlere Halle II, bei deren Gestaltung sich Wimmel an der italienischen Hochrenaissance orientierte, die er von einer Studienreise her kannte, sowie an der Alten Pinakothek in München von Leo von Klenze, die er im Rohbau gesehen hatte. Der charakteristische dreigeschossige Saalwandaufriß mit den umlaufenden Arkaden diente auch den beiden Erweiterungen als Vorbild. Der dritte Bauabschnitt, die Kornbörse (Halle III), erhielt außerdem einen Eckturm, der den Übergang zu dem fünfgeschossigen Flügel an der Großen Johannisstraße kaschiert (Ziffernblätter der Uhren von Johannes Bossard). Ungewöhnlich für Hamburg ist hier der monumentale Neo-Palladianismus, für den Albert Erbe offenbar auf Berliner Vorbilder wie das Gebäude der Berliner Handelsgesellschaft an der Behrenstraße von Alfred Messel zurückgriff (1899–1900), wogegen die Fassade am Adolphsplatz dem Bestand angepaßt wurde.

Bei der Wiederherstellung des im Krieg schwer zerstörten Gebäudes gelang es Georg Wellhausen, den ursprünglichen Charakter der Innenräume zu wahren, obwohl die notwendigen Einbauten und Erneuerungen ohne Konzessionen an die historische Gestaltung erfolgten. Von den Türbeschlägen bis zu den Leuchtkörpern zeigte alles seine qualitätvolle Handschrift. Besonders bemerkenswert ist in dieser Hinsicht auch der zweigeschossige Einbau von Büros auf der Galerie im westlichen Börsensaal (1953/54), eine mit filigranen Stahl-Glas-Elementen ausgefachte Stahlbetonkonstruktion (über die Besuchergalerie zugänglich). Von den Nutzern, aber auch von der Denkmalpflege bis heute kaum angemessen gewürdigt, ist es vor allem dem Engagement Gabriele Wellhausens, der Tochter des Architekten, zu verdanken, daß dieser bedeutende Beitrag zur denkmalpflegerischen Diskussion der Wiederaufbaujahre zumindest in seinen wesentlichen Teilen erhalten blieb.

A 8 Börse

A 9 Henckels-Solingen-Haus

Schauenburgerstraße 61, Altstadt
Architekt: Otto Westphal
1906/07

Bemerkenswert sind die sich über drei Geschosse erstreckenden, feingliedrigen Bay-windows, die der betont flächigen Fassade wie Maßwerk erwachsen. Auch der Haupteingang ist mit einem Kielbogen in Stabmaßwerk bekrönt. Im Detail noch unterschwellig dem Historismus verhaftet, ist die Fassade im Ganzen betrachtet doch organisch im Sinne des Jugendstils entwickelt und stellt eine seiner reifsten Leistungen in Hamburg dar. Die Standfiguren eines Seemanns und eines Schmiedes verweisen auf die Bedeutung des Gebäudes; es war einerseits ein typisches Kontorhaus für hafen- und schiffahrtsabhängige Unternehmen, andererseits die Hamburger Niederlassung eines Herstellers von Kleinschmiedeerzeugnissen. Spielerisch wird das Firmenemblem, die Zwillinge, mit den Tierkreiszeichen an den Erkerbrüstungen wiederaufgenommen.

A 10 Rathausmarkthof

Kleine Johannisstraße 4, Altstadt
Architekten: Hanssen & Meerwein
1902

Ungewöhnlich für ein Kontorhaus sind die Sandsteinfassaden im gotischen Stil, wobei in dem Maßwerk und den Fialen süddeutsche Vorbilder anklingen. Auf diese Weise korrespondierte das Gebäude im zeitgenössischen Verständnis mit der »altdeutschen« Renaissancearchitektur des gegenüberliegenden Rathauses von 1897.

A 11 Johannishof

Kleine Johannisstraße 9, Altstadt
Architekt: George Radel
1895

Eines der älteren Kontorhäuser, bei denen sich bereits die Auflösung der Fassaden in ein System von Stützen ankündigt, wenn auch die klare Gliederung hier

A 12 Nederlandse Overzeebank

noch durch den historisierenden Detailreichtum verwischt wird, z. B. Quaderungen, Zahnschnittfriese oder die Ausbildung der Fensterstützen als Hermenpilaster.

A 12 Nederlandse Overzeebank

Pelzerstraße 2, Altstadt
Architekten: Schramm & Elingius
1957/58
Einer der qualitätvollsten Entwürfe der Wiederaufbaujahre in Hamburg. Die Obergeschosse sind in Fenster- und Brüstungsbänder gegliedert, wobei der für Schramm & Elingius (Entwurf Jürgen Elingius) eigentlich ungewöhnliche rote Handstrichziegel wohl genauso als Reverenz an den niederländischen Bauherrn zu verstehen ist wie das Schieferbild »Alt-Amsterdam« von Ulrich Olaf Deimel in der Kassenhalle. Die Fassade ist bis auf den neugestalteten Eingangsbereich noch im Originalzustand erhalten (sic!), wobei besonders die Aluminiumrahmen der Fensterbänder hervorzuheben sind, deren Profile geschickt die Zäsuren der Fassadenstützen überspielen.

A 13 Ehem. Amtshaus der Schlosser

Schauenburgerstraße 32, Altstadt
1845
Der Bau, eines der letzten Beispiele für die Nachbrandarchitektur im Weichbild des Hamburger Rathauses, stellt auch in sozial- und wirtschaftsgeschichtlicher Hinsicht ein wichtiges Dokument dar. Erst 1864 wurde in Hamburg die Gewerbefreiheit eingeführt; bis dahin waren die Handwerker in zunftartigen »Ämtern« organisiert.

A 14 Kontorhaus

Schauenburger Straße 27, Altstadt
Architekt: Friedrich Adolff
1952/53
Die für die Hamburger Kontorhausarchitektur typische Vertikalgliederung findet sich auch an Bauten der Nachkriegszeit wieder, hier z. B. in Form enggereihter Rippen, die den Fassaden im Zusammenspiel mit den Horizontalen der Kragteile eine starke Expressivität verleihen. Auf die Kontorhaustradition verweist auch die im Verhältnis zum Gebäudevolumen ausgesprochen großzügige Eingangshalle mit Paternoster.

A 15 Zollenbrücke

Altstadt
1633
Die älteste erhaltene Hamburger Brücke, bereits seit 1355 nachgewiesen, überspannt den letzten Rest des 1946 mit Trümmern zugeschütteten Gröningerstraßenfleets (heute ein Teil der Ost-West-Straße). Zwischen der Zollenbrücke und der Trostbrücke lag bis zum Großen Brand 1842 das wirtschaftliche und politsche Zentrum Hamburgs mit Rathaus, Bank und der Alten Börse von 1583, die bis 1841 ihren Zweck erfüllte.

A 16 Haus der Patriotischen Gesellschaft von 1765

Trostbrücke 4, Altstadt
Architekten: Theodor Bülau (Ursprungsbau). Klophaus & Schoch (Aufstockung). Friedrich R. Ostermeyer (Wiederaufbau)
1844 W, 1845–47; Aufstockung 1923/24; Zerstörung 1943; Wiederaufbau 1956/57
Das Gebäude der »Hamburgischen Gesellschaft zur Beförderung der Künste und der nützlichen Gewerbe«, ursprünglich eine Kombination aus Wohnhaus (zum Fleet hin), Ladengeschäften sowie den Räumen und dem Sitzungssaal der Gesellschaft (von 1860 bis 1897 auch Tagungsort der Bürgerschaft) entstand anstelle des 1842 vernichteten Rathauses. Der Entwurf sollte vorbildhaft für die architektonische und bautechnische Entwicklung in der Hansestadt werden, hatte sich die Patriotische Gesellschaft doch u. a. auch eine Verbesserung der handwerklichen Ausbildung zum Ziel gesetzt. Diesem Anspruch kamen die neogotische Rohbauarchitektur – in demonstrativer Abkehr von den Putzfassaden der Nachbrandgebäude – genauso entgegen wie die technischen Neuerungen, die hier erprobt wurden, so z. B. das Betonfundament, die Asphaltböden in den Innenräumen und die Wasserklosettanlage im Keller.

Weitaus weniger pragmatisch wertete jedoch Theodor Bülau den Entwurf, den er vielmehr als steingewordenes Plädoyer für eine Erneuerung der Architektur aus dem Geist des Mittelalters verstand – der »christlich deutschen Kunst« –, auch wenn er hinsichtlich des flachen Daches und der französischen Fenster im Sitzungssaal Kompromisse eingehen mußte; hier hätte er «deutsche« Erker bevorzugt. In den 20er Jahren sensibel von Klophaus & Schoch aufgestockt, brannte das Gebäude 1943 teilweise aus. Der Wiederaufbau wurde leider nicht der ursprünglichen Intention Bülaus gerecht. Denn hatte dieser die Innenwände im Erdgeschoß unverputzt gelassen und auch das Holzwerk nur geölt und gefirnißt, so entschied sich Friedrich R. Ostermeyer bei der Neugestaltung der Innenräume für den schwerfälligen Repräsentationsstil der Adenauer-Ära mit Goldeloxal, glänzenden Täfelungen und intarsiertem Parkettfußboden, der dem Streben Bülaus nach Materialgerechtigkeit und Unverfälschtheit diametral entgegensteht.

A 17 Trostbrücke

Altstadt
Architekt: Ingenieurwesen, Oberingenieur Franz Andreas Meyer; Bildhauer: Engelbert Peiffer
1881

Der Legende nach leitet sich der Brückenname von einem trostspendenden Kruzifix ab, das im Mittelalter die Brücke schmückte. Eine Erläuterungstafel, die mit dem Brückenbau an den Vorsetzen des Hauses Trostbrücke 2 angebracht wurde, vollzieht jedoch eine verblüffende Wendung von dem christlichen Heilssymbol zu weltlichen Trostverheißungen, die von der Brücke aus ins Blickfeld gerieten: »Benachbart dem gemeinsamen Rathause nebst Gerichtsgebäude wie später Börse und Bank, diesen Palladien (i. e. Heiligtümer, R. L.) der freien Stadt, war sie während vieler Jahrhunderte auch eine weltliche Trostbrücke für unsere hier wandelnden Väter.« – 1881 wurde der Zollanschlußvertrag zwischen Hamburg und dem Reich unterzeichnet, der für die Hansestadt einen starken Souveränitätsverlust bedeutete. Das Skulpturenprogramm der Brücke unterstreicht denn auch den Anspruch Hamburgs auf Unabhängigkeit, wurzelnd in seiner Wirtschaftskraft, für die Graf Adolf III. von Schauenburg mit den von ihm 1189 erwirkten kaiserlichen Zollprivilegien die Grundlage gelegt hatte. Ihm gegenüber steht Erzbischof Ansgar, von 831 bis 865 geistliches Oberhaupt des Nordens, als Symbol für die bischöfliche Altstadt, die durch die Trostbrücke mit der gräflichen Neustadt verbunden wurde.

A 16 Haus der Patriotischen Gesellschaft von 1765

A 18 Laeiszhof

Trostbrücke 1, Altstadt
Architekten: Martin Haller, Hanssen & Meerwein
1897/98

Der für die Architekten wie für den Hamburger Kontorhausbau ungewöhnliche Rückgriff auf die mittelalterlichen Formen der »Hannoverschen Schule«, hier besonders reich mit Glasurziegelbändern und einem rustizierten Werksteinsockel, erklärt sich wohl vor allem durch die Geschichtlichkeit des Bauplatzes, der Neuen Burg, die 1061 unter dem sächsischen Herzog Odulf angelegt worden war und nach ihrer Schleifung unter den Schauenburger Grafen die Keimzelle einer aufstrebenden Kaufmannssiedlung bildete. Auch die repräsentative Eingangshalle mit umlaufenden Galerien und Paternoster macht den Laeiszhof zu einem der bedeutendsten Beispiele seiner Art.

Bauherr war die Segelschiffreederei Ferdinand Laeisz, deren »Flying P-Liners« wie das Fünfmastschiff »Preußen« Weltberühmtheit erlangten. Im bildhauerischen Schmuck des Gebäudes paart sich liebenswerte hanseatische Spleenigkeit mit markigem Nationalbewußtsein. Während über dem Hauptportal Standbilder von Wilhelm I., Bismarck, Moltke und Wilhelm II. (Bruno Kruse) angebracht sind, erinnert ein Pudel auf dem Giebel am Nikolaifleet an den Kosenamen des Firmeninhabers Carl Laeisz für seine Gattin. Carl Laeisz selber wurde zusammen mit seinem Vater Ferdinand und seinem Sohn Carl Ferdinand durch ein Denkmal in der Eingangshalle geehrt, einer Dreiergruppe aus Seemann, Werftarbeiter und einer Allegorie auf das Versicherungswesen (Caesar Scharff, 1903), heute leider ohne die ursprüngliche Marmorrahmung mit den Porträts der drei Reeder.

A 19 Globushof

Trostbrücke 2, Altstadt
Architekten: Lundt & Kallmorgen
1907/08

Weniger der Heimatschutz-Diskussion um 1910 verpflichtet als dem Eklektizismus des 19. Jahrhunderts, kombiniert der Entwurf höchst virtuos die unterschiedlichsten Vorbilder aus der norddeutschen Bürgerhausarchitektur der Renaissance und des Barock. Auffällig ist die Giebelbekrönung mit Schiffsskulpturen, zu denen sich ursprünglich noch eine Atlantengruppe mit Globus gesellte, die auf dem Dach postiert war.

A 20 Ruine der evangelisch-lutherischen Hauptkirche St. Nikolai

Hopfenmarkt, Altstadt
Architekt: George Gilbert Scott
1844 W, 1846–74; Zerstörung 1943

Hatte Gottfried Semper, der erste Preisträger im Wettbewerb um den Neubau der 1842 zerstörten, weiter westlich gelegenen Kirche, einen Zentralbau mit Kuppel im zeittypischen Rundbogenstil vorgesehen, so überzeugte der zweitplazierte Engländer George Gilbert Scott die Auftraggeber schließlich doch mit seinem Entwurf einer konventionellen Wegkirche mit Einturm. Diese sollte auf dem Höhepunkt der Gotikbegeisterung – 1842 wurde feierlich die Vollendung des Kölner Doms als Nationalmonument begonnen – jedoch nicht wieder als Backsteinhalle erstehen wie die ebenfalls beim Großen Brand vernichtete mittelalterliche Hauptkirche St. Petri (vgl. Nr. A 56), sondern als hochgotische Basilika mit reicher Werksteingliederung in rheinischen Formen.

1951 wurde die Ruine bis auf den 147 m hohen Turm gesprengt, der bei den Gomorrha-Angriffen 1943 als Zielmarke gedient hatte und somit als Mahnmal für den Zweiten Weltkrieg prädestiniert war. Die wiederholten Wettbewerbe zur Umgestaltung der Ruine, 1953, 1961 und 1989, brachten bisher jedoch keine greifbaren Ergebnisse. Das schwarzweiße Mosaik von Oskar Kokoschka, das 1977 in der Turmruine angebracht wurde – die farbige Fassung befindet sich in der neuen Hauptkirche St. Nikolai in Harvestehude (vgl. Nr. D 60) –, stellt mit seiner relativ beliebigen Ecce-Homo-Thematik des Gekreuzigten nur einen schwachen Ersatz für eine Gedenkstätte dar, die allen Aspekten der Verstrickung von Schuld und Leiden in den Kriegsjahren gerecht wird und von der gewählten Symbolik her vor allem auch die nichtchristlichen Opfer der NS-Herrschaft einbezieht.

A 21 Verwaltungsgebäude der Hamburg-Süd

Ost-West-Straße 59–61, Neustadt
Architekt: Cäsar Pinnau
1958, 1960–64

Konventionelles Punkthochhaus der frühen 60er Jahre mit zeittypischer Vorhangfassade. Was den Entwurf hervorhebt, ist zum einen der teilweise Verzicht auf Trennwände im Innern, so daß Bürosäle nach dem amerikanischen Vorbild des »general office« entstehen – der ersten Generation von Großraumbüros, bevor sich freigruppierte »Bürolandschaften« und unregelmäßige Grundrisse durchsetzten –, und zum

A 20 Evangelisch-lutherische Hauptkirche St. Nikolai (Aufnahme aus den 30er Jahren)

anderen die präzise Detaillierung der Fassadenhaut, bei der offensichtlich Mies van der Rohes Seagram Building (1954–58) Pate stand. Denn wie der Chicagoer Architekt wählte auch Cäsar Pinnau Doppel-T-Profile für die vertikalen Sprossen und verzichtete auf Brüstungen zugunsten einer geschoßhohen Verglasung, so daß sich nur die Vorderkanten der Geschoßdecken als horizontale Bänder an der Fassade abzeichnen. An den prätentiösen Materialqualitäten seines New Yorker Vorbilds – bronzefarbene Messingplatten und -profile – hat sich Pinnau allerdings nicht orientiert. Sein Entwurf bescheidet sich mit grünen Glasfassaden und Aluminiumprofilen, die jedoch auch ausgezeichnet mit dem patinagrünen Kupferhelm der benachbarten St.-Katharinen-Kirche korrespondieren.

A 22 Hindenburghaus

Großer Burstah 29–31, Altstadt
Architekten: Hiller & Kuhlmann (Ursprungsbau), Kleffel, Köhnholdt, Gundermann (Erweiterung)
1909/10; Erweiterung 1990, Fertigstellung 1993

Die Balkone an der schwerfällig gegliederten Fassade erinnern daran, daß das Kontorgebäude ursprünglich als City-Hotel errichtet worden war. Bemerkenswert ist die elegante Eingangshalle, die mit Holztäfelung, Kristallampeln, Kaminattrappe (ohne Rauchabzug!)

und spiegelverglasten Scheinarchitekturen auf relativ knappem Raum Großzügigkeit suggeriert – so ähnlich muß man sich auch die Interieurs der großen Passagierdampfer vor dem Ersten Weltkrieg vorstellen. Die Erweiterung, die eine schmale Baulücke schließt, nimmt die Maßstäblichkeit des Altbaus mit modernen Mitteln wieder auf.

A 23 Burstahhof

Großer Burstah 36–38, Altstadt
Architekten: Bahre & Querfeld
1887/88
Das älteste erhaltene Kontorhaus der Hansestadt. Mit diesem Bau wurde erstmalig die Auflösung der Fassaden in ein Skelett von Vertikalstützen erprobt. Von dem konventionellen Schmuckrepertoire, wie es die Lochfassade über Jahrhunderte gekennzeichnet hat, z. B. rustizierte Quaderlisenen oder Pilaster, konnte sich aber auch dieser Entwurf noch nicht emanzipieren. Weitaus schlichter – und damit konsequenter – ist dagegen die fleetseitige Backsteinfassade mit ihren gußeisernen Fensterstützen gestaltet.

A 24 Altes Klöpperhaus

Rödingsmarkt 9, Altstadt
Architekten: Lundt & Kallmorgen (Ursprungsbau), Schweger & Partner (Umbau und Modernisierung)
1902–04; Umbau und Modernisierung 1987
Das wuchtige, neoromanische Gebäude diente bis zur Fertigstellung des neuen Klöpperhauses an der Mönckebergstraße (vgl. Nr. A 58.12) als Geschäftshaus der Wollgroßhandlung Klöpper. Unten waren die Räume für den Engros-Verkauf, oben die Büros untergebracht, was sich auch an dem Wechsel des Fensterachsmaßes ablesen läßt.

A 25 U-Bahnstation Rödingsmarkt

Altstadt
Architekten: Raabe & Wöhlecke
1911/12
Der Hochbahnviadukt zwischen dem Rödingsmarkt und den St.-Pauli-Landungsbrücken stellt schon allein wegen des Panoramablicks über den Hafen einen der bemerkenswertesten Abschnitte des 1912 fertiggestellten Hochbahnrings dar. Dabei spiegeln die Haltepunkte Rödingsmarkt und Baumwall noch weitgehend den Zustand der Erbauungszeit wider: Skelettkonstruktionen aus eisernen Gitterträgern, die die Gleise mit flach geneigten Satteldächern überspannen. Die Station »Landungsbrücken«, ursprünglich ein Entwurf von Johann Emil Schaudt, wurde 1959/60 durch Fritz Trautwein und Hans L. M. Loop auf überzeugende Weise neugestaltet.

A 26 Oberfinanzdirektion

A 26 Oberfinanzdirektion

Rödingsmarkt 2, Altstadt
Architekt: Hochbauwesen, Albert Erbe
1907–12
Erbe hat das umfangreiche Bauvolumen nicht ohne Geschick bewältigt, verliert sich im Detail jedoch in allzu kleinteiligen und beliebigen Dekorationsformen (was ihn deutlich von Fritz Schumacher unterscheidet). Der Zusammenklang von roten Backsteinfassaden und applikenhaftem Sandsteindekor verweist auf den hamburgischen Bürgerhausbarock. Wilhelminisch-pompös und damit für die Hansestadt eher untypisch ist die große Eingangshalle geraten.

A 27 IBAU-Haus

Rödingsmarkt 35, Altstadt
Architekten: A. P. B. Architektengruppe Planen & Bauen; Mitarbeiter: Reinhard Siegmeier, Wolfgang Harlandt
1984, 1985/86
Signifikante Baulückenschließung im architektonischen Niemandsland am Südende des Rödingsmarktes. Mit blaugebranntem Klinker und Sprossenfenstern variiert der Entwurf bewährte Hamburger Architekturmotive. Der Giebel und die schmale Baugestalt erinnern an die sporadisch erhaltenen Fleetspeicher in der Nachbarschaft; die Stahlprofile finden ihr Gegenüber im Hochbahnviadukt: selbstbewußter Traditionalismus ohne historisierende Anbiederung.

A 28 Stellahaus

Rödingsmarkt 52, Altstadt
Architekten: Zauleck & Hormann
1922
Einer von Hamburgs eher bescheidenen Beiträgen zur Hochhausdiskussion der 20er Jahre (sieht man von denjenigen Kontorhäusern ab, die dieses Kriterium zwar in baurechtlicher Hinsicht erfüllen, im Stadtbild aber nicht unbedingt als Hochhäuser wahrgenommen werden). Für das Stellahaus wurde ein älterer Bau um fünf Geschosse aufgestockt, die auf einer Eisenkonstruktion mit eigenen Fundamenten ruhen. Richtungweisend für die weitere Entwicklung in Hamburg war die Staffelung der obersten Geschosse, die hier erstmalig auftaucht und mit dem Chilehaus von Fritz Höger (1922–24) Schule machte. Der zackige expressionistische Dekor der Putzfassaden ist offenkundig von dem Namen des Gebäudes inspiriert.

A 29 Kontorhausgruppe Kajen

Kajen 2–10, Altstadt
Architekt: Otto Paradowski
1953–56

Kontorhausgruppe in einer Straßenkurve, deren eleganten Schwung der weit hervortretende Risalit von Kajen 10 gleichsam auffängt. Die Rasterfassaden sind zwar der Nachkriegsmoderne verpflichtet, hinsichtlich des Materialaufwands – Sandsteinverkleidungen, Teakholzfenster, spaltrauhe Marmorriemchen –, der gediegenen Detaillösungen – z. B. Messingbeschläge – und der repräsentativen Betonung der Eingangsbereiche – gestäbte Teakholzverkleidungen, indirekt hinterleuchtete Deckenausschnitte, asymmetrisch ausschwingende Treppen – reihen sich die Bauten jedoch noch in die Kontorhaustradition der Vorkriegszeit ein, was auch auf die Nutzerstruktur zutrifft, nämlich Reedereien, Handelshäuser und andere hafen- oder schiffahrtsabhängige Unternehmen.

A 30 Hohe Brücke

Altstadt
Architekten: Ingenieurwesen der Baudeputation
1886/87; Kranwärterhaus 1887/88

Ihren besonderen malerischen Reiz erhält die Brücke durch den gotisierenden Backsteinrohbau Hohe Brücke 2 mit Zinnenkränzen und »Wachtturm«. Das burgartige Gebäude gehört allerdings nicht zu den Zollgrenzanlagen der Speicherstadt südlich des Binnenhafens, sondern diente ursprünglich als Kranwärterhaus für die drei östlich hiervon gelegenen öffentlichen Kräne, von denen heute nur noch der Neue Kran von 1858 erhalten ist. Nach der Sturmflut 1962 wurde der Brücke zum Binnenhafen hin ein Sperrwerk vorgelagert, das, wie die meisten derartigen Bauwerke am Hafenrand der Innenstadt, jegliche gestalterische Sensibilität vermissen läßt.

A 31 Haus der Seefahrt

Hohe Brücke 1, Altstadt
Architekten: Edgar Foßhag und Georg Schlepps (Ursprungsbau). Patschan, Winking; Mitarbeiterinnen: Susanne Winter, Irene Spitzner-Kracht (Modernisierung)
1909/10; Modernisierung 1991

Das hochaufragende Kontorhaus am Kopf des vorindustriellen Ensembles Deichstraße verdeutlicht den Maßstabsbruch, den die Citybildung für die historische Innenstadt bedeutete. Die additiv gegliederte, in Pfeiler aufgelöste Sandsteinfassade ist mit jugendstiligen Reliefs dekoriert, die thematisch auf Meer und Seefahrt verweisen. Die Ecke zum Fleet hin wird außerdem von einer allegorischen Bronzegruppe mit einer »Hammonia« akzentuiert. Einen bemerkenswerten Ansatz für den kreativen Umgang mit historischer Bausubstanz bietet das neue Treppenhaus, das mit seiner sachlichen Optik nicht nur in betonten Kontrast zur äußeren Vielgestaltigkeit tritt, sondern mit dem schräg in den Lichthof gestellten Fahrstuhlturm auch den schiefwinkligen Grundriß des Gebäudes ironisiert.

A 31 Haus der Seefahrt

A 32 Historisches Ensemble Deichstraße
A 32.1 Bürgerhäuser und Speicher

Deichstraße 19–27, 37–49, 32, 42, Altstadt
Architekten: Grundmann, Rehder, Zeuner bzw. Grundmann, Rehder (Restaurierung bzw. Rekonstruktion Nr. 21–27, Nr. 39, Nr. 43, Nr. 47). Rüdiger Klamp (Restaurierung Nr. 19). Planungsgruppe Nord, Glienke + Hirschfeld (Restaurierung Nr. 32)
17., 18. u. 19. Jahrhundert; Teilzerstörung 1943; Restaurierung und Rekonstruktion 1972, 1973–85

A 32.2 Deichstraßenhof

Deichstraße 34, Altstadt
Architekten: Planungsgruppe Nord, Glienke + Hirschfeld; Mitarbeiterinnen: Karin Folkers, Eva Rintz
1982/83

A 32.3 Wohn- und Geschäftshaus

Deichstraße 35, Altstadt
Architekten: Planungsgruppe Nord, Glienke + Hirschfeld
1980–82

Ensemble von neun barocken Bürgerhäusern, z. T. rekonstruiert, dem Fleetspeicher Deichstraße 27 (um 1780) sowie vier Gebäuden, die typisch für den Wiederaufbau der Innenstadt nach dem Großen Brand von 1842 sind (Nr. 19–23 und Nr. 32) – wobei Nr. 19 mit aufwendiger Stuckfassade im Rundbogenstil und ausgemalter Treppenhalle besonders herausragt. In der Deichstraße nahm die Brandkatastrophe vom Mai 1842 ihren Ausgang, der weite Teile der Innenstadt zum Opfer fielen. Am 5. Mai gegen ein Uhr morgens brach das Feuer im rückwärtigen Speicher von Deichstraße 38 (oder 44?) aus; mit Deichstraße 25 – Gaststätte »Zum Brandanfang« – ergriffen die Flammen zum ersten Mal die andere Straßenseite. Das nur teilzerstörte Gebäude wurde mit einer schlichten Putzfassade wiederhergestellt. An die Erbauungszeit etwa Mitte des 17. Jahrhunderts erinnert noch das Renaissanceportal, das beim Wiederaufbau demoliert wurde,

A 32 Historisches Ensemble Deichstraße

um ebenfalls unter Putz verschwinden zu können, und erst 1974 wieder freigelegt wurde.

Der Originalzustand der meisten Gebäude ist nur noch mit den Fachwerkfronten an der Fleetseite überliefert. Die straßenseitigen Fassaden wurden dagegen im ausgehenden 19. Jahrhundert, als sich die Deichstraße von einer Kaufmannsadresse zur Kleine-Leute-Gegend wandelte, dem herrschenden Architekturgeschmack angepaßt und erhielten Schaufenster mit gußeisernen Stützen. Beispielhaft hierfür sind das Althamburger Bürgerhaus Nr. 37 (vgl. unten), Nr. 39 (um 1700) mit einem schönen Stufengiebel mit Blumen- und Früchtegirlanden nach niederländischem Vorbild, wie er für die Hamburger Bürgerhäuser der zweiten Hälfte des 17. Jahrhunderts auch allgemein typisch war, Nr. 41 (im Kern um 1700), Nr. 43 (1697, Fleetseite 1738) und Nr. 45 (1698). Einen Eindruck von der Hamburger Bürgerhausarchitektur der Barockzeit vermitteln dagegen nur noch die beiden Backsteinfassaden Nr. 47 (um 1658) und Nr. 49 (1749) mit Gesimsen und Portalen in Sandstein, wobei es sich jedoch um teilweise bzw. völlige Rekonstruktionen handelt (Nr. 47 mit einem Renaissanceportal, das ehemals zu Nr. 29 gehörte). Von Nr. 42 ist nur die straßenseitige Fassade erhalten (um 1760).

1972 wurde der Verein «Rettet die Deichstraße e.V.« gegründet, um zu verhindern, daß das für Hamburg einzigartige historische Ensemble einer Straßenverbreiterung geopfert wurde. Erhebliche erste Mittel zur Restaurierung der Gebäude wurden durch Privatinitiative aufgebracht, wobei der Antiquitätenhändler Eduard Brinkama eine zentrale Rolle spielte, der bereits »Pöseldorf« erfolgreich revitalisiert hatte. Die weitere Finanzierung sicherte die förmliche Erklärung der Straße zum Sanierungsgebiet nach dem Städtebauförderungsgesetz. Sensible Baulückenschließungen – Deichstraße 34 und 35 – fügten die heterogenen Bauten wieder zu einem stimmigen Ensemble zusammen. Eine um so schwerwiegendere Beeinträchtigung stellt daher der grobschlächtige Neubau der Landeszentralbank dar – Architektengruppe Westermann und Pysall (1976–81).

A 32.4 Althamburger Bürgerhaus

Deichstraße 37, Altstadt
Architekten: Planungsgruppe Nord, Glienke + Hirschfeld und Schiefler & Denker; Mitarbeiter: Jan Schulz (Restaurierung und Umbau)
1686; Umbau 1750; Fassade 1842; Ladeneinbau 1893; Restaurierung und Umbau 1979–81

Das letzte Beispiel eines barocken Bürgerhauses in Hamburg, das auch im Innern noch weitgehend den Zustand des 17. und 18. Jahrhunderts widerspiegelt. Nur die straßenseitige Fassade wurde beim Großen Brand beschädigt und im damaligen Geschmack erneuert. Als »Außendeichhaus« errichtet, d. h. auf einem der schmalen Grundstücke zwischen der Straße, die den mittelalterlichen Deichverlauf markiert, und dem Fleet, vereinigte es unter einem Dach das Wohnhaus des Kaufmanns, sein Kontor und seine Lagerräume – letztere an den wasserseitigen Luken (heute verglast) und dem Windenausleger im Giebel ablesbar.

Zentrum des Hauses war die zweigeschossige Diele, die nicht nur als repräsentatives Entree diente, sondern auch ein Arbeitsraum war, denn durch einen Schacht oberhalb einer Deckenluke (nicht mehr erhalten) konnte das Lagergut von den Speicherböden bis in das Erdgeschoß herabgelassen und dort gewogen, sortiert oder umgepackt werden. Das Gebäude wurde nach seiner Restaurierung mit dem geretteten Inventar des »Althamburger Bürgerhauses« am Grimm eingerichtet, das bis zu seiner Zerstörung 1943 ein beliebtes Traditionsrestaurant war.

A 33 Historisches Ensemble Cremon

Cremon 33–36, Altstadt
Architekt: Gustav Schrader (Nr. 36)
18. und 19. Jahrhundert

A 33 Historisches Ensemble Cremon

Ensemble von vier Fleetspeichern. Das älteste Gebäude stellt Nr. 35 aus dem späten 18. Jahrhundert dar (Straßenfassade 1897), wenig später wurde Nr. 34 errichtet (kurz nach 1800), ein massiver Backsteinrohbau, der zur Straße hin mit dem beziehungsreichen Sandsteinrelief eines zwischen Ballen und Fässern ruhenden Merkur geschmückt ist. Unscheinbar präsentieren sich die Putzfassaden von Nr. 33 (1868/69), wogegen mit Nr. 36 (1884) die aufwendige Backsteingotik der »Hannoverschen Schule« auftaucht.

A 34 Gehrckens Hof

Bei dem Neuen Kran 2, Altstadt
Architekten: Wunsch & Mollenhauer
1956/57

Kontorhaus mit auffälliger Skelettfassade in Form einer feingliedrigen, lamellenartigen Struktur, aus der modische Dreieckserker hervorkragen. Auffällig ist auch hier wieder die repräsentative Gestaltung des Eingangsbereichs, diesmal jedoch nicht hanseatisch gediegen in Edelholz und Travertin, sondern im optimistisch gestimmte »Nierentisch-Stil« der Wiederaufbaujahre, für den bunte Mosaiken, pastellfarbene Anstriche und mit Sternchen perforierte Messinglampen beispielhaft sind.

A 35 Historisches Ensemble Reimerstwiete

Reimerstwiete 17–21, Altstadt
18. und 19. Jahrhundert

Die Reimerstwiete war ursprünglich eine schmale Gasse mit kaum mehr als Fußwegbreite (vgl. die Pflasterung) und bildete eine der wenigen Querverbindungen über die Cremoninsel. Die Gruppe von fünf Wohn- und Lagergebäuden entstand von den 1760er Jahren bis in das frühe 19. Jahrhundert, wobei Nr. 18 die älteste Bauschicht markiert (1761). Die schlichten Fachwerkfassaden weisen die Straße als eine ehemals unterbürgerliche Adresse aus.

A 36 Kaufmannshof

Bei den Mühren 69/Katharinentwiete, Altstadt
Vorderhaus 1834; Speicher 1846; Hofgebäude 1990

Die Katharinentwiete markiert den Verlauf des ehemaligen Katharinenfleets, nach dem Zweiten Weltkrieg mit Trümmerschutt verfüllt, das im Mittelalter noch kaum mehr als ein schmaler Entwässerungsgraben für die Cremoninsel war und erst 1512 bis 1521 zu einem schiffbaren Fleet ausgebaut wurde. Die Bedeutung des Ensembles »Kaufmannshof« liegt weniger in seiner architektonischen Qualität als vielmehr in seiner baulichen Struktur. Mit ehemaligem Fleetspeicher, Hofgebäude (ursprünglich frühes 18. Jahrhundert, heute erneuert) und Vorderhaus (Fassade 1892 verändert) stellt der Komplex das letzte Beispiel eines »Binnendeichhauses« auf den tiefgeschnittenen Grundstücken innerhalb der Fleetinseln dar, das sich aus eben diesen drei Bestandteilen zusammensetzte (vgl. hierzu im Unterschied das »Außendeichhaus« Deichstraße 37, Nr. A 32.4).

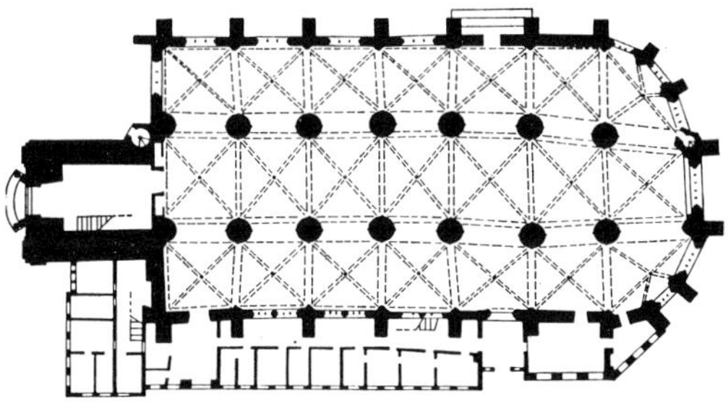

A 37 Evangelisch-lutherische Hauptkirche St. Katharinen

A 37 Evangelisch-lutherische Hauptkirche St. Katharinen

Katharinenkirchhof 1, Altstadt
Architekten: Peter Marquard (Turmhelm). Johann Nikolaus Kuhn (Turmfassade). Hopp & Jäger (Wiederaufbau)
Turmschaft z. T. 3. Viertel des 13. Jahrhunderts; Baubeginn nach 1350, Fertigstellung um 1450; Turmhelm 1656/57; Turmfassade 1732–37; Sakristei an der Südseite 1791/92; Zerstörungen 1943 und 1944; Wiederaufbau 1950–56; Rekonstruktion Turmhelm 1955–57

Die Vorläuferin der heutigen St.- Katharinen-Kirche bestand schon um 1250. Von jenem Bau stammen noch die Spitzbogenblenden des Turmschafts mit den wulstförmigen Profilen. Der hochgotische Neubau des Kirchenschiffs reiht sich hinsichtlich der mit Dienstbündeln kantonierten Rundpfeiler, der auffälligen Profilierung der Scheidarkaden und der in sich gebusten

Gewölbe zwar in die Gruppe der Kirchen um St. Johannis in Lüneburg ein (vgl. die Hauptkirche St. Jacobi, Nr. A 55), weicht von diesem charakteristischen Hallenkirchenschema aber als Pseudobasilika mit verschlossenen Fensteröffnungen im Obergaden – im Langhaus offenbar niemals geöffnet – in einem entscheidenden Punkt ab. Außergewöhnlich ist auch der unregelmäßige siebenseitige Chorschluß.

Die ehemals reiche Ausstattung der Kaufmannskirche ging im Zweiten Weltkrieg verloren. Konnte das äußere Erscheinungsbild einschließlich des Turmhelms wiedergewonnen werden, so trug die betont karge Wiederherstellung des Innenraums dem Umstand Rechnung, daß 1945 kaum mehr als die Umfassungsmauern und der Turmstumpf erhalten waren. Nur die Epitaphien von Senator Caspar Moller (1618) und Georg von der Fechte (nach 1630) erinnern noch an den einstigen sozialen Status des Kirchspiels; das Epitaph der Bürgermeisterfamilie Wetken (1566) stammt dagegen aus der Ruine von St. Nikolai, wo es 1842 geborgen wurde. Die moderne Bebauung an der Südseite entspricht einer alten Hamburger Gepflogenheit; auch schon vor der Kriegszerstörung waren hier Gemeindebauten angefügt.

A 38 Historisches Ensemble Zippelhaus
A 38.1 Zippelhaus

Zippelhaus 3, Altstadt
Architekten: Carl Elvers
1890/91

A 38.4 Katharinenhof

A 38.2 Transporthaus

Zippelhaus 4, Altstadt
Architekten: Martin Haller (Ursprungsbau). Oppermann (Restaurierung)
1890/91; Restaurierung 1992/93

A 38.3 Nobelshof

Zippelhaus 5, Altstadt
Architekt: Martin Haller
1894–96

Als gemischte Wohn- und Kontorhäuser errichtet, verdeutlicht das Ensemble Zippelhaus die schrittweise Tertiärisierung der ehemaligen Wohnviertel der Altstadt, die in diesem Bereich mit dem Bau der Speicherstadt bereits in den 1890er Jahren konkrete Formen annahm. Darüber hinaus stellt die vielgestaltige Bautengruppe ein herausragendes Zeugnis für die gründerzeitliche Architektur in der Hansestadt dar, wofür nicht nur die bedeutenden Urheber der Entwürfe stehen, sondern auch der gestalterische Aufwand, zumal im Hinblick auf die Werksteingliederungen an den Backsteinfassaden statt der in Hamburg allgemein üblichen Stuckdekorationen.

Von der Sandsteinfront des palazzoartigen Nobelshofs, dem ehemaligen Verwaltungsgebäude der Dynamit Nobel AG, das später an die Seeberufsgenossenschaft wechselte, sind nur noch die Sockelgeschosse erhalten. Im Zweiten Weltkrieg teilweise ausgebrannt, mußten die erhaltenen Fassaden des Piano nobile und des Attikageschosses abgetragen werden, um dem neuen Leitbild der verringerten Bebauungsdichten Genüge zu tun. Eine Schließung dieser Lücke wäre im Interesse der Stadtbildpflege. Daß dies nicht nur Rekonstruktion oder historisierende Anpassung bedeuten muß, belegt auf überzeugende Weise die Wiederherstellung des Katharinenhofs.

A 38.4 Katharinenhof

Zippelhaus 1–2, Altstadt
Architekten: Hinrich Fitschen (Ursprungsbau). Gössler + Schnittger; Mitarbeiterinnen: Kerstin Döring, Christin Rybakowski, Andrea Kolthoff (Instandsetzung und Ergänzung)
1890/91; Zerstörung 1943; Instandsetzung und Ergänzung 1990, 1991–93

Der Katharinenhof, das ehemalige Frachtenhaus (vgl. den Reliefschmuck, der thematisch auf Lagerei und Spedition Bezug nimmt), hatte im Zweiten Weltkrieg seine Südwestecke eingebüßt. Bei der Instandsetzung und Ergänzung stand die Wiederherstellung des Gebäudevolumens im Vordergrund; weniger gesucht wurde dagegen nach verwandten Strukturen und Materialqualitäten. Auf diese Weise zeichnet die neue Fassade nicht nur die Kriegszerstörungen nach, sondern vermittelt das Gebäude auch mit dem schlichten Wiederaufbau in seiner Nachbarschaft.

A 39 Spiegel-Hochhaus und IBM-Hochhaus

Brandstwiete 19/Ost-West-Straße 23, Altstadt
Architekten: Kallmorgen & Partner; Mitarbeiter: Helmut Dierks

1963, IBM-Hochhaus 1965–67, Spiegel-Hochhaus 1967/68
Die beiden Punkthochhäuser, von den schmalen, zweibündigen Grundrissen her gesehen zwei Nachzügler der Wiederaufbaujahre, bilden ein markantes Ensemble. Dabei besteht der Reiz nicht nur in der subtilen Zuordnung der flachen und aufstrebenden Baukörper, sondern vor allem auch in den unterschiedlichen Fassadenlösungen, die hier gleichsam idealtypisch gegenübergestellt werden. Denn verbirgt sich die Konstruktion des IBM-Hochhauses hinter einer dunkelgefärbten Glashaut, die durch das feingliedrige Sprossenwerk und die sichtbaren Schraubenköpfe wie auf das Gebäudeskelett geheftet wirkt, so wird sie beim Spiegel-Hochhaus demonstrativ nach außen gekehrt. Tragende Funktion üben hier neben dem Erschließungskern und jeweils einer Mittelstütze in den beiden gegeneinander versetzten Büroflügeln lediglich die außenliegenden Stützen an den umlaufenden Galerien aus.

A 40 Bürgerhaus

Ost-West-Straße 47, Altstadt
1761/62
Der letzte authentische Vertreter des sogenannten »Sonnin-Barocks«, so benannt nach Ernst Georg Sonnin (1709–94), einem der beiden Architekten der Hauptkirche St. Michaelis. Derartige Backsteinbauten mit Schweifgiebeln, Quaderlisenen und applikenhaftem Sandsteindekor beherrschten früher das Bild der Hamburger Kaufmannsviertel wie z. B. die ehemalige Gröningerstraße, die beim Wiederaufbau unter der Ost-West-Straße verschwand und heute nur noch als Reststreifen vor Ost-West-Straße 47 und seinen Nachbargebäuden erhalten ist.

A 41 Asia-Haus

Ost-West-Straße 49, Altstadt
Architekten: George Radel (Ursprungsbau). Ockelmann, Rottgardt, Partner; Mitarbeiter: Michael Gloe (Sanierung)
1906; Hofbebauung 1909; Sanierung 1986, 1987/88
Kontorhaus mit aufwendiger Sandsteinfassade, deren Dekor Reichsadler mit fernöstlichen Motiven als Verweis auf den im Asienhandel tätigen Bauherren kombiniert. Auch die repräsentative Treppenhalle mit Jugendstilkacheln und umlaufenden Galerien sowie die beiden langgestreckten Hofflügel, deren einer fast die gesamte Blocktiefe durchmißt (Durchgang vom Transporthaus Zippelhaus 4), machen das Asia-Haus zu einem überaus imponierenden Zeugnis der Kontorhausarchitektur vor dem Ersten Weltkrieg – allerdings erst wieder, nachdem Ende der 80er Jahre die Spuren der Kriegszerstörungen und jahrzehntelanger Vernachlässigung beseitigt wurden.

A 42 Zürich-Haus

Domstraße 17–21, Altstadt
Architekten: v. Gerkan, Marg & Partner; Projektleitung:

A 40 Bürgerhaus

Nicolas Goetze; Mitarbeiter: Thomas Haupt, Stefan Lohre, Antje Luchs, Marion Mews
1988 W, 1989–92
Die Domstraße, ein typisches Ergebnis der »autogerechten« Wiederaufbauplanungen, ist durch die hintereinandergestaffelten Hochhausscheiben durchaus nicht ohne Reiz. Demgegenüber versucht das Zürich-Haus »Stadtreparatur« im Sinne der 80er Jahre, indem es sich sklavisch an die Fluchtlinien des schiefwinkligen Grundstücks hält (was bei der kammförmigen Struktur des Gebäudes zwangsläufig einen wenig eleganten Baukörper zur Folge hatte). Bemerkenswert sind die gebäudehohen Glashallen als Pufferzone zur stark befahrenen Straße. Überdruß erweckt hier mittlerweile aber, wie auch anderenorts, der Anblick von Klinker, der das Zürich-Haus zusammen mit dem Neuen Dovenhof (vgl. Nr. A 47) zu einem Vorposten des benachbarten Kontorhausviertels macht, das nun von allen Seiten wie ein blaurotes Massiv in den Stadtraum ragt: eine vielleicht allzu einfache Antwort auf eine komplexe Situation!

A 43 Afrika-Haus

Große Reichenstraße 27, Altstadt
Architekten: Martin Haller und Hermann Geißler
1899
Kontorhaus mit auffälliger Keramikverkleidung für die Reederei Carl Woermann. Die Skulpturen eines farbigen Kriegers am Haupteingang (Walter Sintenis, 1901) und zweier Elefanten im Hof (Carl Börner) sowie der

A 42 Zürich-Haus
A 47.1 Neuer Dovenhof

schmiedeeiserne Palmenschmuck am Tor verweisen darauf, daß die Liniendienste der Reederei die afrikanischen Kolonien des Deutschen Reiches erschlossen. Adolph Woermann, der Sohn und Geschäftsnachfolger von Carl Woermann, war denn auch eine der treibenden Kräfte der deutschen Kolonialpolik.

A 44 Ehem. Persiehlhaus

Domstraße 9, Altstadt
Architekt: Alfred Bliemeister
1957/58
Die expressive Gliederung der Fassaden durch Vertikalrippen, die Kragdächer – im Dachgeschoß mit »Himmelsklos« (kreisrunden Lichtöffnungen) – und die auffällige Zweifarbigkeit des Keramikverblenders – elfenbein und ziegelrot – machen den extravaganten Entwurf zu einem der seltenen Hamburger Beispiele für den »Nierentisch-Stil« der Wiederaufbaujahre.

A 45 Ehem. Fischmarktapotheke

Alter Fischmarkt 3, Altstadt
Architekt: Friedrich R. Ostermeyer
1950

Klinker spielte beim Hamburger Wiederaufbau kaum noch eine Rolle. Eine wichtige Ausnahme bildet das kleine Geschäftshaus am Alten Fischmarkt, bei dem Friedrich R. Ostermeyer auch hinsichtlich der verstrichenen und gefärbten Stoßfugen und der horizontalen Gliederung des Staffelgeschosses auf typische Motive seiner Vorkriegsbauten zurückgriff. Details wie die stehenden Fensterformate oder die Werksteinverkleidung der Ladenfront verweisen jedoch auch darauf, daß sich der Architekt in der NS-Zeit immer stärker von der Sachlichkeit der Weimarer Republik zu einem eher traditionalistischen Bauen hin orientiert hatte.

A 46 Bürgerhaus

Schopenstehl 32–33, Altstadt
Architekten: Arthur Viol (Ursprungsbau). Planungsgruppe Nord, Glienke & Hirschfeld (Umbau und Restaurierung)
Fassade um 1780; Gebäude 1885–88; Umbau und Restaurierung 1986–88
Die aufwendig dekorierte Doppelhausfassade, ursprünglich eine weitaus schlichtere Backsteinfront mit gequaderten Lisenen und Sandsteingliederungen (vgl. Ost-West-Straße 47, Nr. A 40), wurde in der Gründerzeit in einen Neubau einbezogen und verputzt. Befremden erweckt der aktuelle Anstrich in pastellgelb und rosa. Er entspricht zwar dem denkmalpflegerischen Befund, dürfte mit seiner Assoziation an Mainsandstein aber wohl eher in den Würzburger Raum passen.

A 47 Neuer Dovenhof und Bürgerhaus
A 47.1 Neuer Dovenhof

Brandstwiete 1, Altstadt
Architekten: Kleffel, Köhnholdt, Gundermann
1988 W, 1991–94
Die Architekten zeigten wieder Mut zum Hochhaus, was an dieser Stelle durchaus nicht zum Schaden des Stadtbilds war – und angesichts der viel zu hohen Geschoßflächenzahl wohl auch die einzige vertretbare Lösung gewesen ist (die ihrerseits wiederum eine Voraussetzung dafür bildete, daß das Bürgerhaus Kleine Reichenstraße 7 erhalten werden konnte, vgl. Nr. A 47.2). Die niedrigeren Seitenflügel, die das Hochhaus maßstäblich mit seinem Umfeld vermitteln, umschließen einen überdachten Lichthof von überwältigenden Ausmaßen. Auffällig ist die zusätzliche äußere Verglasung der Fensteröffnungen, die einen Lärm- und Sonnenschutz darstellt und den vorhangartigen Charakter der Klinkerfronten unterstreicht.

A 47.2 Bürgerhaus

Kleine Reichenstraße 7, Altstadt
Kellergewölbe vermutl. 14. Jh.; Kernbau 2. Hälfte 18. Jh.; Fassade und Innenausbau um 1830
Spätklassizistischer Putzbau mit repräsentativer Eingangsdiele, der in sich gleich mehrere für die Entwicklung der Altstadt beispielhafte Bauschichten birgt. Heute ist das Gebäude als selbständiger Baukörper in den Komplex des Neuen Dovenhofs integriert.

A 48 Kontor- und Wohnhaus
Kleine Reichenstraße 20/Schopenstehl 31, Altstadt
Architekt: Carl Elvers
1885/86
Gemischtes Wohn- und Kontorhaus mit Ladengeschäften. Der Prozeß der Citybildung wurde in diesem Gebiet durch den Bau der Speicherstadt und andere städtebauliche Neuordnungsmaßnahmen begünstigt, wie die Verfüllung des Reichenstraßenfleets 1879/80, in deren Folge die Nordseite der Kleinen Reichenstraße neu bebaut werden konnte. Wenige Jahre später entstanden um den Alten Fischmarkt herum auch die ersten reinen Kontorhäuser.

A 49 Deutsch-Iranische Handelsbank
Hopfensack 2, Altstadt
Architekt: Gottfried Böhm
1989/90
Der Architekt, sonst eigentlich nicht gerade für Berührungsängste gegenüber historischen Bauten bekannt, setzte bei der Bewältigung einer Baulücke in prominenter Nachbarschaft – das Chilehaus und andere Inkunabeln des Backsteinexpressionismus – lieber auf Bewährtes: Lochfassaden in Ziegel, aufgelockert durch filigranes Sprossenwerk, z. B. an der wintergartenartig aufgelösten Gebäudeecke. Auch das kühle Patinagrün der Kupferdächer, das so schön mit blaugebranntem Klinker korrespondiert, durfte dabei nicht fehlen.

A 50 Ehem. Gebäude der Landherrenschaft und Polizeiwache
Klingberg 1, Altstadt
Architekt: Hochbauwesen, Albert Erbe
1906–08
Hamburger Bürgerhausbarock des 18. Jahrhunderts ziert das stattliche Dienstgebäude, in dem neben einer Polizeiwache auch die Verwaltung der Hamburger Landgebiete untergebracht war (vgl. den Skulpturenschmuck, der auf Fischerei und Landwirtschaft hinweist).

A 51 Kontorhausviertel
Steinstraße/Mohlenhofstraße/Burchardplatz/Burchardstraße/Altstädter Straße/Niedernstraße/Pumpen/Meßberg u.a., Altstadt
Architekten: Max Bach. Distel & Grubitz. Hans und Oskar Gerson. Fritz Höger. Rudolf Klophaus. Klophaus, Schoch, zu Putlitz. Fritz Wischer u. a.
Planungsbeginn 1904; Bebauungsplan 1912, 1914/15 W, 1921–43; Zerstörungen 1943 und 1944; Wiederaufbau bis ca. 1950
Eines der Sanierungsgebiete nach der Cholera-Epidemie von 1892. Die ersten Abbrüche in der südlichen Altstadt erfolgten 1913. Im ersten Kriegsjahr wurde auch noch ein Wettbewerb zur Erlangung von Bebauungsvorschlägen für das Gebiet zwischen Steinstraße

A 51 Kontorhausviertel (Aufnahme von 1929)

und Meßberg ausgeschrieben, bei dem u. a. schon die Grundzüge des berühmten Chilehauses festgelegt wurden, allerdings noch mit stumpfer Spitze. Ursprünglich als gemischtes Wohn- und Arbeitsviertel geplant, entstand hier in der Weimarer Republik dann aber doch hauptsächlich Kontorraum, wenn auch zwischenzeitlich teilweise für Wohnzwecke genutzt. Erst die ökonomischen Folgen der Weltwirtschaftskrise und der nationalsozialistischen Autarkiepolitik führten dazu, daß die restlichen Flächen an der Steinstraße ab 1934 auch wieder mit Wohnungsbau aufgefüllt wurden.

Der Baubeginn in der Inflationszeit und die spektakulären architektonischen Lösungen, allen voran das Chilehaus mit seiner bugartigen Spitze, machten das Kontorhausviertel schon bald zu einem Symbol des wirtschaftlichen und kulturellen Neubeginns nach dem Zusammenbruch des Kaiserreichs. Während der Kriegsjahre kaum zerstört, wurde der Kontorhauskomplex 1945 von den Besatzungskräften beschlagnahmt und erst Ende der 40er Jahre wieder freigegeben. Einschneidende Veränderungen vollzogen sich in den vergangenen Jahren vor allem hinter den Fassaden. So wurde das Chilehaus fast völlig entmietet, weil die ursprünglichen Nutzer eine Verdoppelung der Büromieten nicht verkraften konnten.

A 51.1 Chilehaus

Burchardplatz 1/Burchardstraße/Fischertwiete/Pumpen
Architekt: Fritz Höger
1922–24

Die beiden Grundstücke beiderseits der Fischertwiete wurden 1921 von Henry Brarens Sloman gekauft, einem der führenden Produzenten und Importeure von Chile-Salpeter, der über Devisen verfügte und somit das Projekt noch während der Inflationszeit in Angriff nehmen konnte. Das Chilehaus ist keine geniale Schöpfung aus einem Guß, wie gerne tradiert wird. An Högers Entwurf überzeugte anfänglich wohl vor allem der Vorschlag, die Fischertwiete zu überbauen. Erst im Laufe des weiteren Entwurfsprozesses schälte sich auch der Gebäudeumriß in seiner wahrzeichenhaften Prägnanz heraus. Insgesamt will Höger nach eigener Aussage 17 Änderungsanträge betreffs der Baufluchtlinien an den Senat eingereicht haben, um die gewünschte Form mit der scharfen Bugspitze und der elegant gekurvten Südfassade verwirklichen zu können. Auch Fritz Schumacher und die Baupflegekommission griffen beratend in die Planungen ein.

A 51.1 Chilehaus

A 51.2 Meßberghof

Mit 36 000 m^2 Geschoßfläche war das Chilehaus vor dem Zweiten Weltkrieg eines der größten deutschen Bürohäuser. Im Innern ein moderner Eisenbetonskelettbau mit flexibel einteilbaren Geschoßflächen, zeigen vor allem die massiv aufgeführten Klinkerfassaden die ganze handwerkliche und künstlerische Meisterschaft Högers. Die Obergeschosse werden durch ein feingliedriges Stakkato von dreieckigen Klinkerlisenen rhythmisiert, wobei jede siebente Ziegelschicht, um 45 Grad gedreht, zum Binder im Fassadenmauerwerk wird. Die Tudorbögen an der Fischertwiete umgibt ein rautenförmiger Verband, der wie ein Kreuzstichmuster wirkt. Von Richard Kuöhl stammen die wie Wogen geschuppten Terrakotten an den Arkaden, die zusammen mit der «Galionsfigur« des Andenkondors an der Gebäudespitze, ebenfalls von Kuöhl, die Schiffssymbolik des Chilehauses unterstreichen.

A 51.2 Meßberghof

Meßberg 1
Architekten: Hans und Oskar Gerson (Ursprungsbau). Schweger & Partner (Umbau und Wiederherstellung des Daches)
1923/24; Umbau und Wiederherstellung des Daches 1991, 1993–95

Sind die Obergeschosse des Chilehauses in eine Skelettstruktur aufgelöst, so hebt sich der benachbarte Meßberghof demgegenüber durch seine flächige Fassadenausbildung und seine kompakte Gebäudeform ab. Der massige Bau wirkt aber kaum weniger gotisierend, wozu neben dem kristallinsplittrigen Dekor der Eingänge vor allem die monumentalen Strebepfeiler an den Fronten beitragen. Sie waren ursprünglich zudem mit Skulpturen von Ludwig Kunstmann geschmückt, die in ihrer Anordnung an mittelalterliche Sakralplastik erinnerten.

A 51.3 Sprinkenhof

Burchardstraße 6–14/Altstädter Straße/Springeltwiete/Johanniswall
Architekten: Hans und Oskar Gerson. Fritz Höger (1. BA). Fritz Höger (2. und 3. BA)
1. BA 1927/28; 2. BA 1930–32; 3. BA 1939–43; Teilzerstörung 1943; Wiederaufbau 1947/48

Der charakteristische Dekor des Mittelteils ist wohl von einem Entwurf der Gebrüder Gerson für eine »Heldengedächtnishalle« auf dem Ohlsdorfer Friedhof (1921) inspiriert; hierfür hatten die Architekten ebenfalls einen Kubus mit Rautenmuster vorgeschlagen. Die Terrakottaknöpfe mit Darstellungen, die auf Handel, Technik, Schiffahrt und Handwerk verweisen, stammen von Ludwig Kunstmann. Ungewöhnlich für ein Kontorhaus ist die Lochfassade, die sich jedoch durch den provisorischen Einbau von 120 Wohnungen erklärt, der auf zehn Jahre befristet sein sollte. Dieser Ursprungsbau wurde von Höger zweimal erweitert, zuerst um den Westflügel, dann um den schon bald nach seiner Fertigstellung bei einem Luftangriff ausgebrannten Ostflügel, so daß der Sprinkenhof mit 52 000 m^2 Geschoßfläche schließlich zeitweilig eines der größten Bürohäuser in Europa war.

A 51.5 Post- und Fernmeldeamt

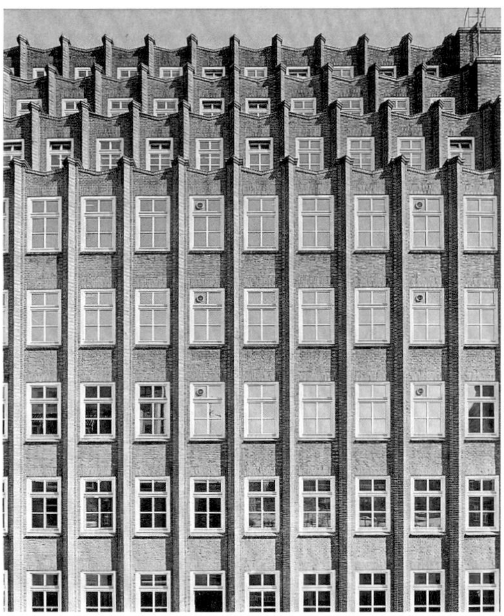

A 51.6 Montanhof

A 51.4 Mohlenhof

Burchardstraße 17
Architekten: Klophaus, Schoch, zu Putlitz
1928/29

Die flächigen Fassaden, nur durch eine Hermesskulptur von Richard Kuöhl akzentuiert, markieren nicht nur den Trend zur Versachlichung Ende der 20er Jahre, sondern stellen auch ein Ergebnis baupflegerischer Bemühungen dar: Um dem benachbarten Chilehaus nicht seine Einzigartigkeit zu nehmen, mußten die Architekten ihren zuvor expressionistisch gestimmten Entwurf überarbeiten und auf die geplanten Vertikalgliederungen und Dreiecksöffnungen verzichten.

A 51.5 Post- und Fernmeldeamt

Niedernstraße 10
Architekten: Postbauverwaltung, Postbaurat Thieme
1924–26

Das Amtsgebäude ordnet sich mit seiner Klinkerfassade problemlos in das Kontorhausensemble ein. Auch mit den enggereihten Dreieckslisenen nimmt der Entwurf ein Charakteristikum der Nachbarbauten auf.

A 51.6 Montanhof

Kattrepel 2
Architekten: Distel & Grubitz
1924–26

Die effektvoll durch Dreieckserker aufgefaltete expressionistische Klinkerfassade belegt einmal mehr die Virtuosität, mit der sich das Büro Distel & Grubitz den jeweils herrschenden Architekturmoden anzupassen verstand – vom süddeutsch geprägten Reformstil des Vorlesungsgebäudes der Universität (1911, vgl. Nr. D 16) bis zur nationalsozialistischen Monumentalgeste des Generalkommandos der Wehrmacht an der Sophienterrasse (1936, vgl. Nr. D 47).

A 51.7 Haus Hubertus

Steinstraße 27
Architekten: Max Bach und Fritz Wischer
1930/31

A 51.7 Haus Hubertus

Einer der sachlichsten Hamburger Kontorhausentwürfe der Vorkriegszeit. Die Fensterstützen treten an den Fassaden nicht mehr als Vertikalgliederungen in Erscheinung, sondern werden mit den Fenstern durch Gesimse zu Bändern zusammengezogen. Die Einmündung der Burchardstraße wird hochhausartig betont, eine Wirkung, die ursprünglich noch durch auffällige Werbeschriften verstärkt wurde. Das umlaufende, verglaste Erkerband in Höhe des ersten Obergeschosses mußte schon in den 30er Jahren der heutigen Lochfassadenlösung weichen.

A 52 Heinrich Bauer Verlag

Burchardstraße 11, Altstadt
Architekten: Graaf, Schweger & Partner
1977 W, 1978–83
Respektvolle Zurückhaltung gegenüber dem prominenten Umfeld – Chilehaus, Sprinkenhof, Meßberghof – war hier offenkundig das Bestreben der Architekten, nicht gestalterische Signifikanz um jeden Preis. Der Reiz des Gebäudes liegt deshalb vor allem in der »sauberen« und schlüssigen Detaillierung wie den asymmetrischen, dreieckigen Vorlagen oder den Falzen der Kupfermanschetten. Ihr Zusammenspiel verleiht den Fassaden eine Vielgliedrigkeit, die die Textur der expressionistischen Klinkerfronten fortsetzt, ohne sie im Detail zu kopieren.

A 53 Altstädter Hof

Steinstraße 13–19a/Mohlenhofstraße/Altstädter Straße/Altstädter Twiete/Springeltwiete, Altstadt
Architekt: Rudolf Klophaus
1936/37
Geschoßwohnbau mit traditionalistischem Habitus. Aber auch Motive des Neuen Bauens tauchen an den Klinkerfassaden mit Steildach, Erkern und Giebeln unvermutet wieder auf, wenn auch nur im Detail wie die Bullaugenfenster der Haustüren. Die olympischen Ringe und ein Olympionike von Richard Kuöhl im Innern der Hofeinfahrt erinnern daran, daß der Komplex im Olympiajahr 1936 errichtet wurde. Weniger der Gegenwart als einer verklärten Vergangenheit verpflichtet waren die Darstellungen vorindustrieller Berufe, ebenfalls von Kuöhl, oberhalb der Hauseingänge.

A 54 Ehem. Verwaltung der Rudolf Karstadt AG

Steinstraße 10, Altstadt
Architekt: Philipp Schäfer
1921–24
Für die ehemalige Karstadtzentrale (heute Finanzamt) griff Philipp Schäfer, der Hausarchitekt des Warenhauskonzerns, auf eine beliebte architektonische Pathosformel des späten Kaiserreichs zurück. Dabei war die Kolossalordnung hier allerdings weniger dem konventionellen Palastschema entlehnt wie etwa bei Fritz Högers HAPAG-Verwaltung (1913–19, vgl. Nr. A 71), als vielmehr Peter Behrens Entwurf für die Deutsche Botschaft in St. Petersburg (1911/12). Dem Wirken der Baupflegekommission ist es zu verdanken, daß die aufdringliche Gliederung, die in dem engen Straßenraum ohnehin kaum zur Wirkung kommt, nicht noch weiter hervortreten durfte.

A 55 Evangelisch-lutherische Hauptkirche St. Jacobi

Jakobikirchhof 22, Altstadt
Architekten: Johann Nikolaus Kuhn (Neugestaltung Westfront), Isaiah Wood (südliche Eingangshalle), Hopp & Jäger (Wiederaufbau und Neugestaltung des Turms)
Kirche: Chor und vier östliche Langhausjoche ca. 1340–60; Westteil ca. 1380 bis Anfang 15. Jahrhundert; zweites südliches Seitenschiff 1493–1508; Neugestaltung Westfront 1737–43; Renovierung 1860–63; südliche Eingangshalle 1869; Zerstörung 1944; Wiederaufbau 1951–59; Turmhelm 1959–62; Einwölbung zweites südliches Seitenschiff 1961–63; Anbauten: Sakristei 1434–38, Aufstockung 1543; nördliche Anbauten 1707/08 u. 1750.
St. Jacobi, 1255 erstmalig erwähnt, ist eine typische Hallenkirche nach dem Vorbild von St. Johannis in Lüneburg (vor 1289 begonnen), d. h. wie diese ursprünglich mit nur drei Schiffen und vier Langhausjochen, die jeweils mit einer polygonalen Apsis schließen, sowie einem Einturm im Westen. Charakterstisch für diese »Lüneburger Gruppe« – vgl. auch St. Petri und St. Katharinen (vor 1842 außerdem St. Nikolai) – sind auch die kantonierten Rundpfeiler mit vier

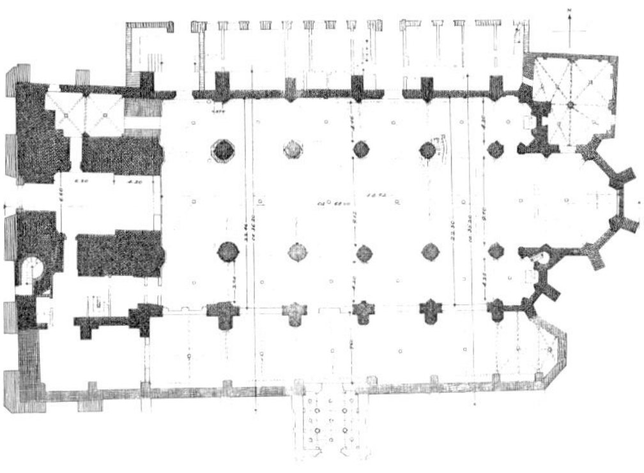

A 55 Evangelisch-lutherische Hauptkirche St. Jacobi

vorgelegten Bündeln von jeweils drei Diensten, die in sich gebusten, kuppeligen Gewölbe sowie das markante, abgetreppte Profil der pfeilerbreiten Scheidarkaden, das dem Innenraum trotz seiner gedrückten Proportionen eine eindeutige Längsausrichtung verleiht. Während das Kirchenschiff nach der Kriegszerstörung rekonstruiert wurde, stellt der neue Turmhelm von Hopp & Jäger eine kraftvolle moderne Ergänzung dar. Er ersetzt den zerstörten Turmaufsatz von Hermann Peter Fersenfeldt, einen der ersten neogotischen Entwürfe in Hamburg überhaupt (1826/27).

Das bedeutendste Ausstattungsstück ist die Orgel von Arp Schnitger (1689–93). Von den ursprünglichen Prinzipalstücken ist nur noch die Kanzel von Georg Baumann (1609/10) mit dem Schalldeckel von Johann Moltzan (1610–14, unvollständig) erhalten. Die heutige Marmortaufe stammt von 1814, als die Kirche, während der Napoleonischen Besatzung als Pferdestall entweiht, z. T. neu ausgestattet wurde. Der Lukasaltar des Maleramts (1499), bis 1804 im benachbarten Hamburger Dom aufgestellt, der St.-Trinitatis-Altar der Böttcher (vor 1518) und der St.-Petri- und St.-Annen-Altar der Fischerzunft (um 1508) sind sprechende Zeugnisse dafür, daß das Kirchspiel St. Jacobi immer das Viertel der »kleinen Leute« war. Der zweigeschossige Anbau im Nordosten des Chors mit der Sakristei und dem Kirchensaal stellt das letzte Beispiel mittelalterlicher Profanarchitektur in der Innenstadt dar (vermutlich 1543 aufgestockt). In dem angrenzenden Anbau wurde das barocke Treppenhaus des Bürgerhauses Katharinenstraße 26 eingebaut, das Hopp & Jäger vergeblich zu retten versucht hatten (1960 abgebrochen).

A 56 Evangelisch-lutherische Hauptkirche St. Petri

Speersort 10, Altstadt
Architekten: Alexis de Chateauneuf. Hermann Peter Fersenfeldt (Ursprungsbau). Johann Hermann Maack (Turmhelm). Hopp & Jäger (Wiederaufbau)
1843–49; Turmhelm 1866–78; Zerstörung des Chores 1941; Wiederaufbau 1958/59

Dem Großen Brand 1842 fiel auch die mittelalterliche St.-Petri-Kirche zum Opfer, 1195 erstmalig als »Marktkirche« der Handwerkersiedlung am »Berg« erwähnt. Ihr Ostteil wurde 1327 geweiht, während der Beginn des Turmbaus auf 1342 zu datieren ist (vgl. den originalen Türzieher mit Löwenkopf am Turmportal). 1418/19 wurde das zweite südliche Seitenschiff angefügt. 1513–16 erhielt der Turm erstmals seinen markanten oktogonalen Helm, der erst ein Vierteljahrhundert nach der Brandkatastrophe 1842 rekonstruiert wurde. Die benachbarte St.-Jacobi-Kirche, um 1340 nach dem Vorbild von St. Petri begonnen (vgl. Nr. A 55), vermittelt noch einen ungefähren Eindruck von dem ursprünglichen Zustand des zerstörten Gotteshauses, das mit Blendarkaden und Laufgängen an den Innenseiten der Umfassungswände jedoch weitaus aufwendiger gestaltet war (an der Nordseite noch vollständig erhalten).

Die offizielle Grundsteinlegung für die neue Kirche fand zwei Jahre nach der Zerstörung am 7. Mai 1844 statt. Der Wiederaufbau erfolgte in Anlehnung an den Vorgängerbau, von dem jedoch nur spärliche Reste im Neubau aufgegangen sind, vor allem im unteren Teil der Nordwand und im Turmschaft. Wesentliche Änderungen betrafen die beiden südlichen Seitenschiffe, die im Innern durch ein gemeinsames Sterngewölbe zu einer Halle zusammengezogen wurden, wogegen das vierte Schiff nach außen eigene Quer-

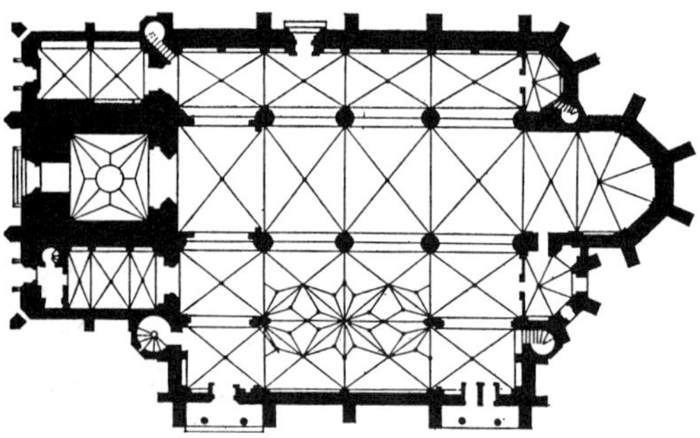

A 56 Evangelisch-lutherische Hauptkirche St. Petri

dächer auf den einzelnen Jochen erhielt und somit deutlicher als zuvor vom Hauptbau getrennt wurde. Seinem Ideal eines zentralisierenden Innenraums im Sinne einer protestantischen Predigtkirche kam de Chateauneuf außerdem mit einer erheblichen Verschlankung der Pfeiler und der Anordnung der Kanzel entgegen, die weit in das Langhaus hineinrückte.

Die Innenausstattung wurde ebenfalls von de Chateauneuf entworfen (Altar 1941 zerstört), wobei die neue Kanzel wieder die alte Bekrönung aus der Zeit um 1400 erhielt, die neben einer Steinmadonna (1470) und der Kreuzigungsgruppe auf dem Altar (um 1490) zu den wenigen erhaltenen Stücken der mittelalterlichen Originalausstattung zählt. Der bedeutende Hauptaltar von Meister Bertram (um 1380) war dagegen schon 1731 an die Dorfkirche im mecklenburgischen Grabow verschenkt worden, von wo er 1903 in den Besitz der Hamburger Kunsthalle gelangte, und blieb somit 1842 vor der Vernichtung bewahrt. Aus dem Hamburger Dom St. Marien stammen die beiden Darstellungen des heiligen Bischofs Ansgar, eine Eichenskulptur (1480–83) und ein Votivbild (um 1460), jeweils mit einer stilisierten Darstellung der Domkirche, die sich bis zum Abbruch 1804–07 in unmittelbarer Nachbarschaft südlich von St. Petri befand.

A 57 Berliner Bank

Kreuslerstraße 10, Altstadt
Architekten: Graaf, Schweger & Partner
1979–81

Baulückenschließung in einer vergleichsweise schmalen Parzelle. Bemerkenswert ist der feingliedrige Backsteinraster, der subtil auf die Gesims- und Gebäudehöhen der Nachbarbebauung abgestimmt ist und in den Kupferflächen des Dachgeschosses gleichsam als Negativform wieder auftaucht. Auch die filigranen Metallprofile der Sprossenfenster machen das Gebäude trotz seines gestalterischen »Understatements« zu einer signifikanten Erscheinung.

A 58 Kontorhausensemble Mönckebergstraße/Spitalerstraße

Mönckebergstraße/Spitalerstraße/Gerhart-Hauptmann-Platz/Barkhof, Altstadt
Architekten: Franz Bach, Carl Gustav Bensel, Henry Grell, Fritz Höger, Rambatz & Jollasse u. a. (Kontorhäuser), Hochbauwesen, Fritz Schumacher (ehem. Zentralbibliothek), Bach & Wischer, Wilhelm Fischer, Peter Pruter, R. W. Spilcker u. a. (Wiederaufbau), Arbeitsgemeinschaft Patschan, Werner, Winking und Trix und Robert Haussmann (Gutachten Neugestaltung), ASW Architekten Silcher, Werner + Partner; Mitarbeiter: Dirk Tietgen (Neugestaltung des Straßenraums)
Planungsbeginn um 1900, 1908–13; Zerstörungen 1943, 1944 und 1945; Wiederaufbau 1946–61; Gutachten Neugestaltung 1987, 1993/94

Durchbruchstraße zwischen dem neuen Hauptbahnhof von 1906 und dem Rathaus von 1897, deren Anlage nicht zuletzt auch durch den Bau der Hochbahnringlinie (1906–12) notwendig geworden war, die die Straße in gesamter Länge unterquert. Der Mönckebergstraße wurden nicht nur Teile der vorindustriellen Gängeviertel geopfert, sondern auch Gebiete, die nach dem Großen Brand 1842 neugeordnet worden waren. Im Unterschied zu den Sanierungsgebieten in der südlichen Neustadt wurde hier jedoch auf Wohnungsbau verzichtet zugunsten eines reinen Kontorhausviertels, das dem stetig steigenden Bedarf nach Büroraum in der Welthandelsmetropole entgegenkam. Das Projekt forcierte somit den Prozeß der Citybildung, der zu diesem Zeitpunkt in anderen Teilen der

Hamburger Innenstadt bereits deutliche Formen angenommen hatte.

Dem Wirken einer beratenden Kommission, an der Fritz Schumacher maßgeblich beteiligt war, ist es zu verdanken, daß sich der 29 m breite Straßenzug trotz der heterogenen Einzelentwürfe organisch den schiefwinklig aufgerissenen Baublöcken einfügte und die beiden angrenzenden Hauptkirchen wieder ein maßstabsetzendes Umfeld erhielten. Eine besondere Rolle kam dabei neben dem gleichmäßigen Rhythmus der Skelettfassaden vor allem den steilen Mansarddächern zu, die die Gebäude zu einem Ensemble zusammenschweißten und mit ihrer reichen Ausformung wieder Giebelkulissen um die steil aufragenden Kirchtürme bildeten. Die Entwürfe spiegeln die gesamte Bandbreite der Kontorhausarchitektur um 1910 wider, von Formen, die noch dem Jugendstil verhaftet sind, über die Wiederaufnahme des Hamburger Bürgerhausbarocks bis hin zu versachlichenden Lösungen, die auch allgemein zu dem Besten zählen, was die deutsche Bürohausarchitektur vor dem Ersten Weltkrieg hervorgebracht hat.

Die Brandbomben konnten die soliden Eisenbeton- bzw. Stahlskelette der Kontorhäuser zwar nicht irreparabel schädigen, der unsensible Wiederaufbau hat die Straße aber dennoch als Torso hinterlassen. Die Pfeilerfassaden des Hansehauses Mönckebergstraße 17 von Franz Bach (1911/12) und des Warenhauses Karstadt von Carl Gustav Bensel (1912/13), ehemals ein überragendes Beispiel dieser Baugattung, sind nur noch in der Grundstruktur erhalten. Fatal wirken sich auch die unartikulierten Staffelgeschosse aus, die die Vertikalen der Fassaden ins Leere laufen lassen, wie an dem Südseehaus Lange Mühren 9 von Franz Bach und Carl Gustav Bensel (1911/12) oder dem Rappolthaus Mönckebergstraße 11 von Fritz Höger (1911/12). Daß der ehemals reiche, neobarocke Giebelschmuck dieser beiden Gebäude nicht unwiederbringlich verloren sein muß, belegt die Rekonstruktion des Domhofs Mönckebergstraße 18. Einen Totalverlust bedeutet dagegen das Rolandhaus von Carl Gustav Bensel und Franz Bach (1911), das dem Kaufhaus C & A weichen mußte (1964/65).

Hatte sich in den 70er Jahren schon die Konkurrenz der dezentralen Einzelhandelszentren in Stadtrandlage bemerkbar gemacht, so führte der Ausbau des »Passagenviertels« in der Neustadt (»City West«) auch noch zu einer deutlichen Entwicklungsdisparität innerhalb der Innenstadt. Ein Gutachterverfahren mit sieben zumeist überregionalen Architektenbüros erbrachte 1985 jedoch kaum realisierbare Ergebnisse für eine Aufwertung der »City Ost«. Am Ende blieben deshalb nur noch zwei dieser Büros in der Diskussion, nämlich Robert und Trix Haussmann und ASW Architekten Silcher, Werner + Partner (eines der drei Nachfolgebüros von Patschan, Werner, Winking), die gemeinsam einen Gestaltungsrahmen für die Mönckebergstraße und die Spitalerstraße entwickelten und mittlerweile auch wiederholt mit der Neugestaltung einzelner Objekte beauftragt wurden. Außerdem zeichneten ASW 1993/94 für den Umbau beider Straßen zu großzügigen «Flaniermeilen« und ihre gestalterische Vereinheitlichung verantwortlich.

A 58.1 Versmannhaus

Mönckebergstraße 29–31
Architekten: Rambatz & Jollasse (Ursprungsbau), R. W. Spilcker (Wiederaufbau)
1910–12; Zerstörung 1943; Wiederaufbau 1949

Mit dem Versmannhaus greift die Mönckebergstraße in den Rathausmarkt. Durch eine geschickte Modellierung des Gebäudevolumens und die Überbauung der Knochenhauertwiete – wesentliche Impulse hierzu gingen von Fritz Schumacher aus – gelang es jedoch, die aufgerissene Südseite des Platzes neu zu fassen. Der Wiederaufbau des schwer zerstörten Gebäudes bedeutete eine Würdigung dieser Lösung, wenn auch zugunsten einer Beruhigung der Platzfront auf die ursprüngliche Bekrönung mit Renaissancegiebeln verzichtet wurde, die ein charakteristisches Motiv des Rathauses aufnahmen.

A 58.2 Ehem. Seidenhaus Brandt

Mönckebergstraße 27
Architekten: Henry Grell (Ursprungsbau), Peter Pruter (Wiederaufbau)
1912/13; Zerstörung 1944; Wiederaufbau 1949

Geschäfts- und Kontorhaus mit klassizierender Fassade in Kalktuff. Der monumentale Charakter der Architektur wurde ursprünglich noch zusätzlich durch ein frontispizartiges Dachhaus mit Segmentbogengiebel betont; auch das Dach war wesentlich höher. Demgegenüber wirkt die Lösung, die Peter Pruter, der spätere Büropartner von Henry Grell, für den Wiederaufbau wählte, allzu unentschieden und kraftlos.

A 58.2 Ehem. Seidenhaus Brandt (Aufnahme um 1922)

A 58.6 Hulbehaus

A 58.3 Haus Glass
Bergstraße 7
Architekt: Fritz Höger
1910/11
Das letzte Kontorhaus im »Sonnin-Barock« der Althamburger Bürgerhäuser des 18. Jahrhunderts, das noch weitgehend den Originalzustand zeigt einschließlich der filigranen Sprossenfenster. So ähnlich wirkten vor den Kriegszerstörungen auch das Rappolthaus und das Südseehaus. Obwohl das Gebäude 1943/44 nicht getroffen wurde, ist es heute doch stark durch ein geschoßhohes Fensterband im ersten Obergeschoß beeinträchtigt.

A 58.4 Commeterhaus
Bergstraße 1
Architekten: Henry Grell. Franz Jacobssen. George Radel (Ursprungsbau). Walther Hinsch (Wiederaufbau)
1907/08, Erweiterung zur Mönckebergstraße 1910; Zerstörung 1944; Wiederaufbau 1948
Von der Baugeschichtsschreibung bisher kaum gewürdigt, stellt das Commeterhaus doch einen der »reifsten« und ausgewogensten Kontorhausentwürfe vor dem Ersten Weltkrieg dar. Die Fassaden sind in eine feingliedrige, gleichmäßige Skelettstruktur aufgelöst. Vereinzelte applikenhafte Reliefdarstellungen und die sich leicht vorwölbenden Brüstungsflächen bilden den einzigen Schmuck an den betont schlichten Fronten. Von um so monumentalerer Wirkung ist die Eckkuppel, die von Skulpturen flankiert wird.

A 58.5 Domhof
Mönckebergstraße 18
Architekten: Franz Bach (Ursprungsbau). Bach & Wischer (Wiederaufbau). Asmus Werner; Mitarbeiterin: Renate Lindemann (Rekonstruktion)
1912/13; Zerstörung 1944; Wiederaufbau 1946–48; Wiederaufbau Dachgeschoß 1957; U-Bahn-Ausgang 1959; Rekonstruktion 1988/89
Ausgerechnet der Domhof, der mit seinen unorganisch angefügten, viel zu hohen Zwillingsgiebeln und der schwerfälligen Rohbauarchitektur schon vor dem Ersten Weltkrieg zu den weniger gelungenen Entwürfen in der Mönckebergstraße zählte, wurde als eines der ersten Gebäude in der Dachzone und im Schaufensterbereich rekonstruiert. Dennoch weist das Ergebnis für die weiteren Erneuerungsmaßnahmen den richtigen Weg: Nicht die Schaffung eines austauschbaren Konsumparadieses sollte das Ziel sein, sondern die Wiedergewinnung des einzigartigen Charakters der einstigen Prachtstraße.

A 58.6 Hulbehaus
Mönckebergstraße 21
Architekten: Henry Grell (Ursprungsbau). Peter Pruter (Wiederaufbau)
1910/11; Zerstörung 1943; Wiederaufbau 1947
Einer der Entwürfe in der Mönckebergstraße, die unmittelbar auf den Einfluß Fritz Schumachers zurückzuführen sind. Der kleinteilige, giebelständige Klinkerbau im Stil eines niederländischen Patrizierhauses der Renaissance sollte maßstäblich zwischen dem Chor von St. Petri und den benachbarten Kontorhäusern mit ihrer Traufhöhe von 24 m vermitteln. Derartig reiche Sandsteingliederungen waren früher in Hamburg allerdings kaum anzutreffen. Bauherr war das Kunstgewerbehaus Georg Hulbe.

A 58.7 Ehem. Bücherhalle mit Mönckebergbrunnen
Barkhof 3
Architekt: Hochbauwesen, Fritz Schumacher
1914/15
Das tempelartige Gebäude, heute wenig angemessen von einer Fast-Food-Kette genutzt, beherbergte ursprünglich eine der ersten öffentlichen Bücherhallen der Hansestadt. Der Brunnen erinnert mit einer Porträtstele an Johann Georg Mönckeberg (1839–1908), Bürgermeister während der Cholera-Epidemie 1892 und Vorsteher der Sanierungskommission zur Beseitigung der Elendsviertel, deren Wohn- und Lebensbedingungen maßgeblich zur Ausbreitung der Seuche beigetragen hatten. Von Georg Wrba stammen die beiden flankierenden Figuren und der bekrönende Löwe (letzterer 1965 von Philipp Hardt rekonstruiert). Der Skulpturenschmuck wurde erst 1926 ergänzt, da während der Kriegsjahre seine Einschmelzung zu befürchten war.

A 58.8 Seeburg
Spitalerstraße 16
Architekt: Franz Bach
1908/09

Der aufwendig gegliederte Werksteinbau unterstreicht die Bedeutung der Spitalerstraße, die durch den Bau des Hauptbahnhofs aufgewertet und schon vor der Mönckebergstraße saniert wurde. Zusammen mit dem Kopfbau des benachbarten Barkhofs entstand hier eine markante Situation von weltstädtischer Großzügigkeit, wie sie um 1910 nur in wenigen deutschen Städten anzutreffen war – sozusagen das letzte Stückchen historischer Potsdamer Platz, das noch erhalten ist, wenn auch nicht in Berlin, sondern mitten in der Hansestadt.

A 58.9 Barkhof
Mönckebergstraße 8–12/Spitalerstraße
Architekten: Franz Bach (Ursprungsbau). Bach & Wischer (Wiederaufbau). Garten & Kahl (Brückencafé). Trix und Robert Haussmann (Neugestaltung der Schaufenster und des Schuhgeschäfts)
1909/10; Zerstörung 1944; Wiederaufbau 1948–51; Erneuerung der Dachzonen 1959 und 1961; Brückencafé 1971; Neugestaltung Schuhgeschäft 1987

Der Verlust der hohen Mansarddächer hat den Werksteinfassaden ihre monumentalisierende Wucht genommen; besonders störend machen sich die flach abgeschnittenen Erker bemerkbar, deren ursprünglich wie Kapuzen vorkragende Dachbekrönungen ein wesentliches Element des Straßenbilds bildeten (der Kopfbau wurde erst 1961 verstümmelt). Ihre Wiederherstellung stellt somit ein dringendes Desiderat dar, nachdem schon die Schaufensterbereiche einfühlsam neugestaltet wurden. Wenig ansprechend wirkt dagegen die modische »Round-line-Optik« des Brückencafés, das mit der Umgestaltung der Spitalerstraße zur Fußgängerzone 1969 zwischen die Kontorhäuser gezwängt wurde.

A 58.10 Levantehaus
Mönckebergstraße 7
Architekten: Carl Gustav Bensel (Fassade) mit Franz Bach (Ursprungsbau). Bach & Wischer (Wiederaufbau)
1911/12; Zerstörungen 1943 und 1944; Wiederaufbau 1948–50; Staffelgeschoß 1953

Einer der bedeutendsten Hamburger Kontorhausentwürfe der späten Kaiserzeit. Der Backsteinbau mit sparsamen Akzentuierungen in Werkstein verzichtet im Dekor bereits auf historisierende Rückgriffe im Sinne des Högerschen »Sonnin-Barocks«. Noch deut-

A 58.7–9 Ehem. Bücherhalle mit Mönckebergbrunnen, Seeburg und Barkhof (Aufnahme um 1936)

licher zeigt sich dies an der Rückfront in der Bugenhagenstraße, die schon auf die Kontorhausarchitektur der Weimarer Republik verweist. Das Portal wurde rekonstruiert, wenn auch ohne den monumentalen konsolenartigen Figurenschmuck, der früher den Haupteingang flankierte. Das Dachgeschoß, das im aktuellen Zustand die ursprüngliche Mittelbetonung vermissen läßt, sollte folgen.

A 58.11 Hammoniahaus
Mönckebergstraße 5
Architekten: Ernst Friedheim (Ursprungsbau). Wilhelm Fischer (Wiederaufbau)
1912/13; Zerstörung 1944; Wiederaufbau 1947/48

Das vergleichsweise kleine Hammoniahaus ist eher konventionell gegliedert in Sockel, Normalgeschosse und Dachzone mit einem steil aufragenden Schweifgiebel. Der ursprüngliche Charakter des Schaufensterbereichs konnte wiedergewonnen werden.

A 58.12 Klöpperhaus
Mönckebergstraße 3
Architekten: Fritz Höger (Ursprungsbau). Bauabteilung des Kaufhofs mit Hermann Wunderlich und Reinhold Klüser. Herbert Großner (Umbau)
1911 W, 1912/13; Zerstörung 1945; Umbau 1966/67

Kontorhaus des Wollgroßhändlers Heinrich A. Klöpper, auf dessen Unternehmen die beiden bronzenen Schafsgruppen des Berliner Sezessionisten August Gaul an den Langen Mühren verweisen. (Eine weitere Skulptur von Gaul, die ursprünglich dem Klöpperhaus zugeordnet war, einen Merkur darstellend, befindet sich heute in der Hamburger Kunsthalle.) Seine Aufgeschlossenheit in künstlerischen Fragen stellte der persönliche Freund des Kunsthallendirektors Alfred Lichtwark auch unter Beweis, indem er für den Bau seines Kontorhauses einen Wettbewerb ausschrieb, in dem der Messel-Schüler William Müller aus Berlin mit einem richtungweisenden Entwurf hervortrat.

A 58.12 Klöpperhaus

Hatte der siegreiche Beitrag von Fritz Höger ursprünglich noch aufwendige Gliederungen in dem seinerzeit populären »Sonnin-Barock« des 18. Jahrhunderts vorgesehen, so wurde der Entwurf unter dem Einfluß Fritz Schumachers immer stärker entschlackt, bis der Architekt schließlich zu der realisierten Lösung einer Pfeilerfassade mit schwach hervortretenden, seriell gereihten Bay-windows fand. Die ungebrochenen Dachflächen mit dem umlaufenden Fensterband betonen noch zusätzlich den kompakten, geschlossenen Gebäudeumriß. Damit gelang Höger auf überzeugende Weise eine Bauform, die nicht zu kaschieren versuchte, daß sich hinter den Fassaden eines Bürohauses lediglich übereinander gestapelte, gleichartige Raumeinheiten befinden.

Leider ist das Gebäude, das in seiner formalen Konsequenz und der subtilen Spannung seiner Oberflächenglieder wohl als gleichrangig neben den gleichzeitig entstandenen Verwaltungsgebäuden von Peter Behrens zu werten ist, nicht mehr im Originalzustand erhalten. Einen Gewinn bedeutete zwar die Rekonstruktion der ursprünglichen Dachsituation zwei Jahrzehnte nach Kriegsende, gleichzeitig wurde das Gebäude aber für den Umbau zu einem Warenhaus unter Verlust zahlreicher Originaldetails der Innenausstattung völlig entkernt. Bedroht ist der Bau mittlerweile zudem durch Pläne, die seine Zusammenlegung mit dem gegenüberliegenden Warenhaus über die Langen Mühren hinweg vorsehen.

A 59 Kontorhausensemble Glockengießerwall/Kurze Mühren

A 59.1 Klosterburg
Glockengießerwall 1, Altstadt
Architekten: Franz Bach (Ursprungsbau). Bach & Wischer (Wiederaufbau)
1903/04; Zerstörung 1944; Wiederaufbau 1949; Staffelgeschosse 1955

A 59.2 Wallhof
Glockengießerwall 2, Altstadt
Architekten: Rambatz & Jollasse mit Frejtag & Wurzbach (Fassade)
1907/08

A 59.3 Kontorhaus
Glockengießerwall 3/Kurze Mühren 6, Altstadt
Architekten: Graaf, Schweger & Partner
1981–84

A 59.4 Nürnberger Haus
Georgsplatz 1/Kurze Mühren 13, Altstadt
Architekten: Schramm, v. Bassewitz, Hupertz; Mitarbeiter: Fried Buschkühl, Elisabeth Kotzakidou
1982–84

A 59.3 Kontorhaus

Zwei charakteristische Kontorhäuser der Vorkriegszeit und zwei Neubauten der 80er Jahre, die den Maßstab der historischen Bebauung fortsetzen – und dabei bis heute hinsichtlich der Subtilität des Umgangs mit diesem Vorbild unübertroffen sind. Obwohl von großer Individualität und Eigenständigkeit, bilden beide Gebäude doch eine harmonische Einheit mit den Vorkriegsbauten, deren Charakteristika hier mit modernen Mitteln wiederaufgenommen werden. Auch die Sockelgeschosse und Dachzonen sind klar definiert, ohne traditionalistische Reminiszenzen wie Türmchen, Giebel oder Rundbögen zu bemühen. Um so störender macht sich dafür der Verlust des ursprünglichen Mansardwalmdachs von Glockengießerwall 1 bemerkbar.

A 60 Nachbrandensemble

A 60.1 Niemitz-Haus

Rosenstraße 3, Altstadt
1846–48

A 60.2 Geschoßwohnbauten

Lilienstraße 2–8, Altstadt
Um 1846

Die Niemitz-Apotheke am Georgsplatz stellt mit ihrem Rückgriff auf Vorbilder der italienischen Frührenaissance ein besonders schönes Beispiel der Hamburger Nachbrandarchitektur dar. Die Skulptur des heiligen Georg stammt von dem Bildhauer Engelbert Peiffer.

Während der bauhistorische Wert dieses aufwendigen Bürgerhauses mittlerweile unumstritten ist, steht der Erhalt der weitaus schlichteren Nachbargebäude an der Lilienstraße leider immer noch zur Diskussion. Dabei handelt es sich hier um die letzten Zeugnisse des unterbürgerlichen Kleinwohnungsbaus, die in dem Wiederaufbaugebiet nach der Brandkatastrophe von 1842 noch erhalten sind.

A 61 HEW-Kundenzentrum

Spitalerstraße 22, Altstadt
Architekten: Garten & Kahl, Mitarbeiter: Rolf Hoyer
1967–69

Die Gestaltung des Freiraums um den Mönckebergbrunnen blieb lange Zeit unbefriedigend. Erst durch das elegant ausschwingende HEW-Gebäude erhielt dieser Bereich, der eigentlich immer mehr ein freies Reststück an der Einmündung mehrerer Straßen als ein definierter Platzraum gewesen war, eine signifikante Kontur.

Selten gelang in Hamburg auch eine so überzeugende Synthese von bildender Kunst und öffentlichem Raum wie hier, wo eine Aluminiumstele des Frankfurter Künstlers Hermann Goepfert (1969) einen Kontrapunkt zu den dunkel eloxierten kurvigen Fassaden setzt.

A 60.1 Niemitzhaus

A 62 Neugestaltung des Gerhart-Hauptmann-Platzes

A 62 Neugestaltung des Gerhart-Hauptmann-Platzes

Altstadt
Architekten: Wehberg, Lange & Partner (Platzgestaltung). Graaf, Schweger & Partner (Pavillon)
1972, 1973/74

Die modischen, wellenförmigen Verwerfungen des Pflasterbelags, die ursprünglich durch Wasserspiele belebt werden sollten, und die ungezwungene Anordnung der Sitz- und Baumgruppen, die allerdings durch das unterirdische Leitungsnetz vorgegeben wurde, weisen den Platz vor dem Thalia-Theater unzweifelbar den frühen 70er Jahren zu. Dennoch vermag das Konzept auch heute noch zu überzeugen, wozu nicht zuletzt die sensible Zusammenarbeit der Platzgestalter mit den Pavillonarchitekten beigetragen hat. Denn wie ein Prisma bündelt das transparente Stahl-Glas-Gehäuse von Graaf, Schweger & Partner die Linien der Pflasterung, deren Richtungslosigkeit sonst leicht wie formalistische Willkür gewirkt hätte.

A 63 Thalia-Theater

Alstertor 2, Altstadt
Architekten: Lundt & Kallmorgen (Ursprungsbau). Werner Kallmorgen (Wiederaufbau)
1911/12; Zerstörung 1945; Wiederaufbau 1956–60

Im Innern präsentiert sich der repräsentative neoklassizistische Theaterbau nur noch als Torso. Schon bald nach Kriegsende konnte das schwer zerstörte Gebäude provisorisch wieder in Betrieb genommen werden. Die korrigierenden und purifizierenden Eingriffe Kallmorgens beim endgültigen Wiederaufbau Ende der 50er Jahre wurden im vergangenen Jahrzehnt vor allem im Foyer rückgängig gemacht. Dabei erwies es sich jedoch als Illusion – mangels erhaltener Originalsubstanz –, den ursprünglichen Charakter der Innenräume wiederzugewinnen. Das Ergebnis ist wenig überzeugend: in der Eingangshalle die Opulenz des späten Kaiserreichs (z. T. nachempfunden wie die Beleuchtungskörper), im Zuschauerraum dagegen schlichter Wiederaufbau.

A 64 Thalia-Hof

Alstertor 1, Altstadt
Architekten: Hans und Oskar Gerson (Ursprungsbau). Schramm & Pempelfort (Umbau)
1921/22; Umbau und Teilabriß 1975

Eines der Hauptwerke der expressionistischen Kontorhausarchitektur. Stellten die dreieckigen Erker und Lisenen zu Beginn der 20er Jahre noch ein formales Experiment dar, so wurde diese Lösung später immer stärker zur »Dreiecksmoderne« (Wolfgang Pehnt) trivialisiert. Der rückwärtige Flügel an der Kleinen Rosenstraße wurde Mitte der 70er Jahre einem Kaufhaus geopfert. Die Skulptur von Ludwig Kunstmann erinnert an den früheren Namen des Gerhard-Hauptmann-Platzes, nämlich Pferdemarkt.

A 65 Bankhaus Warburg

Ferdinandstraße 69–75, Altstadt
Architekten: Martin Haller und Hermann Geißler (1. BA). Hans und Oskar Gerson (2. BA). Gustav Burmester (3. BA). Böge, Friedrich, Lindner (Fassade 4. BA)
1. BA 1912/13; 2. BA 1923/24; 3. BA 1955–57; 4. BA 1985/86

Der pompöse Bankpalast von Haller und Geißler wurde dreimal erweitert. Ordneten sich die Gebrüder Gerson mit ihrem Anbau am Alstertor, Ecke Raboisen noch dem Repräsentationsstil des späten Kaiserreichs unter, so versuchte Burmester in den 50er Jahren Anpassung durch Unauffälligkeit mit einer betont neutralen, gleichwohl qualitätvollen Lochfassade. Selbstbewußter traten demgegenüber Lindner, Böge und Friedrich bei der dritten Erweiterung an den Raboisen auf, wo der Maßstab des Altbaus mit den Mitteln der Postmoderne wiederaufgenommen wird.

A 66 Nachbrandgebäude

Alstertor 17, Altstadt
Architekten: Georg Gottlieb Ungewitter (Ursprungsbau). Graaf, Schweger & Partner (Umbau und Erweiterung);
1843/44; Umbau und Erweiterung 1976–80

Eines der letzten Zeugnisse der Nachbrandarchitektur in einem schon um die Jahrhundertwende völlig veränderten Gebiet. Die Umbauten und Ergänzungen von Graaf, Schweger & Partner passen sich kongenial den feingliedrigen Putzfassaden im zeittypischen Rundbogenstil an, ohne zu leugnen, daß von dem Gebäude nur die Fassade erhalten werden konnte.

A 67 Nachbrandgebäude
A 67.1 Haus Kunhardt

Ferdinandstraße 63, Altstadt
Architekt: Alexis de Chateauneuf
1844–46

A 67.2 Haus Voigt

Ferdinandstraße 65, Altstadt
Architekt: Theodor Bülau
1843/44

Zwei weitere charakteristische Nachbrandgebäude, die zugleich das Spektrum der gestalterischen Möglichkeiten um 1840 abstecken, vom Spätklassizismus, wenn auch mit Rundbogenöffnungen, bis hin zur Orientierung an mittelalterlichen Vorbildern. Mit derartigen neogotischen Rohbauarchitekturen vermochte sich Theodor Bülau allerdings nicht durchzusetzen. Sie blieben, wie sein Gebäude der Patriotischen Gesellschaft an der Trostbrücke (vgl. Nr. A 16), seltene Einsprengsel in den Putzensembles der Wiederaufbaugebiete. Der gesellschaftliche Status der Bauherren, Kunhardt war Kaufmann, Voigt Anwalt, belegt die soziale Aufwertung der nördlichen Altstadt nach 1842.

A 68 Haus Alstertor

Alstertor 14, Altstadt
Architekten: Krumbhaar & Heubel
1900

Unterschiedliche Fassadenprinzipien liegen bei diesem Bau im wenig fruchtbaren Widerstreit, d. h. die in Stützen aufgelösten Fronten sind mit einem Gespinst von Gesimsen, Friesen, Rustiken und anderem plastischen Bauschmuck überzogen, der eigentlich der Lochfassade zuzuordnen ist und hier die klare Fassadenstruktur verwischt.

A 69 Bankhaus Marcard, Stein & Co

Ballindamm 36, Altstadt
Architekten: Rogalla & Osmers; Mitarbeiter: Michael Kitzmann, Claus Schlomsky (Aufstockung)
Um 1844; Aufstockung 1986–88

Um das noble Nachbrandgebäude, das letzte Beispiel seiner Art am Ballindamm, aufstocken zu können, wurde ihm ein Korsett aus Stahlträgern vom Dachgeschoß bis zum Keller eingezogen. Diskret fügen sich die neuen Staffelgeschosse mit ihrer Kupferverkleidung und dem filigranen Profil der Falze in das Alsterpanorama ein.

A 70 Bankhaus Conrad Hinrich Donner

Ballindamm 27/Alstertor 23, Altstadt
Architekten: Konstanty Gutschow. Herbert Hampke
1951

Der zurückhaltende, gleichwohl qualitätvolle Entwurf ist mit Werksteinfassade, Staffelgeschoß und kupfergedecktem Steildach exemplarisch für die gestalterischen Richtlinien der Binnenalsterverordnung von 1949, der die Boulevards um die Binnenalster ihr geschlossenes Erscheinungsbild verdanken (wenn auch um den Preis des Verlustes der vormals vielgestaltigen Dachlandschaft). Um einen Neubau handelt es sich jedoch nur bei dem der Alster zugewandten Teil mit Rasterfassade, wogegen am Alstertor eine Ruine berücksichtigt werden mußte, was hier der Wechsel zur Lochfassade verdeutlicht.

A 71 Verwaltungsgebäude der HAPAG

Ballindamm 25, Altstadt
Architekten: Martin Haller und Hermann Geißler (Ursprungsbau). Fritz Höger (Erweiterung). Elingius & Schramm (Umbau der Eingangshalle)
1901–03; Erweiterung 1912 W, 1913–19; Umbau 1922/23; Umbau Eingangshalle 1928

Der Ursprungsbau von Martin Haller, zur Alster hin ein Neo-Renaissance-Palast wie seine Bankentwürfe, ist heute nur noch an der Ferdinandstraße 58–62 ablesbar. Hatte Fritz Höger für den neuen Alsterflügel ursprünglich einen hochhausartigen Mittelturm vorgesehen und auch eine Fassadenvariante in Klinker entwickelt, so stießen derartige Lösungen bei der Baupflegekommission schon im Vorfeld auf Ablehnung; sie forderte eine Beruhigung der Dachlandschaft an der Binnenalster und helles Fassadenmaterial. Außerdem kam der neoklassizistische Ausführungsentwurf mit seiner palastartigen Gliederung und den Kolossalsäulen stärker dem Prestigebedürfnis der seinerzeit weltgrößten Reederei entgegen, zu der sich die HAPAG (Hamburg-Amerikanische Packetfahrt-Actien-Gesellschaft) unter ihrem Generaldirektor Albert Ballin (1899–1918) entwickelt hatte. Nach dem Ersten Weltkrieg wurde das Gebäude umgebaut und teilweise fremdvermietet; die Reederei hatte durch die Reparationsforderungen der Alliierten den größten Teil ihrer Flotte eingebüßt.

A 72 Kontorhausensemble Ballindamm/Ferdinandstraße

A 72.1 Kirdorfhaus

Ballindamm 17, Altstadt
Architekten: Lundt & Kallmorgen (Ursprungsbau). Eduard Theil (Staffelgeschoß und Erweiterung)
1901–05; Staffelgeschoß und Erweiterung 1921

A 72.2 Kontorhaus

Ballindamm 14–15, Altstadt
Architekten: Rambatz & Jollasse
1900

A 72.3 Alsterhaus

Ballindamm 13/Ferdinandstraße 32, Altstadt
Architekten: Rambatz & Jollasse (Ballindamm). Albert Erbe (Ferdinandstraße)
1902/03

Gruppe von drei Kontorhäusern. Um die Jahrhundertwende wurde die Nachbrandbebauung am östlichen Ende des damaligen Alsterdamms niedergelegt, der zur Alster hin z. T. noch Gärten vorgelagert waren. Die repräsentativen Werksteinfassaden mit ihrer eklektizistischen Mischung aus neobarocken, jugendstiligen und gotisierenden Motiven spiegeln das Anspruchsniveau der Bauherren wider. Das Kirdorfhaus, 1921 zur Gertrudenstraße hin erweitert, wurde für das Rheinisch-Westfälische Kohlensyndikat gebaut (vgl. die plastische Eckgruppe mit Schmied, Bergmann, Hermes und dem Wunsch »Glück auf«). Die Front an der Ferdinandstraße präsentiert sich dagegen überraschend schlicht mit elfenbeinfarbenen Keramikverblendern. Diese Dialektik von Vorder- und Rückseite findet sich auch bei dem Alsterhaus – mit seinen Baywindows aus geprägter und vergoldeter Bronze wohl das schönste Kontorhaus in diesem Gebiet. Hier entwickelte Albert Erbe für die Rückfront eine heimatstilige Backsteinarchitektur, wenn auch mit Bänderungen und Barockportal in Sandstein.

A 73 Hamburger Kunsthalle

Glockengießerwall, Altstadt
Architekten: Schirrmacher & von der Hude (Altbau). Hochbauwesen, Carl Johann Christian Zimmermann (Erweiterung Altbau); Albert Erbe (Vorentwurf Neubau); Fritz Schumacher (Realisierung Neubau)
1863–69; Erweiterung Altbau 1883–86; Neubau 1906, 1912–21

Der Altbau der Hamburger Kunsthalle stellt das wohl schönste Beispiel für die Berliner »Schinkel-Schule« in der Hamburger Architektur des 19. Jahrhunderts dar. Die Fassaden werden reich durch Terrakotten akzentuiert, die zwar in der Farbigkeit mit der Ziegelarchitektur des Gebäudes verschmelzen, von ihrer ziselierten Oberflächenstruktur her aber einen betonten Gegensatz zu dem flächigen Mauerwerk und der strengen Gliederung bilden. Die Erweiterung durch Carl Joh. Chr. Zimmermann – der Saal am Glockengießerwall und die beiden südlichen Eckpavillons – paßt sich nahtlos an den Ursprungsbau an.

Auffällig sind die zahlreichen Künstlerdarstellungen an den Fassaden, die beispielhaft für die Gattungen Malerei, Plastik, Architektur und Kupferstich stehen, welche ihrerseits wiederum durch die vier allegorischen Figurengruppen auf den Ecken des Kernbaus sowie Medaillons mit typischen Werkzeugen verkörpert werden. Dabei liegt der Auswahl und Anordnung der Künstler ein komplexes System mit einer bestimmten Rangfolge zugrunde, deren Ausgangspunkt die Figuren von Michelangelo und Raffael an der Stirnseite bilden, die im Unterschied zu den übrigen Dargestellten durch rahmende Ädikulen hervorgehoben werden. Seit 1992 wird die gründerzeitliche Ausmalung der Treppenhalle freigelegt und restauriert, wobei auch der ursprüngliche Bildschmuck von Valentin Ruths mit den Lünetten von Arthur Fittger, der ins Depot verbannt worden war, wieder aufgehängt wird.

A 73 Hamburger Kunsthalle

Fritz Schumachers Entwurf für die südliche Erweiterung – den Neubau – liegen maßgeblich Vorplanungen von Albert Erbe und dem damaligen Kunsthallendirektor Alfred Lichtwark zugrunde, wobei letzterer besonderen Wert auf nicht zu große Säle und günstige Lichtverhältnisse legte (weshalb auch Lichtlaternen statt der üblichen Glasdecken gewählt wurden). Der Neubau setzt sich mit seinen schlichten, neoklassizistischen Muschelkalkfronten demonstrativ von dem Altbau ab, noch zusätzlich hervorgehoben durch die kuppelbekrönte Rotunde im Süden, wo auch der neue Eingang angeordnet wurde – wie überhaupt die Raumdisposition zu einer betonten Polarität von Bestand und Erweiterung geführt hat und somit zu viel zu weiten Wegen Schumachers Beitrag erschöpfte sich im wesentlichen darin, diesen uninspirierten Entwurf von beliebigen Dekorationsformen zu bereinigen und auch insgesamt in eine straffere Form zu bringen.

A 73.1 Erweiterung

Ferdinandstor, Altstadt
Architekten: Oswald Mathias Ungers. Karres–Hartmeyer–Dreyer (Bauleitung). Ingenieure: Polónyi + Fink
1985/86 W, 1992–96

Die Planungen für die Erweiterung der Kunsthalle wurden von Anfang an kontrovers diskutiert, war die Wettbewerbsentscheidung doch zugunsten eines Entwurfs gefallen, der schon allein vom Kostenrahmen her die Ausschreibung völlig ignorierte. Auch das gestalterische Konzept, Fassaden mit Sandsteinverkleidung und Sprossenfenster im Ungers-typischen Quadratraster, schien eher ein introvertiertes Kunstmausoleum als eine lebhafte Akzentuierung des Alsterraums zu versprechen – die an dieser Stelle aber ohnehin deplaziert wäre, weil hier ursprünglich die Wallanlagen eine Zäsur in der Alsterrandbebauung markierten. Mit der Erweiterung wird das umfangreiche Bauvolumen der Kunsthalle noch weiter aufgeblasen. Die Anbindung an den Altbau erfolgt über einen langgestreckten Verbindungsgang in dem fortifikationsartig abgeschrägten Sockel. Auch die Verteilung der Ausstellungsflächen auf vier Geschosse erscheint nicht gerade benutzerfreundlich. Als Alternative zur Erweiterung hätte sich die Ausgliederung der zeitgenössischen Kunst angeboten – wie in Bremen mit der »Weserburg« erfolgreich vorexerziert.

A 74 Historisches Ensemble Alsterarkaden
A 74.1 Alsterarkaden

Alsterarkaden 9–12/Neuer Wall 11–13, Neustadt
Architekten: Alexis de Chateauneuf u. a. (Ursprungsbauten). Wolfgang Schultz-Coulon; Mitarbeiter: Ulrich Wehde (Rekonstruktion Neuer Wall 11/Alsterarkaden). Ockelmann, Rottgardt, Partner; Mitarbeiter: Peter Wischmann, Norbert Helk (Rekonstruktion Neuer Wall 13/Alsterarkaden und Mellinpassage)

1842, 1844–46; Teilzerstörung 1990; Rekonstruktion 1990, 1991–93

Eines der bedeutendsten Zeugnisse für den Wiederaufbau Hamburgs nach dem Großen Brand 1842. Die Arkadenreihe bildet gleichsam das »missing link«, das die Stadträume Binnenalster, Kleine Alster und Rathausmarkt miteinander verklammert. Ursprünglich als einheitliches Ensemble konzipiert, erhielten die Wohn- und Geschäftshäuser hinter den Arkaden schließlich individuelle Fassaden mit flachem Lisenendekor und gußeisernen Balkonen. Umgestaltungen und Neubauten erfolgten um die Jahrhundertwende vor allem am Neuen Wall und an der Schleusenbrücke (1897/98) sowie an der Ecke zum Jungfernstieg (1904). Hier wurde die neobarocke Gliederung beim Wiederaufbau 1949 bis 1951 aus baupflegerischen Gründen allerdings abgeschlagen zugunsten einer schlichten Tuffsteinverkleidung, wobei auch die ursprünglichen Granitsäulen der Bögen durch Pfeiler ersetzt wurden (Architekt Ferdinand Bogler). Aktuell umstritten ist die Farbgebung der Arkaden, die laut Befund ursprünglich nicht weiß sondern ockergelb gestrichen waren.

Der überwiegende Teil der Bauten, die noch dem Originalzustand entsprachen (vgl. die oben angegebenen Hausnummern), fiel am Neujahrsmorgen 1990 einer Brandstiftung zum Opfer. Wegen des Zustands der Pfahlgründungen konnten nur die Fassaden am Neuen Wall 11–13 erhalten werden, wogegen es sich bei denjenigen von Alsterarkaden 11 um Rekonstruktionen handelt (Innenausbau jeweils in Stahlbeton). Glücklicherweise war die Mellinpassage bereits 1987 für eine geplante, dann aber doch verschobene Restaurierung aufgemessen worden. Einen überraschenden Fund bedeuteten hier die Jugendstilwerbetafeln, die unter Farbschichten verborgen waren. Die bemalte Passagendecke wurde in 39 Stücke zersägt und nach dem Abschluß der Bauarbeiten wieder an ihrem ursprünglichen Ort angebracht. Wiedergewonnen wurde auch der ursprüngliche Charakter des Herrenmodengeschäftes Ladage & Oelke mit Hilfe erhaltener und nachgefertigter Ausstattungsstücke. Ein bemerkenswertes Beispiel für aktuelle Ladenarchitektur stellt die Buchhandlung Felix Jud dar, deren tiefgeschnittene Räume geschickt gegliedert wurden (Patschan, Architekten).

A 74.1 Alsterarkaden

A 74.2 Ehem. Geschäftshaus Gebr. Hirschfeld

Neuer Wall 19/Alsterarkaden, Neustadt
Architekten: J. und B. Schröter (Umbau Alsterarkaden), Johannes Grotjan (Neuer Wall), Schweger & Partner (Umbau und Neugestaltung Gesamtkomplex)
Alsterarkaden 1844–46, Umbau 1897/98; Neuer Wall 19 1905/06; Umbau Gesamtkomplex ab 1994

Das ehemalige Geschäftshaus der Gebrüder Hirschfeld umfaßte drei Gebäude, die ursprünglich für verschiedene Bauherren errichtet worden waren. Bemerkenswert ist dabei vor allem der Kontorhausneubau Neuer Wall 19 von Johannes Grotjan mit Bay-windows und ehemals helmbekröntem Eckturm, wogegen sich hinter den neobarocken Stuckfassaden des Eckgebäudes Alsterarkaden/Schleusenbrücke noch die Kernbauten von 1846 verbergen.

A 75 Büro- und Geschäftshäuser

Neuer Wall 48–50, Neustadt
Architekten: Graaf, Schweger & Partner
1979–81

A 75 Büro- und Geschäftshäuser

Zwei Baulückenfüllungen, die mit heutigen Mitteln die Themen der historischen Architektur am Neuen Wall wiederaufnehmen: Lochfassade bzw. Skelettstruktur mit Natursteinverkleidung, der zweigeschossige Laden- und Schaufensterbereich, die vielgliedrige Dachlandschaft. Dabei ist an Neuer Wall 48, dem Geschäftshaus Mientus, besonders hervorzuheben, wie souverän sich der Bau trotz seiner extrem schmalen Fronten im Straßenraum behauptet und gestalterische Eigenständigkeit erlangt.

A 76 Kirsten-Haus

Neuer Wall 44, Neustadt
Architekt: Alfred Löwengard
1908

Wenig elegant gegliedertes Geschäfts- und Kontorhaus mit um 1908 eigentlich schon überholter Jugendstilfassade in Werkstein und schlichteren Fleetfronten mit Keramikverkleidung. Zeittypisch sind auch die Fensterbänder im ersten Obergeschoß, noch mit originalen Metallstützen, die die Schaufensterzone auf zwei Geschosse ausdehnen.

A 77 Kontorhaus

Neuer Wall 32, Neustadt
Architekten: Frejtag & Elingius
1910/11

Schmales Kontorhaus mit bemerkenswerter Keramikverkleidung, die der Fassade wie eine feingliedrige Paneelstruktur aufgelegt ist. Auch die Fleetfront kennzeichnet ein sorgfältig durchdetailliertes Fassadenrelief, hier jedoch in dunklem Klinker.

A 78 Hübner-Haus

Poststraße 2, Neustadt
Architekt: Henry Grell
1907/08

Enggereihte Fassadenstützen, die sich als Bay-windows flach vorwölben, und sparsam dekorierte Brüstungsflächen bestimmen den Eindruck dieses Kontorhauses, das durch die Neugestaltung der Schaufensterzonen und den Verlust der Kupfereindeckung allerdings viel von seiner ursprünglichen Eleganz eingebüßt hat. Hinter schweren, bronzebeschlagenen Türen verbirgt sich eine Eingangshalle mit Goldmosaiken und Marmorinkrustationen, die vom geometrisch-ornamentalen Wiener Sezessionsstil inspiriert scheint.

A 79 Hildebrand-Haus

Neuer Wall 18, Neustadt
Architekten: Frejtag & Wurzbach mit George Radel und Richard Jacobssen (Fassade)
1907/08

Eines der repräsentativsten Kontorhäuser, die noch erhalten sind. Wird die aufwendige Sandsteinfassade mit Füllungen in Bronze heute stark durch die Leuchtwerbung und neue Schaufenstereinbauten beeinträchtigt, so befindet sich der kostbar ausgestattete Eingangsbereich noch weitgehend im Originalzustand: ein Potpourri aus unterschiedlichsten Materialien und Motiven in Kleinmosaik oder Marmorinkrustationen, wobei ein Relieffries nach Thorvaldsen genausowenig fehlt wie eine Darstellung von Wikingerschiffen.

A 80 Gutruf-Haus

Neuer Wall 10/Jungfernstieg 13, Neustadt
Architekten: Max und Franz Bach
1914/15

Der Neoklassizismus fungiert bei diesem Entwurf einmal mehr als Station auf dem Weg hin zur gestalterischen Versachlichung, wobei sich die stilistischen Anleihen hier allerdings schon nur noch in wenigen charakteristischen Motiven erschöpfen.

A 81 Warenhaus Alsterhaus

Jungfernstieg 15, Neustadt
Architekten: Cremer & Wolffenstein
1911/12

A 80, 81 Gutruf-Haus und Warenhaus Alsterhaus

Von den Berliner Architekten ursprünglich als repräsentatives Warenhaus Tietz errichtet, fügt sich der Bau mit seiner Skelettfassade und dem charakteristischen Mansarddach problemlos in die Hamburger Kontorhausbebauung ein. Oder präziser formuliert: Er belegt die Kongenialität der in Hamburg und Berlin nahezu gleichzeitig entwickelten architektonischen Lösungen, wenn die Auflösung der Fassaden in ein System von vertikalen Stützen in der Reichshauptstadt auch vorrangig ein Kennzeichen von großen Einzelhandelsgeschäften blieb, während sie an der Elbe dem Bedürfnis nach flexibel aufteilbaren Büroflächen entsprach.

A 82 Dresdner Bank AG

A 82.1 Bankgebäude

Jungfernstieg 22, Neustadt
Architekten: Martin Haller (Ursprungsbau). Schramm & Elingius (Erweiterung). Dietrich & Herrmann (Aufstockung)
1896–99; Erweiterung 1962; Aufstockung 1988/89

A 82.2 Nachbrandgebäude

Jungfernstieg 25, Neustadt
Architekt: Hermann Peter Fersenfeldt (Ursprungsbau). Schramm & Elingius (Umbau und Rekonstruktion)
1842–44; Umbau und Rekonstruktion 1963/64

Ein weiterer der für den »Rathausbaumeister« Martin Haller charakteristischen Bankpaläste (vgl. Alter Wall/Altstadt, Nr. A 6), in dem auch noch die zweigeschossige Schalterhalle erhalten ist. Die voluminöse Sandsteinfassade mit den gekuppelten korinthischen Säulen wurde zu Beginn der 60er Jahre allerdings stark bereinigt und um zwei Fensterachsen auf der rechten Seite verlängert. Außerdem wurden die Abmessungen des kompakten Hauptgesimses reduziert, das einen Teil der neuen Staffelgeschosse verschattet hätte (1988/89 erneut verändert, diesmal wieder in Anlehnung an das ursprüngliche Mansardwalmdach von 1922). Auch das Nachbrandgebäude, das in den Bankkomplex integriert wurde, stellt mit seiner vermeintlich unverfälschten Rundbogenstil-Fassade eine Fiktion dar; die beiden unteren Geschosse waren nicht mehr im Originalzustand erhalten.

A 83 Alsterpavillon

Jungfernstieg 54, Neustadt
Architekten: Ferdinand Streb (Ursprungsbau). Schramm, v. Bassewitz, Hupertz & Partner; Mitarbeiter: Rüdiger Muus, Johannes Ross (Restaurierung und Umbau). Innenarchitektur: Franz Erhard Walther. Volker Lang
1952 W, 1952/53; Restaurierung und Umbau 1992, 1993/94

Hamburgs Traditionscafé mit Alsterblick und Palmenkübeln auf der Terrasse wurde termingerecht zur IGA Internationalen Gartenbauausstellung 1953 wiedereröffnet. Der jetzige Alsterpavillon ist seit 1799 der sechste Bau an diesem Ort; 1942 wurde der letzte Vorgänger zerstört, nachdem bereits Gestapo-Razzien gegen die sogenannte Swing-Jugend den einstigen Treffpunkt der Hamburger Boheme zerschlagen hatten. Der Wiederaufbau durch Ferdinand Streb erfolgte für eine völlig andere Klientel: außen zwar rassige Inkunabel der Nierentisch-Architektur mit neonkonturiertem Flugdach, automatisch ausrollbarem Sonnenschutz und viel Goldeloxal, innen nun aber heimeliges Plüschambiente für die »Tortenschlachten« der Wirtschaftswunderjahre – ohne Zutun des Architekten übrigens, denn für die Einrichtung war der Pächter verantwortlich. Beim Umbau blieb denn auch nur die denkmalgeschützte Außenarchitektur erhalten, wogegen das Innere völlig neugestaltet wurde (was dem Haus allerdings auch diesmal nicht unbedingt zum Vorteil geriet, wie manche Kritiker meinen).

A 84 Hamburger Hof

Jungfernstieg 26, Neustadt
Architekten: Hanssen & Meerwein (Ursprungsbau). Hans-Joachim Fritz; Mitarbeiter: Jochen Fritz, Fritz Schürhaus (Umbau)
1881–83; Zerstörung 1942; Umbau 1976–79; Verlängerung der Ladenpassage bis zur Poststraße 1985

Ehemaliges Luxushotel im Stil der »deutschen Renaissance« mit Fassadenplastik von Engelbert Peiffer. Das bombastische Sandsteingebäude à la Kayser & von Großheim wäre im Berlin der Gründerzeit wahrscheinlich nicht weiter aufgefallen, in Hamburg brachte der vielgliedrige Bau jedoch die Binnenalsterumbauung aus dem Gleichgewicht, die zu Beginn der 1880er Jahre noch weitgehend von den schlichten Nachbrand-Architekturen bestimmt wurde. Beim Umbau zu einem Bürohaus mit Ladenpassage wurde das Gebäude völlig entkernt. Die neuen Dachgeschosse von Hans-Joachim Fritz anstelle der im Krieg zerstörten Giebel und Türmchen fügen sich überzeugend in das Alsterpanorama ein. Die nach dem Split-level-Prinzip gegliederte und damit allzu unübersichtliche Passage wird jedoch kaum dem anspruchsvollen Standort gerecht (zumal wenn man sie mit der Vorgängerin, Sillem's Bazar von 1845, vergleicht, die 1880 dem Hamburger Hof weichen mußte).

A 85 Alte Post

Poststraße 9–11, Neustadt
Architekten: Alexis de Chateauneuf (Ursprungsbau). Hochbauamt, Baurat Hans-Dietrich Gropp (Umbau und Restaurierung)
1843, 1845–47; Umbau 1967, Fertigstellung 1972

Eine der Neuordnungsmaßnahmen nach der Brandkatastrophe von 1842 war die bauliche Zusammenfassung der jeweils unter eigener Oberhoheit stehenden Thurn- und Taxis'schen, Kgl. Schwedischen und Kgl. Hannoverschen Post sowie der Hamburgischen Stadtpost (vgl. den Wappen- und Emblemschmuck der vier Portale an der Poststraße). Dabei mußte die Gliederung der Fassaden verschleiern, daß sich dahinter vier unterschiedlich große Einzelhäuser verbargen. Beim Umbau zu einem Bürohaus mit Laden-

A 85 Alte Post

passage blieben nur die Außenfronten im Stil der norditalienischen Frührenaissance erhalten. Der »Belfried« war funktional legitimiert; hier fand ein optischer Telegraph Aufstellung, der eine Nachrichtenverbindung nach Cuxhaven schuf, mit der u. a. Schiffsankünfte signalisiert wurden.

A 86 Galleria

Große Bleichen 21, Neustadt
Architekten: Heinz Ruppert. Trix und Robert Haussmann. (Passage)
1978–82
Äußerlich wenig geschickt und einfallsreich gegliedert, enthüllt sich der Reiz der Ladenpassage vor allem im Innern. Schwarz-weiße Marmorverkleidungen, Trompe-l'oeil-Glasmalereien, die wehende Vorhänge vortäuschen, und ebenso kulissenhafte, wie ausgestanzt wirkende Wandscheiben vor den Galerien im Zwischengeschoß, bei deren Reihung von »Thermenfenstern« und Okuli offenbar der britische Neoklassizismus des ausgehenden 18. Jahrhunderts Pate stand, schaffen ein urbanes, hinsichtlich seiner Prätention gänzlich »unhanseatisches« Ambiente.

A 87 Kaufmannshaus

Bleichenbrücke 10/Große Bleichen, Neustadt
Architekten: Stammann & Zinnow (Ursprungsbau). Graaf, Schweger & Partner (Umbau)
1906/07; Umbau 1974, 1976–78
Ein im Krieg stark beschädigtes und ohne besonderen Anspruch wiederaufgebautes Kontorhaus wurde völlig entkernt. Auch die Pfeilerfassaden mit ihrer markanten Korbbogenreihung blieben nur in der Grundstruktur erhalten, wobei die neuen Bay-windows und die straffen Dachaufbauten jedoch die ursprüngliche Gliederung mit reduzierten Mitteln wiederaufnehmen (durchaus nicht zum Schaden des vordem eher trivialen Gebäudes). Eine wesentliche Aufwertung des tiefgeschnittenen Baublocks stellt die Ladenpassage im ehemaligen Lichthof dar, der aber noch die Fortsetzung durch die östlich angrenzende Kaisergalerie fehlt (Emil Grossner, 1907–09). Der Fußgängersteg über das Bleichenfleet bildet hierfür nur einen unzulänglichen Ersatz.

A 88 Brücken von Johann Hermann Maack

Neustadt

A 88.1 Bleichenbrücke

1844/45

A 88.2 Adolphsbrücke

1844/45; Abbruch und Rekonstruktion um 1972

A 88.3 Reesendammbrücke

1843/44; Verbreiterung 1899; Teilabbrüche und Rekonstruktionen 1930/31 und um 1972
Die Bleichenbrücke ersetzte eine hölzerne Vorgängerin, die 1842 erheblich beschädigt worden war. Sie ist eine der letzten noch im Originalzustand erhaltenen Brücken von Johann Hermann Maack, seit 1841 in der Hamburger Baudeputation als Bauinspektor für den Brücken- und Schleusenbau zuständig und maßgeblich am Wiederaufbau Hamburgs nach dem Großen Brand 1842 beteiligt (vgl. auch die Lombardsbrücke, Nr. A 160). Die Adolphsbrücke zwischen Neuem und Altem Wall wurde dagegen beim Bau des S-Bahn-Tunnels unter dem Alsterfleet abgebrochen und rekonstruiert, ebenso in Teilbereichen die Reesendammbrücke, die dieses Schicksal beim Bau der U-Bahnstation unter dem Jungfernstieg 1930/31 schon einmal ereilt hatte und die seit der Verbreiterung 1899 auch nur noch an der Südseite ihr ursprüngliches Gesicht zeigt. Dabei erfolgte die Wiederherstellung der zuvor steinernen Gewölbe bei beiden Brücken Anfang der 70er Jahre in Stahlbeton.

A 89 Bleichenhof

Bleichenbrücke 11/Große Bleichen, Neustadt
Architekten: Sprotte & Neve (Ursprungsbau). nps Architekten BDA Nietz, Prasch, Sigl; Mitarbeiter: Rüdiger Brinkmann, Detlef Gäde-Schardin, Erdem Ersey, Hilde Nuppenau, Anette Engelhardt, Nicola Nawrot, Silke Wischer, Susanne Born, Ralf Butt, Aurel König (Umgestaltung und Erweiterung)
1955/56; Umgestaltung und Erweiterung 1987–90
Ein typisches Parkhaus der 50er Jahre mit pastellfarbener Mosaikverkleidung – vgl. das Nachbargebäude Stadthausbrücke 12, ebenfalls von Sprotte & Neve – wurde zu einer Edelpassage umgestaltet und an der Bleichenbrücke und am Bleichenfleet um Kontorhaus-

trakte erweitert. Dabei verschwanden die feingliedrigen Stahlbetonstützen der Parkdecks hinter einem plumpen Backsteinraster, der auch im Detail wenig zu überzeugen vermag – so z. B. die konsolenartigen Blechflansche, die unvermittelt aus den Vorlagen ragen. Bei der Gestaltung der Ladenpassage im ehemaligen Werkstatthof wurde dagegen auf Backstein verzichtet. Hier kam es zwangsläufig immer dort zu unschönen Brüchen, wo sich Innen- und Außenverkleidung überschneiden.

A 90 Hanse-Viertel
A 90.1 Ladenpassage und Parkhaus
Große Bleichen/Poststraße/Hohe Bleichen, Neustadt
Architekten: v. Gerkan, Marg & Partner; Projektleitung Planung: Klaus Staratzke; Bauleitung: Rolf Niedballa; Mitarbeiter: Bernhard Albers, Otto Dorn, Berthold Kiel, Bernhard Gronemeyer, Arturo Buchholz-Berger, Rudolf Henning, Heribert Nolden, Kurt Maass, Hitoshi Ueda, Sven Peters, Rainer Rack
1977, 1978–81; Parkhaus 1981–83
A 90. 2 Hamburg Renaissance Hotel
Heuberg 2, Neustadt
Architekten: Fritz Höger (Ursprungsbau). v. Gerkan, Marg & Partner; Mitarbeiter: Arturo Buchholz-Berger, Otto Dorn, Bernhard Gronemeyer, Berthold Kiel, Knut Maass, Heribert Nolden, Hitoshi Ueda (Umbau und Ergänzung)
1925/26; Umbau und Ergänzung 1980/81
Das blockfüllende Hanse-Viertel umfaßt Einzelhandelsgeschäfte und Gastronomiebetriebe, ein Hotel, Büros und Wohnungen sowie ein Parkhaus am Nordende der Poststraße, das hinsichtlich seiner Gestaltung und der geschickten Innenaufteilung an sich schon bemerkenswert ist. Ferner wurden mehrere historische Kontorhäuser in den Komplex integriert. Herzstück der Anlage aber ist die mittlerweile schon nahezu klassische Ladenpassage, die mit ihrer übersichtlichen Wegführung, den gläsernen Tonnen und Kuppeln (Tageslichtbeleuchtung!), der dezenten Werbung sowie dem ausgeklügelten Branchenmix – von extravaganten Luxusboutiquen über eingeführte Traditionsgeschäfte bis zum Supermarkt – auch überregional Maßstäbe für weitere derartige Bauprojekte setzte.

Seine Popularität verdankt das Hanse-Viertel nicht zuletzt aber auch dem von gmp entwickelten gestalterischen Konzept. Denn mit Backsteinverkleidungen, patinagrünen Metallprofilen, bronzenen Fußbodenintarsien (u. a. eine Kompaßrose) und sogar einem Glockenspiel schufen die Architekten nicht nur einen Ort von hoher Identifikationskraft, sondern kamen auch dem gerade um 1980 wieder aktuellen Bedürfnis nach einem traditionsverpflichteten, »ortstypischen« Bauen entgegen. Auch der Umbau des ehemaligen Broschek-Hauses von Fritz Höger zu einem Hotel gewährleistete diese Rückversicherung in der hamburgischen Architekturtradition. Der Klinkerbau war im Eckbereich ein Torso geblieben und wurde einfühlsam nach dem historischen Vorbild ergänzt, wenn auch

A 90.1 Ladenpassage

ohne den ursprünglich von Höger vorgesehenen Staffelgiebel.

A 91 Kontorhäuser von Frejtag & Wurzbach
A 91.1 Australhaus
Poststraße 17–19, Neustadt
Architekten: Frejtag & Wurzbach
1903, Fertigstellung 1906
A 91.2 Streits Hof
Poststraße 14–16, Neustadt
Architekten: Frejtag & Wurzbach
1908/09
Zwei qualitätvolle Beispiele aus der Poststraße, einem der beeindruckendsten Hamburger Kontorhausensemble (1903–13). Das Australhaus fällt durch seine Verkleidung aus buntgeflammten Keramikelementen auf, sogenannter »grès flammé«, wie ihn das Büro Frejtag & Wurzbach im Hamburger Kontorhausbau eingeführt hatte. Sparsamer Jugendstildekor schmückt die ganz aus der Konstruktion und Funktion des Gebäudes entwickelte Gliederung. Zwei weitere Bauten dieses Büros mit einer derartigen Verkleidung finden sich an der Schauenburgerstraße 15 und 21 (1906 bzw. 1911), wenn auch nur noch als Fassaden vor einem neuen Kern. Streits Hof, ab 1911 der Sitz des Architektenbüros, stammt von dem Nachfolger Hermann Wurzbachs, Erich Elingius, der hier offensichtlich seinen Entwurf für den Wallhof am Glockengießerwall abgewandelt hat (vgl. Nr. A 59).

A 92 Körnerhaus
Poststraße 37–39, Neustadt
Architekten: Hermann Kaune (Ursprungsbau).
me di um Architekten Jentz, Popp, Wiesner; Mitarbeiter: Klaus Roloff, Gerd Leonhardt (Aufstockung)
1904/05; Aufstockung 1989, 1990–92
Kompaktes Kontorhaus mit repräsentativem Eingangsbereich. Die Aufstockung von me di um mit dem schönen Mansarddach und den »Ochsenaugen« – führten hier Urlaubserinnerungen an Paris den Zeichenstift? – korrespondiert sensibel mit der originellen Jugendstilgliederung. Eines der bisher leider viel zu seltenen Beispiele für eine Nachverdichtungsmaßnahme, die nicht nur einen Zugewinn an Nutzfläche bedeutete, sondern auch an architektonischer und stadträumlicher Qualität!

A 93 Hypothekenbank AG
ABC-Straße 13, Neustadt
Architekten: Dietrich & Herrmann; Mitarbeiter: Horst Alisch, Susanne Krause, Karl Martin Vclek
1987–89

A 92 Körnerhaus
A 94 Finanzbehörde

Die Virtuosität, mit der die Architektur aus sich durchdringenden konvexen und konkaven Wölbungen entwickelt wurde, erweckt unwillkürlich Assoziationen an die Schaufassaden römischer Barockkirchen. Wie in den engen Gassen der Tiberstadt, schafft sich auch hier die einschwingende weiße Putzfront gleichsam selber den Raum, den sie zur Entfaltung benötigt. Der Treppenhauszylinder enthüllt demgegenüber, daß der inneren Aufteilung die Kreisform zugrunde liegt. Alles ist, bei unbestritten hoher Qualität, vielleicht etwas zu chic, zu spektakulär und zu gewollt – wodurch sich der Entwurf kongenial mit dem talmihaften Ambiente der Luxusherbergen und Edelboutiquen in seiner Nachbarschaft ergänzt (nur daß man dort die gestalterische Sicherheit vermißt).

A 94 Finanzbehörde
Gänsemarkt 36, Neustadt
Architekt: Hochbauwesen, Fritz Schumacher
1919–26
Der monumentale Klinkerbau mit Keramikschmuck von Richard Kuöhl markierte zusammen mit dem gegenüberliegenden Deutschlandhaus von Block & Hochfeld (1929, vgl. Nr. A 108) die Ausbaugrenze der City vor dem Zweiten Weltkrieg. Die Pfeilerfassade, die durch den Einbau von Schaufenstern und vor allem durch die unsensible Anschlußbebauung an der Südseite des Valentinskamps – Architekten Schramm, v. Bassewitz, Hupertz (1986–88) – leider viel von ihrer massigen Wirkung eingebüßt hat, scheint sich um den runden Eckturm wie um eine Spindel zu wickeln. Wie viele andere Gebäude Fritz Schumachers wurde auch die ehemalige Finanzdeputation nach Kriegsende originalgetreu wiederhergestellt. Zum Valentinskamp hin ist heute kaum noch erkennbar, daß hier 1944 weite Teile der Fassade eingestürzt waren.

A 95 Stadtbäckerei
Gänsemarkt 44, Neustadt
Architekten: Theodor Speckbötel (Ursprungsbau).
Riecke & Karres (Erweiterung)
1913; Erweiterung 1979
Original und Fälschung! – Um eine problematische Baulücke zu füllen, die zudem auch noch relativ schmal war, wurde die Kontorhausfassade von Theodor Speckbötel auf dem östlich angrenzenden Grundstück einfach reproduziert (mit der hübschen Pointe eines Brezelfrieses). Für die unattraktiven Ladenarkaden im Erdgeschoß zeichnete ein Generalunternehmer und nicht das Architektenbüro verantwortlich.

A 96 Gänsemarktpassage
Gänsemarkt 50/Colonnaden 19, Neustadt
Architekten: J. B. Heyn (Colonnaden 19). Graaf, Schweger & Partner (Passage und Umbau Colonnaden)
Colonnaden 19 1885; Passage und Umbau Colonnaden 1976–79
Die Passage stellte eine Verbindung zwischen der Fußgängerzone Colonnaden und dem Gänsemarkt

her, die bis dahin nur durch die hinterhofartige Büschstraße gewährleistet wurde. Der Stahlskelettbau mit dunkelgrüner Vorhangfassade strebt in seinem Umfeld weniger nach Vermittlung als nach Kontrastwirkung. Auch die Passagenarchitektur entführt den Passanten nicht in eine geschönte Konsumwelt, sondern zeigt eher sprödes (Metall-)Profil: »Wirkt der neue Bau neben dem alten nicht wie gute Schlosserarbeit neben der eines Silberschmiedes?« *(Baumeister,* 7/1980, S. 682) – Sei's drum! Der Entwurf hat sich nicht nur in konzeptioneller Hinsicht gut bewährt, die kompromißlose Gestaltung machte auch dann noch gute Figur, als die Umgebung des Gänsemarkts längst von poliertem Granit und edlem Klinker dominiert wurde.

A 97 Historisches Ensemble Colonnaden
Neustadt
Architekten: Bahre & Querfeld. Elvers & Martens. Heinrich M. C Grell. Johannes Grotjan. Hauers & Hüser. J. B. Heyn. Jordan & Heim. Albert Klücher. Th. Necker. Heinrich Schmidt. Ernst Wex
Planungsbeginn 1874, Anlage der Straße 1876/77, Bebauung 1877–80 und 1885 (Nr. 15 u.19)
Die Colonnaden, fälschlicherweise so benannt nach den Ladenarkaden an ihrem Südende, sind ein typisches Beispiel für den spekulativen Städtebau der Gründerzeit. Mit der Anlage der Diagonalstraße wurden die tiefen, aber teilweise völlig untergenutzten Blöcke zwischen Neuer Jungfernstieg und Esplanade erschlossen. Die Grundstücke nördlich der Theaterstraße wurden von den Gebrüdern Ernst und Christian Adolph Wex eingebracht (vgl. die Wexstraße, Nr. A 131), diejenigen südlich davon von Friedrich J. Leser und seinen Erben. Ein Vertrag mit der Finanzdeputation sicherte den Spekulanten 1876 die Realisierung der Immobilienwerte zu, während die Straße selbst nach ihrer Fertigstellung in den Stadtbesitz übergehen sollte. Bemerkenswert ist der repräsentative Charakter der Colonnaden, der ihre Ausrichtung auf die Villenquartiere an der Außenalster unterstreicht. Als Verkehrsverbindung hatten sie dagegen kaum eine Bedeutung, weil sie nicht direkt auf die Knotenpunkte mündeten.

Die Colonnaden waren eine Adresse gehobenen bürgerlichen Zuschnitts, was sich besonders deutlich an den luxuriösen Etagenwohnhäusern Nr. 3 und Nr. 5 zeigt, beide von Wilhelm Hauers, der hier übrigens auch selber als Bauherr in Erscheinung trat mit seinem eigenen Wohnhaus Nr. 9 sowie Nr. 13. Das auffälligste Kennzeichen der Straße ist zwar die einheitlich gestaltete Arkadenreihe Nr. 4–64, die mit Ausnahme der mittig angeordneten Rohbauarchitektur von Jordan & Heim kaum erkennen läßt, daß hier fünf verschiedene Architektenbüros tätig waren. Ansonsten wurde aber Wert auf individuelle Lösungen gelegt, selbst bei den beiden Nachbargebäuden Colonnaden 68–70 von Johannes Grotjan, die trotz des gemeinsamen Urhebers kaum Bezug aufeinander nehmen. Dabei ragen in qualitativer Hinsicht allerdings nur die

A 97 Historisches Ensemble Colonnaden

Entwürfe des ehemaligen Hase-Schülers und -Mitarbeiters Wilhelm Hauers heraus, der für seine Renaissancearchitekturen Werkstein statt Stuck wählte und damit trotz des Stilwechsels auch weiterhin dem Streben der neogotischen »Hannoverschen Schule« nach Materialgerechtigkeit verpflichtet blieb.

A 98 Stadthaus
Büschstraße 9, Neustadt
Architekten: Eduard Averdieck (Ursprungsbau). Planungsgruppe Nord, Glienke + Hirschfeld; Mitarbeiterin: Stefanie Gabrys (Umbau und Restaurierung)
1841/42; Umbau und Restaurierung 1986/87
Der letzte Rest einer repräsentativen Doppelhausgruppe, die sich ursprünglich über die gesamte Büschstraße erstreckte. Die spätklassizistische Architektur wurde 1986/87 restauriert und um Schaufenstereinbauten ergänzt.

A 99 Amsinck-Palais
Neuer Jungfernstieg 19, Neustadt
Architekten: Franz Gustav Forsmann (Ursprungsbau). Schramm & Elingius (Restaurierung und Umbau)
1831–34; Restaurierung und Umbau 1963
Ab 1825 entstand neben dem Jungfernstieg eine zweite Promenade an der Binnenalster, die sich rasch zu einer bevorzugten Adresse entwickelte, zumal hier erstmalig auf die bis dahin auch für das bürgerliche Wohnen in Hamburg charakteristische enge Verflechtung der Wohn- und Arbeitsstätten verzichtet wurde. Eines der besonders »herrschaftlichen« Häuser an diesem Neuen Jungfernstieg war das Stadtpalais des Bankiers Gottlieb Jenisch (später Amsinck-Palais), Bruder jenes Martin Johann Jenisch, für den Forsmann gleichzeitig ein Landhaus im Elbvorort Othmarschen errichtete. Der breitgelagerte, gequaderte Putzbau war ursprünglich allerdings in eine geschlossene Blockrandbebauung eingebunden; die nördliche Seitenfront mit dem heutigen Haupteingang für den Überseeclub ist der authentischen Hauptfassade nur

geschickt nachempfunden. Ein maßstäblich überzeugend eingepaßtes Hochhaus von Schramm & Pempelfort schließt seit 1971 die Lücke im Alsterpanorama, die schon seit der Jahrhundertwende hinter dem Amsinck-Palais klaffte, weil die neue Citybebauung sehr viel höher war.

A 100 Ehem. Verwaltungsgebäude der Esso AG
Neuer Jungfernstieg 21, Neustadt
Architekten: Elingius & Schramm
1937/38
Die klassizierenden Sandsteinfassaden lassen kaum vermuten, daß sich dahinter noch Teile des ehemaligen Verwaltungsgebäudes der Deutsch-Amerikanischen Petroleum-Gesellschaft von 1908 verbergen (vgl. den rückwärtigen Trakt an der Fehlandstraße). Die etwas »kantige« und grobe Detaillierung ist jedoch nicht nur den komplizierten Umbau- und Erweiterungsmaßnahmen zuzuschreiben, sondern entspricht auch allgemein der Architekturströmung in den 30er Jahren; auch international wurde zu dieser Zeit so gebaut. Auf die spezifisch deutsche Entwicklung verweist dagegen der Eckturm. Er wurde als Standort für Flakgeschütze konzipiert.

A 101 Esplanadebau
Esplanade 6, Neustadt
Architekten: Rambatz & Jollasse
1912/13
Typisches Kontorhaus der Jahre vor dem Ersten Weltkrieg mit Skelettfassade in Werkstein, Mansardwalmdach und repräsentativer Eingangshalle. Schlichter wurde die Rückfront an der Fehlandstraße ausgeführt, nämlich mit Sichtmauerwerk und – erstmalig in Hamburg – mit Staffelgeschossen.

A 102 Historisches Ensemble Esplanade
A 102.1 Stadthaus
Esplanade 37, Neustadt
Architekt: Carl Ludwig Wimmel
1827–30
A 102.2 Stadthäuser
Esplanade 14–22, 30–31, Neustadt
Um 1830
Die 50 m breite Allee mit den charakteristischen Baumreihen in der Mitte wurde ab 1827 anstelle eines Teils der geschliffenen Wallbefestigung angelegt. Von der ursprünglichen Bebauung der Promenade sind heute jedoch nur noch sporadische Reste erhalten, zumeist schlichte biedermeierliche Gebäude ohne besonderen gestalterischen Anspruch (Nr. 30 wurde erst in den 20er Jahren durch Pilaster nobilitiert). Während die individuellen Entwürfe an der Südseite der Straße Wimmel lediglich zur Begutachtung vorgelegt werden mußten, stammten die Gebäude an der Nordseite von dem Baudirektor selbst. Schmale Stadthäuser formten hier ein stattliches Ensemble hinter einer 250 m langen, einheitlichen Palastfassade mit mittiger Betonung durch einen Portikus (den die Gliederung von Esplanade 14 auf der Südseite schwach reflektierte). Hiervon ist jedoch nur noch Esplanade 37 erhalten, seit 1958 die skandalöse Entscheidung fiel, das für Hamburg einzigartige Baudenkmal niederzulegen.

A 103 Hochhäuser von Hentrich & Petschnigg
A 103.1 Burmah-Hochhaus
Esplanade 39, Neustadt
Architekten: Hentrich & Petschnigg; Mitarbeiter: Fritz Eller, Erich Moser, Robert Walter
1958/59
A 103.2 Finnlandhaus
Esplanade 41, Neustadt
Architekten: Hentrich & Petschnigg. Fritz Rafeiner (örtliche Planung). Ingenieure: Leonhardt & Andrä
1961, 1964–66
Die Neugestaltung der Esplanade nach dem Abbruch der Wimmel-Bebauung erfolgte mit schlanken Punkthochhäusern, die die Straße zu den Grünanlagen des Wallrings öffnen. Die Vorhangfassade des Burmah-Hochhauses wurde in Mischbauweise ausgeführt, d. h. mit massiven Brüstungen hinter den Elementverkleidungen aus Stahlrahmen und blauem Glas. Weitaus ausgereifter in konstruktiver und gestalterischer Hinsicht wirkt demgegenüber der Curtain-wall des

A 103.1, 2 Burmah-Hochhaus und Finnlandhaus

Finnlandhauses, eine Pfosten-Riegel-Konstruktion in noblem Anthrazit, deren elegante Wirkung durch den Verzicht auf ein Sprossenrelief noch gesteigert wird (Mitte der 80er Jahre einfühlsam erneuert). Vor allem aber besticht hier der signifikante Gebäudeumriß mit der »Taille« des Erschließungskerns und der Pilzkopfkonstruktion, an deren Kragarmen die Geschoßdecken aufgehängt sind.

A 104 Aufstockung eines Bankgebäudes

Colonnaden 51, Neustadt
Architekten: Schramm & Elingius (Ursprungsbau), Schweger & Partner (Aufstockung)
1963–65; Aufstockung 1988/89
Dekonstruktivistisch inspirierte Aufstockung eines Bankgebäudes mit banaler Rasterfassade. Dabei ist an dieser Lösung vor allem bemerkenswert, daß die Trivialität des Ursprungsbaus nicht negiert, sondern mit sicherem Gespür für Maßstab und Material in eine neue Qualität transformiert wurde.

A 105 Ehem. Oberschulbehörde

Dammtorstraße 25, Neustadt
Architekt: Hochbauwesen, Fritz Schumacher
1911–13
Die flächige Lochfassade war hier offenbar eine Konsequenz der Massivbauweise (im Unterschied zu den Skelettfassaden der Kontorhäuser). Auch das »Würdemotiv« des Werksteinsockels und die Zweiteilung der Front durch den Erker und den Zwillingsgiebel heben das öffentliche Verwaltungsgebäude zwischen den Geschäftshäusern an der Dammtorstraße hervor, verklammern es aber auch gestalterisch und maßstäblich mit der angrenzenden Schwanapotheke. Die Reliefs stammen von Oscar E. Ulmer.

A 106 Schwan-Apotheke

Dammtorstraße 27, Neustadt
Architekten: Jacob & Ameis
1911/12
Ein herausragendes Beispiel für das traditionalistische Bauen um 1910. Die Klinkerfassade zitiert mit den gequaderten Lisenen und den Sprossenfenstern zwar noch Motive der barocken Bürgerhäuser, bleibt hinsichtlich konkreter historischer Vorbilder aber betont vage – was das Geschäftshaus mit den Landhausentwürfen von Jacob & Ameis verbindet. Die Liebe der Architekten zum Detail spiegelt sich auch in der Ausstattung der Apotheke und der Eingangshalle wider, beide noch im Originalzustand erhalten.

A 107 Hamburgische Staatsoper

Dammtorstraße 28, Neustadt
Architekten: Distel & Grubitz (Bühnenhaus), Gerhard Weber (Zuschauerhaus)
Bühnenhaus 1925/26; Zerstörung 1943; Zuschauerhaus 1952 W, 1953–55
Neubau des Vorderhauses der Hamburgischen Staatsoper im Anschluß an das erhaltene Bühnen

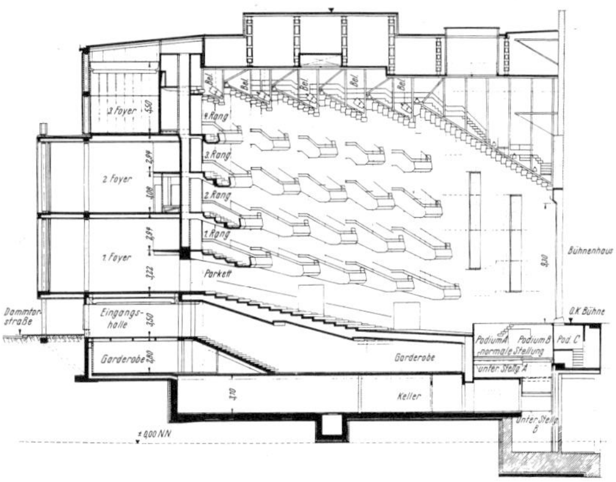

A 107 Hamburgische Staatsoper

haus von 1925/26, einer Art babylonischer »Zikkurat« im seinerzeit modischen Art Déco, das 1943 durch den eisernen Vorhang geschützt war, während die Zuschauerräume völlig ausbrannten. Der zerstörte Vorgängerbau barg im Kern noch das alte Stadttheater von Carl Ludwig Wimmel (1826/27), das 1873/74 von Martin Haller umgestaltet und erweitert worden war. War ursprünglich erwogen worden, Werner Kallmorgen mit dem Wiederaufbau dieser Ruine zu beauftragen, so drängte Oberbaudirektor Werner Hebebrand schon bald nach seinem Amtsantritt 1952 auf einen Gutachterwettbewerb, was schließlich zu einer völligen Neukonzeption des Zuschauerhauses führte. Gerhard Weber versuchte, das Bestmögliche aus der beengten Lage zu machen. Ein positives Echo fand der neue Zuschauerraum mit frei auskragenden Logen nach dem Vorbild der Royal Festival Hall in London (1951), wogegen die notgedrungen knapp bemessenen Aufgänge, Garderoben und Foyers – für immerhin 1 649 Besucher – auf deutliche Kritik stießen. Wollte der schlichte Innenausbau schon bei der Eröffnung nicht so recht Premierenstimmung aufkommen lassen, so kam die elegante Travertinfassade mit

A 108 Deutschlandhaus

ihren Goldsäulchen um so mehr dem Prestigebedürfnis der Nierentisch-Ära entgegen – was bei der Kritik denn auch unweigerlich »das glatte Arrangement eines Kosmetikladens in Erinnerung rufen muß(te), wobei die mosaizierten Blumengondeln aus Beton, in die Glasnischen der Wand gesetzt, das Parfüm ergeben«. (*Baukunst und Werkform*, 5/1956, S.241)

A 108 Deutschlandhaus

Dammtorstraße 1, Neustadt
Architekten: Block & Hochfeld (Ursprungsbau). Dietrich & Partner mit Günther Schudnagies; Mitarbeiter: Engels, Finé, Herrmann, Krücken, Omlor, Vlcek (Erweiterung und Modernisierung)
1928/29; Zerstörung 1944; Erweiterung und Modernisierung 1. BA 1975–78, 2. BA 1979–82

Der horizontale Fassadenaufbau des Deutschlandhauses bedeutete einen entschiedenen Bruch mit der konventionellen Hamburger Kontorhausarchitektur, deren vertikal gegliederte Skelettfassaden sich um 1930 überlebt hatten. Wie ein Vorhang umhüllt die Fassade das Stahlskelett, ein Effekt, der vor allem durch die Fensterbänder hervorgerufen wird, die um die gerundeten Gebäudekanten greifen. Im Innenhof war ursprünglich ein UFA-Kino untergebracht, mit 2 650 Plätzen eines der größten Lichtspielhäuser überhaupt. 1944 brannte das Gebäude zwar teilweise aus, konnte aber bald wiederhergestellt werden bis auf den völlig zerstörten Flügel an der Drehbahn, dessen Rekonstruktion erst drei Jahrzehnte später erfolgte (1. BA). Der Umbau der erhaltenen Trakte Ende der 70er Jahre bedeutete eine völlige Entstellung (2. BA). Nicht nur die Profile wurden vergröbert – wobei vor allem das neugestaltete Erkerband nicht überzeugt –, die ausgeflickte, aber originale Klinkerhaut wurde auch heruntergerissen und durch eine neue Fassade ersetzt: in gesandetem Ziegel mit rustikaler Handstrichoptik!

A 109 Berolinahaus

Valentinskamp 88–90, Neustadt
Architekten: Graaf, Schweger & Partner
1980 W, 1980–83

Eingespannt zwischen dem gläsernen Solitär der Unilever-Verwaltung und dem Deutschlandhaus behauptet die 130 m lange Pfeilerfassade des Berolinahauses erfolgreich eine Vermittlerrolle – ohne dabei jedoch ihre gestalterische Eigenständigkeit zu verleugnen. Kraftvoll löst sich die vertikale Gliederung von dem Vorkriegsbau ab, dessen schwergewichtig lagerndes, fensterloses Technikgeschoß noch ein Stück weit fortgeführt wird, bevor der Fassadenrhythmus wechselt. Die Ausfachung mit Metall-Glas-Elementen verweist dagegen auf den Curtain-wall des Unileverhauses. Was insgesamt betrachtet so virtuos umgesetzt wurde, vermag im Detail allerdings nicht immer zu überzeugen. Die Pfeiler sind im Verhältnis zu ihrer Länge zu gedrungen, so daß das Gebäude wie auf »Elefantenfüßen« steht. Störend macht sich auch die asymmetrische Teilung der Fassadenelemente bemerkbar.

A 110 Bürgerhaus

Valentinskamp 34, Neustadt
Architekten: Padberg, Reumschüssel & Partner mit Dietrich Raeck (Restaurierung und Instandsetzung)
Um 1650; Umbau 1760; Aufstockung 1856; Hofbebauung um 1905; Teilzerstörung 1944/45; Instandsetzung 1989, 1991–93

Das ursprünglich zweigeschossige Fachwerkgebäude spiegelt die wechselvolle Geschichte der Neustadt wider, seit der Umwallung 1615–26 das traditionelle Viertel der klein- und unterbürgerlichen Schichten. Dendrochronologische Untersuchungen datieren den Bau auf die Mitte des 17. Jahrhunderts. (Ein Vorläufer aus der Zeit um 1634 ist belegt.) Aus dieser Zeit stammt auch noch die Deckenbemalung im zweiten Obergeschoß, eine Komposition aus Vögeln, Früchten und Beschlagwerk als Zeugnis kleinbürgerlichen Wohl-

A 111.1 Ensemble Bäckerbreitergang. Historische Bebauung

stands (und eine der wenigen erhaltenen in Hamburg überhaupt). In das mit 5 m überhohe Erdgeschoß wurde 1760 ein Mezzaningeschoß eingebaut. Die übrigen Geschosse dienten daraufhin als Stärkefabrik, wie sich noch an den verschlossenen Füllöchern in den Decken ablesen läßt. Die völlige Überbevölkerung der Neustadt im 19. Jahrhundert dokumentiert schließlich die Aufstockung um ein weiteres Geschoß 1856, als die Stärkeproduktion aufgegeben wurde. 50 Jahre später zog dafür eine Metallwarenfabrik in den Hof.

A 111 Ensemble Bäckerbreitergang
A 111. 1 Historische Bebauung

Dragonerstall 11–13/Bäckerbreitergang 49–58, Neustadt
Architekten: Grundmann, Rehder; Mitarbeiter: Ingo Röpke (Restaurierung)
Um 1780 (Nr. 49–50); übrige Gebäude um 1820; Restaurierung 1980, 1981–84

Eines der letzten Beispiele für die Bauweise der »Gängeviertel«: schmale, zumeist beidseitig bebaute Hinterhofgassen, die in der Regel nur durch Toreingänge in den Vorderhäusern erschlossen wurden (die hier allerdings fehlen). Charakteristisch sind auch die Dreiergruppen der Haustüren, wobei die beiden äußeren Eingänge jeweils zu einer Erdgeschoßwohnung gehören, während die mittlere zu dem darüber liegenden Obergeschoß (Sahl) führt. Diese Lösung diente auch noch für die proletarischen Stadterweiterungsgebiete der 1860er Jahre als Vorbild (vgl. z. B. die Zollischeck-Terrasse in St. Pauli, Nr. C 10.1). Ähnlich kleinteilig war übrigens auch das Gelände nördlich des Valentinskamps bebaut, der letzte flächendeckende Rest der vorindustriellen Bebauung in der Neustadt, der Ende der 50er Jahre dem Unileverhaus geopfert wurde.

A 111. 2 Bebauung »Madhouse«

Valentinskamp/Bäckerbreitergang, Neustadt
Architekt: Bernhard Winking; Mitarbeiter: Ulrich Zeiger, Gaby Schönherr, Peter Seufert, Frauke Leumann, Claudia Schmidt, Kai Böckler
1993, 1995/96

Mit einer »Collage« aus fünf heterogenen Baukörpern, die dem kleinteiligen Maßstab der historischen Neustadtbebauung entsprechen und ihren ungeordneten Charakter spielerisch reflektieren, wird die Ostseite des Bäckerbreitergangs neu gefaßt.

A 112 Unileverhaus

Dammtorwall 15, Neustadt
Architekten: Hentrich & Petschnigg
1958/59 W, 1. BA 1961–63, 2. BA 1964 (Aufstockung um zwei weitere Geschosse)

Drei der schlanken, zweibündigen Hochhausscheiben der Wiederaufbaujahre strahlen hier von einem gemeinsamen Kern aus, was nicht nur eine sehr rationelle Form der Erschließung bedeutet, sondern dem Grundriß auch eine signifikante Y-Form verleiht. Diese Lösung machte jedoch kaum Schule, weil die Entwicklung der 60er Jahre im Zeichen der Großraum

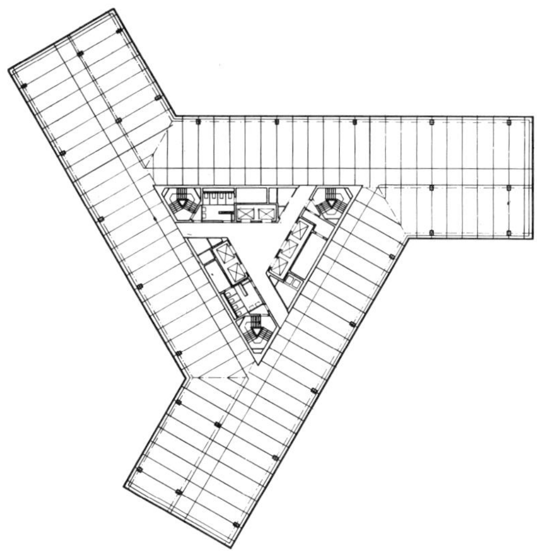

A 112 Unileverhaus

büroideologie stand. Bemerkenswert ist auch die elegante Detaillierung des Curtain-wall: Die Horizontalriegel bestehen aus Aluminium im Naturton und verschmelzen somit optisch mit den weiß hinterlegten, gläsernen Brüstungsflächen, die Vertikalsprossen werden durch schwarze Kappen abgedeckt, die spitz zulaufen und sich deshalb nur als schmale Linien abzeichnen. Auf diese Weise wirkt die Fassade wie eine entmaterialisierte Membran.

A 113 Öffentliche Hochbauten zwischen Gorch-Fock-Wall und Drehbahn

A 113.1 Ehem. Oberpostdirektion

Stephansplatz 3, Neustadt
Architekten: Postbauverwaltung mit Oberbaurat Ernst Hake und Baurat Friedrich Simon Ruppel (Ursprungsbau); Baurat Schuppan (Erweiterung)
1883–87; Erweiterung 1898–1901

A 113.2 Dienstgebäude für die Justizbehörde und die Post-Zollabfertigungsstelle

Dammtorwall 9–13/Drehbahn 36/Caffamacherreihe 20, Neustadt
Architekten: Hochbauwesen, Fritz Schumacher (1. und 2. BA), Riecke & Karres (3. BA)
1. BA 1913–15; 2. BA 1926/27; 3. BA 1980–82

Nach dem Vorbild der Wiener Ringstraße wurden auch in Hamburg die ehemaligen Wallanlagen zu einem Alleenring ausgebaut. Hier fanden neben Kulturbauten vor allem diejenigen öffentlichen Verwaltungen Platz, die mit der Neuordnung des Finanz- und Justizwesens (vgl. das Justizforum, Nr. A 115) sowie der Post nach der Reichsgründung 1871 notwendig wurden. Die neue Hamburger Oberpostdirektion war für weite Teile Norddeutschlands zuständig einschließlich Lübecks. Dementsprechend anspruchsvoll geriet das Gebäude am Stephansplatz, dessen gedrückte, kraftlose Proportionen und additiv applizierte Dekorationsformen – ein vereinfachter Entwurf von Julius Raschdorff mit Plastiken von Engelbert Peiffer – der gewaltigen Baumasse allerdings kaum eine straffe Kontur zu verleihen vermögen (bis 1901 nach Westen erweitert), ganz im Unterschied zu den ebenfalls sehr umfangreichen Klinkerbauten von Fritz Schumacher in den schmalen Parallelstraßen, die mit ihrer weisen Beschränkung auf Giebelreihungen bzw. flache Erker dem beengten Standort problemlos gerecht werden (von Riecke & Karres an der Caffamacherreihe 20 sensibel ergänzt).

A 113.4 Ehem. Generalzolldirektion
A 114 Musikhalle

A 113.3 Ehem. Dienstgebäude der Behörde für das Versicherungswesen

Gorch-Fock-Wall 15–17, Neustadt
Architekten: Hochbauwesen, Carl Johann Christian Zimmermann
1894/95, Erweiterung 1906

Die Einführung der Sozialversicherungspflicht im Kaiserreich dokumentiert das Dienstgebäude Gorch-Fock-Wall 15–17, das sich mit seiner zurückhaltenden Backsteinarchitektur ostentativ von den Werksteinpalästen in seiner Nachbarschaft abhebt und somit gestalterisch wieder den freiwilligen karitativen Einrichtungen zugeordnet wird – z. B. Stifte oder Heime –, von denen Bismarck die Sozialfürsorge mit seiner Reform ja gerade emanzipieren wollte.

A 113.4 Ehem. Generalzolldirektion

Gorch-Fock-Wall 11, Neustadt
Architekten: Hochbauwesen, Carl Johann Christian Zimmermann (Ursprungsbau). Hochbauamt, Baudirektor Wolfgang Rudhard und Hans v. d. Damerau (Wiederaufbau)
1889–91; Wiederaufbau 1946–48

Den hamburgischen Sonderstatus im Reich bezeugt die palastartige Generalzolldirektion im Neorenaissancestil, denn mit dem Zollanschluß 1888 wurde der Hansestadt, als schwacher Abglanz einstiger Souveränität, eine eigenständige Zollverwaltung für den Freihafen zugebilligt – wobei übrigens auch bemerkenswert ist, daß die suggestive »Hanse-Gotik« der »Speicherstadt« (vgl. Nr. K 1) hier gerade nicht auftaucht, sondern völlig konventionelle architektonische Leitbilder von Würde und Repräsentativität.

A 114 Musikhalle

Karl-Muck-Platz 20, Neustadt
Architekten: Martin Haller, Wilhelm Emil Meerwein
1904–08

Der Bau der Musikhalle, der durch ein Vermächtnis des Reeders Carl Laeisz (1828–1901, vgl. auch Nr.

A 115.3 Hanseatisches Oberlandesgericht (Aufnahme aus den 30er Jahren)

A 18) und weitere Zuwendungen seiner Witwe Sophie ermöglicht wurde, widerlegt einmal mehr das beliebte Klischee von der kulturlosen »Pfeffersackmentalität« der hamburgischen Oberschicht. Mit ursprünglich 2 000 Plätzen im großen und 500 Plätzen im kleinen Saal alles andere als bescheiden dimensioniert, fügt sich der Bau doch eher zurückhaltend in das Stadtbild ein. Dies ist nicht nur den eleganten Backsteinfassaden im Stil der norddeutschen Barockarchitektur des 18. Jahrhunderts zu verdanken – wohl maßgeblich von der St.-Michaelis-Kirche beeinflußt (vgl. das Heine'sche Wohnstift, Nr. A 119) –, sondern auch dem Verzicht auf eine Integration der beiden Konzertsäle in einen kompakten Baukörper, die aufwendigere Schallschutzmaßnahmen erfordert hätte. Hervorzuheben ist das Brahms-Denkmal von Max Klinger im Foyer (1905–09).

A 115 Justizforum

A 115.1 Strafjustizgebäude und Untersuchungsgefängnis

Sievekingplatz 3, Neustadt
Architekten: Hochbauwesen, Carl Johann Christian Zimmermann (Ursprungsbau); Bauinspektor Bauer (2. Erweiterung); Fritz Schumacher (Umgestaltung und Erweiterung Untersuchungsgefängnis)
1879–82; 1. Erweiterung 1895/96 (Nordostflügel); 2. Erweiterung 1911–14; Umgestaltung und Erweiterung Untersuchungsgefängnis 1927–29

A 115.2 Ziviljustizgebäude

Sievekingplatz 1, Neustadt
Architekt: Hochbauwesen, Carl Johann Christian Zimmermann
1898–1903

A 115.3 Hanseatisches Oberlandesgericht

Sievekingplatz 2, Neustadt
Architekten: Lundt & Kallmorgen
1906 W, 1907–12

Das Justizforum, ursprünglich eine der beeindruckendsten Hamburger Platzanlagen mit einem zentralen Wasserbassin, das auf die Mittelachse des Oberlandesgerichts ausgerichtet war (allegorische Figuren von Arthur Bock, 1912), wurde anläßlich der Internationalen Gartenbauausstellung 1963 dem modischen Zickzack-Layout der neugestalteten Wallanlagen angepaßt und präsentiert sich seitdem nur noch als amorphe Verkehrs- und Grünfläche mit unklaren Raumbezügen. Das Gerichtsgebäude selbst, ein typisches Beispiel für den angestrengt monumentalen Neo-Palladianismus des späten Kaiserreichs, ist kaum mehr als »umbaute Luft«. Die Kuppel markiert nicht etwa die Lage der Sitzungsäle, die vielmehr vergleichsweise beliebig in den Gebäudeecken angeordnet sind, sondern ein überdimensioniertes Treppenhaus nach dem Vorbild des Frigidariums der Caracalla-Thermen in Rom.

Steht das gewollte Volumen hier also in keinem Verhältnis zum effektiven Raumnutzen, so präsentiert sich dieses Verhältnis bei den beiden anderen Gerichtsbauten mit ihren einfach strukturierten Fassaden und den viel zu flach modellierten, wie Appliken aufgesetzten Renaissancegiebeln gerade umgekehrt. Dieses simple Fassadenschema konnte denn auch problemlos »weitergestrickt« werden, wie der Ausbau des Strafjustizgebäudes, ursprünglich ein Dreiflügelbau mit kurzen Seitentrakten, zu einem vollen Rechteck ab 1911 belegt.

(Zum Kaiser-Wilhelm-Denkmal und seinen Assistenzfigurengruppen, die heute zusammenhanglos auf dem Platz verteilt sind, vgl. das Rathaus in der Altstadt, Nr. A 1.)

A 115.4 Erweiterung Ziviljustizgebäude

Sievekingplatz 1, Altstadt
Architekten: Hochbauwesen, Fritz Schumacher und Erster Baudirektor Johann Christoph Otto Ranck
1928–30

Hinsichtlich Material, Fassadenaufbau und Maßstab – verringerte Geschoßhöhen – rückt das horizontal gegliederte Klinkergebäude deutlich von dem Altbau ab. Einen der schönsten Innenräume aus der Schumacher-Ära stellt die zentrale dreigeschossige Oberlichthalle in Eisenbeton dar, die ein Keramikbrunnen von Richard Kuöhl schmückt. Dabei wurde dieser Bau aber nicht, wie oft behauptet, von Schumacher allein entworfen, sondern in Zusammenarbeit mit einem seiner führenden Mitarbeiter – was denn auch einmal mehr Zweifel an der ausschließlichen Autorschaft des Oberbaudirektors bei zahlreichen ihm zugeschriebenen Entwürfen erweckt.

A 116 DAG-Gebäude

Karl-Muck-Platz 1, Neustadt
Architekten: Sckopp & Vortmann (Ursprungsbau), Possehn & Voges (Modernisierung)
1921/22; Erweiterung 1929–31; Modernisierung 1987–91

Ehemaliges Gebäude des Deutschnationalen Handlungsgehilfen-Verbandes. Der DHV war vor 1933 die zentrale Interessenvertretung der im Groß- und

A 116 DAG-Gebäude

Außenhandel tätigen kaufmännischen Angestellten mit einer Viertelmillion Mitglieder, aber auch ein Hort von Antisemitismus und Standesdünkel. Im ersten Bauabschnitt am Holstenwall verbirgt sich noch der Vorgängerbau von 1904, der aufgestockt und mit einer schmucklosen Pfeilerfassade versehen wurde, die auch hinsichtlich der Staffelgeschosse dem fortschrittlichsten Stand entspricht, den die Hamburger Bürohausarchitektur bis dahin erlangt hatte – nur daß derartige Lösungen vor dem Ersten Weltkrieg noch zaghaft an den Rückfronten der Kontorhäuser erprobt wurden, während sie hier erstmalig mit einer Hauptfassade in repräsentativer Lage auftauchten!

Der zweite Bauabschnitt am Karl-Muck-Platz – mit 15 Geschossen ein veritables Hochhaus, das die Klinkervorlagen zu steil aufschießenden Vertikalen werden läßt – wurde mit einem genieteten Stahlskelett errichtet. Bei der letzten Instandsetzung bis 1991 konnte der ursprüngliche Charakter der Eingangshalle und der Treppenhäuser, schöne Beispiele für den in Hamburg seltenen Art Déco, wiedergewonnen werden. Die Aussage des Wappenschmucks über dem Haupteingang ist eindeutig: Hier wird an die mit dem Versailler Vertrag eingebüßten Reichsteile erinnert. Rätsel wirft dagegen der Elefantenreiter von Karl Opfermann zu den Hütten hin auf: nur eine Allegorie auf »Jugend und Kraft« oder auch ein Verweis auf den einstigen Kolonialbesitz und damit auf die vermeintlich bessere Kaiserzeit, als der DHV, nicht zuletzt über den stetig wachsenden Außenhandel des Deutschen Reichs, zur Blüte gelangt war?

A 117 Ehem. Gewerbehaus

Holstenwall 12, Neustadt
Architekt: Hochbauwesen, Fritz Schumacher
1912–16

Die heutige Handwerkskammer wurde von der Stadt für die Aufsichtsbehörde der Innungen errichtet; eingeplant waren aber auch Räume, die an die Interessenvertretungen des Handwerks vermietet werden sollten, sowie gemeinsam zu nutzende Veranstaltungs- und Sitzungssäle. Besonders bemerkenswert ist die offene Treppenhalle in scharriertem Beton, die die rechte Gebäudehälfte mit den Geschäftsräumen der Innungen erschließt. Eine zweiarmige, vierläufige Treppenanlage verteilt hier den Besucherverkehr nach beiden Seiten auf die umlaufenden Galerien, so daß sich die im rückwärtigen Gebäudeteil untergebrachten Innungen von ihrer Lage und Zugangsmöglichkeit her nicht benachteiligt zu fühlen brauchten – ganz im Unterschied zu den Arbeitssuchenden, deren Wartehalle im Souterrain isoliert wurde.

Die Außenarchitektur ist eines der schönsten Beispiele für den Schumacherschen Traditionalismus vor dem Ersten Weltkrieg. Eine Arkadenreihe betont den Sockelbereich und verklammert zusammen mit dem Hauptgesims und den kräftigen Fassadenpfeilern die großen Fensterflächen der Ziegelfront. Dazwischen spannen sich die feingliedrigen Rippen der Fensterstützen, im Mitteltrakt als Bay-windows flach vorgewölbt. Schmuckverbände und hoch aufragende Schweifgiebel als Anklänge an den Hamburger Bürgerhausbarock betonen die Traditionsverbundenheit des Handwerks; auch die sechs Skulpturen von Oscar E. Ulmer, die verschiedene Zweige des Gewerbes versinnbildlichen, verweisen auf die Gebäudenutzer.

A 118 Museum für Hamburgische Geschichte

Holstenwall 24, Neustadt
Architekt: Hochbauwesen, Fritz Schumacher
1909, 1914–23

A 117 Ehem. Gewerbehaus

Der um 45 Grad gegenüber der Straßenlinie verschobene und somit spitzwinklig in die Wallanlagen ragende Baukörper zeichnet die ehemalige Bastion Henricus der sternförmigen Stadtbefestigung des 17. Jahrhunderts nach. Ein dreiflügeliger Eingangsbau mit monumentaler Treppenhalle, Bibliothek und Hörsaal umschließt zum Holstenwall hin einen kleinen Ehrenhof (zu diesem für Schumacher charakteristischen Motiv vgl. auch die Kunstgewerbeschule in Uhlenhorst und das Johanneum in Winterhude, Nr. E 6 bzw. Nr. E 28); ihm schließt sich versetzt ein Vierflügelbau für die Schauräume an. Ein Dachreiter markiert das Gebäudezentrum und strafft die überaus abwechslungsreich gegliederte, dabei aber ausgewogene Baugruppe unter hohen Mansardwalmdächern, die auf jeder Seite eine andersgeartete Klinkerfassade zeigt.

Auch bei der Detaildurchbildung zog Schumacher das ganze Register seines Könnens, wobei es ihm sichtlich Freude bereitete, die zahlreichen Spolien, die der 1839 gegründete »Verein für Hamburgische Geschichte« gesammelt hatte – so vor allem nach dem Großen Brand 1842, aber auch bei den Stadtsanierungen ab dem ausgehenden 19. Jahrhundert – in die Innen- und Außenarchitektur zu integrieren: Portale, Skulpturen und anderen geborgenen Bauschmuck zerstörter historischer Gebäude der Hansestadt sowie Türen und Stuckdecken. In das zweite Obergeschoß wurde außerdem die Diele eines 1909 an der Deichstraße abgebrochenen Bürgerhauses (um 1600) eingefügt. Bemerkenswert ist aber auch die Sammlung des Museums selbst, u. a. mit zahlreichen detailgetreuen Modellen zur hamburgischen Geschichte.

A 118.1 Überdachung des Innenhofs

Architekten: v. Gerkan, Marg & Partner; Bauleitung: Volker Rudolph; Mitarbeiter: K. Lübbert, ; Ingenieure: Schlaich, Bergermann & Partner
1989

Eine filigrane Überdachung aus Glasplatten und Flachstählen mit nachträglich eingezogenen, aussteifenden Diagonalseilen an der Unterseite ermöglicht es seit 1989, den winkelförmigen Innenhof des Museums auch für Ausstellungszwecke zu nutzen. Im Unterschied zu den herkömmlichen Gitterschalenkonstruktionen mit einer diagonalen Verschneidung der Tonnen wurde hier jedoch ein Netzwerk entwickelt, dessen Linien parallel zu den Hauptgesimsen des Museumsbaus verlaufen, was ebenso entscheidend dazu beiträgt, daß die flache Glastonne nicht als störender Fremdkörper gegenüber der Schumacherschen Klinkerarchitektur wirkt, wie ihre sanfte Wölbung mit weichen, fließenden Übergängen.

A 119 Heine'sches Wohnstift

Holstenwall 18, Neustadt
Architekten: Martin Haller und Hermann Geißler
1901/02

Nobles Stadtpalais nach barockem Muster. Das Heine'sche Wohnstift, 1866 von Therese Halle zum Gedenken an ihren Vater Salomon Heine in ihrem Eltern

A 118 Museum für Hamburgische Geschichte

haus am Jungfernstieg gestiftet, wurde von Haller und Geißler unter Mitwirkung von Julius Faulwasser gestaltet, der über seine Auseinandersetzung mit der hamburgischen Baugeschichte, so z. B. der barocken St.-Michaelis-Kirche (vgl. Nr. A 142), auch in der Heimatstildiskussion eine zentrale Rolle spielte.

A 120 Millerntorwache

Millerntordamm 2, Neustadt
Architekt: Carl Ludwig Wimmel
1819/20

Das Wachgebäude des Millerntors, ein kleiner dorischer Tempel mit Triglyphenfries, hatte ursprünglich noch ein Gegenstück. Davor spannten sich massive eiserne Gitterpforten zwischen vier Meter hohen Pfeilern, die von Laternen bekrönt waren. Heute stellt der vernachlässigte Bau das letzte Zeugnis der allabendlichen Torsperre dar, die bis 1861 nicht nur das Stadtwachstum hemmte, sondern auch immer mehr zum verhaßten Symbol der gängelnden Staatsmacht und der rechtlichen und sozialen Ausgrenzung der Vorstadtbewohner wurde – was sich besonders während der Revolution 1848 zeigte, als die Tore nach St. Georg und St. Pauli von spontanen Volkserhebungen attackiert wurden.

A 121 Ensemble Zeughausmarkt

A 121.1 Bebauung Südseite

Zeughausmarkt 33–34/Ludwig-Erhard-Straße 37, Neustadt
Architekten: Carl Ludwig Wimmel (Zeughausmarkt), Bernhard Winking, Patschan, Winking; Mitarbeiter: Barbara Smakowski, Ulrich Zeiger (Ludwig-Erhard-Straße)
Zeughausmarkt um 1827; Ludwig-Erhard-Straße 1990–92

A 121.2 Bebauung Nordseite

Holstenwall 22, Neustadt
Architekten: Pysall, Stahrenberg & Partner Krämer; Mitarbeiter: Hinrichs, Schmiedeler
1985, 1986–88

Der Name des Platzes, der heute brutal durch die Ludwig-Erhard-Straße zerschnitten wird, erinnert an das Artilleriezeughaus, das hier bis 1826 stand. Die Planungen für die Neugestaltung des Areals begannen 1821. Um 1827 erfolgte die einheitliche Fassung mit hellen Putzbauten, die durch Blendarkaden im Erdgeschoß zu einem Ensemble zusammengeschweißt wurden und sich somit betont von der kleinteiligen Fachwerkbebauung der Neustadt abhoben. Spiegelt die rekonstruierte Nordseite noch den ursprünglichen Zustand wider, wenn auch mit drei statt ursprünglich zwei Geschossen, so wirkt die Bebauung an der Südseite mit ihren dunkel verglasten, rahmenlos eingeschnittenen Fensteröffnungen und Arkaden sowie dem weißen Putz wie eine ins Dreidimensionale übertragene klassizistische Präsentationszeichnung und erinnert nur noch den Konturen nach an die historische Platzsituation: was angesichts der grotesken Kompromisse, die bei der »Rekonstruktion« getroffen wurden – Tiefgarage, Scheintreppchen und Scheintüren sowie hinterlüftete Fassaden vor einem Stahlbetonkern –, aber wohl auch die sinnvollere Alternative darstellt.

A 122 Englische Kirche

Zeughausmarkt 22, Neustadt
Architekten: Ole Jörgen Schmidt (Ursprungsbau). Lindsay (Wiederaufbau)
1836–38; Zerstörungen 1944 und 1945; Wiederaufbau 1946/47

Für den Entwurf der anglikanischen Kirche – ein konventioneller spätklassizistischer Putzbau mit Fugenschnitt, Eckrustiken und ionischem Portikus – zeichnete mit Ole Jörgen Schmidt ein Schüler Christian Frederik Hansens verantwortlich. Innen präsentiert sich das Gebäude als schlichte Saalkirche mit Emporen.

A 123 Ehem. Stiftungsschule von 1815

Zeughausmarkt 32, Neustadt
Architekt: Hochbauwesen, Fritz Schumacher
1913, 1914–17

Die heutige Anna-Siemsen-Schule war 1815 als »Israelitische Freischule« gestiftet worden mit dem Ziel, die gesellschaftliche Emanzipation und Integration der unterbürgerlichen jüdischen Bevölkerung der Hansestadt zu fördern. Das Gebäudevolumen ist zum Zeughausmarkt hin geschickt in zwei pavillonartige Trakte geteilt, die den Maßstab der historischen Platzbebauung wieder aufnehmen und einen Durchblick zum Bismarck-Denkmal eröffnen (Terrakottaschmuck von Richard Kuöhl).

A 124 Ensemble Peterstraße/Neanderstraße
A 124.1 Beylingstift

Peterstraße 37, Neustadt
Vorderhaus 1751; Hofbebauung 1760–70; Restaurierung 1966–71

A 124.2 Rekonstruktionen

Peterstraße/Neanderstraße, Neustadt
Architekt: Fritz Pahlke
1969–1984

Dem Engagement eines Hamburger Großkaufmanns ist hier eine Art Hanse-Disneyland zu verdanken. Authentisch sind nur das traufständige Gebäude Peterstraße 35–37, ein schönes Beispiel für den bescheidenen, kleinbürgerlichen Maßstab der Neustadt, und der dahinter liegende Wohnhof – seit 1899 Altenwohnstift, wenn hier auch starke Eingriffe erfolgten. So wurden die parallelen Fachwerkfassaden der rückwärtigen Bebauung bei der »Restaurierung« nicht nur um 2 m auseinandergerückt, sondern es wurde auch auf die charakteristischen Dreitürengruppen der Hauseingänge verzichtet (vgl. hierzu den Bäckerbreitergang, Nr. A 111.1). Alle anderen Bauten stellen hingegen nur Kopien von barocken Bürgerhäusern dar, die in völlig anderen Teilen der Innenstadt verlorengingen und sich hier nun als stimmige Kulissen vor modernen Kleinwohnungen erheben. Man sieht es: In diese Geschichtsinszenierung ist viel Geld und Liebe geflossen. Sie ist allerdings auch bar jeglichen dokumentarischen Werts – während nur wenige Straßen weiter die Mittel zum Erhalt der originalen Bausubstanz des 18. Jahrhunderts fehlten (vgl. Nr. A 134)!

A 125 Ehem. Polizeiwache

Hütten 42, Neustadt
Architekt: Franz Gustav Forsmann
1857/58

Die ehemalige Wache Hütten diente auch als Polizeigefängnis. Im »Dritten Reich« war sie eine der Durchgangsstationen in die Konzentrationslager; 1943 waren hier außerdem KZ-Häftlinge eingesperrt, die nach den Bombenangriffen zu Aufräumungsarbeiten gezwungen wurden. Das Gebäude selbst, ein schlichter Backsteinrohbau im Rundbogenstil, steht beispielhaft für die Ausdifferenzierung ästhetischer Standards in der ersten Hälfte des 19. Jahrhunderts. Hatte Alexis de Chateauneuf drei Jahrzehnte zuvor noch bei Bürgerhäusern mit dieser Lösung experimentiert, so wurde sie hier nun eindeutig nachrangigen Bauaufgaben zugewiesen.

A 126 Schuldt-Stift

Komplex I: Enckeplatz 2/Hütten 2–12/Bei Schuldts Stift 1; Komplex II: Bei Schuldts Stift 2/Pilatuspool 12–24; Komplex III: Zeughausstraße 12–18/Neumayerstraße 1–7/Seewartenstraße 2–6, Neustadt
Architekt: Hinrich Fitschen
Komplex I 1894/95; Komplex II 1896; Komplex III 1901; Zerstörungen 1943

Der Komplex der Abraham-Philipp-Schuldt-Stiftung, 1891 durch den Namensgeber gestiftet, fällt vor allem durch seine Ausdehnung auf. Parallel zum ehemaligen Wallring erstrecken sich drei Blöcke mit insgesamt 377 Wohnungen, deren gemeinsames Kennzeichen eine schlichte, aber kraftvoll gegliederte Rohbauarchitektur aus verschiedenfarbigen Ziegeln ist (in den Dachzonen z. T. vereinfacht wiederhergestellt). An den Stifter erinnert eine Skulptur über dem Eingang von Hütten 8, die von einer Ädikula gerahmt wird.

A 127 Kindertagesheim
Kohlhöfen 22, Neustadt
Architekten: Patschan, Werner, Winking; Mitarbeiter: Hans Bartikowski, Uwe Gronow, Helmut Haun, Susanne Winter
1986/87
Kindertagesheim für insgesamt etwa 120 Kinder. Hier wurde erstmalig in Hamburg auf die bis dahin übliche flächenintensive Aufteilung des Raumprogramms auf niedrige Einzelpavillons zugunsten einer kompakten mehrgeschossigen Gebäudeform verzichtet. Jeder der acht Gruppenbereiche bildet eine »Wohnung« für sich; vorgelagerte Terrassen ersetzen den unmittelbaren Zugang zum Freigelände.

A 128 Öffentliche Bücherhalle Kohlhöfen
Kohlhöfen 21, Neustadt
Architekt: Hugo Groothoff
1908/09
Repräsentativer, neobarocker Bau vage heimatstiliger Provenienz mit Lisenengliederung und verkröpften Gesimsen. Die Bücherei wurde 1899 von der Patriotischen Gesellschaft gegründet (über dem Eingang das Motto der Gesellschaft mit dem Symbol der Eule). Sie war die erste Bibliothek in Deutschland, in der die Bücher nach englischem Vorbild freihand aufgestellt wurden. Programmatisch war auch die Standortwahl, nämlich in einem jener verelendeten Arbeiterviertel, in denen die Cholera-Epidemie anderthalb Jahrzehnte zuvor überdurchschnittlich viele Opfer gefordert hatte.

A 129 Sanierungsgebiet Rademachergang
Rademachergang/Breiter Gang/Kornträgergang/Kohlhöfen, Neustadt
Architekten: W. Behrendt. Wilhelm Behrens. B. Groß. Rudolf Klophaus. H. Jahn. W. Krause. Hans Ludwig. A. Ohl. Puls & Richter
1933, 1934–37
Das Gängeviertel südlich der Kaiser-Wilhelm-Straße wurde als letztes der drei großen Sanierungsgebiete nach der Cholera-Epidemie 1892 in Angriff genommen. Nach dem Machtantritt der Nationalsozialisten wurde der Abbruch der engen Fachwerkgassen jedoch nicht mehr nur mit hygienischen und städtebaulichen Argumenten gerechtfertigt, sondern auch mit der Zerschlagung von »Kommunistennestern«: »Dieses Viertel war durch sein Gewirr der Gänge und Höfe, Terrassen und Durchschlupfe schon längst der Zufluchtsort asozialer Elemente und zweifelhafter Existenzen jeder Art, die sich hier der polizeilichen Aufsicht oder polizeilichem Zugriff entziehen wollten. Immer wieder wurde das Gängeviertel der Ort für Demonstrationen vagabundierender Erwerbsloser und Kommunisten ...« (Konstanty Gutschow in: *Zentralblatt der Bauverwaltung*, 26/1933, S. 312). – Der kleinstädtisch-beschauliche Charakter der neuen Bebauung und ihre heimatstiligen Reminiszenzen wirken denn auch wie eine gezielte Antwort auf die frühere Unübersichtlichkeit des Quartiers und die seinen Be-

A 129 Sanierung Rademachergang

wohnern unterstellte »Entwurzelung«, was sich besonders deutlich an der marktplatzartigen Erweiterung des Rademachergangs zeigt mit dem volkstümlichen Hummelbrunnen von Richard Kuöhl (1937/38) sowie der Bebauung Nr. 14 von Puls & Richter (»Memelhaus«) und Nr. 2–10 von Wilhelm Behrens (1935/36). Dabei ist aber auch zu berücksichtigen, daß die Gewährung von Reichsmitteln für die Sanierung an die Reduzierung der ursprünglich geplanten Geschoßzahl von fünf auf vier gekoppelt war.

A 130 Geschoßwohnbau
Thielbek 12–14, Neustadt
Architekt: GEMO (Restaurierung)
Um 1780; Restaurierung 1984
Eines der letzten Zeugnisse der vorindustriellen Bebauung im Weichbild des Großneumarkts. Im Unterschied zu den bürgerlichen Kaufmannshäusern diente dieses Gebäude schon immer als Mehrfamilienhaus.

A 131 Sanierungsgebiet Neustadt S2 (Wexstraße)
Wexstraße/Brüderstraße/Markusstraße/Thielbek/Großneumarkt/Steinwegpassage, Neustadt
Architekten: Ernst Wex u. a. (Sanierung Wexstraße). Patschan, Werner, Winking (städtebauliches Gutachten S2). Hans und Werner Ohlsen. Kleffel, Köhnholdt, Gundermann. Patschan, Werner, Winking. Schramm, v. Bassewitz, Hupertz u. a. (Neubauprojekte in S2)
Sanierung Wexstraße 1867–76; städtebauliches Gutachten 1979, Bebauungsplan 1982, Bebauung 1982 bis 1993

Die Grundstücke östlich des Großneumarkts wurden 1866 von den Gebrüdern Friedrich Hermann und Ernst Wex gekauft und nach dem Durchbruch der Wexstraße und der Brüderstraße bis 1876 mit repräsentativen Etagenwohnhäusern bebaut – die erste umfassende Sanierungsmaßnahme in den Gängevierteln überhaupt. Rund hundert Jahre später wurde dieser Bereich einschließlich des Großneumarkts und des Alten Steinwegs als Sanierungsgebiet nach dem Städtebauförderungsgesetz ausgewiesen. Mit allzu rigiden Modernisierungsmaßnahmen – Blockentkernungen, Abbruch von Hinterflügeln, völlig veränderte Wohnungsaufteilungen – und unsensiblen Baulückenschließungen – z. B. Thielbek 1 von Hans und Werner Ohlsen (um 1984), Steinwegpassage 2–10 von Schramm, v. Bassewitz, Hupertz (1985) – wurde seitdem das urbane Kneipenviertel immer stärker den sterilen Normen und Leitbildern des öffentlich geförderten Familienwohnungsbaus angepaßt (was wohl auch generell Fragen nach der Zielgruppe von Wohnungsbau in Citylage aufwirft).

A 132 Büro- und Wohnhaus mit Architektenatelier

Großneumarkt 50, Neustadt
Architekten: Kleffel, Köhnholdt, Gundermann
1989, Fertigstellung 1991

Virtuos verklammert dieser Entwurf die heterogensten Dach- und Fassadenlösungen zu einer plausiblen Gesamtform, die außerdem unterschiedliche Nutzer birgt. Zur Eingangsseite hin sind Apartments untergebracht, während sich rückwärtig Büros erstrecken. Und über allem thront das Atelier der Architekten, ein loftartiger, lichtdurchfluteter Raum mit Panramablick.

A 133 Paradieshof

Alter Steinweg 11, Neustadt
Architekt: Siegfried Pollex (Restaurierung)
1762; Ladeneinbauten um 1870; Zerstörung 1945; Restaurierung 1990–92

Das Mietshaus ist eines der letzten – und damit um so kostbareren – Zeugnisse für den vorindustriellen Massenwohnungsbau der Hansestadt. Charakteristisch für die Hamburger Architektur des 18. Jahrhunderts ist die rasterartige Fassadenstruktur aus Backsteinvorlagen (Innenausbau in Fachwerk). Sie wurde auch späteren Architektengenerationen zur Inspirationsquelle, so im Kontorhausbau der Kaiserzeit und vor allem nach dem Zweiten Weltkrieg, als Werner Kallmorgen nahezu identische Lösungen für den Wiederaufbau der Speicherstadt entwickelte. 1945 ging neben der Hofbebauung auch ein Teil der Giebel verloren, die aus Sicherheitsgründen bald darauf vollständig abgetragen wurden. Das Gebäude gibt es übrigens zweimal! Die Stiftung F.V.S hat eine reichlich vergröbernde Kopie an der Neanderstraße 22 errichtet (vgl. Nr. A 124), statt für den Erhalt des Originals zu sorgen (das dann dank des Engagements einer Baugenossenschaft gerettet werden konnte).

A 134 Behörde für Wirtschaft und Verkehr

Wexstraße 7/Alter Steinweg 4, Neustadt
Architekten: Werner Kallmorgen (1. BA), Kallmorgen & Partner (2. BA)
1957, Fertigstellung 1. BA 1961; Fertigstellung 2. BA 1969

Der Entwurf greift offenkundig auf die »weiße Moderne«, und hier insbesondere auf die Entwürfe Erich Mendelsohns zurück, den Werner Kallmorgen auch in seinen architekturtheoretischen Ausführungen gerne als beispielhaft anführte. Die dynamisch ausschwingenden Fronten sind konsequent in Brüstungs- und Fensterbänder geschichtet, wobei durchgängig auf Fensterstützen verzichtet wurde, um eine vorhangartige Fassadenwirkung zu erzielen. Statt dessen dienen »Paßstücke« aus Beton hinter den schmalen Fensterpfosten als Anschlüsse für die Trennwände.

A 135 Deutsch-Japanisches Zentrum

Stadthausbrücke/Düsternstraße, Neustadt
Architekten: v. Gerkan, Marg & Partner; Entwurf: Meinhard von Gerkan; Projektpartner: Klaus Staratzke; Projektleitung: Reinhold Niehoff, Kai Voß; Mitarbeiter: Antje Lucks, Andreas Perlick, Karin Rohrmann
1990 W, 1993-95

Mit feingliedrigen Fassaden aus Klinker und Aluminium schließt der Komplex auf überzeugende Weise eine der letzten Baulücken in der Neustadt, auch wenn er vielleicht allzu dicht an das Springer-Hochhaus von Ferdinand Streb und Peter Pruter rückt.

A 137 Ensemble Fleetinsel mit Fleetbrücken

A 136 Görtz-Palais
Neuer Wall 86, Neustadt
Architekten: Johann Nikolaus Kuhn (Ursprungsbau). Carl-Friedrich Fischer (Wiederaufbau)
1710/11; Zerstörungen 1941 und 1943; Wiederaufbau 1953/54
Die ehemalige holsteinisch-gottorpische Gesandtschaft, ein feudales Barockpalais, das im bürgerlichen Hamburg ohne Beispiel war, brannte im Zweiten Weltkrieg völlig aus. Beim Wiederaufbau blieb im wesentlichen nur die straßenseitige Fassade erhalten, was eine ökonomischere Aufteilung der überhohen Innenräume nach dem Split-level-Prinzip ermöglichte: Zur Straße wurden drei, zum Hof dagegen sechs Vollgeschosse sowie eine Staffel untergebracht. Die ungeteilten Schwingflügel und die Verglasung der ehemaligen Hofdurchfahrt sollten nach den damaligen denkmalpflegerischen Maximen den fragmentarischen Charakter des historischen Gebäudes und seine veränderte Nutzung verdeutlichen. Links anschließend das Stadthaus von Carl Johann Christian Zimmermann (1888–92), 1914–22 von Fritz Schumacher an der Stadthausbrücke erweitert.

A 137 Ensemble Fleetinsel mit Fleetbrücken
A 137.1 Hotel Steigenberger Hamburg
Heiligengeistbrücke 4, Neustadt
Architekten: v. Gerkan, Marg & Partner; Entwurf: Volkwin Marg; Projektleiter: Wolfgang Haux; Mitarbeiter: Anja Böke, Karin Jansen, Klaus Jungk, Jan Krugmann, Heike Ladewig, Ralph Preuß, Aud Rosenthal, Brigitte Sinnwell-Radenberg, Kerstin Steinfatt
1981, 1990–92
A 137.2 Fleethof
Stadthausbrücke 1–3, Neustadt
Architekten: Patschan Winking (Planung). Bernhard Winking ; Mitarbeiter: Volkart Schmiedel, Ursula Kirsch-ner, Jürgen Schwarz, HaJo Franz, Claus Jungk, Jan Kraege, Martin Lodde, Sabine Mahlstedt, Uta Majewski, Barbara Voigt (Realisierung)
1989, 1991–93
Architektenschelte sei hier einmal erlaubt, schließlich haben die Urheber der beiden Entwürfe ihr Qualitätsbewußtsein bisher immer kontinuierlich unter Beweis gestellt und brauchen somit keine Kritik zu scheuen. Nach einer überlangen Planungsphase – der Wettbewerb wurde bereits 1981 entschieden (1. Preis v. Gerkan, Marg & Partner, 2. Preis Patschan, Werner, Winking) – und wiederholten vergeblichen Versuchen, Investoren für das Projekt zu finden, schwanden jedoch offenbar die Ambitionen. So ermüden die stelzbeinigen Hotelfassaden mit einem gleichförmigen Stakkato schmalbrüstiger Klinkervorlagen, die um so peinlicher wirken, als sie das tatsächliche Achsmaß der Zimmerschachteln ablesbar machen. An dem Entwurf für den Fleethof verwundert dagegen, daß von dem ungewöhnlichen Grundstückszuschnitt keine Inspiration ausging. Nur im verglasten Lichthof – als Ladenpassage zugänglich – entfaltet der dreieckige Grundriß räumliche Kraft. Nach außen wird die Wirkung des expressiven Baukörpers dagegen durch das kleinteilige Sprossenwerk der Spiegelfassaden neutralisiert. Klinker und Fensterbänder verweisen zwar auf die Vorkriegsmoderne, aber was hätten Visionäre wie Fritz Höger oder Erich Mendelsohn damals schon nur allein aus den Gebäudespitzen in der Fleetkurve gemacht!
A 137.3 Ellerntorsbrücke
Neustadt
1668; Teilabbruch und Rekonstruktion 1992/93
Eine der ältesten Hamburger Brücken, die jahrhundertelang ein wichtiges Glied der einzigen zentralen Ost-West-Verbindung durch die Innenstadt bildete (Steinstraße, Großer Burstah, Alter Steinweg, Neuer Steinweg). Ihr Name erinnert daran, daß der Neue Wall ursprünglich eine Stadtbefestigung war. Heute ist das historisch bedeutsame Bauwerk allerdings zum Zubringer für den Fleethof degradiert, an dessen Automatiktüren es unvermittelt endet.
A 137.4 Heiligengeistbrücke
Neustadt
Architekt: Ingenieurwesen, Oberingenieur Franz Andreas Meyer
1883–85
Auf das Schicksal der Heiligengeistbrücke, mit ihren schmiedeeisernen Kandelabern und den Werksteinbrüstungen eine der schönsten Hamburger Brücken nicht nur des 19. Jahrhunderts, trifft, mutatis mutandis, das gleiche zu wie auf die Ellerntorsbrücke. Die Heiligengeistbrücke bildete bis zum Bau der Ost-West-Straße ebenfalls eine der Hauptverbindungen durch die Innenstadt. Heute mündet sie als Fußweg in eine Toröffnung, die wenig elegant den langgestreckten Riegel des Steigenberger-Hotels durchbricht.
A 137.5 Michaelisbrücke
Neustadt
Architekten: Patschan, Werner, Winking; Mitarbeiter: Susanne Winter, Thomas Bunzel
1987/88
Das dritte Bauwerk aus der kleinen Brückenfamilie im Weichbild der Fleetinsel ist ein filigraner Stahlsteg, der sich mit seinen eleganten Bögen und den Widerlagern und Pylonen aus Granit geschickt seinem Umfeld aus historischen Fleetspeichern und Resten der alten Infrastruktur einfügt.

A 138 Bürohäuser Herrengraben
Herrengraben 1–5, Neustadt
Architekten: Kleffel, Köhnholdt, Gundermann
1987, 1989–91
Zwei fleetbegleitende Baukörper mit schlichten, aber sauber proportionierten und detaillierten Lochfassaden in Klinker, dabei nicht einmal sonderlich teuer; durch die vorkragenden Zylindersegmente wird außerdem eine hohe Grundstücksausnutzung erreicht. Einmal mehr belegt dieser Entwurf, daß ansprechende Architektur nicht an Investoreninteressen scheitern muß. Hervorzuheben ist auch die stadträumliche Lö-

sung. Während die Fleetinselbebauung die historische Topographie völlig negiert und wichtige Blickachsen verstellt, lassen die beiden Gebäude eine Lücke frei, damit der Blick ungehindert auf die Michaeliskirche fallen kann.

A 139 Kontorhäuser Transnautic und Transglobe

Admiralitätsstraße 59–60, Neustadt
Architekten: Walter von Lom, Reiner Müller
1984 W, 1985–87

Zwei Kontorhäuser mit betulichen Lochfassaden in Backstein und Sprossenfenstern, wie man sie auf dem Höhepunkt der Diskussion um den hamburgischen »Genius loci« zu Beginn der 80er Jahre schätzte. Auch mit Giebeln und angedeuteten Lukenachsen wurde der Anschluß an die historische Fleetbebauung gesucht.

A 140 Ost-West-Hof

Herrengraben 74, Neustadt
Architekten: MRL Architekten BDA Markovic, Ronai, Lütjen, Voss; Mitarbeiter: Achim Niemann, Beatrix Meyer, Bianca Hölscher, Darko Milicevic, Ilse Walter
1990 W, 1991–93

Eines der bemerkenswertesten Kontorhäuser, die in den vergangenen Jahren in Hamburg errichtet wurden. Dabei fällt nicht nur der gläserne Curtain-wall mit »Flugdach« auf, dessen eleganter Schwung die bau-

A 138 Bürohäuser Herrengraben

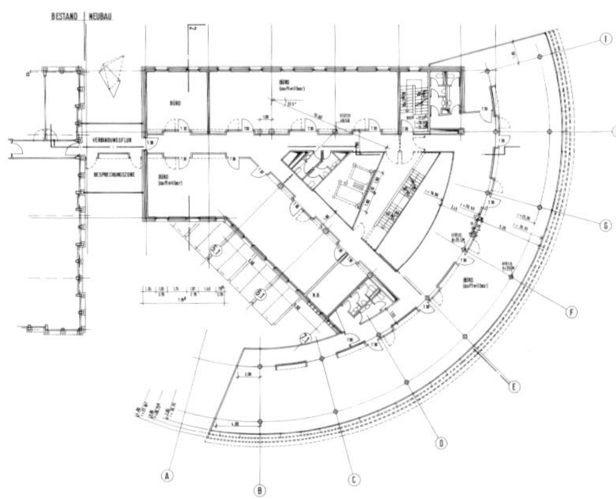

A 140 Ost-West-Hof

lich heterogenen Bereiche um die Kreuzung Ludwig-Erhard-Straße/Herrengraben verklammert, sondern auch die Grundrißlösung mit der offenen zentralen Treppenhalle. Sie bedeutet die Rückkehr zu dem traditionellen Kontorhausschema der Jahrhundertwende und somit den Verzicht auf Endloskorridore mit geschlossenen Türen, hinter denen die Nutzungen und Nutzer anonym bleiben. Wer hier zu einem der unterschiedlichen Mieter gelangen will, muß nur eine Glastür im Geländer der umlaufenden Galerien überwinden. Eindeutige räumliche Trennungen sind somit auch weiterhin möglich, ansonsten ist aber Einblick erlaubt (was auch die betont filigrane und transparente Gestaltung im Detail unterstreicht).

A 141 Krameramtswohnungen

Krayenkamp 10–11, Neustadt
Ursprungsbauten 1615–20; Vorderhaus 1625; Hofzeilen 1676/77; Restaurierung 1971–74

Eines der letzten authentischen Zeugnisse der vorindustriellen »Gängeviertel« in der Neustadt, deren sozialer Status sich auch an der schlichten Fachwerkbauweise ablesen läßt. Den ältesten Teil bilden die ehemaligen Gartenhäuser a und m–n von 1615–20, die noch aus der Zeit vor der Umwallung der Neustadt stammen. Von Interesse sind jedoch vor allem die beiden parallelen Hauszeilen b–f, g–l im Hof, die 1676 errichtet wurden, als die Anlage in den Besitz des Krameramts, d. h. die Zunft der Einzelhändler, geriet. Hier fanden die Witwen der Krämer eine günstige Unterkunft.

Jedes dieser zweigeschossigen Reihenhäuschen verfügte ursprünglich über je eine Wohnung im Erd- und Dachgeschoß, jeweils mit Kammer und Diele mit Kochstelle (später zu einer einzigen Wohnung vereinigt). Weniger behaglich, als es die stimmige Restaurierung heute suggeriert, sah es jedoch in denjenigen »Gängen« aus, wo sich kinderreiche Arbeiterfamilien den knapp bemessenen Wohnraum von oft kaum mehr als 35 m² teilen mußten. Außerdem fehlen die Trockenklosetts im Hof, die den katastrophalen hygienischen Standard illustrieren, der auch im Kaiserreich noch in den Elendsvierteln der Innenstadt herrschte.

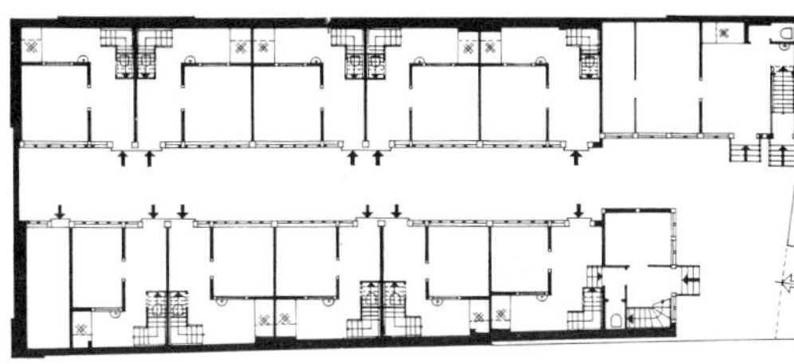

A 141 Krameramtswohnungen

A 142 Evangelisch-lutherische Hauptkirche St. Michaelis

Englische Planke/Krayenkamp 4c, Neustadt
Architekten: Johann Leonhard Prey, Ernst Georg Sonnin (Ursprungsbau), Julius Faulwasser, Hermann Geißler, Wilhelm Emil Meerwein (Wiederaufbau), Gerhard Langmaack (Wiederherstellung), Schweger & Partner (Turminstandsetzung)
1751–62; Turm 1777–86; Zerstörung 1906; Wiederaufbau 1907–12; Zerstörungen 1944 und 1945; Wiederherstellung 1946–58; Turminstandsetzung 1992–95

Die heutige Kirche ersetzte die Vorgängerin von 1661, die 1750 einem Blitzschlag zum Opfer fiel. Der Entwurf stammt maßgeblich von Johann Leonhard Prey unter Mitwirkung von Ernst Georg Sonnin, wenn auch zumeist nur letzterer mit dem Bau in Verbindung gebracht wird. Sonnin übernahm jedoch nach Preys Tod 1757 die alleinige Verantwortung für den Baufortgang und verfügte wohl auch über das größere bautechnische Wissen. Ihm verdankt Hamburg außerdem den signifikanten Turmaufsatz, der den »Michel« schon bald zum populären Wahrzeichen der Hansestadt machte. Hinsichtlich seines klaren, stereometrischen Aufbaus und der tempiettoartigen Bekrönung ist er allerdings schon dem Frühklassizismus zuzurechnen und nicht mehr dem sogenannten »Sonnin-Barock« mit seinem typischen Dreiklang von rotem Backstein, patinagrünem Kupfer und Sandsteindekorationen, der allgemein mit dem Architekten assoziiert wird – nicht zuletzt aufgrund »seiner« Michaeliskirche.

St. Michaelis ist eine dreischiffige Halle mit mittig angeordneten, kurzen Querarmen. Diese Grundrißlösung hat entscheidende Vorläufer in Cai Doses St.-Trinitatis-Kirche in Altona (1742/43) und Preys daran angelehnten Entwurf für die Dreieinigkeitskirche in St. Georg (1743–47) – hier allerdings jeweils einschiffig –, zumal auch St. Michaelis, wie St. Trinitatis, auf den Fundamenten der zerstörten Vorgängerin errichtet und nur um ein Querhaus erweitert wurde. Was die Kirche jedoch von den üblichen lutherischen Gotteshäusern des 18. Jahrhunderts unterscheidet – und zum bedeutendsten protestantischen Sakralbau neben der Dresdner Frauenkirche überhaupt macht – ist die Ausdeutung dieser zentrierenden Grundrißform im Sinne einer Predigtkirche mit elegant ausschwingenden Emporen, Querhauskalotten und verschliffenen Raumkanten, die den Innenraum auf die Kanzel ausrichten, und natürlich ihre so gar nicht protestantisch anmutende barocke Festlichkeit.

Am 3. Juli 1906 geriet die Kirche bei Reparaturarbeiten in Brand und wurde bis auf die Außenmauern und den Turmstumpf zerstört. Glücklicherweise hatte Julius Faulwasser bereits zwei Jahrzehnte zuvor eine Dokumentation des Bauwerks erstellt. Die Rekon-

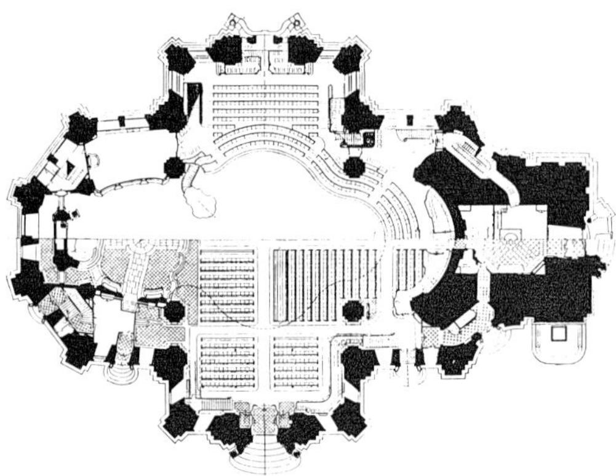

A 142 Evangelisch-lutherische Hauptkirche St. Michaelis

struktion – im Hinblick auf die Möglichkeit einer völligen Neugestaltung in der Fachwelt durchaus kontrovers diskutiert – erfolgte schon allein aus Feuerschutzgründen mit modernen Mitteln wie Eisenbeton für das vormals hölzerne Hauptgesims und die Zwischendecke über den Gewölben sowie Eisenskeletten für Turm und Dach. Auch der wiederhergestellte Innenraum fiel mit Teakbänken im Parkett und Marmorkanzel und -altar (Mosaik von Ernst Pfannschmidt) viel aufwendiger aus als die verlorene Ausstattung von Cord Michael Möller, hatte es sich hierbei doch nur um marmoriertes Holz gehandelt. Außen wurde dagegen nur ein neues Turmportal angefügt mit einer Skulptur des Erzengels Michael von August Vogel.

A 143 Sanierungsgebiet Martin-Luther-Straße

A 143.1 Geschoßwohnbauten

Wincklerstraße 5–7/Thielickestieg/Martin-Luther-Straße 14–18a, Neustadt
Architekt: Ernst Vicenz
1913/14

A 143.2 Geschoßwohnbauten

Rehhoffstraße 3–15/Pasmannstraße 2–8/Herrengraben 54–60; Rehhoffstraße 2–4a//Herrengraben 64–72/Martin-Luther-Straße 1–7a, Neustadt
Architekten: Ernst Vicenz. Wilhelm Behrens
1912–14; Teilzerstörung 1943; Wiederaufbau 1951

A 143.3 Ledigenhaus

Rehhoffstraße 1/Herrengraben 62, Neustadt
Architekt: Wilhelm Behrens
1912/13

Die südliche Neustadt war das erste Sanierungsgebiet nach der Cholera-Epidemie von 1892 (vgl. auch die Blöcke zwischen Eichholz und Vorsetzen). Gutgeschnittene Kleinwohnungen und der weitgehende Verzicht auf die für den Hamburger Geschoßwohnungsbau vor dem Ersten Weltkrieg charakteristischen rückwärtigen Flügel mit dazwischenliegenden schmalen Lichthöfen – »Schlitzbauweise« – kennzeichnen die zuletzt sanierten Blöcke zwischen Wincklerstraße und Pasmannstraße. Mit dem »Ledigenhaus« wurde außerdem gezielt Wohnraum für Alleinstehende geschaffen und somit nach einer Antwort auf das stark kritisierte »Einlogiererwesen« gesucht, d. h. Untermietverhältnisse, mit denen die Bewohner der ohnedies schon übervölkerten Arbeiterquartiere ihre finanzielle

A 143.1 Sanierungsgebiet Martin-Luther-Straße

Situation aufbesserten. Überaus anspruchsvoll präsentiert sich die äußere Gestaltung mit traditionalistischen Backsteinfassaden und abwechslungsreichen Raumbildungen. Sie zeigt aber auch, daß die Wohnungen nur für privilegierte Arbeitergruppen erschwinglich waren, wie z. B. Werftarbeiter, deren Interessen hier von der Deutschen Schiffszimmerer Genossenschaft vertreten wurden (vgl. die Reliefs im Durchgang Thielickestieg, die den Schiffbau thematisieren).

A 144 Boarding-Häuser
A 144.1 Lodginghaus »Madison«

Schaarsteinweg 2–6, Neustadt
Architekten: Patschan, Winking (Entwurf). Bernhard Winking; Mitarbeiter: Kai Böckler, Susanne Winter, Jost Vieth, Vita Römer, Sabine Stiboy, Angelika Braun (Realisierung)
1985, 1991–93

A 144.2 Hanse Clipper Haus

Ditmar-Koel-Straße, Neustadt
Architekten: v. Gerkan, Marg & Partner; Mitarbeiter: Daniela Hillmer, Yasemin Erkan, Hauke Huusmann
1989, 1991–94

Die beiden Apartmentgebäude, in ihrem backsteinernen Umfeld auffällig durch elegante helle Putzfassaden hervorgehoben, sind ein treffender Beleg für den sozialen Veränderungsdruck, der seit der Ansiedlung des Medienkonzerns Gruner + Jahr auf dem traditionellen Kleine-Leute-Viertel südliche Neustadt lastet. Das Angebot beider Häuser ist auf längerfristige Hamburg-Besucher ausgelegt, denen hier anspruchsvoll möblierte Apartments mit Kochgelegenheit und hotelartigem Service zur Verfügung stehen. Außerdem beherbergt das Lodginghaus ein Fitneßcenter.

A 145 Verlagsgebäude Gruner + Jahr
A 145.1 Verlagshaus

Baumwall 11, Neustadt
Architekten: Steidle & Partner. Kiessler & Partner. Schweger & Partner (örtliche Planung)
1983/84 W, 1987–90

Zwei Entwürfe standen nach der Entscheidung des Wettbewerbs 1984 zur Diskussion: Hatten v. Gerkan, Marg & Partner eine eher konventionelle Blockrandbebauung mit Erschließungspassage konzipiert, so wollten die beiden Münchner Büros das Bauvolumen in parallele Zeilen auflösen, die sich auf Stützen erheben – die ursprüngliche Parzellenstruktur der Gängeviertel in der südlichen Neustadt nachzeichnend und außerdem mit Relings an den Galerien, Brückenaufbauten und Bullaugen dem Standort am Hafenrand verpflichtet. Diese assoziationsreiche Architektursprache gab denn auch letztendlich den Ausschlag, ebenso wie die schlüssige Idee, den Verlagsapparat, der ja aus lauter Einzelredaktionen besteht, auch baulich in identifizierbare Einheiten aufzugliedern.

Konzept und Ausführung wurden jedoch nicht völlig zur Deckung gebracht. Hatten die Wettbewerbsent-

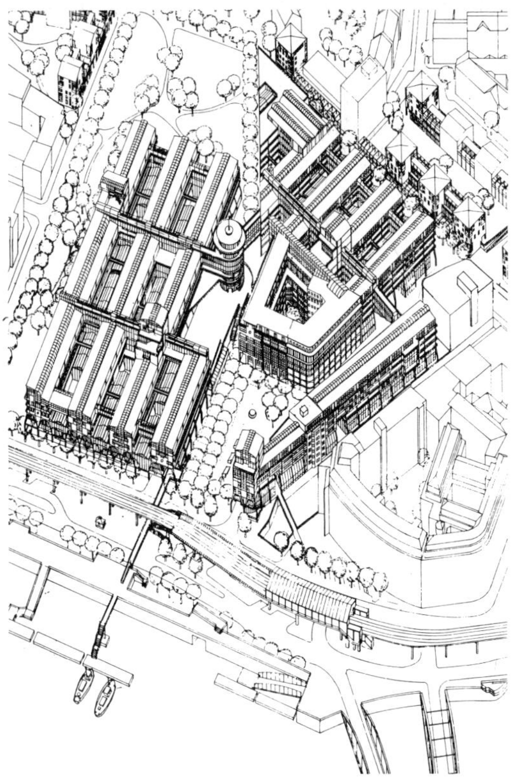

A 145 Verlagsgebäude Gruner + Jahr

würfe noch eine Skelettfassade vorgesehen, die die profane, aber charaktervolle Architektur der Werften und Lagerhallen vom jenseitigen Elbufer in die Innenstadt zu holen versprach, so verschwindet die Fassadenstruktur heute hinter einer homogenen Haut aus Zinkblech; das Gebäude wirkt wie »eingepackt«. Und auch durch die Einfügung von eingeschossigen Pavil-

A 145.2 Fleetrandbebauung
A 147, 148 Elbhof und Slomanhaus

lons in die ohnehin schon engen und lichtlosen Höfe ging viel von der ursprünglich angestrebten Transparenz und Leichtigkeit verloren. Überhaupt wirken die Innenräume in weiten Bereichen zu eng, zu niedrig und zu unübersichtlich: Bei 88 000 m² Bruttogeschoßfläche stellen dominante zentrale Achsen und großzügige Eingangsbereiche, wie von gmp vorgesehen, eben doch ein wesentliches Gliederungs- und Orientierungselement dar.

A 145.2 Fleetrandbebauung

Stubbenhuk 3–9, Neustadt
Architekten: Patschan, Winking (Entwurf). Bernhard Winking; Mitarbeiter: H. Henke (Projektleitung); Anette Schulz, Hajo Franz, Ralf Grigoleit, Thomas Möller, Fred Weigert, Ulrich Zeiger, Martin Lodde, Peter Engelhard, Michael Schwieghusen (Realisierung)
1989, 1991–93

Der tiefgeschnittene Gebäuderiegel, der das Plath-Haus von 1916 integriert, übt mit Klinkerfronten und Fensterbändern betonte Zurückhaltung gegenüber der Aufgeregtheit des Verlagsgebäudes von Gruner + Jahr. Dabei erhalten die Fassaden jedoch auch hier durch Details wie die Kästen für den Sonnenschutz, die Glaserker der Treppenhäuser oder die Galerien ein feingliedriges Profil, das nicht nur mit der Filigranität des ersten Bauabschnitts korrespondiert, sondern auch mit der Textur der historischen Fleetspeicher, z. B. der in Sichtweite liegenden Speicherstadt. Das Hochhaus am Gebäudeende versteht sich als Pendant zum zentralen Turm des Verlagsgebäudes.

A 146 Feuerwache

Admiralitätstraße 54, Neustadt
Architekt: Hochbauwesen, Albert Erbe
1906–09

Der Rückgriff auf den hamburgischen Bürgerhausbarock sollte das Gebäude in sein Umfeld einbinden, das zur Erbauungszeit noch vorindustriell geprägt war. Bei näherer Betrachtung wirken die Dekorationsformen jedoch eher jugendstilig-teigig als streng historisierend.

A 147 Elbhof

Steinhöft 9, Neustadt
Architekten: Walter Martens (Ursprungsbau). Dinse, Feest, Zurl (Umbau)
1904/05; Umbau 1990/91

Bei dem Umbau 1990/91 hat das Gebäude mit aufwendiger Granitfassade wieder seine charakteristische Dachkontur zurückerhalten. Ein bemerkenswertes Beispiel für aktuelle innarchitektonische Tendenzen stellt die loftartige Gestaltung der Innenräume dar, die ebenfalls durch Dinse, Feest, Zurl für die Werbeagentur Scholz & Friends erfolgte. Die allegorischen Darstellungen über den Eingangsportalen mit den beziehungsreichen Themen »Flüsternde Wellen« und »Stürmische Wogen« stammen von Arthur Bock.

A 148 Slomanhaus

Steinhöft 11/Baumwall 3, Neustadt
Architekten: Martin Haller und Hermann Geißler (Ursprungsbau). Fritz Höger (Erweiterung)
1908/09; Erweiterung 1921

Eine schlichte Pfeilerfassade mit schönem Korbbogenabschluß kennzeichnet das Kontorhaus der Traditionsreederei Robert M. Sloman – bemerkenswerterweise als Backsteinrohbau errichtet, was wohl als Antwort auf die gegenüberliegende Speicherstadt zu verstehen ist, aber auch als Reflex der Architekten auf aktuelle Zeitströmungen, wurde das profane Ziegelmaterial um 1910 doch durch die Heimatschutzdiskussion aufgewertet.

A 149 Cap San Diego

Überseebrücke, Neustadt
Architekt: Cäsar Pinnau
1961/62

Das letzte von ehemals sechs Schiffen der Cap San-Klasse der Reederei Hamburg-Süd: die »weißen Schwäne des Südatlantiks«. Das stromlinienförmige Styling – Abgasrohre statt Schornstein – und die exklusive Einrichtung der Fahrgasträume für maximal zwölf Passagiere stammen von dem damaligen Erfolgsarchitekten Cäsar Pinnau, der Villen an der Alster und an der Elbchaussee, aber auch Jachten für Auftraggeber wie Aristoteles Onassis entwarf. Die Containerisierung des Süd-Amerika-Dienstes Ende der 70er Jahre machte die Stückgutschiffe unwirtschaftlich. Die Cap San Diego dient heute als schwimmendes Museum und Veranstaltungsort.

A 150 Bürohaus

Johannisbollwerk 16, Neustadt
Architekten: A. P. B. Architektengruppe Planen und Bauen; Mitarbeiter: Jens Beckers, Helmut Ritzki
1988, 1990–92

Die hohe Baudichte wurde auf dem trapezförmigen Grundstück souverän bewältigt: Ein quadratischer Lichthof, zur Hafenseite in ganzer Höhe mit einer Glasfront aufgeschlitzt, sorgt für Tranzparenz und verschafft auch einem Teil der rückwärtigen Büros Elbblick. Die Gestaltung ist für hiesige Verhältnisse ungewöhnlich innovativ. Schwarze Metallprofile verkleiden den Stahlbetonraster der Hauptfassade, der auch durch den leuchtend roten Anstrich der Brandmauern Distanz zur Nachbarschaft erheischt; das serielle Quadratmotiv setzt sich in der Aufteilung der geschoßhohen Fensterausfachungen fort. Zur Ditmar-Koel-Straße hin ordnet sich der Bau dagegen mit einer verputzten Lochfassade in die Blockrandbebauung ein.

A 152 Bismarck-Denkmal

A 151 Evangelisch-lutherische Gustav-Adolf-Kirche

Ditmar-Koel-Straße 36, Neustadt
Architekt: Th. Yderstad
1906/07

Die Schwedische Seemannskirche fügt sich wie ein Etagenhaus in die Straßenflucht ein. Nur die reiche backsteingotische Gliederung und der Turm verweisen auf ihren sakralen Zweck – und betonen das gemeinsame nordeuropäische Kulturerbe. (Der Entwurf stammt von einem norwegischen Architekten.) Außerdem sind hier auch noch Räume für die soziale Betreuung der Seeleute untergebracht.

A 152 Bismarck-Denkmal

Elbpark, Neustadt
Architekt: Johann Emil Schaudt. Bildhauer: Hugo Lederer
1901/02 W, 1905/06

Fühlten sich viele Hamburger zu Beginn der 1880er Jahre bei den politischen Auseinandersetzungen um den Zollanschluß noch durch die Hegemoniebestrebungen des Reiches »vergewaltigt«, so wurde in der Hansestadt gut zwei Jahrzehnte später – zur Hochzeit des nationalen Bismarckkults – eines der größten Denkmalprojekte für den ehemaligen Reichskanzler Otto von Bismarck (1815–98) überhaupt realisiert. Das Monument in Schwarzwälder Granit mißt vom Plateau aus eine Gesamthöhe von 34,3 m, wovon 14,8 m auf die Figur entfallen; das überdimensionale Schwert ist 10 m lang. Eine öffentliche Sammlung erbrachte die zunächst veranschlagte Summe von 400 000 Mark (tatsächlich wurden es 503 000 Mark). Die Stadt stellte das exponierte Grundstück oberhalb des Hafenrands zur Verfügung.

Der Entwurf von Schaudt und Lederer überzeugte im Wettbewerb durch seine überzeitliche und überpersönliche Interpretation des Themas sowie die signifikante Verbindung von Skulptur und Architektur. Verweise auf das Wilhelminische Kaiserreich und die Reichseinigung 1871 fehlen völlig mit Ausnahme der acht athletischen Jünglingsgestalten am Sockel, die die vereinigten deutschen Stämme symbolisieren sollen. Auch Bismarck wurde nicht, wie üblich, als preußischer Militär oder gar als greiser Gutsherr in Friedrichsruh dargestellt, sondern als mittelalterlicher Roland, dem norddeutschen Sinnbild städtischer Rechts- und Freiheitsgarantien – hier allerdings ins Nationale gewendet durch den wachenden Blick über den Strom und somit gen England.

A 153 Teepavillon

Große Wallanlagen, Neustadt
Architekten: Heinz Graaf. Paul Krusche
1962–63

Eines der Relikte der Internationalen Gartenbauausstellung (IGA) 1963. Der Pavillion ist über zwölf Zugstangen an vier Pylonen im Gebäudezentrum aufgehängt und schwebt über einem japonesk gestalteten Wasserbecken.

A 154 Ehem. Begräbniskapelle des Kirchspiels St. Petri

Jungiusstraße 27, St. Pauli
Architekt: Johann August Arens
1796; Säulenumgang 1925

Der eher unscheinbare Putzbau stellt mit seinem klaren stereometrischen Aufbau und der sparsamen Akzentuierung durch Eckrustiken ein typisches Beispiel für die von Architekten wie Claude Nicolas Ledoux geprägte »Revolutionsarchitektur« des ausgehenden 18. Jahrhunderts dar. Er erinnert daran, daß das heutige Messegelände und der angrenzende Park »Planten un Blomen« ursprünglich Begräbnisstätten der innerstädtischen Kirchspiele waren, die aber schon im letzten Viertel des 19. Jahrhunderts sukzessive geschlossen und 1934 geräumt wurden (vgl. auch den Hauptfriedhof in Ohlsdorf, Nr. F 10).

A 155 Messegang

Planten un Blomen, St. Pauli
Architekten: Planungsgruppe me di um Jentz, Popp, Störmer, Wiesner; Mitarbeiterin: Barbara Jentz-Koska
1987 W, 1989/90

Wie ein Lindwurm schlängelt sich das 400 m lange, filigrane Bauwerk aus Stahl, Glas und Holz zwischen dem Parkeingang Jungiusstraße und dem Congress-Centrum. Es soll vorrangig Messebesuchern einen Regenschutz auf dem Weg zu den Kongreßsälen und den ihnen angegliederten Gastronomiebetrieben bieten, bildet dabei aber auch einen signifikanten Abschluß der Parkanlage, die zur gleichen Zeit neugestaltet wurde – nachdem die Internationalen Gartenbauausstellungen 1963 und 1973 aus der einstmals populären Blumenschau »Planten un Blomen« – Spottname im Volksmund »Platten und Beton« – eine Beton- und Asphaltwüste gemacht hatten.

A 156 Congress-Centrum Hamburg (CCH) und Radisson SAS Hotel

A 157 Pflanzenschauhäuser und Mittelmeerterrassen

A 156 Congress-Centrum Hamburg (CCH) und Radisson SAS Hotel

Marseiller Straße, St. Pauli
Architekten: Schramm & Elingius mit Ernst May (Wettbewerb). Schramm & Pempelfort (Realisierung)
1963 W, Planungsbeginn 1968, 1970–73

Eine extrem kurze Bauzeit nach einer langen Diskussionsphase über Standort und Gesamtkonzept – zeitweilig stand auch das gründerzeitliche Viertel zwischen Karolinenstraße und Schlachthof für ein kombiniertes Sport- und Kongreßzentrum zur Disposition – kennzeichnet die Planungsgeschichte dieses Bauwerks. Das Hamburger CCH ist keine introvertierte »Kongreßmaschine« wie etwa die Berliner Konkurrenz. Ein flacher »Breitfuß« verklammert den Kongreßbereich und das 105 m hohe Bettenhochhaus des Hotels, das betont punktförmig gestaltet wurde, um die Parkanlagen möglichst wenig anzutasten. Auch ein Teil der Kongreßräume verschwindet deswegen unter einer Erdaufschüttung. Galerien und großzügige Glasflächen öffnen die Foyers nach außen. Dem »Zeitgeist« geschuldet – wenn auch nicht ohne Reiz – sind das grobkantige Profil der Fassaden und der signifikante Umriß des Hotelgebäudes.

A 157 Pflanzenschauhäuser und Mittelmeerterrassen

Alter Botanischer Garten, Neustadt
Architekten: Bernhard Hermkes und Gerhart Becker
1962/63

Die prismatische Form der Gewächshäuser ist aus dem Parallelogramm entwickelt. Das Tragwerk wurde außenliegend angeordnet, um Korrosionsschäden an der punktförmigen Befestigung der Glasflächen zu vermeiden, die aufgrund des z. T. feuchtschwülen Klimas im Innern zu erwarten gewesen wären. Kakteenhaus, Cycadeenhaus, Subtropenhaus und Tropenhaus sind gegeneinander abgeschlossen und haben eigene Klimata. Der Hang zum Wallgraben wurde mit den »Mittelmeerterrassen« modelliert, so benannt nach den hier ursprünglich ausgesetzten Gewächsen, wobei der Belag und die Stützmauern aus Schiefer der Wärmespeicherung dienen. Heute ist die empfindliche mediterrane Flora jedoch weitgehend durch pflegeleichtere Arten ersetzt.

A 158 Hochbahnbauten

A 158.1 U-Bahnstation Stephansplatz

Dammtordamm, Neustadt
Architekten: Distel & Grubitz
Um 1928

A 158.2 Unterwerk Stephansplatz

Gustav-Mahler-Park, Neustadt
Architekt: Karl Schneider
1928/29

Der Eingangspavillon der U-Bahnstation und das Umformerwerk für den Gleichstrom der Hamburger Hochbahnzüge – zwei bemerkenswerte Beispiele für den Einfluß des Neuen Bauens im Bereich der Verkehrsarchitektur – gehören zum Bauprogramm der bis 1934 fertiggestellten U-Bahn-Linie zwischen Kellinghusenstraße und Jungfernstieg. Karl Schneider zeichnete außerdem für die Gestaltung der Station Hallerstraße verantwortlich (1927/28), deren Originalzustand jedoch nur noch im unterirdischen Teil ablesbar ist.

A 159 Denkmal der 76er

Dammtordamm, Neustadt
Bildhauer: Richard Kuöhl
1934 W, 1935/36

Bereits in der Weimarer Republik hatte es mehrere Vorstöße zur Errichtung eines Denkmals für das 1918 aufgelöste Hamburger Regiment Nr. 76 gegeben, das im Ersten Weltkrieg 6 000 Gefallene zu beklagen hatte. Realisierungschancen bestanden aber erst in der NS-Zeit. Richard Kuöhl konnte zwar nur den dritten Preis erringen, seine Lösung eines freistehenden Kubus mit umlaufendem Soldatenrelief wurde aber am besten dem Standort gerecht. Außerdem verzichtete Kuöhl im Unterschied zu den ersten beiden Preisträgern auf eine individualisierende Darstellung der Soldaten zugunsten einer geschlossenen Gruppe, die sich mit Leitbildern wie Disziplin, Kameradschaft und Opferbereitschaft identifizieren ließ. Die Inschriften »Deutschland muß leben, und wenn wir sterben müssen« auf dem Kubus und »Großtaten der Vergangenheit sind Brückenpfeiler der Zukunft« auf einer Gedenktafel, die an die Kriege 1870/71 und 1914–18 erinnert, bekräftigen diese Aussage. Ein unvollendet gebliebenes Gegendenkmal von Alfred Hrdlicka, das die Feuersturmangriffe 1943 und den Untergang der KZ-Häftlingsschiffe Cap Arkona und Thielbek in der Lübecker Bucht 1945 thematisiert (zu letzterem vgl. Nr. M 10), bietet seit 1986 ein inhaltliches Korrektiv, ohne das Denkmal der 76er selbst anzutasten.

A 160 Lombardsbrücke

Architekt: Johann Hermann Maack
1864, 1865–68; Erweiterung 1901/02

Eine neue Lombardsbrücke war in den 1860er Jahren nicht zuletzt wegen des Baus der Verbindungsbahn

A 161 Kennedybrücke

zwischen Hamburg und Altona notwendig geworden, die 1866 mit einer provisorischen Alsterquerung in Betrieb genommen wurde. Hatte es sich bei den Vorgängerinnen aber um reparaturanfällige Holzkonstruktionen gehandelt, so konnte Maack nun durchsetzen, daß die neue Brücke als steinernes Bauwerk mit schön geschwungenen Korbbögen errichtet wurde und außerdem 50 m weiter nach Osten in die Mitte des Damms zwischen Binnen- und Außenalster rückte. Typisch für die Entwürfe des Brücken- und Schleusenbauinspektors ist auch hier wieder der Zusammenklang von Backsteinflächen und Gliederungen in Werkstein (vgl. auch die Fleetbrücken, Nr. A 88). Auch hinsichtlich der Kugelkandelaber mit den reichgeschmückten Sockeln von Carl Börner wurde das Bauwerk seinem anspruchsvollen Standort gerecht. 1901/02 mußte die Brücke infolge des viergleisigen Ausbaus der Eisenbahnstrecke von 31,8 m auf 51,9 m nach Norden verbreitert werden.

A 161 Kennedybrücke

Architekt: Bernhard Hermkes. Ingenieure: Dyckerhoff & Widmann
1952 W, 1952/53

Elegantes Entlastungsbauwerk für den neuralgischen Verkehrsengpaß Alte Lombardsbrücke. Die Konstruktion der Neuen Lombardsbrücke – seit 1966 Kennedybrücke – besteht aus einem vorgespannten Zweigelenkrahmen mit Kragarmen, die zu den Fundamenten der Hauptstützen hin mit Zugstreben abgespannt werden. Die Brücke liegt somit nicht auf ihren kompakten Widerlagern auf, sondern nur auf den sich nach unten verjüngenden Stützen, deren Abstand übrigens so gewählt wurde, daß sie bei Frontalansicht die Bögen der Alten Lombardsbrücke nicht überschneiden. Dabei bedingt die steinmetzmäßige Behandlung des grobkörnigen Betons den monolithischen Charakter der Oberflächen; selbst die Druckplatte, die das Tragwerk an der Unterseite verschließt und sich im Bereich der Durchfahrt effektvoll mit breiten Schlitzen öffnet, scheint gleichsam dem homogenisierten Material zu erwachsen.

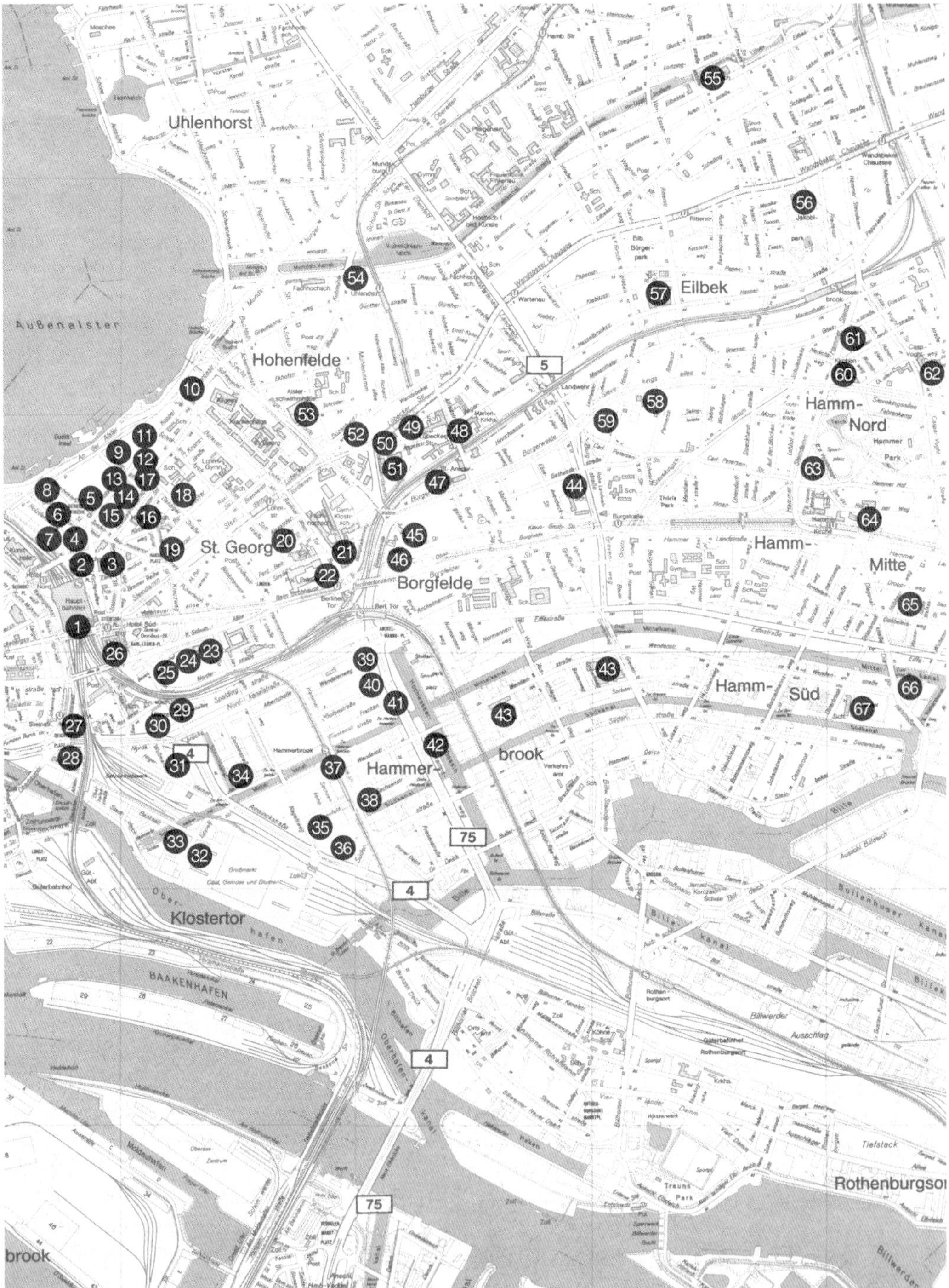
Uhlenhorst
Außenalster
Hohenfelde
St. Georg
Borgfelde
Eilbek
Hamm-
Nord
Hamm-
Mitte
Hamm-
Süd
Hammer-
brook
Klostertor
BAAKENHAFEN
Rothenburgsor
brook
5
4
75

B Der Osten von St. Georg bis Eilbek und Hamm-Süd

Im Unterschied zu St. Pauli war St. Georg bereits 1681 in das Befestigungssystem der Stadt einbezogen. Auch ansehnliche Bürgerhäuser säumten schon die Lange Reihe, als das Viertel 1830 zur Vorstadt erhoben wurde. Bald darauf setzte die repräsentative Bebauung des Alsterufers ein. Aber bis 1861 bildete die Torsperre ein starkes Hemmnis der städtebaulichen und sozialen Entwicklung, wogegen der Bau des Hauptbahnhofs (1903–06, vgl. Nr. B 1) vor dem Zweiten Weltkrieg kaum zu einschneidenden Veränderungen der Baustruktur führte. Die Bürohäuser an der Alster und am Steindamm und die Hotels an der Kirchenallee bilden bis heute nur eine dünne Folie um das Wohnquartier beiderseits der Langen Reihe. Erst mit dem Wiederaufbau entwickelte sich das 1943 völlig zerstörte Gebiet zwischen Steindamm und Kurt-Schumacher-Allee bzw. Beim Strohhause zu einem wichtigen Standort für Großverwaltungen.

Ab 1840 wurde der Hammerbrook nach Plänen von William Lindley für den Bau der ersten Hamburger Eisenbahnlinie entwässert; die Aufhöhung mit Trümmerschutt vom Großen Brand 1842 brachte eine weitere Verbesserung des Terrains: eines der frühesten Beispiele für spekulativen Städtebau in der Hansestadt, denn das Gelände bis zum Hochwasserbassin wurde von einem Konsortium unter maßgeblicher Beteiligung des Fabrikanten Heinrich Christian Meyer erworben (vgl. den 1854 zum Gedenken an Meyer gestifteten Obelisken am Mittelkanal). Die Wohnbebauung im Gebiet des Konsortiums erfolgte jedoch erst ab 1881. Bis zur völligen Zerstörung im Feuersturm des 28. Juli 1943 galt gerade dieser Bereich in Hamburg als Synonym für gründerzeitliches Wohnungselend mit bis zu sechsgeschossigen Wohnblöcken, durchmischt mit stark störenden Gewerbebetrieben wie z. B. Lagerhäuser für Naturdärme.

Zählten Hammerbrook und das angrenzende Klostertor vor dem Zweiten Weltkrieg zusammen 57 263 Einwohner, so wurde beim Wiederaufbau auf Wohnnutzung weitgehend verzichtet. Auch die Wohngebiete auf dem Geestrücken von Borgfelde und Hamm wurden nach der Maxime »Siedeln auf der Geest, Industrie und Gewerbe in der Marsch« funktional entmischt. Dabei lassen die uniformen Backsteinzeilen der Nachkriegszeit jedoch auch leicht vergessen, daß der topographischen Gliederung hier ursprünglich auch eine starke soziale Differenzierung entsprach, denn im Unterschied zu den proletarischen Vierteln der Marsch galten »Oben-Borgfelde« und »Oben-Hamm« bis 1943 als begehrte Wohnadressen. Auch Hohenfelde und Eilbek – das »Auenviertel« zwischen Hagenau und Eilenau – zählten ursprünglich zu den privilegierten Wohngebieten, woran in Hohenfelde noch die Stadthäuser am Graumannsweg und an der Güntherstraße erinnern.

B 1 Hauptbahnhof

Kirchenallee/Glockengießerwall, St. Georg
Architekten: Reinhardt & Süßenguth mit Eisenbahndirektion Altona, Eisenbahnbauinspektor Ernst Moeller
1901/02 W, 1903–06

Das 1898 zwischen der Stadt Hamburg, dem Land Preußen und der Lübeck-Büchener Eisenbahngesellschaft geschlossene Abkommen über die Neuordnung der Eisenbahnanlagen im Hamburger Raum bedeutete eine entscheidende Verbesserung der schon seit Jahrzehnten unzulänglichen Verkehrsverbindungen zwischen der Hansestadt und ihren preußischen Nachbarstädten. Nicht nur die bereits 1866 fertigge-

B 1 Hauptbahnhof

stellte Verbindungsbahn nach Altona, die dicht bebaute Stadtviertel wie St. Pauli oder Eimsbüttel durchquerte, wurde endlich kreuzungsfrei ausgebaut, Hamburg erhielt auch erstmalig einen Zentralbahnhof, nachdem sich der Eisenbahnverkehr bis dahin auf mehrere Richtungsbahnhöfe verteilt hatte und die Züge z. T. nicht einmal bis nach Altona bzw. Hamburg durchgeführt wurden.

Als Standort für den neuen Bahnhof bot sich das Gelände der aufgegebenen Friedhöfe an der Kirchenallee in St. Georg an, wo ein rund 7 m tiefer und 114 m breiter Einschnitt für die Gleise ausgehoben wurde. Da die angrenzenden Straßen keinen Raum mehr für den Bau eines Empfangsgebäudes ließen, wurden die Wartesäle und Abfertigungseinrichtungen in einem Riegel zusammengefaßt, der die Schienen mit einer 72 x 22 m großen und rund 30 m hohen »Wandelhalle« in Ost-West-Richtung überspannt. Noch imposanter geriet die Bahnsteighalle, eine Dreigelenkbinderkonstruktion aus Stahlfachwerkträgern nach dem Vorbild der Galerie des Machines auf der Weltausstellung in Paris 1889 mit einer freien Spannweite von 72 m und einer Höhe von 36 m, der auf jeder Seite außerdem noch ein 20 m tiefes »Seitenschiff« angegliedert ist.

Für die gestalterischen Details zeichneten Reinhardt & Süßenguth verantwortlich, für die konzeptionellen und bautechnischen Belange die Eisenbahndirektion in Altona. Der jugendstilige Entwurf, mit dem das Berliner Erfolgsbüro den Wettbewerb für sich entscheiden konnte, stieß jedoch auf so einhellige Mißbilligung bei Kaiser Wilhelm II., daß die Architekten ihn völlig überarbeiten mußten. Die Wahl fiel statt dessen auf zurückhaltende Renaissanceformen in vager Anlehnung an das neue Rathaus von 1897 und rustizierten Tuffstein, der aber auch ausgezeichnet mit den sichtbaren Tragwerken harmoniert und die Skelettkonstruktion der Halle zu monumentaler Wirkung steigert. Nur einen einzigen, dafür aber um so gravierenderen Schönheitsfehler wies der neue Bahnhof auf: Mit dem Ausbau der Mönckebergstraße ab 1908 lagen die Haupteingänge plötzlich auf der falschen Seite!

B.1.1 Die »Wandelhalle«

Architekten: Schramm, v. Bassewitz, Hupertz & Partner; Mitarbeiter: Bernd Meyerbröker, Iris Möller, Heike Ostermann. Ingenieure: Pirlet + Partner
1987 W, 1989–91

Bei einer anstehenden Renovierung wurde 1979 deutlich, daß die Stahlkonstruktion, auf der die Wandelhalle ruhte, schwere Korrosionsschäden aufwies. Durch den Einbau einer Ladenpassage hielten sich die Kosten für die Instandssetzungsmaßnahmen, die in weiten Bereichen einem Neubau gleichkamen, jedoch in einem vertretbaren Rahmen. Die Wandelhalle hängt heute an sieben Stahlfachwerkträgern, die jeweils 73 m lang und 4 m hoch sind bei einer Maximalspannweite von 20 m. Außerdem wird sie durch Betonstützen abgefangen. Die Gestaltung der beiden Ladengeschosse bedeutete einen Balanceakt zwi-

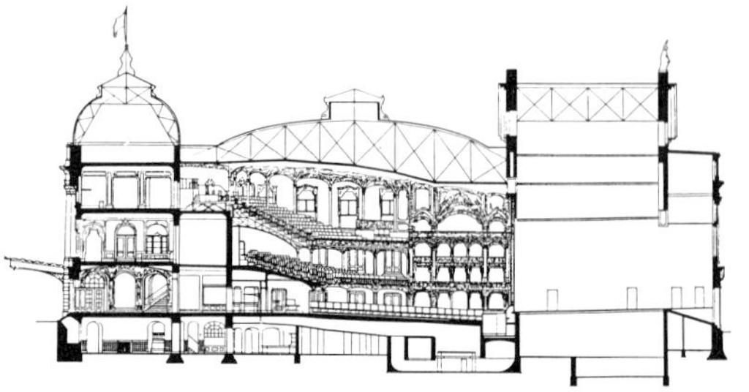

B 3 Deutsches Schauspielhaus

schen kommerziellen und denkmalpflegerischen Erwägungen. Geländer, Vitrinen und Leuchtkörper wurden betont zurückhaltend gestaltet und durch eine neutrale Farbgebung optisch »weggestrichen«; die Leuchtwerbung liegt außerdem hinter den Schaufensterscheiben, was ebenfalls zu einem geschlossenen und ruhigen Gesamteindruck beiträgt.

B 1.2 Vordächer an der Kirchenallee

Architekten: Schweger & Partner
Gutachten 1982, 1982–86

Die Gestaltung der neuen Vordächer zur Kirchenallee hin stieß auf eher zwiespältige Resonanz; sie verstellen nicht nur z. T. den historischen Bahnhofsbau, sondern sind auch zu grob detailliert. Unverständlich bleibt außerdem, warum ihr Querschnitt völlig die schönen Tudorbögen ignoriert, die die Stahlfachwerkbinder des Bahnhofs bilden.

B 2 Bieberhaus

Hachmannplatz 2, St. Georg
Architekten: Rambatz & Jollasse
1908–10

Mit diesem blockfüllenden Bau griff die Kontorhauscity über die Grenzen des Wallrings hinaus. Die Allansichtigkeit des Gebäudes läßt das architektonische Prinzip des Hamburger Kontorhauses, d. h. die Auflösung der Fassaden in ein System von Pfeilern und Rippen, besonders deutlich hervortreten.

B 3 Deutsches Schauspielhaus
Kirchenallee 39, St. Georg
Architekten: Fellner & Helmer (Ursprungsbau). Bäumer & Streb. Dieter Langmaack (Neubau Bühnenhaus und Parkhaus)
1899/1900; Restaurierung 1984; Neubau Bühnenhaus und Parkhaus 1980–86
Der Bau und der Unterhalt des Theaters wurden von einer Aktiengesellschaft finanziert. Auch die Größe des Hauses, ursprünglich 1900 Sitzplätze, hatte unweigerlich zur Folge, daß das heutige Flaggschiff der hamburgischen Theaterkultur anfänglich eher nach kommerziellen als nach künstlerischen Kriterien geleitet wurde. Der Entwurf stammt von Ferdinand Fellner und Hermann Helmer aus Wien, die zahlreiche ähnliche oder sogar nahezu identische Theater errichtet haben. Charakteristisch hierfür ist die noch weitgehend im Originalzustand erhaltene Ausstattung der Innenräume: opulentes Neu-Rokoko à la Schönbrunn in Weiß, Rot und Gold. Auch die Außenarchitektur ist mit ihrer Gliederung durch korinthische Kolossalpilaster bzw. -säulen als konventionell zu charakterisieren. Dichterbüsten bilden hier neben zwei allegorischen Figurengruppen, die die darstellenden Künste verkörpern, den bildhauerischen Schmuck (Carl Garbers).

B 4 Kattenhof
St. Georgstraße 3–7, St. Georg
1820–24; Hofbebauung 1842
Inmitten dicht gedrängter gründerzeitlicher Mietshäuser hat sich ein zweigeschossiges Fachwerkensemble mit idyllischem Gartenhof erhalten, dessen Hinterhäuser nach dem Vorbild der Gängeviertel in der Innenstadt als Notwohnungen für die Opfer der Brandkatastrophe vom Mai 1842 erbaut wurden.

B 5 Evangelisch-lutherische Dreieinigkeitskirche
St. Georgs Kirchhof 19, St. Georg
Architekten: Johann Leonhard Prey (Ursprungsbau). Heinz Graaf (Wiederaufbau)
1743–47; Zerstörung 1943; Wiederaufbau 1953/54 W, 1954–57, Turmhelm 1959–62

B 4 Kattenhof

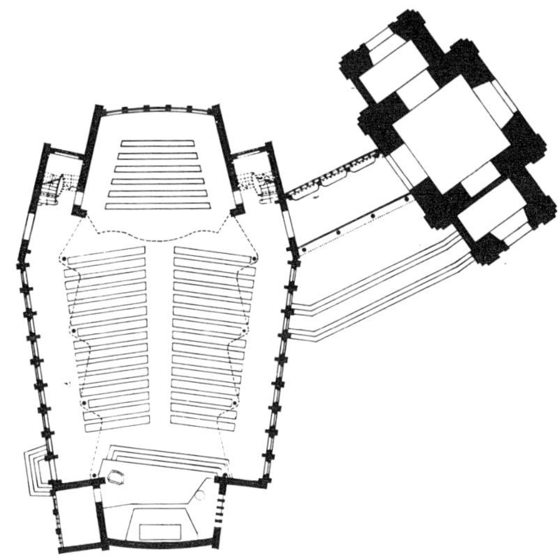

B 5 Evangelisch-lutherische Dreieinigkeitskirche

Die Dreieinigkeitskirche ist auf die mittelalterliche Kapelle eines Aussätzigenspitals zurückzuführen, das 1220 vor den Toren der Stadt gegründet worden war. Der Bau von 1747, ein spätbarocker Backsteinsaal mit kurzen Querarmen und polygonalem Chorschluß nach dem Vorbild der Trinitatiskirche von Cai Dose in Altona (1742/43, vgl. Nr. C 37), brannte 1943 bis auf die Umfassungsmauern aus. Ein Jahrzehnt später mußte diese Ruine aus Sicherheitsgründen abgebrochen werden. Nur der Turmstumpf blieb bestehen und erhielt wieder seinen eleganten Helm mit der zierlichen Laterne. Bei der Neukonzeption des Kirchenschiffs wurden dagegen keinerlei Konzessionen an den ursprünglichen Zustand gemacht.

Der gerade in seiner Schlichtheit überzeugende Neubau von Heinz Graaf rückt betont achsenverneinend von dem Turm ab und ist mit diesem nur über einen verglasten Gang verbunden. Weißgeschlämmtes Sichtmauerwerk und Betonstützen bewirken den asketischen Eindruck des Innern, das bis auf eine Darstellung der Dreieinigkeit von Karl Knappe über dem Altar schmucklos geblieben ist; nur die ausschwingenden Emporen scheinen noch einen schwachen Reflex auf den zerstörten Barockraum zu bilden. Vor der Kirche fand eine Skulptur des heiligen Georg von Gerhard Marcks Aufstellung (1958), in der Turmhalle eine Kreuzigungsgruppe (um 1500), die ursprünglich vor der Kirche stand und die letzte Station eines Kreuzwegs vom Dom St. Marien nach St. Georg markierte.

B 6 Ehem. Klosterschule St. Johannis

Holzdamm 5, St. Georg
Architekt: Hermann Diederich Hastedt
1873/74

Als erste höhere Mädchenschule der Hansestadt – mit Lehrerinnenseminar – stellt die Klosterschule ein wichtiges sozialgeschichtliches Dokument dar. Wie der prosaische, aber nicht reizlose Backsteinrohbau ausgesehen hat, bevor die Fassaden einen Farbanstrich erhielten, läßt sich noch an einer späteren Erweiterung an der Rautenbergstraße 9 ablesen.

B 7 Bürogebäude

Holzdamm 28-32, St. Georg
Architekten: Bothe – Richter – Teherani; Mitarbeiter: Martin Hecht, Andreas Jochum, Berthold Staber, Yvonne van Tienhofen
1994, 1995/96

Das Bürogebäude vermittelt schwungvoll zwischen seinen unterschiedlich hohen Anschlußbauten, die zudem nicht in einer Flucht liegen. Die konventionellen Lochfassaden in Putz nehmen Rücksicht auf den architektonischen Charakter des Holzdamms, der von feingliedrigen Stuckfronten bestimmt wird, die überwiegend aus den 50er und 60er Jahren des vorigen Jahrhunderts stammen. Der flache zweigeschossige Anbau an der Rückseite leitet mit seinen begrünten Dachflächen zu den Grünanlagen des Wallrings über. Ungewöhnlich für den Hamburger Bürohausbau sind hier die geplanten Fensterläden als Sonnenschutz.

B 8 Hotel Atlantic

An der Alster 72–79, St. Georg
Architekten: Boswau & Knauer
1907–09

Der repräsentative neoklassizistische Bau stellt bundesweit eines der letzten Beispiele für ein Grandhotel der Jahrhundertwende dar, das zudem auch noch seinen ursprünglichen Zweck erfüllt. Die eleganten Festsäle im Stil Louis Seize sind noch in wesentlichen Teilen im Originalzustand erhalten, die mit Pilastern geschmückte Hotelhalle wurde in den vergangenen Jahren einfühlsam modernisiert (Innenarchitekt Jan Wichers). Auch die Namensgebung und der Leuchtglobus auf der Alsterfront, beide fungierten schon 1909 als Werbeträger, unterstreichen den mondänen Anspruch, mit dem das Hotel seinerzeit von der »Berliner Hotel-Gesellschaft« errichtet wurde; hier machten u. a. Reisende Zwischenstation, die sich in Hamburg oder Cuxhaven nach Übersee einschiffen wollten.

B 9 Ehem. Wohnhaus von Fritz Schumacher

An der Alster 39, St. Georg
Architekt: Fritz Schumacher (Umbau)
1837/38; Umbau 1914

Mit der Aufwertung St. Georgs zur Vorstadt im Jahre 1830, die den Bewohnern endlich auch die Möglichkeit einräumte, das Stadtbürgerrecht zu erwerben, setzte die systematische Bebauung des Alsterufers ein. Aus dieser Zeit datiert das Gebäude, das Fritz Schumacher 1914 erwarb und vor allem im Innern umgestaltete, wogegen außen nur der von vier dorischen Säulen getragene Altan angefügt wurde. Die Entscheidung des Propagandisten der Klinkerarchitektur für einen biedermeierlichen Putzbau ist nur scheinbar widersprüchlich, bot doch neben der heimischen Bau- weise gerade auch der Klassizismus fruchtbare Anknüpfungspunkte für die Reformarchitekten des späten Kaiserreichs. 1942 verkaufte Schumacher das Haus an den Architekten Gerhard Langmaack und zog in eine kleinere Wohnung.

B 10 Der »Crescent«

An der Alster 9, 12–14, St. Georg
Architekt: Jean David Jollasse
Um 1860

Der kleine Platz an der Einmündung der Lohmühlenstraße erweckt mit seiner halbmondförmigen Bebauung nicht nur von ungefähr britische Assoziationen, denn der Bebauungsplan stammte von dem englischen Ingenieur William Lindley, der sich vor allem um den Wiederaufbau der Innenstadt nach dem Großen Brand 1842 verdient gemacht hatte. 1856 bis 1858 angelegt, war der Platz wohl schon zu Beginn der 1860er Jahre bebaut, zumal das Wohnen an der Außenalster mit der Aufhebung der Torsperre zu Beginn des Jahres 1861 ungleich attraktiver wurde. Die Bauten wurden von dem Gärtner-Schüler Jean David Jollasse (1810–1876) entworfen, dessen »Jollasse-Gotik« – additiv gegliederte Putzbauten mit zierleistenartig aufgelegtem Dekor vorzugsweise in Tudor-Gotik – die Alsterviertel in den 1850er und 1860er Jahren prägte (vgl. auch Nr. D 39 und E 9).

B 11 Drachenbau
Koppel 69/Schmilinskystraße 4–6, St. Georg
Architekten: Planerkollektiv; Mitarbeiter: Ronald Unger, Allan McHardy
1986–89
Das Wohnmodell »Drachenbau« ging aus zwei Vereinen hervor, deren Mitglieder, zumeist Familien mit Kindern, sich zu einer Wohnungsbaugenossenschaft zusammenschlossen. Mittlerweile ist das Projekt auf 25 Mietparteien angewachsen, die sich auf insgesamt vier Gebäude verteilen: ein gründerzeitliches Mietshaus an der Schmilinskystraße mit einem Gewerbebau im Hof, der für Wohngemeinschaften mit Kindern umgebaut wurde, sowie zwei Neubauten an der Schmilinskystraße und an der Koppel. Vor allem bei letzterem wurde versucht, mit Wohnküchen und vom Zuschnitt her gleichwertigen Zimmern die Qualitäten einer Altbauwohnung auf einen Neubau zu übertragen. Jeweils von zwei Parteien gemeinsam genutzte Wintergärten sollen ebenfalls dazu provozieren, überkommene Wohnvorstellungen aufzubrechen.

B 12 Haus des Kunsthandwerks
Koppel 66, St. Georg
Architekten: Kluth & Sliwa (Umbau)
1924; Umbau 1980
Eine expressionistische Klinkerfassade hebt den Bau an der Koppel hervor. Ursprünglich diente das dreigeschossige Gebäude als Maschinenbaufabrik, worauf im Innern noch die erhaltene Laufkatze unter der Glasdecke verweist. Beim Umbau zu einem Werkstatt- und Ausstellungsgebäude für hamburgische Kunsthandwerker brauchte die Stahlbetonskelettkonstruktion der galerieartigen Obergeschosse nicht wesentlich verändert zu werden; lediglich in den Luftraum wurde eine zusätzliche Treppe eingefügt.

B 13 August-Heerlein-Stift
Koppel 17, St. Georg
Architekt: Ernst Paul Dorn
1893/94, Erweiterung 1912
Standort und architektonische Gestaltung verdeutlichen den sozialen Anspruch, mit dem die Anlage zum Gedenken an August Heerlein von dessen Witwe und seiner Tochter gestiftet wurde. Der Gebäudekomplex, der verarmten Witwen und unverheirateten Frauen aus den »gebildeten Gesellschaftskreisen« einen bei aller gebotenen Bescheidenheit angemessenen Lebensrahmen bieten sollte, erstreckte sich ursprünglich bis zur Außenalster. Seit den Kriegszerstörungen sind jedoch nur noch die »Gartenhäuser« von 1912 und der neogotische Eingangsbau von 1894 erhalten, der das durchgrünte Stiftsgelände fortifikationsartig zur kleinbürgerlich-proletarischen Koppel hin abschirmt.

B 14 Handelshof und Geschoßwohnbau
Koppel 20–26/Lange Reihe 29, St. Georg
Architekt: Fritz Höger
1913/14
Das voluminöse Backsteingebäude des Handelshofs an der Langen Reihe dokumentiert den Veränderungsdruck, der seit dem Bau des Hauptbahnhofs auf dem einstigen Wohnviertel St. Georg lastet. Zur Koppel hin schließt sich auf dem Grundstück ein ausgesprochen großstädtisch dimensionierter Geschoßwohnungsbau mit fünf Obergeschossen an, dessen schmucklose Klinkerfassade schon auf die Entwicklung der 20er Jahre zu verweisen scheint.

B 15 Terrasse
Koppel 14–16/Lange Reihe 21–25, St. Georg
Architekten: Stammann & Zinnow
1889/90
Mit seiner repräsentativen Neorenaissancearchitektur auch der Hinterhäuser sticht dieser Wohnhof gegenüber den zumeist schlichteren Terrassen zwischen Koppel und Lange Reihe hervor. Bemerkenswert ist hier jedoch vor allem, daß der Entwurf von den renommierten »Rathausbaumeistern« Hugo Stammann und Gustav Zinnow stammt, denn in der Regel zeichneten für derartig prestigearme Bauaufgaben Unternehmer-Architekten oder aus dem Handwerk stammende Baumeister verantwortlich, denen sowohl der Entwurf als auch die Ausführung oblagen.

B 16 Neugestaltung Carl-von-Ossietzky-Platz
St. Georg
Architekten: Meyer + Fleckenstein
1988/89
Der unaufdringlich gestaltete Platz hebt sich auch optisch als Ruhepol von der lauten und bunten Langen Reihe ab. Traditionelles Kleinpflaster und Asphalt – statt wirrer Betonsteinmuster, wie in den 70er Jahren –, eine offene Schutzhalle auf filigranen Metallstützen, ein ebenso feingliedrig profilierter Stahl-Glaspavillon als Stehbistro, an Masten aufgehängte Leuchten und das skurrile Metallgestänge einer öffentlichen Uhr mit Sonnenkollektor schaffen ein urbanes Ambiente, das ohne historische Anleihen oder postmoderne Gags auskommt. Ebenfalls 1989 wurde die Erweiterung der Heinrich-Wolgast-Schule von me di um fertiggestellt, die den Platz an der Südseite schließt.

B 17 Bürgerhaus
Lange Reihe 61, St. Georg
Architekten: Dietrich Raeck mit Jürgen Padberg (Restaurierung)
1621; Erweiterungen und Umbauten 18. und 19. Jahrhundert; Restaurierung 1988/89
Das schlichte traufständige Fachwerkgebäude mit Zwerchhaus wurde ursprünglich wohl als Garten- und Lusthaus genutzt. Im ersten Obergeschoß sind noch klassizistische Dekorationen erhalten, im zweiten Obergeschoß wurde bei der Restaurierung eine komplett erhaltene bemalte Holzbalkendecke – Weinranken und florale Motive – aus dem dritten Viertel des 17. Jahrhunderts entdeckt, die unter einem abgehängten Plafond aus dem 18. Jahrhundert verborgen war.

B 18 Römisch-katholische Domkirche St. Marien
Danziger Straße 60, St. Georg
Architekten: Arnold Güldenpfennig (Ursprungsbau). Reinhold Hofbauer (Erneuerung des Innenraums)
1890–93; Erneuerung des Innenraums 1962
St. Marien, der erste katholische Kirchenneubau in Hamburg seit der Reformation, wurde 1994 zur Domkirche des neugegründeten Erzbistums Hamburg erhoben. Die Namensgebung erinnert an den 1807 abgebrochenen Hamburger Dom. Auch die architektonische Gestaltung verdeutlichte den Selbstbehauptungswillen der katholischen Gemeinden im »Diasporagebiet« des Bistums Osnabrück, zu dem Hamburg ursprünglich gehörte. Die anspruchsvolle Doppelturmfassade war im damaligen hamburgischen Sakralbau nämlich genauso ohne Beispiel wie die neoromanische Backsteinarchitektur, die ihre Vorbilder nicht aus den Bürgerkirchen der norddeutschen Handelsstädte bezog, sondern aus den Domen am Oberrhein.

Tendierte der protestantischen Sakralbau zu dieser Zeit bereits zu zentralisierenden Lösungen, so wurde St. Marien als konservativer Longitudinalbau mit basilikalem Querschnitt und Emporengeschossen in den Seitenschiffen konzipiert. Auf ein relativ kurzes Langhaus – zwei Joche, jedoch im gebundenen System – folgen Querhaus, Chor und halbrunde Apsis. Der Innenraum hat durch die Kriegsfolgen und Modernisierungen seine Originalausstattung eingebüßt, ist aber in den Formen weitgehend überliefert. Erhalten ist das Goldmosaik in der Konche der Apsis, das eine Darstellung der Triumphhochzeit Christi mit Maria zeigt.

B 19 Bebauung um den Hansaplatz
Hansaplatz/Elmenreichstraße/Bremer Reihe/Stralsunder Straße/ Brennerstraße/Rostocker Straße/Zimmerpforte, St. Georg
1873, Bebauung 1875–93; Teilzerstörung 1943; Wiederaufbau bis 1955
Der repräsentative Hansaplatz, seit den Kriegszerstörungen 1943 allerdings nur noch an der Süd- und Westseite original erhalten – Gestaltung der Nordseite nps Nietz.Prasch.Sigl (1980/81) –, und die angrenzenden Straßen stellen ein typisches Beispiel für den spekulativen Städtebau der Gründerzeit dar. 1873 wurde das umfangreiche Gelände zwischen Steindamm, Steintorwall und Danziger Straße, das bis dahin Zimmerleuten als Holzstapelplatz gedient hatte, von der Stadt zu einem günstigen Preis an die »Hanseatische Baugesellschaft« verkauft mit der Auflage an die Investorin, die Infrastrukturen für das Gebiet zu erstellen und diese nach zwei Jahren in Stadtbesitz zu überführen. Außerdem verpflichtete sich die Baugesellschaft, einen öffentlichen Schmuckbrunnen, den späteren Hansa-Brunnen, zu errichten.

B 19.1 Hansa-Brunnen
Hansaplatz, St. Georg
Architekten: Kayser & von Großheim. Bildhauer: Engelbert Peiffer
1878

B 19.1 Hansa-Brunnnen

Im Juli 1878 wurde der Hansa-Brunnen, ein wenig elegantes Potpourri von Renaissancemotiven, das eine »Hansa« mit Dreizack und Boot bekrönt, enthüllt. Darüber hinaus nehmen an dem Brunnen jedoch nur noch die Wappen der seinerzeit selbständigen Städte Hamburg, Lübeck und Bremen Bezug auf die Hansezeit. Das Figurenprogramm in den Nischen der Ädikulen – Kaiser Konstantin, Karl der Große, Bischof Ansgar und Graf Adolf III. von Schauenburg – verweist dagegen allgemein auf die Christianisierung insbesondere des Nordens bzw. auf Herrscher, die schon vor der Hansezeit für Hamburgs Entwicklung bestimmend waren (vgl. auch die Trostbrücke, Nr. A 17, deren Skulpturen ebenfalls von Engelbert Peiffer stammen).

B 20 Erstes Amalienstift
Stiftstraße 65, St. Georg
Architekt: Alexis de Chateauneuf
1839/40
Die Amalie-Sieveking-Stiftung ging aus dem 1832 gegründeten »Weiblichen (Sieveking'schen) Verein für Armen- und Krankenpflege in Hamburg« hervor, einem der Vorläufer der heutigen Diakonissengemeinschaften. Aus der Anfangszeit der Stiftung ist noch das Gebäude an der Stiftstraße erhalten, das ursprünglich neben Armenwohnungen und Badestuben auch ein Kinderhospital und einen gemeinsamen Arbeitsraum umfaßte, mithin nicht nur wirtschaftlich im Bau, sondern auch flexibel hinsichtlich der Einteilbarkeit und Nutzbarkeit sein mußte. Alexis de Chateauneuf löste diese Aufgabenstellung mit großer Eleganz. Das massive Mauerwerk beschränkt sich jeweils auf die statisch stärker beanspruchten Gebäudeecken, woge-

gen die dazwischenliegenden Wandflächen und die Innenwände in Fachwerk aufgeführt sind, was den Fassaden eine reizvolle Gliederung verleiht. Der Grundriß ist aus einem System von 25 gleich großen Quadraten entwickelt, jeweils zwei Fensterachsen bzw. einen der geschlossenen Wandstreifen breit. Nach diesem Achsmaß ließen sich die Innenräume, mit Ausnahme des Mittelgangs mit der Treppe, problemlos einteilen oder miteinander verbinden.

B 21 Feuerwache Berliner Tor
Westphalensweg 1/Berliner Tor, St. Georg
Architekt: Hochbauwesen, Fritz Schumacher
1914–22; Zerstörung 1944; Wiederaufbau bis 1953
Die Feuerwache, ein schlichter, aber sorgfältig detaillierter Klinkerbau, stellt heute das bemerkenswerteste Beispiel aus der Gruppe von vier öffentlichen Hochbauten dar, die zwischen 1910 und 1923 nach Entwürfen von Fritz Schumacher auf dem Gelände zwischen dem Berliner Tor und der Wallstraße errichtet wurden.

B 22 Polizeipräsidium
Beim Strohhause 31, St. Georg
Architekten: Atmer & Marlow. Hans Th. Holthey. Egon Jux und Harro Freese
1955 W, Hochhaus 1958–62, übrige Bauabschnitte 1960–85
Mit seiner komplexen Fassadenstruktur aus »brisessoleil« – schattenspendenden Lamellen aus Stahlbeton – und der Aufständerung auf »pilotis« orientiert sich das Polizeipräsidium offenkundig an einem Hochhausprojekt Le Corbusiers für Algier (1939). Der Hamburger Entwurf ist das Ergebnis einer Arbeitsgemeinschaft der beiden zweiten Preisträger des Wettbewerbs 1955 – ein erster Preis wurde nicht vergeben –, wobei die spektakuläre Gestaltung der Fassaden auf den Wettbewerbsbeitrag von Holthey, Jux und Freese zurückzuführen ist. Bemerkenswerterweise stieß dieser Rückgriff auf den monumentalen

B 20 Erstes Amalienstift

B 22 Polizeipräsidium

Brutalismus Le Corbusiers anfänglich jedoch auf Ablehnung bei den Vertretern der Polizei im Preisgericht mit der Begründung, daß ein öffentlicher Hochbau in einem demokratischen Staat auch in gestalterischer Hinsicht Bürgernähe symbolisieren müsse. Nach der Fertigstellung zeigten sich schon relativ bald starke Bauschäden an den Fassaden, die wiederholt umfangreiche Sanierungmaßnahmen erforderten. Weil der Komplex darüber hinaus auch noch als asbestverseucht gilt – was allerdings nur in geringem Maße auf das Hochhaus selbst zutrifft! –, wird zur Zeit die Alternative Abriß oder erneute Grundsanierung erwogen.

B 23 Gesundheitsamt
Besenbinderhof 41, St. Georg
Architekt: Hermann Höger
1925/26; Zerstörung 1943; Wiederaufbau 1950
Der expressive Klinkerbau stammt von dem zu Unrecht kaum beachteten Bruder des berühmten Chilehausarchitekten Fritz Höger. Lamellenartige Vorlagen gliedern die Hauptfassade, deren Mittelteil vor den Zerstörungen um ein Geschoß erhöht war. Das Hauptportal büßte beim Wiederaufbau außerdem das zeittypische bekrönende Zackengesims ein.

B 24 Ehem. Verwaltungsgebäude der GEG
Besenbinderhof 51–52, St. Georg
Architekt: Heinrich Krug
1906/07
Verwaltungsgebäude der 1894 gegründeten Großeinkaufsgesellschaft Deutscher Consumvereine m.b.H. (GEG), die sich zum Ziel gesetzt hatte, die Versorgung der einkommensschwachen Bevölkerungsgruppen

mit Lebensmitteln und Gebrauchsgütern zu verbessern und somit eine der Säulen der Hamburger Arbeiterbewegung bildete (vgl. auch die ehemaligen Produktionsanlagen der GEG in Klostertor, Nr. B 34, und auf der Peute, Nr. L 8). Die schwerfällig gegliederte, neoromanische Werksteinfassade blieb hinter den gestalterischen Möglichkeiten der damaligen Hamburger Kontorhausarchitektur zurück.

B 25 Gewerkschaftshaus

Besenbinderhof 57–59, St. Georg
Architekten: Heinrich Krug (1. BA). Wilhelm Schröder (2. BA)
1. BA 1904–06; 2. BA 1912/13

Das Gewerkschaftshaus wurde bei seiner Einweihung am 29. Dezember 1906 von August Bebel als »geistige Waffenschmiede« der deutschen Arbeiterschaft apostrophiert und euphorisch als eine der drei wichtigsten baulichen Sehenswürdigkeiten der Hansestadt gewürdigt, gleichrangig neben dem Rathaus von 1897 und dem neuen Hauptbahnhof von 1906. In der Tat war der umfangreiche Komplex, der neben Versammlungsräumen und Sitzungssälen auch eine Bibliothek, eine Speisehalle und Logierräume für Wanderarbeiter umfaßte, nicht nur ein politischer, sondern auch ein sozialer und kultureller Mittelpunkt der deutschen Arbeiterbewegung.

Gestalterisch blieb das überladene Gebäude mit seinen ursprünglich helmbekrönten Risaliten und den schwellenden Barockformen, die mit jugendstiligem Dekor verschmelzen, jedoch noch kleinbürgerlichen Vorstellungen von Repräsentativität und Selbstdarstellung verhaftet, was, mutatis mutandis, auch auf den deutlich moderneren zweiten Bauabschnitt zutrifft. Es sollte noch zwei Jahrzehnte dauern, bis das Selbstbewußtsein der Gewerkschaften mit Entwürfen wie denjenigen von Max Taut, Erich Mendelsohn oder Hannes Meyer auch in architektonischer Hinsicht zu einem eigenständigen Ausdruck fand.

B 26 Museum für Kunst und Gewerbe

Steintorplatz 1, St. Georg
Architekt: Hochbauwesen, Carl Johann Christian Zimmermann
1873–76

Der Neorenaissancebau mit konventioneller Sandsteingliederung nach dem Palastschema beschloß im Südosten den halbrunden Kranz von repräsentativen Kulturbauten, der die Innenstadt seit der Gründerzeit entlang des Wallrings umgibt und der Anfang der 90er Jahre mit den Deichtorhallen nach Süden ausgedehnt wurde (vgl. Nr. B 27 und B 28). Das Museum war ursprünglich nur im Erdgeschoß untergebracht, wogegen die Obergeschosse Schulzwecken dienten. Heute wird die stadträumliche Wirkung des Gebäudes durch den Verlust der Wallanlagen beeinträchtigt, die ab 1901 dem Hauptbahnhof weichen mußten, sowie durch die Nachbarschaft des unattraktiven Zentral-Omnibusbahnhofs.

Schon der Gründer und langjährige Direktor des Museums, Justus Brinckmann (1843–1915), erwarb zeitgenössische kunstgewerbliche Arbeiten und legte damit die Grundlage für die bedeutende Jugendstilabteilung mit Entwürfen u. a. von Peter Behrens, Henry van de Velde, Josef Hoffmann und Richard Riemerschmid, die auch eine Reihe kompletter Interieurs umfaßt. Auch die übrige Sammlung mit den besonderen Schwerpunkten Porzellan, Ostasiatika, Plastiken (vor 1800), Fotografie und Gebrauchsgrafik macht das Hamburger Museum für Kunst und Gewerbe zu einem der reichhaltigsten und bedeutendsten seiner Art in Deutschland.

Daneben diente der geräumige Baukomplex von Anfang an als bequemes »Endlager« für die als erhaltenswert erachteten Ausstattungen abgebrochener oder durch Umbau veränderter Hamburger Bürgerhäuser, wie den mit Fresken von Erwin Speckter geschmückten Ecksalon aus dem Haus Abendroth von Alexis de Chateauneuf (1834/35) oder den neobarocken Musiksaal aus dem Budge-Palais von Martin Haller (1909). In den nördlichen der beiden Innenhöfe ist außerdem die aufwendig mit Säulen, Gesimsen und Beschlagwerk geschmückte Renaissancefassade des Kaiserhofs von 1619 eingefügt, der 1873 am Neß einem Bankneubau weichen mußte.

B 27 Kunstverein in Hamburg

Klosterwall 23, Klostertor
Architekten: Hochbauamt, Oberbaudirektor Otto Meyer-Ottens (Ursprungsbau). Störmer + Partner und Floder & Simons; Mitarbeiter: Ulrich Finkenberger, Anke Hamkens, Salvatore Reitano, Torsten Vogt, Carolin Weissenborn (Umbau)
1951; Umbau 1990, 1992/93

Die südliche Erweiterung der ehemaligen Blumenmarkthalle von 1913/14 – heute besser als Veranstaltungsort »Markthalle« bekannt – stammt von Werner Hebebrands Vorgänger Oberbaudirektor Otto Meyer-Ottens. Der bemerkenswerte Stahlbetonskelettbau mit Schalendach, Ziegelausfachungen und Fensterbändern belegt einmal mehr die Kontinuität der Vorkriegsmoderne im Gewerbebau nach 1945. Er wurde 1992/93 für den Kunstverein und als Sitz der Freien Akademie der Künste umgebaut und sensibel ergänzt, wenn auch die Ausstellungsbereiche allzu karg und werkstattartig geraten sein dürften und jegliche räumliche Spannung vermissen lassen.

B 28 Deichtorhallen

Altländer Straße, Altstadt
Architekten: Ingenieurwesen der Baudeputation (Ursprungsbau). Josef Paul Kleihues; Mitarbeiter: Paul Kahlfeldt, Richard Mc Loughlin (Umbau)
1911/12; Erweiterung der nördlichen Halle 1913/14; Umbau 1988, 1990

Die beiden Großmarkthallen, ursprünglich nur als Provisorium gedacht und schon Ende der 20er Jahre als erneuerungsbedürftig angesehen, erfüllten schließlich doch bis 1984 ihren Zweck, zuletzt für den Blumengroßmarkt. Während die langgestreckte nördliche Halle mit ihren Stahlfachwerkbindern dem damaligen Standard entspricht, stellt ihr südliches Pendant als Zentralbau mit über Kreuz verbundenen Hauptbindern eine reizvolle Sonderlösung dar, die auch nach außen hin effektvoll als gestaffelte Baugruppe hervortritt. Dem Engagement des Hamburger Industriellen Kurt A. Körber ist der Umbau beider Gebäude zu einem attraktiven Ausstellungszentrum zu verdanken. Um ein neutrales Ausstellungsambiente zu schaffen, wurde für das Innere eine einheitliche hellgraue Farbgebung gewählt, wogegen die straff gegliederten Ziegelfassaden, herausragende Beispiele für frühe Versachlichungstendenzen, bis auf eine umfassende Instandsetzung unverändert blieben.

B 29 Geschoßwohnbau
Münzplatz 11/Repsoldstraße 45, Klostertor
Architekt: Johann Heinrich Martin Brekelbaum
1886
Eines der schönsten Beispiele für die neogotische Architektur der »Hannoverschen Schule« im Hamburger Raum, wenn auch die Stilwahl und die reichliche Verwendung von dunkelroten und grünglasierten schlesischen Verblendern, hier durch Gesimse und Konsolen in Sandstein nobilitiert, für ein bürgerliches Mietshaus in der Hansestadt eigentlich untypisch sind. Die besondere Sorgfalt des Architekten galt dabei auch Details wie den ebenfalls mit Backstein verkleideten Hofseiten (Zugang von der Rosenstraße) und den Kreuzgratgewölben im Eingang und in den Läden. Die beiden Skulpturen an der Hauptfassade – ein Patrizier mit Barett, Dokumentenrolle und Börse am Gürtel und eine weibliche Figur mit Spinnrocken als Sinnbilder von Tatkraft und gesellschaftlichem Erfolg bzw. Fleiß und Bescheidenheit – projizierten die Werte und sozialen Leitbilder der Zeit auf das Mittelalter. Die Wohnungen waren in ihrer Größe auf gehobene Bedürfnisse zugeschnitten.

B 30 Terrasse Spaldingstraße
Spaldingstraße 41–47, Klostertor
Architekten: Hallier & Fitschen
1885–87
Das Büro von Hallier & Fitschen ist vor allem für seine repräsentativen Etagenwohnhäuser im Renaissancestil bekannt. Der Entwurf für die Spaldingstraße verzichtet jedoch auf historisierenden Stuckdekor; die qualitätvolle Straßenfassade ist nur aus dem hellroten Verblender und Formsteinen entwickelt. Das sechsgeschossige Gebäude mit dreigeschossigen Hinterhäusern, heute isoliert inmitten moderner Bürogebäude, verdeutlicht die hohe Baudichte der durchmischten Wohn- und Gewerbeviertel von Klostertor und Hammerbrook vor dem Zweiten Weltkrieg. Diese Straßenschluchten wurden bei dem Luftangriff in der Nacht vom 27. auf den 28. Juli 1943 für unzählige Menschen zur unentrinnbaren Feuerfalle.

B 28 Deichtorhallen
B 29 Geschoßwohnbau

B 31 Bürogebäude Amsinckstraße
B 31.1 Bürogebäude
Amsinckstraße 28, Klostertor
Architekten: Kleffel, Köhnholdt, Gundermann
1987, Fertigstellung 1991
B 31.2 Bürogebäude
Amsinckstraße 34, Klostertor
Architekten: Kleffel, Köhnholdt, Gundermann
1991, Fertigstellung 1993
Das Bürohaus an der Einmündung der Woltmannstraße – Spitzname »Flora-Ost« – erinnert mit der gesprengten Gebäudeecke und dem Flugdach unweigerlich an das Musicaltheater »Neue Flora« derselben Architekten (1989/90, vgl. Nr. C 58), datiert aber früher im Entwurf. Auch der Bau an der Amsinckstraße 34 nimmt das Spiel mit kontrastierenden Verblendern – gelber und roter Klinker im jeweilig gleichen Farbton verfugt – und unterschiedlichen Fassadenlösungen – Lochfassade und Fensterband – wieder auf, noch zusätzlich bereichert um einige zurückhaltende Zitate der Nierentisch-Ära wie die kreisrunden Lichtöffnungen im Kragdach. Bemerkenswert ist hier auch die Grundrißlösung, die auf geschickte Weise unterschiedlich große Mieteinheiten schafft.

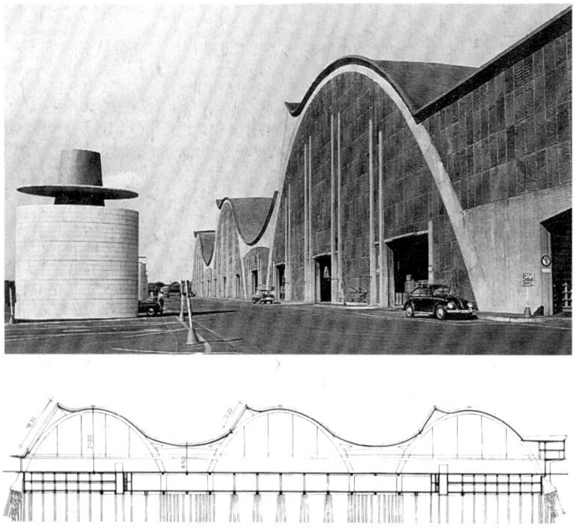

B 32 Großmarkthalle

B 31.3 Bürogebäude
Amsinckstraße 40, Klostertor
Architekten: Pauen Planung; Entwurf: Helmut Wolff; Mitarbeiter: Waldemar Albert (Projektleitung), Heide Balster, Heidrun Wichmann, Renate Dorsch, Holger Wischniowski, Tobias Langmaack
1990, 1991/92
Symmetrie war hier das vorherrschende Entwurfsprinzip. Auch die Klinkerfassaden heben den Bau angenehm in seinem amorphen Umfeld hervor. Originell ist die Pergola aus Stahlträgern, die den dreigeschossigen Aufbau des rückwärtigen Flügels wie ein »Korb« überspannt und den disziplinierten Quadratraster der Sprossenfenster wiederaufnimmt.

B 32 Großmarkthalle
Banksstraße, Klostertor
Architekten: Bernhard Hermkes und Gerhart Becker; Mitarbeiter: Fritz Lipowsky, Horst Voges (Halle). Schramm & Elingius (Untergeschosse). Bernhard Hermkes (Erweiterung). Ingenieure: Ingenieurbüro Grassl (Erweiterung)
1954/55 W, 1958–62; Erweiterung 1982–84
Die Großmarkthalle wurde von einer Planungsgemeinschaft der ersten beiden Preisträger des Wettbewerbs realisiert. Bernhard Hermkes und Gerhart Becker zeichneten zusammen mit der Dyckerhoff & Widmann KG für die Hallenkonstruktion verantwortlich, Schramm & Elingius für die Untergeschosse mit den Kühl- und Reiferäumen und weiteren Lagerkapazitäten. Bei einer Breite von 180 m und einer Länge von 220 m bedeckt die Halle eine Fläche von rund 40 000 m^2. Die komplex gekrümmten Stahlbetonschalen der drei Hauptschiffe werden von zwölf Binderketten getragen, die jeweils aus drei annähernd parabelförmigen Stahlbetonbindern und zwei verbindenden Traversen bestehen.

Die Großmarkthalle stellt auch bundesweit eines der bedeutendsten Beispiele für die Architektur der Wiederaufbaujahre dar. Der elegante, organoide Schwung dieser Ära mag auf Puristen zwar noch immer irritierend wirken. Die tragenden Glieder verjüngen sich jedoch folgerichtig nur dort, wo sie in statischer Hinsicht weniger stark beansprucht werden, und auch die Streifen an den Giebelfronten sind nicht nur Dekor, sondern dienen gleichzeitig auch zur Aussteifung der großen Wandscheiben. 20 Jahre nach ihrer Fertigstellung wurde die Großmarkthalle um eine rund 9400 m^2 große Blumenmarkthalle erweitert, die sich mit ihrem kantigen Profil betont von dem Ursprungsbau absetzt.

B 33 Hammerbrookschleuse
Stadtdeich, Klostertor
Ingenieur: Johann Hermann Maack
1865/66
Die Hammerbrookschleuse ist nicht nur ein technisches Kulturdenkmal, sie stellt zusammen mit dem Mittelkanal nach den schweren Kriegszerstörungen auch das einzige noch erhaltene bauliche Zeugnis für die systematische Erschließung von Klostertor und Hammerbrook in den 1840er Jahren dar, als das Marschgebiet mit Trümmerschutt vom Großen Brand 1842 aufgehöht und nach Plänen von William Lindley mit einem Kanalnetz durchzogen wurde. Die erste Schleuse von 1847, von der nur noch Teile der Schleusenkammer im Stadtdeich erhalten sind, wurde bis 1866 nach Osten erweitert und erhielt dabei ein mittig gelagertes Drehtor mit zwei Klappschützen für den Wasserstandsausgleich.

B 34 Ehem. GEG-Zentrallager
Sonninstraße 24–28, Klostertor
Architekt: Bau- und Ingenieurbüro der GEG
1911–14
Der mächtige Stahlbetonskelettbau mit Backsteinfassaden gehört zu den wenigen Vorkriegsbauten in Klostertor, die die Zerstörungen 1943 überstanden haben bzw. wiederaufgebaut werden konnten. Die Pfeilerstruktur der Fassaden, die die Fenster zu Dreiergruppen bündelt, erinnern an den Kontorhausbau der späten Kaiserzeit. Derartige Lösungen vermochten sich in Hamburg kurz vor dem Ersten Weltkrieg jedoch auch im Gewerbebau durchzusetzen (vgl. die »Hansaburg« in Hamm-Süd, Nr. B 66). Daß die Kanäle von Klostertor und Hammerbrook früher wichtige Verkehrswege waren, dokumentieren die Lukenachsen an der Wasserseite. 1927 wurde das Zentrallager der GEG (Großeinkaufsgesellschaft Deutscher Consumvereine m.b.H.) auf die Peute verlagert (vgl. Nr. L 8) und das Gebäude an der Sonninstraße von der GEG zur Süßwarenfabrik umgebaut.

B 35 Hansa Carree
Nagelsweg 49–55/Sachsenfeld, Hammerbrook
Architekten: HPP International Planungsgesellschaft

mbH; Projektpartner Planung: Günter Kus; Projektpartner Bauleitung: Björn Odefey; Mitarbeiter: Herbert Maatsch (Bauleitung), Edeltraud Jauster-Dorider, Dagmar Kopp-Schwab, Peter Mödig, Dirk Johannes Nadig, Christian Olteanu-Lissai, Wolfgang Ramme, Maris Zanke
1989–93
Die anonyme Spiegelglasarchitektur des Hansa Carrees, in den gigantischen Innenhöfen durch das richtungslose Sprossenwerk der Vorhangfassaden nahezu zur surrealen Wirkung gesteigert, könnte prinzipiell überall dort entstehen, wo sich ein Investor für über 40 000 m² Bürofläche findet. Lediglich die Fassadenabschnitte in Klinker, die dem Gebäude versatzstückhaft vorgeblendet sind, stellen ein Zugeständnis an den Genius loci dar.

B 36 Poseidon-Haus

Amsinckstraße 65–71/Süderstraße, Hammerbrook
Architekten: Schweger & Partner
1989 W, 1990–94
Der Grundriß des Bürokomplexes – rund 30 000 m² individuell einteilbare Geschoßfläche – fügt sich elegant dem dreieckigen Grundstückszuschnitt ein, wobei Diagonale und rechter Winkel im fruchtbaren Widerstreit liegen. Markant gestaffelte Kopfbauten mit Aluminiumverkleidung durchstoßen die geklinkerte Lochfassade an der Amsinckstraße und machen die einzelnen Gebäudeeinheiten ablesbar. Auch die Zylindertürme, die die Gebäudeenden akzentuieren, durchbrechen das stereotype Schema der Blockrandbebauung, das seit den 80er Jahren aus Hammerbrook eine monotone Bürowüste gemacht hat.

B 37 S-Bahnstation Hammerbrook und Viadukt

Hammerbrookstraße, Hammerbrook
Architekten: Schramm, v. Bassewitz, Hupertz. Ingenieure: Arge Bahnhof Hammerbrook
1976 W, 1978–83

B 34 Ehem. GEG-Zentrallager

B 37 S-Bahn-Station Hammerbrook und Viadukt

Die S-Bahn-Linie vom Hamburger Hauptbahnhof nach Neugraben, 1983 bis Harburg und 1984 auf ganzer Länge in Betrieb genommen, durchquert Hammerbrook auf einem Viadukt, dessen Gestaltung, einschließlich einer Haltestelle und einer Brücke über den Oberhafen, Aufgabe des Wettbewerbs von 1976 war. Die gedrungenen Sichtbetonpfeiler wurden kanneliert, um sie schlanker erscheinen zu lassen und für Graffiti und Plakatanschläge ungeeignet zu machen. Die hohen Brüstungen beiderseits der Gleise sollen die Fahrgeräusche dämpfen. Im Bereich der Haltestelle wurden sie als Wind- und Schallschutz bis auf die Höhe der Bahnsteigüberdachung hochgezogen, wodurch die Station eine Art Waggonform erhielt, deren Signifikanz durch das rote Aluminiumblech noch gesteigert wird. 1986 wurde der Bahnhof einschließlich des Viadukts und der Bill-Oberhafen-Brücke von der Baubehörde ausgezeichnet, wobei die lichtlosen und durch den Verzicht auf Rolltreppen zudem wenig benutzerfreundlichen Aufgänge allerdings ausdrücklich von der Bewertung ausgenommen wurden.

B 38 Industriehof

Hammerbrookstraße 93, Hammerbrook
Architekt: Albert Lindhorst
1906
Der solide Eisenbetonskelettbau, ehemals eine Mietfabrik mit wechselnden Nutzern, ist eines der wenigen Gebäude in Hammerbrook, die nach dem Feuersturm wiederaufgebaut wurden. Bis 1943 von Wohnbauten

umschlossen, steht der Komplex heute frei zur Straße. Die Skelettfassaden vermischen gotisierende und jugendstilige Motive. Die Nottreppenhäuser sind als markante Ecktürme angefügt, um möglichst ungeteilte Geschoßflächen zu erhalten. Anlieferung und Abtransport der Rohstoffe bzw. Waren erfolgten ursprünglich vor allem über den Süderkanal, wie sich an der Wasserseite noch an den Zwerchgiebeln mit den Windenauslegern oberhalb der heute mit Fenstern verschlossenen Lukenachsen ablesen läßt.

B 39 Fabrikationsgebäude Leder-Schüler

Heidenkampsweg 32, Hammerbrook
Architekt: Fritz Höger
1927/28

Hatte Höger das Gebäude ursprünglich mit einer sachlichen, horizontalen Gliederung konzipiert, so fand er mit dem Ausführungsentwurf wieder zu dem bewährten Schema der vertikalen Klinkerrippen zurück. Die spektakulären gestalterischen Lösungen des Backsteinexpressionismus erschienen ihm hier, wie auch bei der gleichzeitig errichteten Zigarettenfabrik »Haus Neuerburg« in Wandsbek (vgl. Nr. G 4), offenbar geeigneter, um eine imageträchtige Architektur mit Werbeeffekt zu schaffen.

B 40 Bürogebäude

Heidenkampsweg 40, Hammerbrook
Architekten: Böge + Lindner-Böge; Mitarbeiter: Volker Fuchs, Lars Christensen, Markus Leben
1991 W, 1993–95

Das Grundrißkonzept und die ungewöhnliche Materialfarbigkeit – blaugraues Mauerwerk, grau verfugt – heben das Bürogebäude hervor. Zwei konventionelle zweibündige Bürotrakte umschließen H-förmig den Erschließungskern mit den angegliederten Besprechungsräumen. Der dazwischenliegende Binnenraum wird als »Wintergarten« von einem flach gewölbtem Glasdach überspannt.

B 41 Bürogebäude

Heidenkampsweg 51, Hammerbrook
Architekten: Arbeitsgemeinschaft Bernstorff Architekten, Jeremy N. Hawker und Darboven, Bremer, Valeske; Mitarbeiter: Mabel Olivares, Uta Neu, Sebastian Kaempf
1990 W, 1992/93

Das Bürogebäude zeigt ein widersprüchliches Erscheinungsbild. Am Heidenkampsweg bedeutet die kurvig ausschwingende Fassade – der »Fisch« – eine willkommene Auflockerung inmitten der endlosen Abfolge der roten Ziegelfronten, zum Fleet hin enttäuscht der Bau dagegen als allzu hart an die Wasserkante gesetzte Putzkiste. Das Verblendmauerwerk in Klinker wurde von behördlicher Seite gewünscht. Eine durchgängige Fassadenlösung in Leichtmetall und Glas hätte jedoch zu einer gleichgewichtigeren Ausbildung aller Gebäudeansichten beigetragen, zumindest aber wohl den Verzicht auf die unmotivierten Klinkerstreifen

B 42 Bürogebäude

an den Brüstungen des Curtain-wall bedeutet, die das erdverbundene Material auf wundersame Weise zum Schweben bringen. Dies sei nicht als billige Häme gegenüber den Architekten mißverstanden: Der groß-artige Eindruck, den die durch alle Geschosse greifende Eingangshalle vermittelt – hier lag das Finish bei Bernstorff Architekten –, läßt noch viel von dem jungen Büro erwarten.

B 42 Bürogebäude

Heidenkampsweg 73–79, Hammerbrook
Architekten: Sievers, Piatschek & Partner; Mitarbeiter: Wolfgang Gluck (Projektleitung), Gerd Neubauer, Theresa Patzschke, Edeltraut Gluck, Christa Röger, Cornelia Ruß, Oliver Kupfer (Entwurf, Organisation, Realisierung). Böge + Lindner-Böge (Fassadenentwurf)
1989 W, 1990–92

Ein Lichtblick inmitten gesichtsloser »Renditekästen« der 80er Jahre! Der Innenausbau ist zwar auch hier lieblose Routine (wie schon allein ein Blick in die Eingangsbereiche verdeutlicht), den Fassadenwettbewerb konnte jedoch eines der innovativsten Hamburger Büros für sich entscheiden, das auch hier Mut zum gestalterischen Wagnis bewies: Während sich die Bürotrakte an der Wasserseite kammartig staffeln, wurde zum Heidenkampsweg hin der geglückte Versuch unternommen, auf bauliche Zäsuren zu verzichten und die fast 140 m lange, gleichmäßig durchfensterte Klinkerfront nur durch die »Taille« des Fensterbands in Höhe des zweiten Obergeschosses zu gliedern. Zwei geschoßübergreifende Öffnungen sind der Fassade gleichsam als Kontrapunkte aufgesetzt.

B 43 Ehem. Volksschulen an der Wendenstraße

B 43.1 Ehem. Volksschule Wendenstraße

Wendenstraße 164–166, Hammerbrook
Architekt: Hochbauwesen, Fritz Schumacher
1928/29

B 43.2 Ehem. Volksschule Teutonenweg

Wendenstraße 268, Hammerbrook
Architekt: Hochbauwesen, Fritz Schumacher
1911/12

Nach dem Zweiten Weltkrieg wurde weitgehend auf den Wiederaufbau der zerstörten Wohnviertel in den Marschgebieten der Bille verzichtet. Wie die ehemalige Volksschule am Bullenhuser Damm in Rothenburgsort (vgl. Nr. L 19), so wirken deshalb auch die beiden Schulen an der Wendenstraße heute wie Fremdkörper in ihrem amorphen Umfeld, das nahezu ausschließlich aus Gewerbebauten besteht. Dabei zeigt Wendenstraße 164–166 noch bemerkenswert originalgetreu die typische Hamburger Schularchitektur um 1930 (vgl. auch Nr. B 67), wogegen Wendenstraße 268 – die ehemalige Volksschule Teutonenweg – seit den Kriegszerstörungen stark entstellt ist.

B 44 Allgemeine Ortskrankenkasse Hamburg (AOK), Nebenstelle Borgfelde

Bethesdastraße 40, Borgfelde
Architekten: Distel & Grubitz
1924/25

Repräsentatives Verwaltungs- und Wohngebäude in Klinker mit zeittypischen Dreieckserkern. Die beiden Seitentrakte des H-förmigen Grundrisses umschließen den ovalen Pavillon der ehemaligen Kassenhalle der AOK, der an der Außenseite durch dreieckige Vorlagen gegliedert wird. Die Reliefs von Ludwig Kunstmann im Eingang verklären nicht ohne Pathos die Sorge für die Jugend und das Alter. Das ursprüngliche Walmdach wurde nach dem Zweiten Weltkrieg nicht wiederhergestellt.

B 45 Ehem. Haus des Allgemeinen Deutschen Bauarbeiterverbandes

Jungestraße 1/Klaus-Groth-Straße 1, Borgfelde
Architekt: Albert H. W. Krüger
1910/11

Die Pilastergliederung und die wertvolle Ausstattung des Eingangsbereichs mit Marmorverkleidung und Wandbrunnen in Keramik belegen das Selbstbewußtsein, mit dem das Gewerkschafts- und Wohngebäude seinerzeit von der Interessenvertretung der Bauarbeiter errichtet wurde. Auf seinen ursprünglichen Zweck verweisen neben den hellroten Ziegelfassaden, deren Vielgliedrigkeit eine willkommene Gelegenheit bot, handwerkliches Leistungsvermögen unter Beweis zu stellen, vor allem die Werksteinreliefs in den Brüstungen der Erdgeschoßfenster mit symbolischen Darstellungen der einzelnen Baugewerke und der Inschrift »Einigkeit macht stark«.

B 45 Ehem. Haus des Allgemeinen Deutschen Bauarbeiterverbandes

B 46 Evangelisch-lutherische Erlöserkirche

B 46 Evangelisch-lutherische Erlöserkirche

Jungestraße 7a, Borgfelde
Architekten: Friedrich R. Ostermeyer, Henry Schlote
1950 W, 1951/52; Turm 1957; Gemeindehaus 1961

Der konservative Sakralbau bildet den Auftakt einer ganzen Reihe derartiger Kirchen in Hamburg, für die Friedrich R. Ostermeyer bis 1961 verantwortlich zeichnete, wobei der Entwurf für Borgfelde aus einer Arbeitsgemeinschaft der ersten beiden Preisträger des Wettbewerbs hervorging, den Henry Schlote für sich entscheiden konnte. Hinsichtlich des kubischen Baukörpers und des flach gedeckten, schmucklosen Innenraums verweist die Erlöserkirche zwar auf die Vorkriegsmoderne, die konventionelle Dreischiffigkeit, das steile Satteldach und der Rundbogen vor der Altarnische sind aber genauso eindeutige Reminiszenzen an den Traditionalismus der 30er Jahre, wie die von Konsolen getragenen Balkone an der Turmstele oder die Segmentbögen der Durchgänge. Bei dem Bombenangriff in der Nacht vom 27. auf den 28. Juli 1943 lag der zerstörte Vorgängerbau im Zentrum des Feuersturms, dessen Wucht hier sogar Bäume entwurzelt hatte. Hieran erinnert mittelbar das Gedächtnismal für die Toten beider Weltkriege mit einer 4 m hohen Christusfigur von Hans Kock, das zehn Jahre nach Kriegsende am Ostgiebel der Kirche angebracht wurde.

B 47 Stiftsbauten an der Bürgerweide
B 47.1 Alida-Schmidt-Stift
Bürgerweide 23, Borgfelde
Architekt: Albert Rosengarten
1874
B 47.2 St.-Hiobs-Hospital
Bürgerweide 25, Borgfelde
Architekten: Semper & Krutisch
1883/84
B 47.3 St.-Gertruden-Stift
Bürgerweide 41–45, Borgfelde
Architekt: Peter von der Heyde
1883/84
Bei ihrer Erbauung in den 1870er bzw. 1880er Jahren noch am Rande des geschlossenen Siedlungsgebiets gelegen, wurden die Stiftsbauten in Borgfelde schon bald von der expandierenden Stadt umschlossen. Bei dem Gertruden-Stift und dem Alida-Schmidt-Stift handelt es sich um schlichte Backsteinrohbauten, wobei der hellgelbe Verblender bei letzterem allerdings unter einer Farbschicht verschwunden ist. Aufwendiger gestaltet ist das St. Hiobs-Hospital, dessen rote Backsteinfassaden zur Bürgerweide hin mit Bändern in Sandstein geschmückt sind. Der Hof der Vierflügelanlage ist nur über das Tor in dem fortifikationsartig gestalteten Mittelrisalit zugänglich, der von einem Türmchen bekrönt wird – ein Zitat des vormaligen Hospitalsgebäudes von 1743 an der Spitaler Straße in der Altstadt, das 1884 abgebrochen wurde.

B 48 Marienkrankenhaus
Alfredstraße 9, Hohenfelde
Architekten: Haller & Lamprecht (Ursprungsbau). Puls & Richter (Erweiterung 1927/28)
Neubau östlich der Alfredstraße 1880/81, Erweiterungen 1885/86 und 1897–99, Umgestaltung und Erweiterung 1927/28; Neubau westlich der Alfredstraße 1907–13
Der Komplex des katholischen Krankenhauses besteht aus zwei Bauabschnitten, die durch einen Tunnel unter der Alfredstraße miteinander verbunden sind. Von Interesse ist dabei vor allem der östliche Abschnitt, der noch den Ursprungsbau aus dem vorigen Jahrhundert birgt. Gelbe Ziegelfassaden, akzentuiert durch braunglasierte Terrakotten im zeittypischen expressionistischen »Zackenstil« und eine Marienfigur von Ludwig Kunstmann, schweißen hier die flach gedeckten Kuben zusammen.

B 51 Gewerbeschule Angerstraße

B 49 U-Bahnstation Lübecker Straße
Lübecker Straße, Hohenfelde
Architekten: Sandtmann & Grundmann. Ingenieur: Stefan Polónyi
1961/62
1955 begonnen, wurde die U-Bahnstrecke zwischen Jungfernstieg und Wandsbek-Gartenstadt 1963 fertiggestellt. Mit der Gestaltung der einzelnen Stationen wurden neben Hamburger Architektenbüros auch ortsansässige bildende Künstler beauftragt. Ein besonders geglücktes Beispiel für eine derartige Kooperation stellt, neben dem Verkehrsknotenpunkt Wandsbek-Markt (vgl. Nr. G 12), der Spannbetonkuppelbau an der Südseite der Lübecker Straße dar, der den gemeinsamen Eingang der neuen Station Lübecker Straße und der alten Haltestelle der 1912 eröffneten Ringlinie überwölbt. Eine Reliefwand mit stilisierten Baummotiven von Hans Kock – eine Anspielung auf die Walddörfer, die von der Linie erschlossen werden – schirmt den Eingangsbereich ab. Auch die Kioske und Vitrinen sind frei zwischen den vier Stützen der Kuppel angeordnet.

B 50 Ehem. Polizeiwache Lübecker Straße
Lübecker Straße 54, Hohenfelde
Architekt: Hochbauwesen, Fritz Schumacher
1913/14
Hinsichtlich ihrer Maßstäblichkeit fügt sich die Wache in die umgebende Grünanlage ein und bildet dennoch einen stadträumlich wirksamen Point de vue. Das steile Mansardgiebeldach, die Loggia und der tief eingeschnittene, von einem Tonnengewölbe verschattete Haupteingang verleihen dem Klinkergebäude einen landhausartigen Charakter und lassen es dadurch kleiner erscheinen als es tatsächlich ist. Die Eckfenster der halbrunden Utluchten sind heute vermauert, was das Erscheinungsbild stark beeinträchtigt.

B 51 Gewerbeschule Angerstraße
Angerstraße 4, Hohenfelde
Architekt: Hochbauwesen, Fritz Schumacher
1926/27
Der Grundriß des Schulgebäudes ist zweibündig organisiert, wie sich an dem verglasten Nebentreppenhaus ablesen läßt, das am Ende des Mittelkorridors als halbrunder Erker aus der Stirnwand ragt. Charakteristisch für die Entwürfe Fritz Schumachers in der zweiten Hälfte der 20er Jahre ist auch die sachliche Architektursprache, die hier jedoch durch ein ausgeprägtes Dekorationsbedürfnis konterkariert wird: Wie ein Häkelmuster umziehen horizontale Streifen aus wellenartigen Schmuckverbänden den Klinkerbau.

B 52 Verwaltungsgebäude der Neuen Heimat

B 52 Verwaltungsgebäude der Neuen Heimat und Zeilenbauten Lübecker Straße

Lübecker Straße/Mühlendamm/Bozenhardstraße/Wandsbeker Stieg, Hohenfelde
Architekten: Planungsabteilung der Neuen Heimat mit Ernst May; Mitarbeiter: Diether Haase, Jürgen Baumbach u. a.
Zeilenbauten 1955/56; Verwaltungsgebäude 1956–58

Der Symbolbau des Wiederaufbaus schlechthin, das Gebäude des gewerkschaftseigenen Wohnungsbaukonzerns Neue Heimat, ist heute durch Abbruch oder doch zumindest tiefgreifende Umbaumaßnahmen bedroht, seitdem es schon seit Jahren leersteht. Für die Ausführung der schlanken Hochhausscheibe, auf der sich wie ein Schiffsschornstein der Sitzungssaal erhebt, zeichnete Diether Haase als Projektleiter verantwortlich. Dabei hatte Haase wohl auch beim Entwurf relativ freie Hand, zumal May schon 1956 als Chefplaner aus dem Wohnungsbauunternehmen wieder ausschied. Die Zeilenbauten stammen von Jürgen Baumbach, der May als Mitarbeiter in dessen Privatbüro folgte. Sie falten sich sägezahnartig zur Sonne hin auf – damit leider aber auch zur starkbefahrenen Lübecker Straße. Die Farbgebung der Bauten wurde mit May abgestimmt, wobei erdige Töne wie das Ockergelb der Ziegelfassaden dominieren.

B 53 Alsterschwimmhalle

Ifflandstraße 21, Hohenfelde
Architekten: Horst Niessen und Rolf Störmer. Ingenieure: Leonhardt & Andrä
1961 W, 1968–73

Die großartige architektonische Geste der Stahlbetonschale, die bei einer Gesamtlänge von 96 m und einer Breite von 64 m auf nur drei Punkten ruht, trug dem Gebäude im Volksmund schon bald den Namen »Schwimmoper« ein. Sie überspannt ein 50-m-Becken mit einem 10 m hohen Sprungturm, das auch internationalen Wettkampfanforderungen gerecht wird. Um so enttäuschender ist der Innenausbau. Schon der Eingangsbereich läßt die Großzügigkeit der Außenarchitektur vermissen. Auch die unübersichtliche Wegführung innerhalb des Gebäudes und die wenig einladend gestalteten Umkleideräume, Sanitärbereiche und Ruhezonen stellen trotz wiederholter Nachbesserungen immer noch eindeutige Minuspunkte dar. Und auch die Euphorie, mit der damals der innovative gestalterische Ansatz begrüßt wurde, ist mittlerweile verpflogen. So räumte Jörg Schlaich, seinerzeit Mitarbeiter von Leonhardt & Andrä und einer der maßgeblich an dem Projekt beteiligten Ingenieure, zwei Jahrzehnte später selbstkritisch ein: »Beim Hallenbad Hamburg galt es, ein formal vom Architekten vorgegebenes 100 m weit gespanntes Hyparschalendach mit frei tragenden, möglichst schlanken Randträgern zum Stehen zu bringen. Das technische Problem faszinierte uns so sehr, daß wir das Überzogene des Entwurfs nicht sehen wollten und deshalb von vornherein mit verfehlten Mitteln arbeiteten« (*Bauingenieur,* 1/1986, S. 57).

B 53 Alsterschwimmhalle

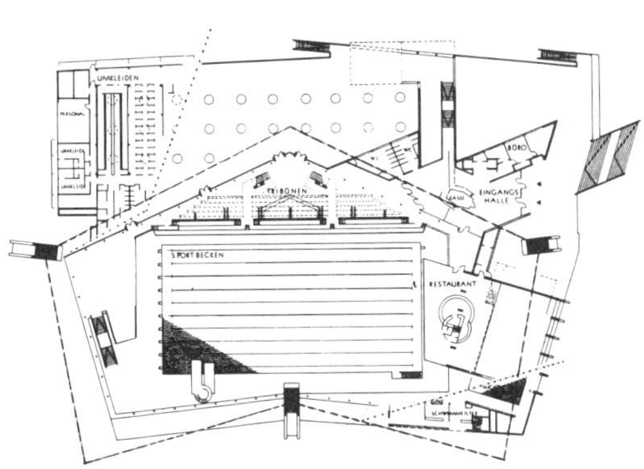

B 54 Apotheke Hohenfelde
Güntherstraße 1, Hohenfelde
Architekten: Rambatz & Jollasse
1888/89
Das Etagenwohnhaus mit dem Vorbau der Traditionsapotheke von 1851 stellt eines der in Hamburg seltenen Beispiele für die Neogotik im bürgerlichen Wohnungsbau dar. Backsteinlisenen gliedern die Fassaden, die durch Putzfelder aufgelockert werden.

B 55 Evangelisch-lutherische Versöhnungskirche
Eilbektal 15, Eilbek
Architekt: Fernando Lorenzen
1914 W, 1916–20; Fertigstellung Turm 1925
Der traditionalistische Backsteinbau bedeutete eine einschneidende Wende im Schaffen des bekannten Hamburger Kirchenbauers, der seine durchaus auf der Höhe der Zeit stehenden Raumlösungen bis dahin gerne noch in die Stilgewänder des 19. Jahrhunderts gekleidet hatte. Das Gebäude wurde zwar während der Kriegsjahre begonnen, konnte aber, nach der Bausperre von 1917, erst 1920 fertiggestellt werden.

B 56 Evangelisch-lutherische Osterkirche
Wandsbeker Chaussee/Friedenstraße 2, Eilbek
Architekten: Isaiah Wood (Ursprungsbau), Hopp & Jäger (Wiederherstellung)
1863/64; Wiederherstellung 1960–62
Die schlichte neogotische Saalkirche mit Dachreiter diente bis 1934 als Kapelle für den 1848 eröffneten Friedhof des St.-Jacobi-Kirchspiels (heute eine Parkanlage). Der Entwurf stammt vermutlich ebenfalls bereits aus den 1840er Jahren und ginge dann auf einen Wettbewerbsbeitrag von Alexis de Chateauneuf zurück. Ausführender Architekt war aber Isaiah Wood, der Bauleiter der St. -Nikolai-Kirche in der Altstadt, wobei offenbleiben muß, wieweit sich Wood an den ursprünglichen Plänen de Chateauneufs orientiert hat.

B 57 Ehem. Volksschule Ritterstraße
Ritterstraße 46, Eilbek
Architekt: Hochbauwesen, Albert Erbe
1907–09

B 57 Ehem. Volksschule Ritterstraße

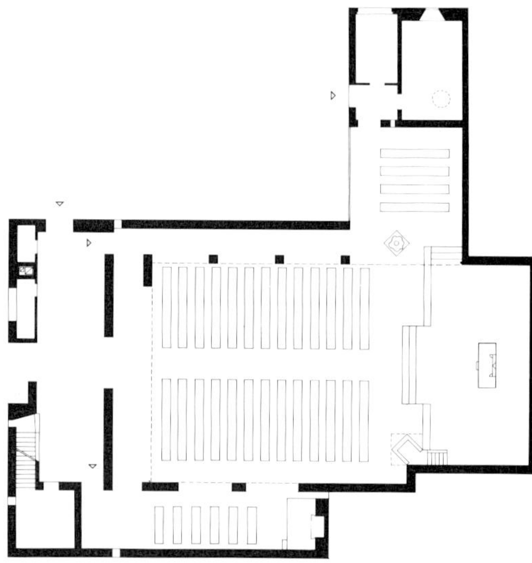

B 58 Evangelisch-lutherische Kirche St. Simeon

Der repräsentative neobarocke Backsteinrohbau zählt mit seinem Rückgriff auf die Hamburger Architektur des 18. Jahrhunderts – »Sonnin-Barock« – zu denjenigen Entwürfen, mit denen Erbe eine ortstypische Bautradition im öffentlichen Hochbau zu begründen versuchte. Das zwar freistehende, aber vor 1943 von der dichten Etagenhausbebauung Eilbeks bedrängte Gebäude hat den Feuersturm nur überstanden, weil es den von den Flammen eingeschlossenen Anwohnern instinktiv als Fluchtpunkt diente, die dann vereint brennende Akten und Möbel vom Dachboden warfen. Auf diese Weise haben vermutlich nicht wenige öffentliche Gebäude die Luftangriffe überstanden. Auch die benachbarte Friedenskirche von Johannes Otzen (1883–85) bewahrt noch die Erinnerung an das völlig zerstörte Viertel, wenn sie auch beim Wiederaufbau stark verändert wurde.

B 58 Evangelisch-lutherische Kirche St. Simeon
Sievekingsallee 12, Hamm-Nord
Architekten: Friedhelm Grundmann und Herbert Kuhn; Mitarbeiter: Friedhelm Zeuner
1964 W, 1965/66
Das Gemeindezentrum – einer der bemerkenswertesten Sakralbauten in Hamburg nach dem Zweiten Weltkrieg – kombiniert die weißen Gebäudekuben der rationalistischen Vorkriegsmoderne mit Motiven aus der brutalistische Architektursprache Le Corbusiers. So lassen Lösungen wie der Wasserspeier, der sich in einen Zylinder ergießt, oder die Deckenbalken mit den dazwischenliegenden Oberlichtern – alle drei in schalungsrauhem Sichtbeton – unweigerlich an Entwürfe wie das Kloster La Tourette des französischen Architekten denken. Und auch der Innenraum strahlt durch das hochliegende Fensterband und den neutralen Zusammenklang von weißgeschlämmtem Mauerwerk und grauen Betongliedern klösterliche Abgeschiedenheit aus. Dabei hat Friedhelm Grundmann auch hier wieder, wie bei den meisten seiner Kirchen, eng mit dem Bildhauer Hans Kock zusammengearbeitet. Das Gemeindezentrum ist unvollständig geblieben. Der Bauabschnitt, der den Vorplatz ursprünglich nach Osten hin abschließen sollte, wurde nicht realisiert.

B 59 Villa
Jordanstraße 13, Hamm-Nord
Um 1890
Mit ausgedehnten Stadthausgebieten und Gruppen von repräsentativen Einzelvillen – so vor allem um die beiden herrschaftlichen Anwesen Thörls Park und Ohlendorffs Park beiderseits des Sievekingdamms – charakterisierte sich Hamm-Nord vor dem Zweiten Weltkrieg in weiten Bereichen als gutbürgerliches Viertel. Hiervon sind seit dem »Feuersturmangriff« am 28. Juli 1943 jedoch nur noch Relikte erhalten, wie die italianisierende Villa an der Jordanstraße, die durch ihre elegante Gliederung im Renaissancestil auffällt.

B 60 Ehem. Kirchenpauer-Gymnasium
Hammer Steindamm 129, Hamm-Nord
Architekten: Bomhoff & Schöne
1928/29
Eines der wenigen Schulgebäude, die nicht von Fritz Schumacher entworfen wurden, was sich nicht zuletzt an der kompromißloseren Umsetzung des gestalterischen Repertoires des Neuen Bauens ablesen läßt. Die nach Südwesten orientierte Hauptfassade ist völlig in Brüstungen aus Klinker und scharrierte Fensterstützen aufgelöst, die durch Gesimse zu Bändern zusammengezogen werden. (Schumacher war dagegen immer bestrebt, seinen Architekturen durch massive Gebäudekanten und flächige Fassadenabschnitte »Fleisch« zu geben.) Die feingliedrigen Fensterrahmen verzichten außerdem auf die für das Hamburger Bauen der 20er Jahre charakteristische Sprossenteilung. Vermutlich stammt der Entwurf von Hermann Schöne, der 1928 Juniorpartner von Heinrich Bomhoff wurde.

B 61 Geschoßwohnbauten Hammer Steindamm/Chateauneufstraße
B 61.1 Geschoßwohnbau
Hammer Steindamm 115–117, Hamm-Nord
Architekt: Heinrich Schöttler
1926/27
B 61.2 Geschoßwohnbau
Chateauneufstraße 7–9, Hamm-Nord
Architekt: Weber
1926/27
B 61.3 Geschoßwohnbau
Chateauneufstraße 11–13, Hamm-Nord
Architekten: Eickmann & Schröder
1927
Die Stadterweiterungsgebiete der 20er Jahre auf der Geest von Hamm waren nicht auf Arbeiter zugeschnitten, sondern auf die kleinbürgerliche Mittelschicht der Angestellten, Beamten und »kleinen« Gewerbetreibenden. Mit rund 80 bis 90 m^2 Fläche lagen die Wohnungen an der Chateauneufstraße 7–9 deutlich über dem Standard z. B. der gleichzeitig errichteten Jarrestadt oder der Dulsberg-Siedlung. Auch die expressionistisch dekorierten Fassaden in Klinker bzw. Putz mit dreieckigen Erkern und Balkonen, spitz zulaufenden Lisenen und Terrakottafriesen spiegeln dieses Anspruchsniveau wider: Chateauneufstraße 11–13 wurde für die »Hamburger Lehrerbaugenossenschaft« errichtet; Baumeisterstolz dokumentiert der plastische Bauschmuck an dem Gebäude Hammer Steindamm 115–117 – auf der rechten Seite Hammer und Maurerkelle, links Lot, Winkel und Zirkel.

B 59 Villa

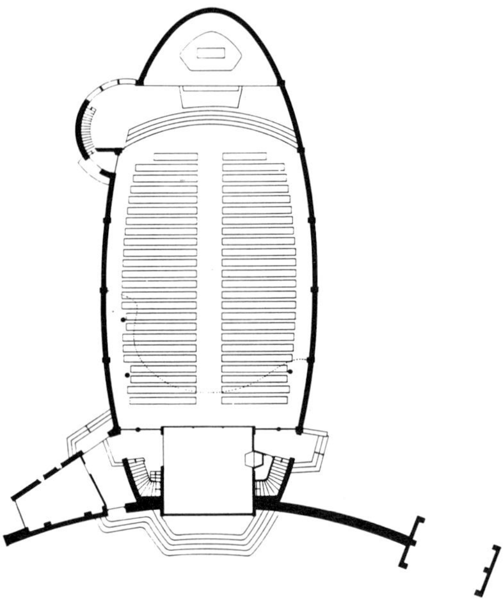

B 64 Evangelisch-lutherische Dreifaltigkeitskirche

B 62 Ehem. Lyzeum
Caspar-Voght-Straße 54, Hamm-Nord
Architekt: Hochbauwesen, Fritz Schumacher
1929–31
Trotz Flachdach und schmuckloser Klinkerarchitektur wirkt die ehemalige Höhere Mädchenschule – heute Ballettzentrum Hamburg John Neumeier – konservativer als die gleichzeitig errichteten Volksschulen. Zu diesem Eindruck tragen nicht nur die Gesimse, Friese und expressionistischen Terrakotten am Eingangspavillon bei, die um 1930 schon nahezu ein Anachronismus waren, sondern auch die gleichmäßig durchfensterten Lochfassaden und die insgesamt schwerfällige Gliederung des Bauwerks.

B 63 Sportgebäude und Parkrestaurant im Hammer Park
Hammer Steindamm 131/Hammer Hof 1, Hamm-Nord
Architekten: Hochbauwesen, Oberbaurat Göbel
1925
Die beiden expressionistisch dekorierten Klinkerpavillons umklammern den Sportplatz im Südwesten des Hammer Parks, der 1914 bis 1920 von Gartendirektor Otto Linne auf dem Gelände eines alten Landsitzes angelegt worden war, und bilden auf diese Weise nicht nur eine stadträumlich wirksame Begrenzung der Parkanlage, sondern auch einen maßstäblichen Übergang von den Geschoßwohnbauten am Hammer Steindamm zu der südöstlich davon gelegenen kleinen Villenkolonie.

B 64 Evangelisch-lutherische Dreifaltigkeitskirche
Horner Weg 17, Hamm-Nord
Architekt: Reinhard Riemerschmid
1954 W, 1956/57
An den Vorgängerbau von 1683, eine ländlich-barocke Saalkirche, 1943 völlig zerstört, erinnern heute nur noch die in einem Grünzug aufgegangenen Reste des ehemaligen Friedhofs (u. a. Grabmal für die Familie Sieveking von Alexis de Chateauneuf, 1828–30). Nach der 1954 fertiggestellten St.-Johannis-Kirche in Harburg war die Hammer Kirche das zweite richtungweisende Sakralbauprojekt der 50er Jahre in Hamburg, das überregionale Bedeutung geltend machen konnte. Der Münchner Reinhard Riemerschmid hatte sich 1954 in einem beschränkten Wettbewerb gegenüber der traditionsverhafteten regionalen Konkurrenz durchgesetzt, die u. a. durch Hopp & Jäger und Friedrich R. Ostermeyer vertreten wurde.

Der Charakter der Außen- wie der Innenarchitektur wird durch Stahlbetonbinder bestimmt, die mit gelbem Backstein ausgefacht sind. Der gelängt-ovale Grundriß des Kirchenschiffs und der spitz zulaufende Turm, beide über eine Schildwand miteinander verbunden, sind als Alpha und Omega zu deuten, nach der Offenbarung Johannis die Symbole für den Anfang und das Ende der Welt. Durch diesen Verweis auf die Erlösungshoffnung angesichts der drohenden Apokalypse gewinnt das Gotteshaus, genauso wie die Erlöserkirche in Borgfelde (vgl. Nr. B 46), den Charakter eines Gedächtnis- und Mahnmals für die Opfer des Bombenkriegs.

B 65 Geschoßwohnbauten
Wackerhagen 2–12/Dobbelersweg/Droopweg, Hamm-Mitte
Architekt: Robert Friedmann
1927/28

Mit bis zu fünf Obergeschossen und der geschlossenen Blockrandbebauung dokumentiert der sachlich gegliederte Klinkerkomplex am Wackerhagen den ursprünglichen Maßstab der Arbeiterviertel in den Marschgebieten von Hamm. Nur die ausgebrannten Geschoßwohnbauten aus der Zwischenkriegszeit wurden nach 1945 wiederhergestellt, sofern es ihr Zustand erlaubte. Die übrigen Ruinen, zumeist von Gebäuden aus der Zeit kurz nach der Jahrhundertwende, wurden dagegen abgeräumt und durch viergeschossige Zeilenbauten und vereinzelte Punkthäuser nach dem Leitbild der stark durchgrünten, »gegliederten und aufgelockerten Stadt« ersetzt.

B 66 Hansaburg

Wendenstraße 493, Hamm-Süd
Architekt: Heinrich Schöttler
1913–15

Ehemaliges Fabrikations- und Verwaltungsgebäude der Papierfabrik Lehmann & Hildebrandt. Trotz der Kriegszerstörungen – u. a. Verlust der Walmdächer – vermittelt sich auch heute noch der repräsentative Anspruch, mit dem der Komplex seinerzeit errichtet wurde. Die Fassaden des Stahlbetonskelettbaus sind wie im Kontorhausbau durchgängig in Pfeiler und Fensterstützen aufgelöst. Auch die qualitätvolle Reformarchitektur in rotem Backstein und die monumentalisierenden Details wie die von zwei Risaliten flankierte Hofeinfahrt – heute vermauert – oder der überhöhte Mittelteil der Hauptfassade, dessen zerstörte Attika ursprünglich den Firmennamen trug, machen den Komplex zu einem der bedeutendsten Beispiele für den Industriebau in Hamburg vor dem Ersten Weltkrieg.

B 67 Ehem. Volksschule Osterbrook

Osterbrook 17–19, Hamm-Süd
Architekt: Hochbauwesen, Fritz Schumacher
1929–31

1928 wurde in Hamburg mit dem Bau einer neuen Generation von Volksschulen begonnen. Das Kennzeichen dieser Bauten, für die ausschließlich Fritz Schumacher verantwortlich zeichnete, sind, neben dem obligatorischen Verblendmauerwerk in dunkelrotem Klinker, Flachdächer, geschoßhoch durchfensterte Treppenhäuser – oft halbrund hervortretend oder die Gebäudekanten akzentuierend – und Fenstergruppen, die durch Betonrahmen oder -gesimse zu Bändern zusammengezogen werden, wobei die gleichmäßige Gliederung der Fassaden nicht selten durch asymmetrisch angefügte Anbauten oder Risalite aufgelockert wird (vgl. auch die Schulen Wendenstraße und Veddel, Nr. B 43 bzw. L 2.2).

Besonderer Wert wurde auf die Ausstattung der neuen Schulen mit Bibliotheken, Räumen für den naturwissenschaftlichen Unterricht und Aulen gelegt, wobei die letztere am Osterbrook über 300 Plätze verfügte und mit Bühne und Kinoeinrichtung auch als kulturelles und soziales Stadtteilzentrum fungierte. Bei aller Modernität im Detail und im Konzept wurde jedoch auch weiterhin an der kompakten Gebäudeform mit bis zu fünf Geschossen und meist zweibündigen Grundrissen festgehalten, die zwar sparsamer waren, in der fortschrittlichen Schulbaudiskussion der Weimarer Republik aber längst als überholt galten. Auch die Koedukation von Jungen und Mädchen war noch längst nicht pädagogischer Standard, wie die nach Geschlechtern getrennten Eingänge belegen. Mit 37 Klassen war die Schule Osterbrook übrigens die zweitgrößte Hamburger Volksschule der 20er Jahre nach derjenigen auf der Veddel.

B 66 Hansaburg
B 67 Ehem. Volksschule Osterbrook

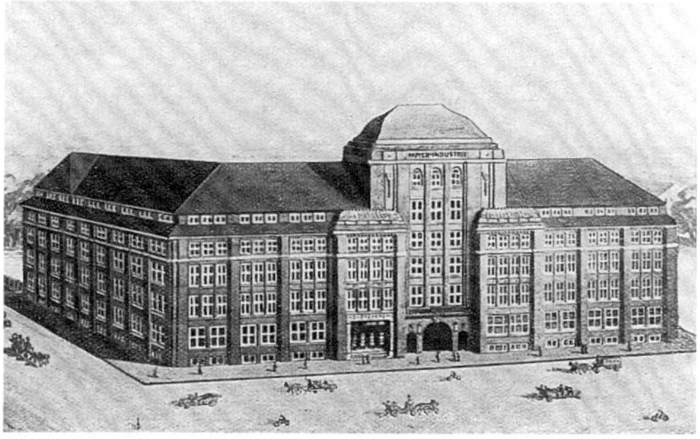

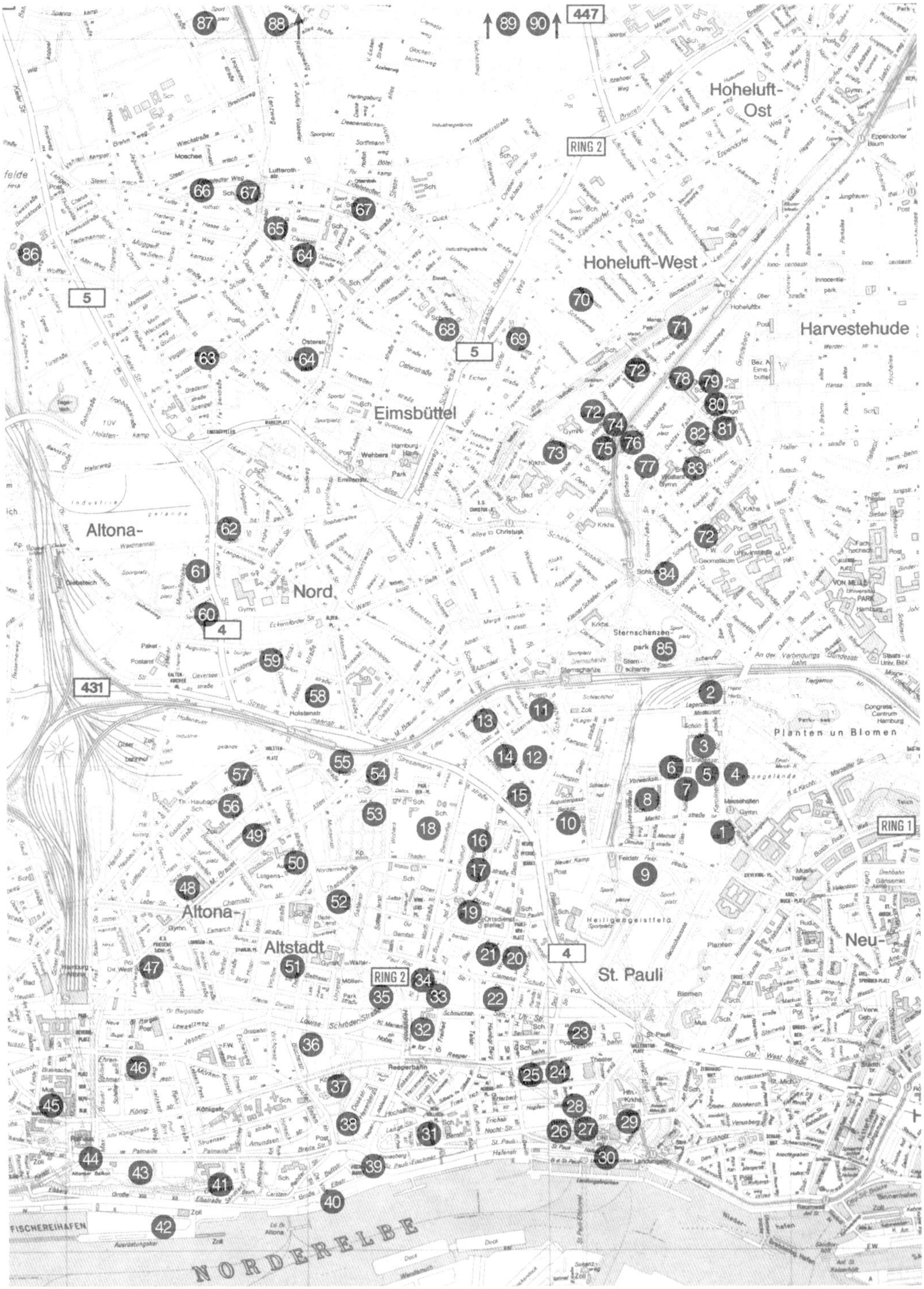
Hoheluft-Ost
Hoheluft-West
Harvestehude
Eimsbüttel
Altona-Nord
Altona-Altstadt
St. Pauli
Neu-
Planten un Blomen
Heiligengeistfeld
Sternschanzenpark
RING 2
RING 1
447
431
5
4
FISCHEREIHAFEN
NORDERELBE

C St. Pauli, Altona, Eimsbüttel, Stellingen und Lokstedt

Im 13. Jahrhundert gelangte der »Hamburger Berg«, der Geestrücken östlich der ehemaligen Pepermölenbek, an Hamburg. Seit 1949 umfaßt St. Pauli außerdem Teile der ehemaligen Altstadt von Altona wie die Große Freiheit oder das Gebiet um die Friedenskirche westlich der Wohlwillstraße. Hier markieren noch heute schmale Bauwiche zwischen den Etagenwohnhäusern die ursprüngliche Landesgrenze zwischen Hamburg und Preußen, die mit dem Groß-Hamburg-Gesetz von 1937 aufgehoben wurde. Dafür wechselte 1949 mit der Gegend um die klassizistische St.-Pauli-Kirche (vgl. Nr. C 31) urhamburgisches Gebiet an den Bezirk Altona – paradoxerweise, denn seit 1833 gilt St. Paulus auch offiziell als Namenspatron des »Hamburger Bergs«. 1830 wie St. Georg zur Vorstadt erhoben, nahm das Viertel ab den 1840er Jahren allmählich Konturen an. Im Zweiten Weltkrieg wurde der Hamburger Teil von St. Pauli mit Ausnahme der Reeperbahn nur gering zerstört. Auch von den unsensiblen Sanierungsmaßnahmen der letzten beiden Jahrzehnte blieb der Stadtteil weitgehend verschont.

Ist St. Pauli in weiten Bereichen noch wohl erhalten, so ist vom historischen Altona, vor 1535 gegründet und 1664 zur Stadt erhoben, nicht einmal mehr der Straßenverlauf nachvollziehbar. Denn beim Wiederaufbau wurden nicht nur die letzten baulichen Zeugnisse abgeräumt, darüber hinaus verschwand auch der größte Teil der Altstadt unter dem Grünzug Holstenstraße: dem Herzstück der Neu-Altona-Planung von Ernst May und Werner Hebebrand. 1640 wurde Altona, das bis dahin zur Grafschaft Pinneberg der Schauenburger Grafen gehört hatte, von dänischen Truppen besetzt und stand de facto bis zum Deutsch-Dänischen Krieg 1864 unter dänischer Herrschaft. 1867 wurde die Stadt preußisch. Wiederholte Eingemeindungen, zuletzt 1927 u. a. Stellingen, bedingten den Aufschwung zur Großstadt. Im Norden schließt das hamburgische Eimsbüttel an, ab den 1860er Jahren ausgebaut und 1943 schwer zerstört, das sich ursprünglich im Besitz des Klosters Harvestehude befand (ab 1339). Die Bebauung im Weichbild der Schlankreye (vgl. Nr. C 71 ff.), z. T. bereits zu Harvestehude gehörend, repräsentiert hier die gesamte Spannweite der Hamburger Backsteinarchitektur seit 1910. (Zu Lokstedt vgl. die Einführung zu Kapitel F.)

C 1 Evangelisch-lutherische Gnadenkirche

Karolinenstraße 8, St. Pauli
Architekt: Fernando Lorenzen
1904 W, 1906/07

Zentralisierender Kirchenbau mit fächerförmig zum Altar ausgerichteten Bankreihen nach den Grundsätzen des sogenannten Wiesbadener Programms von 1891, das für den protestantischen Kirchenbau eine stärkere Orientierung der Gemeinde auf Kanzel und Altar forderte und beispielhaft mit der Wiesbadener Ringkirche

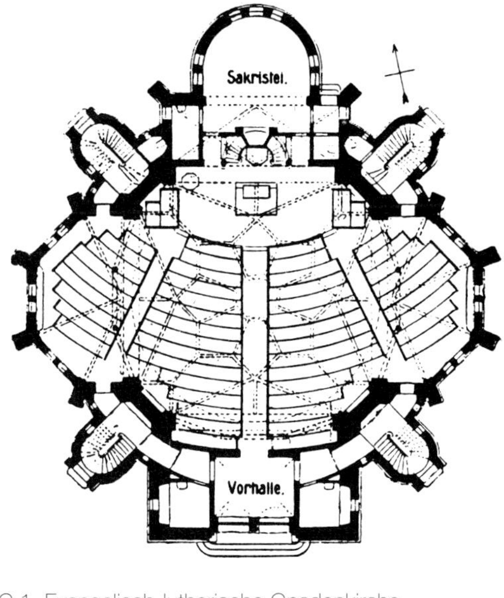

C 1 Evangelisch-lutherische Gnadenkirche

von Johannes Otzen (1894) umgesetzt wurde. Aber auch die 1943 zerstörte Erlöserkirche in Borgfelde von Georg Thielen (1902), mit deren Ausführung Lorenzen nach dem Tode des Architekten beauftragt wurde, bietet sich als naheliegendes Vorbild an. Im auffälligen Kontrast zu der richtungweisenden Grundrißlösung steht die neoromanische Werksteinarchitektur mit rheinisch-staufischen Dekorationsformen, die zur Erbauungszeit nicht nur überholt waren, sondern für Hamburg auch völlig untypisch sind.

C 2 Heinrich-Hertz-Turm

Rentzelstraße, St. Pauli
Architekten: Fritz Trautwein, Rafael Behn, Bauabteilung der Oberpostdirektion Hamburg.
Ingenieure: Leonhardt & Andrä
1962 W, 1965–68

Als »Tele-Michel« mit einer drehbaren Aussichts- und Restaurationskanzel in 127 m Höhe populär geworden, reiht sich das 271,5 m aufragende Bauwerk unter die Nachfolger des eleganten Stuttgarter Fernsehturms von Fritz Leonhardt (1956). Dabei wurde im Gutachterwettbewerb eine ganze Reihe z. T. grotesk futuristisch anmutender Turmlösungen zur Alternative gestellt. Die Bundespost entschloß sich mit dem Beitrag von Fritz Trautwein jedoch für einen betont unspektakulären Entwurf, der sich auch heute noch gut im Stadtbild behauptet – wenn auch der unattraktive Eingangsbereich auf einem Waschbetonsockel zu den weniger geglückten Aspekten der Planung zählt.

C 3 Kopfbau des Kraftwerks Karolinenstraße

Karolinenstraße 45, St. Pauli
Architekten: Albert Winkler (Ursprungsbau). ASW Architekten Silcher, Werner + Partner; Mitarbeiter: Jutta Berger, Torsten Haun, Norbert Redante (Restaurierung und Umbau)
1894/95; Restaurierung und Umbau 1992/93

Von dem ursprünglichen Baubestand des ersten größeren Kraftwerks der 1894 gegründeten HEW (Hamburgischen Electricitäts-Werke AG) ist heute nur noch das Kopfgebäude erhalten, ein neogotischer Bau mit reicher Gliederung aus Formsteinen und Glasurziegeln, für den mit Albert Winkler ein Architekt verantwortlich zeichnete, der sein Wirkungsfeld vor allem in Altona hatte. 1993 wurde das Gebäude für Bürozwekke der HEW umgebaut.

C 4 Ehem. Israelitische Töchterschule

Karolinenstraße 35, St. Pauli
Architekten: Peter von der Heyde (Schule). Ernst Friedheim (Turnhalle)
Schule 1882–84; Turnhalle 1899

Ursprünglich aus der Zusammenlegung zweier Schulen für Mädchen aus armen jüdischen Familien hervorgegangen, wurde die Israelitische Töchterschule 1930 staatlicherseits als Realschule für Mädchen anerkannt. Hier standen schon vor dem Ersten Weltkrieg, abweichend von dem üblichen Hamburger Volksschulstandard, Lehrräume für Physik, Chemie und Hauswirtschaftsunterricht sowie ein Zeichensaal zur Verfügung. Der schlichte gelbe Backsteinrohbau, im Vergleich mit anderen zeitgenössischen Hamburger Schulbauten sonst nicht weiter auffällig, dokumentiert jedoch nicht nur die jüdischen Bildungs- und Emanzipationsbestrebungen, sondern erinnert auch an die Verbrechen der NS-Zeit. Nach 1933 erhielt die Schule immer stärkeren Zulauf durch jüdische Mädchen, die vordem staatliche Schulen besucht hatten. Im April 1939 wurde sie mit der aufgelösten Talmud-Tora-Oberrealschule zusammengelegt (vgl. Nr. D 22). Am 30. Juni 1942 wurde die »Volks- und Oberschule für Juden«, wie sie sich nun nennen mußte, auf Weisung des Reichsstatthalters geschlossen. Die verbliebenen Lehrer und Schüler wurden in die Ghettos oder Vernichtungslager deportiert.

C 5 Ehem. Volksschule Grabenstraße

Grabenstraße 32, St. Pauli
Architekt: Hochbauwesen der Baudeputation
1889

Eingezwängt zwischen Gewerbebetrieben und Geschoßwohnbauten ist das Schulgebäude nicht nur ein beredtes Zeugnis für den spekulativen Städtebau der Gründerzeit, sondern auch für die Ignoranz, die damals dem Bedürfnis der Schüler nach einer kindgerechten Umwelt entgegengebracht wurde: Der Pausenhof wird nach Süden hin von einem hohen Fabrikriegel verschattet. Dabei ist die prosaische Rohbauarchitektur des Schulgebäudes, sparsam akzentuiert durch Gesimse und Portale in Werkstein, Terrakotten und Schmuckkacheln, durchaus nicht ohne Reiz, wie nach einer Reinigung der orangefarbenen Fassaden deutlich wurde.

C 5 Ehem. Volksschule Grabenstraße

C 6 Ehem. Fabrikgebäude Heidenreich & Harbeck

C 6 Ehem. Fabrikgebäude Heidenreich & Harbeck

Glashüttenstraße 38, St. Pauli
Um 1908

Nicht nur in konstruktiver Hinsicht – es handelt sich um einen Eisenbetonskelettbau –, auch architektonisch erinnert die ehemalige Werkzeugmaschinenfabrik an ein Kontorhaus. Die roten Backsteinfassaden sind in ein Skelett von markant profilierten Pfeilern aufgelöst, die von Korbbögen überfangen werden. Dabei verzichtet der Bau auf gotisierende Anklänge, wie sie zu dieser Zeit noch im Gewerbebau üblich waren, zugunsten einer sachlichen, ganz aus den konstruktiven Merkmalen entwickelten Architektur.

C 7 Mietfabrik

Glashüttenstraße 79, St. Pauli
Architekt: Claus Meyer
1907/08

Konventioneller Gewerbebau mit großzügig durchfensterten Backsteinfassaden, die durch Putzspiegel belebt werden. Schon ein Blick in die unmittelbare Nachbarschaft macht deutlich – vgl. das Fabrikgebäude Heidenreich & Harbeck, Glashüttenstraße 38 –, daß der Entwurf hinter die gestalterischen Möglichkeiten seiner Zeit zurückfällt.

C 8 Ehem. Vorwerk-Stift

Vorwerkstraße 21, St. Pauli
Architekten: Anastasius Henning Harrwich (Umbau)
1866/67; Umbau 1985–88

Das 1866 von Friedrich Georg Vorwerk gegründete Stift, auch Vorwerk-Asyl genannt, nahm bedürftige Angehörige der Unterschichten wie Dienstboten oder Wäscherinnen auf. Gelbe Gliederungen und rote Füllflächen charakterisieren die schlichte, aber kraftvolle Rohbauarchitektur des kompakten Gebäudes. Seit 1988 dient der Bau als selbstverwaltetes Wohn- und Atelierhaus für KünstlerInnen der unterschiedlichsten Sparten (Künstlerhaus); Baubetreuer war wiederum eine Stiftung, diesmal von der Patriotischen Gesellschaft getragen.

C 9 Flakturm auf dem Heiligengeistfeld

Feldstraße, St. Pauli
Architekt: Reichsministerium für Bewaffnung und Munition, Abteilung Rüstungsausbau; Entwurf: vermutlich Friedrich Tamms
1942

Der Bunker (heute Hochhaus 1) diente nicht nur als Schutzraum für die Zivilbevölkerung, sondern auch als Gefechtsturm für Flugabwehrkanonen (Flak). Der 47 m hohe Betonkoloß bedeckt eine Fläche von 70,5 x 70,5 m bei einer Wandstärke von 2,5 m und einer Deckenstärke von 3,5 m. Er sollte ursprünglich historisierend verkleidet werden mit »wehrhaftem« Rustikasockel und Gesimsen. Sein etwas kleineres Gegenstück war der in den 70er Jahren beseitigte Leitturm auf der Südseite des Heiligengeistfeldes mit einer Grundfläche von 23 x 50 m, beide zusammen als »Flakturm IV Hamburg« bezeichnet.

C 10 Terrassen und Passagen zwischen Sternstraße und Neuem Pferdemarkt
C 10.1 Zollischeck-Terrasse

Sternstraße 27–29, St. Pauli
Architekt: G. H. F. Zollischeck
1867

Die Terrassen und Wohnhöfe an der Sternstraße 7–29, wohl alle zwischen 1865 und 1867 nach Ent-

C 9 Flakturm auf dem Heiligengeistfeld

würfen des Baumeisters Zollischeck erbaut, sind wichtige Dokumente der Aufschließung St. Paulis nach der Aufhebung der Torsperre 1860/61. Dabei ist besonders die Zollischeck-Terrasse hervorzuheben, die trotz des eingebüßten Vorderhauses noch weitgehend den Zustand der Erbauungszeit erkennen läßt mit nach außen aufschlagenden Fenstern, ehemaligen Gaslaternen und den in Dreiergruppen angeordneten Eingangstüren, wie sie ursprünglich für die Sahlhäuser der »Gängeviertel« typisch waren (vgl. Nr. A 111.1), d. h. auch hier verfügen die beiden Erdgeschoßwohnungen noch jeweils über einen eigenen Eingang, während die mittlere Tür in die Obergeschosse führt.

C 10.2 Beckpassage
Beckstraße 8–20, 9–21/Neuer Pferdemarkt 17–19, St. Pauli
1898/99
Die Beckstraße, 1869 von der Sternstraße aus als privater Stichweg in das Blockinnere angelegt und 1898 zum Neuen Pferdemarkt verlängert, weist zwar den typischen Querschnitt einer Terrasse auf, die Einmündungen durften aufgrund des Bebauungsplangesetzes von 1892 jedoch nicht mehr überbaut werden, so daß die Anlage strenggenommen als Privatstraße zu charakterisieren ist. Bemerkenswert ist die repräsentative Architektur der Bauten, an denen sich das dialektische Verhältnis von Vorder- und Rückseite ablesen läßt: Zeigen die Etagenwohnhäuser am Neuen Pferdemarkt »herrschaftlichen« Stuckdekor in opulenter wilhelminischer Neorenaissance, so bescheidet sich die rückwärtige Bebauung an der Beckstraße mit Backsteingliederungen.

C 10.3 Augustenpassage
Augustenpassage, St. Pauli
Architekten: Meyer + Fleckenstein; Mitarbeiter: Iris Hanappel, Susanne Heinz, Cord Möller-Ewerbeck (Modernisierung und Umbau)
Um 1870; Modernisierung und Umbau 1988, 1991–93
Spätklassizistisches Putzensemble, dessen Reiz in der seriellen Reihung der Fassadenmotive liegt, die z. T. mit Blindfenstern fortgesetzt wird. Augustenpassage 4–6 wurde von Meyer + Fleckenstein modernisiert, wobei der angrenzende, viergeschossige Speicher zu einem Kindertagesheim im »Dekon-Look« (Dekonstruktivismus) umgebaut wurde.

C 11 Ehem. Fabrikgebäude Ferdinand Müller

C 11.1 Tritonhaus
Schanzenstraße 75–77, St. Pauli
Architekt: Carl Feindt
1906

C 11.2 Delphinhaus
Bartelsstraße 12, St. Pauli
Architekt: Claus Meyer
1907
Der Schanzenhof, besser als Montblanc-Haus bekannt, war ursprünglich eine Fabrik für Armaturen und sanitäre Einrichtungen und wechselte erst später an den renommierten Hersteller von Schreibgeräten. Beherrschendes Motiv sind die Skelettfassaden der straßenseitigen Trakte, die die beiden Innenhöfe mit dem Ursprungsbau von 1897 abschirmen. Nicht nur der Verwaltungsbau an der Schanzenstraße ordnet sich mit seiner kraftvollen Pfeilerstruktur dem Kontorhausschema unter, auch das Produktionsgebäude an der Bartelsstraße zeigt einen gleichmäßigen Raster aus Stützen und Brüstungen. Weder historisierende Reminiszenzen noch gefällige Gliederungsmotive verwischen hier die kompromißlose »Gerippearchitektur«. 1989 bis 1992 wurde der Komplex zu einem Zentrum für Stadtteilinitiativen mit Kino, Hotel und Gastronomiebetrieb umgebaut (Architekten Planerkollektiv).

C 12 Ehem. »Boardinghouse des Westens«
Schulterblatt 36, St. Pauli
Architekten: Klophaus, Schoch, zu Putlitz
1930/31
Das ungewöhnliche Motiv des turmartigen Erkers ergab sich aus der spitzwinkligen Form des Grundstücks, die der Grenze zwischen Hamburg und Altona folgte. Die für ein Wohnhaus untypische Architektur ist das Ergebnis mehrerer Umplanungen infolge der Weltwirtschaftskrise. Ursprünglich wohl als Bürogebäude konzipiert, wie eine Entwurfsvariante der Architekten mit Fensterbändern belegt, wurde der Komplex 1931 als komfortables Wohnheim mit hotelartigem Service für Künstler und Artisten fertiggestellt, die in den benachbarten Vergnügungsstätten von St. Pauli und Altona gastierten. 1933 erfolgte die Umwandlung in ein normales Miethaus.

C 13 Geschoßwohnbauten
Juliusstraße 20–22, Altona-Nord
Architekten: Ohrt, von Seggern mit Roswitha Düsterhöft und Rudolf Rüschoff
1990 W, 1990–92
Der Abriß des Flora-Theaters von 1890 – ursprünglich als Vorleistung für den Bau eines Musical-Theaters gedacht, das wegen massiver Anwohnerproteste dann aber an anderer Stelle errichtet werden mußte (vgl. Nr. C 58) –, schuf in dem dicht bebauten Viertel Raum für eine öffentliche Grünanlage (Gestaltung EGL, Victoria de Haen). Die beiden signifikanten Geschoßwohnbauten an der Juliusstraße bilden hierzu ein stadträumlich wirksames Entree. Offen ist noch das Schicksal des erhaltenen Flora-Kopfbaus.

C 14 Wohn- und Gewerbekomplex Lippmannstraße
Lippmannstraße 2–22, St. Pauli
Architekten: MRL Architekten BDA Markovic, Ronai, Lütjen.Voss; Mitarbeiter: Ulrike Busch, Peter Resch
1989, 1990–93
Die komplexe Ausgangssituation: Zwei bestehende Gewerbebauten – einer aus den 1880er Jahren, einer mit der Waschbetonoptik der 70er – und drei gründerzeitliche Geschoßwohnbauten bildeten ein amorphes und ungeordnetes Ensemble; der Hof wurde zudem

C 14 Wohn- und Gewerbekomplex Lippmannstraße

von einem Autohändler als Abstellplatz genutzt. Die Lösung: Der Hofbereich wurde mehrgeschossig unterkellert, um oberirdisch Platz für »Gartenhäuser« zu schaffen; eine Baulückenfüllung und die Aufstockung und Neugestaltung des unattraktiven Gewerbebaus sorgten an der Straßenseite für ein stimmiges Gesamtbild. Besonders bemerkenswert: Die sensible Gestaltung der Grünanlagen (Uwe Isterling) und Hauszugänge im Innenhof, wo jede Erdgeschoßwohnung über einen eigenen Eingang verfügt. Kaum zu glauben: Die ansprechende Architektur mit den kecken Balkonnasen wurde im Rahmen des sozialen Wohnungsbaus errichtet.

C 15 Wohn- und Geschäftshaus

Stresemannstraße 15, St. Pauli
Architekten: MRL Architekten BDA Markovic, Ronai, Lütjen, Voss; Mitarbeiter: Peter Resch, Bianca Hölscher, Karen Uffrecht
1989, 1993/94
Lärmschutzerker kennzeichnen den ausdrucksvoll gestaffelten Baukörper mit einem Autosalon im Erdgeschoß, dessen demonstrative Transparenz auf die enge Hinterhofsituation reagiert.

C 16 Wohnmodell der Grauen Panther e. V.

Lerchenstraße 37, St. Pauli
Architekten: nps Architekten BDA Nietz, Prasch, Sigl; Mitarbeiter: Nils v. Kuenheim (Umbau und Erweiterung)
Ursprungsbau um 1910; Umbau und Erweiterung 1984, 1985/86
Das »Pantherhaus« umfaßt acht Wohneinheiten sowie einen 120 m^2 großen Bereich mit Versammlungs- und Beratungsräumen des Seniorenvereins. Bei der Belegung wurde Wert auf eine Mischung von alten und jüngeren Bewohnern gelegt. Anspruch des Wohnmodells ist es, die Barrieren zwischen den Generationen zu überwinden und den Alltag und die Freizeit ein Stück weit gemeinsam zu gestalten. Jeder Mieter hat dabei aber auch die Möglichkeit, sich ungestört in seine eigenen vier Wände zurückzuziehen.

C 17 Wohnanlage Schilleroper

Schmidt-Rottluff-Weg/Lerchenstieg/Thadenstraße, St. Pauli
Architekten: Rob Krier. Planungsgruppe me di um Jentz, Popp, Störmer, Wiesner, Zimmermann. nps Architekten BDA Nietz, Prasch, Sigl (städtebauliche Gutachten). Busack & Göb. Planum. Sonnenschein & Balck. Stabenow & Siemonsen (Bebauung)
Bebauungsplan 1981, 1986–89
Viergeschossige Wohnanlage entlang einer verkehrsberuhigten Wohnstraße, deren Point de vue die Friedenskirche bildet. Klare Raumgrenzen und Achsensymmetrien sowie die Betonung der Kreuzung Thadenstraße durch turmartige Eckrisalite verdeutlichen die Abkehr von dem verschachtelten Layout, mit dem in den 70er Jahren »Urbanität durch Dichte« suggeriert wurde. Der behördliche Bebauungsplan verwässerte zwei städtebauliche Gutachten von 1977 für das gesamte Gebiet zwischen Reventlowstift (vgl. Nr. C 18) und Neuem Pferdemarkt, wobei vor allem Rob Krier (zusammen mit me di um) neuartige Ansätze entwickelt hatte. Das Endergebnis stellt allerdings kaum mehr als ein spießiges Wohnidyll mit Mietergärtchen vor Giebelkulisse dar, aus dem sich nur der Entwurf von Busack & Göb (Schmidt-Rottluff-Weg 11–27) positiv hervorhebt. Der häßliche und überdies ortsfremde orangegelbe Verblender ist übrigens ein untrügliches Kennzeichen für Bauten der städtischen Wohnungsbaugesellschaft SAGA.

C 18 Reventlowstift

Bernstorffstraße 145a–v/Thadenstraße 118, Altona-Altstadt
Architekten: Albert Winkler (Ursprungsbauten). Planungsgruppe me di um Jentz, Popp, Störmer, Wiesner; Mitarbeiter: Barbara Sturmhöwel, Angelika Scholz, Mehrzad Mohazab, Barbara Jentz-Koska, W. Thomas, Martin Stroh (Erweiterung)
1882/83; Teilzerstörung 1943; Erweiterung 1979, 1983–86
Die Anlage von 1883 im Osten des Geländes, ursprünglich ein Komplex aus fünf Wohngebäuden sowie einer Stiftskapelle mit Pastorat, die sich um einen gemeinsamen Hof gruppierten, und eine spätere Erweiterung nach Westen sind seit den Kriegszerstörun-

C 18 Reventlowstift

gen nur noch als Torso überliefert. Mit den Neubauten der 80er Jahre wurde der ursprüngliche Charakter der Anlage wiederhergestellt. Zweigeschossige kompakte Pavillons mit Pyramidendächern schließen die aufgebrochene Einfassung der Wohnhöfe. Sichtmauerwerk, rote Dachziegel und die filigranen Metallprofile der gläsernen Treppenhäuser korrespondieren kongenial mit der ebenfalls auf Materialökonomie bedachten historischen Backsteinarchitektur im Sinne der »Hannoverschen Schule«. Eine wesentliche Ergänzung fand das Stift durch das Pflegeheim an der Thadenstraße, das mit seiner nervösen Vielgliedrigkeit leider die Zurückhaltung der Wohnpavillons missen läßt.

C 19 Evangelisch-lutherische Friedenskirche

Otzenstraße 19, St. Pauli
Architekt: Johannes Otzen
1893–95; Zerstörung 1943; Wiederaufbau 1953

Die Friedenskirche, vor der Reform der Verwaltungsgrenzen 1949 zu den gründerzeitlichen Stadterweiterungsgebieten von Altona gehörend, stellt ein weiteres typisches Beispiel für den Einfluß der »Hannoverschen Schule« auf den Sakralbau im Hamburger Raum dar. Wie schon zehn Jahre zuvor St. Gertrud in Hohenfelde, ebenfalls von Otzen (vgl. Nr E 5), als Wandpfeilerkirche errichtet, wenn auch mit kürzerem Langhaus und stärker zentralisierender Tendenz, geriet der Altonaer Bau aus Kostengründen doch weitaus weniger malerisch im Außenbau. Auch die ursprünglich maßwerkartig gefüllten, heute jedoch bis auf schmale Lanzetten vermauerten Öffnungen der Lang- und Querhausfenster verleihen der Kirche ein schwerfälliges Erscheinungsbild.

C 20 Jägerpassage

Wohlwillstraße 20–28, St. Pauli
Architekten: Timmermann & Schrader
1866; Erweiterung 1870; Teilabbruch 1982

Ein weiteres Dokument für die Stadtentwicklung in den 1860er Jahren stellen die beiden Terrassen an der Ostseite der Wohlwillstraße dar, unter denen die Jägerpassage schon allein durch ihre rotgelbe Rohbauarchitektur auffällt. Bauherr war die Bau-Gesellschaft von 1866, die von renommierten Mitgliedern der Patriotischen Gesellschaft gegründet worden war und einen Beitrag zur Verbesserung der Wohnsituation der Unterschichten leisten wollte: Zweispänner mit Querlüftung, innerhalb der Wohnungen liegende Wasserklosetts und direkt belichtete Treppenhäuser markieren hier denn auch einen Standard, den der Hamburger Massenwohnungsbau z. T. erst in der Weimarer Republik erreichte. Dabei sollte jedes der drei Zimmer vom Flur aus zugänglich sein, um auch Arbeiterhaushalten die von den bürgerlichen Bauherren gewünschte räumliche Trennung der Familienmitglieder nach Geschlecht und Generationszugehörigkeit zu ermöglichen. Die Nordzeile – bis zum Abbruch der ursprünglichen Nordzeile 1982 die mittlere der ehemals drei Zeilen – wurde 1870 dagegen wieder als Vierspänner mit nur zwei Zimmern pro Einheit errichtet, weil sich gezeigt hatte, daß die Wohnungen für Normalverdiener kaum erschwinglich waren.

C 21 Wohlwillterrassen

Wohlwillstraße 7–23, St. Pauli
Architekten: J. H. L. Tiedemann (Ursprungsbauten). Ina und Dietrich Hassenstein in der Gruppe ASK und Architekturbüro Streb (Umbau)
1874; Teilabbruch 1982; Umbau 1990/91

Mit der Herabzonung der Terrassenbebauung auf drei Geschosse und dem Verzicht auf Kellerwohnungen entsprachen die Wohlwillterrassen den Baurichtlinien, die die Stadt bei der Vergabe von günstigen Grundstücken für den Kleinwohnungsbau ab 1873 zur Auflage machte. Putzfassaden mit Renaissancedekor, ein Entwurf des Maurermeisters Tiedemann, machen den Unterschied zum bürgerlichen Etagenwohnungsbau dabei jedoch weniger augenfällig als bei der Jägerpassage. Fiel auch hier die erste Terrasse – Wohlwill-

C 20 Jägerpassage

C 22 Ehem. Israelitisches Krankenhaus

straße 21 – zu Beginn der 80er Jahre dem Leitbild der Blockentkernung zum Opfer, so konnten weitere Abbrüche 1989 – Wohlwillstraße 15 – buchstäblich in letzter Minute durch den Denkmalschutz verhindert werden, was zur Konsequenz hatte, daß die bereits demolierten Zeilen wiederhergestellt werden mußten.

C 22 Ehem. Israelitisches Krankenhaus
Simon-von-Utrecht-Straße 4a–f, St. Pauli
Architekten: Johann Hinrich Klees-Wülbern; Mitarbeiter: Julius Theodor Hardorff (Ursprungsbau). Ernst Friedheim (Umbau und Pavillonbauten). Distel & Grubitz (Neubau der chirurgischen Station und Umbauten). Alfred Freudemann (Wiederaufbau). Karres–Hartmeyer–Dreyer (Restaurierung)
1840, 1841–43; Umbau und Pavillonbauten 1901–04; Neubau der chirurgischen Station und Umbauten 1929–31; Zerstörung 1943; Wiederaufbau ab 1947; Restaurierung 1987–90

Das Israelitische Krankenhaus, 1839 von Salomon Heine zum Gedenken an seine Frau Betty gestiftet, konnte 80 bis 100 jüdische, aber auch christliche Patienten aufnehmen. Mit Wasserklosetts, die den Krankensälen direkt zugeordnet waren, und einem ausgeklügelten Entlüftungssystem war das Gebäude für seine Zeit als fortschrittlich zu charakterisieren. Wiederholte Umbauten und Erweiterungen – u. a. der bemerkenswerte Eingangspavillon von 1930 und der Neubau der chirurgischen Station an der Hein-Hoyer-Straße, beide Distel & Grubitz – gewährleisteten, daß es auch noch im 20. Jahrhundert seinen ursprünglichen Zweck erfüllen konnte, bis es 1939 der Stadt Hamburg übergeben werden mußte. Im selben Jahr wurde auch die Synagoge im ersten Obergeschoß des Mittelrisalits zerstört, wobei die Frauenempore hinter einer Zwischendecke verschwand, die erst 50 Jahre später wieder beseitigt wurde.

Der langgestreckte Putzbau stellt mit seiner Lisenengliederung, den Rundbogenfriesen und dem sparsamem Fugenschnitt ein charakteristisches Beispiel für den »Rundbogenstil« der Gärtner-Schule dar. Der aktuelle Zustand ist das Ergebnis des Wiederaufbaus, bei dem das ehemals stattliche Gebäude seine gedrückten Proportionen erhielt, weil auf die Wiederherstellung der Doppelgiebel auf den Seitenrisaliten und der Drempel verzichtet wurde. Lediglich die nach dem Zweiten Weltkrieg gerade vermauerten Rundbogenöffnungen der Fassade und die schon 1939 zerstörten Zwillingsfenster und Oculi des Synagogenraums wurden in den 80er Jahren rekonstruiert, nicht zuletzt, um die ehemals sakrale Bedeutung des Gebäudezentrums wieder in Erinnerung zu rufen (heute Ausstellungs- und Veranstaltungsraum). Die übrigen Räume sind in Büros für die Sozialbehörde aufgeteilt.

C 23 Schulen Seilerstraße
C 23.1 Ehem. Volksschule
Seilerstraße 41–43, St. Pauli
Architekt: Hochbauwesen der Baudeputation
1887/88
C 23.2 Ehem. evangelisch-reformierte Realschule
Seilerstraße 42, St. Pauli
Architekten: Hallier & Fitschen
1885/86

Die Namen Reeperbahn und Seilerstraße verweisen auf ein seit 1626 in St. Pauli ansässiges Gewerbe. 1883 wurden die langgestreckten Bahnen nördlich der Reeperbahn, auf denen Schiffstaue – »Reepe« – gezogen wurden, geräumt und für eine repräsentative Bebauung mit Etagenwohnhäusern parzelliert. Außerdem fanden hier zwei Schulen Platz, die den teuren innerstädtischen Grund mit vier Geschossen und zweibündigen Grundrissen intensiv ausnutzten, was für den Hamburger Volksschulbau vor dem Ersten Weltkrieg aber auch allgemein charakteristisch ist, ebenso der Verzicht auf Aulen und andere Sonderräume. Stellt die Volksschule mit ihrer ganz aus dem Material entwickelten, schlichten Backsteinarchitektur ein weiteres typisches Beispiel für den öffentlichen Hochbau unter Baudirektor Zimmermann dar, so hebt sich die Realschule zumindest durch Werksteingliederungen im italienischen Renaissancestil von diesem prosaischen Gegenüber ab.

C 24 Theater am Spielbudenplatz
C 24.1 Schmidts Tivoli
Spielbudenplatz 27–28, St. Pauli
Architekten: Bahre & Querfeld
1890; Umbau 20er Jahre; Restaurierung 1991
C 24.2 St.-Pauli-Theater
Spielbudenplatz 29–30, St. Pauli
Architekt: Franz Jacobssen (Umgestaltung)
1840/41; Umgestaltung 1898

Eine besondere denkmalpflegerische Trouvaille stellt »Schmidts Tivoli« dar, das noch vor ein paar Jahren unter dem Namen »Zillertal« krachlederne Rustikalität versprach. Der Alpendekor aus den 20er Jahren bildete zwar ebenfalls schon einen schützenswerten Bestand, wurde dann aber doch entfernt, weil sich darunter die weitaus attraktiveren Wandbilder von 1890 verbargen. Auch mit dem St.-Pauli-Theater ist noch eine historische Saalarchitektur überliefert, nämlich das 1841 eröffnete Urania-Theater, das gegen Ende des 19. Jahrhunderts seine heutige Neorenaissancefassade erhielt. Ihr repräsentativer Anspruch macht deutlich, daß die Vergnügungsstätten auf der Reeperbahn durchaus auch gutbürgerliche Schichten ansprechen wollten – bis das Klischee von der »sündigsten Meile der Welt« immer stärker zu einem Niedergang der traditionellen Unterhaltungskultur führte.

C 25 Davidwache

Spielbudenplatz 31, St. Pauli
Architekt: Hochbauwesen, Fritz Schumacher
1913/14

Der Bürgerhausgiebel und die dunklen Klinkerfassaden, akzentuiert durch Erker, die mit glasierten Terrakotten, z. B. Köpfe von römischen Legionären (Richard Kuöhl), geschmückt sind, machen die legendäre Polizeiwache noch heute zu einem Fremdkörper am Spielbudenplatz. Die klar umrissene Gebäudeform mit dem voll ausgebildeten Dach läßt kaum vermuten, daß es Schumacher hier gelungen ist, ein überaus komplexes Raumprogramm in den Baukörper zu integrieren, nämlich neben Diensträumen für die Wache selbst auch noch eine Dienststelle der Kriminalpolizei, eine Meldestelle und einen sittenpolizeilichen Untersuchungsdienst, die zudem noch über separate Eingänge und Treppenaufgänge verfügen mußten, ebenso wie die beiden Dienstwohnungen im Dachgeschoß.

C 25 Davidwache

C 26 Bernhard-Nocht-Institut für Tropenmedizin

Bernhard-Nocht-Straße 74, St. Pauli
Architekten: Hochbauwesen, Fritz Schumacher (Ursprungsbau). E. Richter und G. Walter mit Hochbauamt (Wiederaufbau und Erweiterung)
1909, 1910–14; Zerstörung 1944; Wiederaufbau und Erweiterung bis 1967

Der traditionalistische Backsteinkomplex, als Heil- und Kontrollanstalt für Schiffs-, Geschlechts- und Tropenkrankheiten sowie als Ausbildungsstätte für Schiffs- und Kolonialärzte errichtet, bildet den Auftakt einer Reihe öffentlicher Gebäude mit hafenbezogener Nutzung, die den Geesthang von St. Pauli stadtbildwirksam überhöhen. Die Gesamtanlage gliedert sich, von Westen nach Osten gesehen, in das ehemalige Tierhaus für medizinische Experimente – beim Wiederaufbau stark verändert –, das Hauptgebäude mit Verwaltung, hafenärztlichem Dienst, Laboratorien und Dienstwohnungen und das ehemals baulich isolierte Krankenhaus. Die Nachkriegszeit brachte nicht nur eine nachteilige Veränderung der Dachzone des Hauptbaus, sondern auch entstellende Anbauten.

C 27 Ehem. Navigationsschule

Bernhard-Nocht-Straße 76, St. Pauli
Architekt: Hochbauwesen, Albert Erbe
1902, 1904/05

Die zweite traditionsreiche Institution mit Bezug zu Hafen und Schiffahrt auf der Geestkante von St. Pauli war die staatliche Navigationsschule – heute Bundesamt für Seeschiffahrt und Hydrographie –, 1749 gegründet und 1946 nach Altona verlegt. Albert Erbe wählte hierfür die niederländische Renaissance mit ihren charaktistischen Bänderungen aus Sandstein als Vorbild, die wohl merkantile Assoziationen erwecken sollte, was nicht nur die Kartuschen mit den Namen berühmter Entdecker bzw. Geographen und Kartographen an den Fassaden nahelegen, sondern auch seine eigene Interpretation der Architektur als »Formen Alt-Hamburger Bauten«.

C 28 Logistikhalle der Bavaria-St.-Pauli-Brauerei-AG

Hopfenstraße 15/Bernhard-Nocht-Straße, St. Pauli
Architekten: ASW Silcher, Werner + Partner;
Mitarbeiter: Torsten Haun, Renate Lindemann, Bernd Leusmann, Klaus Mensiga
1991/92

Um den umfangreichen Hallenbau in sein Umfeld zu integrieren, betrieben die Architekten eine nicht ganz schlüssige Mimikri. Denn hinter den mit Klinker ausgefachten, schlanken Stahlprofilen, ein gelungenes Zitat der historischen Gewerbearchitektur, verbirgt sich nicht etwa eine Stahlbinderkonstruktion, sondern ein Stahlbetonskelettbau. Ein Stützenabstand von 13,9 m bei Unterzügen von 2 m Stärke gewährleistet ausreichend Rangierraum für die Gabelstapler und LKWs. Das Obergeschoß nimmt das Leergut auf. Hier kommt die tragende Rolle – im wahren Sinne des

C 26 Bernhard Nocht-Institut für Tropenmedizin (Aufnahme aus den 30er Jahren)
C 28 Logistikhalle der Bavaria-St.-Pauli-Brauerei-AG

Wortes – den Pylonen zu, an denen die Leichtbaukonstruktion des Hallendachs aufgehängt ist. Gleichwohl vertritt der Entwurf einen gestalterischen Anspruch, wie er sonst kaum in der hamburgischen Gewerbearchitektur anzutreffen ist.

C 29 Hotelbauten an der Seewartenstraße

C 29.1 Hotel Hafen Hamburg

Seewartenstraße 9, St. Pauli
Architekten: Christian Timmermann (Ursprungsbau). Arbeitsgemeinschaft Karl Jacobsgaard und Kleffel, Köhnholdt, Gundermann (Erweiterung)
1858–63; Erweiterung 1984, Fertigstellung 1986

Ursprünglich auf Betreiben einiger Reeder als Logierhaus mit Freizeiteinrichtungen und Krankenstation errichtet, mußte sich das ehemalige Seemannshaus schon relativ bald nach anderen Nutzern wie der Navigationsschule, der Seemannsmission oder dem Tropenkrankenhaus umsehen, weil die Seeleute die soziale Kontrolle scheuten, die die Unterbringung hier mit sich brachte. Außerdem war das Gebäude als »Heuerstall« für die Arbeitsvermittlung und Entlohnung bekannt. Beim Umbau zu einem Hotel wurde der Komplex durch ein turmartiges Gebäude mit Gesellschafts- und Tagungsräumen sowie 51 Hotelzimmern ergänzt. Zwischen expressionistischer »Stadtkrone« und maritimem Wahrzeichen angesiedelt und dadurch vielleicht etwas zu gefällig geraten, fügt sich der exponierte Bau problemlos in die Stadtsilhouette ein.

C 29.2 Hotel Residenz Hafen Hamburg

Seewartenstraße, St. Pauli
Architekten: Meyer + Fleckenstein; Mitarbeiter: Stefan Gulde, Iris Hanappel, Susanne Heinz, Cord Möller-Ewerbeck
1991 W, 1993–95

Keine Erweiterung des Hotels Hafen Hamburg, sondern ein eigenständiges Haus mit 250 Betten sollte das Hotel Residenz Hafen Hamburg werden. Dies betont auch der Entwurf von Meyer + Fleckenstein, dessen elegant geschwungene Hauptfassade sich mit weißen Brüstungsstreifen und dunklen Fensterbändern ostentativ von der behäbigen Backsteinarchitektur des unmittelbar angrenzenden Hotelkomplexes absetzt. Die Aufständerung des Gebäudes auf Stützen und die transparente Halle eröffnen Durchblicke auf den Elbstrom und zum Innenhof. Die elliptischen Aufbauten für die Konferenzräume mit Panoramablick sind eine zusätzliche Attraktion.

C 30 St.-Pauli-Landungsbrücken und Alter Elbtunnel

Bei den St.-Pauli-Landungsbrücken, St. Pauli

C 30.1 St.-Pauli-Landungsbrücken

Architekten: Raabe & Wöhlecke (Empfangsgebäude). Amt für Strom- und Hafenbau mit Dyckerhoff & Widmann und Philipp Holzmann AG (Pontons). Garten, Kahl, Hoyer (Brückenhaus)
Empfangsgebäude 1906–10; Zerstörung 1943; Pontons 1953–55; Brückenhaus 1975/76

Effektvoll gegenüber einem talartigen Einschnitt im Geesthang errichtet, bildet der langgestreckte Bau mit seinen Durchgangshallen ein symbolisches Eingangstor zum Hafen. Der rustizierte Tuffstein und die archaisierenden Dekorationsformen repräsentieren ein gestalterisches Repertoire, wie man es eher den Bismarck-Türmen eines Wilhelm Kreis zuordnet: monumental, doch unverbraucht im gestalterischen Ausdruck – eben »wilhelminisch« (Julius Posener). Hier wurden auch der Seebäder- und Unterelbeverkehr abgewickelt sowie Überseepassagiere eingeschifft. Kriegsschäden betrafen neben der von Kuppeln mit allegorischen Darstellungen der Winde (Arthur Bock) flankierten Gepäckhalle – Baulückenschließung Garten, Kahl, Hoyer – vor allem die Anlegepontons, die durch Neubauten ersetzt wurden. Auffällig sind hier die markanten »Flugdächer« in Spannbeton.

C 30.2 Alter Elbtunnel

Ingenieure: Philipp Holzmann & Cie. mit Baudeputation, Sektion für Strom- und Hafenbau; Architekten: Raabe & Wöhlecke (Eingangsbauten)
1907–11; Zerstörungen 1943/44; Wiederaufbau bis 1952

C 30.1 St.- Pauli-Landungsbrücken (um 1930)

Der 448,5 m lange Alte Elbtunnel (zwischen den Aufzugkabinen gemessen) verbindet das Hafen- und Industriegebiet Steinwerder mit den traditionellen Arbeitervierteln St. Pauli und Neustadt. Spätestens mit der Eröffnung des Hochbahnrings 1912 stieß die neue Elbunterquerung schnell an ihre Kapazitätsgrenzen: 1913 wurden monatlich im Durchschnitt 850 000 Fußgänger und 9 000 Fuhrwerke gezählt, dazu 10 000 bis 15 000 Radfahrer. Die beiden Tunnelröhren wurden im Schildvortrieb unter Druckluft gebohrt und mit genieteten Segmenten aus Walzeisen ausgekleidet, eine technische Meisterleistung, die der pantheonartige Eingangsbau in St. Pauli mit Kuppel und reliefgeschmückten Tuffsteinfassaden (Bildhauer Hermann Perl) architektonisch überhöht. Das schlichtere Gegenstück auf dem Südufer der Elbe, ursprünglich ein Ziegelbau, ist nicht mehr im Originalzustand erhalten.

C 31 Evangelisch-lutherische Kirche St. Pauli und Kindertagesheim

Pinnasberg 80, Altona-Altstadt
Architekt: Carl Ludwig Wimmel (Kirche und Pastorate). Patschan, Werner, Winking; Mitarbeiter: Hans Bartikowski (Kindertagesheim)
1819/20; Turm 1864; Kindertagesheim 1983–85

Die Kirche dokumentiert zusammen mit den beiden Pastoraten von 1819 an der Südseite des Kirchhofs und der Paulus-Wache am Hein-Köllisch-Platz (1815) die Entwicklung des Hamburger Bergs nach der »Franzosenzeit«. 1814 mitsamt dem Stadtviertel von den Besatzern niedergebrannt, wurde das Gotteshaus als klassizistischer Backsteinsaal mit Empore wiedererrichtet, wobei auf einen Turm aus Kostengründen vorerst jedoch verzichtet werden mußte. An Ausstattungsstücken des zerstörten Vorgängerbaus von 1682 sind noch der Taufstein (1693), ein Kruzifix sowie eine Holzfigur des Namenspatrons erhalten, beide ebenfalls aus dem späten 17. Jahrhundert. Ergänzt wird das biedermeierliche Ensemble seit 1985 durch ein Kindertagesheim, das sich der Situation betont unauffällig einfügt.

C 32 Römisch-katholische Kirche St. Joseph

Große Freiheit, St. Pauli
Architekten: Melchior Tatz (Ursprungsbau). Georg Wellhausen (Wiederaufbau)
1718–23; Zerstörungen 1943/44; Wiederaufbau 1953–55

Der für den Hamburger Raum ungewöhnliche Barockbau mit schildartiger, konkav einschwingender Ostfassade à la Borromini wird einem Österreicher zugeschrieben. 1945 stellte die Kirche, ein Saal mit eingezogenem Rechteckchor und polygonal gebrochener Apsis (innen rund), nur noch eine leere Hülle dar. Wurden beim Wiederaufbau bewußt nur die Konturen des Innenraums wiederhergestellt, so erfolgte in den 70er Jahren auch im Innern eine sukzessive Angleichung an den verlorenen Originalzustand – nicht ohne Geschick, aber mit zweifelhafter Legitimation, denn an authentischer Substanz ist neben Teilen der Langhauswände kaum mehr als die Eingangsfront erhalten. Auch bei dem nördlich angrenzenden Pfarrhaus (wohl Claus Stallknecht, 1717) handelt es sich um eine Rekonstruktion, bei dem südlichen dagegen um eine angepaßte Neuschöpfung.

C 33 Bürgerhäuser Große Freiheit
C 33.1 Bürgerhäuser
Große Freiheit 27–29/Große Freiheit 31–33, St. Pauli
Nach 1713

C 33.2 Bürgerhaus
Große Freiheit 75, St. Pauli
3. Viertel des 18. Jahrhunderts

Die schlichten zweigeschossigen Gebäude, traufständig mit mittigen Zwerchhäusern, stellen heute, wenn auch z. T. durch Werbeschriften und den Verlust der ursprünglichen Schweifgiebel entstellt, die letzten Zeugnisse der barocken Altstadt von Altona dar, wie sie nach dem »Schwedenbrand« von 1713 wiederaufgebaut wurde. Besonders bemerkenswert ist Große Freiheit 75 (klassizistisch überformt), das ehemalige Vorderhaus der mennonitischen Kirche und somit neben der katholischen St.-Joseph-Kirche ein weiteres Zeugnis für die »Große Freiheit«, die Altona gewährte, nämlich die religiösen und sozialen Entfaltungsmöglichkeiten, die hier auch Nicht-Lutheraner genossen.

C 34 Pestalozzischule
Kleine Freiheit 68, St. Pauli
Architekt: Hochbauamt Altona, Gustav Oelsner
1927/28; Wohngebäude 1929/30; Zerstörung 1943; Wiederaufbau 1951

Oelsners Sanierungskonzept für die Altstadt von Altona sah aus wirtschaftlichen Gründen, aber auch aus Rücksicht auf das überlieferte Stadtbild keine radikalen Flächenabrisse vor, sondern nur partielle Korrekturen wie z. B. Hinterhofentkernungen. Nachvollziehbar sind diese Maßnahmen, denen die Dogmatiker unter den Fachkritikern durchaus nicht nur mit Wohlwollen begegneten, heute nur noch an dem Schulhof der Pestalozzischule, der einen Freiraum inmitten der dichten gründerzeitlichen Bebauung ausgrenzt. Dabei hob sich der kubische Baukörper mit seinen Fensterbändern und schmucklosen Klinkerfassaden auch in gestalterischer Hinsicht ostentativ von den vielgliedrigen und kleinteiligen Nachbarbauten ab.

C 35 Punkthochhäuser
Louise-Schröder-Straße 17/Holstenstraße 26/Scheplerstraße 15, Altona-Altstadt
Architekt: Ernst May; Mitarbeiter: Jürgen Baumbach
1959/60

Mit dem Wiederaufbau von Altona, für den neben Oberbaudirektor Werner Hebebrand maßgeblich die Neue Heimat mit ihrem zeitweiligen Chefplaner Ernst May verantwortlich zeichnete, ist die historische Altstadt unter einem Grünzug (Walter-Möller-Park) verschwunden. Dabei ist es den Architekten jedoch kaum gelungen, die aufgelockerte und durchgrünte Bauweise in neue stadträumliche Qualitäten zu übersetzen. Beispielhaft hierfür sind die fünf Punkthochhäuser entlang des Grünzugs, von denen drei von May selbst stammen. Sie sollten die zentrale Grünachse im Stadtbild markieren, wirken jedoch eher wie zufällig in das Gelände gestreut. Die knapp geschnittenen Wohnungen, die sich mit ihren winzigen, kaum nutzbaren Balkonen wie Waben an Laubengängen reihen, erinnern daran, daß der Architekt in der Weimarer Republik einer der eifrigsten Propagandisten der »Wohnung für das Existenzminimum« war.

C 36 Jüdischer Friedhof
Königstraße, Altona-Altstadt
17. bis 19. Jahrhundert

1611 erwarben die in Hamburg lebenden portugiesischen Juden (Sephardim) eine Begräbnisstätte an der heutigen Königstraße, ab 1616 wurden auf einem angrenzenden Gelände auch die ersten in Altona ansässigen hochdeutschen Juden (Aschkenasim) beerdigt. Seit 1877 ist der Friedhof nicht mehr in Benutzung. Ein einzigartiges kulturhistorisches Dokument stellt vor allem der sephardische Friedhofsbereich dar, auf dem noch eine Vielzahl barocker Grabmale erhalten ist. Sind die Gräber der Aschkenasim durch aufrechte Stelen gekennzeichnet, so bevorzugten die portugie-

C 35 Punkthochhäuser

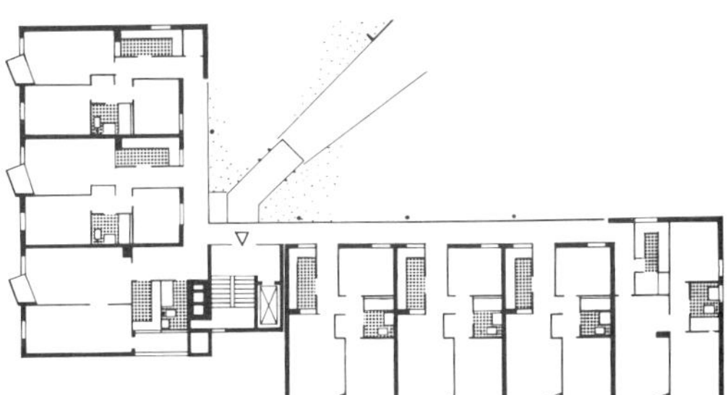

sischen Juden liegende Steine – z. T. in zeltartiger Form –, deren reicher plastischer Schmuck von dem Wohlstand der hier Bestatteten zeugt. Der Friedhof ist nicht öffentlich zugänglich. Respekt vor dem Ort, aber auch die Angst vor Vandalismus haben aus ihm eine vergessene Enklave inmitten der Stadt gemacht.

C 37 Evangelisch-lutherische Hauptkirche St. Trinitatis

Kirchenstraße 40, Altona-Altstadt
Architekten: Jacob Bläser (Turm und Westgiebel). Cai Dose (Kirchenschiff). Horst Sandtmann. Friedhelm Grundmann (Wiederaufbau)
Turm 1688–94; Kirchenschiff 1742/43; Zerstörung 1943; Beginn der Sicherungsmaßnahmen an der Ruine 1952; Wiederaufbau 1962, 1964–69

Westgiebel und Turm, heute in wesentlichen Teilen unter Verlust der neobarocken Gliederung von 1897 rekonstruiert, stammen noch von dem 1649/50 errichteten Vorgängerbau, der zu klein und überdies baufällig geworden war. Dose ließ den Neubau des Kirchenschiffs den alten Fundamenten folgen und verlängerte lediglich den polygonal gebrochen Chor. Zusätzlicher Raum wurde vor allem durch die kurzen Querarme gewonnen, die stark zur Mitte des Langhauses rückten und somit der Saalkirche einen zentrierenden, kreuzförmigen Grundriß verliehen – wohl ein Vorbild für mehrere bedeutende norddeutsche Kirchen, z. B. die Dreieinigkeitskirche in St. Georg von Johann Leonhard Prey (1743–47), wie übrigens auch der schöne Turm von Bläser mehrmals nachgeahmt wurde. Mit Kriegsende waren nur noch die Umfassungsmauern und der Turmstumpf erhalten, was die puristische Neugestaltung des Innenraums widerspiegelt, bei der der Altartisch in das Zentrum rückte (künstlerische Gestaltung Peter Dreher). Der langwierige Wiederaufbau belegt einmal mehr die Ignoranz, die der historischen Identität Altonas nach dem Verlust seiner kommunalen Eigenständigkeit 1937/38 entgegengebracht wurde.

C 40 Fischauktionshalle

C 38 Siedlung Hexenberg

Dosestraße/Trommelstraße/Pepermölenbek/Hexenberg/Hamburger Hochstraße, Altona-Altstadt
Architekten: Arbeitsgemeinschaft Kallmorgen & Partner, Fischer & v. Bassewitz
1969, 1971–74

Bis 1971 wurden die letzten Reste der südlichen Altstadt von Altona kahlschlagsaniert, um Platz für 446 Sozialwohnungen zu schaffen. Die relativ hohe Baudichte (Geschoßflächenzahl 1,5) und die umschlossenen Hofräume mit Spielplätzen und kleinen Gärten vor den Erdgeschoßwohnungen – statt sterilem Distanzgrün – bedeuteten eine demonstrative Abkehr von den städtebaulichen Leitbildern der Wiederaufbaujahre, wie sie den Neu-Altona-Planungen von Ernst May und Werner Hebebrand zugrunde lagen (vgl. Nr. C 35). Durch ein differenziertes Wohnungsangebot, Ein- bis Vierzimmerwohnungen einschließlich sieben Behindertenwohnungen, wurde eine soziale Durchmischung angestrebt. Zeittypisch ist der maisgelbe Verblender (im gleichen Farbton verfugt), der die rhythmisch gestaffelten Gebäudekuben unweigerlich zu Fremdkörpern in ihrem ohnehin eher nach dem Zufallsprinzip gestalteten Umfeld macht.

C 39 Neugestaltung Fischmarkt

Fischmarkt, Altona-Altstadt
Architekten: Albert Winkler (historische Bebauung). Stadtbauamt (Eilguthalle). v. Gerkan, Marg & Partner; Mitarbeiter: Marion Mews, Wolfgang Haux (Neugestaltung Westseite). Günter Talkenberg (Neugestaltung Ostseite)
1894/95; Eilguthalle 1911; Zerstörung 1943; Neugestaltung 1983, 1987–89

Von der ersten grundlegenden Neugestaltung des Fischmarkts 1894/95 sind nur noch sporadische Reste erhalten, außerdem die ehemalige Eilguthalle Fischmarkt 2a von 1911. Die Bauten der 80er Jahre nehmen mit Steildächern, Giebeln, Erkern, Türmchen und heimatlichem Backstein im traditionellen Ziegelverband – an der Westseite des Platzes mit deutlich höherem Qualitätsbewußtsein gestaltet – jedoch den ursprünglichen Maßstab wieder auf und schaffen ein stimmungsvolles Ambiente für den sonntäglichen Fischmarkt. Auch »Gaslaternen« und der historische Fischmarkt-Brunnen von 1742, erst kürzlich wieder an seinen ursprünglichen Standort transloziert und mit einer Skulptur von Hans Kock ergänzt, entrücken die Besucher in die Zeit von Hein Köllisch und Zitronenjette, der Hamburger Originale des Kaiserreichs.

C 40 Fischauktionshalle

Große Elbstraße, Altona-Altstadt
Architekten: Stadtbauamt Altona (Ursprungsbau). Günter Talkenberg; Mitarbeiter: Erwin Stuhlmann, Winfried Gust (Restaurierung)
1895/96; Restaurierung 1982–84

Die mächtige Halle mit basilikalem Querschnitt und Kuppel dokumentiert den Aufschwung Altonas zum

wichtigsten Anlandeplatz für die deutsche Fischereiflotte neben Bremerhaven; ein weiteres Konkurrenzprojekt befand sich mit der Auktionshalle von St. Pauli in unmittelbarer Sichtweite (1888, 1971 abgerissen). Auf den umlaufenden Galerien in den Seitenschiffen wurden Waren gestapelt und Netze geflickt, im Mittelschiff fanden die Fischauktionen statt. Die innen wie außen offen hervortretende, genietete Eisenskelettkonstruktion mit Ziegelausfachung ist ein frühes Beispiel für das Streben nach »konstruktiver Ehrlichkeit«. Heute dient der einfühlsam restaurierte Bau, der durch den Verzicht auf die Wiederherstellung der Außenanlagen – Kräne, Pontons, Gleise – allerdings empfindlich an historischer Aussagekraft eingebüßt hat, als Veranstaltungszentrum.

C 41 Ehem. Maschinenfabrik Groth & Degenhardt
Große Elbstraße 146/Sandberg 1–3, Altona-Altstadt
Architekten: Baugeschäft Glocke & Göttsch (2. BA). Schaar & Hintzpeter (3. BA)
Vorderhaus um 1772; Speicher um 1820; 1. BA 1881; 2. BA 1892; 3. BA 1899
Die unterschiedlichen Bauabschnitte, jeder für sich genommen schon ein bemerkenswertes Zeitzeugnis, machen den ehemaligen Fabrikkomplex zu einem wichtigen Dokument für die Entwicklung des Altonaer Elbufers von einer guten Wohnadresse zum Gewerbequartier. 1880 wurden das barocke Kaufmannshaus an der Großen Elbstraße – mit volutengeschmücktem Mansardgiebel das letzte seiner Art in Altona – und

der später errichtete rückwärtige Speicher einer Segelmacherei an die Maschinenfabrik verkauft. Anbauten im Hof 1881 (Kesselhaus) und vor allem die Neubauten auf dem Grundstück am Sandberg von 1892 (Sheddachhalle) und 1899 (Vordergebäude) markieren den Aufschwung des Unternehmens, wobei die beiden vorindustriellen Bauten jedoch erhalten blieben.

C 42 Fähr- und Kreuzfahrtterminal
Van-der-Smissen-Straße 1–3, Altona-Altstadt
Architekten: Arbeitsgemeinschaft me di um Architekten Jentz, Popp, Wiesner und William Alsop Architects; Projektleiter: Holger Jaedicke, Gabriela Langosch; Mitarbeiter: Pierre-Andre Bohnet, James Brearley, Barbara Jentz-Koska, John McCarthy, Katrin Wolke. Ingenieure: Ove Arup Engineers (Tragwerkkonzept)
1988 W, 1991–93
Hatten die Investoren ursprünglich ein Bauwerk gefordert, das vorrangig der Abwicklung des Passagierverkehrs dienen sollte – einschließlich Parkdecks –, so entwickelte sich das Projekt im Laufe der weiteren Planungen zu einem Bürogebäude mit Abfertigungseinrichtungen. Der realisierte Bau weicht deshalb auch deutlich von dem Wettbewerbsentwurf ab, der durch einen aerodynamischen Gebäudequerschnitt wie eine Tragfläche faszinierte – wenn auch mit der windschnittigen Kante nach Lee und nicht nach Luv orientiert. Auch auf den ursprünglich geplanten Zu-

gang an Bord vom ersten Obergeschoß wurde verzichtet, so daß hier ebenfalls Büromieter die Zwischennutzer stellen können, solange der Kreuzfahrtterminal nicht fertiggestellt ist (was bisher noch an der Finanzierung der Kaimauer scheitert). Die Aufstelzung des 186 m langen Gebäuderiegels auf A-förmigen Betonstützen erinnert an Werftaufbauten oder Kräne. Auch Lösungen wie die Aluminiumhaut oder die abgehängte Fluchtgangway verleihen der Architektur eine technizistische Filigranität, die auch ohne den postmodernen Zitatenschatz der »Dampferarchitektur« maritim wirkt.

C 43 Historisches Ensemble Palmaille

Altona-Altstadt

Die Palmaille, 1638/39 als Allee für das seinerzeit populäre Ballspiel »Palla a maglio« angelegt, aber offenbar kaum hierfür genutzt, entwickelte sich ab dem ausgehenden 18. Jahrhundert zu Altonas Prachtstraße. Als älteste Bauschicht sind noch die Häuser Nr. 100, 104 und 106 erhalten (um 1790, z. T. durch Umbauten verändert). Ihren Glanz erhielt die Palmaille jedoch vor allem durch die antikisierenden Bauten Christian Frederik Hansens (1756–1845), Absolvent der Kopenhagener Akademie der Künste und von 1783 bis 1804 königlich-dänischer Landbaumeister in Holstein, und seines Neffen und Nachfolgers im Altonaer Privatbüro Johann Matthias Hansen (1781–1850). Beim Wiederaufbau der 1943/44 schwer zerstörten Straße ging ihr stadträumlicher Kontext verloren. Die Neu-Altona-Planung hat das klassizistische Ensemble zu einem historischen Versatzstück inmitten unmaßstäblicher Hochhäuser und Zeilenbauten degradiert.

C 43.1.1–4 Häuser von Christian Frederik Hansen
C 43.1.5 Haus Baur

C 43.1 Häuser von Christian Frederik Hansen

C 43.1.1 Haus Dehn

Palmaille 112
Architekt: Christian Frederik Hansen
1797/98; Beschädigung 1944; Instandsetzung 1958/59

C 43.1.2 Haus Hansen

Palmaille 116
Architekten: Christian Frederik Hansen (Ursprungsbau), Cäsar Pinnau (Restaurierung)
1803/04; Restaurierung 1973

C 43.1.3 Wohnhaus

Palmaille 118
Architekt: Christian Frederik Hansen
1803/04; Restaurierung der Fassade 1962/63; Abbruch und Neubau des übrigen Gebäudes 1968/69

C 43.1.4 Haus Jakobsen

Palmaille 120
Architekt: Christian Frederik Hansen
1802; Erweiterung 2. Hälfte des 19. Jahrhunderts

Sein erstes Gebäude an der Palmaille errichtete Hansen für den Bankier Salomon Dehn: einen traufständigen Putzbau, dessen konventionelle Gliederung – genauso übrigens wie diejenige von Nr. 120 – kaum erahnen läßt, daß eines der wesentlichen Vorbilder des Architekten die französische Revolutionsarchitektur war. Originell und kraftvoll präsentieren sich dagegen die beiden Nachbargebäude Palmaille 116, das eigene Wohnhaus von Hansen, und Palmaille 118, von dem allerdings nur noch die nachträglich um ein Mezzaningeschoß aufgestockte Fassade existiert: zwei kubische Baukörper mit betont flächigen Fassaden, die lediglich durch Eckrustiken sowie applikenhaft aufgesetzte Portale und Fensterrahmungen akzentuiert werden. Das Wohnhaus von Hansen wurde von Cäsar Pinnau in seinen ursprünglichen Zustand zurückversetzt, wobei der Architekt auch danach strebte, den Charakter der Innenräume wiederzugewinnen.

C 43.1.5 Haus Baur

Palmaille 45–49
Architekt: Christian Frederik Hansen (Ursprungsbau), Elingius & Schramm mit Mogens Koch (Restaurierung)
1801/02; Restaurierung 1936/37

Das bedeutendste Gebäude an der Palmaille wurde für den Großkaufmann Georg Friedrich Baur erbaut. Der kubische Bau mit seiner wie ausgestanzt wirkenden Loggia an der Elbseite – 1867/68 vermauert und 1936 rekonstruiert – greift Motive der Villen von Palladio und damit wohl Anregungen von Hansens Italien-Reise 1782/83 auf. Er wurde in den 30er Jahren auf

Initiative des Reeders John T. Essberger (Deutsche Afrika Linien) aufwendig restauriert, wobei auch die Empire-Vertäfelung des Ecksalons wieder eingebaut wurde, die 1929 an das Altonaer Museum verkauft worden war. (Weitere Ausstattungsstücke befinden sich heute im Jenischhaus in Othmarschen, einer Außenabteilung des Museums.) 1967 errichteten Hentrich & Petschnigg auf dem rückwärtigen Gartengelände ein neues Reedereigebäude.

C 43.2 Baursche Häuser

Palmaille 53–65
Architekt: Johann Matthias Hansen
1824/25

Die repräsentative Gruppe der klassizistischen Einzel- und Doppelhäuser ließ Georg Friedrich Baur errichten, um seinem Palais einen anspruchsvollen Rahmen zu verschaffen. Dabei war es dem potenten Bauherrn offenbar gleich, ob sich hierfür auch Mieter fanden. Von diesen sogenannten »zehn neuen Baurschen Häusern« stehen heute noch sieben; die Häuser Palmaille 67 bis 71 wurden 1901 dem neuen Generalkommando der Garnison Altona geopfert (ebenfalls nicht mehr erhalten).

C 44 Neues Rathaus

Platz der Republik 1, Altona-Altstadt
Architekten: Heinrich Oskar Winkler (ehem. Bahnhofsgebäude). Hochbauamt Altona, Emil Brandt (Rathaus)
Ehem. Bahnhofsgebäude 1843/44; Rathaus 1896–98

Der Name erinnert daran, daß es bis 1943 auch noch das Alte Rathaus von Claus Stallknecht (1716–20) am Ostende der Königstraße gab. Das Neue Rathaus belegt mithin nicht nur das Selbstbewußtsein der aufstrebenden preußischen Großstadt, sondern auch die Verlagerung des Altonaer Geschäftszentrums nach Westen infolge des Bahnhofsbaus. Dabei entstand jedoch kein völliger Neubau, denn an ihrer Südseite inkorporiert die monumentale Vierflügelanlage, wirksam akzentuiert durch Mittelrisalite mit Kolossalordnung und Dreiecksgiebeln (z. T. vereinfacht wiederhergestellt), das ehemalige Kopfgebäude des 1844 eröffneten Altonaer Bahnhofs, der 1895 an die Nordseite des heutigen Platzes der Republik verlegt wurde. Das Relief im Giebelfeld über dem Haupteingang – eine allegorische Darstellung Altonas – hat Carl Garbers unter Mitwirkung des jungen Ernst Barlach geschaffen, das Reiterstandbild Kaiser Wilhelms I. Gustav Eberlein.

C 45 Haus der Jugend

Museumsstraße 15–19, Ottensen
Architekten: Hochbauamt Altona, Gustav Oelsner (Ursprungsbau). Werner Kallmorgen (Theater)
1927, 1928–30; Einbau des Theaters 1950

Zusammen mit dem Altonaer Museum von Reinhardt & Süßenguth an der Museumsstraße 23 (1898–1901), seit 1943 nur noch ein Torso, beherrschte der wilhelminische Pompbau des Neuen Rathauses für drei Jahrzehnte unangefochten das repräsentative Zentrum Altonas, bis ihm in der Weimarer Republik –

C 44 Neues Rathaus
C 45 Haus der Jugend

unverkennbar mit programmatischer Absicht – der nüchterne Skelettbau des »Hauses der Jugend« gegenübergesetzt wurde. Damit erwies sich Gustav Oelsner einmal mehr als wesensverwandt mit Max Taut, dem er auch freundschaftlich verbunden war, denn wie der Berliner Kollege wählte er die prosai-sche »Rohbauästhetik« des Stahlbetonrasters – ohne steinmetzmäßige Bearbeitung der Oberflächen! –, um für das Berufsschulzentrum mit Stadthalle eine der ökonomischen Zwangslage der Weimarer Republik angemessene, dabei aber doch formal anspruchs-volle Architektur zu schaffen. Die großzügigen Dachterrassen ersetzten den fehlenden Pausenhof.

C 46 Evangelisch-lutherische Kirche St. Petri

Schillerstraße 24, Altona-Altstadt
Architekten: Johannes Otzen (Ursprungsbau). Schaar & Hintzpeter (südl. Vorhalle)
1879/80 W, 1881–83; südl. Vorhalle 1898; umfassende Renovierung 1978/79

Wandpfeilerkirche mit eingezogenem Rechteckchor. Auffälligstes Motiv an dem sonst zurückhaltenden Bau ist das kompakte Westwerk, das von einer Zwillingsspitze bekrönt wird. 1904 erfolgte eine Neugestaltung des dunklen Innenraums in lichten Farben, nachdem 1896/97 schon die Glasflächen der Fenster vergrößert und zwei weitere Öffnungen eingebrochen worden waren. Bei der Renovierung von 1978/79 wurde u. a. die Backsteinsichtigkeit der Pfeiler und Gewölberippen wiederhergestellt.

C 47 Bürogebäude von Bernhard Hermkes
C 47.1 Ehem. Verwaltungsgebäude der SAGA mit Geschoßwohnbauten

Max-Brauer-Allee 58–60/Lamp'lweg 12/Goethestraße 37, Altona-Altstadt
Architekt: Bernhard Hermkes
1952 W, 1952/53

C 47.2 Bürogebäude

Max-Brauer-Allee 62–64, Altona-Altstadt
Architekt: Bernhard Hermkes
Um 1956

Die kommunale Wohnungsbaugesellschaft SAGA – Gemeinnützige Siedlungs-Aktiengesellschaft Altona –, in der Weimarer Republik unter Bürgermeister Max Brauer und Bausenator Gustav Oelsner mit richtungweisenden Projekten hervorgetreten, wurde nach 1945 auch außerhalb des ehemaligen Altonaer Stadtgebiets tätig, so auch beim Bau der Grindelhochhäuser. Kein Geringerer als Gustav Oelsner hatte denn auch den Vorsitz in dem beschränkten Wettbewerb für das neue Verwaltungsgebäude, zu dem 1952 auch die Architekten der Arbeitsgemeinschaft Grindelberg aufgefordert wurden. Mit der feingliedrigen Stahlbetonrasterfassade und dem »Flugdach« auf dem verglasten Staffelgeschoß griff Bernhard Hermkes hier Vorbilder auf, wie sie nach 1933 vor allem in der Schweiz entwickelt wurden, wobei der gelbe Klinker der Brüstungen auf die Grindelhochhäuser verweist. Das benachbarte Verwaltungsgebäude Max-Brauer-Allee 62–64 ist diesem Entwurf zwar in Maßstab und Gliederung verwandt, setzt sich mit seinen Lochfassaden in rotem Backstein jedoch demonstrativ von dem gelb ausgefachten Skelettbau der SAGA ab.

C 50 Ehem. Allgemeines Krankenhaus Altona
C 50.1 Schwesternheim

C 48 Ehem. Landes- und Amtsgericht

Max-Brauer-Allee 89–91, Altona-Altstadt
Architekt: Preußische Staatshochbauverwaltung
1873–78; Erweiterung 1904–07

Kasernenhaft wirkender Backsteinrohbau mit Terrakottaschmuck im »Rundbogenstil« der Schinkel-Schule. Für die Erweiterung von 1904–07 wurden reiche Werksteingliederungen im Stil der deutschen Renaissance gewählt. Im Hof des nicht mehr vorhandenen Gerichtsgefängnisses wurde am 1. August 1933 das Todesurteil an vier Altonaer Kommunisten vollstreckt, denen fälschlicherweise der Tod von zwei SA-Männern während des »Altonaer Blutsonntags« am 17. Juli 1932 angelastet wurde, als die NSDAP in provokativer Absicht durch die Altonaer Arbeiterviertel marschiert war. Bei der anschließenden Schießerei, während der die Polizei offenbar völlig die Übersicht verlor und die Situation noch eskalierte, kamen 18 Menschen, zumeist unbeteiligte Anwohner, ums Leben. Die Urteile sind mittlerweile aufgehoben; an Walter Möller, eines der Justizopfer von 1933, erinnert der Walter-Möller-Park in Neu-Altona (vgl. Nr. C 35).

C 49 Nyegaard-Stift

Max-Brauer-Allee 127, Altona-Nord
Architekten: Kühn & Baumgarten
1899 W, 1900/01

Putzfassaden mit applikenhaftem Renaissanceschmuck, Krüppelwalmdächer, Erker und Türmchen kennzeichnen den zweigeschossigen Baukomplex, dessen malerische Gestaltung – ein Entwurf eines Berliner Büros – der straff gegliederten »Anstaltsarchitektur« vergleichbarer Hamburger Objekte diametral entgegensteht. Leider hat das Gebäude die ursprünglichen Sprossenfenster und Klappläden eingebüßt.

C 50 Ehem. Allgemeines Krankenhaus Altona

Max-Brauer-Allee 134, Altona-Altstadt
Architekten: Heinrich Oskar Winkler (Ursprungsbau), Hochbauamt Altona (Erweiterungen)
1859–61; nördl. Erweiterung 1888–90; südl. Erweiterung 1920; Pavillons 1881/82; Jenckelhaus 1912

Heinrich Oskar Winkler (1820–89), 1843 nach Altona gerufen, um das Empfangsgebäude des neuen Bahn-

C 51 Ehem. Stadtmission

hofs zu errichten (vgl. Nr. C 44), wurde schon bald darauf zum hiesigen Stadtbaumeister ernannt. Entwürfe wie das Städtische Krankenhaus lassen den ehemaligen Studenten von Gottfried Semper als einen der Pioniere des Backsteinrohbaus in der Mitte des 19. Jahrhunderts erscheinen, wenn auch nur mit beschränktem Wirkungskreis und mit Entwürfen, die über Altona hinaus wohl kaum Schule gemacht haben dürften. Das Krankenhausgelände ist heute als August-Lütgens-Park öffentlich zugänglich.

C 50.1 Schwesternheim

Max-Brauer-Allee 136, Altona-Altstadt
Architekt: Hochbauamt Altona, Gustav Oelsner
1926/27

Kompakter kubischer Bau mit leuchtend gelb-bunter Klinkerfassade, die zwar Bezug auf die historische Krankenhausarchitektur nahm, inmitten der grauen Putzfassaden der Nachbarschaft aber wie ein provokanter Fremdkörper gewirkt haben dürfte. Hohe gestalterische Qualität war Oelsner auch hier ein besonderes Anliegen, sogar um den Preis, daß er die von der Verwaltung bereits beschaffte Einrichtung der 50 Schwesternzimmer zurückwies und eine neue Möblierung durchsetzte – was dann auch einer der Punkte war, die ihm nach der Machtergreifung 1933 in einem Dienststrafverfahren wegen angeblicher Verschwendung von Steuergeldern zur Last gelegt wurden.

C 51 Ehem. Stadtmission

Billrothstraße 79–83, Altona-Altstadt
Architekten: Carl Voß (Ursprungsbau). Mensinga, Rogalla & Partner; Projektleiter: Michael Kitzmann (Umbau und Behindertenwohnungen)
1888/89 ; Umbau und Behindertenwohnungen
1984 W, 1987–89

Die trutzige neogotische Architektur läßt den ehemaligen Bau der Stadtmission – heute Gemeindezentrum – als christliches Bollwerk inmitten der Arbeiterquartiere des »roten Altona« erscheinen. Versammlungs- und Veranstaltungsräume für das christliche Vereinswesen und zwei Wohnungen für Stadtmissionare waren hier untergebracht; tagsüber dienten die Vereinsräume außerdem als Mädchen-Arbeitsschule. Die Erweiterung mit Behindertenwohnungen nimmt das kräftige Fassadenprofil des Altbaus wieder auf, ohne sich der historischen Architektur anzubiedern. Die über zwei Geschosse greifenden Fassadenöffnungen überspielen dabei geschickt den Maßstabsbruch der niedrigeren Geschoßhöhen. Auch die nach den Kriegszerstörungen neugestaltete Dachzone wirkt als Klammer zwischen den beiden Bauabschnitten.

C 52 Blockrandbebauung Thedebad
C 52.1 Ehem. Thedebad

Thedestraße 108, Altona-Altstadt
Architekten: Albert Petersen (Ursprungsbau). Wolfgang Schultz-Coulon; Mitarbeiter: Ulrich Wehde (Umbau)
1880/81; Umbau 1990, 1991–93

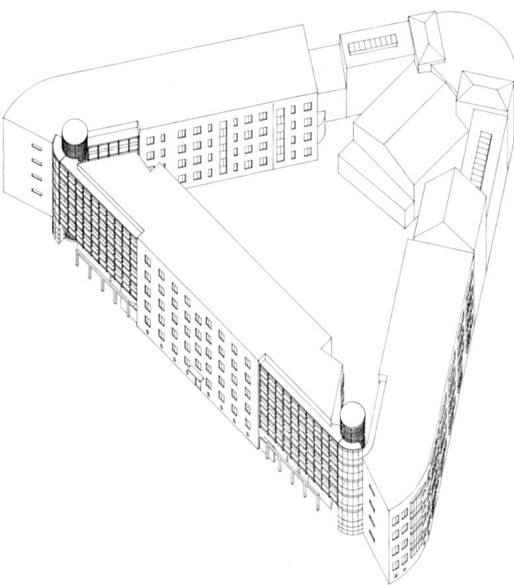

C 52 Blockrandbebauung Thedebad

C 53 Evangelisch-lutherische Kirche St. Johannis

C 52.2 Geschoßwohnbauten

Thedestraße/Holstenstraße/Govertsweg, Altona-Altstadt
Architekt: Wolfgang Schultz-Coulon; Mitarbeiter: Beatrice Heinrici, Igor Senic
1990, 1992–94

Die ehemalige Schwimmhalle mit Wannenbädern und »Volksbrausebad«, durch den Wiederaufbau an die Peripherie der geschlossenen Bebauung der Altonaer Altstadt gerückt, lag ursprünglich im Zentrum des gründerzeitlichen Stadterweiterungsgebiets. Ein bemerkenswerter Wohnkomplex, der mit seiner disziplinierten Gestaltung souverän auf das Repertoire der Vorkriegsmoderne zurückgreift, schließt erst seit kurzem wieder die aufgerissenen Blockkanten hinter dem markanten Backsteinrohbau (heute in Gewerberäume aufgeteilt). Weitere derartige »Nachverdichtungen« im Weichbild des Grünzugs Holstenstraße werden in den kommenden Jahren folgen.

C 53 Evangelisch-lutherische Kirche St. Johannis

Bei der Johanniskirche 16, Altona-Altstadt
Architekt: Johannes Otzen
1867/68 W, 1868–73; Umgestaltung 1956/57

Das aufwendig gegliederte neogotische Backsteingebäude, eine dreischiffige Basilika mit konventionellem kreuzförmigen Grundriß – wenn auch schon mit der für Otzen charakteristischen dominanten Vierung, die den Innenraum zentralisiert – sowie steil aufragendem Einturm, verkörpert paradigmatisch den gründerzeitlichen Sakralbau im Sinne des »Eisenacher Regulativs« von 1861. Der Entwurf stammt von Johannes Otzen (1839–1911), einem Schüler und späteren Mitarbeiter Conrad Wilhelm Hases, der neben Johann Heinrich Strack und anderen auch in dem prominent besetzten Preisgericht saß. Es war denn auch vor allem Otzen, der Hases gotisierender Backsteinarchitektur – der sogenannten »Hannoverschen Schule« – im Sakralbau zur dominierenden Stellung verhalf, wobei St. Johannis sein Erstlingswerk darstellt. Daß der Altonaer Kirche eine Pionierstellung zukommt, läßt sich übrigens auch an den technischen Schwierigkeiten ablesen, die während der Bauarbeiten auftraten. Die Ziegelei sah sich zeitweilig nämlich nicht in der Lage, die Verblender in der gewünschten Qualität herzustellen. Ein denkmalpflegerisches Desiderat stellt die Wiederherstellung der Steinsichtigkeit des Innenraums dar, dessen reich gegliederte Wandflächen vor allem in der Triforiumszone seit 1957 unter kompakten Putzschichten verschwinden.

C 54 Kriegerehrenmal der 31er

Bei der Johanniskirche/Max-Brauer-Allee, Altona-Altstadt
Architekten: Esselmann & Gerntke. Bildhauer: August Henneberger
1925

Expressionistische Stele aus Backstein und farbig glasierten Terrakotten zum Gedenken an die Gefallenen des Thüringischen Infanterieregiments Nr. 31, dem Altona als Garnisonsort und St. Johannis als Garnisonskirche diente.

C 55 Evangelisch-freikirchliche Christuskirche

Suttnerstraße 18, Altona-Altstadt
Architekten: J. W. Lehmann (Ursprungsbau). Werner Kallmorgen (Wiederaufbau)
1913–15; Wiederaufbau 1957

Der anspruchsvolle romanisierende Klinkerbau ordnet sich mit einem für baptistische Gotteshäuser ungewöhnlichen Turm den konventionellen Sakralbauschemata unter. Charakteristisch für Freikirchen ist dagegen die Anordnung der Gemeinderäume unter dem

Kirchenraum, wie sie bei lutherischen Bauten erst in den 20er Jahren auftaucht (vgl. die Bugenhagenkirche in Barmbek, Nr. E 51). Der zentralisierende Bau brannte im Zweiten Weltkrieg völlig aus. Überaus bemerkenswert ist der Wiederaufbau mit einer rangartigen Empore, die den neugestalteten Innenraum einem Theater nicht unähnlich macht. Dabei verschwanden die Umfassungsmauern und die Deckenkuppel z. T. hinter Verkleidungen aus Rabitz, deren Schattenfugen verdeutlichen, daß sie eine zweite Raumschicht darstellen.

C 56 Kindertagesheim und Spielhaus Zeiseweg

Zeiseweg 15–17, Altona-Nord
Architekten: Conrad Holthey und Wolfgang Schultz-Coulon; Mitarbeiter: Michael Bloedner
1982, 1984–87

Ein Kindertagesheim wie eine Spielzeugstadt. Jede der acht Gruppen mit insgesamt 150 Kindern bzw. Jugendlichen von 3 bis 13 Jahren hat ihr eigenes »Häuschen«. Das Zentrum bildet ein Vielzweckraum. Während das verhalten postmoderne Konzept beim Kindertagesheim auch im gestalterischen Detail zu überzeugen vermag, mußten beim Spielhaus aus Kostengründen Abstriche gemacht werden.

C 57 Geschoßwohnbauten

Walther-Kunze-Straße 2–12/Eggerstedtstraße, Altona-Nord
Architekten: Conrad Holthey und Wolfgang Schultz-Coulon; Mitarbeiter: Jürgen Schwarz
1980 W, 1981–83

Ursprünglich eine Kaserne, wird das Gelände seit Beginn der 80er Jahre für Wohnungsbau und Gewerbe sowie als Grünfläche genutzt. Die öffentlich geförderten Geschoßwohnbauten an der Walther-Kunze-Straße waren über Jahre hinweg eines der wenigen »vorzeigbaren« Projekte dieser Art in Hamburg überhaupt: zwei unspektakuläre, aber geschickt gegliederte Gebäuderiegel, deren scharfkantiges Profil selbst noch die Dehnungsfugen im Verblendmauerwerk zum gestalterischen Motiv werden läßt.

C 58 Theater und Bürohaus »Neue Flora«

Stresemannstraße/Alsenstraße, Altona-Nord
Architekten: Kleffel, Köhnholdt, Gundermann
1988, 1989/90

Nur eine kurze Projektierungs- und Realisierungsphase stand für das private Musical-Theater mit 2 000 Plätzen zur Verfügung, so daß die Architekten mit dem auffälligen Wechsel von gelbem und rotem Sichtmauerwerk, im gleichen Ton verfugt, und von Fensterbändern zu Lochfassaden auf eine Lösung zurückgriffen, die sie bereits für ein Bürohaus an der Amsinckstraße in Klostertor entwickelt hatten (vgl. Nr. B 31). Zwei Bürohausflügel verbergen den Theatersaal, der nach außen nur durch den »Eingangsschlitz« in Erscheinung tritt, zeichenhaft bekrönt mit einem »Flugdach«, das wie eine Bühne oder Landeplattform wirkt. Bemerkenswert ist die Gestaltung der Zuschauerräume, die mit ihrem ruppigen Rohbau-Charakter zwar konventionelle Erwartungshaltungen im Sinne festlicher Theaterarchitektur enttäuschen, aber wohl auch dann noch ein kreatives Ambiente bilden, wenn hier einmal nicht mehr konfektionierte Erfolgsmusicals à la »Phantom der Oper« geboten werden.

C 59 Wohnquartier Düppelstraße/Koldingstraße

Düppelstraße/Koldingstraße/Kieler Straße/Augustenburger Straße/Arnisstraße/Gefionstraße, Altona-Nord
Architekt: Hochbauamt Altona, Gustav Oelsner
Geschoßwohnbauten 1925–28; Montessori-Kinderhaus 1928; Zerstörung 1943; Wiederaufbau 1949/50

Mit diesem Wohngebiet wurde die bestehende Blockrandbebauung aus der Zeit vor dem Ersten Weltkrieg fortgesetzt, wobei jedoch bereits die Blockseiten »gesprengt« wurden. An der Düppelstraße kam auch erstmalig der für Oelsner charakteristische gelbbunte Klinker zum Einsatz. Der dritte Bauabschnitt von 1927/28 südlich der Koldingstraße und der Gefionstraße wies ursprünglich Attikageschosse mit Flachdächern auf, die 1934/35 zum Vollgeschoß ausgebaut und mit Steildächern versehen wurden. 1943 mit Ausnahme des ehemaligen Montessori-Kindergartens Koldingstraße 19 (heute eine städtische Krippe) und des Blocks Gefionstraße 11–15 total zerstört, wurden diese Bauten in vager Anlehnung an den Vorkriegszustand wiederaufgebaut.

C 60 Arbeitsamt Kieler Straße

Kieler Straße 39, Altona-Nord
Architekten: Hochbauamt Altona, Gustav Oelsner (Ursprungsbau). Hochbauamt (Erweiterung)
1926/27; Erweiterung 1954

C 60 Arbeitsamt Kieler Straße

Die zweite Inkunabel der Vorkriegsmoderne in Altona neben dem »Haus der Jugend« (vgl. Nr. C 45), die Oelsners baugeschichtlichen Rang illustriert. Die Auflösung der Fassaden in einen scharrierten Stahlbetonraster, mit Klinkerplatten ausgefacht, ermöglichte eine problemlose Anordnung der 16 Zugänge, die direkt zu den einzelnen Vermittlungsbüros führten. Das Zentrum bildet ein atriumartiger Innenhof. Nach seiner Fertigstellung wurde das Gebäude von der Reichsanstalt für Arbeitsvermittlung zum »Musterbau« für zukünftige Projekte erklärt. Einen wohl allzu farbenfrohen Akzent gegenüber dem zurückhaltenden Oelsnerschen Bau setzen die Fassaden der Nachkriegser-weiterung mit einem Mosaik von Walter Siebelist.

C 61 Geschoßwohnbau Lunapark

Lunapark 2–12/Kieler Straße/Memellandallee, Altona-Nord
Architekt: Hochbauamt Altona, Gustav Oelsner
1928/29

Wählte Oelsner für seine Geschoßwohnbauten meist Sprossenfenster und teilweise auch Steildächer und somit eine Architektursprache, die dem eher mittelstädtischen Charakter von Altona angemessen war, so gelang dem Architekten hier ein Entwurf von nahezu »metropolitanem« Anspruch. Jedem der gestalterischen Details kam dabei Bedeutung zu: Tief eingeschnittene Loggien steigern die Plastizität des kubischen Baukörpers. Schwach hervortretende Brüstungsflächen und Fensterbänder mit genieteten Stahlstützen umziehen die gelben Klinkerfassaden als horizontale Streifen. Auch die schmalen Fensterflügel und die Falze der Kupferverkleidung an den Staffelgeschossen (die wiederhergestellt wurden) verleihen den Fronten ein feingliedriges Profil.

C 62 Geschoßwohnbauten von Friedrich R. Ostermeyer

C 62.1 Geschoßwohnbauten

Kieler Straße 66–68/Langenfelder Straße/Ophagen; Kieler Straße 70–74/Ophagen, Altona-Nord
Architekt: Friedrich R. Ostermeyer
1925/26

C 62.2 Geschoßwohnbau

Kieler Straße 67–71/Waidmannstraße, Altona-Nord
Architekt: Friedrich R. Ostermeyer
1927–29

C 62.3 Geschoßwohnbau

Kieler Straße 75–89/Waidmannstraße, Altona-Nord
Architekt: Friedrich R. Ostermeyer
1927/28

Die vier großstädtischen Klinkerblöcke – östlich der Kieler Straße mit expressionistischem Bauschmuck von Richard Kuöhl, westlich der Straße mit einer Architektur, die sich stärker am Neuen Bauen orientiert – markieren eine Art Torsituation an einer der wichtigsten Hamburger Ausfallstraßen.

C 63 Evangelisch-lutherische Apostelkirche

Bei der Apostelkirche, Eimsbüttel
Architekten: Erwin von Melle und Peter Gottlob Jürgensen (Ursprungsbau). Bernhard Hirche und Grundmann, Rehder; Bauleiter: Heinz Stelzel (Wiederaufbau)
1893/94; Zerstörung 1977; Wiederaufbau 1978 W, 1980–82

Die zweite große Eimsbüttler Kirche nach der Christuskirche von Johannes Otzen (1882–86) wurde 1893/94 sozusagen auf Zuwachs errichtet; erst innerhalb der darauffolgenden anderthalb Jahrzehnte entstand auch das Wohnviertel um den rund 2 ha großen Platz. Abweichend von dem konventionellen neogotischen Schema wurden hier romanische Formen gewählt, wobei sich das Gebäude allerdings im Umriß von den meisten anderen Stadtteilkirchen kaum wesentlich unterscheidet. Eine Innovation bedeutete jedoch die Grundrißlösung. Denn die Apostelkirche war die erste Hamburger Kirche, die nach dem Wiesbadener Programm von 1891 als kuppelüberwölbter Zentralraum errichtet wurde, wenn auch noch mit axialer Ausrichtung an einem Mittelgang (vgl. auch die Gnadenkirche in St. Pauli, Nr. C 1).

1977 brannte die Apostelkirche einschließlich des Turmes völlig aus. Beim Wiederaufbau blieben nur die Außenmauern als torsohafte Hülle erhalten. Das Innere der Ruine wurde dagegen nach einem Konzept von Bernhard Hirche in Zusammenarbeit mit Grundmann und Rehder völlig neugestaltet. Eine Zwischendecke in Höhe der ursprünglichen Empore teilt den Bau seitdem in den neuen Kirchensaal im Obergeschoß und ein Erdgeschoß, das mit einem großzügigen multifunktionalen Foyer und variabel einteilbaren Mehrzweckräumen als Gemeindezentrum dient. Bemerkenswert sind die drei neuen »Apostelfenster« in der Apsis, die vor der Zerstörung nur ein Abstellraum war. Sie zeigen eine überkonfessionelle Auswahl vorbildhafter Menschen, die, wie Dietrich Bonhoeffer, Simone Weil oder Martin Luther King, im Sinne des Christus-Wortes »Salz der Erde« waren (Entwurf Bernhard Hirche).

C 61 Geschoßwohnbau Lunapark

C 63 Evangelisch-lutherische Apostelkirche

C 64 Wohn- und Geschäftshäuser von A. P. B.
C 64.1 Wohn- und Geschäftshaus
Osterstraße 135, Eimsbüttel
Architekten: A. P. B. Architektengruppe Planen & Bauen; Mitarbeiter: Horst Schlien
1981, 1982/83
C 64.2 Geschoßwohnbau
Schwenckestraße 87, Eimsbüttel
Architekten: A. P. B. Architektengruppe Planen & Bauen; Mitarbeiter: Horst Schlien
1980, 1982
Zwei Baulückenschließungen der frühen 80er Jahre, die im besten Sinne des Wortes »Stadtreparatur« leisten, indem sie nicht nur die Maßstäblichkeit, sondern auch andere wesentliche Charakteristika der Vorkriegsarchitektur wieder aufnehmen, wie Erker, Giebel oder stehende Fensterformate. Was heute selbstverständlich erscheint, war damals für Hamburger Ansprüche, durch die SAGA und die Neue Heimat nicht gerade verwöhnt, noch eine kleine Sensation – ja, selbst die Putzfassaden, die den langersehnten frischen Klang in das backsteinrote Einerlei der Hansestadt brachten.

C 65 »Hamburger Burg«
Stellinger Weg 36, 38a-f/Methfesselstraße 86–84, Eimsbüttel
Architekt: Just
1898 W, 1899

Eines der richtungweisenden Wohnungsbauprojekte der Hamburger Genossenschaftsbewegung. Rudolf Rzekonski konnte den 1898 vom »Bau- und Sparverein zu Hamburg« ausgeschriebenen Wettbewerb mit einer städtebaulichen Lösung für sich entscheiden, die schon bald darauf als sogenannte »Hamburger Burg« Karriere machte und selbst in bürgerlichen Vierteln auftauchte (vgl. z. B. die Isestraße in Harvestehude): eine U-förmige Anlage um einen Eingangshof, die zwar eine wirtschaftliche Grundstücksausnutzung gewährleistet, dabei aber nicht, im Unterschied zur Schlitzbauweise mit Hinterflügeln, die Belichtung vernachlässigt. Da die von Rzekonski entwickelten Grundrisse jedoch auf weniger Zuspruch stießen, wurde nach einer zweiten Konkurrenz der ursprünglich nur zweitplazierte Architekt Just mit der Realisierung beauftragt. Zukunftsweisend war die Entscheidung für Zweispänner – statt der damals im Kleinwohnungsbau üblichen Vierspänner –, konventionell gedacht dagegen noch die Renaissancefassade, hinter der Just die bescheidenen Wohnungen verbarg.

C 66 Evangelisch-lutherische Kirche St. Stephanus
Lutterothstraße 98, Eimsbüttel
Architekten: Distel & Grubitz (Ursprungsbau). Hopp & Jäger (Umgestaltung)
1912; Umgestaltung 1956/57

C 64.2 Geschoßwohnbau

C 67.1 Schule Lutterothstraße I
C 67.2 Schule Lutterothstraße II

Kurz vor dem Ersten Weltkrieg erhielt das expandierende Eimsbüttel sein drittes evangelisches Gotteshaus, für das nun allerdings nur noch ein Eckgrundstück verblieb: eine schlichte Saalkirche, die mit dem Pastorat durch eine gemeinsame Dachgruppe verbunden ist, so daß eigentlich nur der Turm zeichenhaft auf den Zweck hindeutet. Der bemerkenswerte Reformstilbau ist jedoch im Innern stark verändert, da der einsturzgefährdete Betonfußboden 1956 herausgerissen werden mußte. Dabei gingen auch die charaktervollen Holzeinbauten verloren und wurden durch schlichte Betonemporen ersetzt. Auch der neue Altar und die Kanzel, ebenfalls von Bernhard Hopp, verbreiten spießigen Nierentisch-Charme und wirken eher wie zufällig abgestellte Möbel (Mosaik in der Altarnische von Claus Wallner).

C 67 Ehem. Volksschulen Lutterothstraße
C 67.1 Schule Lutterothstraße I
Lutterothstraße 34–36, Eimsbüttel
Architekt: Hochbauwesen, Albert Erbe
1906–08

C 67.2 Schule Lutterothstraße II
Lutterothstraße 78–80, Eimsbüttel
Architekt: Hochbauwesen, Fritz Schumacher
1911/12

Zwei Schulentwürfe, die beispielhaft die gestalterische Spannweite des öffentlichen Hochbaus in Hamburg vor dem Ersten Weltkrieg verdeutlichen: vom historisierenden Rückgriff auf die Hamburger Barockarchitektur, mit dem Albert Erbe einen Beitrag zum ortstypischen Bauen leisten wollte (vgl. auch die höheren Jungenschulen von Erbe in Eimsbüttel, Nr. C 72), bis hin zum regionalistisch gefärbten Reformstil Fritz Schumachers, der nicht nur an der Lutterothstraße 78–80 ohne derartige Stilzitate auskam. Auffällig ist hier vor allem der dekorative Gebrauch des dunklen Klinkers an dem roten Backsteinmauerwerk. Zwei weitere Bauten von Erbe, mit denen sich der Architekt bereits der Schumacherschen Auffassung annäherte, sind übrigens mit den beiden Volksschulen Schwenkkestraße 98–100 und Heußweg 65/Telemannstraße 10 in der Nachbarschaft erhalten (beide 1909–11).

C 68 Römisch-katholische Kirche St. Bonifatius
Am Weiher 29, Eimsbüttel
Architekt: Fritz Kunst
1909/10

Konservativer Sakralbau mit gedrungenem, basilikalem Querschnitt, eingezogenem Chor und halbrunder Apsis. Fritz Kunst reichte seinen Entwurf zwar unter dem Motto »Kirche in englischer Gotik« ein, die schlicht verputzten Hochschiffwände mit den kleinen Zwillingsfenstern im Obergaden und die Präzision, mit der die steinsichtigen Glieder und die kannelierten Rundpfeiler gefügt wurden, vermitteln aber eher den Eindruck einer gotischen Bettelordenskirche, wenn auch mit romanischen Rundbögen unter Kreuzrippengewölben. Eine der schönsten Leistungen des Hamburger Sakralbaus vor dem Ersten Weltkrieg stellt das Westwerk dar – eigentlich ein »Nordwerk« –, das seinen Reiz durch den Kontrast zwischen der schmucklosen Rohbauarchitektur und den filigranen Maßwerkfeldern, ebenfalls aus Formziegeln, erhält. Der Turm wirkt sogar ohne unmittelbares Stilzitat nur durch seine straffe vertikale Gliederung gotisierend und wird von einer originellen Kupferpyramide bekrönt.

C 69 Evangelisch-lutherische Bethlehemkirche
Eppendorfer Weg 131, Eimsbüttel
Architekt: Joachim Matthaei
1956 W, 1958/59

Einer der wenigen wirklich herausragenden Hamburger Sakralbauten der Nachkriegszeit, der auch überregionale Vergleiche nicht zu scheuen braucht. Der Stahlbetonskelettbau wurde angesichts der problematischen Standortwahl in einer Straßengabelung betont introvertiert gestaltet mit hoch liegenden Fensterbändern aus Betonformsteinen. Das schlichte Mauerwerk der Ausfachungen »lebt« jedoch durch den hellroten, geklinkerten Ziegel aus Belgien. Zeittypisch ist die Turmlösung: eine Stele als Glockenträger, die der Kirche wie ein Campanile beigestellt ist.

Den Raumeindruck im Innern bestimmt eine zweite Wandschicht aus Hohlziegeln, die aus akustischen Gründen gefaltet ist, wobei die Löcher auch als Austrittsöffnungen für die Warmluft der Heizung dienen. Die ornamentalen Streifen hinter dem Altar stellen die Wurzel Jesse dar (i. e. der Stammbaum Christi). Die Bronzetür von Fritz Fleer zeigt Szenen aus der Geburtsgeschichte Christi und – mit ungeschönter Drastik – den Kindermord in Bethlehem sowie die vier Evangelistensymbole aus der Apokalypse – wie überhaupt die apokalyptischen Erfahrungen der Kriegs- und Nachkriegsjahre nicht nur bei dieser Kirche die künstlerische Ausstattung geprägt haben dürften.

C 70 Geschoßwohnbau
Scheideweg 3, Hoheluft-West
Architekten: A. P. B. Architektengruppe Planen & Bauen; Mitarbeiter: Gustaf Bachmann, Ketel Ketelsen
1974, 1976/77

Der Entwurf brachte mit seinen dunklen Klinkerfassaden und Details wie dem Dreieckserker oder den dynamischen Brüstungsbändern des Neuen Bauens Ende der 70er Jahre auf den Punkt, was damals unter dem Stichwort »Genius loci« die Hamburger Architekturdiskussion beherrschte, nämlich die Suche nach den verlorenen ortstypischen Gestaltqualitäten (und was seitdem leider fast immer automatisch das Bauen in der Schumacher-Ära meint). Bemerkenswert ist auch das Geschick, mit dem das Gebäude zwischen seinen unterschiedlich hohen Nachbarn vermittelt. Das großzügig ineinanderfließende Raumgefüge der Ein- bis Zweizimmerwohnungen reflektiert die Wohnbedürfnisse urbaner Großstadtsingles – jenseits der üblichen Kleinstapartments mit Kochnische.

C 70 Geschoßwohnbau

C 71 Geschoßwohnbauensemble Hohe Weide
Hohe Weide 39–53/Kaiser-Friedrich-Ufer 15–22/Bogenstraße; Hohe Weide 58–88/Kaiser-Friedrich-Ufer 24–28/Bogenstraße, Harvestehude
Architekten: Klophaus & Schoch
1924–28

Eimsbüttel und Harvestehude waren längst dicht bebaut, als das Gebiet zwischen Isebekkanal und Gustav-Falke-Straße bzw. Beim Schlump erschlossen wurde. Der ungünstige Baugrund hatte zu dieser Verzögerung geführt, so daß hier ab 1908 noch problemlos diejenigen öffentlichen Einrichtungen Platz fanden, deren Einplanung in den angrenzenden Vierteln bis dahin versäumt worden war (vgl. die folgenden Nummern). In der Weimarer Republik entstand dann vor allem noch die Wohnbebauung, die vom Anspruchsniveau her auf die kleinbürgerliche Mittelschicht der »White-collar«-Berufe zugeschnitten war, wobei die Blöcke am Nordende der Hohen Weide besonders hervorzuheben sind. Giebel, Risalite und Ecktürme gliedern hier die langen Klinkerfronten und steigern das Ensemble zu malerischer Gesamtwirkung. Auffällig ist auch die unorthodoxe Mischung gotisierender, expressionistischer und barocker Dekorationsformen.

C 72 Die höheren Jungenschulen von Albert Erbe
C 72.1 Ehem. Bismarck-Realschule
Bogenstraße 59, Eimsbüttel
Architekt: Hochbauwesen, Albert Erbe
1909–11
C 72.2 Ehem. Oberrealschule Kaiser-Friedrich-Ufer
Kaiser-Friedrich-Ufer 6, Eimsbüttel
Architekt: Hochbauwesen, Albert Erbe
1907, 1909–11
C 72.3 Ehem. Heinrich-Hertz-Realgymnasium
Bundesstraße 58, Rotherbaum
Architekt: Hochbauwesen. Albert Erbe
1907, 1908–10

Für diese drei höheren Jungenschulen entwickelte Albert Erbe Backsteinarchitekturen mit akzentuierenden Gliederungen und Ornamenten in Werkstein. Oberflächlich betrachtet der um 1910 gern zitierten Hamburger Bürgerhausarchitektur des 18. Jahrhunderts zuzuordnen, werden bei genauerer Analyse doch wesentliche Unterschiede deutlich. So schmückt die Bismarck-Realschule zwar ein überdimensionales Barockportal, ansonsten wurden aber klassizistische Dekorationsformen gewählt, während diejenigen der etwas aufwendigeren Oberrealschule – groteske Masken, »Beschlag- und Rollwerk«, Obelisken – aus der Renaissance herrühren. Nur das ehemalige Realgymnasium zeigt den sogenannten »Sonnin-Barock« in Reinform, wobei der größere gestalterische Aufwand hier eindeutig den Rang der Schule widerspiegelt.

C 73 Freibad Kaiser-Friedrich-Ufer
Bundesstraße, Eimsbüttel
Architekt: Konstanty Gutschow
1937
Das Schwimmbad wird nach Osten durch eine Tribünenanlage und nach Westen durch offene Hallen mit Garderobenräumen und Sanitäranlagen abgeschirmt. Sichtbares Holzwerk und scharrierte Betonbalken auf Backsteinpfeilern kennzeichnen die traditionalistisch gefärbte Sachlichkeit der 30er Jahre: »... eine Freibadeanlage mitten im Häusermeer der Großstadt, durch ein wenig Erdbewegung und einige Pflanzungen gegen die Umgebung als eine Insel der Erholung abgeschirmt. Wilhelm Hübotter spielte den gartengestaltenden Partner«, wie Gutschow das Projekt in einem unveröffentlichten Bericht selber charakterisierte.

C 74 Synagoge
Hohe Weide 34, Eimsbüttel
Architekten: Klaus May und Karl Heinz Wongel
1957 W, 1958–60
Gemeinderäume und zwei Wohnungen gruppieren sich um einen polygonalen Hauptbau mit 370 Plätzen (um einen Saal mit 80 Plätzen erweiterbar): »Der Synagogenbau ... ist fünfeckig; eine Grundform, die an das Siegel Salomos erinnern mag. Im Betraum ist, ungeachtet seiner neuzeitlichen Gestalt, die alte orthodoxe Ordnung anzutreffen: die Männer nehmen Platz zu ebener Erde, die Frauen hoch auf der Empore. An der Ostwand (in Richtung auf Jerusalem) steht der Thoraschrein und an seit je festgelegten Stellen im Raum sind Thorapult, Vorbeterpult und Chanukka-Leuchter (südlich vom Thoraschrein) zu finden« (*Kunst und Kirche*, 1/1962, S.31). – Vor dem Progrom in der Nacht vom 9. auf den 10. November 1938 zählte Hamburg allein zwei Großsynagogen mit jeweils 1200 Plätzen. Die heutige Synagoge für etwa noch 1400 Gemeindemitglieder wurde weit abseits dieser ehemaligen jüdischen Zentren errichtet: ein unprätentiöser, aber sorgfältig detaillierter und gerade in seiner Schlichtheit angemessener Bau, macht er doch auf diese Weise den Verlust des ehemals reichen jüdischen Gemeindelebens der Hansestadt bewußt.

C 74 Synagoge

C 76 Höhere Handelsschule

C 75 Sonderschule
Bundesstraße 94, Eimsbüttel
Architekt: Hochbauwesen, Fritz Schumacher
1926/27
Dreigeschossiger kubischer Bau mit Staffel und flach geneigtem Walmdach. Die Klinkerfassaden werden durch umlaufende Gurt- und Sohlbankgesimse gegliedert, die Brüstungsflächen durch Schmuckverbände akzentuiert – insgesamt eine für Fritz Schumacher eher ungewöhnliche Lösung.

C 76 Höhere Handelsschule
Schlankreye 1, Eimsbüttel
Architekten: Hinsch & Deimling
1927 W, 1928/29.
Einer der wenigen Schulentwürfe der Weimarer Republik, die nicht von Fritz Schumacher stammen. Der herausragende Bau belegt denn auch einmal mehr, welche Entwicklungspotentiale blockiert wurden, weil Schumacher alle planerischen und gestalterischen Entscheidungen im öffentlichen Hochbau an sich zog. Zwei dunkle Klinkerscheiben auf gelben Sockeln scheinen sich gleichsam zu durchstoßen. Dabei war offensichtlich die Lage in einer Hochbahnkurve die Inspirationsquelle für den dynamisch ausschwingenden Südflügel. Auf der Höhe der architektonischen Entwicklung Ende der 20er Jahre stehen auch die feingliedrigen Fensterbänder, die den vorhangartigen Charakter der Längsfassaden bewirken. Sie finden sich zu diesem Zeitpunkt zwar auch in Schumachers Entwürfen, der Oberbaudirektor kam dabei jedoch nie ohne kompakte Fensterstützen und Gesimse aus.

C 77 Geschoßwohnbau
Bundesstraße 80–86/Gustav-Falke-Straße/Heymannstraße/Schlankreye, Eimsbüttel
Architekt: Richard Laage
1927/28
Eines der schönsten Beispiele für die Hamburger Klinkerarchitektur der Weimarer Republik. Gerundete »Utluchten« mit gedrechselten Fensterpfosten kennzeichnen die Längsfronten, deren Ausbuchtungen mit den vertieft eingelassenen Treppenhausfensterachsen

gleichsam als Negativform wiederaufgenommen werden. Auch andere sorgfältige Details verraten die Freude am Material, die bei diesem Entwurf jedoch nicht, wie so häufig, zu einem Horror vacui geführt hat. Es ist vielmehr gerade die betonte Flächigkeit der Fassaden, die hier die Eigenschaften des Klinkers besonders zur Wirkung bringt.

C 78 Geschoßwohnbauten Schlankreye/Bogenstraße

C 78.1 Haus der Malerei-Gesellschaft

Schlankreye 3–25/Bogenstraße/Heymannstraße, Eimsbüttel
Architekten: Berg & Paasche
1926–29

C 78.2 Der »Klinker«

Schlankreye 27–73/Grindelberg/Bogenstraße, Harvestehude
Architekten: Ernst und Rudolf Eckmann mit Christian H. Leopold Strelow
1924, 1. BA 1925/26; Fertigstellung 2. BA 1929 (Kopfbau am Grindelberg); Zerstörung 1943; Wiederaufbau 1948–53

Die beiden langgestreckten Blöcke an der Schlankreye wurden für Gewerbetreibende errichtet, wie sich an den Werkstattgebäuden in den Höfen ablesen läßt. Für den Bau des »Klinkers« hatten sich Mitglieder des »Gewerbevereins vor dem Dammthor« zu einer GmbH zusammengeschlossen. Der Name des Bauprojekts war programmatisch gemeint; die aufwendige Fassadenarchitektur sollte nicht nur das Selbstbewußtsein, sondern auch die Leistungsfähigkeit des Handwerks unter Beweis stellen – wie denn auch das Terrakottarelief von Hermann Perl im Eingang des heutigen Holi-Kinos, ursprünglich der Veranstaltungssaal des Vereins, die Produktion und Verarbeitung der Ziegel als handwerklichen Vorgang herausstreicht (ungeachtet der industriellen Massenproduktion). Auf ein Steildach wurde auf Anraten der Baubehörde allerdings verzichtet. Die Dreieinhalb- bis Viereinhalbzimmerwohnungen mit 102 bzw. 104 m^2 Fläche konnten als gehobener Wohnstandard gelten. Deutlich schlichter präsentiert sich dagegen der südlich angrenzende Block, der von einer Wohnungsbaugenossenschaft des Maler- und Lackierhandwerks errichtet wurde.

C 79 Jahnschule

Bogenstraße 34–36, Harvestehude
Architekt: Hochbauwesen, Fritz Schumacher
1928, 1929–33

Einer der Entwürfe aus dem Volksschulbauprogramm der späten 20er Jahre, dessen Ausführung durch die Weltwirtschaftskrise verzögert wurde. Trotz der sachlichen Architektur zeigt sich auch hier wieder der unterschwellig konservative Zug in Schumachers Schaffen, von dem sich der Oberbaudirektor nicht zu emanzipieren vermochte, denn die beiden Gebäudehälften für die Jungen- und die Mädchenschule sind einander streng achsensymmetrisch zugeordnet.

C 79.1 Sporthalle

Gustav-Falke-Straße 42, Eimsbüttel
Architekten: A. P. B. Architektengruppe Planen & Bauen; Mitarbeiter: Ahmad Galedary, Wolfgang Harlandt
1985, 1986–87

Die neue Sporthalle der Jahnschule fügt sich sensibel in das Klinkerensemble im Weichbild der Schlankreye ein. Sie wurde zwar jenseits der Bogenstraße errichtet, ist hinsichtlich der Materialwahl, der Mauerwerksvorlagen und der Fensterteilungen aber eindeutig dem Schulgebäude zuzuordnen.

C 80 Ehem. Hansa-Lyzeum

Bogenstraße 32, Harvestehude
Architekt: Hochbauwesen, Albert Erbe
1908–10

Malerisch aufgelöster Gebäudekomplex auf einem Eckgrundstück mit Schweifgiebeln und Dachreiter, für den offenkundig Theodor Fischers Volksschule am Münchner Elisabethplatz das Vorbild lieferte (1901), was auch die für Erbe ungewöhnlichen Putzfassaden erklärt. Das heutige Helene-Lange-Gymnasium war eine der ersten staatlichen höheren Mädchenschulen in Hamburg und wurde 1927 nach der Vorkämpferin für die Frauenrechte im Bildungswesen benannt.

C 81 Evangelisch-lutherische Kirche St. Andreas

Bogenstraße 30, Harvestehude
Architekten: Hugo Groothoff (Ursprungsbau), Reinhard Vogt (Wiederaufbau)
Gemeindesaal und Pastorat 1898/99; Kirche 1906/7; Zerstörung 1943; Wiederaufbau 1951

Die wenig repräsentative Lage macht St. Andreas zu einem typischen Beispiel für eine »nachgeschobene« Stadtteilkirche. Ursprünglich stand hier nur das zweite Pastorat von St. Johannis in Rotherbaum mit einer Kapelle. Der Zentralraum ist aus dem griechischen Kreuz mit vier kurzen Armen entwickelt und wird von einem Sterngewölbe überfangen. Der asymmetrisch angeordnete Turm steigert die konventionelle neogotische Architektur zu malerischer Wirkung.

C 82 Vaterstädtische Stiftung

Kielortallee 25 und 26, Eimsbüttel
Architekten: Dyrssen & Averhoff
1926–30

Die beiden gegenüberliegenden Stiftsbauten akzentuieren die Einmündung der Kielortallee. Traditionsverhaftet wirken neben den Steildächern und den Rundbogenfenstern an der Seitenfront vor allem die Buckelglasscheiben der Sprossenfenster, die Lichter auf die dunklen Klinkerfassaden setzen. Modernistisch präsentieren sich dagegen die Kragdächer über den Eingängen und die scharrierten Betonrahmen, die die beiden Fenster jeweils einer Wohneinheit zu einer Gruppe zusammenfassen, wobei auffällig ist, daß die Füllungen hier Ziegelverbände imitieren.

C 83 Emilie-Wüstenfeld-Gymnasium

Bundesstraße 78, Eimsbüttel
Architekten: Distel & Grubitz
1915, 1919–23; Aula und Turnhalle 1928

Betont flächiges Mauerwerk mit bündigen Sprossenfenstern, sparsamer Terrakottaschmuck, klassizierende Gliederungen und hohe Mansardwalmdachgruppen kennzeichneten die Hamburger Schulentwürfe seit dem Amtsantritt Fritz Schumachers. Typisches Repertoire des öffentlichen Hochbaus zu dieser Zeit sind auch die Lisenen, die die vertieft eingelassenen Fensterachsen der oberen Stockwerke mit dem Sockelgeschoß verklammern – nur daß dieser Entwurf nicht von Schumacher selbst, sondern von dem Privatbüro Distel & Grubitz stammt. Dieser Umstand ist jedoch auch nicht weiter verwunderlich, bestand die Stärke dieser beiden Architekten doch gerade darin, sich mit großem Geschick den jeweils herrschenden Architekturtrends anzupassen. Die Emilie-Wüstenfeld-Schule, 1897 gegründet, war übrigens eine der zahlreichen privaten höheren Mädchenschulen, wie sie für Hamburg typisch waren (vgl. Nr. C 80).

C 84 Schröder-Stift

Schröderstiftstraße 34, Rotherbaum
Architekten: Albert Rosengarten (Ursprungsbau und Erweiterungen). Albert Petersen (Neugestaltung und Erweiterung Kapelle). Planerkollektiv (Modernisierung)
1851/52; Erweiterungen 1862 und 1871–74; Neugestaltung und Erweiterung Kapelle 1904; Zerstörung 1943; Teilabriß ab 1971; Modernisierung 1982/83

Stiftsanlage für Hilfsbedürftige der »höheren Stände«. Der Dreiflügelbau umfaßte Mitte des 19. Jahrhunderts 52 Wohnungen mit je zwei bis drei Stuben und Küche. Überaus fortschrittlich war die Grundrißlösung: Zweispänner an direkt belichteten Treppenhäusern. Programmatisch zu verstehen ist die zentrale Anordnung der Kapelle, eines Zentralraums mit Sterngewölbe. Ihre Neugestaltung einschließlich der beiden seitlichen Erweiterungen erfolgte, als die Sarkophage des Stifters Freiherr Johann Heinrich von Schröder und seiner Gattin hierher überführt wurden.

Der schlichten, aber kraftvollen Architektur des Hauptbaus – gelber Backstein für die Flächen, roter für die Gliederungen – ordneten sich auch die späteren Erweiterungen unter, die sich bis zur Bundesstraße erstreckten (ab 1971 bis auf den Flügel am Schröderstiftweg abgebrochen). Als zehn Jahre später auch der Abriß der übrigen Gebäude drohte, gelang es den mittlerweile studentischen Bewohnern und einer Architektengruppe, den Erhalt durchzusetzen und die Anlage zu einem Wohnmodell umzugestalten.

C 84 Schröder-Stift

C 85 Wasserturm

Sternschanzenpark, Rotherbaum
Architekt: Wilhelm Schwarz
1906 W, 1907–10

Für die geplanten drei neuen Wassertürme im Sternschanzenpark, im Stadtpark (vgl. Nr. E 43) und am Winterhuder Weg (nicht mehr erhalten) wurde 1906 ein reichsweiter Wettbewerb ausgeschrieben, wobei besonders das Projekt für die Sternschanze auf große Resonanz stieß, wurde der Turm hier doch durch den exponierten Standort auf einer Anhöhe noch zusätzlich hervorgehoben. Das behäbige Bauwerk von Wilhelm Schwarz, das mit der umlaufenden Galerie und der geschweiften Dachhaube wie ein überdimensionierter Wachtturm wirkt, erfüllt schon seit langem nicht mehr seinen Zweck und ist mittlerweile stark verwahrlost. Alle Versuche, ein auch in wirtschaftlicher Hinsicht tragfähiges Umnutzungskonzept für das 52 m hohe Gebäude zu entwickeln, sind bisher jedoch gescheitert.

C 86 Evangelisch-lutherische Kirche Zum Guten Hirten

Försterweg 12, Stellingen
Architekten: Sandtmann & Grundmann (Kirche). Horst Sandtmann (Gemeindehaus)
1959 W, 1960/61; Gemeindehaus 1962

Sakralbau mit bemerkenswerter asymmetrischer Grundrißlösung, der ein Trapez zugrunde liegt. In den Lichtschlitzen unter der zeltartigen Decke und den schießschartenartigen, tiefen Einschnitten in der Längswand verdeutlicht sich der Einfluß der Wallfahrtskirche Notre Dame du Haut in Ronchamp von Le Corbusier (1950–54). Das Betonrelief an der Empore mit dem Thema »David und Goliath« stammt von Klaus Arnold. Der hoch aufragende Glockenturm, der bemerkenswert frei von herkömmlichen Vorbildern gestaltet wurde, setzt ein auffälliges Merkzeichen in den völlig konturlosen Wohn- und Gewerbegebieten von Langenfelde.

C 87 Überdachung des Wolfgang-Meyer-Stadions

Hagenbeckstraße 124, Stellingen
Architekten: ASW Architekten Silcher, Werner + Partner; Mitarbeiter: Hermann Hartjen, Ulrich Hölscher-

C 87 Überdachung des Wolfgang-Meyer-Stadions

Bogumil. Ingenieure: Schlaich, Bergermann & Partner
1990 W, 1992–94
Überdachung und neuer Eingangsbau für eine bestehenden Kunsteis- und Radrennbahn. Den Zuschlag für die Realisierung erhielt mit dem Entwurf von ASW der drittplazierte Wettbewerbsbeitrag, der als einziger den engen Kostenrahmen von 3,3 Millionen DM einzuhalten versprach: eine Membrandachkonstruktion aus transluzentem Polyestergewebe, die bei einer Maximalausdehnung von 120 x 70 m an vier Pylonen aufgehängt ist und sich zudem über sogenannte Luftstützen mit Pilzköpfen spannt, die von Unterspannungsseilen getragen werden. Nicht nur die zeltartige Konstruktion selbst ist überaus ökonomisch, die Überdachung konnte auch innerhalb von nur sechs Wochen montiert werden.

C 88 Carl Hagenbecks Tierpark
Hagenbeckstraße, Stellingen
1902–07
1897 begann der Ankauf von Gelände im damals noch preußischen Stellingen, wo am 7. Mai 1907 der bekannte Privatzoo eröffnet wurde. Als sensationell galten damals die mit tiefen Gräben – statt der üblichen Gitter – vom Publikum abgetrennten Gehege, die nach einem Entwurf des Schweizer Malers und Tierbildhauers Urs Eggenschwyler mit künstlichen Felsen und Teichen Naturvorbildern nachempfunden wurden. Obwohl der Tierpark bei den Luftangriffen im Sommer 1943 schwer getroffen wurde, hat die Anlage doch bis heute viel von ihrem nostalgischen Charme bewahrt.

C 89 Wohnheim für Musikstudenten
Grandweg 16, Lokstedt
Architekt: Godber Nissen; Mitarbeiter: Martin Kirchner, Karl Hermann Stein
1964, 1967/68
Hellgestrichene Betonbalken und eine ebenso kantige Schottenstruktur aus großformatigem Sichtmauerwerk bestimmen die Außenarchitektur. Auch in den Fluren und Treppenhäusern dominiert der rote Backstein. Die nebeneinander gestaffelten Wohneinheiten folgen einem Rhythmus, der von dem Architekten als »musikalisch« empfunden wurde. – Zumindest aber stellt der Bau mit seinen überschaubar zusammengefaßten Zimmern und dem klösterlich anmutenden Innenhof, um den sich die Übungszellen der Studenten gruppieren, eine erfreuliche Alternative zu den »Wohnmaschinen« dar, wie sie zu jener Zeit auch im Wohnheimbau favorisiert wurden.

C 90 Kriegerdenkmal
Grandweg/Bei der Lutherbuche, Lokstedt
Architekt: Reusse
1923
Das Kriegerdenkmal der bis 1937/38 selbständigen Gemeinde Lokstedt wurde bemerkenswert frei von konventionellen Vorbildern gestaltet. Kristall, Flamme oder Stern mit Kometenschweif sind die vagen Assoziationen, die sich angesichts des extravaganten Klinkeraufbaus einstellen, der sich auf seinem achtstrahligen Sternsockel gleichsam aufzufalten scheint. Diese expressive, aufsteigende Geste korrespondiert mit der Inschrift am sockelartigen Unterbau: »Den Gefallenen zum Gedächtnis, den Lebenden ein Vermächtnis, dem Vaterland der Schwur: EMPOR.«

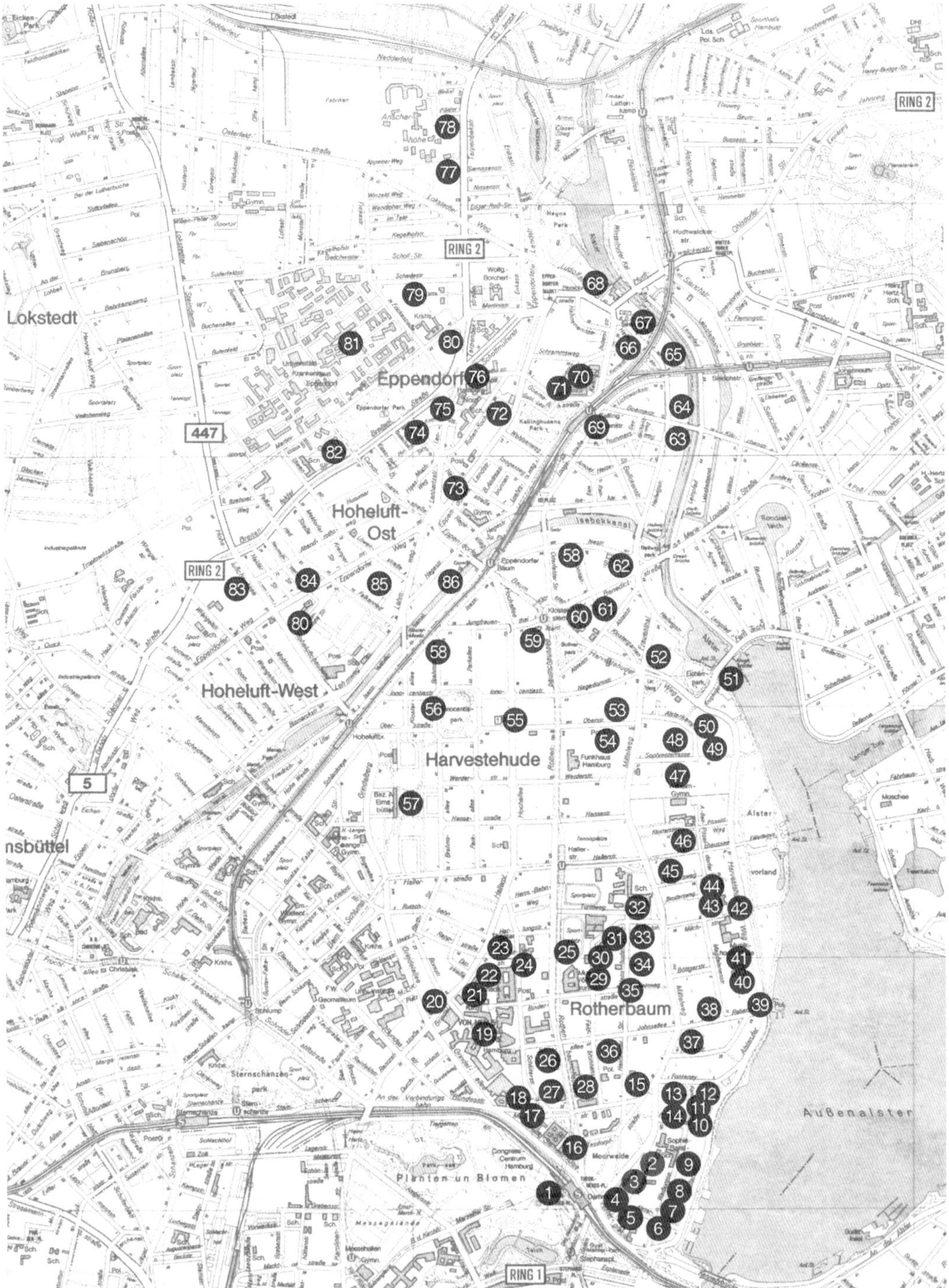
Lokstedt
Eppendorf
Hoheluft-Ost
Hoheluft-West
Harvestehude
Rotherbaum
Außenalster
Planten un Blomen
Sternschanzenpark
Alster
RING 2
RING 1
447
5

D Rotherbaum, Harvestehude, Eppendorf und Hoheluft-Ost

Sind die beiden Stadthaus- und Villenviertel Rotherbaum und Harvestehude auch dem Sozialprestige und der Baustruktur nach miteinander vergleichbar, so kennzeichnete sie doch über lange Zeit eine völlig unterschiedliche Geschichte. Denn während der Kernbereich von Rotherbaum 1752 endgültig in den Besitz der Stadt gelangte, erinnern Straßennamen wie Klosterstern oder Abteistraße noch heute daran, daß Harvestehude ursprünglich dem Damenstift St.-Johannis-Kloster gehörte, der Rechtsnachfolgerin des mit der Reformation aufgehobenen und 1530 abgerissenen Nonnenklosters Herwardeshude der Zisterzienser nordwestlich des Eichenparks (vgl. Nr. D 65). Von dem Verkauf dieses Geländes an ein Spekulantenkonsortium 1866 profitierte allerdings nicht nur das Stift selbst, sondern auch die evangelisch-lutherische Kirche in Hamburg, die 1874 eine Abfindung von 1,55 Millionen Mark aus dem Geschäft erhielt, was ihr die Loslösung vom Staat und den Bau der mit dem Stadtwachstum notwendig gewordenen Stadtteilkirchen ermöglichte.

Bis zur Aufhebung der Torsperre 1860/61 waren die Gebiete vor dem Dammtor nur dünn besiedelt und galten vorrangig als Adresse für saisonal genutzte Landhäuser. Nur Eppendorf, im 14. Jahrhundert ebenfalls in den Besitz des Klosters Harvestehude gelangt, war ein traditionelles Siedlungsgebiet vor den Toren der Stadt. Den Auftakt für die systematische Erschließung und Bebauung Harvestehudes und Rotherbaums in den 1850er Jahren bildeten Projekte wie das Stadthausensemble Alsterglacis 4–8, dessen Parzellierungsplan von William Lindley stammte (vgl. Nr. D 5). Auf die Umsetzung von Lindleys weitschauendem Gesamtkonzept, der 1854/55 bereits beide Stadtteile überplant hatte, wurde jedoch verzichtet. Statt dessen entstanden in den 1860er Jahren weitere isolierte Projekte wie die Privatstraßen zwischen Harvestehuder Weg und Mittelweg – z. B. Sophienterrasse oder Magdalenenstraße – oder die 1868 angelegte Johnsallee, die sich erst allmählich zu einem geschlossenen Siedlungsgebiet fügten – wie sich auch die Bebauung des Klosterlands bis 1914 hinzog. Der Isebekkanal bildet hier auch die soziale Grenze zum ehemals kleinbürgerlich-proletarischen Hoheluft-Ost, das ursprünglich zu Eppendorf gehörte.

D 1 Dammtorbahnhof

Theodor-Heuss-Platz/Dag-Hammarskjöld-Platz, Rotherbaum
Architekten: Eisenbahndirektion Altona, Baurat Schwarz mit Architekt Rüdell
1901–03; Modernisierung und Restaurierung bis 1989

Einer der ursprünglich fünf neuen Bahnhöfe an der Verbindungsbahn zwischen Hamburg und Altona, mit deren kreuzungsfreiem Ausbau um die Jahrhundertwende begonnen wurde – und der einzige, der noch weitgehend seinen ursprünglichen Charakter bewahrt hat, seitdem die Bahnhöfe Sternschanze, Holstenstraße und Altona abgebrochen bzw. »zurückgebaut« wurden und die Wandelhalle im Hauptbahnhof zur Ladenpassage mutierte. Das außergewöhnlich schöne Bauwerk in Rotherbaum weist eine klare vertikale Zweiteilung nach dem Vorbild der Berliner Bahnhöfe Alexanderplatz und Friedrichstraße auf: In den Viadukten unter den Gleisen sind die Empfangs- und Warteräume untergebracht; darüber erhebt sich die 17 m hohe Bahnsteighalle, deren markante Karniesbögen an den Stirnseiten die Fachwerkbinder nachzeichnen. Tritt die Skelettkonstruktion auch an den Längsseiten deutlich hervor, so verschwindet sie oberhalb der beiden Eingangsportale hinter jugendstiligen Fassadenarchitekturen in Sandstein, die von gedrungenen Ecktürmen mit Flaggenmasten flankiert werden – diente der repräsentative Bahnhof doch auch dem Empfang von Staatsgästen.

D 2 Hauptverwaltung der IDUNA/NOVA-Versicherungsgruppe

Neue Rabenstraße 15–19, Rotherbaum
Architekten: Georg Wellhausen; Mitarbeiter: Gabriele Wellhausen, Michael Wellhausen u. a. (Ursprungsbau). Wellhausen & Partner (Erweiterungen). Kleffel, Köhnholdt, Gundermann (Kantine)
1956; Erweiterungen an der Warburgstraße um 1971 und 1973; Kantine 1992/93

Um das Gebäude in das kleinteilige Villen- und Etagenhausquartier zu integrieren, wurde der Komplex in hintereinandergestaffelte zweibündige Bürohausscheiben aufgelöst, die durch eine zentrale, quer zu dieser Parallelstruktur stehende Erschließungsachse miteinander verbunden werden. Die Brüstungsbänder sind mit Keramikformsteinen verkleidet – von dem Architekten in Zusammenarbeit mit einem Klinkerwerk entwickelt –, die Höfe zwischen den einzelnen Trakten gärtnerisch gestaltet mit Wasserbassins (Entwurf Georg Wellhausen). Die konzeptionelle Schlüssigkeit und die sorgfältige Detaillierung machen das Versicherungsgebäude zu einem herausragenden Beispiel für die Bürohausarchitektur der Nachkriegszeit, das auch überregionalen Vergleichen problemlos standhält.

D 3 Erweiterung der Hauptverwaltung der IDUNA/NOVA-Versicherungsgruppe

Alsterterrasse 1, Rotherbaum
Architekten: Kleffel, Köhnholdt, Gundermann
1989, 1990–92

Einer der bemerkenswertesten Hamburger Bürohausentwürfe der vergangenen Jahre – einmal nicht in rotem Backstein mit plumper Vorlagengliederung, sondern mit hellen Putzfronten! Auch hinsichtlich der konventionellen Lochfassadenstruktur, der betont feingliedrigen Profile und des Staffelgeschosses wurde hier erfolgreich der Anschluß an die Nachbarbebauung aus den Wiederaufbaujahren gesucht. Dabei kam der hohe Anspruch der 90er Jahre aber nicht zu

D 3 Erweiterung der Hauptverwaltung der IDUNA/NOVA-Versicherungsgruppe

kurz. Bronzerahmen, Travertinverkleidungen – an den Sockelgeschossen – und die eleganten Proportionen lassen den Bau edler wirken als so manchen Verwaltungspalast mit polierter Granitfassade.

D 4 Verwaltungsgebäude der Hanse-Merkur Versicherungsgruppe

Neue Rabenstraße 18, Rotherbaum
Architekten: A. P. B. Architektengruppe Planen & Bauen; Mitarbeiter: Wolfgang Rintz (Wettbewerb), Sebastian Anding, Madeleine Dechamps, Doris Freier, Steffanie Gammert, Jürgen Göttsch, Thomas Kohns, Uta Martensen, Jörg Nienburg, Frank Thiele, Jochen Verwick, Marion Wunram
1984/85 W, 1990–93

Der Entwurf basiert auf einem überarbeiteten Wettbewerbsbeitrag. Mit seinen diszipliniert gerasterten, weißen Putzfassaden löst der Bau zwar die gebotene gestalterische Zurückhaltung gegenüber seinem historischen Umfeld ein, ohne den repräsentativen Anspruch des Versicherungsunternehmens zu leugnen. Hinsichtlich der angestrebten Maßstäblichkeit mußten jedoch wesentliche Abstriche gemacht werden. Nachträglich durchgesetzt wurde eine Erhöhung der Geschoßfläche um mehr als 30 Prozent. Dies war nur möglich durch eine Aufstockung um bis zu zwei Geschosse und einen Querriegel im Innenhof, der die imposante glasgedeckte Eingangshalle abschließt; ursprünglich war hier eine gebäudehohe Glasfront geplant, die einen Ausblick auf einen zu erhaltenden alten Baum eröffnen sollte.

Besonders hervorzuheben ist das denkmalpflegerische Engagement der Bauherrin. Die Eingangshalle verklammert den Verwaltungsneubau mit einer Stadtvilla von Martin Haller (vgl. Nr. D 4.1) und fünf weiteren Villen am Alsterglacis. Ende der 1850er Jahre errichtet, zählen sie zu den Pionieren der systematischen Besiedlung des westlichen Alsterufers, das bis zur Aufhebung der Torsperre 1861 eine bevorzugte Landhausadresse war (vgl. Nr. D 14 und D 46). Ihre Putzdekorationen spiegeln die gesamte Spannweite der bürgerlichen Wohnhausarchitektur in der Mitte des 19. Jahrhunderts wider, vom Spätklassizismus über den Rundbogenstil bis zur malerischen »Jollasse-Gotik« (vgl. Nr. D 5) . Während Alsterglacis 8 fremdvermietet wurde, dienen die aufwendig restaurierten Erdgeschoßräume der beiden Doppelvillen Alsterglacis 4–5 und 6–7 heute als Kantine der Versicherung.

D 4 Verwaltungsgebäude der Hanse-Merkur Versicherungsgruppe

D 4.1 Haus Wedells

Neue Rabenstraße 31, Rotherbaum
Architekt: Martin Haller
1895/96

Ein Renaissance-Palazzo für den Kaufmann Siegfried Wedells mit Haller-typischer Sandsteinfassade. Der Fassadenaufbau ist konventionell hierarchisiert: im Erdgeschoß kräftige Rustika und ein die Mittelachse betonender Altan mit Doppelsäulen, darüber zwei gequaderte Obergeschosse; Segmentbogenverdachungen heben den ersten Stock ungeachtet der tatsächlichen Raumaufteilung als Beletage hervor. Die reichen Wand- und Deckendekorationen der Gesellschaftsräume – Speisesaal, Salon und Empfangszimmer im Erdgeschoß, Billardzimmer und Herrenzimmer im ersten Obergeschoß – sind wohlerhalten, diente das Gebäude doch bis 1965 als Gästehaus des Hamburger Senats. Aber auch die zahlreichen im Originalzustand überlieferten Nebengelasse wie die Garderobe, die Anrichte oder die Schrank- und Ankleideräume – die Privaträume des Hausherrn – machen Haus Wedells zu einem kaum zu überschätzenden Dokument der bürgerlichen Wohnkultur Hamburgs im ausgehenden 19. Jahrhundert.

D 5 Stadthaus

Alsterglacis 8, Rotherbaum
1862

Das Alsterglacis wurde 1856 angelegt und bald darauf mit den beiden noch erhaltenen Doppelvillen bebaut. Erst nach Aufhebung der Torsperre 1860/61 entstand dagegen der kubische Bau am östlichen Ende dieses Ensembles. Vorbilder aus Venedig und Florenz mischen sich hier im Sinne des »romantischen Historismus« mit Motiven aus dem englischen Tudorstil: ein typisches Beispiel für die »Jollasse-Gotik« – so benannt nach dem Architekten Jean David Jollasse (vgl. Nr. D 39) –, die das Bauen in den Alstervierteln über zwei Jahrzehnte bis zur Reichsgründung geprägt hat. Mangels überlieferter Bauakten muß offenbleiben, ob auch dieser Entwurf von Jollasse stammt.

D 6 Ehem. Verwaltungsgebäude der Hamburg-Mannheimer Versicherungen

Alsterufer 1–3, Rotherbaum
Architekten: Elingius & Schramm (Ursprungsbau). Schramm & Elingius (1. und 2. Erweiterung). Schramm & Pempelfort (3. Erweiterung)
1934/35; 1. Erweiterung 1957; 2. Erweiterung 1962; 3. Erweiterung 1966

In der Fassadenlösung eng mit dem nahezu gleichzeitig errichteten Prien-Haus am Jungfernstieg verwandt – ebenfalls Elingius & Schramm (1935/36) –, zeigt der Entwurf hier im Detail aber noch deutlicher den für das »Dritte Reich« typischen Neoklassizismus. Die flächigen Lochfassaden, das Flachdach und das Staffelgeschoß verweisen dagegen auf das Neue Bauen der Weimarer Republik. Im gleichen Stil 1957 nach Süden erweitert, wurde der Baukomplex 1962 mit einem Hochhaussolitär abgeschlossen, der mittlerweile einen charakteristischen Bestandteil des Alsterpanoramas bildet. 1966 kam noch ein Flachbau für das Rechenzentrum hinzu.

D 7 Ehem. Verwaltungsgebäude der Rhenania-Ossag

Alsterufer 4–5, Rotherbaum
Architekt: Rudolf Brüning
1929–31

D 5 Stadthaus

D 6 Ehem. Verwaltungsgebäude der Hamburg-Mannheimer Versicherungen

Das Verwaltungsgebäude des Düsseldorfer Architekten ist ein weiterer Beleg für die schrittweise Tertiärisierung der ehemaligen Wohnviertel am westlichen Alsterufer; hier fanden seit Ende der 20er Jahre die Großverwaltungen der Mineralölkonzerne und Versicherungen Platz, während die Innenstadt weiterhin den mittelständisch strukturierten Kontoren der Handelshäuser, Reedereien und anderer derartiger Unternehmen vorbehalten blieb. Auch in gestalterischer Hinsicht setzt sich der Bau mit seinem ausgeprägten Horizontalrelief deutlich von den vertikal gegliederten Skelettfassaden der Kontorhäuser ab. Die Rhenania-Ossag war die Vorläuferin der heutigen Deutschen Shell AG. Hierauf verweist das Relief von Joh. Knubel neben dem Eingang, das die Herstellung, die Lagerung und den Transport von Mineralöl thematisiert.

D 8 Haus Eggert

Alsterufer 12, Rotherbaum
Architekten: Stammann & Zinnow
1887

Nobles Stadtpalais mit Alsterblick. Loggien mit Säulenschmuck in aufsteigender Ordnung (toskanisch, ionisch, korinthisch) betonen die Mittelachse. Das Sockelgeschoß wird durch Quaderungen, das Piano

D 8 Haus Eggert

nobile durch Ädikulen hervorgehoben. Die Feingliedrigkeit selbst der Eckrustiken und die eleganten Proportionen machen das Gebäude zu einem der qualitätvollsten Beispiele der Neorenaissance in Hamburg.

D 9 Generalkonsulat der USA

Alsterufer 27, Rotherbaum
Architekten: Martin Haller (Ursprungsbauten). Elingius & Schramm (1. Umbau). Schoch & Gundlach (2. Umbau)
1882/83; 1. Umbau 1934; 2. Umbau
1951

Die ineinander verschachtelten Erker, Türme und Vorbauten dokumentieren die komplexe Baugeschichte des Hauses, das erst durch die Vereinigung zweier Einzelvillen der Bauherren G. Michaelsen und Julius Rée entstand, nämlich 1934, als die Gauleitung der NSDAP hier Quartier bezog. Während das Haus Michaelsen (links von der Vorfahrt) mit Ausnahme der Steildächer noch die ursprünglichen Fassade zeigt, wurde die etwas malerischere Gliederung des Hauses Rée im Stil der französischen und deutschen Renaissance abgeschlagen und durch klassizierende Details ersetzt – wobei sich die Architekten jedoch eher an einer vagen Vorstellung von hanseatischer Noblesse als am NS-Monumentalstil orientierten. Beim Umbau zum US-amerikanischen Generalkonsulat 1951 erhielt das Gebäude außerdem noch die heutige Vorfahrt, die den Komplex für den Volksmund schon bald zu einem »Weißen Haus« an der Alster machte.

D 10 Wohn- und Bürogebäude
D 10.1 Bürogebäude

Warburgstraße 50, Rotherbaum
Architekten: Fritz Rafeiner und Anton Gnech
1972/73

D 10.2 Bürogebäude und Apartmenthaus

Alsterufer 33/Fontenay-Allee 1–2, Rotherbaum
Architekten: v. Gerkan, Marg & Partner; Mitarbeiter: Peter Fischer, B. Gronemeyer, Czeslaw Mrozek
1970/71

Fertigteilbau in letzter reduktionistischer Konsequenz. Die strukturellen Kennzeichen dieser Bauweise führten zu einer Gestaltung, die zwar zeittypisch grob, dabei aber durchaus nicht ohne Reiz ist. Wand- und Deckenplatten bzw. Stützsysteme sind klar ablesbar, wenn auch im Profil z. T. von einer statisch nicht zu rechtfertigenden Massivität. Ein signifikantes Erscheinungsbild erhalten die Bauten auch durch den aufgelösten Gebäudeumriß. Bei dem Geschoßwohnbau resultiert die abwechslungsreiche Staffelung außerdem aus der Erschließung der Apartments nach dem Split-level-Prinzip.

D 11 Villengruppe Alsterufer
D 11.1 Villen

Alsterufer 35 und 36, Rotherbaum
Architekten: Hans und Oskar Gerson
1914–17 (Nr. 35); 1914/15 (Nr. 36)

Zwei herausragende Beispiele der Reformarchitektur kurz vor dem Ersten Weltkrieg. Die Muschelkalkpilaster und die dreieckigen Fensterverdachungen verleihen Alsterufer 36 einen klassizierenden Zug, der strenge Charakter der Gliederung wird jedoch durch die gerundeten Ecken und ein weich konturiertes Dach gemildert. Auch der elegante Schwung der flankierenden Veranden, die den Eingangsbereich wie einen kleinen Cour d'honneur umschließen, und ihre schlanken Säulchen konterkarieren jeden Anflug von Monumentalität. Wird hier der Kanon konventioneller Repräsentationsformeln spielerisch aufgebrochen, so

D 9 Generalkonsulat der USA

belegt Alsterufer 35 mit glatter Putzfassade und eingestellten Säulen die Kontinuität der klassizistischen Landhaustradition.

D 11.2 Villa

Alsterufer 37, Rotherbaum
Architekten: Block & Hochfeld
1922/23

Nach dem Ersten Weltkrieg drang der Klinker auch an die Außenalster vor, wozu in Rotherbaum die Parzellierung und Bebauung des ehemaligen Fontenayparks (vgl. auch Alsterufer 35 und 36) einen Anlaß bot. Vordergründig betrachtet zwar den expressionistischen Dekorationsformen der Inflationsjahre verpflichtet, wird der Entwurf doch durch konventionelle Motive wie Achsensymmetrien oder die »Verdachungen« der Fenstertüren gestalterisch in sein anspruchsvolles Umfeld eingebunden.

D 12 Stadtvilla

Alsterufer 38, Rotherbaum
Architekten: Ingrid Spengler und Manfred Wiescholek; Mitarbeiter: Silke Tuchtenhagen, Sven Dunker, Ute Schnoor, Carsten Kruizenga, Clemens Hörter, Katja Fischer, Kay Kelterer
1990 W, 1992/93

Einer der spektakulärsten Entwürfe der letzten Jahre in Hamburg. Alles ist von höchster Qualität und steigert sich gegenseitig in seinem subtilem Raffinement: ein weißer Hauskubus mit Staffelgeschoß à la Le Corbusier, aber nicht in weißem Putz, sondern mit einer Vorhangfassade aus mattgeschliffenen Glasplatten; der warme Honigton der Holzrahmen im Zusammenspiel mit der kühlen Farbgebung der übrigen Materialien; schließlich der Sichtbeton für die auskragenden Teile. Überaus kultiviert sind auch die Grundrisse: anderthalbgeschossige Wohnhallen und lange Korridore, die selbst in den kleineren Wohnungen ein Gefühl von verschwenderischer Weite vermitteln – und in dieser Ausdehnung doch allen Ernstes von den Preisrichtern moniert wurden! Eine originelle Lösung stellt auch der organhaft ausschwingende Annex mit den Wohnräumen dar, der die rückwärtigen Apartments ebenfalls in den Genuß des Alsterpanoramas kommen läßt. Und auch die Planungsgeschichte ist mehr als bemerkenswert. Denn auf Anraten eines prominent besetzten Schiedsgerichts wurde dem Gebäude eine denkmalgeschützte, aber völlig konventionelle Klinkervilla von 1921 geopfert. Dem Besseren sollte Raum geschaffen werden – was hier gelungen scheint.

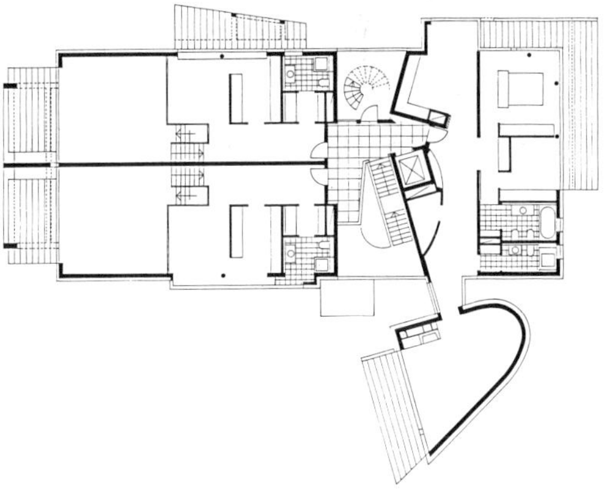

D 12 Stadtvilla

D 11.1 Villa Alsterufer 36

D 13 Lintas-Haus

Mittelweg 177–180, Rotherbaum
Architekt: Bernhard Winking; Mitarbeiter: Christoph Auksutat, Marek Deja, Hajo Franz, Johanna Iversen, Maria Lübke, Michael Schaub, Anette Schulz, Frank Weitendorf
1990 W, 1992–94

Die beiden um das Gelenk eines zylindrischen Erschließungskerns gegeneinander verschobenen

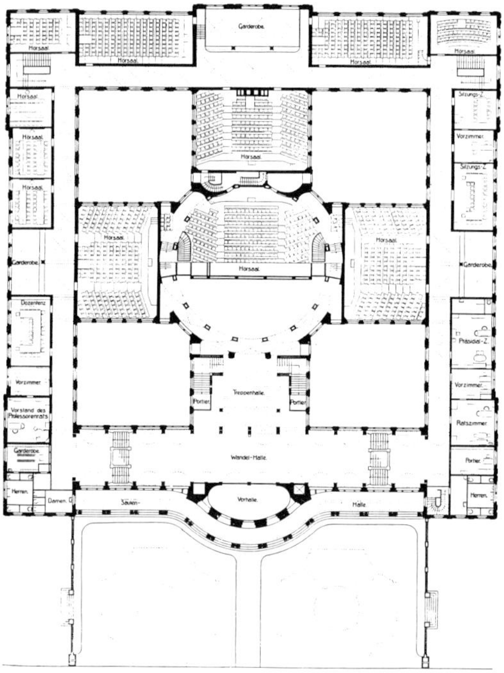

D 16 Hauptgebäude der Universität Hamburg

Bürotrakte deuten eine Diagonale im Raum an, die den Blickachsen entspricht. Die Geschosse sind überwiegend als konventioneller Zweibund ausgelegt und können problemlos in kleinere Einheiten aufgeteilt werden. Da der Hauptmieter, eine große Werbeagentur, während der Planungsphase bereits feststand, erhielt das Gebäude am nördlichen Ende aber auch noch Kombibüros mit internen Verbindungen zwischen den einzelnen Etagen. Die gleichförmige Fassadenabwicklung mit den Fensterbändern wird von den halbrunden Pfeilern in den unteren beiden Geschossen gleichsam durchstoßen; das transparente Ecktreppenhaus und die filigrane Staffel setzen das Spiel mit sich überlagernden und durchdringenden Fassadenschichten fort. Die Materialfarbigkeit, grauweißer Gneis, sparsam akzentuiert durch scharfkantige schwarze Stahlprofile und den warmen Goldton der Fensterrahmen in Oregon-Pine, ist dabei von jenem noblen Understatement, das der anspruchsvolle Standort verlangt.

D 14 Landhäuser

Mittelweg 183 u. 185, Rotherbaum
Um 1820

Die beiden Landhäuser entstanden nach 1813/14, als die Bebauung vor dem Dammtor von den französischen Besatzungstruppen niedergebrannt wurde. Einer der Pioniere der Wiederbesiedlung war der Kaufmann John Fontenay, der südlich der heutigen Badestraße ab 1818 Straßen anlegen und das Gelände mit Gartenhäusern bebauen ließ (vgl. die Straßennamen in der Nachbarschaft). Mittelweg 185 wurde von ihm selber bewohnt. Der schlichte Baukörper zeigt auch noch in seiner reduzierten Form die typischen Merkmale »herrschaftlicher« Landhausarchitektur: mittig angeordnetes Portal, Fensterverdachungen und andeutungsweise Seitenrisalite. Weitaus bescheidener präsentiert sich dagegen das Nachbargebäude Mittelweg 183 in Fachwerkbauweise.

D 15 Haus Lorenz-Meyer

Tesdorpfstraße 19, Rotherbaum
Architekten: J. F. Beger (Ursprungsbau), Martin Haller (Umbau)
1872/73; Umbau 1912

Der Bau bildete ursprünglich in Struktur und Dekoration ein Spiegelbild von Tesdorpfstraße 17, einer typischen Reihenvilla im Renaissancestil mit asymmetrischem Risalit, Veranda und seitlich zurückverlegtem Eingang. Die Umgestaltung 1912 wurde von dem neuen Hausbesitzer Eduard Lorenz Lorenz-Meyer, einem Mitstreiter Alfred Lichtwarks für den Heimatschutzstil, programmatisch verstanden. Seitdem präsentiert sich der Bau mit einer flächigen Backsteinfront, Sprossenfenstern, einem angedeuteten Mansarddach und ursprünglich auch Fensterläden. Es spricht für Martin Hallers Souveränität, daß er mit diesem Entwurf selber einen demonstrativen Schlußstrich unter eine Architekturauffassung zog, deren Hauptexponent er über Jahrzehnte gewesen war.

D 16 Hauptgebäude der Universität Hamburg

Edmund-Siemers-Allee 1, Rotherbaum
Architekten: Distel & Grubitz
1907/08 W; 1909–11

Das Hörsaalgebäude, ursprünglich eine Stiftung des Kaufmanns Edmund J. A. Siemers für das volkshochschulartige »Allgemeine Vorlesungswesen«, wurde 1919 von der neugegründeten Hamburger Universität übernommen. Das beherrschende Motiv ist die imposante Kuppel über dem Hauptauditorium mit 700

Plätzen. Doch hier entstand kein konventioneller »Bildungstempel«, wogegen schon allein die prominente Zusammensetzung des Preisgerichts sprach, in dem u. a. Theodor Fischer, Ludwig Hoffmann, Gabriel von Seidl und Friedrich von Thiersch vertreten waren. (Letzterer trat als Ersatz für den erkrankten Alfred Messel ein.) Der Bau wirkt trotz seiner Größe denn auch eher pavillonartig und durch den süddeutsch gestimmten Barock der ebenfalls ortsuntypischen Rauhputzfassaden nahezu beschwingt. Weitaus weniger überzeugend ist dagegen die Grundrißlösung, ein Rechteck mit eingeschriebenem Kreuz aus Hörsälen und zentraler Treppenhalle, wobei die Auditorien jedoch nur teilweise von hier aus erschlossen werden, was lange Korridore und damit unnötig weite Wegstrecken erzwingt. Östlich des Vorlesungsgebäudes fand übrigens 1984 nach wiederholtem Ortswechsel das Büsch-Denkmal von Johann August Arens (1802) einen angemessenen Standort, das den aufgeklärten Mathematiker und Nationökonomen sowie Mitbegründer der »Patriotischen Gesellschaft« (vgl. Nr. A 16) Johann Georg Büsch (1728–1800) ehrt und als erstes öffentliches Personendenkmal in Hamburg gilt.

D 17 Dammtorpalais

Moorweidenstraße 34/Schlüterstraße 1, Rotherbaum
Architekt: Emil Neupert
1910–12

Waren schlichte Rohbauarchitekturen um 1908 noch ein Novum im bürgerlichen Wohnungsbau, so wurde dieser nahezu sachlich-strenge Entwurf kurz vor dem Ersten Weltkrieg bereits als »vornehm gegliederte Backsteinarchitektur in neuzeitlicher Auffassung aber ohne Bezugnahme auf althamburger Vorbilder« gewürdigt (*HusB,* 1914, Bd. I, S.507). Den ortstypischen Bezug gewährleisteten neben dem Verblender denn auch nur die Motive des Donnerbesens und der Windmühle in der Giebelfront, die dem niederdeutschen Bauernhaus entlehnt sind und hier ein Hamburgwappen und den Reichsadler flankieren. Das Ergebnis war eine spektakuläre Mischung neuartiger Dekorationsformen und tradierter Motive mit Werbeeffekt: Das Gebäude mußte sich gegenüber vergleichbaren Objekten gut »verkaufen«, denn der potentielle Mieterkreis der Sechs- bis Zehnzimmerwohnungen mit Luxusausstattung war naturgemäß stark begrenzt.

D 18 Provinzialloge von Niedersachsen

Moorweidenstraße 36, Rotherbaum
Architekten: Hermann Schomburgk, Christian H. Leopold Strelow, Max Gerhardt
1906 W, 1907–09

Der Entwurf für den Freimaurertempel wurde durch einen Wettbewerb innerhalb des Ordens ermittelt, wobei sich die drei Architekten den ersten Preis teilten. Die konventionelle neoklassizistische Hauptfront erhält durch den jugendstiligen Dekor eine etwas zeitgemäßere Ausprägung. Die Mosaiken am Mittelrisalit symbolisieren die »Abteilungen«, die jeder »Bruder« des Freimaurerordens bei seinem Reifungsprozeß vom »Lehrling« zum »Gesellen« und schließlich zum »Meister« durchläuft: Zuerst die Johannis-Loge (rechts), dann die Andreas-Loge (links), schließlich das Kapitel (im Giebelfeld). Auch andere Details sind symbolisch aufgeladen, so z. B. die sieben Stufen des Aufgangs, die der Anzahl der »Meistertugenden« entsprechen. In der NS-Zeit war das Freimaurerwesen unterdrückt. Ab 1941 wurde das Gebäude als einer der Sammelplätze für die Deportation jüdischer Hamburger in die Vernichtungslager genutzt. Die Abtransporte erfolgten von der vorgelagerten Grünanlage aus (Gedenkstein von Ulrich Rückriem, 1983).

D 19 Campus der Universität Hamburg

Von-Melle-Park/Schlüterstraße, Rotherbaum
Architekten: Hochbauamt, Erster Baudirektor Paul Seitz
1957–63

Der Campus der Hamburger Universität negiert auf zeittypische Weise den gründerzeitlichen Straßenraster von Rotherbaum. Die Solitäre des Auditorium maximum von Bernhard Hermkes Von-Melle-Park 4 (1957–59, vgl. unten) und des »Philosophenturms« von Paul Seitz VMP 6 (1959–61) – ehemals Theologische und Philosophische Fakultät – bilden vage Bezugspunkte für eine locker gestreute Ansammlung individuell gestalteter Institutsbauten wie das besonders bemerkenswerte Pädagogische Institut VMP 8, ebenfalls von Seitz (1957–60), das mittlerweile allerdings seinen feingliedrigen Lamellenraster aus Beton vor den Fenstern eingebüßt hat – wie überhaupt die unsensibel behobenen Bauschäden und die allgemeine Verwahrlosung die durchaus nicht qualitätlose Anlage heute stark beeinträchtigen.

Die naive Identifikation von gestalterischen Konzepten mit den Normen und Werten eines demokratischen und pluralistischen Bildungswesens gewinnt hier anschaulich Gestalt: Alles ist so zwanglos, unhierarchisch und »offen«, wie sich auch die Gesellschaft der Adenauer-Ära gerne sah. Dabei wurde der Campus jedoch nicht als ein Ort politischer Öffentlichkeit

D 19 Campus der Universität Hamburg

konzipiert, denn das kleinteilige und unübersichtliche Layout der unterschiedlichen Platzebenen verhindert von vornherein größere Kundgebungen, wie sie schon bald nach der Fertigstellung der Anlage 1963 zum Ausdruck der Politisierung der Studentenschaft wurden. Hier kann man sich nur auf die Bänke setzen, um zu ruhen oder sich in eine Lektüre zu vertiefen – Karl Popper oder Helmut Schelsky vielleicht.

D 19.1 Auditorium maximum

Von-Melle-Park 4
Architekt: Bernhard Hermkes
1957–59

Die 13 cm starke Spannbetonkuppel mit einer maximalen Spannweite von nahezu 59 m ruht unabhängig von den Wandscheiben auf den außenliegenden schlanken Stützen. Sie überwölbt zwei Hörsäle mit 1772 bzw. 546 Plätzen, die sich durch Versenken einer 6 t schweren Trennwand vereinigen lassen. Von größter Leichtigkeit ist das großzügige Foyer mit seinen freischwebenden Emporen und Treppen, geschmückt mit einem Relief von Karl Hartung – wohl eine der schönsten Raumschöpfungen der Wiederaufbaujahre in Deutschland überhaupt. Als Vorbild für den Entwurf diente offenkundig das Kresge Auditorium von Eero Saarinen in Cambridge/USA (1953–55), wie sich an der charakteristischen Gesamtform mit der flachen Kuppelschale und dem abgerundeten dreieckigen Grundriß ablesen läßt, aber auch an einigen Details wie den untergehängten Schallsegeln.

D 19.2 Rechtshaus

Schlüterstraße 28
Architekt: Gustav Hassenpflug
1959–64

Der Bau sticht gegenüber dem modischen Nierentisch-Stil von Paul Seitz durch seine disziplinierte Stahlbetonskelettfassade hervor. Die Geschoßhöhen und Fensterformate differerieren zwischen den einzelnen Stockwerken, um den unterschiedlichen Raumanforderungen gerecht zu werden. Die Aufständerung auf »Pilotis« ermöglichte eine blockinterne Fußwegverbindung zwischen dem Campus und der Rothenbaumchaussee. Die weiteren Bauabschnitte, für die der Abriß der Vorkriegsbauten an der Johnsallee vorgesehen war, wurden nicht realisiert.

D 19.1 Auditorium maximum

D 20 Wohn- und Geschäftshaus

Grindelallee 100, Rotherbaum
Architekten: v. Gerkan, Marg & Partner; Mitarbeiter: Barbara Fleckenstein, Peter Sembritzki, Harald Sylvester
1984, 1985–87

Fast alles stimmt an diesem Entwurf: die konventionelle turmartige Betonung der exponierten stadträumlichen Situation, die sorgfältig gestalteten Details insbesondere der Lärmschutzerker, nicht zuletzt die hohe Baudichte, die an dieser Stelle eine genauso vernünftige Entscheidung war wie die Mischung von Wohn- und Gewerberaum (letzterer in den unteren drei Geschossen). Im Innern stapeln sich dafür aber auch wieder nur die üblichen Ein- und Zweizimmerschachteln mit Standardgrundrissen. Und es fragt sich, ob die weißen Putzfronten und die wie ziseliert wirkenden Glaserker wirklich eine angemessene Antwort auf das verkehrsmäßig stark belastete Eckgrundstück darstellen.

D 21 Joseph-Carlebach-Platz

Rotherbaum
Architekt: Bernhard Hirche. Künstlerin: Margrit Kahl
1987/88

Hier stand die 1904 bis 1906 durch Semmy Engel und Ernst Friedheim errichtete Bornplatz-Synagoge der Deutsch-Israelitischen Gemeinde. Die Namensgebung ehrt den Hamburger Oberrabiner und Direktor der benachbarten Talmud-Tora-Schule Joseph Carlebach (1883–1942), der im Dezember 1941 mit seiner Frau Charlotte und drei seiner vier Kinder nach Riga deportiert wurde. Der Synagogenbau wurde zwar in der Progromnacht vom 9. auf den 10. November 1938 im Innern demoliert, blieb aber baulich weitgehend intakt und wurde erst 1939/40 auf Kosten der Gemeinde abgerissen. Das Mahnmal, das den Grundriß und die Gewölbelinien des neoromanischen Kuppelbaus im Pflaster nachzeichnet, soll einen Leerraum im Stadtbild definieren und somit an den Verlust erinnern. Dieser Eindruck ist jedoch nur schwer vermittelbar, denn das einstmals exponierte Synagogengrundstück verschwindet seit 1940 hinter einem Hochbunker (heute Universitätsgebäude). Der Joseph-Carlebach-Platz wirkt bei flüchtiger Betrachtung denn auch eher wie eine zufällige städtebauliche Restfläche.

D 22 Ehem. Talmud-Tora-Oberrealschule

Grindelhof 30, Rotherbaum
Architekt: Ernst Friedheim
1909–11

Die Talmud-Tora-Schule war 1805 in der Neustadt als jüdische Armenschule gegründet worden. 1869 als Realschule und 1932 als Oberrealschule anerkannt und somit ein zentrales Zeugnis der jüdischen Bildungs- und Emanzipationsbestrebungen neben der Mädchenschule an der Karolinenstraße (vgl. Nr. C 4), wurde sie 1939 geschlossen. Seit 1960 dient das Gebäude der Fachhochschule für das Bibliothekswesen. Die Architektur verzichtete, wie auch die zerstörte neoromanische Bornplatz-Synagoge, auf eine eigenständige Aussage und orientierte sich an den öffentlichen Schulbauten etwa Albert Erbes, wenn auch ohne Reminiszenzen an den Heimatstil, dafür aber mit einem dorischen Portikus als »Würdemotiv«. Die Pfeilerstruktur erinnert aber auch an den Kontorhausbau, eine Konsequenz des Wunsches der Schulleitung nach hellen und weiten Räumen.

D 23 Hamburger Kammerspiele

Hartungstraße 9–11, Rotherbaum
Architekten: Hermann Diederich Hastedt (Urspungsbau), Semmy Engel (Erweiterung), Fritz Block, Ernst Hochfeld und Oskar Gerson (Umbau)
1863/64; Erweiterung 1903/04; Umbau 1937; Restaurierung des Logensaals 1992

Das dritte Gebäude, das ursprünglich den Grindel als Zentrum des jüdischen Lebens in der Hansestadt markierte, war die jüdische Henry-Jones-Loge, für die die Pfennigsche Villa von 1863/64 (linke Gebäudehälfte) bis 1904 erweitert und zu einem Kultur-, Bildungs- und Gemeinschaftszentrum mit unterschiedlichsten Aktivitäten umgestaltet wurde. 1937 konnte das Haus, das während der Weltwirtschaftskrise verkauft worden war, vom Jüdischen Kulturbund zurückerworben und zu einem Kammerspieltheater mit fast 500 Plätzen ausgebaut werden – als Enklave der Selbstbehauptung in einer immer bedrohlicher werdenden Umwelt und eine der wenigen Beschäftigungsmöglichkeiten, die sich den ebenfalls rassisch verfolgten Architekten überhaupt noch boten. Im Dezember 1945 wurden hier unter Ida Ehre, selber ein Opfer der NS-Herrschaft und nur durch ihre Ehe mit einem Nicht-Juden geschützt, die legendären Hamburger Kammerspiele eröffnet.

D 24 Ehem. Zentralfernsprechamt

Schlüterstraße 51–53, Rotherbaum
Architekten: Postbauverwaltung, Baurat Schuppan und Postbaurat Sucksdorff (Ursprungsbau), Planungsgruppe Nord, Glienke + Hirschfeld (Neugestaltung Eingangshalle und Postamt)
1902–1907; Teilzerstörung 1943; Wiederaufbau 1947–51; Neugestaltung Eingangshalle und Postamt 1990/91

1881 in Hamburg eingeführt, entwickelte sich das Telefon in der Hafen- und Handelsstadt schon bald zu einem unerläßlichen und selbstverständlichen Kommunikationsmittel. Dies spiegelt auch das ehemalige Zentralfernsprechamt an der Schlüterstraße wider, seinerzeit die größte Vermittlungsstelle der Welt mit einer 138 m langen Hauptfront, wobei auch die ungewöhnlichen »Anglizismen« der neogotischen Architektur den Bau hervorheben. Denn wie bei den britischen Colleges sind die Fenster zwischen Strebepfeiler eingespannt, die eine überaus wirksame Fassadenbekrönung bilden, wogegen der Formenapparat im Detail, wie der kathedralgotische Maßwerkschleier über dem Haupteingang, nicht so eindeutig zuzuordnen ist. Wohltuend sachlich und zurückhaltend präsentiert sich die Neugestaltung der Innenräume, die die wenigen erhaltenen Fragmente der historistischen Innenarchitektur wieder zur Geltung bringt.

D 25 Hamburgisches Museum für Völkerkunde

Rothenbaumchaussee 64, Rotherbaum
Architekt: Hochbauwesen, Albert Erbe
1907–11; Erweiterung 1929

In der originellen »wilhelminischen« Fassade fanden verschiedene Vorbilder ihren Niederschlag: Hinsichtlich der Gesamtform mit den Mansardwalmdächern und dem runden Vorbau könnte die barocke Schloßarchitektur Pate gestanden haben. Die ungewöhnlichen »eyebrows« am Mittelrisalit, der ja überhaupt wie ein Fremdkörper inmitten der norddeutsch-barock gestimmten Architektur wirkt, verweisen dagegen auf Vorbilder aus Berlin (z. B. Weinhaus »Rheingold« an der Bellevuestraße von Bruno Schmitz, 1906/07). Pfeilerfassaden sind aber auch ein wesentliches Kennzeichen des Hamburger Kontorhauses, zumal es sich hier ebenfalls um einen Eisenbetonskelettbau handelt, der frei aufteilbar ist. War die überdimensionierte, marmorverkleidete Eingangshalle im Kolonialzeitalter ein sinnfälliger Ausdruck des europäischen Herrschaftsanspruchs über nahezu den gesamten Rest der Welt – dessen Schätze und »Kuriosa« hier ja zur Schau gestellt wurden –, so wirkt sie heute eher deplaziert in einem Haus, das sich mit kritischem Anspruch anderen Kulturen öffnet.

D 26 Curio-Haus

Rothenbaumchaussee 13–17, Rotherbaum
Architekten: Johann Emil Schaudt und Walther Puritz
1910/11

Das Gebäude wurde für den Lehrerverband »Gesellschaft der Freunde des Vaterländischen Schul- und Erziehungswesens« errichtet, 1805 durch Johann Carl Daniel Curio begründet, der vor allem die mit dem Stadtwachstum immer zahlreicher werdenden Volksschullehrer erfaßte (weshalb die Gesellschaft im Quartier der Villenbesitzer am Anfang auch nicht wohlgelitten war). Das Curio-Haus umfaßt Versammlungs- und Verwaltungsräume sowie Wohnungen. Die rechte Gebäudehälfte beherrscht ein barockisierender Giebel, der von zwei Erkern flankiert wird, was vor allem in der Seitenansicht eine effektvoll gestaffelte Baukörpergruppe ergibt. Die schlichten Rauhputzfassaden, sparsam akzentuiert durch Werksteinlisenen, setzen das Gebäude ostentativ von den gründerzeitlichen Etagenwohnhäusern in der Nachbarschaft ab. Für Hamburg eher ungewöhnlich, erinnern sie an die Reformarchitektur in Berlin (von woher Johann Emil Schaudt ja auch stammte).

D 27 Geschoßwohnbau
Rothenbaumchaussee 1, Rotherbaum
Architekt: Ernst Wex
1891–93
Der exponierte Eckbau mit Türmchen und «Ausguck« erweckt Stadttor- und Burgassoziationen; auch die Arkaden des letzten Obergeschosses sind auf Fernwirkung angelegt. Nicht zuletzt setzt aber auch die romanisierende Rohbauarchitektur einen malerischen Akzent. Stellt die Backsteinfassade sonst vorrangig ein Kennzeichen von Gewerbe-, Wohlfahrts- und Sakralbauten dar, so dient sie hier als belebende Anreicherung zwischen Bauten mit Stuckdekorationen im Renaissance- oder Barockstil.

D 28 Reihenvilla
Feldbrunnenstraße 3, Rotherbaum
Architekt: George Radel
1900/01
Der reine Jugendstil ist ungewöhnlich im hamburgischen Bauen (zumal sich das um 1900 modische Ornament hier auch noch auf die Fenster und Türen erstreckt). Geschätzt wurden dagegen Mischformen aus jugendstiligem und barockem Dekor, die offenbar stärker den allgemeinen Leitbildern von Repräsentativität und Eleganz entgegenkamen. In seiner Grundstruktur weicht aber auch dieses Gebäude nicht von dem konventionellen Typus der Reihenvilla mit asymmetrischem Risalit und Veranda ab; nicht einmal die Dachzone ist stärker modelliert.

D 29 Villa Ballin
Feldbrunnenstraße 58, Rotherbaum
Architekten: Lundt & Kallmorgen
1908/09
Wohnhaus des Reedereidirektors Albert Ballin (1857–1918), unter dessen Leitung die HAPAG zum größten Schiffahrtsunternehmen der Welt wurde. Wie ein paar Jahre später auch bei dem neuen Verwaltungsgebäude der HAPAG am Ballindamm (Fritz Höger, 1913–19, vgl. Nr. A 71) diente hier der Neoklassizismus als ostentatives Mittel der Selbstdarstellung – und somit, wenn man so will, als Kompensation für erlittene Demütigungen, denn Ballin blieb als Jude trotz seiner wirtschaftlichen Erfolge und seines Zugangs zum Berliner Hof tendenziell immer ein Außenseiter der wilhelminischen Oberschicht. Während das Gebäude zur Binderstraße hin seine »zivile« Seite zeigt und sich mit Bay-window, Balkon und asymmetrischer Gliederung nicht prinzipiell von den Villen in seiner Nachbarschaft unterscheidet – abgesehen von der Sandsteinfassade –, vertritt die Front an der Feldbrunnenstraße mit ihren eingestellten Kolossalsäulen nahezu herrscherlichen Anspruch. Und auch im Innern bot die Villa mit ihren opulent ausgestatteten Räumen einen angemessenen Rahmen für die Entfaltung großbürgerlicher Lebenskultur, selbst wenn sich Kaiser Wilhelm II., mit dem Ballin auch auf privater Ebene verkehrte, an der Feldbrunnenstraße die Ehre gab.

D 29 Villa Ballin

D 30 Haus Heilbuth
Feldbrunnenstraße 70, Rotherbaum
Architekten: Hans und Oskar Gerson
1910
Das tief herabgezogene Mansardwalmdach, gequaderte Lisenen, breite Sprossenfenster und die dekorativen Blumenkastenhalterungen sind typische Motive des sogenannten Heimatstils, wobei hier allerdings jeder Anklang an den um 1910 modischen »Sonnin-Barock« vermieden wird. Weniger geglückt, als es die klare Dreiachsigkeit der Fassade verspricht, erscheint der Grundriß. Es gelang nicht, das gesamte Raumprogramm in den klar umrissenen Baukörper zu integrieren. Das Entree knickt außerdem ungeschickt im rechten Winkel ab, um in die Halle zu münden.

D 31 Haus Magnus
Mollerstraße 20, Rotherbaum
Architekten: Hans und Oskar Gerson
1924–26
Die beiden konkav geschwungenen Flügel des pavillonartigen Gebäudes laufen auf eine zentral angeordnete Rotunde zu. Das Vorbild barocker Lustschlößchen ist auch im Grundriß nicht zu übersehen, wo sich die beiden Schlafräume mit jeweils eigenem Bad wie zwei »Appartements« gegenüber stehen, die durch eine Enfilade von Gesellschaftsräumen verbunden werden. Rocaillehaft wirkende Ornamente an der Hauptfassade zur Heimhuder Straße – tatsächlich sind es Weintrauben – unterstützen diesen Eindruck.

D 32 Evangelisch-lutherische Kirche St. Johannis
Heimhuder Straße 90, Rotherbaum
Architekt: Wilhelm Hauers
1879 W, 1880–82
Der erste Preis des beschränkten Wettbewerbs für St. Johannis ging mit Wilhelm Hauers an einen ehemaligen Schüler und Mitarbeiter des Neugotikers Conrad Wilhelm Hase in Hannover. Anders als etwa

D 33, 34 Häuser Deussen, Zennig und Süchting

der »Hannoveraner« Johannes Otzen (z. B. St. Johannis in Altona, vgl. Nr. C 53) spielte Hauers im gründerzeitlichen Sakralbau jedoch kaum eine Rolle und orientierte sich bei Privatbauten zu Beginn der 1880er Jahre auch schon längst an der »marktgängigeren« Neorenaissance. Als Wandpfeilerkirche mit umlaufenden Emporen und einer dominanten, den Innenraum zentralisierenden Vierung folgt St. Johannis zwar eng dem Otzenschen Konzept, bei der Außengestaltung wurde aber auf den für Otzen charakteristischen bewegten Gebäudeumriß mit Strebepfeilern, »Kapellenkränzen« und anderen niedrigeren Anbauten verzichtet. Für eine malerische Fernwirkung sorgen zwar auch hier immerhin zehn Helme, diese »erwachsen« jedoch nicht dem Mauerwerk, sondern sind dem kompakten Baukörper additiv aufgesetzt, während das aufgehende Mauerwerk betont flächig bleibt und durch Gesimse, Blendarkaturen und Friese blockhaft zusammengefaßt wird – Schinkel dabei vielleicht näher als dem mittelalterlichen norddeutschen Vorbild –; selbst der Turmschaft wirkt wie aus drei übereinandergestapelten Würfeln montiert. Überaus bemerkenswert ist auch der gute Erhaltungszustand der Innenausstattung mit Skulpturen von Engelbert Peiffer und Deckenmalereien von Hermann Schmidt.

D 33 Häuser Deussen und Zennig

Heimhuderstraße 73 und 75, Rotherbaum
Architekten: Rudolf und William Rzekonski
1909/10

Die beiden Einzelvillen – barock im Umriß und klassizistisch im Detail, dabei aber im Profil von »moderner« Kantigkeit – sind scheinbar spiegelbildlich einander zugeordnet; tatsächlich bestehen jedoch wesentliche Unterschiede. So zeigt der rechte Bau zwar einen voll ausgebildeten Seitenrisalit mit eingestellten Kolossalsäulen und Dreiecksgiebel, bei dem linken handelt es sich aber strenggenommen um einen Portikus, der den Eingang und einen Erker überfängt. Ist jede der beiden Fassaden für sich allein betrachtet auch ungleichgewichtig strukturiert, so bilden sie zusammen doch ein sorgfältig austariertes Ensemble – und somit eine überaus wirksame architektonische Inszenierung, die in Hamburg ohne Beispiel ist.

D 34 Haus Süchting

Heimhuder Straße 71, Rotherbaum
Architekten: Distel & Grubitz
1910/11

Kompakte Einzelvilla, die beispielhaft das Repertoire der Reformarchitektur vorführt mit Rauhputz für die Flächen und Muschelkalk für die Gliederungen. Traditionelle Architekturmotive mischen sich dabei mit neuartigen Dekorationsformen, z. B. an den pilasterartigen Vorlagen oder dem ebenfalls ornamental stilisierten Hauptgesims. Nur mit den gekuppelten dorischen Säulen am Eingangsportikus wurde auf ein historisch identifizierbares Vorbild zurückgegriffen. Dabei zeigt der Bau jedoch nicht die spielerische Leichtigkeit im Umgang mit der Tradition wie etwa die Villa Alsterufer 36 der Gebrüder Gerson von 1914/15 (vgl. Nr. D 11.1), sondern ist angestrengt um Monumentalität bemüht. Von denselben Architekten stammte denn auch ein Vierteljahrhundert später das Generalkommando der Wehrmacht im typischen NS-Repräsentationsstil, dessen wesentliche Charakteristika das Bauen um 1910 bereits vorwegnimmt (vgl. Nr. D 47).

D 35 Apartmenthaus

Heimhuder Straße 65–67, Rotherbaum
Architekt: Ferdinand Streb
1951

30 Einzimmerapartments, z. T. mit einem nur 16 m^2 großen Hauptraum, sowie einige Zwei-, Drei- und Vierzimmerwohnungen dokumentieren hier in bester Lage den bescheidenen Wohnstandard der frühen Wiederaufbaujahre. Das ursprüngliche Sozialprestige der Wohnanlage verrät nur der anspruchsvolle gelbe Klinker der Fassaden. Die Fenster werden durch Betonrahmen zu Bändern zusammengefaßt, einer der für Ferdinand Streb typischen Rückgriffe auf die Vorkriegsmoderne (vgl. auch die Bauten an der Alten Rabenstraße, Nr. D 38).

D 36 Haus Rothschild

Heimhuder Straße 39, Rotherbaum
Architekten: Kurt F. Schmidt. Hermann Höger (Fertigstellung)
1923–27

In mehreren Schritten verwandelte sich hier eine konventionelle gründerzeitliche Reihenvilla in eine überaus individuelle Erscheinung. Von dem ursprünglichen Bau ist nicht einmal mehr die Grundform zu erkennen. Gotisierende Lanzettfenster, die durch feingliedrig applizierten Dekor zu Bändern zusammengezogen werden, bewirken ein expressionistisches Äußeres.

D 37 Doppelhaus

Alte Rabenstraße 13–14, Rotherbaum
1855

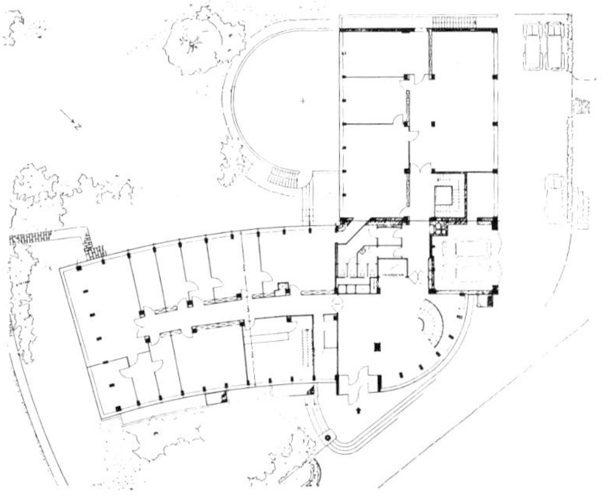

D 38.3 Ehem. Verwaltungsgebäude der IDUNA-Germania-Versicherung

Der wichtigste Vertreter des romantischen Historismus in Hamburg war Jean David Jollasse, dessen Doppelvilla Harvestehuder Weg 5–6 von 1848/49 für zwei Jahrzehnte den gestalterischen Maßstab für den Ausbau der Alsterviertel setzte (vgl. Nr. D 39). Wichtige Kennzeichen seines Stils lassen sich aber auch an diesem anonymen Beispiel ablesen. Die Fassade mit ihren skurrilen Türmchen steht wie eine Kulisse vor dem Gebäude. Auch die gotisierenden Ornamente aus Zementstuck wirken eigentümlich flach und »körperlos«. In der Nachbarschaft (Magdalenenstraße, Böhmersweg, Mittelweg) sind weitere derartige Bauten erhalten, die z. T. vermutlich sogar Jollasse selber zuzuschreiben sind; für die Landgebiete liegen vor 1872 allerdings keine Bauakten vor. Besonders bemerkenswert ist auch Badestraße 30 (um 1867), ein burgenartiger Bau mit einem oktogonalen Turm und den bei Jollasse so beliebten Tudorbögen.

D 38 Ensemble Alte Rabenstraße
D 38.1 Geschoßwohnbauten
Alte Rabenstraße 5–6, Rotherbaum
Architekt: Ferdinand Streb
1952

D 38.2 Ehem. Verwaltungsgebäude der NOVA
Alte Rabenstraße 2, Rotherbaum
Architekt: Ferdinand Streb
1953/54

D 38.3 Ehem. Verwaltungsgebäude der IDUNA-Germania-Versicherung
Alte Rabenstraße 1, Rotherbaum
Architekt: Ferdinand Streb
1950/51

D 38.4 Geschoßwohnbau
Alte Rabenstraße 30–31, Rotherbaum
Architekt: Ferdinand Streb
1955/56

D 38.5 Ehem. Verwaltungsgebäude der Vela
Alte Rabenstraße 32, Rotherbaum
Architekt: Ferdinand Streb
1953/54; Erweiterung 1955/56

Der Zufall fügte es, daß Ferdinand Streb hier für zwei Investoren, eine Versicherungsgruppe und die Anna M. M. Vogel KG, den halben Straßenzug neugestalten konnte. Die aufwendigen Materialien – gelber Klinker, Sandstein und topasfarbenes Spiegelglas (bei dem Gebäude der IDUNA-Germania) – markieren ein für das erste Nachkriegsjahrzehnt besonders hohes Anspruchsniveau. Auch die subtilen Bezüge untereinander heben die Bauten als zusammengehörig hervor. So bildet der kubische Eckbau der Vela gleichsam den Kontrapunkt zu dem organhaft in den Alsterraum ausschwingenden Südflügel der IDUNA-Germania – letztere mit einer feingliedrigen Rasterstruktur, die im Zusammenspiel mit der dunklen Verglasung den vorhangartigen Charakter der Fassaden bewirkt: eine der Inkunabeln der Wiederaufbauarchitektur!

D 39 »Slomanburg«
Harvestehuder Weg 5–6, Rotherbaum
Architekten: Jean David Jollasse
1848/49

Das Doppelwohnhaus für die Freunde Robert M. Sloman und C. A. Ascan Lutteroth war eine Pioniertat. Während Harvestehude-Rotherbaum bis dahin nur als bevorzugte Adresse für Sommerhäuser galt, entstand hier die erste ständig bewohnte Villa am Alsterufer, was über ein Jahrzehnt vor der Aufhebung der Torsperre noch mit einer Reihe Unannehmlichkeiten verbunden war. Jean David Jollasse verdoppelte jedoch nicht nur einfach das Bauvolumen entlang einer Symmetrieachse, sondern entwickelte eine abwechslungsreiche, burgenartige Baugruppe aus Türmen, Risaliten mit Staffelgiebeln und anderen Vorbauten, die durch ein mächtiges Hauptgesims mit Zinnen verklammert werden. Die architektonischen Motive sind dabei im einzelnen der Tudor-Gotik entlehnt, was einen demonstrativen Bruch mit der klassizistischen Landhaustradition bedeutete – und nach 1860/61 rasch dazu führte, daß die Parklandschaft des Alsterraums Neu-Babelsberg immer ähnlicher wurde. Aber auch Stadthäuser wurden auf diese Weise von Jollasse dekoriert (vgl. z. B. Nr. B 10).

D 40 Villa von Horschitz
Harvestehuder Weg 8, Rotherbaum
Architekt: Albert Rosengarten
1872
Albert Rosengarten, sonst für Stifte in nüchterner Rohbauarchitektur bekannt (vgl. Nr. B 47.1 und C 84), ordnete sich hier mit Putzfassaden der »Kleiderordnung« des rechten Alsterufers unter. Dabei wurden die typischen Motive der klassizistischen Landhausarchitektur – Belvedere, Portikus, Dreiecksgiebel – allerdings völlig uninspiriert einem Baukastenschema gleich »zusammenmontiert«.

D 41 Villa Laeisz
Harvestehuder Weg 8a, Rotherbaum
Architekt: Ernst Paul Dorn
1905/06
Alterssitz von Sophie Laeisz, der Witwe des Reeders Carl Laeisz (vgl. den Laeiszhof an der Trostbrücke, Nr. A 18). Auch dieser Entwurf nutzte nicht die gestalterischen Möglichkeiten seiner Zeit, sondern begnügte sich mit konventionellen repräsentativen Gesten – wie überhaupt die meisten Bauherren am westlichen Alsterufer bis kurz vor dem Ersten Weltkrieg nicht sehr innovationsfreudig waren (vgl. auch die folgenden Beispiele). Außerdem fällt hier ein Mißverhältnis zwischen oberer und unterer Fassadenzone auf: Das großzügig durchfensterte Erdgeschoß bildet einen allzu schmalbrüstigen Sockel für das überproportionierte Obergeschoß, das mit seinem reichen barocken und jugendstiligen Dekor ganz auf Fernwirkung angelegt ist.

D 39 »Slomanburg«
D 42.1 Budge-Palais

D 42 Villen von Martin Haller
D 42.1 Budge-Palais
Harvestehuder Weg 12, Rotherbaum
Architekt: Martin Haller
1884; Umbauten und Erweiterungen 1901–13
Nachdem die Villa Gans in den Besitz des jüdischen Bankiers Henry Budge gelangt war, wurde der ohnehin nicht bescheidene Bau schrittweise zu einem nahezu feudalen Anwesen erweitert, dessen Repräsentationsprogramm 1909/10 in einem vergoldeteten Spiegelsaal für Hauskonzerte und private Theateraufführungen kulminierte. Auch das Äußere erhielt ein verändertes Gesicht, wobei besonderer Wert auf die Neugestaltung der Alsterfront gelegt wurde: Von der alten Villa Gans stammen noch der mittlere zweigeschossige Trakt sowie die beiden Seitenflügel einschließlich der Erker. Neu sind dagegen die steilen Dächer und die »Trommel« des halbrunden Mittelrisalits mit dem Verandavorbau.

Ab 1938 diente das Budge-Palais als Amtssitz von Reichsstatthalter Karl Kaufmann, der in seiner zweiten Funktion als Gauleiter bereits am Alsterufer residierte (vgl. An der Alster 27, Nr. D 9). Aus dieser Zeit stammt noch der rückwärtig gelegene Bunker. Henry Budge, 1928 verstorben, wollte die Villa einschließlich seiner bedeutenden kunstgewerblichen Sammlung zwar ursprünglich der Stadt Hamburg vererben, angesichts der politischen Entwicklung nach 1933 ließ seine Frau Emmy das Testament jedoch ändern. Nach ihrem Tod 1937 wechselte das Gebäude aber dennoch unter zweifelhaften Umständen in städtischen Besitz über – für den Spottpreis von 305 000 RM inklusive 1,6 ha Alsterpark!

Seit 1959 wird das Budge-Palais von der Hochschule für Musik und darstellende Kunst genutzt, wobei es neben einer allgemeinen Verwahrlosung auch zu tiefgreifenden Zerstörungen kam. Von der einstigen prachtvollen Ausstattung sind heute nur noch spärliche Reste erhalten, wie z. B. die Täfelung der ehemaligen Bücherei hinter den Einbauten der heutigen Bibliothek. Die empfindlichste Beeinträchtigung bedeuten jedoch die Hochschulneubauten von Fritz Trautwein (1969–82), wobei vor allem der amorphe Musiksaal störend auffällt. Diesem sonderbaren »Gebäudecluster« mußte 1980 auch der erwähnte Spiegelsaal von 1909/10 weichen, dessen Innendekoration daraufhin ausgebaut und in das Museum für Kunst und Gewerbe verbracht wurde – um dort 1986/87 mit großem Aufwand rekonstruiert zu werden.

D 42.2 Villa Beit
Harvestehuder Weg 13, Rotherbaum
Architekt: Martin Haller
1890/91

Auch dieser Entwurf belegt den disziplinierenden Einfluß der École des Beaux-Arts in Paris, deren Student Martin Haller gewesen war, auf sein Schaffen. Rustiken sowie Gurt- und Sohlbankgesimse bilden die einzigen Gliederungsmotive an der Alsterfront, wobei jedoch zu berücksichtigen ist, daß es sich hierbei ursprünglich um einen Mischbau gehandelt hat, dessen rote Verblendflächen 1953 verputzt wurden. Weitaus vielgestaltiger präsentiert sich dagegen die Eingangsseite mit der Remise und anderen Wirtschaftsgebäuden, deren malerische Ansammlung von Türmchen und Vorbauten den Hof als Cour d'honneur definiert.

D 42.3 Villa Behrens

Harvestehuder Weg 14, Rotherbaum
Architekt: Martin Haller
1896–99

Auf diesen Bau trifft die gleiche Charakterisierung zu wie auf die Villa Beit, nur daß hier am schmalen Pöseldorfer Weg keine Möglichkeit zur Ausbildung einer repräsentativen Eingangssituation gegeben war. Um so »herrschaftlicher« wirkt dagegen die langgestreckte Alsterfront, die sich eher an Schloßanlagen als an landläufigen Villenvorbildern orientiert. Von größter Opulenz der Lebensführung zeugt auch das Raumangebot. Die Erdgeschoßräume bildeten eine Enfilade von Wohnzimmer, Salon und Musikzimmer, flankiert von der Bibliothek im südlichen und dem Speisesaal im nördlichen Seitenrisalit.

D 44 Gechoßwohnbau

D 42.4 Ehem. Remisengebäude

Milchstraße 11, Rotherbaum
Architekten: Martin Haller (Ursprungsbau). Helmut Gronau (Umbau)
1905/06; Umbau 1959/60

Die anspruchsvolle Lebenshaltung Henry Budges führte 1905/06 auch zu einem großzügigen Remisenneubau mit Pferdestall und Kutscherwohnung. Die Dachlösung und einige sparsame Gliederungen ordnen den Bau den Hallerschen Alstervillen zu, die Ziegelfassaden identifizieren ihn dagegen eindeutig als Wirtschaftsgebäude. Auch Uhr und Glocke lassen unweigerlich an das Torhaus eines Gutshofs denken. Nach dem Zweiten Weltkrieg wurde die Remise als Wohn- und Geschäftshaus für den Antiquitätenhändler Eduard Brinkama umgebaut und mit pastellfarbenem Anstrich und Sprossenfenstern versehen – als Vorbild für die schrittweise Aufwertung des Quartiers um die Milchstraße – »Pöseldorf« – zum exklusiven Boutiquen- und Galerienviertel (vgl. auch Nr. D 43).

D 43 Ehem. Haus Brinkama

Milchstraße 8, Rotherbaum
Architekt: Helmut Gronau (Umbau)
Kernbau 1830er Jahre; Umbau um 1964

Für sein zweites Wohnhaus in »Pöseldorf« ließ Eduard Brinkama ein schlichtes, vermutlich biedermeierliches Satteldachhäuschen zu einem neoklassizistischen Stadtpalais mit Portikus und Balustradenbekrönung umgestalten. Diese Stilwahl war nicht zufällig, wurde das Gebäude doch bevorzugt mit englischem Mobiliar aus dem 18. Jahrhundert – Sheraton, Hepplewhite, Chippendale – ausgestattet: ein für damalige Verhältnisse überaus luxuriöses Ambiente, das nach der Dürftigkeit der Wiederaufbaujahre den Boden für »gehobenere« Konsumansprüche bereitete. Als ironische Pointe sei vermerkt, daß der Bau bis dahin als Autowerkstatt gedient hatte: Der Flügel links vom Eingangshof war die Reparaturhalle, rechts davon befand sich die Lackiererei!

D 44 Geschoßwohnbau

Pöseldorfer Weg 8, Rotherbaum
Architekt: Peter Schweger
1965, 1967/68

Eines der wenigen – und zugleich bedeutendsten – Beispiele für die brutalistischen Tendenzen der 60er Jahre, die Hamburg aufzuweisen hat. Durch die Splitlevel-Bauweise der südlichen Gebäudehälfte gewinnt die Gliederung der Hauptfassade nahezu skulpturale Qualitäten; dementsprechend individuell ist die Innenaufteilung mit Wohnungen, die sich z. T. über mehrere Geschosse erstrecken. Ungewöhnlich sind auch die verglasten Schrägflächen, die den Räumen einen atelierartigen Charakter verleihen – genoß »Pöseldorf« mit seinen zahlreichen Boutiquen, Kneipen und Galerien damals doch noch das Image eines Boheme-Viertels. Der sandgestrahlte Sichtbeton der Fassaden wurde mittlerweile mit einem Anstrich versiegelt.

D 45 Doppelvillen
Alsterchaussee 7–9, Rotherbaum
Architekt: Johannes Grotjan
1876
Kubische Zwillingsvillen mit Sandsteingliederungen an den Backsteinfassaden und reizvollen Figuren- und Ornamentfriesen unter den weit überkragenden Dächern. Die »italianisierende« Gestaltung und die anspruchsvolle Materialwahl wirken so gar nicht hamburgisch. Hier könnte die Berliner Schinkel-Schule Pate gestanden haben.

D 46 Theater im Zimmer
Alsterchaussee 30, Harvestehude
Architekt: Georg Wellhausen (Umbau)
1828/29; Umbau 1951/52
Ehemaliges Landhaus für den Bauunternehmer Christian Diederich Gerhard Schwieger, der die heutige Alsterchaussee als Privatstraße anlegen und bebauen ließ. Das klassizistische Gebäude mit kompaktem Grundriß und streng gegliederten, ornamentlosen Fassaden wird nur durch die eingestellten ionischen Säulen akzentuiert. Anfang der 50er Jahre wurden die rückwärtigen Räume als Zuschauerraum und Bühnenfläche für das »Theater im Zimmer« zusammengelegt – 1948 durch Helmuth Gmelin gegründet –, während das Altonaer Museum biedermeierliches Mobiliar für die zum Foyer umgewandelten Vorderräume zur Verfügung stellte. Am nördlichen Ende des Mittelwegs sind mit Nr. 50 und Nr. 116 zwei weitere zeitgleiche Landhäuser erhalten, beide um 1826, Nr. 116 allerdings durch Henry Grell umgestaltet (1921/22).

D 47 Ehem. Generalkommando der Wehrmacht
Sophienterrasse 14, Harvestehude
Architekten: Distel & Grubitz
1936
Im »Dritten Reich« konnte die Wehrmacht mit dem umfangreichen Baukomplex des Generalkommandos in das kleinteilige Wohnquartier am Alsterufer eindringen – ein treffender Ausdruck für die allgemeine gesellschaftliche Militarisierung durch das NS-System. Am deutlichsten spricht der Mittelrisalit mit seiner straffen Pfeilerordnung in Muschelkalk den zackigen Kasernenhofton, der nach 1933 im offiziellen Bauen gewünscht wurde. Die monumentale Dreiflügelanlage kann sich in der schmalen Nebenstraße allerdings kaum entfalten; und auch die langgestreckten Putzfronten wirken mit ihrer schematischen Gliederung und den »Konsölchen« unter den Fensterrahmungen reichlich schmalbrüstig gegenüber dem wuchtigen Vorbau, auf dem zwei kraftvolle Adler dräuen.

D 48 Wohnanlage »Sophieneck«
Sophienterrasse 11a–i/Alsterkamp 32a–d, Harvestehude
Architekten: Semmy und Bernd Engel
1928/29

D 47 Ehem. Generalkommando der Wehrmacht
D 48 Wohnanlage »Sophieneck«

Eines der bemerkenswertesten Beispiele für das Neuen Bauen in der Hansestadt mit Flachdächern und hellen Putzfassaden, deren dynamischer Schwung sparsam durch horizontale Klinkerstreifen konturiert wird. Der architektonischen Moderne verpflichtet ist auch der terrassenartige Aufbau der Wohnanlage, wogegen mit der spiegelsymmetrischen Anordnung der Baukörper, den Vorbauten und den zurückgesetzten Hauseingängen typische Kennzeichen der traditionellen Hamburger Reihenvilla aufgenommen wurden.

D 49 Verlagskomplex Hoffmann und Campe
D 49.1 Verlagsgebäude
Harvestehuder Weg 42, Harvestehude
Architekten: PAS Jochem Jourdan und Bernhard Müller; Mitarbeiter: Thomas Auchter, Ingrid Holweg, Michael Merrill, Bettina Randelzofer, Maria Salzano, Helmut Winkler
1989, 1990/91
Hinsichtlich Maßstab und Gliederung fügen sich die beiden neuen Verlagsgebäude problemlos in das

Villenensemble am Alsterufer ein. Bemerkenswert ist auch das Geschick, mit dem das nicht geringe Bauvolumen zwischen die einfühlsam restaurierten Altbauten (z. T. ebenfalls für Verlagszwecke genutzt) und den geschützten Baumbestand eingepaßt wurde. Die Planung basiert auf einem Direktauftrag an das Frankfurter Büro – für hiesige Verhältnisse eine mutige Entscheidung, wurde damit doch der bequeme Pfad »bewährter«, d. h. vor allem marktgängiger Lösungsmuster verlassen. Nicht Klinker oder moderates High-Tech bestimmen hier denn auch die Architektur, sondern eine eklektizistische Postmoderne, die unbekümmert klassizistische Motive – z. B. der Belvedere – mit Anleihen an den Wiener Sezessionsstil – z. B. der Dekor an den Dachunterseiten – mischt, wobei das traditionelle Weiß der Alstervillen quasi das Lokalkolorit bildet.

D 49.2 Villa Krogmann
Harvestehuder Weg 41, Harvestehude
Architekten: Martin Haller (Ursprungsbau). Grundmann, Rehder; Mitarbeiter: Tobias M. Burchard, Matthias Hein, Carola Marcus (Restaurierung)
1878; Restaurierung 1989–92
Auffällig an diesem Entwurf ist der Rohbaucharakter der Fassaden, denn im allgemeinen wurde am westlichen Alsterufer Putz oder Mischbauweise der Vorzug gegeben, d. h. der Backstein tauchte bestenfalls als Flächenfüller zwischen reichen Stuck- oder Werksteingliederungen auf. Dabei entwickelte Haller hier zwar einen stark differenzierten Baukörper, wie er im Villenbau dieser Zeit Mode wurde, im Detail stellen aber nur die Giebelbekrönungen im Renaissancestil wirklich eine Konzession an den Zeitgeschmack dar. Die übrigen Dekorationsformen bleiben dagegen betont zurückhaltend – was dem Architekten bis zuletzt wohl auch immer mehr gelegen hat als der gründerzeitliche Horror vacui. In den Innenräumen sind noch die originalen Wand- und Deckendekorationen erhalten, deren ursprüngliche farbliche Fassung wiedergewonnen werden konnte.

D 49.1 Verlagsgebäude Hoffmann und Campe
D 52 Geschoßwohnbau

D 49.3 Haus Dr. Kruspig
Harvestehuder Weg 45, Harvestehude
Architekten: Emil Fahrenkamp (Ursprungsbau). Grundmann, Rehder; Mitarbeiter: Tobias M. Burchard, Matthias Hein, Carola Marcus (Restaurierung und Umbau)
1930/31; Restaurierung und Umbau 1989–92
Die Fassaden des strengen Klinkerkubus versammeln das typische Repertoire der Vorkriegsmoderne – Fensterbänder und Dampfermotive wie Bullaugen und Relings – zu einer spannungsvollen Komposition. Der ursprünglich nahezu zäsurlose Wohnbereich, nach dem Zweiten Weltkrieg schon einmal provisorisch untergliedert, wurde bei den bis 1992 erfolgten Umbaumaßnahmen für Bürozwecke leider erneut in Einzelräume aufgeteilt und der fließende und offene Charakter des Erdgeschosses somit wirtschaftlichen Erwägungen geopfert.

D 50 Geschoßwohnbau
Harvestehuder Weg 55, Harvestehude
Architekten: Helmut Wolff und Dieter Schlühr
1972–74
Die Konstruktionsweise – zwei Giebelschotten und eine Mittelschotte mit aussteifendem Treppenhauskern und Decken ohne Unterzüge – erlaubte eine individuelle Aufteilung der acht Wohnungen mit 90 bis 145 m^2 Wohnfläche. Mit seinen abwechslungsreich gegliederten Sichtbetonfassaden und den verandaartigen Vorbauten – Rahmen in Orangegelb – behauptet sich der Bau souverän zwischen den gründerzeitlichen Stuckvillen, die auch ihrerseits diesen ruppigen »Eindringling« gut vertragen.

D 51 Krugkoppelbrücke
Harvestehude
Architekten: Hochbauwesen, Fritz Schumacher. Ingenieurwesen, Oberbaudirektor Gustav Leo
1927/28
Stahlbetonbrücke mit drei markant geschwungenen Korbbögen. Die Pfeiler werden gegenüber dem schlichten Klinkermauerwerk durch halbrunde Bastionen mit ornamentalem Terrakottaschmuck hervorgehoben. Wenig passend sind die »Nostalgieleuchten«, die heute den strengen Charakter des Bauwerks beeinträchtigen.

D 52 Geschoßwohnbau

Frauenthal 7, Harvestehude

Architekt: Holger Schmidt; Mitarbeiter: Fehmi Dere, Christiane Monckenbusch, Marlies Spreckels

1990, 1993/94

Mit wenigen Mitteln wird das Gebäude in sein historisches Umfeld eingebunden: Lochfassade in Putz, Sockel in Werkstein, halbrunde Tonnendächer in Zinkblech; die gläserne Treppenhausachse markiert eine Zäsur, die die Längsfronten in der Breite der angrenzenden Stadthausparzellen teilt. Auch die verglasten Wintergärten sind ein traditionelles Motiv der gründerzeitlichen Bebauung.

D 53 Ensemble Oberstraße

D 53.1 Reihenvillen

Oberstraße 111–135, Harvestehude

Architekt: Hans Rackwitz

1893–95

Seit dem Beginn der systematischen spekulativen Aufschließung Harvestehudes ab 1868 entstanden dutzende derartiger Reihenvillen, die mit rund 300 bis 400 m^2 Wohnfläche, einschließlich Küche im Keller, auf die Wohnbedürfnisse des »gehobenen« mittleren Bürgertums zugeschnitten waren. Dabei wurden die Gebäude gleichsam »von der Stange« geliefert, so auch die Gruppe an der Oberstraße, für deren Entwurf der Bauunternehmer Hans Rackwitz verantwortlich zeichnete (wenn auch mit Unterbrechungen wie Nr. 119): ein Ensemble in Mischbauweise mit abwechslungsreich variierten, aber immer ähnlichen Stuckgliederungen, die die steinsichtigen Füllflächen der Fassaden wie ein Netzwerk miteinander verklammern (durch die nachträglichen Anstriche allerdings nur noch teilweise nachvollziehbar). Die meisten dieser Gebäude mußten zwischen den Kriegen in Geschoßwohnungen aufgeteilt werden, weil sich immer weniger Hausbesitzer in der Lage sahen, diesen Wohnstandard zu halten – nicht nur als Konsequenz der wirtschaftlichen Krisen der Weimarer Republik, sondern auch der systematischen Ausgrenzung und Entrechtung der jüdischen Bevölkerung nach 1933.

D 53.2 Haus Rosenkranz

Oberstraße 108, Harvestehude

Architekten: Hans Rackwitz (Ursprungsbau). Block & Hochfeld (1. Umbau). Oskar Gerson (2. Umbau)

1888; 1. Umbau 1922; 2. Umbau 1934

Auch die beiden Gebäude Oberstraße 110 und 108, beide ursprünglich spiegelsymmetrisch gestaltet, stammen von Rackwitz. Zeigt Nr. 110 noch die schwerfällige Neorenaissance-Gliederung der Erbauungszeit, so wurde der Stuck von Nr. 108 beim Umbau durch Block & Hochfeld abgeschlagen und durch eine ebene Edelputzfläche ersetzt, sparsam akzentuiert durch eine expressionistische Fortuna von Richard Kuöhl und die stilisierten Rosendarstellungen am Eingangsportal als Anspielung auf den Namen des Eigentümers. 1934 wurde das Gebäude in ein Mehrfamilienwohnhaus umgewandelt.

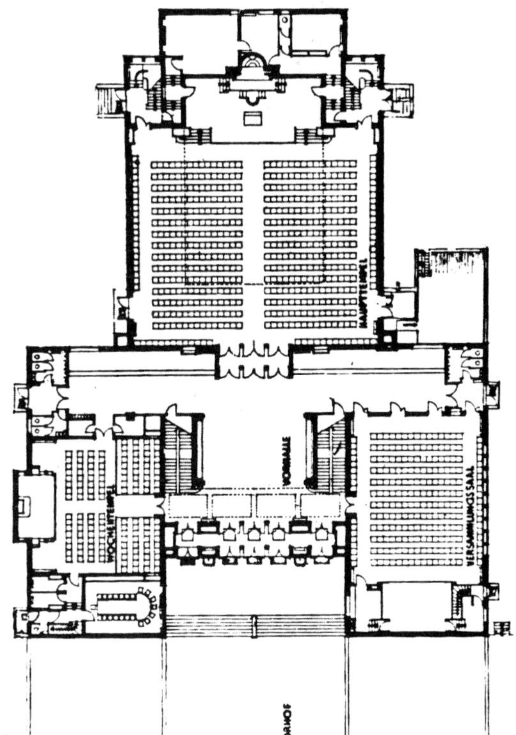

D 54 Tempelsynagoge

D 54 Tempelsynagoge

Oberstraße 120, Harvestehude

Architekten: Robert Friedmann. Felix Ascher

1929 W, 1930/31

Einer der letzten Großsynagogenbauten – ehemals 1200 Plätze – die noch in Deutschland erhalten sind, wenn das Gebäude auch 1941 zu kaum mehr als dem

Grundstückswert an die Stadt verkauft werden mußte und seit 1950 als Sendesaal der angrenzenden Rundfunkanstalt dient. Der »Neue Israelitische Tempelverein in Hamburg« war 1817 von meist wohlhabenden und wohl auch patriotisch gesinnten Juden gegründet worden, denn die erste Tempelsynagoge wurde am fünften Jahrestag der Völkerschlacht von Leipzig eingeweiht. Der Verein verstand sich als Reformgemeinde, die mit Chor, Orgel, deutschem Gebetbuch und deutscher Predigt eine Annäherung an das christliche Umfeld suchte. Dies zeigte sich auch beim Wettbewerb Oberstraße, zu dem auch renommierte Kirchenbaumeister wie Otto Bartning und Dominikus Böhm geladen wurden, die vermutlich jedoch keinen Entwurf vorgelegt haben.

Das Gebäude wurde nach einem völlig überarbeiteten Plan von den beiden ersten und dritten Preisträgern, Felix Ascher bzw. Robert Friedmann, realisiert. Die schmucklosen Gebäudekuben mit Muschelkalkverkleidung gewinnen nur durch ihre achsensymmetrische Anordnung um einen Vorhof und das Lochfenster mit dem stilisierten siebenarmigen Leuchter (Entwurf Friedrich Adler) sakrale Bezüge. Bestechend ist die selbstbewußte Geste, mit der sich der Bau in das Villenquartier einfügt. Bei der Einweihung am 30. August 1931 – einem Sonntag! – wurde jedoch auch bereits sorgenvoll auf die Verschärfung des antijüdischen Klimas hingewiesen. Bei dem Progrom 1938 wurde die Synagoge zwar geschändet, aber nicht zerstört (Mahnmal von Doris Waschk-Balz, 1983). Die hebräische Inschrift über dem Eingang klingt wie ein Hohn auf die heutige Nutzung: »Mein Haus soll ein Bethaus genannt werden für alle Völker« (Jesaja 56,7).

D 57 Grindelhochhäuser

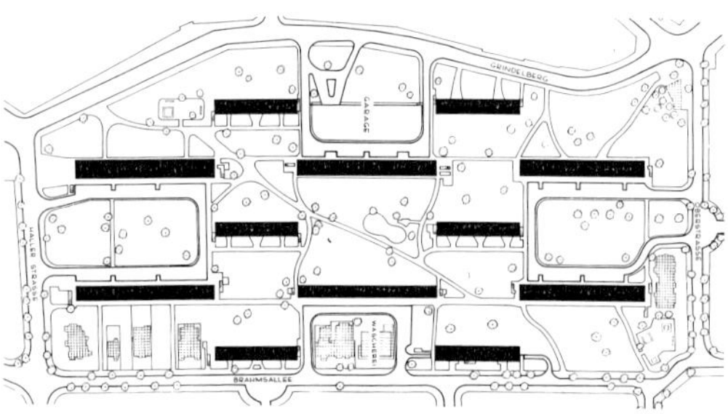

D 55 Römisch-katholische Kirche St. Elisabeth

Oberstraße 67, Harvestehude
Architekten: Heinrich Renard und Jos. van Geisten
1926

Anders als die exponierte protestantische St. -Johannis-Kirche in Rotherbaum mußte sich der Kirchenbau hier mit zwei schmalen Stadthausgrundstücken begnügen – eine Konsequenz der Klosterland-Parzellierung, bei der auf die Ausweisung hervorgehobener Standorte für Sonderbauten verzichtet wurde, aber auch ein Ausdruck der Mißachtung der katholischen Gemeinden in Hamburg, deren Bedürfnisse bei der Stadtplanung keine Rolle spielten. Der Baukörper selbst ist bis auf den asymmetrisch angefügten Turm wenig auffällig und ordnet sich auch in der Traufhöhe der angrenzenden Bebauung unter. Die Werksteinfassaden zeigen zurückhaltenden expressionistischen Dekor und Reliefs, u. a. mit Szenen aus der Legende der heiligen Elisabeth von Thüringen (»Rosenwunder«).

D 56 Reihenvilla

Innocentiastraße 37, Harvestehude
Architekt: August Hinsch
Um 1906

Die Grundstücke Oberstraße 15, 17 und 25 sowie Innocentiastraße 37, 39 und 41 wurden von August Hinsch erworben und auf eigene Rechnung mit jugendstiligen Reihenvillen bebaut. Ein besonderer dokumentarischer Stellenwert kommt Innocentiastraße 37 zu. Noch 1935 wurde eine neue Synagoge der kleinen portugiesisch-jüdischen Gemeinde der Hansestadt (Sephardim) mit 130 Plätzen in dem Gebäude eingerichtet, die auch nach außen mit hebräischer Inschrift und einem Davidstern auf dem Eckturm selbstbewußt in Erscheinung trat. 1942 wurden die Einbauten wieder herausgerissen, nachdem man die meisten der etwa 20 Bewohner des Gebäudes, das inzwischen zu einem »Judenhaus« geworden war, in die Vernichtungslager deportiert hatte – unter ihnen auch der bekannte Produktgestalter und ehemalige Professor an der Landeskunstschule Friedrich Adler, 1878 geboren, der 1942 in Auschwitz ermordet wurde (vgl. auch Nr. D 54).

D 57 Grindelhochhäuser

Grindelberg/Hallerstraße/Brahmsallee/Oberstraße, Harvestehude
Architekten: Bernhard Hermkes. Rudolf Jäger (Hopp & Jäger). Rudolf Lodders. Heinz Jürgen Ruscheweyh. Albrecht Sande. Ferdinand Streb. Fritz Trautwein. Hermann Zess
Planungs- und Baubeginn 1946/47; Fertigstellung: Blöcke 1 und 4 1949/50, Blöcke 7, 9, und 11 1950/51,

D 58 Geschoßwohnbauensemble Isestraße

Blöcke 8 und 12 1951/52, Block 2 (Bezirksamt Eimsbüttel) 1952/53, Blöcke 5 und 10 1953/54, Block 3 1954/55, Block 6 1955/56
Ensemble von zwölf Wohn- bzw. Bürohochhausscheiben mit gelben Klinkerfassaden, markanten Kraggeschossen (für Büros und Praxen) und leichten »Flugdächern« über penthouseartigen Staffeln (z. T. mit Wohnateliers); richtungweisend war auch die Gruppierung um eine verkehrsfreie »grüne Mitte«. Mit Ausnahme der völlig zerstörten Blöcke zwischen Grindelberg und Brahmsallee war Harvestehude im Zweiten Weltkrieg nicht stark getroffen worden. Das Villenquartier bot sich daher bevorzugt für die Unterbringung der britischen Besatzungssoldaten und ihrer Familien an, wobei am Grindelberg noch zusätzlich eine Hochhaussiedlung mit großzügigen Vier- und Fünfzimmerwohnungen geplant wurde – die späteren Grindelhochhäuser. 1946 unter großen Mühen begonnen, wurde das Projekt allerdings schon 1947 wieder eingestellt, als sich die britische und die amerikanische Besatzungszone zur Bi-Zone vereinigten und die in Hamburg ansässigen Verwaltungseinrichtungen verlagert wurden.

Erst 1949 wurden die Bauarbeiten, die z. T. immerhin schon bis zu den Fundamenten gediehen waren, wiederaufgenommen, diesmal jedoch nach den Maßstäben des sozialen Wohnungsbaus. Für die Umplanung zeichnete dabei auch weiterhin die Arbeitsgemeinschaft von acht Hamburger Architekten verantwortlich, die schon 1946 von den Briten aufgrund ihrer politischen Unbedenklichkeit ausgewählt worden waren – was seinerzeit nicht unerhebliche Konkurrenzkämpfe unter den hiesigen Architekten provoziert hatte. Auch die neuen Entwürfe markierten mit Fahrstühlen, Müllschluckern, Einbauküchen und gekachelten Vollbädern zu Beginn der 50er Jahre gehobenenen Wohnstandard. Da außerdem Mieterdarlehen zu leisten waren, waren die Wohnungen anfangs fast nur für Angehörige der Mittelschicht erschwinglich. Anders dagegen heute: Der hohe Anteil unattraktiver »Kleinstapartments« (rund 20 m^2) in einigen Blöcken hat dort mittlerweile zu einer starken Konzentration sozialer Randgruppen geführt.

D 58 Geschoßwohnbauensemble Isestraße

Isestraße, Harvestehude
Architekten: A. Barca und Ulrich Pierstorff (Nr. 121–125, 1907–09). J. Jahnke (Nr.81–95, 1910/11). Albert Lindhorst (Nr. 39, 1909/10; Nr. 76–94, 1905/06). F. O. Lindner (Nr. 9–21, 1908–10; Nr. 71–73, 1907/08). Wilhelm Schröder (Nr. 115–119, 1907/08). Winand & Zöllner (Nr. 96–98, 1910/11) u. a.
Gesamtensemble ca. 1905–1912
Die eindrucksvolle Reihung jugendstiliger Etagenwohnhausfronten wurde durch den Bebauungsplan von 1906 ermöglicht, der vor allem entlang des Isebekkanals eine einheitliche Bebauung vorschrieb. Gilt der südwestliche Abschnitt der Isestraße mit dem Hochbahnviadukt (1909–12) bei alteingesessenen Hamburgern noch heute als das »schlechte Ende« – was bei Wohnungen mit mehr als 150 m^2 Fläche allerdings relativ ist –, so läßt sich der privilegierte soziale Status des östlichen Abschnitts schon allein an den tiefgeschnittenen Vorgärten und der aufwendigen Gestaltung der Eingangsportale ablesen. Wohnungen mit mehr als 200 m^2 Fläche bei sieben bis acht Zimmern, separatem Dienstboteneingang, Zentralheizung und Fahrstuhl waren hier typisch für die Aufteilung bzw. den Ausstattungsstandard, wobei die Schlitzbauweise nicht selten Erschließungen mit einer Länge von über 20 m (inklusive Halle) zur Folge hatte.

D 59 U-Bahnstation Klosterstern

Klosterstern/Eppendorfer Baum/ Harvestehude
Architekten: Walther Puritz (Ursprungsbau). Grundmann, Rehder (Restaurierung)
1929; Restaurierung 1984–86
Der Haltepunkt Klosterstern entstand mit dem Bau der Linie zwischen Kellinghusenstraße und Jungfernstieg (vgl. auch Nr. D 69). Bemerkenswert ist der gute Erhaltungszustand, der die Station zu einem der letzten bis ins Detail authentischen Beispiele für die Verkehrsarchitektur der Vorkriegsjahre macht. Die Wandverkleidung besteht aus verschiedenfarbigen horizontalen und vertikalen Keramikplattenstreifen, die sich gegenseitig überlagern bzw. durchdringen und den gekrümmten Wänden noch zusätzlich ein dynamisches Bewegungsmoment verleihen (im Eingangsbereich ergänzt). Überaus effektvoll präsentiert sich auch die Kette der Dreieckslampen unter dem mittig

D 59 U-Bahnstation Klosterstern

angeordneten Unterzug, mit denen die originalen Beleuchtungsquellen wiederhergestellt wurden. Und auch die hölzernen Einbauten auf dem Bahnsteig zeigen sich seit der Restaurierung wieder in den warmen Orange- und Gelbtönen der Erbauungszeit.

D 60 Evangelisch-lutherische Hauptkirche St. Nikolai

Harvestehuder Weg 118, Harvestehude
Architekten: Gerhard Langmaack und Dieter Langmaack
1959, 1960–62

Auf die Wiederherstellung der 1943 zerstörten Hauptkirche St. Nikolai in der entvölkerten Geschäftscity wurde zugunsten eines Neubaus in Harvestehude verzichtet, dessen Einwohnerzahl durch Wohnungsteilungen und Wohnraumbewirtschaftung nach 1945 stark angestiegen war. Gerhard Langmaack und seinem Sohn Dieter gelangen hier einer der anspruchsvollsten Sakralbauten Hamburgs nach dem Zweiten Weltkrieg mit subtilen gestalterischen und räumlichen Qualitäten. Typisch für die Architekten ist der kelchförmige Grundriß, der die Gemeinde um den Altar und die Kanzel sammeln soll, ohne jedoch, wie bei einem Zentralbau, die räumliche Grenze zum Altarbereich völlig zu verwischen. In den Turmschaft mit der Taufkapelle ist ein Glasfenster von Elisabeth Coester eingefügt (1939), das ursprünglich für die neogotische Hauptkirche in der Innenstadt gedacht war, dann aber während des Krieges ausgelagert wurde. Auch ein Farbmosaik von Oskar Kokoschka (1974), dessen Schwarzweißfassung – ebenfalls als Mosaik – seit 1977 in der Turmruine von St. Nikolai hängt (vgl. Nr. A 20), stellt ein verbindendes Moment zwischen den beiden Bauten dar.

D 61 Villenensemble Abteistraße/Nonnenstieg

Im Bereich Abteistraße/Nonnenstieg wurden vor dem Ersten Weltkrieg einige bemerkenswerte Einzel- und Reihenvillen realisiert, letztere zumindest als Kopfbauten hervorgehoben, bei denen der konventionelle Stadthaustypus zugunsten einer individuelleren Gestaltung aufgegeben wurde. Sie vergegenwärtigen zudem das Spektrum der gestalterischen Möglichkeiten um 1910, wobei auch der Emanzipation des Backsteins eine zentrale Rolle zukommt. Wurde dieses Baumaterial in den Alstervierteln lange Zeit nur als Flächenfüller zwischen andersartigen Architekturgliederungen toleriert, so entstanden hier mit Entwürfen wie Haus Dr. Bromberg oder Haus O'Swald an der Heilwigstraße, das ebenfalls zu dieser Gruppe gezählt werden kann (vgl. Nr. D 62) erstmalig völlig schmucklose Backsteinrohbauten.

D 61.1 Haus Lincke

Abteistraße 38, Harvestehude
Architekten: William und Rudolf Rzekonski
1909

Der repräsentative Einzelbau mit der neoklassizistischen Hauptfassade wirkt auf dem schmalen Eckgrundstück deplaziert. Seine Einbettung in das Reihenhausensemble warf aber wohl auch einige Probleme auf, was sich besonders deutlich an der schiefwinklig abgeschnittenen Rückfront zeigt. Der Entwurf ist ansonsten jedoch eher als unprätentiös zu charakterisieren. Massive Backsteinkanten umklammern die Fenster- und Brüstungsfelder mit sparsamen Ornamentschmuck, das ungebrochene Walmdach und der niedrige Sockel unterstreichen den kompakten, lastenden Charakter des Baukörpers. Selbst die anspruchsvolle Geste der Kolossalsäulen wird nur eingeschränkt wirksam; sie wurden gleichsam versteckt.

D 61.2 Haus Amsinck

Abteistraße 25, Harvestehude
Architekt: Emil Janda
1905/06

Einzelvilla für den Reedereidirektor Theodor Amsinck (Hamburg-Süd), wenn als Kopfbau auch noch einer Zeile von Reihenvillen zugehörig. Der Entwurf verweist mit seinen Barockformen und dem dunkelroten Verblender bereits auf den sogenannten Heimatstil, ist aber noch in konventioneller Mischbauweise mit Zementstuck und nicht als Backsteinrohbau ausgeführt.

D 61.3 Haus Michahellis

Nonnenstieg 1, Harvestehude
Architekt: Edgar Michahellis
1911; Restaurierung 1990

Erweckt der hoch aufschießende Mittelrisalit mit den Kolossalpilastern von Osten gesehen den Eindruck eines stattlichen Barockpalais, so wirkt er von der Seite betrachtet merkwürdig unproportioniert an dem schmalen Baukörper. Das Motto »Mehr Schein als Sein« hatte bei dem Innenarchitekten Michahellis jedoch auch Methode, der nicht nur die Geschmacksbedürfnisse der hanseatischen Oberschicht bediente, sondern auch als Ausstatter luxuriöser Passagierdampfer reüssierte und sich dort ebenfalls mit der Schwierigkeit konfrontiert sah, auf engstem Raum Weite und Vielfalt zu suggerieren. Man findet sich im Innern des Gebäudes denn auch in einer Kulissenwelt wieder. Überwältigt das Interieur der Erdgeschoßräume im Stil Louis XVI. auf den ersten Blick durch seine Exklusivität – Halle und Gesellschaftsräume mit

Stuckmarmor, Spiegelverglasungen und vergoldeten Festons als Appliken –, so wird bei näher Betrachtung schnell deutlich, wie relativ knapp bemessen die Räume tatsächlich sind.

D 61.4 Haus Dr. Bromberg
Nonnenstieg 9, Harvestehude
Architekt: Paul Schöß
1913–15

Der sockellose Eckbau wirkt behäbig, fast ländlich grob. Die schlichten Backsteinfassaden werden nur durch flache Lisenen gegliedert. Ebenso schwach profilierte ionische Pilaster und ein Barockportal setzen an der Eckfassade sparsame Akzente. Die kompakte Gebäudeform mit dem ungebrochenen Walmdach scheint bereits auf die Entwicklung nach dem Ersten Weltkrieg zu verweisen, ebenso die »funktionale« Anordnung der Fenster am Nonnenstieg, die erkennen läßt, daß hier die Wirtschaftsräume liegen.

D 62 Haus O'Swald
Heilwigstraße 31, Harvestehude
Architekt: Paul Schöß
1907/08

D 61.3 Haus Michahellis
D 62 Haus O'Swald

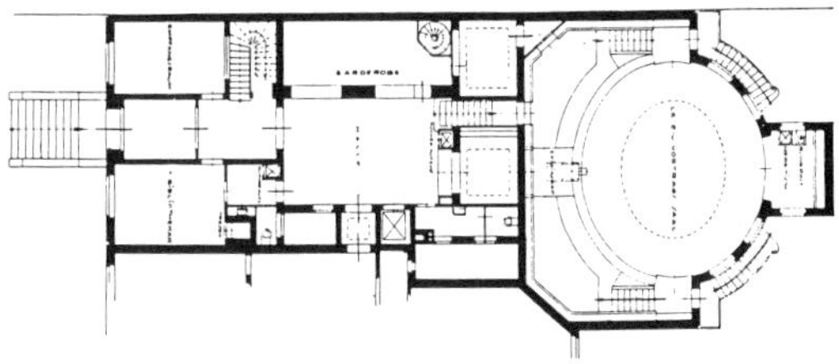

D 63 Warburg-Bibliothek

Noch eines der für Harvestehude-Rotherbaum charakteristischen Doppelhäuser, diesmal jedoch mit individuellem Anspruch für Henry O'Swald, Mitglied der weitverzweigten hamburgischen Kaufmannsfamilie Oswald, die ihren Namen mit einem Apostroph anglifiziert hat. Ausschlaggebend für die burgähnliche Gestaltung war die exponierte Lage an einer Straßenkreuzung: Die gedrungenen Ecktürme mit den Giebelchen und Voluten bilden kompakte Blockkanten. In den Ziegelverband sind »Donnerbesen« eingefügt, auch Fensterläden gehörten ursprünglich zu den Heimatstilelementen des Entwurfs. Die kahle Rohbauarchitektur muß um 1908 »absolutely shocking« gewirkt haben, um in der anglophilen Diktion der Bauherren zu verbleiben.

D 63 Warburg-Bibliothek
Heilwigstraße 116, Eppendorf
Architekten: Gerhard Langmaack (Ursprungsbau). Dieter Langmaack (Restaurierung)
1925/26; Restaurierung 1994/95

Das Familienvermögen ermöglichte es dem einflußreichen Kunsthistoriker Aby M. Warburg (1866–1929), eine bedeutende kulturwissenschaftliche Bibliothek aufzubauen. Fritz Schumacher, der sich mit Vorplanungen für das Gebäude beschäftigte, nachdem Felix Ascher 1923 mit einem zu dieser Zeit bereits völlig konservativen Reformstilentwurf gescheitert war, vermittelte schließlich den jungen Gerhard Langmaack als Architekten. 60 000 Bände kamen bis 1933 zusammen; sie wurden noch Ende des Jahres nach London verschifft, um dort den Grundstock des Warburg Institute zu bilden. Eine Stiftung erlaubt es seit 1993 der Universität Hamburg, das Gebäude zu restaurieren und wieder für wissenschaftliche Zwecke im Sinne seines Erbauers zu nutzen.

Das Hauptaugenmerk bei der Konzeption der Bibliothek galt der inneren Organisation mit dem ovalen Lese- und Vortragssaal. Rohrpost und Bücheraufzüge markierten den hohen Anspruch, der auch an die technische Ausstattung gestellt wurde. Das Gebäude selbst ist dagegen eher unscheinbar und reiht sich nahtlos in die Hauszeile ein – innen bestand eine Verbindung zu Heilwigstraße 114, dem Wohnhaus Warburgs –; selbst das Dach greift auf die Nachbarbauten über. Den einzigen Schmuck der Klinkerfassade bilden vier aus dem Ziegelverband entwickelte Vertikalbänder, gleichsam als Abbreviatur einer Tempelfront, doch die Lisenen sind in sich splittrig gebrochen, und die Last eines Gebälks fehlt.

D 64 Villa

Heilwigstraße 140, Eppendorf
Architekten: Jacob & Ameis
1921

Repräsentative Einzelvilla, in der die Reformarchitektur der Jahre vor dem Ersten Weltkrieg in besonders nobler Form fortlebt. Das Gebäude wirkt entrückt und abweisend durch einen hohen Sockel mit kleinen Fenstern, aus dem sich seitlich eine geschwungene Gartenmauer entwickelt, die das Alstergrundstück zur Straße hin abschirmt.

D 65 St.-Johannis-Kloster

Heilwigstraße 158–162, Eppendorf
Architekten: Kahl & Endresen
1912–14

Nach der Reformation wurde das Dominikanerkloster St. Johannis in der Innenstadt in ein lutherisches Stift für die ehemaligen Nonnen des Zisterzienserklosters Harvestehude umgewandelt, reich dotiert durch umfangreichen Landbesitz, auf dem u. a. in der Gründerzeit die Stadthauskolonien zwischen Mittelweg und Innocentiapark entstanden. 1837 erfolgte der Umzug der Einrichtung aus den mittelalterlichen Gebäuden an den Klosterwall, 1914 dann in den heutigen Bau an der Oberalster Das traditionsreiche Damenstift für ledige und verwitwete Frauen – links das Klostergebäude, rechts das Witwenhaus – genoß hohes Sozialprestige, wie sich nicht nur an der attraktiven Lage, sondern auch an der anspruchsvollen Landhausarchitektur nach britischem Vorbild ablesen läßt. Auch die Innenaufteilung war überaus großzügig. Jede Bewohnerin verfügte über drei bis vier Zimmer sowie eine Dienstmädchenkammer. Die Eingangsdiele und der Versammlungssaal erinnern an das althamburgische Bürgerhaus, sozusagen als Hinweis auf die Herkunft der Damen aus der hanseatischen Oberschicht.

D 65 St.-Johannis-Kloster

D 66 Geschoßwohnbauten

Heilwigstraße 121–125/Kellinghusenstraße 20, Eppendorf
Architekten: Zwinscher & Peters
1923/24

Mit seinem kristallin zersplitterten Fassadendekor und den zackenartigen Giebelreihungen ist der Entwurf unschwer dem Klinkerexpressionismus zuzuordnen. Aber auch Anklänge an den Backsteintraditionalismus des späten Kaiserreichs werden deutlich, z. B. die Rundbogen der Erdgeschoßöffnungen oder das Mansardwalmdach. Dabei entstand hier, wie sollte es an diesem anspruchsvollen Standort vis à vis eines Parks an der Oberalster auch anders sein, Wohnungsbau mit »herrschaftlichem« Zuschnitt. Erst das »Dritte Reich« brachte die kleinbürgerliche Nivellierung der Wohnverhältnisse in Eppendorf (vgl. Nr. D 75).

D 67 Evangelisch-lutherische Kirche St. Johannis

Ludolfstraße 66, Eppendorf
Architekten: Julius Faulwasser (Erneuerung). Gerhard Langmaack (Restaurierung). Bunsmann & Scharf (Instandsetzung Außenfassade)
Teile des Turms spätes 12. Jahrhundert; Kirchenschiff 1622; Neugestaltung des Turms 1751; Erneuerung 1902/03; Restaurierung 1957–63; Instandsetzung Außenfassade 1981–84

Im Kirchturm verbergen sich noch Reste eine runden Wehrturms aus dem späten 12. Jahrhundert – 1751 rechteckig ummantelt und mit einem neuen Helm versehen –, der wohl erst später mit einer Kirche verbunden wurde. Dieses Gotteshaus, 1267 erstmals erwähnt, diente mehreren Dörfern, was auch der periphere Standort verdeutlicht, nämlich zwischen Winterhude und Eppendorf und nicht, wie üblich, im Ortskern. Die Erneuerung des Kirchenschiffs im 17. Jahrhundert erfolgte als Fachwerksaal, wie er allgemein typisch für die Landkirchen im Hamburger Raum ist. An Ausstattungsstücken sind die Kanzel erwähnenswert (1781) sowie ein Kruzifix aus der Zeit um 1510, das allerdings erst 1961 angekauft wurde.

Von der ursprünglichen Kirche ist nach den wiederholten Restaurierungen nur noch wenig erhalten.

1902/03 wurde der Innenraum von Julius Faulwasser umfassend erneuert und erhielt eine Holztonne, außerdem erfolgten gotisierende Fenstereinbrüche. Gerhard Langmaack war bestrebt, hiervon soviel wie möglich rückgängig zu machen mit neuen Fenstern und einer teilweisen Beseitigung der hölzernen Einbauten neben dem Altar. Bei der Instandsetzung der Außenfassade bis 1984 wurden die vormals schmucklosen Seitenschiffe z. T. mit neuem Fachwerk und dekorativen Ausfachungen versehen. Der Fachwerkbau des Pastorats stammt aus dem 18. Jahrhundert; das ehemalige Gemeindehaus Ludolfstraße 53 von Geißler & Wilkening (1927/28).

D 68 Willsches Palais
Ludolfstraße 19, Eppendorf
Architekten: Sprotte & Neve. Sandtmann & Grundmann (Instandsetzungen)
Um 1700; südl. Anbau 1813; Gartenflügel um 1820; Instandsetzungen 1950–57
Der Gebäudekomplex erinnert an die Zeit, als Eppendorf Sommersitz wohlhabender Bürger war. Die Fronten des massiven Kernbaus werden durch korinthische Kolossalpilaster mit Sandsteinkapitellen gegliedert, eines der letzten erhaltenen Beispiele für den niederländisch beeinflußten Hamburger Bürgerhausbarock des 17. Jahrhunderts. Die Erweiterungen erfolgten in Fachwerkbauweise. Auch die Gebäude Ludolfstraße 43 (18. Jahrhundert), Eppendorfer Landstraße 126 (im Kern von 1779) und Eppendorfer Marktplatz 11 (1778, erneuert 1806), das Haus des Klostervogts des St.-Johannis-Klosters in der Altstadt und damit ehemals die Verwaltung für Eppendorf, zeugen von der früheren Geschichte des Stadtteils.

D 69 Hochbahnhaltestelle Kellinghusenstraße
Goernestraße/Loogeplatz, Eppendorf
Architekten: Raabe & Wöhlecke (Hochbahnhaltestelle). Walther Puritz (Bahnsteigbrücke und Stellwerk)
Hochbahnhaltestelle 1909–12; Bahnsteigbrücke und Stellwerk 1926, 1930/31
Der Bahnhof, zusammen mit der 1912 eröffneten Ringbahn entstanden, bildet ein angemessenes Entree zu den repräsentativen Villen- und Etagenhausquartieren von Eppendorf. Den nördliche Zugang akzentuiert ein Dreiecksgiebel, seitlich jeweils durch ein Figurenpaar gestützt, das jedoch weniger klassischen Atlanten bzw. Karyatiden ähnelt als vielmehr einer modernen Kleinfamilie, zumal im Hinblick auf die Putten, die zu seinen Füßen auf blitzenden Rädern wie auf einem Kinderspielzeug reiten: wohl genauso ein allegorischer Verweis auf die Elektrifizierung wie eine eher realistische Darstellung derjenigen Personengruppen, die von dem neuartigen Massenverkehrsmittel profitierten. Ähnlich originell ist auch das gedrungene Tor, das sich unvermittelt über den Gleisen erhebt. 1931 konnte die vorerst noch provisorische Verbindung zum Jungfernstieg in Betrieb genommen werden. Um den gestiegenen Fahrgastverkehr zu bewältigen, wurde an der Umsteigestation Kellinghusenstraße eine Bahnsteigbrücke errichtet, deren verglasten Überbau Walther Puritz im Sinne des Neuen Bauens aus einer kleinteiligen Rasterstruktur entwickelt hat.

D 69 Hochbahnhaltestelle Kellinghusenstraße

D 70 Holthusenbad
Goernestraße 21, Eppendorf
Architekt: Hochbauwesen, Fritz Schumacher
1913/14
Unter seinem hohen Mansarddach umfaßte der mächtige Dreiflügelbau nicht nur zwei nach Geschlechtern getrennte Schwimmbäder sowie Wannen- und medizinische Bäder, sondern auch ein Standesamt und eine Bücherhalle. Virtuos wurde dabei das Material eingesetzt, das unter Schumacher typisch für das hamburgische Bauen werden sollte: Eine Schicht bläulich schimmernder Klinker wechselt jeweils mit einer weiteren aus bräunlichen Handstrichziegeln mit stumpfer Oberfläche. Der mittig angeordnete Dachreiter – die Entlüftungshaube – und die »Kolossalordnung« des Mittelflügels aus Pfeilervorlagen straffen die kompakten, lagernden Baumassen.

D 71 Wohnanlage Kellinghusenpark
D 71.1 Geschoßwohnbauten
Goernestraße 4–12/Gustav-Leo-Straße 5–15; Gustav-Leo-Straße 14–18, Eppendorf
Architekten: Ernst Gerson mit Hans und Oskar Gerson
1926
D 71.2 Geschoßwohnbauten
Eppendorfer Landstraße 58–64/Gustav-Leo-Straße 2–4, Eppendorf
Architekten: Hans und Oskar Gerson
1928
Eine der korrigierenden »Retuschen« bereits bebauter Viertel, wie es Fritz Schumacher nannte. Ab der Jahrhundertwende wurde das bis dahin noch vorstädtische Eppendorf als Etagenhausquartier erschlossen. Nach dem Ersten Weltkrieg waren schließlich nur noch die benachbarten Landhausgärten Schröder und Knauer als größere zusammenhängende Grünfläche an der Eppendorfer Landstraße übriggeblieben.

Um ihren Erhalt als öffentliches Grün auch wirtschaftlich rechtfertigen zu können, wurde eine partielle Verwertung des Terrains durch eine Randbebauung erlaubt. Dabei entstand eine der wohl anspruchsvollsten Hamburger Wohnanlagen der Weimarer Republik, wenn auch mit den allgemein üblichen, gemäßigt modernen Klinkerfassaden, die auf den ersten Blick keine prinzipiellen Unterschiede zu anderen zeittypischen Projekten erkennen lassen – nur daß es sich hier nicht um Kleinwohnungen handelte, sondern um bürgerlichen Geschoßwohnungsbau mit z. T. mehr als 100 m² Fläche und marmorverkleideten Eingängen.

D 72 Geschoßwohnbau
Eppendorfer Landstraße 47–49, Eppendorf
Architekt: Robert Friedmann
1928
Durch die beiden Risalite mit seitlich angefügten Balkonen und die »Schlitzbauweise« – zwei typische Motive des Geschoßwohnungsbaus der Jahrhundertwende – wird das Gebäude in seinen Kontext eingebunden. Hinsichtlich des streng stereometrischen Baukörpers und des Flachdachs ist der Entwurf dagegen der Vorkriegsmoderne zuzuordnen. Die Fassade wird durch Klinkerplatten, die mit den konventionell gemauerten Eckpfeilern der Loggien gleichsam ihre Auflagefläche durchscheinen lassen, als Verkleidung kenntlich gemacht.

D 71 Wohnanlage Kellinghusenpark

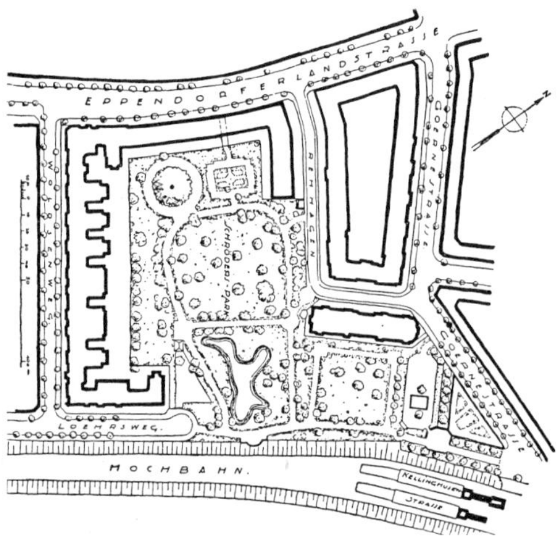

D 73 Geschoßwohnbauten
Haynstraße 19–21; Haynstraße 23, Eppendorf
Architekt: Johannes C. Hansen
1924 (Nr. 23); 1927 (Nr. 19–21)
Zwei bemerkenswerte Geschoßwohnbauten aus der Weimarer Republik, die sich dem repräsentativen Charakter der Vorkriegsbebauung an der Eppendorfer Landstraße unterordnen. Haynstraße 23 ist ein klassizierender Putzbau. Die gequaderten Lisenen an den Klinkerfassaden von Haynstraße 19–21 verweisen dagegen noch auf den Heimatstil der Vorkriegsjahre. Eine gestalterische Klammer zwischen den beiden heterogenen Entwürfen bildet der Portikus von Nr.23 mit seinen dorischen Halbsäulen, der bei Nr.19–21 wieder aufgenommen wird.

D 74 Geschoßwohnbau
Breitenfelderstraße 80/Haynstraße29–33/Husumer Straße 37/Sudeckstraße 2–6, Eppendorf
Architekten: Hans und Oskar Gerson
1924/25
Geschoßwohnbau mit betont flächigen Klinkerfassaden, deren Reiz vorrangig in der meisterhaften handwerklichen Ausführung liegt, z. B. die Flügelwände der vorkragenden Loggien, die mit ihren gerundeten Anschlüssen wie in das Mauerwerk verschliffen wirken. Expressionistische Portiken und blauglasierte Terrakottaskulpturen von Ludwig Kunstmann bilden den einzigen Schmuck und unterstreichen mit noblem Understatement den sozialen Status der Wohnanlage.

D 75 Geschoßwohnbauten Lenhartzstraße/ Robert-Koch-Stieg
D 75.1 Wohnblock
Breitenfelder Straße 82–90/Haynstraße 40–44/Lenhartzstraße 25–33/ Robert-Koch-Stieg 1–7, Eppendorf
Architekt: A. Ruppert
1933–38
D 75.2 Geschoßwohnungen
Haynstraße 34–38
Architekt: Gustav Meves
1935
D 75.3 Geschoßwohnbauten
Lenhartzstraße 16–20/Robert-Koch-Straße 1; Lenhartzstraße 19–23/Haynstraße 32/Robert-Koch-Stieg 2–6, Eppendorf
Architekt: Ulrich Pierstorff
1936–38
Die Weltwirtschaftskrise brachte einen völligen Maßstabswechsel für die bürgerlichen Quartiere von Ep-

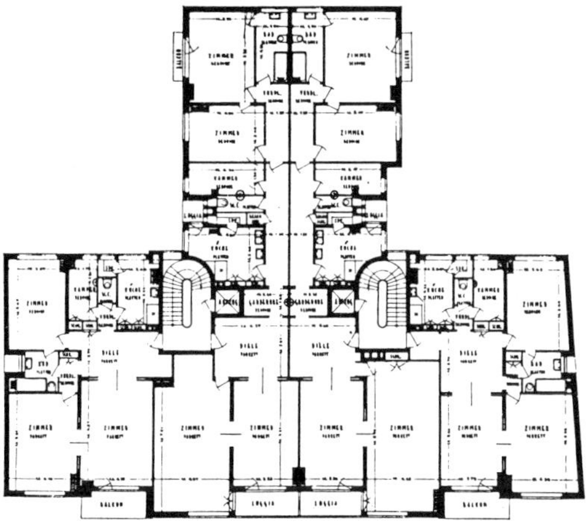

D 72 Geschoßwohnbau

pendorf. Das Wohnraumangebot bei Neubauten wurde auf zwei bis drei Zimmer reduziert. Kaum nachvollziehbar ist auch die abrupte Verflachung des gestalterischen Niveaus. Gelang Pierstorff nur wenige Jahre zuvor mit dem Geschoßwohnbau Breitenfelder Straße 68–70 (1929) noch eine kraftvolle Klinkerarchitektur mit Anklängen an das Neue Bauen, so repräsentieren die Bauten an der Lenhartzstraße kaum mehr als den typischen »Mietskasernenstil« der NS-Zeit mit seinen schematischen Gliederungen, abgemagerten Profilen und dem anspruchsloseren roten Backstein unter schlichten Walmdächern, hier allerdings städtebaulich akzentuiert durch eine torartige Einschnürung des Straßenraums.

D 76 Bezirksamt Nord

Kümmellstraße 7, Eppendorf
Architekt: Hochbauamt, Erster Baudirektor Paul Seitz
1. BA 1953/54; 2. BA 1956–59

Eines der ersten Hamburger Projekte von Paul Seitz, neben der Schule Mendelssohnstraße (vgl. Nr. I 20), das beispielhaft für eine Vielzahl weiterer derartiger Bauten wurde: scheibenartig vorkragende Dächer und Stirnwände, Rasterfassaden und solide, unprätentiöse Materialien, die den Fassaden und Innenräumen eine charakteristische Eigenfarbigkeit verleihen – hier graugelbe Teka-Steine, graugrün durchgefärbter Beton und roter Backstein im Eingangsbereich –, sind typisch für den öffentlichen Hochbau in der Ära Seitz (1953–63). Dabei wurden die Fensterfronten vorrangig nach einer für die Besonnung als optimal erachteten Lage ausgerichtet, weniger dagegen nach stadträumlichen Kriterien.

D 77 Jenisch-Stift

Tarpenbekstraße 93, Eppendorf
Architekten: Krumbhaar & Heubel (Häuser I u. II). Rosenberg & Wex (Modernisierung und Umbau)
1893, Haus I 1895, Haus II 1910; Modernisierung und Umbau 1978–80

Eine der reichsten Hamburger Stiftungen, 1858 zur Erinnerung an Senator Martin Johann Jenisch von seiner Frau Fanny zur finanziellen Unterstützung hilfsbedürftiger Familien und Einzelpersonen ins Leben gerufen (zu M. J. Jenisch vgl. das Jenisch-Haus in Othmarschen, Nr. I 48). 1881 wurde das Stiftungskapital durch das Testament eines Familienangehörigen auf rund zwei Millionen Mark verfünffacht und die Stiftungssatzung geändert, um den Bau eines Wohnstifts an der Tarpenbekstraße zu ermöglichen – für mittellose Angehörige der »besseren Stände« (wobei auch weiterhin Familien Berücksichtigung fanden). Von dem ab 1893 geplanten Komplex von neun Gebäuden mit 145 Wohneinheiten konnten jedoch nur zwei realisiert werden. Während der Inflationsjahre verlor die Stiftung ihr gesamtes Kapital.

D 76 Bezirksamt Nord

Der schloßartige Charakter der Anlage mit dem weiten Vorplatz spiegelt auch in seinem rudimentären Zustand den Anspruch wider, der mit der hochdotierten Stiftung verbunden wurde. Ursprünglich sollten vier Gebäude den Hauptbau an der Tarpenbekstraße rahmen, wovon jedoch nur eins verwirklicht wurde. Die Architekten wählten außerdem nicht die konventionelle Neogotik, der die Hamburger Stiftsarchitektur ihren typischen »Anstaltscharakter« verdankt – ganz im Unterschied etwa zu vergleichbaren Projekten in Altona –, sondern die als weitaus repräsentativer erachtete Neorenaissance. Aber auch hier bindet der charakteristische Zusammenklang von rotem Ziegel und hellem Putz die Gebäude in das allgemeine Erscheinungsbild der Hamburger Wohnstifte ein.

D 78 Stiftung Anscharhöhe
Tarpenbekstraße/Nedderfeld, Eppendorf
D 78.1 Stiftungseinrichtungen und Geschoßwohnbauten
Architekten: Martin Haller u. a. (Ursprungsbauten). Patschan, Werner, Winking (Neubauten)
Beginn des Ausbaus 1885/86; Zerstörung 1943; Erweiterung 1973/74 W, 1976/77; Carl-Ninck-Haus 1981–83
D 78.2 Anscharkirche
Architekten: Julius Faulwasser (Ursprungsbau). Dieter Langmaack (Gemeindehaus)
1888/89; Teilzerstörung und Rekonstruktion 1909; Gemeindehaus 1973/74

D 79.1 Schutte-Stift

Die Stiftung geht auf das 1883 von Emilie Jenisch gegründete Emilienstift für gefährdete Mädchen zurück, das 1886 nach Eppendorf verlegt wurde. Da das von der Stifterin erworbene Gelände reichlich bemessen war, wurden hier im Laufe der Zeit außerdem noch weitere karitative Einrichtungen – Pflege- und Wohnheime – unterschiedlicher Träger zur Stiftung Anscharhöhe zusammengefaßt. Das Zentrum der Anlage bildete die Anscharkirche von Julius Faulwasser (ehemals Zum Guten Hirten), ein schlichter neogotischer Saalbau mit Einturm.

Im Zweiten Weltkrieg schwer zerstört, fristete die Stiftung lange Zeit ein Schattendasein, bis Bundesmittel ab 1976 den Ausbau eines richtungweisenden integrativen Wohnmodells erlaubten, das 250 Altenwohnungen, ein Pflegeheim mit 100 Betten und drei Kinderhäuser mit jeweils 12 Plätzen umfaßt, die sich die Gemeinschaftseinrichtungen wie Schwimmbad, Restaurant und Turnhalle teilen. Außerdem wurden Familiensozialwohnungen errichtet, z. T. behindertengerecht, um einer »Ghettobildung« vorzubeugen. 1986 lebten rund 1000 Menschen auf der Anscharhöhe.

Die neue Bebauung konzentriert sich kammförmig um zwei nach Süden offene Wohnhöfe, die mit Aufschüttungen und Teichen abwechslungsreich gestaltet sind (Gartenarchitekt Raimund Herms). Die architektonische Gestaltung ist betont unaufwendig mit rotem Sichtmauermauerwerk und dunkel lasierten Holzteilen. Durch ein charakteristisches Fassadenrelief und eine differenzierte Höhenentwicklung der einzelnen Trakte, die mit der bewegten Topographie des Geländes korrespondiert, gelang es jedoch, jeden Anflug von Monotonie an der langgestreckten Fassadenabwicklung zu vermeiden.

D 79 Stiftsviertel
D 79.1 Schutte-Stift
Tarpenbekstraße 31, Eppendorf
Architekten: Martin Haller und Hermann Geißler
1906/07
D 79.2 Mathilden-Stift
Tarpenbekstraße 33, Eppendorf
Architekt: C. D. Müller
1900/02
D 79.3 Kampe-Stift
Schedestraße 24, Eppendorf
Architekten: Behr & Eckmann (Ursprungsbau)
1906/07; Erweiterung 1928
D 79.4 Soltow-Stift
Schedestraße 6, Eppendorf
Architekt: Ernst Vicenz
1906

Frappant ist die Ähnlichkeit der für alle vier Stiftsbauten gewählten Lösungen, die ein konventionelles Muster für die Bauaufgabe Wohnstift verdeutlichen. Es handelt sich jeweils um Dreiflügelbauten, die einen Eingangshof umschließen, selbst auf dem Eckgrundstück Tarpenbekstraße 31 (beim Kampe-Stift allerdings 1928 durch eine Erweiterung zur Vierflügelanlage geschlossen, s. unten). Der gewählte Stil läßt sich als gotisierend charakterisieren, wobei jedoch eindeutige Anklänge an das mittelalterliche Bauen mit Ausnahme der Staffelgiebel fehlen, wie aufwendigere Gliederungsmotive überhaupt. Vielmehr wird eine reichere Fassadenwirkung durch rahmende Backsteinstreifen erzielt, die auf den hellen Fassaden ein die Bauglieder verklammerndes Netz bilden – eine Lösung, die auch im Genossenschaftswohnungsbau der Jahre vor dem Ersten Weltkrieg eine wichtige Rolle spielte, für den hier Ernst Vicenz, der Architekt des Soltow-Stifts, aber vor allem auch zahlreicher genossenschaftlicher Wohnprojekte, als beispielhaft steht.

D 79.5 Beyling-Stift

Schedestraße 13–17, Eppendorf
Architekten: Strohmeyer & Giese
1927

D 79.6 Erweiterung des Kampe-Stiftes

Schedestraße 18–22, Eppendorf
Architekten: Strohmeyer & Giese
1928

Zwei bemerkenswerte Beispiele für den Einfluß des Neuen Bauens auf die Stiftsarchitektur, im Fall des Kampe-Stifts als Erweiterung einer bereits bestehenden Anlage (s. oben). Nicht eine behagliche »Feierabendarchitektur« wurde mit diesen Altenwohnanlagen angestrebt (vgl. z. B. das Stiftsviertel in Winterhude-Nord, Nr. E 36), sondern sachliche Lösungen, die ihren Reiz aus der Rhythmisierung serieller Motive beziehen, wie sie sich bei der Aneinanderreihung von Kleinstwohnungen fast wie von selbst ergeben. Bescheidet sich das Kampe-Stift mit einer Lochfassade, so werden die Fenster und Loggienöffnungen beim Beyling-Stift zu Bändern zusammengezogen, was die Architektur weitaus großzügiger erscheinen läßt.

D 79.7 Rée-Stift

Schedestraße 23–39, Eppendorf
Architekt: Ernst Friedheim
Mittelbau 1912; Seitenflügel 1915

Seltenes Beispiel für ein Wohnstift im Reformstil der späten Kaiserzeit, der das Gebäude um so stärker hervorhebt, als die Nachbarschaft von konventionellen gotisierenden Stiftsbauten bestimmt wird.

D 80 Notkirchen

D 80.1 Evangelisch-lutherische Kirche St. Martinus

Martinistraße 33, Eppendorf
Architekten: Gerhard Langmaack (Ursprungsbau), Jörn Rau (Erweiterung)
1949; Erweiterung 1972/73

D 80.2 Evangelisch-lutherische Kirche St. Markus

Heider Straße 1, Hoheluft-Ost
Architekten: Hugo Groothoff (Ursprungsbau), Gerhard Langmaack (Wiederaufbau)
1898/99; Zerstörung 1943; Wiederaufbau 1948/49

Zwei der insgesamt 48 sogenannten Notkirchen, die vom Hilfswerk der Evangelisch-lutherischen Kirche

D 79.5 Beyling-Stift

Deutschlands mit internationaler Unterstützung errichtet wurden. Hierfür hatte Otto Bartning 1947 eine Holzkonstruktion aus Bindern, Pfetten, Dachtafeln, Fenstern und Türen entwickelt, die einschließlich des Gestühls und einer Empore vorgefertigt an die Baustelle geliefert werden konnte und nur noch mit beliebigen Materialien eingedeckt und ummantelt werden mußte, z. B. mit Trümmersteinen. Gerhard Langmaack erweiterte den schlichten Saalbau in Eppendorf um eine halbrunde Apsis, der später auch noch ein Turm folgte, während die Binder und die Dachkonstruktion in Hoheluft-Ost in eine zerstörte neogotische Kirche eingefügt wurden, von der nur noch der Turm und Reste der Umfassungsmauern, insbesondere der Chor, erhalten waren.

D 81 Universitätskrankenhaus Eppendorf

Martinistraße, Eppendorf
Architekten: Hochbauwesen, Carl Johann Christian Zimmermann und Bauinspektor F. Ruppel (Ursprungsbauten); Fritz Schumacher (Erika-Schwesternhaus und Pathologie); Erster Baudirektor Alfred Daiber (Chirurgie), Walter Ahrendt (Jungschwesternhaus), Hochbauamt, Baudirektor Wolfgang Rudhard (Wiederaufbau und Vorplanung Neugestaltung); Erster Baudirektor Paul Seitz (Neugestaltung), Fritz Trautwein und Joachim Matthaei (Frauenklinik), Godber Nissen (Augenklinik) u. a. 1880, 1883–89; Erika-Schwesternhaus 1912–14; Pathologie 1913; Chirurgie und Jungschwesternhaus 1938–42; Zerstörungen 1943; Wiederaufbau ab 1949; Bettenhaus Frauenklinik 1959–63, Fertigstellung aller drei Abschnitte 1968; Augenklinik 1968/69

Das ehemalige Allgemeine Krankenhaus Eppendorf, seit 1934 Universitätskrankenhaus, wurde in den 1880er Jahren noch in ausgesprochener Stadtrandlage, dafür aber auch auf preisgünstigem Baugrund errichtet. Um die Infektionsrisiken zu mindern, wurde der Komplex in 72 meist eingeschossige Einzelpavillons aufgelöst, in der Regel unscheinbare Rohbauarchitekturen mit flach geneigten Satteldächern – wobei die aufgelockerte, stark durchgrünte Bauweise auch über Hamburg hinaus als richtungweisend galt und im damaligen Krankenhausbau Maßstäbe setzte. Erst die Entwürfe von Fritz Schumacher wurden auch in gestalterischer Hinsicht der anspruchsvollen Bauaufgabe gerecht, wenn auch gerade beim axial ausgerichteten Erika-Schwesternhaus mit einer der Aufgabe als Wohnheim völlig unangemessenen Monumentalität (heute teilzerstört).

Eine zentrale Erschließungsachse teilte die Anlage ursprünglich streng symmetrisch in einen Frauen- und einen Männerbereich (letzterer lag im Nordosten); im Zentrum befanden sich die Bade- und Operationseinrichtungen. Heute präsentiert sich das Krankenhaus jedoch als ein völlig unbefriedigendes Konglomerat aus Restbeständen der alten Pavillonstruktur – bis Kriegsende zu 40 Prozent zerstört – und Neubauten, die nach den Ausbaukonzepten von Walter Rudhardt (1952) und Paul Seitz (1954/55) betont achsenverneinend angeordnet wurden. Außerdem wurden die vormals isolierten Abteilungen von Seitz zu amorphen Gebäudeclustern zusammengefaßt, die sich ohne jegliches Raumempfinden zu »Licht, Luft und Sonne« hin auffalten wie das 1959 begonnene MRC-Gebäude (Medizin, Radiologie, Chirurgie) oder die Kinderklinik (1954–59).

D 82 Ehem. Lyzeum Curschmannstraße

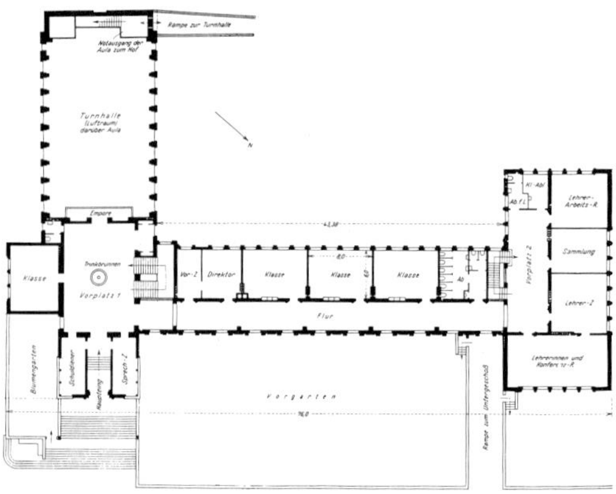

D 82 Ehem. Lyzeum Curschmannstraße

Curschmannstraße 39, Hoheluft-Ost
Architekt: Fritz Höger.
1925 W, 1926–28

Eines der wenigen Schulgebäude aus der Schumacher-Ära, für die ein Wettbewerb ausgeschrieben wurde – sozusagen als staatliche Unterstützungsleistung für die Architektenschaft gleich nach dem Ersten Weltkrieg (1919). Die endgültige Fassung ging jedoch erst aus dem zweiten Wettbewerb 1925 hervor. Das Schulgebäude bildet eine signifikante Gruppe aus Klinkerkuben. Die beiden Klassentrakte an der Curschmannstraße schließen als raumbildende Kante die Grünanlage vor dem Universitätskrankenhaus ab, der Eingangspavillon und der trutzige Eckturm akzentuieren die Kreuzung. Letzterem gliedert sich wie bei einem Kirchenbau ein Langhaus an, hier allerdings für die Aula. Buckelglasscheiben, »Lanzettfenster«, Steine mit Goldglasur und eine mächtige Turmuhr unterstreichen den sakralisierenden Charakter der Architektur. Richtungsweisend war der einbündige Grundriß, der bei späten Bauten aus wirtschaftlichen Gründen allerdings meist nicht wieder aufgenommen wurde.

D 83 Ehem. Tabakfabrik von Eicken

Hoheluftchaussee 95, Hoheluft-West
Architekten: Gustav Schrader (Ursprungsbauten). Manfred Milz (Restaurierung und Umbau)
1902/03; Erweiterung Kesselhaus 1907; Erweiterung Fabrikgebäude 1909; Restaurierung und Umbau 1984/85

In einem Hinterhof verbirgt sich eines der beeindruckendsten Hamburger Fabrikgebäude, wobei vor allem der wahrzeichenhafte Wasserturm mit dem Schornstein auffällt, der erst 1909 angefügt wurde. Gearbeitet wurde hier von oben nach unten, d. h. der Produktionsprozeß begann im letzten Stock mit der Aussortierung und Anfeuchtung des Rohtabaks, im Erdgeschoß waren Verpackung und Versand untergebracht. Der vertikale Transport erfolgte wie bei einem Lagerhaus mit Winden über die Luken. Backsteinlisenen akzentuieren die schlichten Putzfassaden; auch die Zinnenkränze, Segmentbögen und Schmuckfriese verleihen der Architektur einen konventionellen gotisierenden Charakter. Seit 1985 dient der Komplex als »Creative Factory« mit Gastronomiebetrieben und Loftbüros.

D 84 Apartmenthäuser

Falkenried 57; Eppendorfer Weg 237/Neumünstersche Straße 18, Hoheluft-Ost
Architekten: Sprotte & Neve
Um 1955

Zwei bemerkenswerte Lösungen für die in der Nachkriegszeit so beliebten Apartmenthäuser mit Einzimmerwohnungen. Besteht der Reiz des Gebäudes am Falkenried in der filigranen Stahl-Glas-Konstruktion der Laubengangverkleidungen und Treppenhausfenster, so wird die Architektur an der Neumünsterschen

D 85.1 Falkenriedterrassen
D 86 Ehem. Großbäckerei der Produktion

Straße durch eine feingliedrige Rasterstruktur aus Beton bestimmt, die die einzelnen Wohnungen wie Waben ablesbar macht. Die Lochfassaden und die Stirnwände sind dagegen in beiden Fällen mit gelbem Backstein verblendet, was im Zusammenspiel mit den flach geneigten Dächern einmal mehr auf die Bedeutung der skandinavischen Moderne für die hamburgische Nachkriegsentwicklung verweist.

D 85 Falkenriedterrassen
D 85.1 Terrassen
Falkenried/Löwenstraße, Hoheluft-Ost
1890/91, Teilzerstörung 1943
D 85.2 Terrassen
Falkenried 38, 38 a–d, 40, 40a–d/Löwenstraße 33, 33a–d, 35, 35a–d, Hoheluft-Ost
1903
D 85.3 Hofbebauung
Falkenried 44b, Hoheluft-Ost
1892
Der Block zwischen Falkenried und Löwenstraße wird seit 1903 von fünf Passagen durchschnitten, was das Ensemble heute schon allein im Hinblick auf seine Ausdehnung einzigartig macht. Von der städtebaulichen Konzeption und der beidseitigen dreigeschossigen Bebauung her dem Terrassentypus zuzuordnen – gassenartige Erschließungen im Innern eines Baublocks – , läßt sich die Anlage am Falkenried aufgrund des Verzichts auf eine Überbauung der Einmündungen doch eher als eine Gruppe privater Wohnstraßen charakterisieren, die fast gleichwertig neben den übrigen Straßen in dem Quartier stehen; nur Falkenried 44b ist eine herkömmliche Hinterhofbebauung. Terrassen waren denn auch nicht nur Synonyme für gründerzeitliches Wohnungselend. Gerade die Wohnungen in Hoheluft-Ost waren bei Arbeitern begehrt, wozu natürlich nicht zuletzt auch ihre Nachbarschaft zum Straßen- und Eisenbahnwerk Falkenried beitrug. Um den Erhalt dieses attraktiven, wenn auch sanierungsbedürftigen Wohnraumangebots durchzusetzen, bildete sich 1982 eine Mieterinitiative, aus der 1988 eine Mietergenossenschaft hervorging (Instandsetzung und Modernisierung Padberg, Reumschüssel & Partner, 1991–97).

D 86 Ehem. Großbäckerei der Produktion
Hegestraße 34–40, Eppendorf
Architekt: G. Lehne
1911; Mühlen- und Silobau am Isebekkanal 1915
Stahlbetonskelettbau mit roter Ziegelausfachung. Nur die Bekrönung mit Schweifgiebeln, die in stilisierten Voluten auslaufen, stellt noch ein konventionelles Dekorationsmotiv dar, wogegen die Fassadenstruktur konsequent aus der Konstruktion und der Funktion des Gebäudes entwickelt ist.

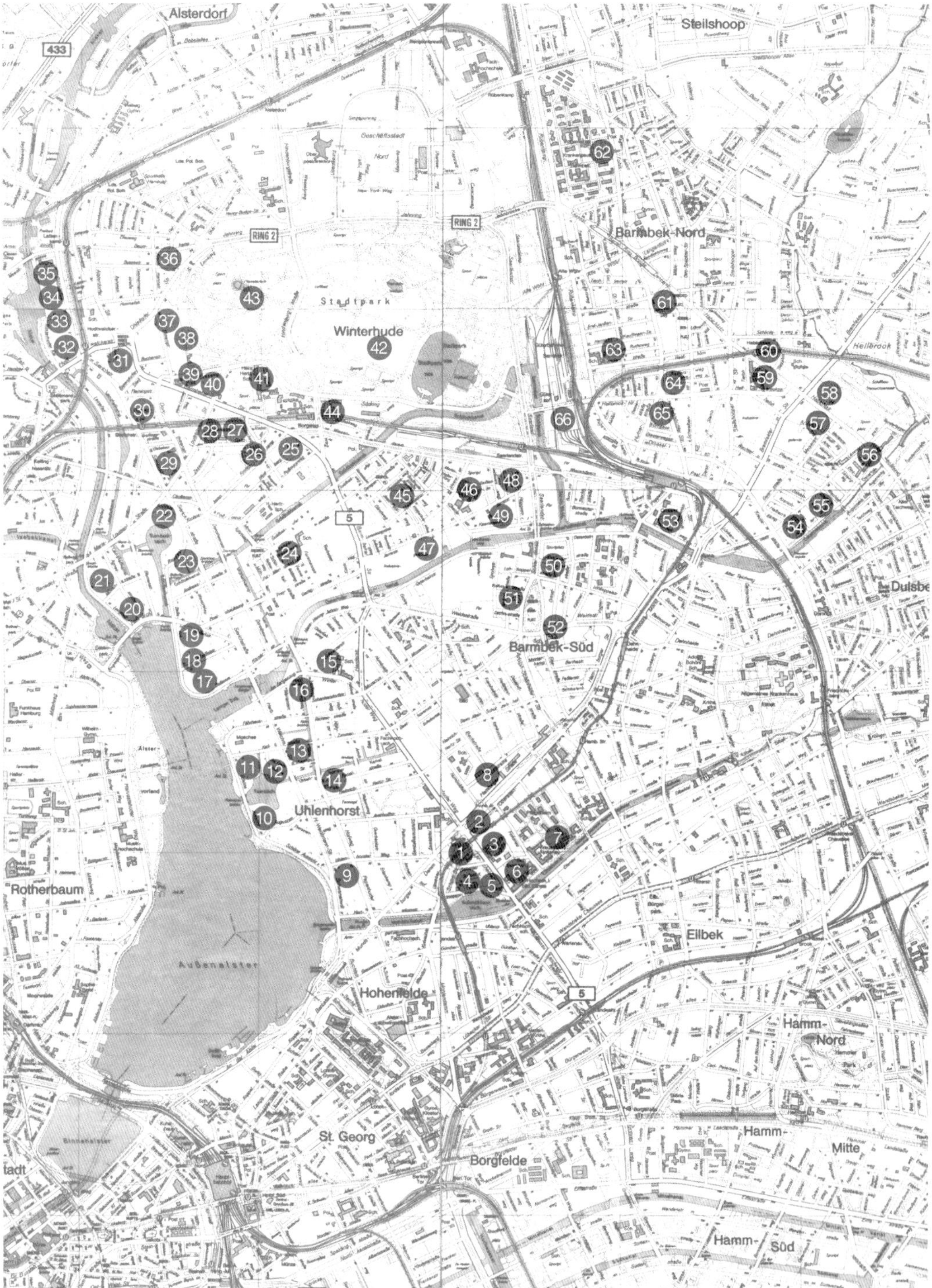
Alsterdorf
433
Steilshoop
Stadtpark
RING 2
Winterhude
Barmbek-Nord
Hellbrook
Barmbek-Süd
Uhlenhorst
Rotherbaum
Außenalster
Eilbek
5
Hohenfelde
Hamm-Nord
St. Georg
Borgfelde
Hamm-Mitte
Hamm-Süd
brook
4

E Uhlenhorst, Winterhude und Barmbek

Die Entwicklung Uhlenhorsts ist mit derjenigen von Rotherbaum am gegenüberliegenden Alsterufer vergleichbar. Den entscheidenden Impuls für die Besiedlung gab die Aufhebung der Torsperre 1860/61. Bereits Ende der 60er Jahre waren nicht nur die Schöne Aussicht sondern auch die Auguststraße, die Karlstraße und die Adolfstraße – heute Herbert-Weichmann-Straße – bebaut. Ihre Namen erinnern an August Abendroth, Karl Heine und Adolf Jenquell, die das ehemalige städtische Pachtgut Uhlenhorst 1837 erworben hatten und 1844 bis 1846 die ersten Straßen anlegen ließen. Völlig unerschlossen blieb dagegen lange Zeit das Gebiet um den heutigen Mundsburger Damm. Erst 1867 begann die Kanalisierung der Eilbek. 1881 wurden die Infrastrukturmaßnahmen abgeschlossen, während sich die Bebauung mit anspruchsvollen Etagenwohnhäusern bis zum Ersten Weltkrieg hinzog (1943 völlig zerstört, vgl. Nr. E 1).

Auch bei der Erschließung Winterhudes, 1365 in den Besitz des Klosters Harvestehude gelangt, war die Grundstücksspekulation die treibenden Kraft. 1865 gehörte Adolf Sierich, dessen Vater bereits 1838 mit dem Ankauf der ersten Flächen begonnen hatte, das gesamte Gelände zwischen dem Dorfkern am Winterhuder Marktplatz und dem Langen Zug. Die Sierichstraße, aber z. B. auch die Klärchenstraße, die Maria-Louisen-Straße oder die Agnesstraße, erinnern an Sierich und seine Angehörigen. Ausgehend vom Alsterufer wurden diese Gegenden allerdings sehr viel später besiedelt als die Uhlenhorst, so daß die Bebauung in weiten Bereichen beispielhaft für die Reformtendenzen vor dem Ersten Weltkrieg ist. Und auch in der Weimarer Republik wurden hier noch umfangreiche Projekte wie das Stiftsviertel oder die Jarrestadt realisiert (vgl. Nr. E 36 bzw. E 45), die mit der Großsiedlung Barmbek-Nord (vgl. Nr. E 61) zu den bedeutendsten Leistungen der Schumacher-Ära zählen.

Charakteristisch für die Viertel auf dem linken Alsterufer, im Unterschied zu Harvestehude-Rotherbaum, war ihre größere soziale Heterogenität und ihre funktionale Durchmischung, denn hier boten die in die Alster mündenden Kanäle optimale Voraussetzungen für die Ansiedlung von Gewerbebetrieben, wie die New York-Hamburger Gummi-Waaren Compagnie – heute Museum der Arbeit (vgl. Nr. E 53) –, 1873 an der Nordseite des Osterbekkanals und somit außerhalb der bis 1888 bestehenden Zollgrenze errichtet. Der Fabrikkomplex ist seit den schweren Luftangriffen 1943 eines der letzten Zeugnisse des traditionellen Arbeiterviertels Barmbek, das sich in der Gründerzeit aus einem Bauerndorf im Bereich der heutigen Hufnerstraße entwickelte hatte, dessen Eigentümer ursprünglich das Hamburger Hospital zum Heiligen Geist gewesen war (seit 1355).

E 1 Hochbahnanlagen an der »Mundsburg«

Mundsburger Damm/Schürbeker Bogen, Uhlenhorst

E 1.1 U-Bahnstation Mundsburg

Mundsburger Damm/Schürbeker Bogen, Uhlenhorst
Architekten: Raabe & Wöhlecke (Ursprungsbau), Grundmann, Rehder (Instandsetzung)
1910–12; Instandsetzung 1983–85

E 1.2 Hochbahnbrücke über den Kuhmühlenteich

Architekten: Raabe & Wöhlecke
1910/11

Die Brücke, die den Kuhmühlenteich mit einer elegant geschwungenen Stahlkonstruktion überspannt, und die U-Bahnstation bilden einen Abschnitt der 1912 fertiggestellten Hochbahn-Ringlinie. Der marode Zustand des Stationsgebäudes erforderte in den 80er Jahren umfangreiche Ausbesserungen. Um die Wirkung der untergehängten Putzdecke in der Bahnsteighalle nicht wieder durch Leuchtkörper zu beeinträchtigen, wurden Lampen mit Kragarmen und Wandbefestigungen entwickelt. Die Farbgebung der Wand- und Deckenflächen wurde nach Befunden restauriert. Dennoch stellt sich nur noch ein schwacher Abglanz des einstmals sehr repräsentativen, 1943 fast völlig zerstörten Wohnquartiers am Mundsburger Damm ein, auf dessen Status die aufwendige Gestaltung der beiden Verkehrsbauten ursprünglich Bezug nahm.

E 2 Geschoßwohnbau

Oberaltenallee 4/Lerchenfeld, Uhlenhorst
Architekt: Paul A. R. Frank
1929/30

Die metropolitane Geste der Architektur, eine elegante Komposition aus zwei schlanken Gebäudekuben, die durch die auskragenden Eckbalkone und die Horizontalen der Fensterbänder miteinander verklammert werden, erinnert daran, daß die Hamburger Straße vor den Kriegszerstörungen ein lebendiger Großstadtboulevard war (vgl. auch Nr. E 8).

E 3 Hammonia-Bad (ehem. Kur- und Badeanstalt)

Lerchenfeld 14–18, Uhlenhorst
Architekt: Carl Feindt
1926–28

Das mit Gesimsbändern in Muschelkalk geschmückte Klinkergebäude wurde von der »Hamburg-Altonaer Kur- und Badeanstalten GmbH« errichtet und bot neben medizinischen Anwendungen, Massageräumen und einem Turnsaal auch Wannen- und Brausebäder für die Bewohner der benachbarten Arbeiterviertel von Barmbek und Uhlenhorst, deren Wohnungen in der Regel nicht mit Badezimmern ausgestattet waren. Außerdem verbarg das expressionistische Zackengesims ein »Luftbad«, d. h eine Dachterrasse, auf der ungestört Sonnenbäder möglich waren.

E 4 Geschoßwohnbauten Schürbeker Straße

Schürbeker Straße/Birkenau, Uhlenhorst
Architekten: Rechtern & Landsmann
1954–56

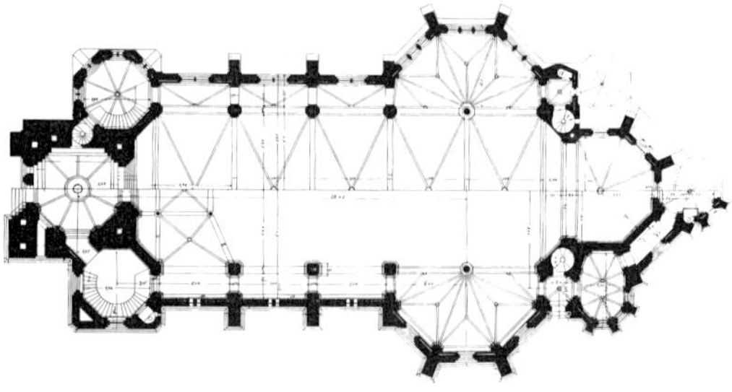

E 5 Evangelisch-lutherische Kirche St. Gertrud

Die Wohnanlage stellt ein bemerkenswertes Beispiel für den Versuch dar, trotz offener Bauweise Stadträume zu definieren. Die Zeilenenden der vier Geschoßwohnbauten sind jeweils bumerangförmig abgeknickt, so daß sie die Grünanlagen um St. Gertrud gegen die Hauptverkehrsstraßen abschirmen. Auch die flach geneigten Satteldächer und die großzügig dimensionierten Fensteröffnungen und Balkone lassen die Bauten ansprechender wirken als andere vergleichbare Projekte aus den Wiederaufbaujahren. Vor 1943 befanden sich hier allerdings Reihenvillen und repräsentative Großwohnungen!

E 5 Evangelisch-lutherische Kirche St. Gertrud

Immenhof 8a, Uhlenhorst
Architekten: Johannes Otzen (Kirche und westliches Pastorat), Fernando Lorenzen (östliches Pastorat), Friedhelm Grundmann (Instandsetzung)
1881 W, Kirche und westliches Pastorat 1882–85; östliches Pastorat 1886–88; Instandsetzung 1962

Mit St. Gertrud, ursprünglich der gemeinsame geistliche Mittelpunkt von Uhlenhorst, Barmbek und Hohenfelde, konnte Otzen den Typus der Wandpfeilerkirche weiterentwickeln, wie er ihn erstmalig mit der St.-Petri-Kirche in Altona verwirklicht hatte (1880–83, vgl. Nr. C 46). Hier ist der Gebäudeumriß durch den kreuzförmigen Grundriß jedoch sehr viel bewegter, wenn die an den Enden polygonal gebrochenen Querarme im Innenraum auch kaum in Erscheinung treten, weil auf die Hervorhebung einer Vierung verzichtet wurde und sich die Emporen zwischen den Wandpfeilern des Langhauses auch auf das Querhaus erstrecken.

Bei der Instandsetzung 1962 wurden die farbig bemalten, wenngleich stark beschädigten Putzflächen zwar weiß übergestrichen, die Backsteingliederungen und damit die strukturellen Merkmale des Innenraumes blieben aber unangetastet, was durchaus als eine frühe Auseinandersetzung mit der Ästhetik der Gründerzeit zu werten ist – ganz im Unterschied etwa zu der wenige Jahre zuvor erfolgten Modernisierung von St. Johannis in Altona, ebenfalls von Otzen, wo die Gliederungen z. T. unter Putz verschwunden sind. Auch die Prinzipalstücke wurden auf Anraten von Friedhelm Grundmann nicht erneuert.

Unverändert überliefert ist dagegen das äußere Erscheinungsbild der Kirche, das mit seinen neogotischen Formen und der Freude an den Materialqualitäten und der spezifischen Farbigkeit des Backsteins ein typisches Beispiel für die »Hannoversche Schule« darstellt (die mit Conrad Wilhelm Hase und Franz Andreas Meyer übrigens auch im Preisgericht prominent vertreten war). Erklärtes Ziel des Wettbewerbs war es ja, der reizvollen Situation am Kuhlmühlenteich einen möglichst malerischen Akzent einzufügen.

E 6 Hochschule für Bildende Künste

Lerchenfeld 2, Uhlenhorst
Architekten: Hochbauwesen, Fritz Schumacher (Ursprungsbau), Gustav Hassenpflug (Wiederaufbau), Godber Nissen (Aufstockung Südflügel)
1909, 1911–13; Wiederaufbau um 1951; Aufstockung Südflügel 1961/62

Die ehemalige Kunstgewerbeschule von Fritz Schumacher, noch in seiner Dresdner Zeit entworfen, stellt eines seiner Hauptwerke dar, auch wenn ihr heutiger Zustand dies nur noch schwach erkennen läßt. Der heterogene Baukomplex gliedert sich in einen dreiflügeligen Hauptbau am Lerchenfeld, einen flachen Südflügel an der Uferstraße, ursprünglich mit Dachterrasse und Gewächshäusern zu Studienzwecken, und einen aus Lärmschutzgründen isoliert angeordneten Werkstattrakt ebenda. Um eine nordöstliche Ausrichtung der Atelierfenster zu gewährleisten, wurde der Mitteltrakt des Hauptbaus schiefwinklig abgeknickt, wodurch der nördliche Eckflügel zwangsläufig kürzer als der südliche geriet – ein Makel, den Schumacher jedoch geschickt durch einen Wandelgang mit tempiettoartigem Eingangspavillon zu kaschieren wußte, der den Eingangshof vor den Passanten verbarg.

Den annähernden Originalzustand zeigt das Gebäude seit den schweren Kriegszerstörungen allerdings nur noch an der Südseite, wobei vor allem der südwestliche Direktionstrakt mit dem hohen Mansardwalmdach auffällt, der mit der Aula, der Bibliothek und der Eingangshalle in scharriertem Sichtbeton – Glasfenster Carl Otto Czeschka (1913) – auch noch einen Eindruck von der ursprünglichen Innenausstattung vermittelt. Beim Wiederaufbau der anderen beiden Flügel wurde dagegen nicht nur auf die Abschirmung des Eingangshofs verzichtet, sondern auch auf die charakteristische Dachlandschaft zugunsten von Flachdächern. Mit fatalen Folgen: Die unartikulierte Staffel von Hassenpflug läßt die ornamentalen Keramikstreifen an der Fassade, ein Entwurf der Bildhauerklasse von Richard Luksch, seitdem ins Leere laufen.

E 6.1 Eingangsanlage

Architekten: Patschan, Winking (Entwurf). Bernhard Winking; Projektleiter: J. Schwarz; Mitarbeiter: F. Weigert, M. Deja, S. Minte (Ausführung)

1990, 1992/93

Hatte Schumachers Eingangslösung die Kunstgewerbeschule gleichsam als elitäres Refugium definiert, so zielte die Neugestaltung durch Hassenpflug, der auch der durchaus wiederherstellungsfähige Tempietto geopfert wurde, auf demonstrative Offenheit ab: Der Vorplatz wurde freigeräumt. Bernhard Winkings Entwurf verkörpert zwischen beiden Extremen sozusagen den Mittelweg. Die beiden Sichtbetonpergolen mit Stahlträgern als Auflager verleihen dem Eingangsbereich wieder eine klare Fassung, ohne ihn nach außen abzuschotten. Die elliptische Stufenanlage zitiert den verlorenen Eingangspavillon, aber um 45 Grad aus der alten Lage gedreht und somit auf den Haupteingang ausgerichtet, wodurch gleichzeitig ein Makel der Schumacherschen Planung korrigiert wurde.

E 6 Hochschule für Bildende Künste

E 8 Einkaufszentrum Hamburger Straße

E 7 Ehem. Institut für Geburtshilfe

Finkenau 35, Uhlenhorst

Architekt: Hochbauwesen, Fritz Schumacher

1911–14

Die heutige Frauenklinik Finkenau wurde als Mütter- und Säuglingsheim mit Entbindungsanstalt errichtet und verfügte außerdem über Lehr- und Forschungseinrichtungen. Geburten außer Haus erfolgten vor dem Ersten Weltkrieg jedoch nur im Falle medizinischer Komplikationen oder bestimmter sozialer Notlagen und galten somit als moralisch anrüchig. Dies spiegelt auch die Diskussion um den Standort des Gebäudes wider: »Man fürchtete durch den Zweck des Instituts die Gegend zu entwerten, man befürchtete Anstoß und Belästigung und es war eine der ersten Aufgaben des Architekten zu beweisen, daß sich die Sache anlegen ließe, ohne etwas Auffallendes im Betrieb oder im Typus des Gebäudes nach außen hin mit sich zu bringen« (*Hamburger Staatsbauten von Fritz Schumacher* 1921, Bd.II, S. 11). – Die freundliche, nahezu ländliche Backsteinarchitektur Fritz Schumachers hat in der Tat nichts »Auffallendes«. Außerdem wurde das umfangreiche Bauvolumen durch ein hohes Mansardwalmdach kaschiert, so daß sich der Komplex auch maßstäblich dem bürgerlichen Stadthausquartier jenseits des Eilbekkanals unterordnete.

E 8 Einkaufszentrum Hamburger Straße

Hamburger Straße/Winterhuder Weg/Humboldtstraße/Bostelreihe/Heitmannstraße/Adolf-Schönfelder-Straße, Barmbek-Süd

Architekten: Edgar Horstmann. Adolf K. Kruse. Klaus Kruse (Plankonzept 1. BA). Garten & Kahl. Karlheinz Bargholz (Plankonzept 2. BA). Wellhausen & Partner (IDUNA-Verwaltung). Schramm & Pempelfort (Hochhaus Winterhuder Weg). v. Gerkan, Marg & Partner; Entwurf: Volkwin Marg, Klaus Staratzke; Mitarbeiter: B. Gronemeyer, S. Peters, A. Lucks, H. Sylvester, B. Fleckenstein (Modernisierung) u. a.

1963, Planfeststellung 1966, 1. BA 1968–70, 2. BA 1970–73; Hochhaus Winterhuder Weg 1977 fertiggestellt; Modernisierung 1983, 1986/87

E 9 Literaturhaus

Heute zur Verkehrsschneise degradiert, bildete die Hamburger Straße bis 1943 mit großen Einzelhandelsgeschäften, Warenhäusern, Cafés und Kinos das urbane Zentrum des dicht besiedelten Hamburger Ostens. Die fortdauernde Planungsunsicherheit bis 1966 verhinderte jedoch einen angemessenen Wiederaufbau, nachdem eine teilweise Überbauung der Hamburger Straße 1956 von der Bezirksversammlung abgelehnt worden war und sich auch für das Alternativkonzept von 1959, eine Fußgängerzone mit Ladenpavillons und Bürozeilen an der Nordseite der Straße, kaum Investoren gefunden hatten.

Mit der bis 1970 realisierten Ladenpassage in einem dreigeschossigen Breitfuß, auf dem sich Verwaltungssolitäre erheben, wurde die Geschoßfläche von ursprünglich geplanten 46 000 m^2 auf 100 000 m^2 mehr als verdoppelt (bis 1977 mit drei Apartment- bzw. Bürohochhäusern nach Westen erweitert). Ein Parkhaus mit 2 000 Stellplätzen legt sich wie eine Barriere zwischen das Einkaufszentrum und das nördlich angrenzende Wohnviertel. Auch die über Fußgängerbrücken erschlossenen Einkaufsdecks isolieren den Baukomplex in seinem Umfeld. Die Umbauten der 80er Jahre brachten zwar ein optisches »Facelifting« der Ladenpassage , die konzeptionellen Mängel konnten dabei aber nicht wesentlich korrigiert werden.

E 9 Literaturhaus

Schwanenwik 38, Uhlenhorst
Architekten: Jean David Jollasse (Ursprungsbau), Krauss & Minck (Gartensaal), Schramm, v. Bassewitz, Hupertz (Restaurierung)
1867/68; Gartensaal 1889/90; Restaurierung 1988/89

Die im gotisierenden Stil dekorierten Stadthäuser Schwanenwik 38 und 37, letzteres ebenfalls von Jollasse, sind typische Zeugnisse für die rasche Besiedlung des östlichen Alsterufers nach der Aufhebung der Torsperre 1861 (vgl. auch die Gebäude An der Alster 9 und 12–14 in St. Georg, Nr. B 10). Weniger die konventionelle Architektur als die wohlerhaltenen Repräsentationsräume im Erdgeschoß machen Schwanenwik 38 zu einem wichtigen Dokument der bürgerlichen Wohnkultur in der Hansestadt. 1889 erwarb der Kaufmann Friedrich Adolph v. Pein das großzügig geschnittene Einfamilienhaus und ließ rückwärtig noch zusätzlich einen Gartensaal mit Pilastern aus Stuckmarmor und einem Deckenbild mit Elfenreigen anbauen. Er wird seit seiner Restaurierung durch Horst v. Bassewitz als Café und Vortragsraum für das 1989 eröffnete Hamburger Literaturhaus genutzt.

E 10 Gästehaus des Hamburger Senats

Schöne Aussicht 26, Uhlenhorst
Architekt: Martin Haller
1868

Der spätklassizistische Putzbau, sozusagen ein »Frühwerk« des Rathausbaumeisters Martin Haller (1835 bis 1925), der in der Gründerzeit zum Hamburger Erfolgsarchitekten aufstieg und dabei im allgemeinen die Neorenaissance und dem repräsentativeren Werkstein bevorzugte, dient seit 1965 als Gästehaus des Senats.

E 11 Haus Ritter

Schöne Aussicht 32, Uhlenhorst
Architekt: Cäsar Pinnau
1949/50

Hamburgs »Villa im Tessin« mit flach geneigtem Walmdach, Swimmingpool und repräsentativer zweigeschossiger Eingangshalle (hinter den beiden Rundbogenfenstern). Mit seinen Entwürfen für Villen und Luxusjachten, die vor allem über das in Hamburg verlegte Mode- und Frauenjournal *Film und Frau* Verbreitung fanden, prägte Pinnau zwar den gehobenen Lebensstil der Adenauer-Jahre, die Anerkennung durch die Fachkollegen blieb ihm aber verwehrt. Erst die Postmoderne erlaubte einen differenzierteren Blick: Pinnaus dezidierter Konservativismus hat dem stark zerstörten östlichen Alsterufer wieder eine unverwechselbare Identität verliehen (vgl. auch Nr. E 17).

E 12 Haus de Meuron

Am Feenteich 14, Uhlenhorst
Architekt: Auguste de Meuron
1860; bis 1928 mehrfach erweitert und umgebaut

Wie Jean David Jollasse, so hat auch Auguste de Meuron (1813–1898) die hamburgische Wohnkultur in den 1850er und 1860er Jahren maßgeblich bestimmt. Einer der wenigen noch erhaltenen bzw. nachweisbaren Bauten des Architekten ist sein eigenes Wohnhaus, mit dem er zum Pionier der Besiedlung auf der Uhlenhorst wurde. Bemerkenswert ist die zurückhaltende Dekoration des Gebäudes im Neu-Rokoko des »Deuxième Empire« Kaiser Napoleons III., das zu jener Zeit vor allem die Innenarchitektur beherrschte.

E 13 Reihenvillen
Gustav-Freytag-Straße 13–15, Uhlenhorst
Architekt: Heinrich Mandix
1902/03
Die beiden Reihenvillen gehören zu den vergleichsweise seltenen Beispielen für den Jugendstil in der Hansestadt. Dabei ist vor allem bemerkenswert, daß der Architekt hier nicht nur – wie z. B. in den Stadthausquartieren von Harvestehude-Rotherbaum häufiger anzutreffen – die seinerzeit modischen Dekorationsformen auf eine herkömmliche Fassade appliziert hat, sondern die Baukörper selbst modelliert wurden mit organisch geformten Ecktürmchen und extravaganten Fensterformaten.

E 14 Eigentumswohnungen Kanalstraße
Kanalstraße 4 und 10, Uhlenhorst
Architekten: A. P. B. Architektengruppe Planen & Bauen; Mitarbeiter: Wolfgang Rintz (Vorentwurf), Rolf Görres
1988, 1991–93
Baulückenschließungen an der Kanalstraße und stadtvillenartige Einzelbauten am Uhlenhorster Kanal auf dem gemeinsamen Sockel einer begrünten Tiefgarage. Vermitteln die straßenseitigen Bauten mit ihren schlichten Lochfassaden in Putz und der klaren Dreiteilung in Sockelgeschoß, Obergeschosse und Dachzone zwischen den heterogenen Nachbargebäuden, so stellt die aufgelockerte Bebauung an der Wasserseite einen bemerkenswerten Versuch dar, die zu »Hinterhöfen« degradierten Kanäle von Uhlenhorst und Winterhude wieder stärker an ihre Stadtviertel anzubinden – ein Beispiel, das Schule machen sollte!

E 14 Eigentumswohnungen Kanalstraße

E 17 Geschoßwohnbauten

E 15 Evangelisch-lutherische Heilandskirche
Winterhuder Weg 130–134, Uhlenhorst
Architekt: Emil Heynen
1926–28
Barmbek und Uhlenhorst, ursprünglich von der 1885 fertiggestellten St.-Gertruden-Kirche versorgt, benötigten mit zunehmender Einwohnerzahl eigene Gotteshäuser. Der Neubau am Winterhuder Weg, eine Saalkirche mit Dachreiter, ist hinsichtlich der Spitzbögen und der Dekorationsformen noch dem Backsteinexpressionismus zuzuordnen, wie ihn Heynen ursprünglich auch für die Bugenhagenkirche in Barmbek-Süd vorgesehen hatte (vgl. Nr. E 51). Ähnlich konservativ präsentieren sich auch die beiden zweigeschossigen Gemeindebauten, die den mit einem Brunnen von Richard Kuöhl geschmückten Vorplatz flankieren. Der Innenraum wurde nach den schweren Schäden 1943 vereinfacht wiederhergestellt mit flacher Decke und Holzempore und ist weitgehend schmucklos.

E 16 Marienterrasse
Marienterrasse 12–14, Uhlenhorst
Architekt: Wilhelm Hauers
1872/73
Die Marienterrasse wurde 1863 als Privatstraße angelegt und sukzessive bebaut. Die beiden Backsteinrohbauten von Hauers stellen einen der – vergeblichen – Versuche dar, die Architektur der »Hannoverschen Schule« im bürgerlichen Wohnungsbau zu etablieren.

E 17 Geschoßwohnbauten
Bellevue 19 und 21, Winterhude
Architekt: Cäsar Pinnau
1950/51
Helle Putzfassaden, Fenstertüren mit filigranen Sprossen und Klappläden sowie Balustraden oder zierliche Gitter lassen die beiden Gebäude südländisch anmuten und verleihen der Bellevue – zumindest an den im Norden seltenen Sonnentagen – mediterranes Flair.

E 18 Geschoßwohnbau

E 18 Geschoßwohnbau
Bellevue 20, Winterhude
Architekten: Sprotte & Neve
Um 1950
Charakteristisch für den frühen Wiederaufbau in den bürgerlichen Vierteln von Winterhude und Uhlenhorst sind die schlichten Putzfassaden, hinter denen sich oftmals noch die Fragmente zerstörter Villen verbergen, so auch bei diesem Apartmenthaus, dessen extravagante Balkonlösung die *Bauwelt* in Heft 37/1955 zu beißendem Spott provozierte: »Dann aber begrüßen wir die glatte Putzfront unter gläsernem Aufbau, so deutlich auch Stimmen zu uns dringen, die sich die Zeiten der Kargheit überwunden wünschen. Hier, wie in so vielen schlichtesten Hausfronten, spiegelt sich durchaus nicht die Tugend der Not, vielmehr die einer wohlabgewogenen Harmonie, selbst hinter dem reizenden Witz der busigen Balkone.«

E 19 Geschoßwohnbau
Bellevue 38, Winterhude
Architekten: APB. Architekten Beisert, Grossmann-Hensel, Wilkens; Mitarbeiter: Peter Mannott
1992, Realisierung ab 1994
Dem eleganten Putzbau mußte eine typische Villa der Jahrhundertwende weichen, deren Umbau sich als nicht rentabel erwiesen hatte. Das sanft gewölbte Pultdach überspannt fünf Großwohnungen, z. T. als Maisonettes, die mit bis zu 150 m^2 Wohnfläche beispielhaft sind für das Anspruchsniveau, das seit den 80er Jahren im urbanen Geschoßwohnungsbau wieder Platz greift (und bis dahin in Hamburg selbst an der Außenalster nicht mehr selbstverständlich war).

E 20 Villa Troplowitz
Agnesstraße 1, Winterhude
Architekt: William Müller
1908/09
Der Industrielle Oscar Troplowitz (1864–1918), Inhaber der Beiersdorf AG und Erfinder zahlreicher Produkte, die, wie das Heftpflaster, heute aus dem Alltag kaum mehr wegzudenken sind, war auch im Privatleben eine aufgeschlossene Persönlichkeit. Dies belegt nicht nur sein Eintreten für die Wahl Fritz Schumachers zum Leiter des Hamburger Hochbauamts, sondern auch seine hochrangige Kunstsammlung, deren Glanzstück, »Die Absinth-Trinkerin« von Picasso (1902), sich seit der Beschlagnahmung in der Hamburger Kunsthalle 1937 allerdings in der Schweiz befindet. Auch mit seinem eigenen Wohnhaus wollte Troplowitz kulturelle Impulse vermitteln und beauftragte deshalb den Berliner Architekten und Messel-Schüler William Müller mit dem Entwurf. Die straffe Lisenengliederung in Muschelkalk, der Rauhputz der Fassaden und die Kuppel, die das Panorama am Nordende der Außenalster dominiert, sind für das hamburgische Bauen um 1910 denn auch eher ungewöhnlich.

E 21 Stadthäuser
Mövenstraße 1 und 5, Winterhude
Architekten: Lundt & Kallmorgen
Um 1902
Die Seitenstraßen des Alsterufers von Winterhude setzen die charakteristische Stadthausstruktur des westlich angrenzenden Harvestehude fort. Mövenstraße 1 bildet als Eckbau den Abschluß einer Gruppe von Reihenvillen von Lundt & Kallmorgen, die mit ihren Putzfassaden über Backsteinsockeln eher konventionell zu nennen sind – wenn auch mit um 1900 aktuellem Jugendstilfries. Außergewöhnlich ist dagegen die Eckvilla Mövenstraße 5, die als Backsteinbau schon auf den Heimatstil verweist und eine effektvolle Folie für den applikenhaften weißen Renaissancedekor bildet.

E 22 Villa Rappolt
Rondeel 37, Winterhude
Architekt: Ernst Paul Dorn (Ursprungsbau). Schramm, Pempelfort, v. Bassewitz, Hupertz (Umbau)
1907/08; Umbau 1977

E 20 Villa Troplowitz

Heute von architektonisch belanglosen, aber renditeträchtigen Apartmenthäusern der letzten beiden Jahrzehnte gesäumt, war der Rondeelteich vor dem Ersten Weltkrieg eine bevorzugte Adresse für repräsentative Einzelvillen. Ein besonders opulentes Beispiel stellt die ehemalige Villa Rappolt dar – 1977 zu einer Firmenzentrale umgebaut –, die Dorn wie ein Lustschlößchen des 18. Jahrhunderts gestaltet hat. Bestimmendes Motiv ist die ovale Treppenhalle, deren Rundung auch die Eingangsfassade beherrscht.

E 23 Haus Schweger
Rondeel 4, Winterhude
Architekten: Schweger & Partner
1992/93
Wohnhaus des Architekten Peter Schweger mit einer Einliegerwohnung im Erdgeschoß. Im Dachgeschoß liegt der rund 100 m^2 große, durchgängige Wohnbereich, der nur durch einen Küchenblock unterbrochen wird. Überraschend ist der Rückgriff auf Motive der 60er Jahre wie das asymmetrische Steildach, die Fensterbänder oder die Vorhangfassade. – Die gestalterische Quintessenz eines Erfolgsarchitekten, der seit rund drei Jahrzehnten Hamburgs Baukultur prägt?

E 24 Geschoßwohnbau
Semperstraße 10–12, Winterhude
Architekten: A. P. B. Architektengruppe Planen & Bauen; Mitarbeiter: Wolfgang Rintz (Vorentwurf), Bernd Wessling
1988, 1990/91
Der Entwurf amalgamiert mehrere Vorbilder. Die schlichten Putzfassaden mit den zweiflügeligen Fenstern verweisen auf die Architektur der Wiederaufbaujahre, der Backsteinsockel und die Giebel sind der historischen Bebauung in der Nachbarschaft entlehnt, wirken im Zusammenspiel mit den Schlitzen der Treppenhausfenster und den akzentuierenden Lochfenstern aber auch verhalten postmodern (vgl. auch die Wohnanlage Kanalstraße 4 und 10, Nr. E 14). Die Zwei- bis Dreizimmerwohnungen – letztere z. T. mit getrenntem Wohn- und Eßzimmer, die großzügig durch Flügeltüren miteinander verbunden sind – repräsentieren die Wohnbedürfnisse der kinderlosen, gehobenen urbanen Mittelschicht, der »dinks« – »double income, no kids« –, wie sie die amerikanische Soziologie treffend charakterisiert hat.

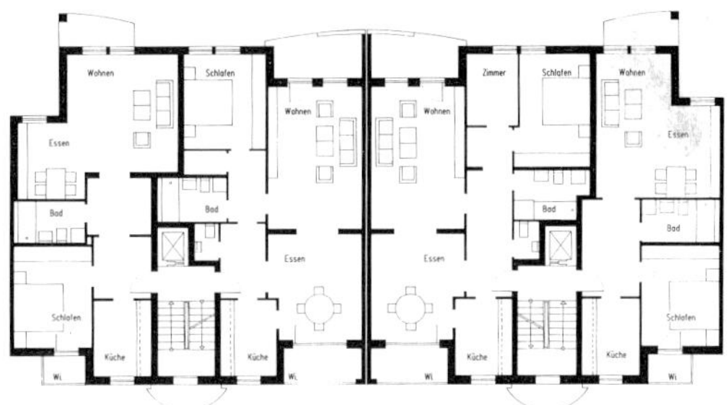

E 24 Geschoßwohnbau

E 25 Heidburg
Poßmoorweg/Barmbeker Straße/Heidberg/Krohnskamp/Gottschedstraße, Winterhude
Architekten: Karl Schneider. Elingius & Schramm
1927/28; Zerstörung 1943; Wiederaufbau um 1950
Der Wohnkomplex besteht aus zwei geschlossenen Blöcken, die am Heidberg einen kleinen Platz mit verschobenen Blickachsen umschließen (zur Barmbeker Straße völlig verändert wiederaufgebaut). Die betont schlichten und gleichförmigen Fassaden verdankten ihren Reiz ursprünglich vor allem den subtilen Proportionen und dem feingliedrigen Relief der Fensterrahmen, so daß sich die unsensiblen Veränderungen der Nachkriegszeit, z. B. die Fenstermodernisierungen oder die nachträglich angebrachte, isolierende Fassadenverkleidung, um so störender bemerkbar machen. Auch die markanten Eckbalkone fehlen heute. 1928 wurde eine der Dreizimmerwohnungen mit Bauhaus-Entwürfen als Musterwohnung eingerichtet.

E 26 Evangelisch-lutherische Matthäuskirche
Gottschedstraße/Bei der Matthäuskirche 6, Winterhude
Architekten: Julius Faulwasser (Kirche). Fernando Lorenzen (Pastorat Gottschedstraße 17)
1911/12; Pastorat 1908
Backsteinbau mit Sandsteingliederungen im seinerzeit modischen »Sonnin-Barock« des 18. Jahrhunderts, der Faulwasser besonders vertraut war, war der Architekt doch zur gleichen Zeit auch noch mit der Rekonstruktion der abgebrannten Hauptkirche St. Michaelis beschäftigt (vgl. Nr. A 142). Zeittypisch ist auch die zentralisierende Grundrißlösung in Form eines griechischen Kreuzes. Der kuppelüberwölbte Innenraum wurde nach den Kriegsschäden vereinfacht wiederhergestellt.

E 27 Geschoßwohnbau

E 27 Geschoßwohnbau
Opitzstraße 17–25/Gottschedstraße 19–23, Winterhude
Architekten: nps Architekten BDA Nietz, Prasch, Sigl; Mitarbeiter: Annette Engelhardt, Ricarda Tank, Martin Perl
1992–94
Der U-förmige Baukomplex, im Rahmen des sozialen Wohnungsbaus speziell für Aussiedler errichtet (auf zehn Jahre befristet), zitiert mit seinen Klinkerfassaden und den langgestreckten Horizontalen der Fensterbänder und der Loggien die Architektur der Weimarer Republik. Auch das seinerzeit beliebte »Rustika«-Motiv der plastischen Ziegelbänder taucht hier wieder auf, das Erdgeschoß als Sockel betonend. Die architektonische Qualität der Anlage ist überragend. Unbegreiflich bleibt allerdings, zumal angesichts der akuten Wohnungsnot, warum das zentrale Grundstück nicht intensiver ausgenutzt wurde. Vier statt drei Obergeschosse wären inmitten der stark durchgrünten Nachbarschaft durchaus zu vertreten gewesen.

E 28 Gelehrtenschule des Johanneums
Maria-Louisen-Straße 114, Winterhude
Architekt: Hochbauwesen, Fritz Schumacher
1912–14
Der repräsentative Dreiflügelbau mit Mansardwalmdach umschließt einen Eingangshof, der zur Maria-Louisen-Straße hin durch eine Arkade abgeschlossen wird – wohl ein Zitat des traditionsreichen Vorgängerbaus am Speersort von Carl Ludwig Wimmel (1837–40, 1943 zerstört), aus dem die Schule 1914 nach Winterhude wechselte, aber auch generell eine typische Lösung Schumachers für anspruchsvolle Bauaufgaben (vgl. auch die ehemalige Kunstgewerbeschule, Nr. E 6, und das Museum für Hamburgische Geschichte, Nr. A 118 – letzteres allerdings ohne das ursprünglich geplante Gitter vor dem Eingangshof realisiert). Auch die klassizierenden Details in Werkstein, die Bauplastik von Richard Kuöhl und der halbrunde Eingangsrisalit des Hauptbaus nobilitieren die schlichte Klinkerarchitektur und unterstreichen die Exklusivität des humanistischen Gymnasiums.

E 29 Geschoßwohnbau Burmeister
Maria-Louisen-Straße 63–67/Dorotheenstraße 123, Winterhude
Architekt: Karl Schneider
1927/28
Eines der seltenen Beispiele für das Neue Bauen im Geschoßwohnungsbau, die nicht im Rahmen der Kleinwohnungspolitik errichtet wurden, sondern mit Vier- bis Fünfzimmerwohnungen auf eine bürgerliche Mieterstruktur zugeschnitten waren, wie sich auch an der Marmorverkleidung der Treppenhäuser ablesen läßt. Der kurvige Bau verklammert die städtebaulich heterogenen Bereiche an der Kreuzung Dorotheenstraße/Maria-Louisen-Straße. Auch der Aufbau der Klinkerfassade zeugt von höchster Virtuosität: Der vorgeschaltete Ladensockel, die Brüstungs- und Fensterzonen in den Obergeschossen, die Rückwände der Loggien und die ebenfalls vertieft eingelassenen Achsen der Treppenhausfenster bilden zusammen mit dem zurückgestaffelten Attikageschoß ein komplexes System von sich überlagernden und durchdringenden räumlichen Schichten.

E 30 Geschoßwohnbauten
Gryphiusstraße 8–10, Winterhude
Architekten: Grell & Pruter
1923
Das bürgerliche Etagenhausquartier nördlich der U-Bahnstation Sierichstraße – eines der schönsten Beispiele seiner Art in Hamburg – wurde im wesentlichen vor dem Ersten Weltkrieg erbaut, so daß sich die beiden Klinkerbauten mit ihrem bizarren expressionistischen Dekor wie Fremdkörper inmitten der disziplinierten neoklassizistischen Putzfassaden der späten Kaiserzeit ausnehmen.

E 31 Geschoßwohnbauten
Winterhuder Marktplatz 1–2/Hudtwalckerstraße 24–30/Hudtwalckertwiete 1–7, 2–8, Winterhude
Architekten: Johannes C. Hansen (Vorderhaus). E. Franck (Hudtwalckertwiete)
Vorderhaus 1928/29; Hudtwalckertwiete 1935/36
Die langgestreckte Klinkerfassade, markant durch weiße Gurt- und Sohlbankgesimse akzentuiert, faltet sich in der Mitte mit Dreieckserkern und halbrunden Balkonbrüstungen auf und betont auf diese Weise die

breite Toröffnung zur Hudtwalckertwiete, die erst in den 30er Jahren terrassenartig bebaut wurde.

E 32 Winterhuder Fährhaus
Hudtwalckerstraße/Bebelallee/Winterhuder Kai, Winterhude
Architekten: Schweger & Partner
1982 W, 1985–88

E 32.1 Fußgängerbrücke Tewessteg
Architekten und Ingenieure: Schweger & Partner. Baubehörde, Abteilung Brücken- und Ingenieurbau
1988–90

Exklusive Geschoßwohnungen, Büros und ein Privattheater anstelle des gründerzeitlichen Ausflugslokals »Winterhuder Fährhaus«, das zuletzt ein beliebter Veranstaltungsort der Hamburger »Alternativszene« war. Der Gesamtkomplex setzt einen markanten städtebaulichen Akzent an der Nahtstelle der beiden urbanen Zentren Winterhude und Eppendorf, auch wenn sich die einzelnen Bauten dem kleinteiligen Maßstab der durchgrünten Uferzone unterordnen. Die Wohngebäude nehmen als »Stadtvillen« mit Satteldächern, Wintergärten und Klinkerfassaden Bezug auf die angrenzende Bebauung aus den 20er Jahren und sind dabei wohltuend unprätentiös. Völlig »überinstrumentalisiert« durch den allzu reichlichen Gebrauch unterschiedlichster Metallprofile wirken demgegenüber aber die Fassaden des Bürogebäudes und vor allem des Theaterpavillions, zumal nur letzterer tatsächlich auch eine Stahlskelettkonstruktion ist. Ergänzt wird die Anlage durch den Tewessteg, eine sanft geschwungenen Fußgängerbrücke in Stahl.

E 33 Einfamilienhaus
Winterhuder Kai 19, Winterhude
Architekt: Hermann Muthesius (Entwurf)
1924, 1928/29

Der traditionalistische Klinkerbau sei hier vor allem wegen des berühmten Architekten erwähnt. Die unscheinbare Architektur ist dagegen kaum weiter auffällig, zumal die Fenster wenig sensibel erneuert wurden und die Klappläden verlorengegangen sind.

E 32 Winterhuder Fährhaus

E 34 Haus Stahl (zeitgenössische Aufnahme)

E 34 Haus Stahl
Bebelallee 12, Winterhude
Architekt: Erich Elingius
1922/23

Mit der ab 1909 geplanten und bis 1926 realisierten Kanalisierung des Alsterlaufs zwischen Hudtwalckerstraße und Ohlsdorf rückten in der Weimarer Republik auch die Wohngebiete von Winterhude-Nord an die Oberalster heran, nachdem vor dem Ersten Weltkrieg schon der Leinpfad als Uferstraße ausgebaut worden war. Dabei wurden die Grundstücke jedoch nicht wieder in kleine Stadthausparzellen aufgeteilt, sondern die Gärten so großzügig dimensioniert, daß sie die gegenüberliegende Parklandschaft von Eppendorf fortsetzten. Hier entstand eine Gruppe von Einzel- und Doppelhäusern, die den Vergleich mit den großbürgerlichen Villen aus der Zeit vor 1914 nicht zu scheuen brauchten, so z. B. die neobarock anmutende Villa des Werftdirektors Paul Stahl – Vulcan-Werften in Hamburg und Stettin –, die nicht von ungefähr an die Herrenhäuser auf den schleswigholsteinischen und mecklenburgischen Gütern erinnert.

E 35 Haus Hinrichsen
Bebelallee 14, Winterhude
Architekten: Elingius & Schramm
1923/24

Die Villa des Korsettfabrikanten Edmund Hinrichsen dokumentiert den klassizierenden Zug im Schaffen von Erich Elingius nach dem Ersten Weltkrieg, als immer stärker das Ostendorfsche Prinzip der Symmetrieachsen und klaren Gebäudeumrisse seine Entwurfspraxis bestimmte. Die zwangsläufige Konsequenz war, daß sich bei manchen Entwürfen die innere Aufteilung und die Fassadengliederung nicht mehr schlüssig zur Deckung bringen ließen. Denn erwartet der Betrachter hinter den großzügigen Fensteröffnungen im Erdgeschoß von Haus Hinrichsen Repräsentationsräume, so befinden sich hier auf der

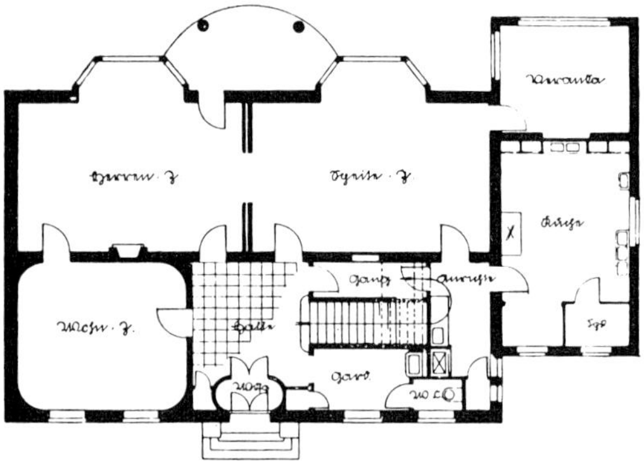

E 35 Haus Hinrichsen (zeitgenössische Aufnahme)

rechten Seite lediglich die Garderobe und das WC, während im darüberliegenden Geschoß ein Anrichteraum mit Speiselift untergebracht war.

E 36 Stiftsviertel

E 36.1 Georg-Buchecker-Stift

Ohlsdorfer Straße 51–55, Winterhude
Architekt: Carl Bruncke
1922/23

E 36.2 Parkheim der Detaillistenkammer Hamburg

Baumkamp 88–104/Baumtwiete/Bussestraße, Winterhude
Architekten: Puls & Richter
1926/27

E 36.3 Kleinrentner-Speisung e.V.

Baumkamp 79–97/Krochmannstraße/Efeuweg/Fiefstücken/Braamkamp, Winterhude
Architekten: Klophaus, Schoch, zu Putlitz
1929–31

Das Gelände im Norden Winterhudes war wegen seiner bevorzugten Lage neben dem Stadtpark von vornherein für Altenwohnanlagen vorgesehen. Insgesamt sechs Altenstifte oder -wohnheime wurden hier zwischen 1922 und 1931 errichtet, meist dreigeschossige Gebäude mit Klinkerfassaden, Walmdächern und konservativen Architekturdetails wie Rundbögen, Erker und Sprossenfenster.

Bemerkenswert ist auch die städtebauliche Lösung, die die Gebäude zu einem Ensemble zusammenschweißt. Die kurvig ausschwingenden Straßen und die Rasenplätze an der Ohlsdorfer Straße öffnen die Wohnanlagen zum Stadtpark. Vorgärten und abgeschirmte Binnenräume, wie die mit einem Torbogen überbaute Baumtwiete oder die piazettaartige Erweiterung der Straße Fiefstücken vor dem ehemaligen Speisesaal der »Kleinrentner-Speisung«, heute ein Kino, vermitteln auch räumlich Geborgenheit.

Dabei richtete sich das Wohnraumangebot jedoch nicht an bedürftige Alte, sondern an den kleinbürgerlichen Mittelstand. Selbst für eine Wohnung in den Blöcken der »Kleinrentner-Speisung« war neben einer vergleichsweise günstigen Monatsmiete von 25,– RM noch ein für damalige Verhältnisse nicht unerheblicher Baukostenzuschuß von 1 500 RM zu entrichten.

E 37 Historisches Ensemble Ulmenstraße

Winterhude
1850er und 1860er Jahre

Da von dem ehemaligen Bauerndorf Winterhude keine baulichen Zeugnisse mehr erhalten sind, stellt die 1854 angelegte Ulmenstraße heute die älteste Besiedlungsschicht des Stadtviertels dar. Hier siedelten sich vor allem Bleicher an, was der Gegend bis in die Nachkriegszeit auch den Namen »Wäscherviertel« eintrug. Charakteristisch hierfür sind die eingeschossigen traufständigen Gebäude wie z. B. Ulmenstraße 11/13, das älteste Haus von 1856 noch mit Fachwerkfassade, wogegen die nachfolgenden Bauten in der Regel Putzfassaden und mittig angeordnete Zwerchhäuser aufweisen wie Ulmenstraße 17, 33 und 48 von 1858/59, Nr. 24 von 1864, Nr. 23 um 1870 oder Nr. 25/27 von 1861/62 und Nr. 45/47 von 1866, letz-

E 36 Stiftsviertel (Aufnahme um 1936)

tere beiden als Doppelhäuser errichtet. In den 80er Jahren wurde auch die Ulmenstraße von dem allgemeinen Aufwertungstrend in Winterhude erfaßt, so daß die traditionellen Handwerksbetriebe immer stärker von Werbeagenturen, Architektenateliers und anderen anspruchsvollen Unternehmen des tertiären Sektors verdrängt werden.

E 38 Stadthäuser

E 38.1 Reihenhäuser

Ulmenstraße 48a–g, Winterhude
Architekten: Heiko Popp; Mitarbeiter: P. Hesse, U. von Bock
1981/82

E 38.2 Doppelhaus

Ulmenstraße 50a–b, Winterhude
Architekten: Peter Wiesner. Brigitte Kraft-Wiese
1983/84

Die Stadthausgruppe, von den Architekten z. T. selber bewohnt, wurde auf den tiefen Grundstücken der ehemaligen Gewerbehöfe zwischen den Vorderhäusern an der Ulmenstraße und dem Stadtpark errichtet (über zwei Durchgänge erreichbar). Verhalten postmodern präsentiert sich die Reihenhausgruppe Ulmenstraße 48a–g mit kulissenhaften Treppchen zu den Obergeschossen und Fassaden aus großformatigen Kalksandsteinen, an denen allerdings noch die ursprünglich geplanten, filigranen Stahlgerüste der Balkons fehlen. Das Doppelhaus Ulmenstraße 50a–b zitiert mit weißen Putzfassaden und Dachterrassen dagegen die Vorkriegsmoderne, wenn auch mit einem ironischen Augenzwinkern, so vor allem im Hinblick auf die Anordnung der Fassadenöffnungen.

E 39 Haus Dr. Munro

Barmbeker Straße 138, Winterhude
Architekt: Willem Bäumer
1934

Der Entwurf des ehemaligen Schülers und Assistenten von Paul Schmitthenner stellt einen bemerkenswerten Versuch dar, die subtilen Qualitäten der traditionalistischen »Stuttgarter Schule« auf das norddeutsche Bauen zu übertragen. Bezeichnend hierfür sind die betont handwerklichen Details, wie der sorgfältige Ziegelverband der roten Backsteinfassaden oder die außenbündig eingesetzten und auswärts schlagenden Fensterflügel mit festen Mittelpfosten und Zargen sowie geschmiedeten Winkelbändern – eine Lösung, die in Hamburg vor allem in der Heimatschutzdiskussion um 1910 eine wichtige Rolle spielte. Sie erfüllen den Anspruch der Moderne auf konstruktive »Ehrlichkeit«, ohne den Genius loci zu leugnen.

E 40 Haus Praesent

Maria-Louisen-Straße 139, Winterhude
Architekt: Karl Schneider
1932

Schlichter Klinkerkubus mit flach geneigtem Walmdach in Kupfer und unauffälliger Lochfassade. Die bescheidene Haltung der Architektur Schneiders zu Beginn der 30er Jahre belegt nicht nur den Zwang zur Sparsamkeit während der Weltwirtschaftskrise, sondern wohl auch einen gewissen gestalterischen Anpassungsdruck.

E 41 Ehem. Lichtwarkschule

Grasweg 74, Winterhude
Architekt: Hochbauwesen, Fritz Schumacher
1914, Fundamente und Kellergeschoß 1919/20, Fertigstellung 1922–25

Die 1914 gegründete Winterhuder Realschule blieb wegen des Kriegsausbruchs und eines zweijährigen Baustopps über lange Zeit ein Barackenprovisorium. 1922 nach dem langjährigen Direktor der Hamburger Kunsthalle, Alfred Lichtwark, benannt, um dessen kulturreformerische Leistungen im allgemeinen und seine Verdienste um den benachbarten Stadtpark im besonderen zu würdigen, entwickelte sie sich unter ihrem liberalen Lehrkörper schon bald zu einem ambitionierten pädagogischen Reformprojekt, in dem Koedukation genauso selbstverständlich war wie der Verzicht auf Frontalunterricht in starren Bankreihen. Besonderes Schwergewicht wurde auch auf die Entwicklung der handwerklichen und musischen Fähigkeiten der Schüler gelegt. 1933 umgehend »gleichgeschaltet« – »das rote Mistbeet in Winterhude« –, wurde die Lichtwarkschule 1937 mit dem ehemaligen Heinrich-Hertz-Realgymnasium in Rotherbaum zur »Oberschule am Stadtpark« zusammengelegt (seit 1946 Heinrich-Hertz-Gymnasium, seit 1968 Heinrich-Hertz-Gesamtschule, zusammen mit den angrenzenden Volks- und Realschulen am Voßberg).

E 42 Stadtpark

Winterhude
Architekten: Hochbauwesen und Ingenieurwesen, Fritz Schumacher mit Oberingenieur Ferdinand Sperber (Gesamtanlage); Fritz Schumacher (Hochbauten)
Parkanlagen 1902, 1908 W, 1. BA 1910–14, 2. BA 1918–30; Hochbauten 1909, 1912–16; Teilzerstörung der Gebäude 1943; Wiederherstellung der Parkanlagen bis 1953

Mit dem Ankauf des Sierichschen Gehölzes und einiger angrenzender Flächen bot sich 1902 die Gelegenheit, den Grünflächenmangel der Viertel östlich der Alster zu beheben, zumal auch der geplante Bau des Hochbahnrings dem Gelände schon bald eine besondere Standortgunst verlieh. Um die Planungen für diesen neuen Stadtpark voranzubringen, wurde 1904 ein Gutachtergremium eingesetzt, das sich neben Oberingenieur Eduard Vermehren als Vertreter der Baudeputation und Wilhelm Cordes, dem Direktor des Ohlsdorfer Friedhofs, auch aus den Hamburger Museumsdirektoren Alfred Lichtwark und Justus Brinckmann zusammensetzte. 1908 folgte ein Wettbewerb, der jedoch genausowenig ein allgemein befriedigendes Ergebnis erbrachte wie die ab 1904 im Gutachtergremium entwickelten Vorentwürfe.

E 42 Stadtpark (Aufnahme um 1932)

Immerhin zeichneten sich in diesem langwierigen Planungsprozeß aber doch zwei zentrale gestalterische Motive ab, die auch Fritz Schumacher gewinnbringend nutzen konnte, als er 1909, noch in Dresden, zusammen mit Oberingenieur Ferdinand Sperber mit einem Ausführungsentwurf beauftragt wurde, nämlich die Idee einer zentralen Freiraumachse mit den Endpunkten Wasserturm und Stadtparksee, wie sie Sperbers Vorgänger Vermehren bereits 1902 angedacht hatte, und der Kompromiß zwischen stärker landschaftlich und stärker architektonisch orientierten Konzepten. Gerade Alfred Lichtwark hatte in dieser Hinsicht für eine Art modernisierten Barockgarten plädiert, dessen Parterre jedoch aus einer »Volkswiese« und nicht aus ornamentierten Beeten bestehen sollte, mit Gehölzen und Baumgruppen als boskettartiger Rahmung.

Der Park war 1914 bereits im wesentlichen fertiggestellt. In der Weimarer Republik folgten dann noch Freizeit- und Kulturangebote wie das Kinderplanschbecken, das Luftbad oder die Freilichtbühne. Sie illustrieren zusammen mit Einrichtungen wie der Trinkhalle am Kurgarten (1914/15), seit 1976 Blindengarten, dem Stadtcafé oder dem Großrestaurant »Stadthalle« – letztere beiden 1943 zerstört –, was Schumacher unter einem »Freiluft-Volkshaus« verstand. Die Schäden der Kriegs- und Nachkriegszeit, u .a. Abholzungen und Behelfsheimbauten, konnten bis 1953 zwar behoben werden, viele dieser Maßnahmen haben das ursprüngliche Konzept jedoch verunklart, ebenso der heutige Trend zu pflegeleichten Bepflanzungen.

E 43 Wasserturm mit Planetarium

Hindenburgstraße, Winterhude
Architekt: Oscar Menzel
1906/07 W, 1913–15

Das monumentale klassizierende Bauwerk, der westliche Abschluß der Zentralachse im Stadtpark, wurde bereits 1906 im Rahmen eines reichsweit ausgeschriebenen Wettbewerbs für drei Hamburger Wassertürme konzipiert (vgl. auch den Wasserturm im Sternschanzenpark, Nr. C 85). 1929/30 wurde in den 38 m hohen Turm ein Planetarium eingebaut.

E 44 U-Bahnstation Borgweg

Borgweg, Winterhude
Architekten: Bauabteilung der Hamburger Hochbahn AG (Eingangsbauwerk), Planungsgruppe Nord, Glien-

ke + Hirschfeld; Mitarbeiter: Olaf Bielenberg, Gudrun Löbig, Roger Steinbach (Modernisierung und Umbau)
Eingangsbauwerk 1953; Modernisierung und Umbau 1993/94

Während der Eingangsbau aus den 50er Jahren erhalten blieb, mußten der Bahnsteig und die Treppenanlage mit Rücksicht auf die benachbarte Blinden- und Sehbehindertenschule völlig neugestaltet werden. Diese Maßnahmen, u. a. Erhöhung des Bahnsteigs für nahezu niveaugleichen Ein- und Ausstieg aus den Zügen, Vereinfachung des Blindenleitsystems (Profilplatten im Boden), Neubau des Aufgangs mit flacherer Steigung und Doppelhandlauf sowie Schrägaufzug für Rollstuhlfahrer mit behindertengerechter Bedienung, seien hier als Pars pro toto für andere Nachrüstungen erwähnt, wie sie in ähnlicher Form bereits an zahlreichen bestehenden Verkehrsanlagen erfolgten, aber leider noch nicht überall zum selbstverständlichen Standard gehören. In gestalterischer Hinsicht hervorzuheben ist vor allem die neue Bahnsteigüberdachung, die mit modernen Mitteln den traditionellen Bautyp mit Y-Stützen wiederaufnimmt. Dabei wurden ein Glasdach und ein heller Bodenbelag gewählt, um den Bahnsteig für die stark sehbehinderten Fahrgäste besser auszuleuchten.

E 45 Jarrestadt

Jarrestraße/Glindweg/Stammannstraße/Hanssensweg/Semperstraße/Semperplatz/Großheidestraße/Meerweinstraße u.a., Winterhude
Architekten: Wilhelm Behrens. Block & Hochfeld. Bomhoff & Schöne. Distel & Grubitz. Robert Friedmann. Otto Hoyer. Emil Neupert. R. E. Oppel. Friedrich R. Ostermeyer. Puls & Richter. Karl Schneider
1926 W, 1927–30; Zerstörung 1943; Wiederaufbau 1949–51

Eine der bedeutendsten Hamburger Großsiedlungen der Weimarer Republik und zugleich eine der unattraktivsten. Bei der Planung mußte ein bereits bestehender Ausbauplan für das Straßennetz berücksichtigt werden, der das Gelände zwischen Glindweg und Großheidestraße entlang der Symmetrieachse eines Grünstreifens in schmale rechteckige Blöcke aufteilte (bis 1930 nordöstlich der Großheidestraße erweitert). Mit dem Wettbewerb 1926 – 1. Preis Karl Schneider – konnten deshalb nur noch die Modellierung der Baumassen sowie die Grundrißlösungen diskutiert werden. Außerdem wurden mit den Preisträgern die ausführenden Architekten bestimmt.

Karl Schneiders Konzept sah vor, die Blockecken aufzusprengen und hier lediglich zweigeschossige Ladenpavillons einzufügen, so daß sich gleichsam »Negativecken« ergaben. Diese Lösung hat bei der Ausführungsplanung jedoch keine Rolle gespielt; in Ansätzen läßt sie sich noch an Schneiders eigenem Block ablesen (s. unten). Charakteristisch für die Jarrestadt sind vielmehr die parallelen Zeilen, die an den Schmalseiten der Blöcke durch zweigeschossige Laden- und Wohntrakte verbunden werden, so z. B. bei dem Otto-Stolten-Hof Großheidestraße 35–45/Novalisweg 24a–h von Friedrich R. Ostermeyer (1928/29, 1943 zerstört, 1949 wiederaufgebaut).

In der Mitte der Siedlung liegt der Block Hanssenweg 10–20/Jean-Paul-Weg/Novalisweg/Stammannstraße von Karl Schneider (1927/28), der eine 100 x 100 m große Grünfläche mit einer torartigen Öffnung an der Südseite umschließt. Wie in der Berliner »Hufeisensiedlung« von Martin Wagner und Bruno Taut (1925–30) sollte auch in der Jarrestadt eine spektakuläre Geste das Zentrum markieren. Die ehemals streng gegliederte Grünanlage ist heute jedoch durch

E 45 Jarreststadt (Aufnahme um 1932)

E 43 Wasserturm mit Planetarium

Überwucherung konturlos geworden. Und auch durch den teilweisen Verlust der weißen Brüstungen, die ursprünglich durchgängige Horizontalbänder bildeten, hat der Bau an Signifikanz eingebüßt.

Negativ macht sich auch die Erneuerung der für Schneider typischen dreiflügeligen Blockzargenfenster bemerkbar, die durch profillose Kunststoffrahmen, teils nur zweiflügelig, ersetzt wurden, wie überhaupt die Fenstermodernisierungen das Erscheinungsbild der Siedlung heute stark beeinträchtigen. Die schlichten, angesichts der geringen Straßenbreite z. T. viel zu hohen Gebäude – vier bis fünf Geschosse zuzüglich Attikageschoß – wirken nach der Zerstörung ihres ursprünglichen Fassadenreliefs denn auch nur noch wie grobschlächtige Klinkermassive. Und auch ein erlebbares Gliederungsmotiv fehlt. Durch die teilweise Überbauung der Grünachse und einiger Straßen zerfällt die Jarrestadt in lauter kleinteilige Binnenräume und wirkt somit völlig unübersichtlich.

E 46 Ehem. Volksschule Meerweinstraße
Meerweinstraße 26–28, Winterhude
Architekt: Hochbauwesen, Fritz Schumacher
1929/30
Einer der sachlichsten und wohl auch qualitätvollsten Entwürfe des Oberbaudirektors nach dem Ersten Weltkrieg. Die Fassaden sind in einen Stahlbetonraster mit Klinkerausfachung und Fensterbändern aufgelöst; tragende und füllende Elemente verschwinden also nicht mehr hinter einer homogenen Klinkerhaut, sondern werden klar differenziert. Überaus konventionell gedacht ist jedoch auch hier wieder die streng achsensymmetrische Zuordnung der Jungen- und Mädchenschule. Auch die Anbauten für Turnhalle und Gymnastikraum liegen im Gebäudezentrum und ordnen sich somit dem nahezu barocken Layout der angrenzenden Straßen unter, deren Point de vue das Gebäude bildet.

E 46 Ehem. Volksschule Meerweinstraße
E 47 Wohnanlage Jarrestraße

E 47 Wohnanlage Jarrestraße
Jarrestraße 28–40/Hertha-Feiner-Asmus-Stieg, Winterhude
Architekten: Patschan, Werner, Winking (Wettbewerb). Patschan, Winking (1. BA). Bernhard Winking; Mitarbeiter: Barbara Smakowski, Susanne Winter, Helmut Haum, Peter Wilde, Irene Spitzner-Kracht (die weiteren BA)
1982 W, 1989–95
Der betont sachlich gegliederte Baukomplex mit Staffelgeschossen und Loggien nimmt auch hinsichtlich Materialwahl und Maßstab die Charakteristika der kubischen Klinkerblöcke in der Jarrestadt wieder auf – bis zu der ebenfalls typischen Dialektik von Vorder- und Rückseite bzw. öffentlichem und privatem Raum: Während die Straßenseiten rotes Verblendmauerwerk zeigen, sind die Hoffassaden nur weiß verputzt. In diese Kontinuität reiht sich auch die stadträumliche Lösung ein, die allerdings zu den eher negativen Aspekten der Jarrestadtplanung zählt (vgl. oben). Denn durch die torartige Überbauung der schmalen Grünachse zwischen Osterbekkanal und Hölderlinsallee wird die Siedlung nun auch nach Süden – wie schon in der Weimarer Republik am Goldbekufer–, von den Winterhuder Industriekanälen abgetrennt.

E 48 Versuchsbauten Jarrestraße
E 48.1 Geschoßwohnbau
Hauersweg 2–20, Winterhude
Architekten: Block & Hochfeld
1929–31
E 48.2 Geschoßwohnbau
Georg-Thielen-Gasse 1–15, Winterhude
Architekten: Bensel & Kamps
1930; Zerstörung 1944; Wiederaufbau 1948
E 48.3 Geschoßwohnbauten
Georg-Thielen-Gasse 2–4/Groothoffgasse 1–3, Winterhude
Architekt: Paul A. R. Frank
1929/30
E 48.4 Geschoßwohnbauten
Groothoffgasse 2–10/Saarlandstraße 25–29, Winterhude
Architekt: Karl Schneider
1928–30; Zerstörung 1944 (Groothoffgasse); Wiederaufbau 1948
Versuchssiedlung der Baugesellschaft Rationell in Zusammenarbeit mit der Reichsforschungsanstalt für

Wirtschaftlichkeit im Bau- und Wohnungswesen. Mit dieser Wohnanlage wurde erstmalig in Hamburg der Typus der senkrecht zur Straße stehenden, offenen Zeilenbebauung realisiert. Dabei wurde die Wirtschaftlichkeit verschiedener Konstruktionsweisen – Massivbauweise, Stahl- bzw. Betonskelette –, und unterschiedlicher Erschließungsarten – Zweispänner und Laubengänge – verglichen. Die dem gestalterischen Purismus des Neuen Bauens verpflichteten Architekturen sind heute allerdings durch unsensible Modernisierungen und nachträgliche Fassadenverkleidungen z. T. stark entstellt. Einen bemerkenswerten Beitrag zur Nachverdichtung bestehender Wohnquartiere stellt der Ausbau der Bodengeschosse zu Wohnungen dar, der 1993/94 durch Friedrich + Partner und Kleffel, Köhnholdt, Gundermann erfolgte.

E 49 Geschoßwohnbau

Jarrestraße 74, Winterhude
Architekten: APB. Architekten Beisert, Grossmann-Hensel, Wilkens; Mitarbeiter: Wolfgang Rintz, Thees Stubben, Thomas Hauck, Jochem Verwick
1993, 1995

Der signifikante Wohnkomplex mit 38 Eigentumswohnungen bildet eine spannungsvolle Komposition aus zwei Baukörpern. Ein Klinkerkubus mit Staffelgeschossen gewährleistet die Anbindung an die bestehende Blockrandbebauung in der Jarrestraße; westlich hiervon schließt über Verbindungsbrücken ein verputzter halbrunder Baukörper an, der wie ein Hohlspiegel das Licht in seinen Balkonbändern einfängt.

E 50 Block der Produktion

Lohkoppelstraße 46–54/Schleidenstraße/Brucknerstraße/Ortrudstraße, Barmbek-Süd
1905/06; Zerstörung 1943; Wiederaufbau 1949/50

Die Wohnanlage des Konsum–, Bau- und Sparvereins »Produktion« stellt ein typisches Beispiel für den fortschrittlichen Hamburger Arbeiterwohnungsbau vor dem Ersten Weltkrieg dar. Der Block umfaßt 256 Wohnungen, davon 201 Zweizimmerwohnungen; außerdem waren in dem Gebäude ursprünglich Läden des Konsumvereins und eine Gaststätte untergebracht, die sich vor 1933 bei der SPD-organisierten Arbeiterschaft großer Beliebtheit erfreute.

Richtungweisend war die Ausstattung der Wohnungen mit Loggien, wogegen auf Dreispänner zu dieser Zeit bei anderen vergleichbaren Projekten schon verzichtet wurde. Die Putzfassaden mit Gliederungen und Sockel in rotem Backstein erinnern an die zeitgenössische Architektur von Stifts- und anderen Wohlfahrtsbauten, wodurch der sozialreformerische Anspruch des Projekts genauso unterstrichen wurde wie der Gemeinschaftssinn, der ihm zugrunde lag.

E 51 Evangelisch-lutherische Bugenhagenkirche

Biedermannplatz 15, Barmbek-Süd
Architekt: Emil Heynen
1925 W, 1927–29

E 51 Evangelisch-lutherische Bugenhagenkirche

Das zweite Gotteshaus für Barmbek-Süd nach der Heiligen-Geist-Kirche an der Brucknerstraße (1902/03, stark vereinfacht wiederaufgebaut). Der Entwurf ging aus einem Wettbewerb hervor, in dem sich Emil Heynen gegenüber Camillo Günther, Fritz Höger und dem jungen Gerhard Langmaack behaupten konnte. Nicht unumstritten war die in der Ausschreibung zwar geforderte, für ein lutheranisches Gotteshaus aber als ungewöhnlich erachtete Anordnung des Kirchensaals über dem Gemeindesaal, der der Sakralbau seine wuchtige und monumentale Wirkung verdankt.

Der strenge, kubische Bau am Biedermannplatz ist jedoch nur noch in der Grundkonzeption mit dem Wettbewerbsbeitrag identisch, denn aufgrund des enggesteckten finanziellen Rahmens der Gemeinde löste sich Heynen im Laufe des Entwurfsprozesses immer stärker von dem aufwendigen Klinkerexpressionismus der Inflationsjahre, wie er noch seine Heilandskirche in Uhlenhorst kennzeichnet (vgl. Nr. E 15). Auch der ursprünglich in Weiß und kühlem Blau gehaltene Kirchenraum blieb bis auf eine Christusstatue von Ludwig Kunstmann betont schmucklos.

Nicht gespart wurde dagegen an dem Turm, der sogar noch von 35 m auf 41 m erhöht wurde, um mit der gegenüberliegenden katholischen St. Sophien-Kirche konkurrieren zu können, und am Skulpturenschmuck der Hauptfassade. Fünf übergroße Keramikfiguren des Hamburger Theologen Johannes Bugenhagen – die zentrale Figur – und einiger seiner Zeitgenossen, die von den Bildhauern Alphons Ely, Richard Kuöhl und Friedrich Wield gestaltet wurden, erinnern hier an die Reformation in der Hansestadt.

E 52 Römisch-katholische Kirche St. Sophien und Dominikanerkloster St. Johannis

Weidestraße 53, Barmbek-Süd

E 52.1 Kirche

Architekt: Heinrich Beumer
1900

E 52.2 Kloster

Architekten: Walter J. M. Bunsmann, Jörn Rau, Paul Gerhard Scharf
1964–66

St. Sophien büßte im Zweiten Weltkrieg zwar ihren Turmhelm und Teile der Innenausstattung ein, wurde ansonsten aber in enger Anlehnung an den ursprünglichen Zustand wiederhergestellt. Die »hochgotische« Stufenhalle des Kirchenschiffs verweist auf Vorbilder aus Westfalen, der Heimat des Architekten, wobei auch hier wieder, wie auch bei St. Marien in St. Georg (vgl. Nr. B 18), der konservative Grundriß und der konventionelle Umgang mit den stilistischen Anleihen auffallen, die das katholische Gotteshaus gegenüber den gleichzeitig errichteten protestantischen Stadtteilkirchen abheben. Für das Dominikanerkloster St. Johannis (1962 neugegründet) hatten die Architekten einen introvertierten, polygonal gebrochenen Zentralbau entwickelt, der die Mönchszellen um einen kleinen, nahezu kreisrunden Innenhof konzentriert. Seine Namensgebung geht übrigens unmittelbar auf die Konkurrenzsituation mit der gegenüberliegenden lutherischen Bugenhagenkirche ein, denn sie erinnert an den um 1230 eingerichteten und 1526 aufgehobenen Vorgänger in der Hamburger Altstadt, dessen Gebäude 1529 von dem Reformator Johannes Bugenhagen in eine Gelehrtenschule umgewandelt worden waren, das heutige Johanneum (vgl. Nr. E 28).

E 53 Museum der Arbeit

Maurienstraße 19, Barmbek-Nord
Architekten: Hallier & Fitschen (Erweiterungen des Altbaus). Baugeschäft P. H. A. Wolkau (Neue Fabrik). Planerkollektiv; Mitarbeiter: Annette Becker, Carsten Dohse, Günter Trommer (Umbau und Instandsetzung Neue Fabrik und Kesselhaus). A. P. B. Architektengruppe Planen & Bauen; Mitarbeiter: Klaus Lötters, Andreas Eyde (Umbau des Altbaus)
Altbau 1871–73, Erweiterungen 1883 und 1896; Zinnschmelze 1880er Jahre; Kesselhaus 1896; Neue Fabrik 1906/07; Teilzerstörung 1943; Umbau und Instandsetzung Neue Fabrik und Kesselhaus 1989, 1993–96; Planungsbeginn Altbau 1992

Als typisches Beispiel einer seehafenabhängigen Industrie stellen die Barmbeker Produktionsanlagen der New York-Hamburger Gummi-Waaren Compagnie ein wichtiges Zeugnis der wirtschaftlichen Entwicklung des Hamburger Raums im 19. Jahrhundert dar; hier

E 53 Museum der Arbeit

wurde Kautschuk verarbeitet, der mit Hafenschuten über die Alster und den Osterbekkanal nach Barmbek gebracht wurde. Der umfangreiche Fabrikkomplex, 1954 aufgegeben und an die Stadt veräußert, ist seit 1943 zwar nur noch ein Torso, auf dem Gelände sind außer den beiden teilzerstörten Fabrikationsgebäuden aber auch noch einige Nebengebäude erhalten, die den Produktionsablauf anschaulich machen, wie z. B. die Zinnschmelze für die Gummigußformen, so daß die Anlage auch hinsichtlich ihrer dokumentarischen Dichte von außerordentlicher Bedeutung ist.

In gestalterischer Hinsicht eher der frühen Sachlichkeit der 1830er Jahre als der in der Gründerzeit aktuellen Neogotik der »Hannoverschen Schule« mit ihrem reichen Gebrauch von Formsteinen verpflichtet, dienen die prosaischen Backsteinrohbauten heute dem staatlichen Museum der Arbeit (1989 verselbständigt). Der erste Ausbauschritt des Museums, die Aufstockung des nördlichen Fabrikgebäudes von 1907, wird voraussichtlich 1996 abgeschlossen. Der ebenfalls bereits geplante Umbau des südlich davon gelegenen »Altbaus« von 1873 scheitert dagegen bisher noch an der Finanzlage. Hierfür hat A. P. B. Architektengruppe Planen & Bauen eine spannende Synthese aus der fragmentarischen Substanz des teilzerstörten historischen Gebäudes und modernen Ergänzungen entwickelt – wie auch bei der Erweiterung der Neuen Fabrik nach Kontrast und nicht nach nahtloser Anpassung gestrebt wird.

E 54 Römisch-katholische Kirche St. Franziskus und Schule

Lämmersieth 38, Barmbek-Nord
Architekten: Bensel & Kamps
1926 W, 1926/27; Zerstörung 1943; Wiederaufbau bis 1954

Stellt der unmittelbar an die Kirche grenzende Komplex aus Schule und Pfarrhaus ein bemerkenswertes Beispiel für das Neue Bauen dar (durch eine Aufstockung nachteilig verändert), so ist demgegenüber der Sakralbau mit Steildach und Staffelgiebel über dem Hauptportal noch als traditionsverhaftet zu charakterisieren. Ähnlich konservativ präsentiert sich auch der Innenraum: eine flach gedeckte Wandpfeilerkirche mit niedrigen seitenschiffartigen Annexen, deren einzelne Kompartimente, wie auch in der ebenfalls von Bensel & Kamps errichteten St.-Paulus-Kirche in Billstedt (vgl. Nr. L 26), durch Rundbogenöffnungen verbunden werden. 1973 wurden die Fenster nach Entwürfen von Tatiana Ahlers-Hestermann neu gestaltet, deren Betonmuster in den flächigen Klinkerfassaden allerdings zu unruhig wirken. 1974 folgte der Innenraum mit Arbeiten des Bildhauers Fritz Fleer.

E 55 Geschoßwohnbau

Lämmersieth 46–54/Wachtelstraße/Adlerstraße/Dohlenweg, Barmbek-Nord
Architekten: Ernst und Eduard Theil
1926/27; Zerstörung 1943; Wiederaufbau 1951

Konventioneller Wohnblock mit Steildach und den modischen Dreieckserkern der 20er Jahre. Auffällig sind die rund ausgebildeten Gebäudeecken mit orangegelbem Terrakottaschmuck. Auch die Eingänge werden von expressionistischen Terrakotten mit Glasuren in irisierenden Blau- und Grüntönen bekrönt (Entwurf Richard Kuöhl).

E 56 Ehem Volksschule Adlerstraße

Lämmersieth 72, Barmbek-Nord
Architekt: Hochbauwesen, Fritz Schumacher
1929–31

Der Komplex ist ein typisches Beispiel für das Hamburger Volksschulbauprogramm der späten 20er Jahre. Zwischen den beiden Kuben des Klassentrakts und der Turnhalle fungiert ein großzügig verglaster Treppenhausturm als Gelenk , der von einer Art Aussichtskanzel bekrönt wird und wie ein Belvedere am Grünzug entlang des Osterbekkanals wirkt.

E 57 Köster-Stift

Habichtstraße 35/Meisenstraße 25, Barmbek-Nord
Architekt: Paul A. R. Frank
1931/32

Die Altenwohnanlage ist als Laubenganghaus organisiert. Auch die Brüstungen der Balkone an den Straßenfronten bilden umlaufende Bänder, die mit weißen Keramikplatten verkleidet sind und sich markant von den dunklen Klinkerfassaden abheben.

E 58 Hauptverwaltung der Techniker Krankenkasse

Bramfelder Straße 140, Barmbek-Nord
Architekten: Schweger & Partner
1982, 1983/84 W, 1986–89; 2. BA 1994/95

Die unterschiedlichen Fassadenkonzepte verhindern, daß der Komplex die für Großverwaltungen charakteristische Monotonie ausstrahlt. Zeigt sich das Gebäude mit seinen Lochfassadenstreifen zur stark befahrenen Habichtstraße hin eher reserviert, so wird das Blockinnere von den Rotunden der Gruppenbüros mit Fensterbändern und umlaufende Galerien bestimmt. Filigrane Metalldetails kennzeichnen auch den wie ein überdimensionales Gewächshaus wirkenden Eingangstrakt und den flachen Kasinobau im japonesk gestalteten Gartenhof (Gartenarchitekten: Warburg, Zwirner & Partner).

Die Farb- und Materialwahl ist dem Lokalkolorit verpflichtet. Beschichtete Bleche in einem eleganten, lichten Patinagrün, das die steil aufragenden Fronten an manchen Tagen mit dem grauen Hamburger Himmel verschmelzen läßt, und bodenständiges Klinkermauerwerk mit den typischen Glasurziegelbändern der gründerzeitlichen Gewerbearchitektur – ein Verweis auf die Werksanlagen der Margarinefabrik Voss, die hier ursprünglich standen – bestimmen das äußere Erscheinungsbild, schlichte weiße Wandflächen, helles Naturholz und skandinavisches Design die betont unprätentiösen, aber großzügig dimensionierten und überdurchschnittlich ausgestatteten Innenräume.

E 58.1 Kopfbau der ehem. Margarinefabrik Voss

Architekten: J. Wagner (Fabrikhalle), Grell & Pruter (Kopfbau)
Fabrikhalle 1910; Kopfbau 1926

Von dem Margarinewerk Hinrich Voss, einem Eisenbetonbau mit gotisierender Glasurziegelfassade in Elfenbein und Rot, ist nur noch ein Fragment der ehemaligen Fabrikationshalle erhalten. Bemerkenswerter als

E 58 Hauptverwaltung der Techniker Krankenkasse
E 58.1 Kopfbau der ehem. Margarinefabrik Voss

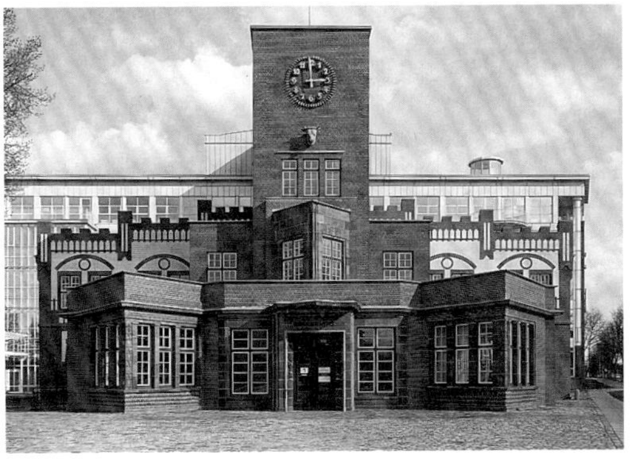

E 61 Großsiedlung Barmbek-Nord

die konventionelle Fabrikarchitektur aus dem späten Kaiserreich dürfte jedoch der expressionistische Kopfbau von 1926 sein, dessen auffällige Gliederung genauso Reklamezwecken diente wie der am Uhrturm angebrachte Rinderkopf, mit dem wohl die wahre Herkunft des Pflanzenfettprodukts verschleiert werden sollte. Heute ist in dem Gebäude, das zu dem Komplex der Techniker Krankenkasse gehört, u. a. das Hamburgische Architekturarchiv der Hamburgischen Architektenkammer untergebracht.

E 59 Evangelisch-lutherische Auferstehungskirche

Tieloh 22–26, Barmbek-Nord
Architekt: Camillo Günther
1913 W, 1916–20; Gemeindehaus 1927

Die Auferstehungskirche reiht sich in die Entwicklungslinie der zentralisierenden Lösungen ein, die seit der Jahrhundertwende immer stärkeres Gewicht im protestantischen Sakralbau erlangten und auch in der Wettbewerbsausschreibung ausdrücklich gefordert wurden (»Predigtkirche«). Dabei präsentiert sich der kuppelbekrönte Backsteinbau jedoch als eine nicht ganz widerspruchsfreie Kombination aus Zentralraum und Wegkirche, weil der runde Grundriß die Bankreihen nicht um Kanzel und Altar zusammenschließt, sondern letzteren noch zusätzlich durch den tiefen, eingezogenen Altarraum von der Gemeinde isoliert.

E 60 Ehem. Volksschule Tieloh

Tieloh 28, Barmbek-Nord
Architekt: Hochbauwesen, Fritz Schumacher
1913/14

Der langgestreckte Bau mit mächtigem Steildach und sparsam akzentuierten Klinkerfassaden, u. a. mit Terrakotten von Richard Kuöhl, die Märchenszenen zeigen, vereinigte eine Jungen- und eine Mädcheschule.

E 61 Großsiedlung Barmbek-Nord

Fuhlsbüttler Straße/Habichtstraße/Steilshooper Straße/Heidhörn/Schwalbenplatz/Habichtsplatz/Genslerstraße ff./Rübenkamp/Langenfort/Lorichsstraße/Eiligers Weg/Otto-Speckter-Straße u. a.
Architekt: Hochbauwesen, Fritz Schumacher
1918, 1922–41; Zerstörungen 1942/43; Wiederaufbau 1949–54; Modernisierung 1978–81 (Blöcke der Neuen Heimat)

Eines der zentralen Reformprojekte Schumachers nach dem Ersten Weltkrieg war die Überarbeitung der bestehenden Bebauungspläne für Barmbek-Nord, denn diese verzichteten nicht nur weitgehend auf Grünflächen, sondern sahen ursprünglich auch – wie in der gleichzeitig entstandenen Dulsberg-Siedlung (vgl. Nr. G 1) – eine Aufteilung des Geländes in große Baublöcke vor, die nur mit Schlitzbauweise wirtschaftlich auszunutzen gewesen wären. Da mit der Kanalisation der Hauptverkehrsstraßen in Barmbek-Nord jedoch bereits begonnen worden war, mußte sich Schumacher hier mit partiellen Korrekturen begnügen.

Der Straßenraster wurde engmaschiger gestaltet und damit die Blocktiefe entscheidend verringert. Die Bebauung wurde von fünf auf vier bzw. – an der Grenze zu Preußen – drei Wohngeschosse herabgezont. Außerdem wurden Grünflächen eingefügt, die zwar keine zentrale Grünachse wie in Dulsberg, dafür aber ein Netz von »großstädtischen Wanderwegen« bilden, wie Schumacher es selber nannte. Paradoxerweise verdankt Barmbek-Nord aber wohl gerade dieser Kompromißhaftigkeit seine besonderen Qualitäten, denn die unregelmäßig geschnittenen, spitzwinklig zulaufenden Blöcke führten zu ungewöhnlichen architektonischen und städtebaulichen Lösungen.

Nach dem Zweiten Weltkrieg wurden die fast völlig zerstörten Gebäude äußerlich zwar in enger Anlehnung an den Vorkriegszustand wiederaufgebaut, die Wohnungsgrößen dabei jedoch entscheidend verringert. Auch der Ausbau des mittleren Straßenrings, der Barmbek-Nord seit 1971 mit einer Hochstraße zerschneidet, bedeutete eine erhebliche Minderung der Wohnqualität. Erst seit kurzem scheint der Niedergang des Viertels gebremst. An der Fuhlsbüttler Straße entstanden in den vergangenen Jahren anspruchsvolle neue Wohn- und Gewerbebauten (vgl. Nr. E 64 und E 65). Und an der Alten Wöhr wurde 1995 mit der Realisierung von Eigentumswohnungen durch APB. Architekten Beisert, Grossmann-Hensel, Wilkens begonnen (Planungsbeginn 1992).

E 61.1 Großwohnblock Habichtstraße
Habichtstraße 114–130/Habichtplatz/Herbstsweg/Eckmannsweg/ Wittenkamp
Architekten: Karl Schneider. Berg & Paasche
1927/28; Zerstörung 1943; Wiederaufbau 1951
Der Klinkerbau, ein Hauptwerk Karl Schneiders, nimmt die Konturen des Blockrands auf, öffnet sich zum Eckmannsweg aber mit zwei halbrunden Ladenpavillons, die die Blockeinfahrt betonen. 1943 z. T. bis auf die Erdgeschoßmauern zerstört und zu Beginn der 50er Jahre kaum mehr als eine abbruchreife Ruine – man beachte die Zuganker in den Fassaden –, wurde der Komplex in enger Anlehnung an den Originalzustand wiederhergestellt, einschließlich der halbrunden, für den Architekten charakteristischen Eckbalkone. Erst spätere Generationen ließen diese Achtung vor dem Lebenswerk Karl Schneiders vermissen, wie die unsensiblen Erneuerungen der letzten anderthalb Jahrzehnte belegen.

E 61.2 Wohnblöcke Rosamstwiete und Eckmannsweg
Eckmannsweg 2–8/Wittenkamp/Nölkensweg/Herbstsweg; Habichtstraße 101–113/Heidhörn/Rosamstwiete/Lißmannseck; Schwalbenplatz 2–10/Heidhörn/Rosamstwiete/Lißmannseck
Architekten: Karl Schneider. Hermann Höger
1927–30; Zerstörung 1943; Wiederaufbau 1951
Alle drei Blöcke weisen die gleichen gestalterischen Merkmale auf: geschlossene Blockrandbauung, Flachdächer und schmucklose Lochfassaden in Klinker, die lediglich durch Balkone an den Gebäudekanten sowie die gleichmäßige Kette der kleinen quadratischen Fensteröffnungen in den Attikageschossen akzentuiert werden. Für ein lebendigeres Fassadenrelief sorgten ursprünglich auch die für Schneider charakteristischen dreiflügeligen Fenster mit markanten Blockzargen, die zudem vertieft eingelassen waren (durch eine Fenstermodernisierung nachteilig verändert). Im Unterschied zu den exponierten Blöcken an der Habichtstraße wurde der Block am Eckmannsweg nicht in Klinker, sondern in dem weniger anspruchsvollen Backstein wiederaufgebaut.

E 61.3 Wohnblock Schwalbenplatz
Schwalbenplatz 12–18/Habichtstraße/Lißmannseck
Architekten: Berg & Paasche
1930/31; Zerstörung 1943; Wiederaufbau 1951
Berg & Paasche lehnten sich mit ihrem Entwurf eng an die benachbarten Blöcke von Karl Schneider und Hermann Höger an, verzichteten aber auf das für Schneider charakteristische Fassadenrelief. Am Schwalbenplatz 18 befanden sich bis 1958 die Büroräume der Neuen Heimat, deren Vorläuferin, die 1926 gegründete Gemeinnützige Kleinwohnungsbau GmbH Groß-Hamburg, die Blöcke am Nordende der Habichtstraße errichtet hatte.

E 61.4 Laubenganghaus Heidhörn
Heidhörn 2–6/Schwalbenstraße 73–75
Architekt: Paul A. R. Frank
1926/27
Das erste Laubenganghaus der Hansestadt war seinerzeit eine kleine Sensation und lockte Besucher an. Mit diesem Entwurf wurde prototypisch die Hamburger Version der »Wohnung für das Existenzminimum« vorgegeben, wie sie vor allem in den Krisenjahren gegen Ende der Weimarer Republik und im »Dritten Reich« eine Rolle spielte: Wohnküche statt Wohnraum und gemeinschaftlich zu nutzende Bade- und Duschräume im Keller statt privater Badezimmer. Dafür wurden die Bewohner mit Waschküchen, einem Sonnenbad mit Duschen auf dem Flachdach sowie Staubsaugern entschädigt, die einmal pro Woche kostenlos zur Verfügung gestellt wurden. Der Bau wurde für die

E 61.6 Wohnblock Habichtweg

Gemeinnützige Kleinhaus-Baugesellschaft mbh errichtet, die von dem Architekten Paul A. R. Frank und seinem Bruder, dem Volkswirt Hermann Frank, gegründet worden war. Er bildet den Auftakt einer Reihe derartiger Projekte, die sparsamste Grundrißlösungen mit formalem Anspruch zu verbinden verstanden (vgl. auch die Laubenganghäuser von Paul A. R. Frank in der Dulsberg-Siedlung, Nr. G 1.8).

E 61.5 Schwalbenhof
Schwalbenplatz 15 u. 15a
Architekt: Paul A. R. Frank
1929/30; Zerstörung 1942; Wiederaufbau um 1951

Das Frauenwohnheim wurde vor allem von berufstätigen Frauen bewohnt, deren Einkommen eine eigenständige Haushaltsführung erlaubte. Waschküchen, Zentralheizung und Gemeinschaftseinrichtungen wie Lese- und Musikraum oder Kasino markierten einen seinerzeit überdurchschnittlichen Standard. Das äußere Erscheinungsbild wird von den Brüstungsbändern der Laubengänge bestimmt, die die Einzimmerwohnungen erschließen. Schon im Sommer 1942 fiel eine Sprengbombe in den Innenhof, bei deren Detonation die Ausfachungen des Stahlbetonskelettbaus durch den Unterdruck förmlich herausgesogen und von 192 Wohnungen 140 zerstört wurden.

E 61.6 Wohnblock Habichtsweg
Schwalbenplatz 17–19/Habichtsplatz 1–7/Habichtsweg/Fuhlsbüttler Straße
Architekt: A. Plotz
1924–27

Die Wohnanlage fällt inmitten der dem Neuen Bauen verpflichteten Klinkerblöcke durch ihre neoklassizistische Putzarchitektur und das konservative Steildach auf. Ein Torbogen schirmt den Habichtsweg vom Habichtsplatz ab und schafft auf diese Weise eine reizvolle und intime städtebauliche Situation.

E 61.7 Adolf-von-Elm-Hof
Dennerstraße 9–19/Fuhlsbüttler Straße 236–252/Mildestieg
Architekt: Friedrich R. Ostermeyer
1926/27; Zerstörung 1943; Wiederaufbau 1951

E 61.7 Adolf-von-Elm-Hof

Der blockfüllende Komplex, eines der anspruchsvollsten Projekte in Barmbek-Nord, wird heute durch seine beengte Lage zwischen zwei Hauptverkehrsstraßen stark beeinträchtigt, deren Ausbau auch die reizvollen Arkaden am Nordende mit dem Rattenfängerbrunnen von Richard Kuöhl geopfert wurden (Neuaufstellung im Hof des Hauses Schwalbenstraße 66). Die gleichmäßig durchfensterten Klinkerkuben sind bis auf die Bänderung der Erdgeschosse schmucklos und somit ganz auf die Massenwirkung des dunklen Mauerwerks hin konzipiert. Im Blockinnern, das sich mit Loggien weniger abweisend zeigt als die flächigen Straßenfronten, ist noch der ehemalige Wäschereipavillon erhalten. Eine weitere Skulptur von Kuöhl an der Südostecke des Blocks, ein Arbeiter mit Hammer, flankiert von Reliefs mit Arbeitsszenen , unterstreicht zwar den sozialen Anspruch dieses Projekts, mit 65 m^2 Fläche waren die Wohnungen für normal verdienende Arbeiter aber kaum erschwinglich.

E 61.8 Ehem. Volksschule Langenfort
Langenfort 68
Architekt: Hochbauwesen, Fritz Schumacher
1927–29

Die Schule und die angrenzenden Sportplätze sind, wie häufiger in den Entwürfen von Schumacher, von Wohnblöcken umgeben und bilden somit einen geschützten Binnenraum in der Siedlung. Auffällig sind die flach gedeckten Risalite der Eingangsseite, die sich wie Schiffsaufbauten dynamisch vorwölben.

E 61.9 Ehem. Polizeiwache Hartzlohplatz
Lorichsstraße 28a
Architekt: Hochbauwesen, Fritz Schumacher
1929/30

Das heutige Bürgerhaus Hartzlohplatz akzentuiert die Nordwestecke einer kleinen Grünanlage. Die Architektur des kleinen flach gedeckten Gebäudes, drei Geschosse inklusive Attikageschoß, ist ganz aus der Funktion und der inneren Aufteilung heraus entwickelt. Nur mit wenigen Entwürfen hat sich Schumacher wohl so konsequent dem Neuen Bauen angenähert.

E 62 Allgemeines Krankenhaus Barmbek
Rübenkamp 148, Barmbek-Nord
Architekten: Hochbauwesen, Ernst Ruppel (Ursprungsbauten). Hochbauamt, Erster Baudirektor Alfred Daiber (Röntgen- und Strahleninstitut). Fritz Trautwein (Augenklinik) u. a.
1910–15; Röntgen- und Strahleninstitut 1936; Augenklinik 1957

Umfangreicher Krankenhauskomplex nach dem Pavillonsystem. Lisenenartige Backsteinvorlagen, steile Mansardwalmdächer und offene Liegehallen kennzeichnen die Architektur, deren anspruchsvolle Vorbilder irgendwo zwischen Herrenhaus und Schloßkomplex angesiedelt sind. Der Mittelrisalit des Verwaltungsgebäudes am Rübenkamp und der Wasserturm an der Fuhlsbüttler Straße markieren eine Symmetrieachse, an der sich die übrigen Gebäude ausrichten; das ursprünglich dazwischenliegende Vorlesungsge-

E 64 Wohn- und Geschäftshaus Suhrsweg

bäude mit Badehaus wurde zerstört. Eine empfindliche Störung bedeutete die achsenverneinende Neugestaltung der Außenanlagen in der Nachkriegszeit. Das sinkende Anspruchsniveau des öffentlichen Hochbaus seit dem Ende der Schumacher-Ära 1933 verdeutlichen der »Kasernenstil« der Röntgenabteilung (Haus 31), von Schumachers Nachfolger im Hochbauamt, Baurat Daiber (1935–45), und die trivialen Rasterarchitekturen der Nachkriegzeit, z. B. die Augenklinik (Haus 37) (Fußgängereingang von der Fuhlsbüttler Straße unweit der Kreuzung Hartzloh).

E 63 Ehem. Volksschule Rübenkamp

Rübenkamp 50/Genslerstraße 33, Barmbek-Nord
Architekt: Hochbauwesen, Fritz Schumacher
1910, 1911–13

Das Gebäude ist auf dem südwestlich orientierten Eckgrundstück an den Parzellenrand gerückt und umschließt mit drei Flügeln einen offenen Pausenhof – ein typisches städtebauliches Motiv der Schumacher-Ära. Eine zentrale Rolle im Hinblick auf die Fernwirkung des exponierten Gebäudes spielt die Dachlandschaft, die hier mit Gruppen von flachen Dreiecksgiebeln und helmbekrönten Dachhäuschen besonders reich ausgefallen ist.

E 64 Wohn- und Geschäftshaus Suhrsweg

Fuhlsbüttler Straße 166–168/Suhrsweg 2–4, Barmbek-Nord
Architekten: Brenner & Tonon; Mitarbeiter: Yoshimi Yamaguchi-Essig, Celina Kress, Tobias Engelschall
1985–87

Wohn- und Geschäftshaus mit knapp geschnittenen Sozialwohnungen – Schlafzimmer 12,9 m^2, Wohnbereich 20 m^2 –, die durch die offene Grundrißform jedoch Großzügigkeit erlangen. Zum Suhrsweg greift das Eckgebäude die Klinkerfassaden der Nachbarschaft auf, zur Fuhlsbüttler Straße die angrenzende Putzarchitektur: »Die rote Klinkerfassade der Nachbarhäuser wird als ruhige Lochfassade weitergeführt, um ein Geschoß heruntergestuft und kurz vor der Ecke um 45° herausgeklappt (als Antwort auf die Erker der Nachbarhäuser), um dann im Bogen um die Ecke zu führen, wo sie als Schale stehenbleibt, in die sich der im Bogen ankommende Putzbau hineinschiebt. An der Ecke fließen die beiden Baukörper und Materialien ineinander. (...) Die auskragenden Balkone an der Ecke sind hell verputzt und vernähen sozusagen die beiden Fassadenteile an der Ecke.« – So die Urheber über ihren Entwurf in: *Bauen heute,* 1985, S. 89.

E 65 Hauptfiliale Barmbek der Hamburger Sparkasse

Fuhlsbüttler Straße 166–168, Barmbek-Nord
Architekt: Benedict Tonon; Mitarbeiter: Götz Hinrichsen, Dorothee Grundmann
1990 W, 1993/94

Bürohaus mit Sparkassenfiliale. Von einer siebengeschossigen Gebäudescheibe, die einen Point de vue in einer Straßengabelung bildet, löst sich ein fünfgeschossiger, elegant geschwungener Kopfbau ab. Der anspruchsvolle Verblender, ein Torfbrandklinker, ist genauso als unmittelbarer Rückgriff auf die Hamburger Vorkriegsmoderne zu verstehen wie das Rautenmuster, das die hervorstehenden Steinköpfe an den Fassaden bilden und das auf das Vorbild des berühmten Sprinkenhofs von Fritz Höger und den Gebrüdern Gerson verweist (vgl. Nr. A 51.3). Die zweigeschossige Kassenhalle mit umlaufendem Galeriegeschoß unterstreicht den repräsentativen Anspruch der Architektur.

E 66 Betriebsanlagen der Hamburger Hochbahn

Hellkamp, Barmbek-Nord
Architekten: Johann Emil Schaudt und Walther Puritz (Kraftwerk). Volz & Jung (Verwaltungsgebäude).
E-Werk 1910/11; Betriebswerk 1910–14

Obwohl die Bauten heute durch Modernisierungen beeinträchtigt sind und das ehemalige Kraftwerk am Barmbeker Stichkanal seine beiden 80 m hohen Schornsteine eingebüßt hat, vermittelt sich doch noch immer der monumentale und zugleich sachliche Charakter, der die Barmbeker Hochbahn-Betriebsanlagen ursprünglich kennzeichnete. Hier hat sich das seinerzeit neuartige Massenverkehrsmittel gleichsam selber ein Denkmal gesetzt, wie sich vor allem an dem Verwaltungsgebäude am Hellkamp ablesen läßt, das mit ionischen Kolossalpilastern und ebenso klassizierendem Frontispiz für seinen Standort vis à vis dem Barmbeker Güterbahnhof unangemessen repräsentativ geraten war. Die übrigen Gebäude weisen dagegen klar gegliederte Backsteinfassaden auf, sparsam akzentuiert durch eine aus dem Material entwickelte Ornamentik, wobei vor allem mit der zweischiffigen Wagenhalle von 1913/14 eine überzeugende Synthese aus Konstruktion, Funktion und Gestaltung gelang. Eisenbetonbinder tragen hier nicht nur das Hallendach, sie treten auch außen an den Stirnseiten und zwischen den Füllflächen aus Backstein offen hervor.

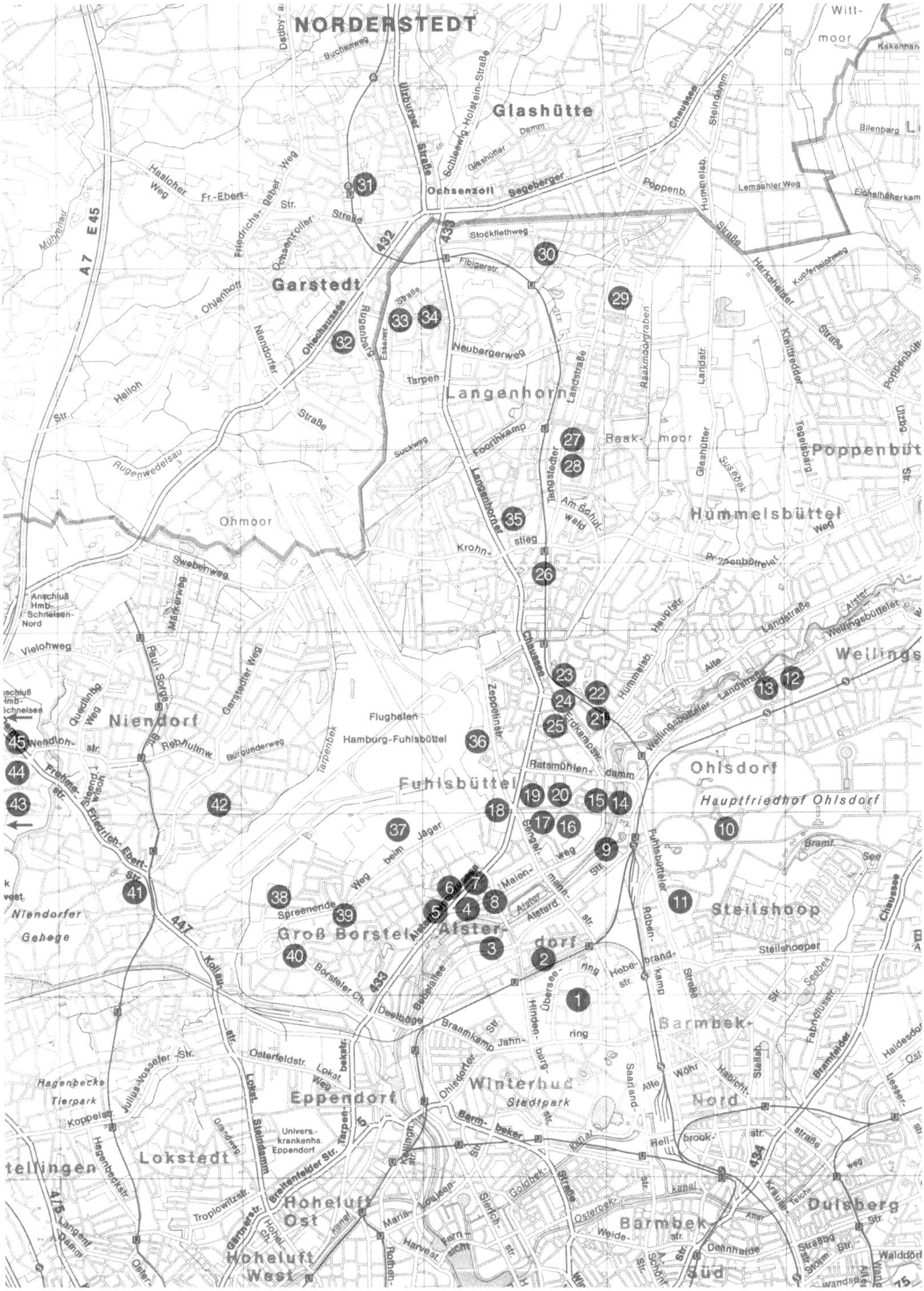
NORDERSTEDT
Glashütte
Ochsenzoll
Garstedt
Langenhorn
Raak-moor
Ohmoor
Hummelsbüttel
Niendorf
Anschluß Hmb-Schnelsen-Nord
Flughafen Hamburg-Fuhlsbüttel
Fuhlsbüttel
Ohlsdorf
Hauptfriedhof Ohlsdorf
Steilshoop
Groß Borstel
Alster-dorf
Niendorfer Gehege
Hagenbecks Tierpark
Eppendorf
Univers.-krankenhs. Eppendorf
Stadtpark
Lokstedt
Hoheluft Ost
Hoheluft West
Barmbek-Nord
Barmbek Süd
Dulsberg
1 2 3 4 5 6 7 8 9 10 11 12 13 14 15 16 17 18 19 20 21 22 23 24 25 26 27 28 29 30 31 32 33 34 35 36 37 38 39 40 41 42 43 44 45

F Der Norden von Winterhude (City Nord) bis Norderstedt und der Nordwesten

Nördlich des Stadtparks liegt das monofunktionale Büroviertel City Nord, das zwar den Verwaltungsgrenzen nach zu Winterhude gehört, mit diesem aber keine städtebauliche Einheit bildet. Alsterdorf, Ohlsdorf und Groß Borstel gehörten im Mittelalter zum Kloster Harvestehude. Ohlsdorf wird vor allem mit dem gleichnamigen Hauptfriedhof identifiziert, der hier ab 1874 ausgebaut wurde (vgl. Nr. F 10). Diese Standortwahl sollte sich als überaus günstig für die Entwicklung der Viertel an der Oberalster erweisen. 1895/96 wurden die Straßenbahnlinien nach Barmbek und Winterhude in Dienst genommen. 1906 folgte die Vorortbahn zum Hamburger Hauptbahnhof, 1914 die Hochbahnlinie (1918 bis nach Langenhorn verlängert, ebenso wie die Vorortbahn nach Poppenbüttel). Dabei vollzog sich der Ausbau zwischen den Kriegen jedoch teilweise nur schleppend. Die von Schumacher geplante Villenkolonie in Alsterdorf ist bis heute ein Torso geblieben.

Obwohl Ohlsdorf und das ebenfalls schon seit dem Mittelalter zu Hamburg gehörende Fuhlsbüttel vom Straßenverkehr stark belastet sind und sich außerdem der Flughafen und die Luftwerft (vgl. Nr. F 36 und F 37) negativ bemerkbar machen, wie überhaupt im gesamten Hamburger Norden, können die beiden ineinander gewachsenen Stadtteile mit ihrer typischen Mischung aus kleinstädtischen Geschäftshäusern, Vorstadtvillen und anspruchsvollen Wohnanlagen der Zwischenkriegszeit doch städtebaulich als besonders gelungen gelten. Westlich des Flughafens beginnen die bis zum Groß-Hamburg-Gesetz von 1937 preußischen Vororte Niendorf und Eidelstedt, die 1927 ihre kommunale Selbständigkeit einbüßten. Während Eidelstedt an Altona gelangte, wurde Niendorf mit Lokstedt und Schnelsen zur Gesamtgemeinde Lokstedt vereinigt. Hier fehlt allerdings die prägende Signatur der Wohnbauten aus der Weimarer Republik. Die kaum weniger gesichtslose »Kunststadt« Norderstedt wurde 1970 aus mehreren schleswig-holsteinischen Stadtrandgemeinden gebildet (Ausbau eines neuen Stadtzentrums an der Rathausallee seit den 80er Jahren).

F 1 City Nord

Überseering/New-York-Ring/Mexikoring/Kapstadtring u.a., Winterhude

Architekt: Landesplanungsamt, Oberbaudirektor Werner Hebebrand

1958, Planfeststellung 1961; 1. BA 1964–71 (Ostteil); 2. BA 1971–77 (Westteil); 3. BA 1975–91 (Nordteil); Zentrale Zone 1970–74

Die angestrebte Verringerung der Bebauungsdichte in der Innenstadt auf die Geschoßflächenzahl 2,0 und die zunehmende Tertiärisierung der Wohnviertel an der Außenalster zwangen Oberbaudirektor Werner Hebebrand und seine Mitarbeiter gegen Ende der

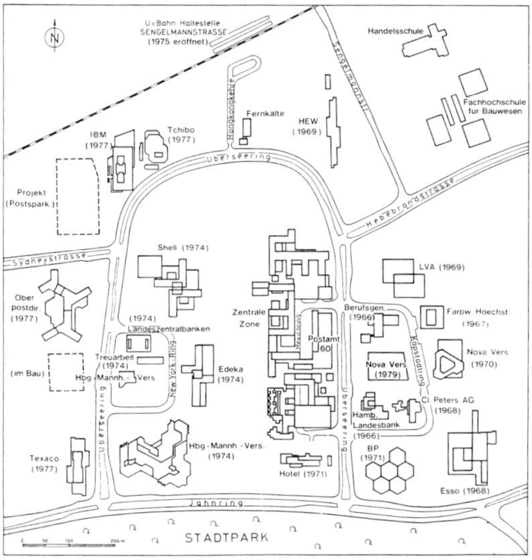

F 1 City Nord

50er Jahre, nach alternativen Standorten für die expandierenden Großverwaltungen der Versicherungen, Mineralölkonzerne und anderer bedeutender Wirtschaftsunternehmen zu suchen. Hierzu bot sich ein umfangreiches Kleingartengelände im Norden des Stadtparks an, das, ursprünglich von Hebebrand als »innere Trabantenstadt« mit einer Mischnutzung aus Wohnungen und Gewerbe skizziert, im Aufbauplan 1960 als reine Arbeitsstättenfläche ausgewiesen und nach der Feststellung des Durchführungsplans 1961 in drei Abschnitten von Ost nach West als »Bürostadt im Grünen« ausgebaut wurde mit einem Grünflächenanteil von 35% (heute 25%) und einer anfänglichen Geschoßflächenzahl von 1,5 (im Laufe der Zeit erhöht).

Hinsichtlich ihrer Monofunktionalität, der aufgelockerten, solitärhaften Bebauung und der konsequenten Entflechtung der Verkehrswege für Automobile und Fußgänger ist die City Nord ein getreues Abbild der damals die städtebauliche Diskussion beherrschenden »Charta von Athen« (1933), wogegen das Motiv des zentralen Grünzugs, der zusammen mit einem System von Rampen und Brücken als Verteiler für den Fußgängerverkehr fungiert, wohl eher eine stadtplanerische Errungenschaft der Nachkriegszeit darstellt. Vorrang genossen jedoch die motorisierten Verkehrsteilnehmer, wie sich nicht nur an dem sechsspurig ausgebauten Überseering ablesen läßt, sondern auch an der Tatsache, daß das Viertel bis heute nur unzulänglich vom öffentlichen Nahverkehr erschlossen wird, so daß ein erheblicher Teil der über 20 000 Beschäftigten mit dem Pkw zur Arbeit fährt. Im Osten war zudem ursprünglich noch ein Zubringer der geplanten Stadtautobahn vorgesehen (heute ein Kleingartengebiet).

F 1.1 Verwaltungsgebäude der Hamburgischen Electricitäts-Werke AG (HEW)

Um 1960 noch als richtungweisendes Konzept gefeiert, galt die City Nord wegen ihres Mangels an Freizeit- und Kulturangeboten und des geringen Anteils an Wohnungen schon ein Jahrzehnt später als Inbegriff für verfehlten Städtebau. Außerdem war das neue Büroviertel wegen der relativ flachen Bauweise und des großzügigen Flächenangebots zu einem bevorzugten Experimentierfeld für die Propagandisten des vollklimatisierten Großraumbüros geworden. Wurde diese Lösung in den 60er Jahren noch als besonders innovativ und damit als prestigeträchtig angesehen, so gilt sie mittlerweile als negativer Standortfaktor. Abrisse sind deshalb wohl in absehbarer Zukunft zu erwarten. Und auch in anderen Bereichen wie der unwirtlichen »zentralen Zone« mit der Post, dem Einkaufszentrum und einigen Apartmenthäusern sind heute nach Expertenmeinung verstärkt Investitionen nötig, damit sich der dezentrale Verwaltungskomplex auch weiterhin im Konkurrenzkampf mit den attraktiveren citynahen Lagen behaupten kann.

F 1.1 Verwaltungsgebäude der Hamburgischen Electricitäts-Werke AG (HEW)

Überseering 12

Architekten: Arne Jacobsen – Otto Weitling Assoc.; Mitarbeiter: Dieter Fremerey, Klaus Gütschow, Reinhard Schmidt-Petersen

1962/63 W, 1966–69

Eine der ersten Großverwaltungen in der City Nord – und zugleich eine der bedeutendsten. Der 1962 ausgeschriebene beschränkte Wettbewerb war mit Architekten wie Arne Jacobsen, Paul Schneider-Esleben, Friedrich Wilhelm Kraemer und den Büros Hentrich & Petschnigg und van den Broek & Bakema überaus prominent besetzt. Ein erster Preis wurde allerdings nicht vergeben, so daß mit dem Entwurf von Arne Jacobsen und Otto Weitling einer der vier zweiten Preise realisiert wurde. Rund 48 600 qm Bruttogeschoßfläche für ursprünglich 1 700 bis 2 000 Mitarbeiter verteilen sich auf einen Gebäudekomplex aus vier parallel verschobenen zwölfgeschossigen Hochhausscheiben mit einem zentralen Erschließungsbereich. Auf die Schaffung von Großraumbüros wurde verzichtet. Die Innenwände können bei einer Mindestraumbreite von 375 cm im Modul von 187,5 cm versetzt werden. Die dunkel getönten Vorhangfassaden werden im Abstand von 62,5 cm durch senkrechte Sprossen geteilt, so daß sich ein besonders feingliedriges Fassadenprofil ergibt. Leider erhebt sich der elegante Bau in einem wenig angemessenen Umfeld aus kleinbürgerlichen Vorstadthäuschen und Schrebergärten.

F 1.2 Verwaltungsgebäude der Landesversicherungsanstalt

Überseering 10

Architekten: Siegel & Wonneberg; Mitarbeiter: Hermann Hahn

1963/64 W, 1968/69

Ein typisches Großraumbürogebäude der »zweiten Generation« nach den ersten Großräumen gegen Ende der 50er Jahre, die sich noch am US-amerikanischem Vorbild des »general office« mit schematisch hintereinander gereihten Arbeitsplätzen orientierten (vgl. das Hochhaus der Hamburg-Süd, Nr. A 21). Das weitgespannte Stützenraster des Stahlbetonskelettbaus von 8 x 16 m erlaubt zwar eine von den Konstruktionsachsen unabhängige Möblierung im Sinne der »Bürolandschaft«, die konventionelle Rechtwinkligkeit der Grundrißform wurde aber noch nicht aufgegeben. Die Architektur ist auf das Wesentliche reduziert. Auch die Waschbetonbrüstungen der umlaufenden Galerien verleihen dem Gebäude den gestalterischen Charme einer Parkpalette.

F 1.3 Hauptverwaltung der ESSO A.G.

Kapstadtring 2

Architekten: Schramm & Elingius (Wettbewerb). Arbeitsgemeinschaft Schramm & Pempelfort und Herbert Großner (Realisierung)

1964 W, 1966–68

Vier Trakte strahlen von einem gemeinsamen Erschließungskern aus. Da der Bauherr überwiegend eine konventionelle Aufteilbarkeit der Büroflächen wünschte, sind lediglich die beiden kurzen Quertrakte für Großraumbüros vorgesehen. Sie werden nach außen durch umlaufende Fluchtgalerien mit weißen Brüstungen markiert, die das einzige Gliederungsmotiv an den dunkel eloxierten Vorhangfassaden darstellen.

F 1.4 Hauptverwaltung der Deutschen BP Aktiengesellschaft
Überseering 2
Architekten: Kraemer, Pfennig & Sieverts; Mitarbeiter: R. Schulze, K. Wolf, E. Wolf, M. Vitua
1963/64 W, 1968–71
Das große Interesse, mit dem der Entwurf seinerzeit rezipiert wurde, ist angesichts der grobschlächtig gegliederten Waschbetonarchitektur heute kaum noch nachvollziehbar. Tatsächlich bedeutete der polygonal gebrochene Grundriß Mitte der 60er Jahre aber eine entscheidende Innovation in der Entwicklung des Großraumbüros, denn durch die sechseckige Grundrißform wurde auf elegante Weise das als erstrebenswert erachtete, weil in allen Bereichen von den Benutzern als gleichwertig erlebbare, richtungslose Raumkontinuum gewährleistet. Darüber hinaus verlieh diese Lösung dem Bau auch eine schlüssige Zeichenhaftigkeit, da das Hexagon den Benzolring symbolisiert. Dabei hatten Kraemer, Pfennig & Sieverts den Wettbewerb jedoch ursprünglich mit einem anderen Entwurf für sich entschieden (Konkurrenten u. a. Hans Scharoun und Alvar Aalto). Ihr Vorschlag einer Stufenpyramide mit begrünten Terrassen wurde von den Vertretern des Mineralölkonzerns jedoch abgelehnt

F 1.5 Hauptverwaltung der Hamburg-Mannheimer Versicherungs-AG

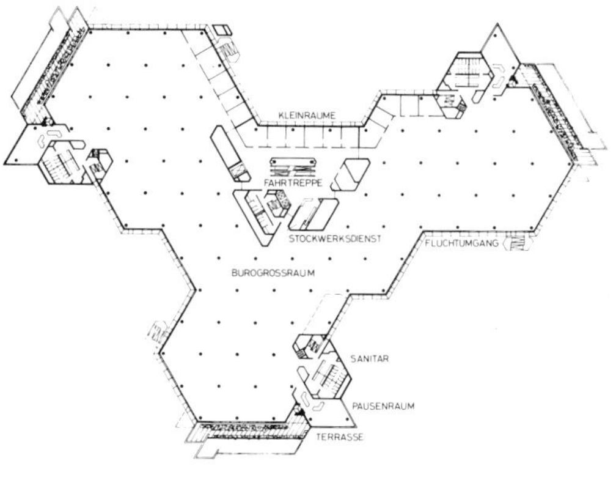

F 1.6 Hauptverwaltung der Deutschen Shell AG

wegen der ihrer Meinung nach zu großen Entfernungen einzelner Arbeitsplätze zu den Fenstern.

F 1.5 Hauptverwaltung der Hamburg-Mannheimer Versicherungs-AG
Überseering 45
Architekten: Arbeitsgemeinschaft Graaf, Schweger & Partner, Lothar Loewe, Ingeborg und Friedrich Spengelin; Projektleiter: Hubert Bischoff; Mitarbeiter: Christian Beermann
1969 W, 1971–74
Der umfangreiche Komplex, mit 75 600 qm Geschoßfläche noch heute eines der größten Bürogebäude in Hamburg, dokumentiert den Entwicklungsstand des Großraumbüros zu Beginn der 70er Jahre, als der Trend immer stärker zu komplexen Grundrißstrukturen und bewegten Gebäudeumrissen ging. Grundriß und Konstruktionsschema sind aus einem 60-Grad-Raster entwickelt, was den Bau wie eine prismatisch gebrochene Großplastik wirken läßt, zumal die Vielgliedrigkeit der Fassaden zu den Gebäudeenden hin noch durch die terrassenartige Staffelung der oberen Geschosse gesteigert wird. Die unterschiedlichen Materialien und Strukturen der einzelnen Fassadenabschnitte spiegeln die Funktionen der dahinterliegenden Räume wider: Umlaufende Galerien mit filigranen Geländerstreben und Sonnenschutzlamellen kennzeichnen die Großraumbüros, Curtain-walls die geschoßhoch durchfensterten Pausenräume, fensterlose Betontürme die Nottreppenhäuser und WC-Anlagen. Die souveräne Bewältigung des Bauvolumens und die konzeptionelle Schlüssigkeit machen den Versicherungskomplex zu einem der herausragenden Beispiele der deutschen Nachkriegsarchitektur, wenn der Entwurf auch eher den Endpunkt einer schon bald darauf als verfehlt erkannten Enwicklung markieren dürfte.

F 1.6 Hauptverwaltung der Deutschen Shell AG
Überseering 35
Architekten: v. Gerkan & Marg; Projektpartner: Eike Wiehe; Projektleitung: Bernhard Albers; Mitarbeiter: Knut Maass, Uwe Rückel, Hans Peter Harm, Johannes Lupp
1970 W, 1973–75

Bedenken der Bauherrin gegenüber der Großraumbürolösung und damit gegenüber dem siegreichen Wettbewerbsentwurf führten 1972 zu einer Neuplanung des Gebäudes, bei der die Entscheidung zugunsten konventioneller zweibündiger Bürotrakte fiel, die sich hier wie Windmühlenflügel um einen gemeinsamen Kern legen. Der dunkel eloxierte Curtain-wall mit gefärbten Verglasungen – seit Mies van der Rohes bronzenem Seagram Building Inbegriff von Prestige und vornehmer Reserviertheit – signalisiert Konzernarchitektur von internationalem Niveau. Eine typische Zutat der frühen 70er Jahre sind die filigranen Fassadengalerien à la Egon Eiermann. Daß eine derartige Fassadenlösung auch an einem öffentlichen Verwaltungsgebäude nicht deplaziert wirkt, konnten die Architekten bald darauf mit dem Patentamt in München belegen (1970 W, 1975–80), das wesentliche Charakteristika des Hamburger Entwurfs wiederaufnimmt.

F 1.7 Verwaltungsgebäude IBM Deutschland, Niederlassung Hamburg

Überseering 24
Architekten: Dissing & Weitling
1972 W, Fertigstellung 1977

Gewünscht wurde in der Wettbewerbsausschreibung eine Architektur, die der Selbstdarstellung des Computer-Konzerns dient. Die gerundeten Kanten und die silbrig glänzenden Vorhangfassaden, die durch den Verzicht auf Sprossen und die kaum wahrnehmbaren Pfosten zwischen den Fensteröffnungen wie entmaterialisiert wirken, verleihen dem Gebäude denn auch die Aura eines höchst diffizilen High-Tech-Produkts.

F 1.8 Hewlett Packard Vertriebszentrum Nord

Überseering 16
Architekten: Architektengemeinschaft Kiessler & Partner, Steidle & Partner, Schweger & Partner
1985 W, 1989–91

Die Fassaden des Verwaltungsgebäudes sind aus mehreren Schichten aufgebaut. Mit den schlanken Betonstützen in den unteren Geschossen wird das Gebäudeskelett bloßgelegt. Die dahinter liegende, ergo nichttragende Fassade besteht aus Fensterelementen. Ein zentrales gestalterisches Motiv sind auch die umlaufenden Brüstungsbänder der oberen Geschosse aus Zinkblech mit filigranem Falzprofil. Transparenz bestimmt die innere Erschließung des Gebäudes mit einer zentralen offenen Treppenhalle und großzügig verglasten Nebentreppenhäusern, die die Gebäudekanten aufbrechen: eine unspektakuläre, aber sorgfältig durchdachte Architektur mit schlüssigen Details.

F 2 Gartenstadt Alsterdorf

Heilholtkamp/Frühlingsgarten/Winterlingsstieg/Blaukissenstieg/ Rotbuchenstieg/Floot u.a., Alsterdorf
Architekten: Erwin Deimling. Willy Eggers. Hermann Höger. Walter Holst. Gustav Meves. Henry Schlote u. a .
1. BA 1935/36; 2. BA 1937/38 (nördlich des Heilholtkamps)

F 4 Haus Philip

Nach der Weltwirtschaftskrise wurde der Maßstab für den Ausbau von Alsterdorf deutlich heruntergeschraubt, so auch in der Gartenstadt, wo statt der zweigeschossigen Einzelvillen der 20er Jahre konventionelle Einfamilienhäuschen auf durchschnittlich 500 qm großen Grundstücken entstanden. Dabei ist die Gesamtanlage nicht ohne Reiz. Gekrümmte Straßenverläufe und platzartige Erweiterungen sorgen für abwechslungsreiche Räume, die vorgeschriebene Dachneigung und das rote Ziegelmauerwerk für ein einheitliches Gesamtbild. Die renommierten Architekten gewährleisteten darüber hinaus, daß in diesem enggesteckten Rahmen eine Vielzahl individueller Einzellösungen verwirklicht wurde. Die Bauherren der rund 330 Häuser rekrutierten sich aus der Mittelschicht; auch zwei der Architekten, Willy Eggers und Henry Schlote, errichteten am Heilholtkamp ihre eigenen Wohnhäuser (Nr. 70 bzw. Nr. 49).

F 3 Haus Blohm

Bebelallee 141, Alsterdorf
Architekt: Erich Elingius
1922

Villa des Werftbesitzers Walther Blohm, Mitinhaber der Großwerft Blohm & Voss. Die schlichte Backsteinarchitektur ist hinsichtlich der Segmentbogenöffnungen, der Klappläden und der Eckrustiken als traditionalistisch zu charakterisieren, läßt dabei aber kaum konkrete historische oder regionale Vorbilder anklingen – eine Eigenart, die schon wichtige Entwicklungszüge der 30er Jahre vorwegzunehmen scheint, nicht zuletzt im Schaffen von Erich Elingius selbst. Der Grundriß ist annähernd aus dem Quadrat entwickelt; die halbrund vortretende Veranda und die eingeschossigen Anbauten lockern jedoch den Gebäudeumriß auf. Die Aufteilung des Erdgeschosses nimmt mit Herrenzimmer, Wohnzimmer, Speisezimmer und Morgenzimmer das Repertoire großbürgerlicher Wohnkultur vor dem Ersten Weltkrieg wieder auf – von der sich Blohm als

F 5 Haus Höger

Pionier im damals erst dünnbesiedelten Alsterdorf jedoch auch ein Stück weit emanzipieren wollte, residierten seine Eltern doch noch am feudalen Harvestehuder Weg gleichsam wie auf dem »Präsentierteller«.

F 4 Haus Philip

Brabandstraße 13, Alsterdorf
Architekten: Block & Hochfeld
1927/28

Das kubische Klinkergebäude, mit Flachdach, Dachterrasse und relingartigem Geländer exemplarisch für die Vorkriegsmoderne, ist bis heute ein Fremdkörper in seiner konservativ gestimmten Nachbarschaft geblieben. Weniger Mut bewiesen Bauherr und Architekten dagegen bei der Innenaufteilung, die hinsichtlich der klar definierten Raumgrenzen und des Raumprogramms eher als konventionell zu charakterisieren ist.

F 5 Haus Höger

Brabandstraße 1–2, Alsterdorf
Architekt: Hermann Höger
1926/27

Das Doppelhaus, dessen eine Hälfte der Architekt selber bewohnte, stellt mit seinen Spitzbögen, dem Staffelgiebel und den von Terrakotten gerahmten mittleren Fensterachsen ein qualitätvolles Beispiel für die gotisierenden Tendenzen in der Architektur der Weimarer Republik dar.

F 6 Bürogebäude

Sportallee 1, Groß Borstel
Architekten: Kleffel, Köhnholdt, Gundermann
1989/90

Mit wenigen, äußerst ökonomischen Mitteln gelang hier eine signifikante Architektur, die positiv aus ihrer Nachbarschaft eines amorphen Gewerbeparks hervorsticht. Neben der Leichtigkeit und Eleganz der Metallprofile fallen vor allem die sicheren Proportionen der Klinkerfassaden auf, die sich wie Wandscheiben vor der Skelettstruktur der Ecktreppenhäuser und des letzten Obergeschosses erheben. Einen unverwechselbaren Charakter erhält das Gebäude auch durch den gazeartigen Sonnenschutz aus Edelstahllochblechen vor der zweigeschossigen Eingangshalle.

F 7 Feuerwache Alsterdorf

Alsterkrugchaussee 288, Alsterdorf
Architekt: Hochbauwesen, Fritz Schumacher
1913–15

Mit einer traditionsverhafteten Gestaltung, die an ländliche Wirtschaftsgebäude auf Gutshöfen erinnert – zumal an der Rückseite mit dem bretterverschalten Schlauchturm –, sollte sich der Bau dem Charakter der ebenfalls von Schumacher geplanten Villenkolonie an den Ufern der kanalisierten Oberalster unterordnen (vgl. auch die Bebelallee in Winterhude, Nr. E 34). In Alsterdorf ist dieses ehrgeizige Projekt jedoch nur ein Torso geblieben mit verkrauteten Uferböschungen und Kleingärten anstelle der ursprünglich vorgesehenen Landhausgruppen, Terrassenanlagen und von Alleen beschatteten Quais.

F 8 Wolfgang-Borchert-Siedlung

Brabandstraße/Hindenburgstraße/Maienweg/Moltrechtweg/Wilhelm-Bock-Weg u.a., Alsterdorf
Architekten: Anton C. Alberts (städtebauliches Konzept). Architektengemeinschaft Neon. Bloem & Partner. Enno Kländer. Johannes Lupp. Jörg Neumann. PPL Planungsgruppe Professor Laage. Rainer Steffen. Thomas Darboven (Bebauung)
Städtebaulicher Wettbewerb 1979, Bebauungsplan 1982, Bebauung 1983 W, 1984–86

Der städtebauliche Ideenwettbewerb wurde von einem Amsterdamer Büro entschieden, wie sich an den verkehrsberuhigten Wohn- und Spielstraßen, den offenen Carports und der unprätentiösen Backsteinarchitektur der zwei- bis dreigeschossigen Bauten – zum überwiegenden Teil als Reihenhäuser errichtet – ablesen läßt, deren gestalterischer Rahmen ebenfalls von Alberts abgesteckt wurde. Auch durch die abwechslungsreiche Staffelung der einzelnen Gebäude und ihre Gruppierung um gemeinsame Gartenhöfe ist es gelungen, der Siedlung einen intimen Charakter zu verleihen. Sympathisch ist die Entscheidung, das reizvolle, wenn auch durch den Flughafen beeinträchtigte Gelände am Oberlauf der Alster für sozialen Wohnungsbau zur Verfügung zu stellen, wobei der kleinteilige Maßstab der Anlage inmitten der repräsentativen Vorkriegsvillen und der Gewerbebauten an der Alsterkrugchaussee allerdings als verfehlt gelten muß.

F 9 Ehem. Krematorium

Alsterdorfer Straße 523, Alsterdorf
Architekt: Ernst Paul Dorn
1890/91; Restaurierung 1987–89

Das ehemalige Krematorium ist ein bedeutendes kulturhistorisches Dokument. 1883 wurde der Hamburg-Altonaer Verein zur Förderung der Leichenverbrennung gegründet, nachdem 1878 das erste deutsche Krematorium in Gotha seinen Betrieb aufgenommen hatte. Vor allem von kirchlicher Seite wurde der Einäscherung vor dem Ersten Weltkrieg großer Widerstand entgegengebracht; gefördert wurde sie dagegen von liberalen besitz- und bildungsbürgerlichen Kreisen. Richtungweisend an dem Alsterdorfer Bau war die diskrete Anordnung des Verbrennungsofens im Untergeschoß, zu dem der Sarg mittels einer hydraulischen Vorrichtung herabgelassen werden konnte. Für die äußere Gestaltung wählte Dorn mit dem laternenbekrönten, romanisierenden Zentralbau einen Gebäudetypus, der zwar sakral wirkt, aber nur vage Assoziationen an eine herkömmliche Kirche oder Kapelle erweckt – und mit den Backsteingliederungen auf den Putzflächen, eigentlich ein Kennzeichen für zeitgenössische Gewerbe- und Wohlfahrtsbauten, auch betont nüchtern gestaltet wurde.

F 10 Hauptfriedhof Ohlsdorf

Fuhlsbüttler Straße, Ohlsdorf
Architekten: Ingenieurwesen, Oberingenieur Franz Andreas Meyer (1. Generalplan); Friedhofsdirektor Wilhelm Cordes (2. Generalplan und 1. Erweiterungsplan); Gartendirektor Otto Linne (2. Erweiterungsplan)
1875, Eröffnung 1877; 1. Generalplan 1876–78; 2. Generalplan 1880/81; Feststellung 1. Erweiterungsplan 1916; Feststellung 2. Erweiterungsplan 1920

Der Hauptfriedhof Ohlsdorf kann mit einer Fläche von 404,6 ha und etwa 400 000 Grabstellen auch im internationalen Vergleich als eine der größten Begräbnisstätten überhaupt gelten. Dem Senatsbeschluß, die sukzessive Aufgabe der innerstädtischen Friedhöfe in die Wege zu leiten, deren Kapazitäten sich zu erschöpfen drohten, folgte 1874 der Ankauf von zunächst 90 ha Gelände an der Oberalster. 1877 wurden hier die ersten Gräber angelegt, wenn auch noch unter provisorischen Bedingungen. Obwohl sich das parkartige Friedhofsgelände heute als harmonische Gesamtleistung präsentiert, lag dem weiteren Ausbau doch bis 1916 kein verbindlicher Generalplan zugrunde, der jemals als Ganzes vom Senat gebilligt worden wäre. Es ist vielmehr der Zielstrebigkeit von Wilhelm Cordes, von 1879 bis 1917 Friedhofsverwalter bzw. -direktor, und seines Nachfolgers Georg Linne (ab 1920) zu verdanken, daß die Anlage trotz der komplexen Planungen nicht zum Stückwerk geriet.

Der erste Generalplan von Franz Andreas Meyer, der im Mittelpunkt eine aufwendige Campo-Santo-Anlage mit einer Einfassung durch Kolumbarien (i. e. Wandnischengräbern) und einem zentralen Verwaltungs- und Kapellenkomplex vorsah, hatte schon allein wegen der hohen Kosten keine Realisierungschance. Die weitaus wirtschaftlichere Alternativplanung von Cordes ist im Layout des Friedhofs unschwer auszumachen, nämlich der westliche Teil mit den kurvigen, ineinander verschlungenen Hauptwegen und dezentralen Kapellen auf halbrunden Plätzen, die den einzelnen Begräbnisfeldern zugeordnet sind.

Ein weiterer derartiger Ausbauplan, 1916 beschlossen, stieß jedoch auf so einhellige Ablehnung nicht nur von seiten Fritz Schumachers, sondern z. B. auch des Bundes Deutscher Architekten, daß die östliche Erweiterung ab 1920 nach Linnes Plänen mit geraden Wegführungen und dominanten Zentralachsen erfolgte. Gleichzeitig wurde eine Grabmalreform in die Wege geleitet, um helle Natursteinstelen und handwerklichen Grabschmuck durchzusetzen.

Ein kurzer Überblick über die wichtigsten Grabmale kann bei einem Gesamtbestand von schätzungsweise 200 000 nicht einmal annähernd repräsentativ sein (und soll hier deswegen auch gar nicht erst versucht werden). Die ältesten Steine stammen noch von den aufgegebenen innerstädtischen Friedhöfen und wurden im Heckengarten-Museum bzw. im Amtssteinmuseum aufgestellt. Verdiente Hamburger wurden mit einem Begräbnis auf dem Althamburgischen Gedächtnisfriedhof geehrt, so auch Gustav Oelsner und Fritz Schumacher. Zahlreiche Grabmale stammen von bedeutenden Hamburger Architekten, wie z. B. Fritz Schumacher – u. a. Denkmal für Wilhelm Cordes – oder Martin Haller, der für die Familienbegräbnisse der hamburgischen Oberschicht auch einige der in Ohlsdorf seltenen Mausoleen und Grabkapellen entwarf. Der plastische Schmuck wurde in der Regel von spezialisierten Unternehmen oder den bekannten Bildhauern ausgeführt, die auch öffentliche Gebäude und wichtige Privatbauten ausstatteten, wie z. B. Arthur Bock, Richard Kuöhl oder Engelbert Peiffer.

F 10 Hauptfriedhof Ohlsdorf. Wasserturm

Künstlerische Experimente wurden auch hier kaum gewagt.

Eine beherrschende Stellung nehmen die zahlreichen Denkmalanlagen ein, wobei drei Bereiche besonders herausragen: Soldatenfriedhöfe, die Gedenkstätten für die Opfer der NS-Herrschaft und die Massengräber der bei den Luftangriffen getöteten Hamburger. Sie sind in der Borniertheit ihrer Aussage typische Dokumente für die Unfähigkeit der deutschen Nachkriegsgesellschaft, sich mit dem Leid und Unrecht der NS-Zeit auseinanderzusetzen – ein Unvermögen, das jedoch nicht nur die Seite der »Täter«, sondern auch die der Opfer kennzeichnet. So war Gustav Oelsner, nach 1933 ein rassisch Verfolgter, an der Konzeption des Denkmals für die Gefallenen des Zweiten Weltkriegs beteiligt (1950–53), das sich mit dem archaisierenden Rundtempel von J. Meinert nicht nur gestalterisch in die Kontinuität der Kriegergedenkstätten seit dem Ersten Weltkrieg stellt, sondern durch die Bezeichnung der Kriegstoten als »Geopferte« auch eine zweifelhafte Sinnstiftung versucht.

F 10.1 Verwaltungsgebäude

Fuhlsbüttler Straße 756

Architekt: Ingenieurwesen, Friedhofsdirektor Wilhelm Cordes

1911–14

Der repräsentative, wenn auch um 1910 schon völlig altmodische Entwurf des Friedhofsdirektors amalgamiert Schloßmotive mit neoromanischen Architekturdetails, die dem Sakralbau entlehnt sind und wohl die Würde des Ortes unterstreichen sollen – der wegen seiner naturnahen Gestaltung mit ausgedehnten Gehölzen jedoch auch ein beliebtes Naherholungsgebiet war, was die gestalterische Ambivalenz des Gebäudes treffend zum Ausdruck bringt. Überhaupt hatte Wilhelm Cordes die Kapellen, Wassertürme und sonstigen Bauten auf dem Friedhofsgelände sehr malerisch gestaltet, so daß sie bisweilen eher Assoziationen an Freizeitarchitekturen erwecken.

F 10.2 Krematorium

Architekt: Hochbauwesen, Fritz Schumacher

1930–32

Das Gebäude ersetzte das Krematorium in Alsterdorf, das 1890/91 noch außerhalb des Friedhofsgeländes errichtet werden mußte (vgl. Nr. F 9). Aber auch Fritz Schumacher wies dem Neubau gestalterisch noch eine Sonderrolle zu. Anklänge an konventionelle Sakralbaumuster sind nur schwach ausgeprägt. Die offenen Wandelgänge und die vorgelagerte Terrasse mit Freitreppe erwecken eher Assoziationen an eine Denkmalanlage; dunkler Klinker und schwere Bronzetüren unterstreichen den sinistren Charakter der Architektur. Am Giebel erhebt sich ein Phönix, ein Entwurf von Richard Kuöhl wie auch der übrige plastische Bauschmuck. Das Innere wird durch den Zusammenklang der parabelförmigen Stahlbetonbinder mit den überaus qualitätvollen Glasfenstern von Erwin Bossanyi bestimmt.

F 10.2 Krematorium

F 10.3 Mahnmal für die Opfer nationalsozialistischer Verfolgung

Architekt: Heinz Jürgen Ruscheweyh

1948/49

Bereits 1946 beschloß der Senat, ein Mahnmal für die NS-Opfer zu errichten. Nachdem ein Wettbewerb keine befriedigenden Ergebnisse erbracht hatte, wurde Heinz Jürgen Ruscheweyh mit einem Entwurf beauftragt. Der von Ruscheweyh konzipierte Betonrahmen dient als Träger für 105 Urnen aus poliertem Granit, die mit Erde und Asche aus Konzentrationslagern gefüllt sind. Er trägt neben der lapidaren Angabe »1933–1945« die Aufschriften »Unrecht brachte uns den Tod. Lebende, erkennt Eure Pflicht« und »Gedenkt unserer Not, bedenkt unseren Tod, den Menschen sei Bruder der Mensch«. Darunter ist eine liegende Tafel mit den Namen von Konzentrationslagern angebracht. Auf konkrete Aussagen über NS-Verbrechen – allein 55 000 Tote im KZ Hamburg-Neuengamme und seinen Außenlagern – wurde also genauso verzichtet wie auf den Hinweis, daß ein Teil dieser Opfer in Ohlsdorf eingeäschert und bestattet wurde. Die Mahnungen bleiben abstrakt, die Opfer anonym. Bezeichnend ist auch die unsensible Standortwahl: Der Opfer von Auschwitz und Majdanek wird ausgerechnet gegenüber dem Krematorium gedacht!

F 10.4 Mahnmal für die Opfer des Bombenkriegs

Architekt: Konstanty Gutschow (Entwurf des Gräberfeldes). Bildhauer: Gerhard Marcks; Mitarbeiter: Alfons Droll, Johannes Bursch (Entwurf bzw. Ausführung Mahnmal). Ludwig Kunstmann (Balken)

Gräberfeld 1943/44; Mahnmal 1947 W, 1948–52

Mahnmal auf dem Massengrab von 36 918 Opfern der Luftangriffe vom 25. Juli bis zum 3. August 1943. Eine schlichte Cella mit einer Figurengruppe von Gerhard Marcks markiert das Zentrum der kreuzförmig ausstrahlenden Anlage, die Konstanty Gutschow bereits während der Kriegsjahre gestaltet hatte. Aus dieser Zeit stammen auch noch die Eichenbalken mit den Namen der am stärksten betroffenen Stadtviertel (erst 1949 aufgestellt). Das von Marcks gewählte

F 10.4 Mahnmal für die Opfer des Bombenkriegs

Thema – der Fährmann Charon setzt die in ihr Schicksal ergebenen Toten in der Unterwelt auf dem Styx über – stieß wegen des Verzichts auf christliche Erlösungssymbole und seiner unverbindlichen Aussage jedoch schon bald auf Kritik (und wirkt angesichts der Todesqualen der Feuersturmopfer auch nahezu wie ein Zynismus). Trost vermag das Mahnmal in der Tat nicht zu spenden, aber auch die Ursachen für den Zweiten Weltkrieg und damit für das Leiden der Zivilbevölkerung werden nicht reflektiert. Das Sujet und die klassizierende Ausführung suggerieren außerdem eine Dignität, die diese Grabstelle nicht besitzt: Hier wurden die Toten wahllos in die Grube geworfen – zusammen mit den Trögen, Eimern und Wannen, in denen man einen Teil der bis zur Unkenntlichkeit verbrannten menschlichen Überreste eingesammelt hatte.

F 10.5 Kapelle 13
Architekt: Hochbauwesen, Fritz Schumacher
1927/28
Woran Karl Friedrich Schinkel hundert Jahre zuvor noch scheiterte, nämlich die Verschmelzung von Antike und Mittelalter, gelang Fritz Schumacher problemlos mit dem Entwurf für Kapelle 13: Außen als eine Art Rundtempel mit säulenartigen Klinkervorlagen gestaltet, entpuppt sich das Gebäude im Innern als gotisierender Zentralbau mit einem Sterngewölbe, zu dem sich die Betonbinder an der Decke zusammenschließen. Auch die expressionistische Klinkerbordüre am »Architrav« zeigt den Oberbaudirektor hier einmal mehr als Meister des allzu Gefälligen.

F 11 Jüdischer Friedhof
Ilandkoppel, Ohlsdorf
Architekt: August Pieper (Friedhofsgebäude)
Friedhof 1882/83; Friedhofsgebäude 1883/84; Restaurierung 1987–91
Der Hauptfriedhof Ohlsdorf war als überkonfessionelle Begräbnisstätte konzipiert. Hiervor abgetrennt wurde jedoch der jüdische Friedhof, um den besonderen Begräbnisriten gerecht zu werden. Zum Grabdenkmalbestand gehören auch Steine von den aufgehobenen Friedhöfen Rentzelstraße (1937) und Ottenser Hauptstraße (1939–41), die zusammen mit den Gebeinen der dort Bestatteten an die Ilandkoppel überführt wurden. Bis 1991 wurden 215 Gräber vornehmlich portugiesischer Juden mit ihren charakteristischen liegenden Grabplatten restauriert. Das Friedhofsgebäude, ein Backsteinbau mit Kuppel, enthält die für das Leichenritual notwendigen Räume, u. a. zum Waschen und zum Aufbahren der Toten.

F 12 Evangelisch-lutherische Maria-Magdalenen-Kirche
Stübeheide 175, Ohlsdorf
Architekten: Hopp & Jäger
1937/38
Kompakte Saalkirche mit westwerkartigem Turm, dessen gedrungene Form gewählt wurde, um hier Gemeinderäume unterbringen zu können. Außergewöhnlich historisierend, zumal im Vergleich mit anderen Entwürfen von Hopp & Jäger, wirken die Taustabsäulchen zwischen den gekuppelten Rundbogenfenstern im Kirchenschiff und an den Turmarkaden. Das rote Mauerwerk wird auf reizvolle Weise durch unregelmäßig eingefügte, dunkel geklinkerte Ziegel und die Entlastungsbögen der Langhausfenster belebt. Der Entwurf ging aus einem Direktauftrag an Bernhard Hopp hervor und wurde 1938 realisiert.

F 10.5 Kapelle 13

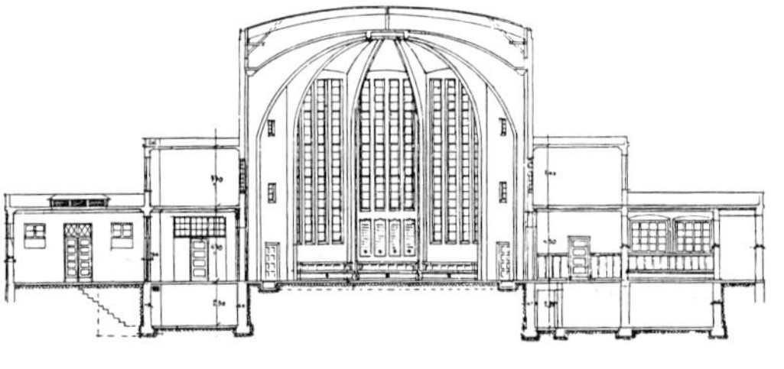

F 13 Franksche Siedlung

Wellingsbütteler Landstraße/Stübeheide/Stübekamp/Kornweg/Am Stein/Stüberedder/Övern Barg/Övern Block/Borstels Ende, Ohlsdorf
Architekt: Paul A. R. Frank
1. BA 1935; 2. BA 1936–39

Die Einfamilienhaussiedlung, mit 644 Wohneinheiten eines der zentralen Projekte der Wohnungsbaugesellschaft der Gebrüder Hermann und Paul A. R. Frank, sollte trotz ihrer Ausstattung mit Gartenland und der verkehrsgünstigen Lage an der Vorortbahn nach Poppenbüttel erschwinglichen Wohnraum bieten. Gewährleistet wurde dies durch die extrem knappen Grundrisse der rund 4,3 m breiten und 57 m^2 großen Reihenhäuser mit Bad und WC im Keller. Wurden die Gebäude im ersten Bauabschnitt noch als Zeilen in schematischer Nord-Süd-Ausrichtung entlang eines Erschließungsbügels gereiht, so kennzeichnet den zweiten Abschnitt östlich des Kornwegs ein weitaus differenzierteres Layout mit geknickten Wegachsen, die sich platzartig erweitern, und variierenden Gebäudegruppierungen. Die Verkehrsstraßen, die abgeschirmten Fußwege vor den Häusern und die Heckenstiege bilden hier zusammen mit den Grünflächen ein sorgfältig durchdachtes System von öffentlichen, halböffentlichen und privaten Räumen. Details wie die Eingangsbereiche oder die dreiflügeligen, sprossenlosen Fenster verweisen noch auf das Neue Bauen, wogegen die Satteldächer und das Rundbogenportal an der Wellingsbütteler Landstraße wohl als Kotau gegenüber dem »Dritten Reich« zu werten sind.

F 14 Wohnanlage Im Grünen Grunde

Im Grünen Grunde/Justus-Strandes-Weg, Ohlsdorf
Architekten: Ingeborg und Friedrich Spengelin. Gernot Baum
1974–80

Die Anlage wurde auf dem Gelände des ehemaligen Straßenbahndepots der 1895/96 eröffneten Linien zwischen Ohlsdorf und Barmbek bzw. Winterhude errichtet, woran noch das erhaltene Fachwerkgebäude der Wartehalle erinnert. Ein Teil der 212 im Rahmen des sozialen Wohnungsbaus errichteten Mietwohnungen ist überraschend großzügig geschnitten. 82 bis 104 m^2 Wohnfläche entfallen auf die Maisonettewohnungen in den Obergeschossen mit 2 1/2 bis 3 Zimmern, 90 bis 129 m^2 auf die ebenfalls nach dem Split-level-Prinzip konzipierten Wohnungen im Erdgeschoßbereich, die mit ihren vorgelagerten Wohnraumpavillons kleine Gartenhöfe umschließen. Bemerkenswert ist auch die städtebauliche Lösung. Die Bauten bilden geschützte Binnenräume mit gemeinschaftlichem Grün und Spielplätzen, wobei jedoch eine völlig geschlossene Randbebauung vermieden wurde (vgl. auch die Terrassenhäuser »Holsteiner Chaussee«, Nr. F 44, ebenfalls von I. und F. Spengelin).

F 15 Wohnanlagen an der Alsterschleuse
F 15.1 Geschoßwohnbauten

Am Hasenberge 45/Woermannsweg/Woermannsstieg/Maienweg, Ohlsdorf
Architekten: Carl Winand
1. BA 1925; 2. BA 1927–30

F 15.2 Geschoßwohnbauten

Am Hasenberge 47/Justus-Strandes-Weg/Im Grünen Grunde, Ohlsdorf
Architekten: Krüger & Schrader
1927–29

Die beiden viergeschossigen Klinkerblöcke setzen einen markanten städtebaulichen Akzent an der Fuhlsbüttler Schleuse (1912–15, 1933 modernisiert). Dabei fällt vor allem der Block von Winand westlich der Schleusenanlage auf mit seiner abwechslungsreichen Abfolge von umschlossenen Gartenhöfen und einer Vielzahl qualitätvoller Einzellösungen, z. B. den gerundeten Gebäudekanten und Balkonen.

F 16 Justizvollzugsanstalt Fuhlsbüttel

Suhrenkamp 92/Am Hasenberge 26 und 63, Ohlsdorf
Architekten: Hochbauwesen der Baudeputation (Altbau); Bauinspektor Necker (Neubau)
Altbau am Suhrenkamp 1876–79; Neubau Am Hasenberge 1901–06

Die schlichte Backsteinarchitektur der beiden Gefängniskomplexe ist vorrangig in konzeptioneller Hinsicht bemerkenswert, d. h es handelt sich jeweils um »panoptische« Anlagen mit einer Rotunde als Kontrollzentrum, von der die Zellentrakte ausstrahlen, wobei die dem Eingangstor zugewandten Flügel in beiden Fällen den Kirchensaal aufnehmen. Auch die Isolationszellen und die durch Mauern unterteilten Außenhöfe des Altbaus waren typisch für die Prinzipien des Strafvollzugs im 19. Jahrhundert, wie sie der Hamburger Armenarzt Nikolaus Heinrich Julius schon in den 1830er Jahren propagiert hatte und wie sie von dem Theologen und Begründer des Rauhen Hauses, Johann Hinrich Wichern, während seiner Zeit als Reformer des preußischen Strafvollzugs (ab 1857) mit sadistisch anmutenden Schikanen perfektioniert wurden: Die Gefangenen sollten durch eine strikte Absonderung von ihren Mithäftlingen zur Selbstbesinnung und damit zur Erkenntnis ihres Fehlverhaltens bewegt werden. An die Barbarei des 20. Jahrhunderts erinnert dagegen die Gedenkstätte im Torhaus am Suhrenkamp, denn das ehemalige Frauengefängnis des Altbaus, ursprünglich bereits für den Abbruch vorgesehen, wurde 1933 in ein Konzentrationslager und später zum Gestapogefängnis umgewandelt, das bis 1945, zuletzt wieder als KZ bestehen blieb.

F 17 Ehem. Röntgenröhrenfabrik C. H. F. Müller

Röntgenstraße 24–26, Ohlsdorf
Architekt: Karl Schneider
1928, 1929/30

Die U-förmige Anlage aus zwei parallelen Produktionstrakten und einem Büroflügel an der Röntgenstraße konnte nur knapp zur Hälfte realisiert werden und wird heute zum größten Teil durch architektonisch unerhebliche Nachkriegsbauten verdeckt. Die Brüstungsbänder des Verwaltungsbaus sind mit blaurotem, das Kesselhaus und das Heizkraftwerk mit gelbem Klinker verkleidet. Einen weiteren farbigen Akzent setzten ursprünglich die blauen Rahmen der Fabrikfenster mit grauem Sprossenwerk.

Eine architektonische Pionierleistung war der sachliche Stahlbetonraster der Fassaden des Produktionsgebäudes, an dem die runden Stahltürme der Nottreppenhäuser und die wie eine Staffel aufragende Lichtlaterne des letzten Obergeschosses die einzigen gestalterischen Auffälligkeiten bilden. Dabei war dem Architekten beim Entwurf ein enger Rahmen gesteckt, denn sowohl das in produktionstechnischer Hinsicht als optimal erachtete Rastermaß als auch das verglaste Innenwandsystem wurden von der Zentrale des Philips-Konzerns in Eindhoven vorgegeben, an den das Unternehmen 1927 verkauft worden war.

F 20 Versuchshäuser der Vulcan-Werft

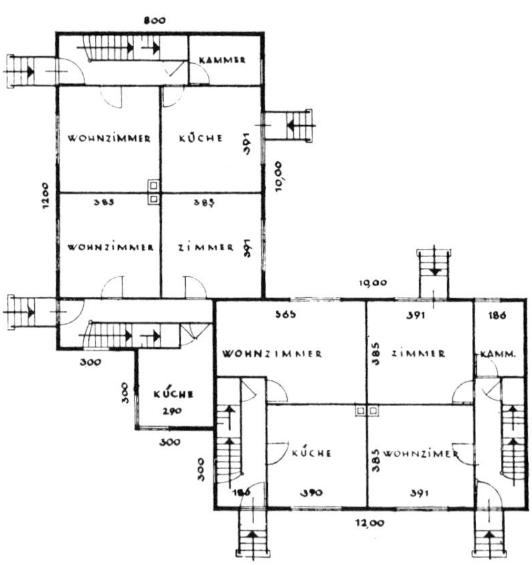

F 18 Geschoßwohnbauten Alsterkrugchaussee

Alsterkrugchaussee 387–421, Groß Borstel; Alsterkrugchaussee 418–442, Alsterdorf; Alsterkrugchaussee 463–493, Fuhlsbüttel
Architekten: Klophaus & Schoch bzw. Klophaus, Schoch, zu Putlitz
1925–30

Die Klinkergebäude an der Alsterkrugchaussee stellen eines der zentralen Projekte in den nördlichen Stadterweiterungsgebieten der Weimarer Republik dar. Mit ihren abwechslungsreich gegliederten Baumassen, akzentuiert durch Torbögen, Zwerchhäuser und andere traditionalistische Architekturdetails, bilden sie eine räumlich wirksame Fassung der breiten Ausfallstraße. Um so gravierender macht sich der Verlust der ursprünglichen Sprossenfenster bemerkbar.

F 19 Laubenganghäuser

Am Lustberg 14–22/Niedernstegen 11–19, Fuhlsbüttel
Architekten: Bensel & Kamps. Block & Hochfeld. Paul A. R. Frank. Karl Schneider
1929–31

Die beiden parallelen Zeilen mit Putzfassaden und Flachdach wurden als Versuchsbauten der Reichsforschungsgesellschaft für Wirtschaftlichkeit im Bau- und Wohnungswesen errichtet. Für diese reduzierte Version des Neuen Bauens zeichneten die bedeutendsten Vertreter der Hamburger Vorkriegsmoderne gemeinsam verantwortlich.

F 20 Versuchshäuser der Vulcan-Werft

Soltstücken 2–4/Olendörp 12–14, Fuhlsbüttel
Architekten: Elingius & Schramm
1926/27

Kubische Reihenhausgruppe mit Fassaden aus Stahlblech. Mit diesem einmaligen Versuchsprojekt wollte die Hamburger Vulcan-Werft der Schiffbauindustrie neue Absatzmärkte eröffnen und gleichzeitig die Kosten im Wohnungsbau senken. Der Vorteil wurde vor allem in der Materialersparnis gesehen, denn hinter der Blechverkleidung befindet sich nur eine dünne Schicht aus Torfplatten und Schlacken- oder Bimsbeton, die auch bei geringer Außenwandstärke eine ausreichende Wämedämmung gewährleisten soll. Daneben stellt der Bau übrigens auch ein interessantes Dokument für den damaligen Stand der Schiffbautechnologie dar: Während die Winkeleisen an den stärker beanspruchten Gebäudekanten noch ganz konventionell genietet wurden, sind die 1 m^2 großen Blechplatten schon im seinerzeit neuartigen Schweißverfahren aneinandergefügt.

F 21 Öffentlicher Garten Wacholderweg

Wacholderweg/Bergkoppelweg, Fuhlsbüttel
Architekt: Leberecht Migge
1909

Die ursprünglich ungefähr einen Hektar große Grünanlage, ein typisches Beispiel für die Reformbestrebungen in der Gartenarchitektur vor dem Ersten Weltkrieg, aber auch ein Dokument für die Entwicklung Fuhlsbüttels zu einem attraktiven Wohngebiet, bestand im wesentlichen aus einer naturbelassenen Spiel- und Ruhewiese, die durch Laubengänge und Gehölze an den Seiten abgeschirmt wurde. Der im Südosten gelegene Haupteingang wurde in den 60er Jahren dem Ausbau eines Parkplatzes geopfert.

F 22 Wohnblock Schäfer

Kleekamp 1–5/Bergkoppelweg 26–30, Fuhlsbüttel
Architekt: Karl Schneider
1927/28

Einer der schönsten, wenn auch wohl kaum angemessen gewürdigten Entwürfe von Karl Schneider, an dem vor allem die Ökonomie der gestalterischen Mittel besticht. Die Fassade am Kleekamp besteht aus zwei hintereinander geschalteten räumlichen Schichten, wobei die Attika und das ebenfalls zurückgesetzte Treppenhaus die Folie bilden, von der sich die gerundeten Klinkerfronten gleichsam abschälen – ein Effekt, der durch den Wechsel von Ziegel zu Putz noch verstärkt wird (heute allerdings durch einen dunklen Anstrich in der Wirkung beeinträchtigt). 1993/94 wurde auf dem angrenzenden Grundstück an der Bergkoppel ein weiterer bemerkenswerter Geschoßwohnbau errichtet, der die wesentlichen Charakteristika der Schneiderschen Fassadengliederung wieder aufnimmt, bereichert um einen halbrunden Vorbau als Überleitung zur angrenzenden Einfamilienhausbebauung (Architekt Enno Klünder).

F 23 Evangelisch-lutherische Kirche St. Lukas und Gemeindezentrum mit Kindergarten

Hummelsbütteler Kirchenweg 3, Fuhlsbüttel

F 23.1 Kirche

Architekten: Julius Faulwasser (Ursprungsbau). Hopp & Jäger (Umbau)
1892/93; Umbau 1935, 1937/38

Ursprünglich als konventionelle neoromanische Kirche mit schlankem Einturm errichtet, präsentiert sich St. Lukas heute als ländlich-behäbiger Bau mit gedrungenem Westwerk. Schon 1926 bestanden Pläne, das mit der zunehmenden Besiedelung von Fuhlsbüttel und Langenhorn zu klein gewordene Gotteshaus zu einem umfangreichen Gemeindezentrum auszubauen (vgl. Nr. F 24). Zwei Umstände bedingten dann rund zehn Jahre später, daß die geplante Erweiterung einem Neubau gleichkam. Zum einen wurden der Gemeinde keine Stahlträger zugeteilt, war das Material in der NS-Zeit doch kontingentiert und ging vorrangig an die Rüstungsindustrie, so daß die Langhauswände abgebrochen und durch neue Außenmauern mit Strebepfeilern ersetzt werden mußten. Zum anderen drängte das Reichsluftfahrtministerium wegen der Flughafennähe auf eine Verringerung der Turmhöhe, was den Abbruch des Turmes bedeutete.

Die Entwürfe stammen wohl maßgeblich von dem Gemeindemitglied Bernhard Hopp, der bei der Innenausstattung mit dem Bildhauer Oscar E. Ulmer zusammenarbeitete. Der Innenraum variiert das in der Zwischenkriegszeit aktuelle Schema der Wandpfeilerkirche, hier mit Stichwänden, die durch Rundbögen geöffnet sind, und polygonalem Chorschluß. Das Langhaus wird von einer dunkel gebeizten Holztonne überwölbt, die zusammen mit dem roten Ziegelfußboden und dem Messing der Wand- und Kronleuchter eine warme, bergende Atmosphäre schafft. Betont rustikal wirkt auch das geschlämmte Sichtmauerwerk der Wände. 1961–63 wurde die nördliche Sakristei ebenfalls nach Entwürfen von Hopp zu einer Gedächtniskapelle für die Opfer des Weltkriegs umgestaltet.

F 23.2 Gemeindezentrum mit Kindergarten

Architekt: Asmus Werner (Wettbewerb). ASW Architekten Silcher, Werner + Partner; Mitarbeiter: Thomas Bunzel (Realisierung)
1989 W, 1990/91

Als einziger Teilnehmer des beschränkten Wettbewerbs brachte Asmus Werner das geforderte Raumprogramm in einem eingeschossigen Bau unter, bei dessen Konzeption außerdem der Baumbestand auf dem Grundstück berücksichtigt werden mußte. Zentrales Motiv ist der verglaste Gang, an den die Gemeinderäume, der Kindergarten und die Garderobe als eigenständige Baukörper in stereometrischen Grundformen – Kubus und Zylinder – gleichsam angehängt sind. Der Dreiklang aus rotem Backstein, marmoriertem blauen Kunststoffboden und weißverputzten Wänden in den Innenräumen stellt genauso einen Rückgriff auf die Ästhetik der 50er Jahre dar wie die abgemagerten Profile des dünnen Flachdachs mit den sichtbar gebliebenen Sparren.

F 24 Geschoßwohnbau der St.-Lukas-Kirche

Erdkampsweg 102/Hummelsbütteler Kirchenweg 4, Fuhlsbüttel
Architekt: Carl Winand
1926/27

Der sorgfältig detaillierte Klinkerbau war ursprünglich als Bestandteil eines weitaus umfangreicheren Gemeindezentrums gedacht. Ein Erker des neuen Pastorats am Erdkampsweg sollte dabei das Motiv der beiden runden Ecktürme wiederaufnehmen, die effektvoll die städtebauliche Situation an der Straßenkreuzung betonen. Die Eingänge sind mit Holzplastiken geschmückt, die den Evangelisten Lukas darstellen.

F 25 Ehem. Realschule Alstertal

Erdkampsweg 89, Fuhlsbüttel
Architekt: Hochbauwesen, Fritz Schumacher
1929/30

Der sachliche Klinkerbau, heute Gymnasium, umklammert mit einem im Winkel angefügten Aula- und Turnhallenflügel den Pausenhof zum Erdkampsweg. Charakteristisch für Schumacher sind auch hier wieder die Betonstreifen, die die Fassaden horizontal gliedern und die Fenster zu Bändern zusammenziehen. Die schmucklose Stirnwand des Aulagebäudes wird durch zwei halbrunde Vorbauten akzentuiert.

F 26 Wohnhaus und Arztpraxis Dr. Hein

F 26 Wohnhaus und Arztpraxis Dr. Hein
Tangstedter Landstraße 28, Langenhorn
Architekt: Rudolf Lodders
1935/36
Einer der zahlreichen Einfamilienhausentwürfe des jungen Erfolgsarchitekten Rudolf Lodders (1901–1978), der seit Mitte der 30er Jahre vor allem für die neuen Werksanlagen der Borgward-Gruppe in Bremen verantwortlich zeichnete. Der Grundriß weist eine Hakenform auf, so daß sowohl die Gartenterrasse als auch der Eingangsbereich durch einen Gebäudetrakt abgeschirmt werden – letzterer mit abgeschrägten Flügelmauern, mit denen sich das Gebäude an dem leicht abschüssigen Gelände abzustemmen scheint. Die bei aller Schlichtheit spannungsvoll gegliederte Architektur zeigt dabei mit Walmdach, Fensterläden und Rundbogenportal den für die Einfamilienhäuser von Lodders charakteristischen verhaltenen Traditionalismus, mit dem er den Vorstellungen seiner meist sozial privilegierten Auftraggeber entgegenkam. Lediglich an dem Motiv der Bullaugen und dem Verzicht auf Sprossenfenster läßt sich ablesen, daß sich der ehemalige Mitarbeiter u. a. von Karl Schneider, Gustav Oelsner und Martin Elsässer auch im »Dritten Reich« noch dem Neuen Bauen verpflichtet wußte.

F 27 Fritz-Schumacher-Siedlung
Tangstedter Landstraße/Wördenmoorweg/Fritz-Schumacher-Allee/Timmerloh/Borner Stieg/Immenhöven/Laukamp u.a., Langenhorn
Architekt: Hochbauwesen, Fritz Schumacher
1919–21
Eines der ersten großen Siedlungsprojekte der Stadt Hamburg nach dem Ersten Weltkrieg. Bis 1922 konnten 658 Wohnungen fertiggestellt werden, wovon mit 484 Einheiten der überwiegende Teil auf Reihenhäuser entfiel und nahezu der gesamte Rest auf Doppelhäuser. An der Tangstedter Landstraße in Höhe Timmerloh wurde außerdem 1920/21 nach Entwürfen von Fritz Schumacher eines von ursprünglich zwei geplanten Ladenzentren fertiggestellt.

Die Bauqualität und die Ausstattung der einzelnen Häuser waren den Zeitumständen entsprechend primitiv. Die Inflation und der allgemeine Baustoffmangel zwangen zu konstruktiven Experimenten wie Lehmbauweisen und anderen Sparmaßnahmen, so daß die Klagen der Mieter – seit 1920 sehr rege in einem Siedlerverein organisiert – über gravierende Baumängel wie z. B. Durchfeuchtungen nicht abrissen. Auf Bäder und Toiletten mit Wasserspülung wurde verzichtet.

Da die Siedlung erst 1928 einen Sielanschluß erhielt, Abwässer und Fäkalien also nur versickern konnten, mußte das Gartenland mit 600 m^2 relativ großzügig bemessen werden, wobei Schumacher die Parzellen auf beiden Seiten der langgestreckten Reihenhauszeilen anordnete, um trotz der geringen Breite der einzelnen Häuser einen wirtschaftlichen Grundstückszuschnitt zu erreichen. Heute ist das ursprünglich einheitliche Erscheinungsbild durch unsensible Modernisierungen aufgebrochen.

F 28 Fritz-Schumacher-Schule
Timmerloh 27–29, Langenhorn
Architekt: Hochbauwesen, Fritz Schumacher
1927, 1929/30
Erst gegen Ende der 20er Jahre erhielt die spätere Fritz-Schumacher-Siedlung ein Schulgebäude, nachdem sich die Bewohner jahrelang mit einem Barackenprovisiorium bescheiden mußten. Wohl aus Rücksicht auf sein Umfeld ist der Klinkerbau mit steilem Walmdach und schlichten Lochfassaden konservativer ausgefallen als die zeitgleichen innerstädtischen Schulgebäude des Oberbaudirektors.

F 29 Ehem. SS-Kaserne Germania
F 29.1 Kaserne
Tangstedter Landstraße 400, Langenhorn
Architekt: Hans von der Damerau
Um 1938
Acht ehemalige Unterkunftsgebäude der Waffen-SS staffeln sich als Zeilen hinter dem Hauptbau an der Tangstedter Landstraße, dessen Zentrum ein überdimensioniertes Rundbogenportal bildet. Ließ die Architektur hier mit bruchrauhen Sandsteinquadern und dem Hohheitszeichen des »Dritten Reiches« (1945 entfernt) gleichsam die Muskeln spielen, so wude bei den Putzfassaden der übrigen Bauten auf jeglichen architektonischen Aufwand verzichtet. Nur das stehende Fensterformat, die Fensterkreuze und die Walmdächer bieten vage traditionalistische Anklänge. Nach dem Zweiten Weltkrieg wurde der Komplex zu einem Krankenhaus umgebaut (Heidbergkrankenhaus).
F 29.2 Offizierswohnungen
Götkensweg 1–19, 2–18, Langenhorn
Architekt: Hans von der Damerau
1938/39
Siedlung für die Offiziere der benachbarten SS-Kaserne in Zeilenbauweise. Auch hier fällt, wie bei der Kasernenanlage, die schematische Ausrichtung der Bauten an einer Symmetrieachse auf, die von den Auftraggebern wohl mit Disziplin und Ordnung und somit mit militärischen Tugenden identifiziert wurde.

F 30 Evangelisch-lutherische Kirche St. Jürgen
Eichenkamp 10, Langenhorn
Architekt: Gerhard Langmaack
1938/39
Die schlichte Saalkirche mit eingezogenem Chor bildet das geistliche Zentrum einer Einfamilienhaussiedlung aus den Zwischenkriegsjahren. Der Bau wirkt durch den roten Backstein, das steile Satteldach und die hölzerne Galerie, die den Turmhelm trägt, betont traditionsverhaftet und entspricht damit den gestalterischen Leitbildern der NS-Zeit. Ähnlich unprätentiöse Entwürfe beherrschten aber auch noch die Kirchenbaudiskussion der Wiederaufbaujahre, für die in Hamburg neben Architekten wie Friedrich R. Ostermeyer oder Hopp & Jäger vor allem Gerhard Langmaack als beispielhaft steht, 1946 einer der Begründer des Arbeitsausschusses des Evangelischen Kirchbautags und einer der einflußreichsten deutschen Kirchenbauer der ersten beiden Nachkriegsjahrzehnte.

F 31 Grundschule Lütjenmoor
Lütjenmoor, Norderstedt (Schleswig-Holstein)
Architekten: trapez architektur; Mitarbeiter: Ulrike Eißfeldt, Marc Hesse, Lars Due Jensen, Petra Merten, Volker Schmidt, Stefan Sommer, Elke Stirnal
1991 W, 1993–95
Die Grundschule Lütjenmoor ist Bestandteil eines von trapez architekur entwickelten Gesamtkonzepts für eine integrierte Grund- und Gesamtschule, deren Ausbau 1999 abgeschlossen werden soll. Eine multifunktionale Pausenhalle fungiert als Gelenk zwischen dem eingeschossigen Trakt für die ersten und zweiten Klassen und dem zweigeschossigen Trakt für die beiden älteren Jahrgänge mit der Verwaltung und den Lehrerräumen im Obergeschoß. Die Fassaden werden durch gelben Backstein, weiße Putzflächen und Verkleidungen aus Lärchenholz bestimmt, die eine silbergraue Patina annehmen sollen. Die schräge Flügelmauern und die kräftigen Farbakzente der Türen und Öffnungsfenster wirken wie bewußte Zitate der 50er Jahre. Auch der transparente Charakter der Innenräume schafft ein freundliches, kindgerechtes Umfeld.

F 31 Grundschule Lütjenmoor

F 33.4 Schwarzwaldsiedlung

F 32 Architektenatelier Kähler
Rugenbarg 8, Norderstedt (Schleswig-Holstein)
Architekten: Architekten Kähler
1992/93
Ein eingeschossiger Bungalow wurde mit einem Architektenatelier aufgestockt. Wie bei der Grundschule Lütjenmoor (vgl. Nr. F 31) klingen auch bei diesem Entwurf Vorbilder des organischen Bauens an, etwa von Hans Scharoun, ebenso der modische Dekonstruktivismus des vergangenen Jahrzehnts. Der Entwurf zeugt jedoch von konstruktiver und konzeptioneller Stringenz, die auch im Detail nicht enttäuscht. Wie ein Schirm spannt sich das Dach an einer Mittelsäule auf. Filigrane Außenstützen leiten die Lasten ab, die der Ursprungsbau nicht tragen kann. Der polygonale Grundriß schafft eine konzentrierte und bergende Raumform, die problemlos in individuelle Arbeitsnischen aufgeteilt werden kann.

F 33 Ehem. Werkssiedlungen der Hanseatischen Kettenwerke und der Messap
F 33.1 Strohdachsiedlung
Käkenkamp 1–4/Tückobsmoor 3, Langenhorn
Architekt: Paul Alfred Richter
1935/36
F 33.2 Geschoßwohnbauten
Querpfad 1–6, Norderstedt (Schleswig-Holstein)
Architekt: Paul Alfred Richter
1937
F 33.3 Tannenkoppel-Siedlung
Peter-Mühlens-Weg/Staudenweg/Erich-Plate-Weg/Bergmannstraße, Langenhorn
Architekt: Paul Alfred Richter
1938/39
F 33.4 Schwarzwaldsiedlung
Essener Straße 9–75, Langenhorn
Architekten: Paul Alfred Richter, Fingas (Erweiterung)
1939/40; Erweiterung 1952
Ab 1935 wurden mit den Hanseatischen Kettenwerken und der Deutschen Meßapparate GmbH (Messap), einem Unternehmen mit Beteiligung der Gebrüder Junghans aus dem Nordschwarzwald, das Präzisionsuhren und Bombenzünder produzierte, zwei

wichtige Rüstungsbetriebe im äußersten Norden Hamburgs angesiedelt. Dabei spielten nicht zuletzt Luftschutzüberlegungen für die Standortwahl eine entscheidende Rolle. Auch der ländliche Charakter der Strohdachsiedlung für die »Beamten« und Werkmeister der Kettenwerke wurde als Tarnmaßnahme begriffen, wogegen die ortsuntypische, vage süddeutsch anmutende Gestaltung der nachfolgenden Bauten – rustikale Putzfassaden, Holzverschalungen, Fachwerk und Fensterläden – wohl eher gewählt wurde, um den jungen Facharbeitern aus dem Schwarzwald und ihren Familien die Eingewöhnung zu erleichtern. Im Unterschied zu der mustergültig sanierten Schwarzwaldsiedlung ist der originale Zustand der Tannenkoppel-Siedlung heute nur noch bedingt erkennbar. Auch in der Strohdachsiedlung zeigen nur noch zwei Gebäude die ursprüngliche Reetdeckung. Schlichtesten Mietwohnungsbau der 30er Jahre verkörpern die Zeilen am Querpfad

F 34 Siedlung Essener Straße
Essener Straße/Dortmunder Straße/Duisburger Straße/Bochumer Weg/Käkenflur/Walter-Schmedemann-Straße u. a., Langenhorn
Architekten: Arbeitsgemeinschaft Dirk Bäumer, Brigitte und Martin Streb (städtebaulicher Wettbewerb). Bäumer & Streb; Mitarbeiter: Antonius Triphilis (Bebauungsplan und Rahmenplan Stadtbildgestaltung). Bäumer & Streb. Enno Klünder. Köster, Stübing & Partner. Wolske & Erler u. a. (Bebauung)
1972 W, Bebauungsplan und Rahmenplan Stadtbildgestaltung 1972–76, Bebauung 1979, 1981–84
Die Siedlung bildet eine kleine Stadt für sich mit einem eigenen Marktplatz, einer Kindertagesstätte und einem evangelisch-lutherischen Gemeindezentrum (Grundmann, Rehder, Zeuner, 1970–73), das sich während des Wettbewerbs allerdings schon im Bau befand und bei der Entwicklung des städtebaulichen Konzepts nicht unerhebliche Probleme aufwarf. Besonderer Wert wurde an der Essener Straße auf die Integration von Alten und Behinderten gelegt, so daß sich hier neben 1160 Mietwohnungen und 55 Eigenheimen, überwiegend im Rahmen des sozialen Wohnungsbaus errichtet, auch ein Altenheim mit 89 Wohnungen sowie 106 weitere Heim- und Pflegeplätze befinden. Durch die geknickte Führung der Straßen und der beiden Fußwegachsen mit Spielplätzen und Mietergärten, die die Siedlung zwischen den Wohnbauten in ost-westlicher bzw. nord-südlicher Richtung durchziehen, wurden auf einfache Weise überschaubare Räume mit abwechslungsreichen Blickperspektiven geschaffen. Die Architektur der drei- bis viergeschossigen Bauten ist betont unaufwendig, aber nicht reizlos, wobei neben der Marktbebauung am Käkenflur besonders die Wohnanlage Duisburger Straße 16–24 mit Maisonette-Wohnungen hervorzuheben ist (beide Entwürfe Bäumer & Streb).

F 36.1 Abfertigungsgebäude

F 35 Evangelisch-lutherische Kirche St. Ansgar
Langenhorner Chaussee 266, Langenhorn
Architekten: Geißler & Wilkening
1929/30
Kubischer Klinkerbau mit schlanker, flach gedeckter Turmstele. Im Unterschied zu der sachlichen und modernen Außenarchitektur zeigt der Innenraum mit einer gotisierenden Wandpfeilergliederung, die zur Muldendecke überleitet, und halbrunder Apsis konventionelle Züge. In das Langhaus ist ein Gemeinde-saal integriert, so daß die Kirche stattlicher wirkt als sie von dem Volumen des Gottesdienstraums her gesehen eigentlich ist.

F 36 Flughafen Fuhlsbüttel
F 36.1 Abfertigungsgebäude
Paul-Bäumer-Platz 1–3, Fuhlsbüttel
Architekten: Dyrssen & Averhoff (Ursprungsbau). Hochbauamt, Baurat Hans-Dietrich Gropp (Umbau und Erweiterung)
1926 W, Fertigstellung 1928; Umbau und Erweiterung 1959–62
Das letztlich gescheiterte Projekt eines Flughafenneubaus in Kaltenkirchen nördlich von Hamburg machte die Abfertigungsgebäude in Fuhlsbüttel jahrzehntelang zu einem Dauerprovisorium. Aus diesem unattraktiven Gebäudekonglomerat ragt einzig der Mitteltrakt von 1928 heraus, wenn auch durch einen neuen Eingangsvorbau entstellt: ein Stahlbetonskelettbau mit Brüstungsbändern in Klinker, dessen konstruktives Prinzip ursprünglich auch im Innern deutlich ablesbar war, wo verglaste Wandelemente für Transparenz sorgten. Zum damals runden Flugfeld hin – noch am Fassadenschwung erkennbar – waren tribünenartig Aussichtsterrassen vorgelagert. Das Ausbaukonzept (vgl. unten) strebt den Erhalt des Gebäudes an.
F 36.2 Neubauten
F 36.2.1 Terminal 4 und Pier
Zeppelinstraße, Fuhlsbüttel
Architekten: v. Gerkan, Marg & Partner und Karsten Brauer; Entwurf: Meinhard von Gerkan, Karsten Brauer; Mitarbeiter: Jürgen Hillmer, Karl-Heinz Follert, Christel Timm-Schwarz, Klaus Hoyer, Franz Merkel, Eunice

F 36.2.1 Terminal 4

Jenye, Ahmet Alkuru, Damir Perisic, Evgenia Werner, Thorsten Hinz, Wolf Tegge, Sabine Müller, Renata Dipper, Gisbert von Stülpnagel, Berthold Kiel, Peter Autzen, Christian Kleiner, Uwe Schümann, Uwe Welp, Rüdiger Franke, Christian Kleine, Sabrina Pieper, Thomas Bieling, Georg Ritschl, Hans-Hermann Krafft, Marion Mews, Tilmann Fulda, Gisela Rhone-Vezke, Thomas Rinne, Sabine v. Gerkan. Ingenieure: ARGE Kockjoy/Schwarz und Dr. Weber (Tragwerk)
Pier 1989–91; Terminal 1990–93

F 36.2.2 Parkhaus P 5
Zeppelinstraße, Fuhlsbüttel
Architekten: v. Gerkan, Marg & Partner; Projektleiter: Karsten Brauer; Mitarbeiter: Klaus Hoyer, Uwe Pörksen
1989/90

Terminal, Pier und Parkhaus sind die ersten Bauabschnitte des Gesamtkonzepts für den Ausbau des Hamburger Flughafens, mit dem v. Gerkan, Marg & Partner den Wettbewerb 1986 für sich entscheiden konnten. Dabei bildet die bereits fertiggestellte, 500 m lange Fluggastpier mit ihren 11 Brücken, an denen die Flugzeuge direkt andocken können, gleichsam das Rückgrat für die sukzessive zu realisierenden weiteren Terminals: Jeweils von zwei Gebäuderiegeln flankierte Abfertigungshallen mit einem ähnlichen Querschnitt wie diejenige auf dem Stuttgarter Flughafen, ebenfalls von gmp (1987–91), d. h. die unterschiedlichen Ebenen für das Ein- und Auschecken und die Gastronomie- und Servicebereiche staffeln sich terrassenartig in den weiten Innenraum der Hallen hinein. In Fuhlsbüttel besteht die Dachkonstruktion jedoch aus elegant geschwungenen Rohrfachwerkbindern, die einen weitaus großzügigeren Raumeindruck bewirken als das vielgliedrige »Astwerk« der für Stuttgart gewählten Baumstützen. Und auch hinsichtlich der disziplinierten Detaillösungen wirkt der Hamburger Bau sehr viel ausgereifter als sein schwäbisches Gegenstück – hanseatisch eben, obwohl doch völlig auf den heimischen Klinker verzichtet wurde zugunsten einer technizistisch wirkenden Verkleidung der Fassaden mit matt glänzenden Metallplatten.

F 37 Luftwerft
Weg beim Jäger 193, Fuhlsbüttel

F 37.1 Lackierhalle
Architekten: Patschan, Winking; Mitarbeiter: Petzold, Zachel, Sebald, Zeiger, Trabitzsch, Silcher, Schümann. Ingenieure: Planen + Bauen Obermeyer
1986 W, 1990/91

Asymmetrisch geschwungene Stahlfachwerkbinder mit einer Spannweite von 75 bzw. 55 m, die auf der Trennwand zwischen den beiden Hallen aufliegen, lassen das Dach wie die Schwingen eines Vogels aufklappen. Die schrägseilverspannten Pylone haben unter Normalbedingungen dagegen keine statische Funktion. Sie sollen nur Extrembelastungen abtragen helfen, wie sie im Ausnahmefall durch die 80 t schweren Arbeitsplattformen entstehen können, die beweglich an der Hallendecke befestigt sind und mit Teleskoparmen zentimetergenau an die Flugzeuge herangefahren werden können. Bei der Konzeption der Lackierhalle spielten Umweltschutzaspekte eine zentrale Rolle. Die Altlackierung der Flugzeuge wird unter Hochdruck mit Wasser gelöst, das in Zisternen unter der Halle gesammelt und von Quellmitteln und Lacksplittern getrennt wird, um wieder Verwendung zu finden. Die künstliche Be- und Entlüftung und die Klimatisierung bedingten die geschlossene Fassadengestaltung und somit den sehr kompakten Baukörper.

F 37.2 Jumbohalle
Architekten: v. Gerkan, Marg & Partner; Entwurf: Meinhard v. Gerkan, Karsten Brauer; Projektpartner: Klaus Staratzke; Projektleiter: Manfred Stanek, Reinhold Niehoff; Mitarbeiter: Michael Engel, Claudius Schönherr, Dagmar Winter, Elke Sethmann, Alexandra Czerner, Clemens Zeis, Sybille Scharbau, Gregor Smakowski, Winfried Gust, Sabine Oehme, Günter Maaß, Peter Klein
1989, 1992/93

Die Forderung nach einer möglichst stützenfreien, dabei aber zugleich sehr stark belastbaren Dachkonstruktion – wegen der untergehängten Kräne – bedingte auch hier die signifikante Hallenform. Das Dach besteht aus einem Rost aus Quer- und Längsträgern, der von zwei 170 m weit gespannten Bögen getragen wird, die nach dem Vorbild der Fehmarnsund-Brücke gegeneinander gekippt sind und sich somit gegenseitig stabilisieren. Die Lasten werden auf vier außenlie-

F 37.1 Lackierhalle
F 37.2 Jumbohalle

gende Stützböcke abgeleitet, was dem Gebäude nicht nur einen markanten Umriß verleiht, sondern auch das schlanke Profil der Außenwände ermöglichte.

F 37.3 Werkstattgebäude

F 37.3.1 WD-Werkstatt

Architekten: Pysall, Stahrenberg & Partner Krämer; Projektleiter Planung: J. Huhnholz; Bauleitung: M. Mohnssen; Mitarbeiter: R. Fricke, V. Hilmer, J. Albrecht, R. Bialluch, B. Jungclaus, D. Martens, G. Meyer, R. Witz
1989, 1990–92

F 37.3.2 Werkstatt- und Bürogebäude

Architekten: A. P. B. Architektengruppe Planen & Bauen; Mitarbeiter: Volker Fuchs, Claudia Backhaus-Knudsen, Claudia Illgen, Katrin Just
1989, 1991–93

Einen betont technizistischen Charakter zeigen auch die beiden Werkstattgebäude, die den Großhallen rückwärtig als selbständige Baukörper zugeordnet sind. Besonders bemerkenswert ist die WD-Werkstatt für die Wartung und Reparatur von Flugzeugteilen, die über zwei verglaste Rampenbrücken mit der Jumbohalle in Verbindung steht. Alublechverkleidungen, leichte Dachschalen und feingliedrig versprosste Curtain-walls aus »fritted-glass« (d. h. Glas, das als Blendschutz im Punktraster keramisch beschichtet ist) bestimmen hier das überaus markante Erscheinungsbild. Die als Querriegel über der Werkstatthalle angeordneten Bürotrakte weisen dagegen Fensterbänder und eine vorgehängte weiße Keramikverkleidung auf. Auffällig sind die zylindrischen Treppenhaus- und Fahrstuhltürme an den Ecken der Büroriegel.

F 38 Staatliches Alten- und Pflegeheim

Borsteler Chaussee 301, Groß Borstel
Architekt: Hochbauwesen, Fritz Schumacher
1927–29

Die kompakte, blockhafte Form des Baukörpers, wenn auch nach Norden hin kammartig aufgelöst, und die weitgehend schmucklosen, schematisch durchfensterten Klinkerfassaden unter Walmdächern lassen eher an eine Kaserne als an eine Altenwohnanlage denken. Auch die innere Aufteilung in Einzel- und Doppelzimmer sowie 50 Zweizimmerwohnungen für Ehepaare unterscheidet das staatliche Altenheim diametral von den Stiftsanlagen etwa am Winterhuder Stadtpark mit ihren abgeschlossenen Kleinwohnungen (vgl. Nr. E 36). Aber hier sollte auch keine behagliche »Feierabendarchitektur« für den Mittelstand entstehen, sondern ein Anstaltsbau für bedürftige Alte.

F 39 Siedlung Beerboomstücken

Beerboomstücken/Borsteler Chaussee/Moorweg/Koldeweystraße/Wigandweg/Köppenstraße/Klotzenmoor, Groß Borstel
Architekt: Werner Kallmorgen
1956/57; Erweiterung bis 1960

Trotz der knapp bemessenen Wohnflächen und der betont schlichten Architektur – mit rotem Backstein und weißlackiertem Holzwerk dem Genius loci verpflichtet – gelang am Beerboomstücken eine abwechslungsreich gestaltete Siedlung mit hohem Wohnwert. Winkelförmige Laubenganghäuser und zweigeschossige Reihenhäuser, z. T. als Duplextypen mit jeweils einer Kleinstwohnung pro Geschoß errichtet, die bei einer Entspannung des Wohnungsmarkts zu einem vollwertigen Einfamilienwohnhaus zusammengelegt werden sollten, schirmen gemeinschaftliche Grünräume ab. Der Aushub bei den Bauarbeiten wurde genutzt, um die für die norddeutsche Landschaft charakteristischen Knicks (Erdwälle) aufzuschütten, die hier die einzelnen Hausgruppen voneinander trennen.

F 40 Stavenhagenhaus

Frustbergstraße 4, Groß Borstel
Architekt: Heinrich Holst (Umbau)
1703; Umbau und Restaurierung 1960–62

Der Komplex aus einem eingeschossigen Wirtschaftsteil und einem zweigeschossigen Hauptgebäude, letzteres durch Frontispiz, Quaderlisenen und Sandsteinportal hervorgehoben, stellt ein typisches Beispiel für die hamburgische Landhauskultur des 18. Jahrhunderts dar, als zahlreiche bäuerliche Wirtschaften an Stadtbürger wechselten und für repräsentative Wohnzwecke ausgebaut wurden (vgl. auch die Landhäuser in Billwerder und Moorfleet, Nr. L 33 und L 35).

F 41 Evangelisch-lutherische Pfarrkirche Niendorf

Niendorfer Marktplatz, Niendorf
Architekt: Heinrich Schmidt (Ursprungsbau)
1769/70; Instandsetzung 1957

Der ungewöhnliche achteckige Bau ist ein typisches Beispiel für eine zentralisierende protestantische Predigtkirche, wie sie in Norddeutschland zu dieser Zeit verhäuft auftaucht. Der Entwurf geht vermutlich auf Cai Dose zurück, den Architekten der Altonaer Trinitatiskirche und der für Niendorf vorbildhaften Rellinger Kirche (vgl. Nr. C 37 bzw. J 59). Gestühl, Emporen und Kanzelaltar gehören noch zur Originalausstattung, ebenso der Taufengel und die Skulpturen von Moses und dem Evangelisten Johannes beidseits des Altars (1785). Bei der Instandsetzung 1957 wurde vor allem das Äußere von störenden nachträglichen Veränderungen wie den Eisensprossenfenstern bereinigt.

F 42 Wohnanlage Sugambrer Weg

Sugambrer Weg/Cord-Dreyer-Weg/Fuhlsbütteler Weg, Niendorf
Architekten: Kleffel, Köhnholdt, Gundermann
1991, 1994/95

Wohnanlage mit vorstädtischem Charakter von stadtbildprägender Qualität. Verblendmauerwerk und Pultdächer kennzeichnen die beiden parallelen Zeilen von Reihenhäusern bzw. Geschoßwohnbauten mit Maisonettewohnungen an Laubengängen.

F 43 ICE-Wartungshalle

Elbgaustraße 110, Eidelstedt
Architekten: Hochbauabteilung der DB-Direktion Hamburg, Gerhard Schaefer; Mitarbeiter: Heinz-Wilhelm Fischer, Frauke Büscher
1988–91

Maße und Struktur des Bauwerks sind von seiner Funktion bestimmt. Der modische Anstrich in Grauweiß und kräftigem Rosa spiegelt den Zukunftsoptimismus wider, der mit der Einführung der neuen ICE-Zugtechnik verknüpft wurde, die sich nicht zuletzt auch als Alternative zum französischen Erfolgsmodell TGV verstand. Zeit ist Geld! Dies gilt um so mehr für Hochgeschwindigkeitszüge mit einer dichten Taktfolge. Bei einer Gesamtlänge der Halle von 433 m und einer Breite von ca. 70 m können hier deshalb acht ICE-Züge gleichzeitig gewartet und gereinigt werden, ohne die einzelnen Waggons auseinanderkoppeln zu müssen. Die stark aufgefaltete Gebäudestruktur mit Sheddächern und Dreieckserkern resultiert aus der Notwendigkeit einer optimalen Belichtung der Halle. Stahlfachwerkträger stützen das weitgespannte Dach und erzeugen im Zusammenspiel mit den Gestängen der Arbeitsplattformen und den Installationsleitungen einen vielgliedrigen, technizistischen Raumeindruck.

F 40 Stavenhagenhaus

F 44 Terrassenhäuser »Holsteiner Chaussee«

Reemstückenkamp, Eidelstedt
Architekten: Ingeborg und Friedrich Spengelin; Mitarbeiter: Henner Jaenicke
1966–69

Maisonettewohnungen und eingeschossige Bungalows in Split-level-Bauweise, die Atrien umschließen, sind hier auf komplexe Weise ineinander verschachtelt. In den Stockwerkswohnungen ersetzen großzügige Terrassen als »grüne Zimmer« den unmittelbaren Gartenzugang. Eingeschossige Häuser mit Rentnerwohnungen sorgen darüber hinaus auch in sozialer Hinsicht für eine Abrundung des Wohnraumangebots, das mit Wohneinheiten bis zu 119 m^2 besonders auf die Bedürfnisse von kinderreichen Familien zugeschnitten ist. Das äußere Erscheinungsbild wird durch die terrassenartig gestaffelten Baukörper bestimmt. Kübelbalkone mit Pflanzwannen und die rhythmisierend angeordneten Fassadenöffnungen akzentuieren die schlichten Backsteinfronten: ein sympathisches Wohnkonzept, das bemerkenswerte Alternativen zum herkömmlichen normierten Geschoßwohnungsbau aufzeigt (vgl. auch die Wohnanlage Im Grünen Grunde, Nr. F 14, ebenfalls von I. und F. Spengelin).

F 45 Evangelisch-lutherische Marienkirche

Kieler Straße/Ellerauer Straße 2, Quickborn (Schleswig-Holstein)
Architekt: Christian Frederik Hansen
1807–09; Turm 1863

Längsrechtiger Backsteinsaal ohne Apsis, der den Auftakt zu einer ganzen Reihe von Hansen-Kirchen in Schleswig-Holstein bildet, nämlich der Marienkirche in Husum, der Vicelinkirche in Neumünster und wohl auch der Kirche in Krempe, alle drei allerdings erst nach 1828 realisiert. Auffällig ist die wenig elegante, aber für Hansen typische Zweigeschossigkeit der Längsfassaden. Der Innenraum nimmt mit dem Kanzelaltar– einem korinthischen Säulenportikus mit Dreiecksgiebel, der einen Mahagonikorb rahmt – und der von kräftigen dorischen Säulen getragenen Empore zwar wesentliche Elemente der protestantischen Predigtkirche auf, setzt aber nicht die Experimente des 18. Jahrhunderts mit zentralisierenden Lösungen fort (vgl. die Kirche in Rellingen, Nr. J 59). Der Einturm im Westen wurde nachträglich angefügt.

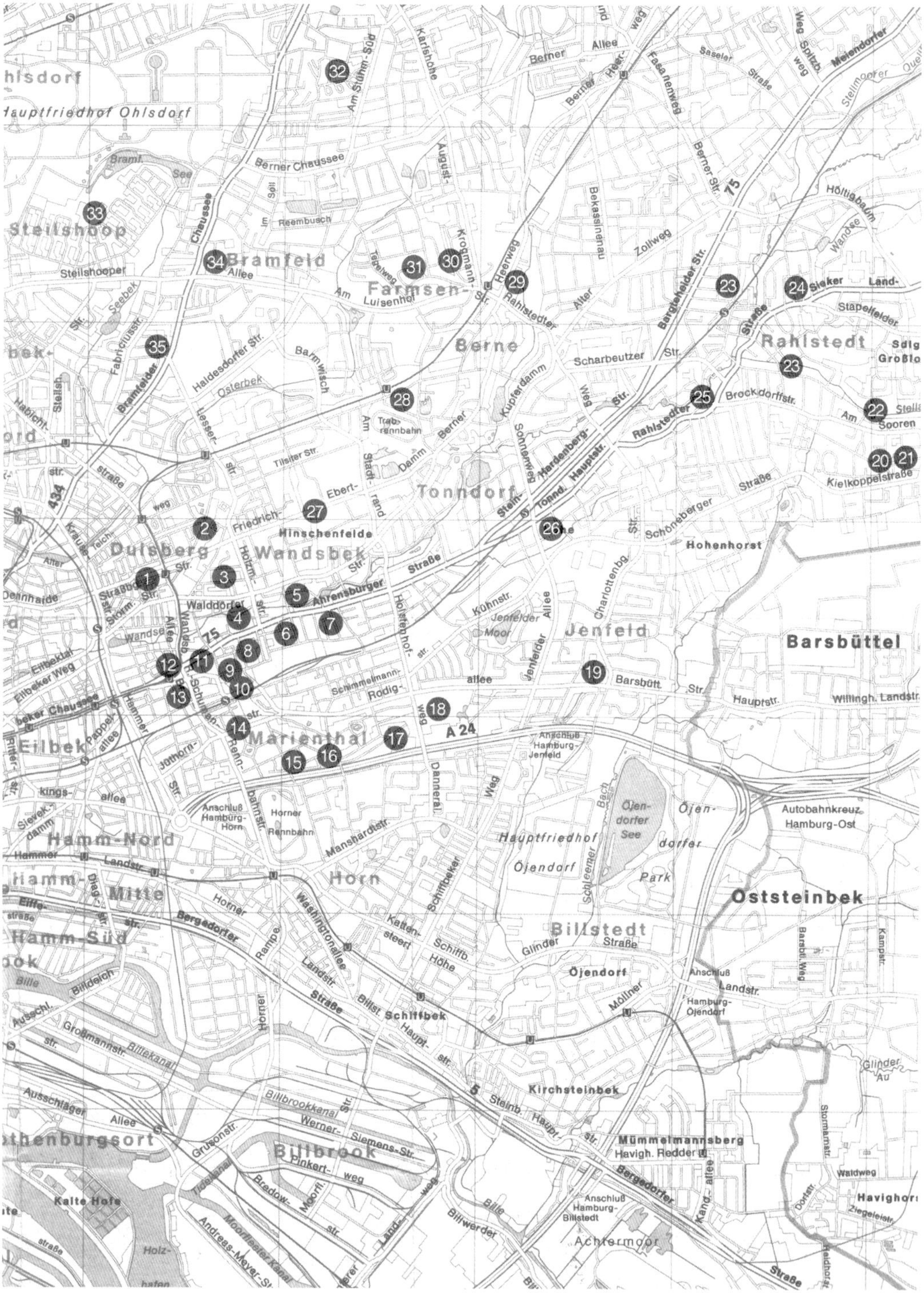

Hauptfriedhof Ohlsdorf
Steilshoop
Bramfeld
Farmsen-Berne
Berne
Rahlstedt
Tonndorf
Hinschenfelde
Dulsberg
Wandsbek
Jenfeld
Barsbüttel
Hohenhorst
Marienthal
Hamm-Nord
Hamm-Mitte
Hamm-Süd
Horn
Billstedt
Oststeinbek
Öjendorf
Kirchsteinbek
Mümmelmannsberg
Billbrook
Kalte Hofe
Achtermoor
Hauptfriedhof Öjendorf
Öjendorfer See
Öjendorfer Park
Autobahnkreuz Hamburg-Ost
Anschluß Hamburg-Jenfeld
Anschluß Hamburg-Horn
Anschluß Hamburg-Öjendorf
Anschluß Hamburg-Billstedt
Horner Rennbahn
Trabrennbahn
Berner Chaussee
Bramfelder Chaussee
Steilshooper Allee
Rahlstedter Str.
Ahrensburger Straße
Wandsbeker Chaussee
Bergedorfer Str.
Barsbütt. Str.
A 24
75
434
1 2 3 4 5 6 7 8 9 10 11 12 13 14 15 16 17 18 19 20 21 22 23 24 25 26 27 28 29 30 31 32 33 34 35

G Der Nordosten von Dulsberg bis Rahlstedt und Steilshoop

Wohnungsbau der 20er Jahre in Dulsberg und Wandsbek und typische Großsiedlungen der Nachkriegszeit, für deren Errichtung sich das ehemalige Walddorf Farmsen-Berne (vgl. Kapitel H) und die bis 1937 preußischen Gemeinden Bramfeld, Steilshoop und Rahlstedt anboten. Auch Tonndorf und Jenfeld, 1927 an Wandsbek gelangt, spielten für die Stadtentwicklung nach 1945 eine wichtige Rolle. Die Dulsberg-Siedlung (vgl. Nr. G 1) bildete zusammen mit den Klinkerblöcken von Hamm, Horn und Barmbek einen wesentlichen Abschnitt des »Gürtels um Hamburgs alten Leib«, wie Fritz Schumacher die Stadterweiterungsgebiete der Weimarer Republik charakterisiert hat, die sich wie ein Kranz um die innere Stadt legten. Dazwischen schob sich im Osten die 1937/38 nach Hamburg eingemeindete preußische Mittelstadt Wandsbek, die ihre Projekte, z. B. den Friedrich-Ebert-Hof (vgl. Nr. G 1.7), nach dem Ersten Weltkrieg allerdings nahtlos an die hamburgische Siedlung anfügte, wobei auch hier der blaurote Klinker dominierte.

Wandsbek, 1296 erstmals erwähnt und 1870 zur Stadt erhoben, war lange Zeit ein Gutsdorf. 1762 wurden das Gutsschloß und Teile der Wandsbeker Gemarkung von dem späteren dänischen Finanzminister und Schatzmeister Heinrich Carl von Schimmelmann erworben – 1779 in den Grafenstand erhoben –, der das Renaissancegebäude 1772–78 durch Carl Gottlob Horn im frühklassizistischen Stil umgestalten ließ. Hieran erinnert allerdings nur noch das Schimmelmannsche Mausoleum von 1791 (vgl. Nr. G 11), denn das Schloß wurde 1861 abgerissen und das Gelände bis auf das Wandsbeker Gehölz – den letzten Rest des Schloßparks – für die Villenkolonie Marienthal parzelliert, die schon bald von der Eröffnung der Bahnlinie Hamburg–Lübeck 1865 profitierte. Auch die ehemals preußische Kleinstadt Rahlstedt, 1248 erstmals erwähnt und 1937/38 in Hamburg eingegliedert, hatte Teil an dieser günstigen Verkehrsverbindung und entwickelte sich ab der Jahrhundertwende zu einem bevorzugten Wohngebiet.

G 1 Dulsberg-Siedlung

Krausestraße/Straßburger Straße/Probsteier Straße/Eulenkamp/Tiroler Straße/ Elsässer Straße/Oberschlesische Straße/Dulsberg Süd/Dulsberg Nord/Alter Teichweg/Nordschleswiger Straße u.a., Dulsberg
Architekt: Hochbauwesen, Fritz Schumacher
1917, Bebauungsplan 1919, 1919–42; Zerstörungen 1942/43; Wiederaufbau und Fertigstellung 1949–56

Die Dulsberg-Siedlung stellt eines der wohl bedeutendsten Reformprojekte Schumachers dar. Da sich ein Großteil des Geländes in städtischem Besitz befand, war es dem späteren Oberbaudirektor möglich, den vorliegenden Bebauungsplan von 1903 grundlegend zu überarbeiten und auf den geplanten Anteil an Gewerbefläche zugunsten eines reinen Wohngebiets zu verzichten. An die Stelle der großen Blöcke, die auf Schlitzbauweise zugeschnitten waren, trat eine gleichmäßige Parzellenstruktur geringer Tiefe. Die Gebäudehöhe wurde von fünf bis sechs auf drei bis vier Geschosse herabgezont. Außerdem entstand eine über einen Kilometer lange Grünachse, die die Siedlung von Osten nach Westen durchzieht, wogegen der ursprüngliche Bebauungsplan nur einen begrünten Schmuckplatz vorgesehen hatte, der eine Kirche im Zentrum des Viertels umgeben sollte.

Das Planungsgebiet von 1919 umfaßte das gesamte Gelände, das von der Krausestraße im Osten, der Probsteier Straße und dem Eulenkamp im Süden bzw. Westen und der Osterbek im Norden eingeschlossen wird. Östlich der Nordschleswiger Straße konnten von diesem umfangreichen Projekt bis zum Zweiten Weltkrieg jedoch nur wenige Bauten wie z. B. der Block um den Naumannplatz fertiggestellt werden (vgl. Nr. G 1.9). Die schon 1927 geplante Zeilenbebauung im Nordosten des Alten Teichwegs blieb ein Torso (vgl. Nr. G 1.12). Statt dessen entstand hier Anfang der 50er Jahre mit der Wohnanlage Alter Teichweg – einer aufgelockerten Gruppe von Zeilenbauten und Punkthäusern in gelbem Backstein (vgl. Nr. G 1.11) – eines der richtungweisenden städtebaulichen Projekte der Nachkriegszeit, das sich auch hinsichtlich der Materialwahl demonstrativ von den Klinkerbauten der Schumacher-Ära abhob.

Bei den Bombenangriffen 1943 brannte die Dulsberg-Siedlung nahezu völlig aus. Einige Blöcke, z.B. diejenigen von Hans und Oskar Gerson am Dulsberg Nord zwischen Elsässer Straße und Nordschleswiger Straße, waren so schwer zerstört, daß sie nicht wiederaufgebaut werden konnten. Die übrigen Bauten wurden jedoch in einer Mischung aus Traditionsbewußtsein und Pragmatismus soweit wie möglich wiederhergestellt, wenn auch um den Preis, daß die Zweispänner in Dreispänner umgewandelt und damit die ohnehin knappen Wohnungsgrößen noch stärker verringert wurden. Diese Entscheidung, die der Not der Zeit gehorchte, erweist sich heute als bauliche Hypothek, denn die ungünstig geschnittenen Kleinst-

G 1 Dulsbergsiedlung. Plan von 1919

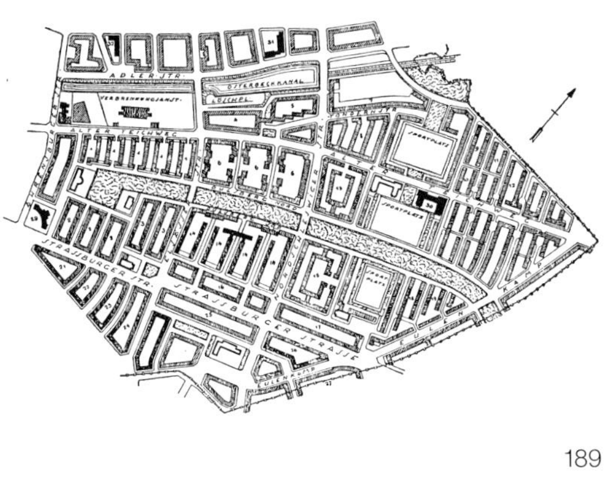

G 1.1 Ehem. Volksschule Krausestraße
G 1.2 Geschoßwohnbauten zwischen Lothringer Straße und Elsässer Straße

wohnungen und die schlichten Neubauten aus den Wiederaufbaujahren machen Dulsberg für einkommensstärkere Gruppen unattraktiv und damit zu einem der sozialen Problemgebiete der Hansestadt.

G 1.1 Ehem. Volksschule Krausestraße
Krausestraße 53
Architekt: Hochbauwesen, Fritz Schumacher
1913/14, 1919–23

Der viertelkreisförmige Bau, durch eine Art Kolossalordnung in Klinker gegliedert, bildet eine Negativecke an der Einmündung der Straßburger Straße und akzentuiert auf diese Weise die Eingangssituation der Dulsberg-Siedlung. Noch im Kaiserreich geplant, wurden der ehemaligen Volksschule (heute Gymnasium) bei der Fertigstellung zusätzliche Räume für den naturwissenschaftlichen Unterricht und Werkkunde sowie eine Bibliothek eingefügt – Einrichtungen, die vor dem Ersten Weltkrieg nicht selbstverständlich waren.

G 1.2 Geschoßwohnbauten zwischen Lothringer Straße und Elsässer Straße
Straßburger Straße/Lothringer Straße/Metzer Straße/Vogesenstraße/Dulsberg Süd/Dulsberg Nord/Zoppoter Straße/Alter Teichweg
Architekten: Hochbauwesen, Erster Baudirektor Johann Christoph Otto Ranck und Oberbaurat Carl Bruncke (südlich des Grünzugs); Fritz Schumacher (nördlich des Grünzugs) u. a.
1919, 1921–23; Zerstörung 1943; Wiederaufbau 1950

Der erste Bauabschnitt der Dulsberg-Siedlung wurde von verschiedenen Architekten nach (Vor-)Entwürfen von Ranck, Bruncke und Schumacher errichtet. Die Grundrisse verdeutlichten mit Zweispännern, Querlüftung und der Anordnung der Aborte und Treppenhäuser an den Fensterwänden erstmalig die Errungenschaften des »Kleinwohnungsgesetzes« vom 20. 12. 1918, das die Förderung des Kleinwohnungsbaus an die Erfüllung dieser Auflagen band und damit entscheidend zur Reform des hamburgischen Wohnungsbaus nach dem Ersten Weltkrieg beitrug.

Während Ranck und Bruncke noch geschlossene Blöcke entwickelten, wurden die Blockränder bei den Bauten nördlich des Grünzugs schon aufgesprengt, wenn Schumacher hier mit kurzen Querflügeln und eingeschossigen Ladentrakten auch noch weiterhin die Blockkanten konturierte und somit nicht kompromißlos zur Zeilenstruktur fand. Ein Experiment stellte auch das sogenannte »Einküchenhaus« an der Elsässer Straße 8–10 dar (1921); als Ledigenheim mit gemeinsamen Speisesaal errichtet, wurde es später als Studentenwohnheim genutzt. Hinsichtlich der feingliedrigen Klinkerarchitekturen und der Walmdächer blieben die Entwürfe noch betont traditionsverhaftet.

G 1.3 Blockrandbebauung südlich der Straßburger Straße
Straßburger Straße/Probsteier Straße/Bredstedter Straße/Dithmarscher Straße/Schwansenstraße
Architekten: Klophaus & Schoch
1927/28; Zerstörung 1943; Wiederaufbau 1950–52

Konventionelle Geschoßwohnbauten mit Steildächern, die mit den Blöcken von Christoph Ranck und Carl Bruncke an der Nordseite der Straße korrespondieren. Die Fassaden sind weitgehend schmucklos. Nur wenige Gliederungsmotive wie die einspringenden, expressionistisch überhöhten Blockecken oder die Dreieckserker verleihen den schlichten, geschlossenen Fronten ein lebendigeres Relief.

G 1.4 Evangelisch-lutherische Frohbotschaftskirche
Straßburger Platz 2
Architekten: Dyrssen & Averhoff
1935/36; Zerstörung 1943; Wiederaufbau bis 1953

Durch die Verschwenkung der Straßburger Straße hat Fritz Schumacher das Grundstück, das in den Planungen von Anfang an für einen Kirchenbau vorgesehen war, geschickt im Straßenraum hervorgehoben. Das traditionalistische Äußere der Kirche steht in einem gewissen Widerspruch zum Innenraum, der durch parabelförmige Betonbinder gegliedert wird.

G 1.5 Zeilenbauten südlich der Straßburger Straße
Straßburger Straße/Tiroler Straße/Nordschleswiger Straße/Hultschiner Straße/Eulenkamp
Architekt: Rudolf Klophaus
1954–56

Die Zeilenbauten mit den anspruchslosen Lochfassaden und den charakteristischen flachen Pappdächern der Wiederaufbaujahre wurden auf noch unbebautem

Gelände errichtet. Sie stammen von einem Architekten, der schon vor dem Zweiten Weltkrieg maßgeblich am Ausbau der Dulsberg-Siedlung beteiligt gewesen war. Damit läßt sich eine kontinuierliche Entwicklungslinie zeichnen, die den Niedergang des gestalterischen Anspruchsniveaus seit dem Ende der Weimarer Republik illustriert.

G 1.6 Zeilenbauten Eulenkamp

Eulenkamp/Elsässer Straße/Eupener Straße/Malmedyer Straße/Eupener Stieg/Hultschiner Straße
Architekt: Ernst H. Dorendorf
1938/39

Drei- bis viergeschossige Geschoßwohnbauten in offener Zeilenbauweise nach den Bestimmungen der Baupolizeiverordnung von 1938, die für Hamburg die definitive Abkehr von der geschlossenen Blockrandbebauung bedeutete. Auch hinsichtlich der banalen Lochfassaden und der Satteldächer nimmt die Wohnanlage bereits wesentliche Kennzeichen des Wiederaufbaus vorweg.

G 1.7 Friedrich-Ebert-Hof

Walddörferstraße 2–12/Eulenkamp/Lengerckestraße, Wandsbek
Architekt: Friedrich R. Ostermeyer
Fertigstellung 1929

Die preußische Nachbarstadt Wandsbek fügte ihre Wohnungsbauprojekte in den 20er Jahren z. T. nahtlos an die neuerschlossene Dulsberg-Siedlung an. Ein herausragendes Beispiel hierfür stellt der Friedrich-Ebert-Hof am Eulenkamp dar, dessen Verlauf bis zum Groß-Hamburg-Gesetz 1937 die Grenze zwischen beiden Städten markierte. Der Wohnblock ist hinsichtlich des Flachdachs und der breitgelagerten Fenster zwar dem Neuen Bauen verpflichtet, greift mit den Rhombenöffnungen im Bodengeschoß und der achsensymmetrischen Gliederung der Hauptfassade aber auch noch traditionelle Motive auf.

G 1.8 Laubenganghäuser

Oberschlesische Straße/Dulsberg Süd/Elsässer Straße/Schlettstadter Straße/Mühlhäuser Straße/Diedenhofer Straße
Architekt: Paul A. R. Frank
1929–31; Teilzerstörung 1943; Wiederaufbau 1953/54

Gegen Ende der 20er Jahre wurde durch den Verzicht auf Badezimmer und Wohnräume bzw. die Rückkehr zur proletarischen Wohnküche das Anspruchsniveau des Hamburger Kleinwohnungsbaus deutlich zurückgeschraubt, um die Wohnungen auch für breitere Bevölkerungskreise erschwinglich zu machen. Auch im »Dritten Reich« beschäftigten derartige Substandardlösungen immer wieder die Phantasie der Planer (vgl. z. B. die Siedlung Vierbergen in Horn, Nr. L 25). Weniger Erfolg hatten dagegen die Experimente mit Laubengängen, obwohl hierdurch die Zahl der Treppenhäuser reduziert werden konnte, ohne die Möglichkeit der Querlüftung aufgeben zu müssen. An der Oberschlesischen Straße münden sie wie Schiffspromenaden in halbrunde »Sonnendecks«. Diese sollten nicht nur gemeinschaftstiftend wirken, sondern auch die Bewohner für die knapp bemessene Wohnfläche (42 m²) und den Verzicht auf private Loggien oder Balkone entschädigen. Seit 1983 erfolgen Wohnungszusammenlegungen.

G 1.9 Großwohnblock Naumannplatz

Nordschleswiger Straße/Oberschlesische Straße/Königshütter Straße/Dulsberg Süd/Naumannplatz
Architekten: Klophaus, Schoch & zu Putlitz
1928/29; Zerstörungen 1942 und 1943; Wiederaufbau 1950/51

Die Namensgebung erinnert an Friedrich Naumann (1860–1919) und verweist somit darauf, daß der Großwohnblock von der Baugesellschaft Freie Stadt – einer Gründung der liberalen DDP (Deutsche Demokratische Partei) – errichtet wurde. Bemerkenswert ist die städtebauliche Lösung: In die an drei Stellen geöffnete Blockrandbebauung ist eine weitere ringartige Bebauung eingefügt, die einen begrünten Hof umschließt.

G 1.10 Ehem. Volksschule Alter Teichweg

Alter Teichweg 200
Architekten: Hochbauwesen, Fritz Schumacher (Ursprungsbau). Hochbauamt (Erweiterung)
1927, 1929–31; Erweiterung 1973

Sachlicher Klinkerbau mit Flachdach und schlichten Lochfassaden, die durch Friese (Deutsches Band) horizontal gegliedert werden.

G 1.11 Wohnanlage Alter Teichweg

Alter Teichweg/Gravensteiner Weg/Graudenzer Weg/Tondernstraße
Architekten: Sprotte & Neve. Tinneberg & vom Berg. Ferdinand Streb. Heinz Rudolph
1951/52 W, 1952/53

Der Wettbewerb 1951/52 brachte für die Gemeinschaftsarbeit der Büros Sprotte & Neve und Tinneberg & vom Berg den ersten Preis, für Ferdinand Streb und Heinz Rudolph, die ebenfalls an der Ausführung beteiligt wurden, den zweiten bzw. dritten Preis. Für die Wohnanlage aus Zeilenbauten und winkelförmigen Laubenganghäusern lieferte die seinerzeit

G 1.8 Laubenganghäuser

G 1.11 Wohnanlage Alter Teichweg

als beispielhaft erachtete Universität von Aarhus – Kay Fisker, C. F. Möller, Poul Stegmann (1932–46) – das Vorbild, wie sich nicht nur an dem gelben Verblender und den flach geneigten Satteldächern der Zeilen, sondern auch an der »grünen Mitte« ablesen läßt, die wie in Aarhus durch einen Teich akzentuiert wird. Die Wohnungen sind äußerst knapp geschnitten. Wesentliche Verbesserungen sind in den vergangenen Jahren durch Wohnungszusammenlegungen in den Laubenganghäusern und die Nachrüstung der Zeilenbauten mit Balkonen erfolgt. Dennoch stellt die Wohnanlage am Alten Teichweg eines der besten städtebaulichen Projekte der Wiederaufbaujahre in Hamburg dar und macht es somit auch bundesweit zu einem bemerkenswerten Zeugnis für den Städtebau nach 1945.

G 1.12 Zeilenbauten Graudenzer Weg

Graudenzer Weg 11–19/Thorner Gasse 12–20
Architekten: Hinsch & Deimling. Robert Friedmann
1927 W, 1930/31

Um Kleinwohnungslösungen mit hohem Wohnwert zu ermitteln, ließ die hamburgische Beleihungskasse für Hypotheken 1927 einen Wettbewerb für den Nordosten der Dulsberg-Siedlung ausschreiben. Gefordert waren Anderthalb- bis Zweieinhalbzimmerwohnungen mit 40 bis 65 m^2 Wohnfläche, wovon nur ein Viertel größer als 55 m^2 sein durfte. Die meisten der mit Preisen oder Ankäufen ausgezeichneten Entwürfe verdeutlichen ein hohes Anspruchsniveau (1. Preis Hinsch & Deimling). Fast alle Urheber hatten eine offene Bauweise mit nordsüdlich ausgerichteten, parallelen Zeilen vorgeschlagen. War ursprünglich das gesamte Gelände zwischen Dulsberg Süd und Kiefhörn für die Bebauung vorgesehen, so konnten während der Weltwirtschaftskrise schließlich nur einige Zeilen am Graudenzer Weg und an der Thorner Gasse realisiert werden, die heute bis auf zwei abgebrochen sind: schlichte, flachgedeckte Putzbauten ohne Balkone, die durch einen eingeschossigen Ladentrakt miteinander verbunden werden.

G 2 Evangelisch-lutherische Dietrich-Bonhoeffer-Kirche

Dulsberg Süd 26, Dulsberg
Architekt: Gerhart Laage; Mitarbeiter: Klaus Moser
1967–69

Die kubischen Ziegelbauten gruppieren sich um einen gemeinsamen Vorplatz; das projektierte Altenheim konnte nicht realisiert werden. Lösungen wie der akzentuierende weiße Eckbalkon an dem Glockenturm verweisen auf die Vorkriegsmoderne, z. B. die Entwürfe von Karl Schneider. Typisch für die Erbauungszeit in den 60er Jahren sind dagegen die kompakten Betonstürze und der allgemein »kantige« Charakter der Architektur. Den zweischiffigen Innenraum mit »Hochschiff« und niedrigerem Eingangsbereich als Annex, beide nahtlos in die Gemeindebauten eingebunden, schmücken Glasfenster von de Castro.

G 3 Geschoßwohnbau

Lesserstraße 26–48/Hinschenfelder Straße, Wandsbek
Architekten: Berg & Paasche
1926/27; Zerstörung 1943; Wiederaufbau 1948

Die geplante Wandsbeker Stadterweiterung im Osten der Dulsberg-Siedlung blieb vor dem Zweiten Weltkrieg nur ein Torso und ist bis heute nicht mit dem ehemaligen Hamburger Gebiet zu einer städtebaulichen Einheit zusammengewachsen. Den ursprünglichen Anspruch dieser Planungen dokumentiert der expressionistisch dekorierte Wohnblock an der Lesserstraße, dessen überlange Front durch die Überhöhung einzelner Bauabschnitte von vier auf fünf Geschosse und sparsam aufgesetzte Balkone und Dreieckserker rhythmisiert wird.

G 4 Ehem. Zigarettenfabrik Haus Neuerburg

Walddörfer Straße 103, Wandsbek
Architekten: Klophaus & Schoch (1. BA). Fritz Höger (Erweiterung). Hentrich, Petschnigg & Partner (Umbau und Restaurierung)
1. BA 1924/25; Erweiterung 1926–29; Umbau und Restaurierung 1983/84

Die Zigarettenfabrik, 1983/84 von der Bundespost für Bürozwecke umgebaut, gehörte ursprünglich zur Reemtsma-Gruppe. Nachdem Klophaus & Schoch mit dem Flügel an der Walddörfer Straße den ersten Bauabschnitt errichtet hatten, ging der Auftrag für die Erweiterung an Fritz Höger, der dabei das ganze Register seines Könnens zog, wobei vor allem der Westflügel von 1926/27 auffällt. Die Klinkerfronten werden hier durch Vorlagen gegliedert, die aus zwei verfugten Ziegeln mit dem Grundmaß eines Quadrats von 25 cm Seitenlänge bestehen. Dabei wurde jede Klinkerschicht gegenüber der darunterliegenden um jeweils 15 Grad gedreht, so daß sich eine Spiralstruktur ergab, die den Fassaden durch die mannigfaltigen Lichtbrechungen Lebendigkeit verleiht. Bekrönt wird dieses überdimensionale Taustabmotiv von dreieckigen Konsolen, in deren Vorderseiten Steine mit einer Goldglasur eingelegt sind. Im Innern ist das Gebäude ein Stahlbetonskelettbau mit markanten oktogonalen Pilzstützen in den ehemaligen Produktionssälen.

G 5 Evangelisch-lutherische Kreuzkirche

Kedenburgstraße 10, Wandsbek
Architekt: Fernando Lorenzen
1909/10

Nur die rustikalen Handstrichziegel, statt der glatten Verblender der Hannoverschen Schule, verweisen bei diesem Bau auf die Reformdiskussion der Jahre vor dem Ersten Weltkrieg, wogegen die neogotische Architektur noch der Entwicklung des 19. Jahrhunderts verhaftet ist. Kaum weniger konventionell präsentiert sich auch der Grundriß, der trotz seines zentrierenden Charakters immer noch das traditionelle Kreuzschema aus Langhaus, Querhaus und polygonal gebrochenem Chorschluß zeigt.

G 6 Geschoßwohnbau

Kedenburgstraße 43/Fenglerstraße 16–26, Wandsbek
Architekten: Patschan, Winking; Mitarbeiter: Martin Froh, HaJo Hempel, Berta Nissen, Adam Szablowski, Karsten Trabitzsch
1991/92

G 4 Ehem. Zigarettenfabrik Haus Neuerburg
G 8 Ehem. Fabrik der Kakao-Compagnie Theodor Reichardt

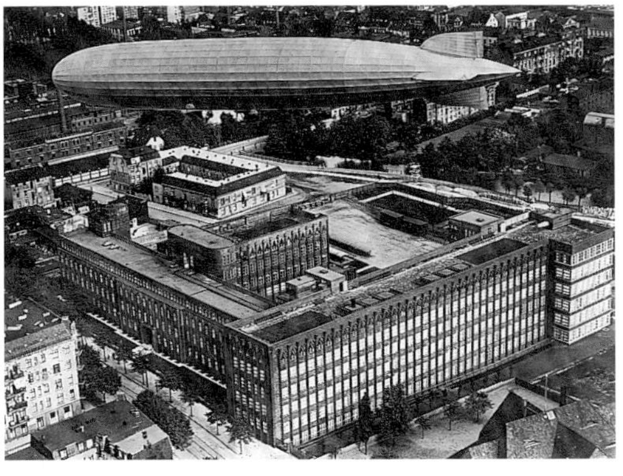

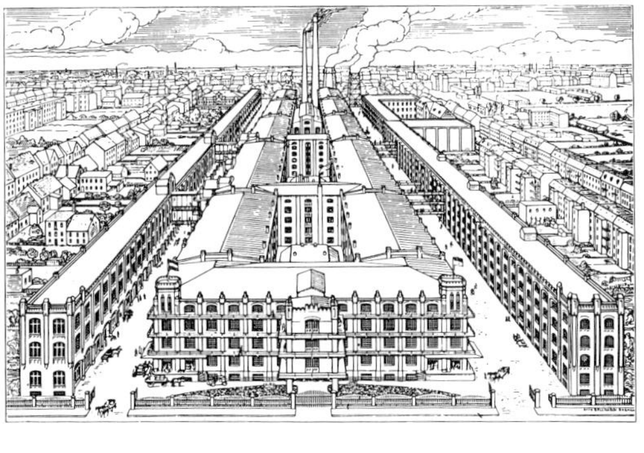

G 7 Haus Grundmann

Wohnanlage mit 68 Sozialwohnungen. Bemerkenswert ist der Rückgriff auf die Hamburger Vorkriegsmoderne, für die die diszipliniert gegliederte Lochfassade in Klinker genauso typisch ist wie die gestalterische Differenzierung zwischen Vorderfronten und Hofseiten (letztere sind verputzt). Das letzte Obergeschoß wird außerdem durch größere Fensterformate und durchgehende Rollschichten für die Sohlbänke hervorgehoben, entsprechend den Attikageschossen, die die Flachdachbauten Hamburgs und seiner Nachbarstädte in der Weimarer Republik charakterisierten.

G 7 Haus Grundmann

Eickhoffweg 42a, Wandsbek
Architekt: Friedhelm Grundmann; Mitarbeiter: Manfred Löwe, Friedhelm Zeuner
1965/66

Der kubische, weißgeschlämmte Baukörper ist der rationalistischen Vorkriegsmoderne verpflichtet, wogegen die stark plastische Gliederung und die Details in Sichtbeton beispielhaft für die brutalistischen Tendenzen in der Nachkriegsarchitektur sind. Im Unterschied zur signifikanten Außenarchitektur ist der Grundriß eher als konventionell zu charakterisieren: keine extravaganten Raumexperimente à la Le Corbusier, sondern ein wohldurchdachtes Familienwohnhaus mit Architektenatelier.

G 8 Ehem. Fabrik der Kakao-Compagnie Theodor Reichardt

Neumann-Reichardt-Straße 29–33, Wandsbek
Architekt: Valentin Schmidt
Um 1900

Die ehemals bedeutende Kakao- und Schokoladenfabrik, 1890 von Halle a. d. Saale nach Wandsbek verlegt und 1928 nach dem Verkauf an das Kölner Unternehmen Stollwerck geschlossen, zählte 1914 1 500 Arbeiter. Obwohl die westliche Zeile im Zweiten Weltkrieg zerstört wurde und die übrigen Gebäude baulich z. T. stark beeinträchtigt sind, vermittelt sich immer

G 10 Ehem. Volksschule Bovestraße

noch die ursprüngliche Monumentalität der Gesamtanlage. Zinnen, Ecktürme und die gotisierende Gliederung der Fassaden sind konventionelle Merkmale der Industriearchitektur der Jahrhundertwende. Dabei wirkt der Komplex durch die schematische Gliederung und die großzügige Durchfensterung jedoch auch durchaus sachlich und stellt so ein typisches Beispiel für die »Moderne vor der Moderne« dar.

G 9 Ehem. Lyzeum Wandsbek

Neumann-Reichardt-Straße 20–22, Wandsbek
Architekt: Henry Grell
1914 W, 1914–16

Ein typischer Schulbau im Sinne der Heimatschutzbewegung der späten Kaiserzeit. Die besondere Sorgfalt des Hamburger Reformarchitekten Henry Grell galt den Schmuckverbänden, die das schlichte Mauerwerk akzentuieren, z. B. an den Giebeln, wogegen sich der plastische Bauschmuck nur auf einige wenige applikenhaft aufgesetzte Details wie Gesimse oder die Reliefs am Arkadenvorbau des Haupteingangs beschränkt. Putten mit Eule und Schiefertafel und ein Bienenkorb verkörpern hier allegorisch Lerneifer und Wißbegier. Preisgerichtsmitglied im Wettbewerb 1914 war auch Fritz Schumacher, so daß das preußische Wandsbek, dessen öffentlicher Hochbau im ersten Drittel des 20. Jahrhunderts ohnehin ein mit Hamburg vergleichbares hohes Anspruchsniveau aufwies, auch in dieser Hinsicht von seiner Nachbarstadt profitierte.

G 10 Ehem. Volksschule Bovestraße

Bovestraße 10–12, Wandsbek
Architekten: Stadtbauamt Wandsbek, Arnold und Wahls
1928/29

Die einzelnen Abschnitte des sachlich-modernen Schulkomplexes fügen sich zu einer ausponderierten Komposition von Gebäudekuben mit Flachdächern und Fensterbändern. Die beiden getrennten Flügel der Jungen- und der Mädchenschule sind im Winkel angeordnet, wobei der überhöhte Verwaltungstrakt mit der Aula und der gemeinsame Turnhallenpavillon an der Eingangsseite als Gelenke fungieren.

G 11 Schimmelmann-Mausoleum

Wandsbeker Marktstraße/Robert-Schumann-Brücke, Wandsbek
Architekt: Carl Gottlob Horn
1787–91; Restaurierung 1991

Das Mausoleum für Heinrich Carl Graf von Schimmelmann, den Schloßherrn von Wandsbek und Ahrensburg (vgl. Nr. H 43), und seine Gattin Caroline Tugendreich – ein Hauptwerk des norddeutschen Klassizismus –, wurde nach vereinfachten Plänen des italienischen Architekten Giovanni Antonio Antolini errichtet. Das schlichte Äußere des Putzbaus, sparsam mit einem Portal und Gesimsen in Sandstein akzentuiert, läßt nichts von der reichen Innenausstattung ahnen. Der quadratische Innenraum mit zwei Konchen für die Sarkophage ist von einer Pendentifkuppel überwölbt, die von dorischen Säulen getragenen wird.

Sind die Wände weitgehend schmucklos, so zeigt der Bereich der Gewölbe eine um so aufwendigere Gliederung mit Kassetten, Rosetten, Friesen und anderen Reliefdekorationen. Die bei aller Feierlichkeit doch auch heitere Stimmung des Raumes, der sich mit seiner Lünette nach Süden öffnet, wird noch durch die Farbgebung unterstrichen, deren ursprünglicher Zustand 1991 nach Befunden rekonstruiert werden konnte. Seitdem zeigt sich der Innenraum wieder in den warmen Beige- und Ockertönen der Erbauungszeit, die mit dem ocker und rötlich geflammten, schwarzen Marmor der Sarkophage und des Fußbodens korrepondieren.

G 12 U-Bahnstation und Busbahnhof Wandsbek-Markt

Wandsbeker Marktstraße/Schloßstraße, Wandsbek

G 12.1 Busbahnhof

Architekt: Heinz Graaf
1960 W, 1961/62

G 12.2 U-Bahnstation

Architekten: Schramm & Elingius
1961

Der Verkehrsknotenpunkt Wandsbek-Markt bildet einen zentralen Bestandteil der 1963 fertiggestellten U-Bahnstrecke zwischen Jungfernstieg und Wandsbek-

G 15 Villengruppe Behrensstraße

Gartenstadt, wie sich schon an dem gestalterischen Aufwand der Anlage ablesen läßt (vgl. auch die U-Bahnstation Lübecker Straße, Nr. B 49). Das Faltdach des Busbahnhofs setzt einen markanten Akzent in seinem architektonisch wenig ansprechenden Umfeld. Die auffällige Keramikverkleidung der U-Bahnstation, eine von De Stijl inspirierte Komposition verschiedenfarbiger Vierecke, die sich zu einem gleichmäßigen Musterrapport fügen, stammt von Johannes Ufer. Modernisierungen haben auch hier, wie mittlerweile bei den meisten Stationen dieses Streckenabschnitts, das Erscheinungsbild beeinträchtigt.

G 13 Bezirksamt Wandsbek
Schloßstraße 60, Wandsbek
Architekt: Fritz Höger
1922/23
Das ehemalige Verwaltungsgebäude des Kreises Stormarn (bis 1937), nach den Kriegszerstörungen vereinfacht wiederhergestellt, ist einer der wenigen Putzbauten des Architekten. Bei den in pfeilerartige Fensterstützen aufgelösten Fassaden dürften die Entwürfe von Peter Behrens – z. B. das Verwaltungsgebäude der Mannesmann AG in Düsseldorf – Pate gestanden haben, wobei Högers schwerfällige Gliederung jedoch deren subtile Proportionen vermissen läßt. Der horizontale Fassadenaufbau wurde ursprünglich noch zusätzlich durch eine rote Farbgebung der Fensterzonen unterstrichen, von denen sich die hellen Brüstungsbänder markant absetzten.

G 14 Geschoßwohnbau
Jüthornstraße 72, Marienthal
Architekt: Holger Schmidt; Mitarbeiter: Imke König, Achim Schröter, Marlies Spreckels
1990, 1992/93
Exklusiver Geschoßwohnbau nach dem Vorbild der »Stadtvilla«. Weiße Putzfassaden, Naturholzfenster und Zinkblechverkleidungen bzw. -profile bilden einen unprätentiösen Dreiklang. Motive wie die Bullaugenfenster oder der »Fassadenschlitz« über dem Eingang verweisen auf die aktuelle Architekturdiskussion ohne allzu modisch zu wirken. Die konventionellen Grundrisse sind vorrangig auf ihren praktischen Gebrauchswert ausgerichtet, verzichten aber auch nicht auf repräsentative Gesten wie z. B. die Eingangshallen, die den rund 44 m² großen Wohnräumen vorgelagert sind.

G 15 Villengruppe Behrensstraße
Behrensstraße 2–4/Nöpps 62, Marienthal
Um 1910
Reizvolles Ensemble von landhausartigen Einfamilienhäusern im Reformstil der späten Kaiserzeit. Die eingeschossigen Bauten, z. T. mit unmittelbarem Gartenzugang, unterscheiden sich vor allem hinsichtlich der Gleichwertigkeit der Gebäudeansichten und der voll ausgebildeten Mansarddächer vom konventionellen Typus der gründerzeitlichen Vorortvilla mit Schaufassade, »Nasendach« und Veranda, wie er sich nach den starken Kriegszerstörungen in Marienthal z. B. noch an der Octaviostraße oder an der Marienanlage findet. Bemerkenswert an dieser Villengruppe ist auch die Sensibilität, mit der die Gebäude von ihren Eigentümern restauriert und modernisiert wurden.

G 18 Hochschule der Bundeswehr

G 16 Villa Blunck
Octaviostraße 45, Marienthal
Architekt: Johannes Ohrt
Um 1910
Traditionalistischer Putzbau mit feingliedrigen Sprossenfenstern, Erkern und steilem Krüppelwalmdach. Zwei Flügel umklammern im stumpfen Winkel den runden Vorbau des Wintergartens und betonen auf diese Weise effektvoll das Eckgrundstück.

G 17 Alida-Schmidt-Stiftung
Zikadenweg 18–48, Marienthal
Architekt: Hans-Georg Tinneberg; Mitarbeiter: Geert Stolley
1968–71
Mit diesem Entwurf ist es gelungen, die Qualitäten der Stiftsanlagen des 19. und frühen 20. Jahrhunderts auf einen Neubau zu übertragen. Zweigeschossige Wohntrakte schirmen intime Wohnhöfe ab. Die Architektur ist betont solide und unaufwendig und dennoch durch die abwechslungsreiche Gestaltung der Fensteröffnungen und die brutalistischen Betondetails von unverwechselbarer Identität.

G 18 Hochschule der Bundeswehr
Holstenhofweg 85, Jenfeld
Architekten: Heinle, Wischer & Partner; Projektleiter: Helmut Goecke; Entwurf: Klaus Hüttner. Ingenieure: Leonhardt & Andrä
1973, 1974–78
Die Bundeswehrhochschule auf dem Gelände der Douaumont-Kaserne aus den 30er Jahren, heute als Studentenwohnheim genutzt, besteht aus 16 dreigeschossigen Pavillons mit einer Grundfläche von jeweils 36 x 36 m, die zwar aneinandergekoppelt wurden, dabei aber in konstruktiver, installationstechnischer

und z. T. auch funktioneller Hinsicht – Werkstätten, Seminarräume, Hörsäle und Labors – selbständige Einheiten bilden. Um die Zahl der störenden Innenstützen zu verringern und eine größere Flexibilität bei der Innenaufteilung zu gewährleisten, sind die Geschoßdecken an außenliegenden Stahlfachwerkträgern aufgehängt – eine Lösung, die unweigerlich an Mies van der Rohes Entwurf für das Nationaltheater in Mannheim erinnert (1952/53). Auch die subtil proportionierten und profilierten Architekturglieder atmen die klassizistische Strenge des Altmeisters, ohne jedoch unmittelbar seine typischen Motive wie das Doppel-T-Profil zu zitieren. Frei gestaltet wurden dagegen die polygonal gebrochenen Wände der Erdgeschosse. Hier liegen u. a. die Vorlesungsräume, die mit ihren Sitzreihen bis in das Untergeschoß hinabreichen.

G 19 Ehem. Volksschule Denksteinweg

Bei den Höfen 2, Jenfeld
Architekt: Stadtbauamt Wandsbek
1929/30

Kubischer Baukomplex mit schlichten weißen Putzfassaden, gegenüber denen das blockhaft aus dem Baukörper ragende Treppenhaus und der Eingangsbereich, beide mit Verblendmauerwerk in Klinker, Akzente setzen. Das Schulgebäude wurde geplant, nachdem das damals noch dörfliche Jenfeld nach Wandsbek eingemeindet worden war (1927).

G 20 Siedlung Rahlstedt-Ost

Kielkoppelstraße/Baben de Heid/Rehwinkel/Schwarzenbeker Ring/Sorenkoppel/Soreneck/Schimmelreiterweg/Hegeneck/Am Hegen/Hauke-Haien-Weg/Brunskamp, Rahlstedt
Architekten: Planungsabteilung der Neuen Heimat Nord mit Ernst May
1963–66

Der Bebauungsplan für die 1 400 Wohnungen in Geschoßwohnbauten und Einfamilienhäusern ist eine Gemeinschaftsarbeit der Neuen Heimat Nord und des Privatbüros von Ernst May, der auch noch hochbetagt für den Wohnungsbaukonzern tätig war. Mit der Mischung der Gebäudetypen, der stark durchgrünten, offenen Bauweise und der niedrigen Baudichte entspricht Rahlstedt-Ost dem Leitbild der »gegliederten und aufgelockerten Stadt«. Dabei ist das Layout der Siedlung jedoch nur im Modell nachvollziehbar. Weder der Grünzug noch das zentrale 17geschossige Hochhaus setzen Merkzeichen, die ein städtebauliches Ordnungsprinzip anschaulich werden lassen. Auch die monotonen Waschbetonfassaden der in Großtafelbauweise errichteten Geschoßwohnbauten, ein vom Bundeswohnungsbauministerium gefördertes Demonstrativbauvorhaben, und die schmalbrüstigen Ladenpavillons des Einkaufszentrums – Entwurf Ernst May – machen Rahlstedt-Ost zu einem der schwächsten Projekte, die sich mit dem Architekten des »Neuen Frankfurt« verbinden lassen.

G 21 Evangelisch-lutherische Dankeskirche

Hegeneck 2b, Rahlstedt
Architekt: Friedhelm Grundmann; Mitarbeiter: Wolfgang Dittrich, Friedhelm Zeuner
1965 W, 1966–69

Das Gemeindezentrum mit Kirche, Pastoraten und Gemeinderäumen wurde in zwei Bauabschnitten realisiert (Kirche 1966/67). Trotz der offenen Platzanlage entstand in Rahlstedt-Ost jedoch kein einladender Gemeindemittelpunkt, denn das Gotteshaus präsentiert sich als introvertierter Backsteinbau, der sich mit seinen hoch aufschießenden, geschlossenen Fronten und dem umlaufenden Oberlichtband bewußt gegenüber der unattraktiven Siedlung abzuschotten scheint. Damit gewinnt diese formal anspruchsvolle Geste unfreiwillig Symbolcharakter. Erst die nächste Generation von Gemeindezentren in sozialen Problemgebieten wie Steilshoop oder Mümmelmannsberg – letzteres ebenfalls von Friedhelm Grundmann – fand zu einer plausiblen Gestaltung: Kommunikationszentren bar jeglicher sakralisierenden Prätention.

G 22 Stadtvillen

G 22 Stadtvillen

Buchwaldstraße 74–82, Rahlstedt
Architekten: A. P. B. Architektengruppe Planen & Bauen; Mitarbeiter: Christine Delius, Eberhard Dudenhausen
1982, 1984

Für die fünf Geschoßwohnbauten diente die nordwestlich angrenzende Villenkolonie als Vorbild (vgl. Nr. G 23), wie sich unschwer an den Giebelmansarddächern, den stehenden Fensterformaten und den erhöhten Sockeln, an den gelben Fassaden effektvoll durch rotbraune Streifen hervorgehoben, ablesen läßt. Die kompakten Einzelgebäude sind in Zwei- und Dreizimmerwohnungen mit 50 bis 100 qm Wohnfläche eingeteilt; die Dachgeschosse enthalten Maisonettes mit Schlafgalerien. Ovale Treppenhäuser machen den Eingangsbereich jeweils zu einem eleganten Entree. Dabei ging der konventionelle Gebäudeumriß hier aber nicht, wie z. B. bei den gleichzeitig errichteten »Stadtvillen« an der Rauchstraße in Berlin, zu Lasten wirtschaftlicher Grundrißlösungen und damit des Wohnwerts. Eine axiale Ausrichtung der Wohnanlage war in Rahlstedt wegen des geschützten Baumbestands nicht möglich. Statt dessen gruppieren sich die Bauten unregelmäßig um einen Schmuckplatz mit Brunnen und Pergola.

G 23 Villen und Landhäuser von August Nissen

G 23.1 Villen

Buchwaldstraße 34–36, Rahlstedt
Architekt: August Nissen
1904/05

G 23.2 Villa

Buchwaldstraße 71, Rahlstedt
Architekt: August Nissen
1909

G 23.3 Landhaus Söchting

Oldenfelder Straße 23, Rahlstedt
Architekt: August Nissen
1912

Landhäuser und vorstädtische Villen von August Nissen, der sich 1904 als Architekt in Rahlstedt niedergelassen hatte. Die beiden schlichten Putzbauten Buchwaldstraße 34–36 seinen hier als beispielhaft erwähnt für den vorstädtisch-beschaulichen, eher mittelbürgerlichen Charakter der Villenkolonien im Weichbild des Rahlstedter Bahnhofs, mit deren systematischen Ausbau um die Jahrhundertwende begonnen wurde (weitere besonders reizvolle Beispiele, u. a. von Nissen, an der hufeisenförmigen Remstedtstraße). Ungewöhnlich für diesen Standort sind dagegen die klassizierenden Villen Buchwaldstraße 71 und Oldenfelder Straße 23, jeweils mit sparsam akzentuierten Ziegelfronten, Sprossenfenstern und Klappläden, wie sie um 1910 aktuell waren, wobei vor allem der repräsentative großbürgerliche Maßstab von Haus Söchting auffällt: ein Gebäude, das den Vergleich mit anderen zeitgenössischen Landhäusern in den Elbvororten oder an der Oberalster nicht zu scheuen braucht.

G 24 Evangelisch-lutherische Martinskirche

Hohwachter Weg 2, Rahlstedt
Architekt: Olaf A. Gulbransson
1958 W, 1960/61

Typisch für die Entwürfe von Gulbransson ist der zentralisierende, aus dem Dreieck entwickelte Grundriß, hier mit gewölbten Seiten, der die Gemeinde bergend zusammenschließt und sie auf den Altar ausrichtet, ein Effekt, der durch die zum Chorhaupt hin ansteigenden Wände noch verstärkt wird. Auch bei der Martinskirche finden sich wieder die für Gulbransson charakteristischen traditionalistischen Details – weißgeschlämmtes Sichtmauerwerk, Rundbogenportale, Steildach –, die den Kirchen des bayerischen Architekten unweigerlich süddeutsches Lokalkolorit verleihen, ohne sie jedoch heimattümelnd wirken zu lassen.

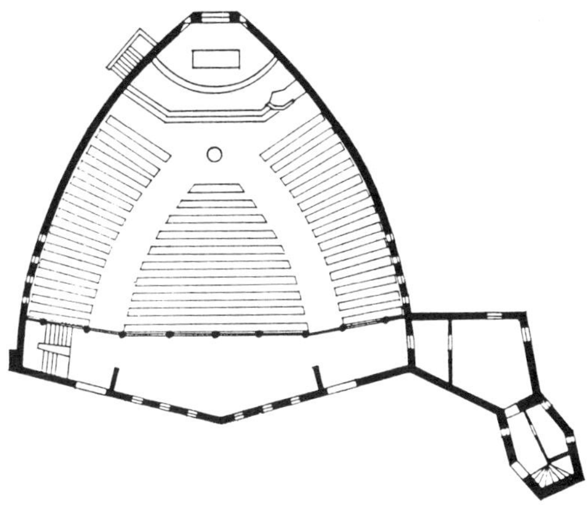

G 24 Evangelisch-lutherische Martinskirche

G 25 Evangelisch-lutherische Pfarrkirche Alt-Rahlstedt

Pfarrstraße/Rahlstedter Straße 79, Rahlstedt
Architekten: Friedhelm Grundmann und Horst Sandtmann (Instandsetzung)
12./13. Jahrhundert; Turm 1780; Instandsetzung 1964

Der schlichte, gedrückt wirkende Feldsteinsaal ist flach gedeckt bis auf den von einem gotischen Gewölbe überfangenen Chor, ein Fachwerkturm ergänzt seit 1780 das ländliche Gotteshaus. Als bedeutendste Ausstattungsstücke sind ein Triumphkreuz aus dem 14. Jahrhundert, die Kanzel von 1634 und das dreiteilige Retabel von 1685 hervorzuheben, das sich seit 1981 wieder auf der Mensa des Altars befindet, nachdem es 1904 an die Nordwand gehängt worden war.

G 26 Landesstudio des ZDF

Wöschenhof 2, Tonndorf
Architekten: A. P. B Architektengruppe Planen & Bauen, Mitarbeiter: Jürgen Segelke, Susanne v. Kuenheim, E. Meinköhn
1984 W, 1986–88

G 27 Ehem. Autohaus »Car and Driver«

Mit der horizontalen Teilung der schmalen Fenster und dem »Dampfermotiv« der Bullaugen und relingartigen Geländer zitiert der Putzbau die Vorkriegsmoderne. Auch die durch alle Geschosse greifende Treppenhalle ist trotz des Spiels mit diagonalen Raumachsen der Sachlichkeit verpflichtet und von nahezu nüchterner Zurückhaltung. Details wie der expressiv in den Gebäudekubus geschnittene Eingang, die kulissenartig dünn über die Kanten ragenden Fassaden oder der Sockel, dessen Quaderung sich als matt glänzende Blechplatten entpuppt, schaffen jedoch auch irritierende Momente im Sinne der Postmoderne.

G 27 Ehem. Autohaus »Car and Driver«
Friedrich-Ebert-Damm 110, Wandsbek
Architekten: Hadi Teherani. Wolfgang Raderschall.
Ingenieure: Polónyi + Fink
1990/91
Die ehemalige Verkaufseinrichtung und Werkstatt für Luxuslimousinen dient heute als Cash-and-carry-Markt für Unterhaltungselektronik. Bemerkenswert sind die präzisen High-Tech-Details, die den immateriellen, nahezu schwebenden Charakter des gläsernen Pavillons bewirken. Jeweils vier rahmenlose Scheiben sind an den Ecken über einen gemeinsamen Knotenpunkt an die bumerangförmigen Kragarme der Stahlstützen geschraubt; gespannte Stahlseile bilden die Windverbände.

G 28 Siedlung Trabrennbahn Farmsen
Friedrich-Ebert-Damm/Tegelweg/Ebeersreyhe/Eckerkoppel/Traberweg u.a., Farmsen-Berne
Architekten: PPL Planungsgruppe Professor Laage; Mitarbeiter: H. Kuhlwein, E. Gückler, F. Solecki (Wettbewerb und Bebauungsplan). PPL Planungsgruppe Professor Laage. Ingrid Spengler und Manfred Wiescholek. Enno Klünder u.a. (Bebauung)
1992 W, Baubeginn 1994
Abweichend von dem bisher in Hamburg üblichen Verfahren wurde der Bebauungsplan hier nicht von der Stadtentwicklungsbehörde, sondern von PPL Planungsgruppe Professor Laage – erster Preis im städtebaulichen Wettbewerb 1992 – erstellt, wobei die Bebauung nördlich der U-Bahnstation Trabrennbahn auf dem Entwurf von Ingrid Spengler und Manfred Wiescholek basiert (zweiter Preis). Das Konzept von PPL hält die Großform der Sportanlage im Stadtbild präsent, indem es die Bebauung auf das Oval der ehemaligen Rennbahnen beschränkt und die grüne Mitte als öffentliche Parkanlage freihält. Ein Fußweg, der diesen Binnenraum diagonal durchschneidet, gewährleistet die Anbindung an die Grünachsen Wandse und Osterbek; Spielstraßen sorgen für die interne Vernetzung der Siedlung. Der Parkverkehr wird zwar dicht an die Wohnungen herangeführt, eine Umfahrung des gesamten Komplexes ist aber nicht möglich. Insgesamt umfaßt die Siedlung rund 1 400 Wohnungen in drei- bis viergeschossigen Gebäuden, wobei zugunsten einer wirtschaftlichen Bebauungsdichte völlig auf Einfamilienhäuser verzichtet wurde.

G 29 Turnhalle der Gemeindeschule Farmsen
Berner Heerweg 183, Farmsen-Berne
Architekten: Karl Schneider (Ursprungsbau). Grundmann, Rehder; Mitarbeiter: Matthias Hein, Sibylle Rehder (Restaurierung)
1926, 1927/28; Restaurierung 1990–91
Mit Bühne, Vorführraum und Besuchergarderobe ausgestattet, war das Gebäude nicht nur als Turnhalle der Farmsener Gemeindeschule (1909/10) gedacht, sondern sollte auch als Veranstaltungszentrum dienen. Die eleganten Proportionen vor allem der Südfassade, der eine Pfeilerhalle vorgelagert ist, verleihen der Architektur eine nahezu klassizistische Ausgewogenheit, wobei die strenge Achsensymmetrie der Turnhallenfenster und der Portale jedoch geschickt

G 29 Turnhalle der Gemeindeschule Farmsen

durch das freie kompositorische Spiel der übrigen, nur nach funktionalen Kriterien angeordneten Fenster- und Türöffnungen durchbrochen wird.

Auf den ersten Blick befremdend wirkt die starkfarbige Behandlung der einzelnen Bauglieder, die das Klischee von der puristischen »weißen Moderne« widerlegt: Die Fensterrahmen und Türblätter präsentieren sich in Signalrot und kräftigem Mittelblau, im Innenraum wurde der ursprüngliche Dreiklang von Ockergelb, Rot und Grün rekonstruiert. Dabei ist der Bau in Farmsen jedoch eher zufällig zu einem Manifest des Neuen Bauens geworden. Ursprünglich mit Walmdach in Angleichung an die Gemeindeschule geplant, wurde die Halle nur mit Flachdach realisiert, damit der Architekt dem Wunsch nach einem vergrößertem Bauvolumen entgegenkommen konnte, ohne den Kostenrahmen sprengen zu müssen.

G 30 Gartenstadt Farmsen

August-Krogmann-Straße/Swebengrund/Mahlhaus/Feldschmiede/Ortsteinweg/Meilerstraße/Am Luisenhof/Bramfelder Weg/Swebenbrunnen/Swebenhöhe/Farmsener Höhe/Tegelweg/Vom-Berge-Weg/Hornissenweg, Farmsen
Architekten: Hans Bernhard Reichow, Otto Gühlk
1953/54; Modernisierung 1977–80

Hinsichtlich des Erschließungskonzepts und der Gebäudetypen ist die Siedlung in Farmsen zwar stark mit der Gartenstadt Hohnerkamp verwandt (vgl. Nr. G 32), sie erreicht jedoch bei weitem nicht deren städtebauliche und architektonische Qualitäten. Eine wesentliche Ursache hierfür liegt in der weitaus geringeren Bebauungsdichte. Die Siedlung umfaßt 2 874 Wohnungen bei einer Fläche von 80,63 ha (Geschoßflächenzahl 0,29). Damit sind auf einem nahezu dreimal so großen Gelände wie in Bramfeld nur doppelt so viele Wohnungen untergebracht. Die Siedlung zerfällt in Grünräume mit locker eingestreuten Geschoßwohnbauten und Reihenhauszeilen, die sich kaum zu signifikanten Ensembles verdichten. Außerdem fehlt der Gartenstadt ein Zentrum, weil sich die Läden an der U-Bahnstation Farmsen und somit an der Peripherie der Siedlung konzentrieren.

G 31 Evangelisch-lutherische Erlöserkirche

Bramfelder Weg 25b, Farmsen
Architekt: Kurt Schwarze
1957–60

Mit ihrer extravaganten Form hebt sich die Erlöserkirche betont von den schlichten Flachdachbauten der Gartenstadt Farmsen ab. Die parabelförmige Stahlbetonschale des Kirchenschiffs faltet sich zu Lichtschlitzen auf, die blau und rot verglast sind – die Farben des Wassers und des Heiligen Geistes – und durch Neonröhren konturiert werden, so daß der Innenraum sowohl abends als auch tagsüber indirektes Licht erhält. Auch die übrigen gestalterischen Details strahlen den Optimismus der Wirtschaftswunderjahre aus, wie die unregelmäßig angeordneten Schallöcher in der

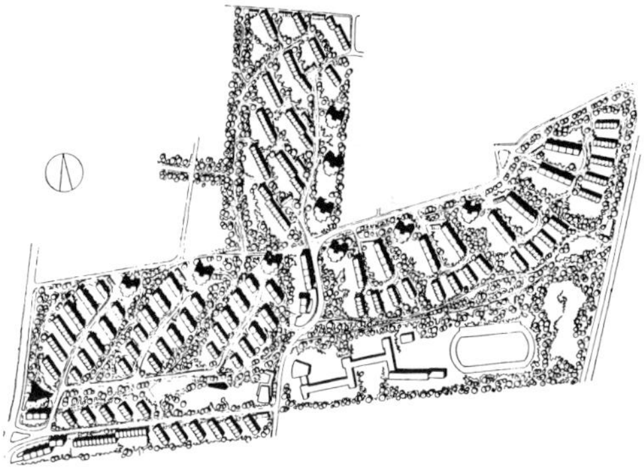

G 32 Gartenstadt Hohnerkamp

Stirnwand oder die buntverglasten Lochfenster über der Orgelempore in Rot, Gelb, Orange und Violett. Wenig passend wirkt demgegenüber das expressive Bronzerelief von Robert Müller-Warnke über dem Altar mit dem Haupt des Gekreuzigten, das sowohl in inhaltlicher als auch in formaler Hinsicht einen zu harten Kontrast zu dem beschwingten Innenraum darstellt.

G 32 Gartenstadt Hohnerkamp

Hohnerkamp/Johannisburger Stieg/Ortelsburger Stieg/Lüdmoor/Gumbinner Kehre ff./Königsberger Straße/Marienwerder Straße/Insterburger Straße/Heilsberger Hang, Bramfeld
Architekt: Hans Bernhard Reichow
1953/54

Die sorgfältige Gestaltung und das seinerzeit als paradigmatisch angesehene Plankonzept machen die Gartenstadt Hohnerkamp zu einem der bedeutendsten städtebaulichen Projekte der Nachkriegszeit. Das biomorph ausschwingende Layout des Wegenetzes und seine Differenzierung in Durchgangsstraßen, Erschließungskehren und Fußwege, die die Siedlung unabhängig von der Straßenführung in den Grünzügen durchziehen, ist dabei genauso kennzeichnend für Reichows Leitbild der »organischen Stadtbaukunst« wie die Mischung von Geschoßwohnungen und Einfamilienhäusern, mit der für eine stärkere soziale Ausgewogenheit der Bewohnerstruktur gesorgt werden sollte. Eine Besonderheit der Siedlung sind die sogenannten Duplex-Häuser, zweigeschossige Reihenhäuser mit jeweils einer Kleinwohnung pro Geschoß, die bei einer Entspannung der Situation auf dem Wohnungsmarkt zu einem vollwertigen Einfamilienwohnhaus zusammengelegt werden sollten. Akzentuiert wird die Gartenstadt durch Punkthäuser, die sich gleichsam zur Sonne hin auffalten. Reichow hat die rhythmische Hintereinanderstaffelung der zwei bis sechsgeschossigen Flachdachbauten selber als »terrassenförmig« charakterisiert. Auch ihre Farbigkeit, pastellfarben gestrichene Fronten und weiße Stirnwände, erweckt südländische Assoziationen.

G 33 Großsiedlung Steilshoop

Gründgensstraße/Edwin-Scharff-Ring/Fritz-Flinte-Ring/Gropiusring/Fehlinghöhe/Cesar-Klein-Ring/Schreyerring/Erich-Ziegel-Ring/Borchertring, Steilshoop
Architekten: Burmester & Ostermann. Candilis, Josic, Woods. Garten & Kahl. John Suhr (Bebauungsplanentwurf). Jacob Berend Bakema und Jos Weber. Graaf & Schweger. Köster & Stübing. Matthaei & Elschner. Patschan, Werner, Winking. Schramm & Pempelfort. Hans-Georg Tinneberg u. a. (Bebauung)
1961 W, Bebauungsplanentwurf 1965, Bebauungsplan 1969, 1969–75

1961 wurde ein Wettbewerb für das ehemalige Kleingarten- und Behelfsheimgelände am Bramfelder See ausgeschrieben, das im Aufbauplan 1960 noch als »Untersuchungsgebiet« ausgewiesen worden war. Der siegreiche Entwurf von Burmester und Ostermann sah eine stark durchgrünte Bebauung in Form von Zeilen und Punkthäusern nach dem Leitbild der »gegliederten und aufgelockerten Stadt« vor, das zu jener Zeit noch die Diskussion beherrschte. Schon bald darauf wurden jedoch Zweifel an den anti-urbanen Konzepten der Wiederaufbaujahre deutlich, so daß eine Arbeitsgemeinschaft der Preisträger und anderer Teilnehmer des Wettbewerbs bis 1965 einen neuen Bebauungsplanentwurf entwickelte.

Das neue Konzept sah wieder umbaute Wohnhöfe wie in den Hamburger Siedlungen der Weimarer Republik vor, die nach dem Vorbild der dynamischen Grundform von Brasilia wie die beiden Tragflächen eines Flugzeugs aneinandergereiht werden sollten. Damit leitete der Entwurf die Rückkehr zu konventionellen städtebaulichen Lösungen ein, wie sie in den 60er Jahren unter dem Schlagwort von der »Urbanität durch Dichte« wieder aktuell wurden. Außerdem wurde 1968 die Zahl der vorgesehenen Wohnungen von 5 700 auf 7 200 erhöht – im Endeffekt 6 900 Wohnungen bei einer nochmals vergrößerten Geschoßfläche pro Wohneinheit –, so daß z. B. der zentrale Bereich heute bis zu 13 statt der ursprünglich geplanten sechs Geschosse aufweist.

Die Wohnungen weisen mit einer durchschnittlichen Größe von 80 m² bei drei Zimmern und dem Prinzip des »Durchwohnens«, d. h. von einer Front zur

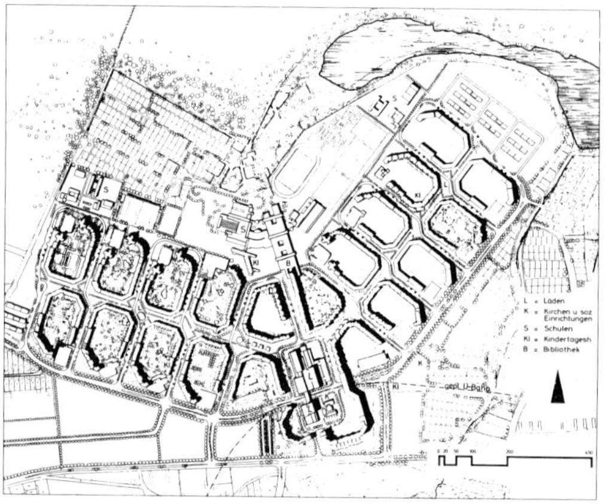

G 33 Großsiedlung Steilshoop

anderen, über den damaligen Standard hinaus. Die 90 x 130 m großen Innenhöfe sind abwechslungsreich gestaltet und ergänzen mit ihrem internen Fußwegenetz die etwa 1,5 km lange Fußgängerzone, die sich in Ost-West-Richtung durch die gesamte Siedlung zieht. Problematisch stellt sich jedoch, neben der teilweise übertriebenen Massierung der Bebauung, die monotone Gestaltung der Geschoßwohnbauten dar, die zu 50 Prozent in Großtafelbauweise mit Wasch- bzw. Sichtbetonfassaden errichtet wurden.

In den 80er Jahren entwickelte sich Steilshoop zu einer Problemsiedlung mit hohen Leerständen. Die relativ großen Wohnungen waren für einkommensschwache Wohnungssuchende zu teuer und für Bessergestellte wegen des Wohnumfelds zu unattraktiv. Belastend macht sich auch der überdimensionierte und damit anonymisierende Komplex der Gesamtschule bemerkbar. 1982 wurde außerdem das 1972 ins Leben gerufene integrative Wohnmodell in Block 6 wieder aufgegeben. Seit Mitte der 80er Jahre wird mit einer gezielteren Belegungspolitik sowie gestalterischen Nachbesserungen und anderen Projekten unter Mieterbeteiligung versucht, den negativen sozialen Entwicklungstrend abzubremsen.

G 33.1 Block 9
Erich-Ziegel-Ring/Borchertring
Architekt: Hans-Georg Tinneberg; freier Mitarbeiter: Geert Stolley; weitere Mitarbeiter: Czarnecki, Göldner, Rogge
1973–75
Block 9, von mehreren Baugenossenschaften, u.a. auch der Hamburger Lehrerbaugenossenschaft e.G., errichtet, stellt eine privilegierte Wohnadresse in Steilshoop dar. Mehr als ein Viertel der Wohnungen weist mehr als drei Zimmer auf. Ein Kindertagesheim, Spielwohnungen und andere Gemeinschaftsräume sowie zwei Saunaanlagen stellen ebenfalls attraktive Angebote an die Mieter dar. Außergewöhnlich sind die Maisonettewohnungen in Split-level-Bauweise in den unteren beiden Etagen, die mit ihren schrägen Flügelmauern gleichsam eine Reihenhauskolonie am Fuß der Geschoßwohnungen bilden. Bemerkenswert ist auch der gestalterische Anspruch, der den Wohnkomplex wohltuend aus seinem trivialen Umfeld hervorhebt. Erker in poppigen Farben setzen markante Zeichen, brutalistische Betonstürze, Kübelbalkone mit Pflanzwannen und abwechslungsreiche Fenstergliederungen strukturieren die langgestreckten Fassaden.

G 33.2 Evangelisch-lutherisches Gemeindezentrum der Martin-Luther-King-Gemeinde
Gründgensstraße 28
Architekten: Patschan, Werner, Winking; Mitarbeiter: Barbara Barth-Voigt, Thomas Bunzel, Siegfried Frontzek
1972–75
Drei Gemeindebauten mit Wohnungen, Büros und Versammlungsräumen umgeben den polygonal gebrochenen Kirchensaal, der die Gemeinde auf ansteigenden Stufenrängen um den Altar sammelt. Lediglich die kobaltblauen Kacheln der Fassaden und die leuchtendroten Fensterrahmen heben den unprätentiösen, ganz aus seiner Zweckbestimmung als Veranstaltungs- und Kommunikationszentrum gestalteten Komplex hervor. Ambitioniertere architektonische Gesten wären an diesem Standort aber wohl auch von vornherein zum Scheitern verurteilt gewesen, denn das Gemeindezentrum wurde im Innern des hochhausartig aufragenden Rings 22 angeordnet.

G 33.3 Gesamtschule Steilshoop
Gropiusring 41
Architekten: Arbeitsgemeinschaft Jacob B. Bakema, Jos Weber, Graaf & Schweger
1969 W, Fertigstellung 1973
Wie die Gesamtschule in Mümmelmannsberg (vgl. Nr. L 30.1), so ging auch diejenige in Steilshoop aus einem Gutachterwettbewerb hervor. Der Grundriß des umfangreichen Bildungs-, Kultur- und Sozialzentrums folgt der Flugzeugform der Siedlung. Das Zentrum markiert eine Pausenhalle, die auch als Verkehrsverteiler zwischen den einzelnen Trakten fungiert: In der westlichen »Tragfläche« sind Werkstätten und naturwissenschaftliche Fachräume untergebracht, die östliche wird durch den Sportbereich gebildet. Der Baukomplex wurde in Skelettbauweise mit Sichtbetonfertigteilen errichtet. Poppige Farben sollen das Erscheinungsbild auflockern und Orientierung ermöglichen. Als vages Leitbild scheint der niederländische »Strukturalismus« durch, wobei es hier jedoch weder in konzeptioneller noch in gestalterischer Hinsicht gelungen ist, besondere Qualitäten aus dem gewählten Bausystem zu entwickeln. Das Schulzentrum, für etwa 2 400 Schüler ausgelegt, bleibt völlig unübersichtlich: ein Vorwurf, der jedoch nur bedingt an die Architekten zu richten ist, folgten sie doch auch nur bestimmten Vorgaben, die letztendlich die Bildungspolitik zu verantworten hat.

G 34 Evangelisch-lutherische Osterkirche
Bramfelder Chaussee 200, Bramfeld
Architekt: Wilhelm Voigt (Ursprungsbau). Gerhard und Dieter Langmaack (Umbau)
1913/14; Umbau 1963
Der anmutige neobarocke Zentralbau orientiert sich an den Dorfkirchen des 18. Jahrhunderts im Nordwesten Hamburgs wie der Niendorfer Kirche (vgl. Nr. F 41). Dabei zeichnete mit Wilhelm Voigt ein Kieler Architekt für den Entwurf verantwortlich, ging das ehemals preußische Bramfeld doch erst mit dem Groß-Hamburg-Gesetz von 1937 in Hamburg auf. Das Innere ist durch einen Umbau verändert.

G 35 Berufsbildungszentrum der HEW
Moosrosenweg 18, Bramfeld
Architekten: v. Gerkan, Marg & Partner; Entwurf: Volkwin Marg; Mitarbeiter: Marion Ebeling, Hauke Huusmann, Christian Kreusler, Petra Zacharias
1986, 1987–90
Berufsbildungszentrum für die Hamburgische Electricitäts-Werke AG. Verwaltung, Werkstätten und Kantine gruppieren sich um eine zweigeschossige, glasgedeckte Passage mit umlaufender Galerie. Der Bau erinnert nicht nur von ungefähr an Mies van der Rohes Entwürfe für das Illinois Institute of Technology in Chicago. Die mit gelben Ziegeln ausgefachten Stahlträger der Fassaden werden in Bramfeld ebenso zitiert wie die berühmte Negativecke. Bemerkenswert ist auch der Sonnenschutz an den Außengalerien, der aus Sonnenkollektoren besteht.

G 35 Berufsbildungszentrum der HEW

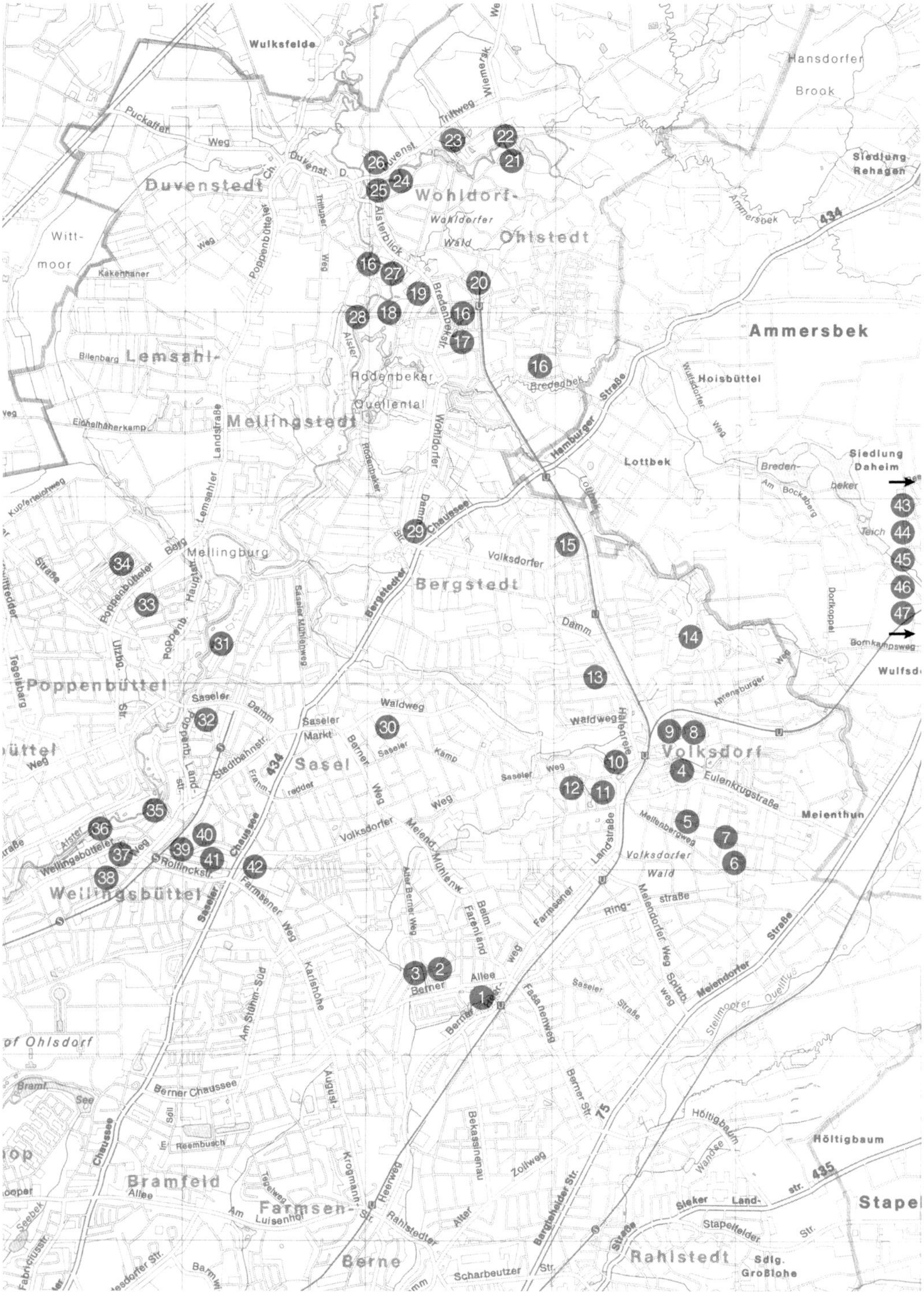

Wulksfelde
Hansdorfer Brook
Puckaffer Weg
Duvenstedt
Wohldorf-Ohlstedt
Wohldorfer Wald
Siedlung Rehagen
Ammersbek
434
Witt-moor
Kakenhaner
Poppenbütteler Ch.
Alsterblick
Lemsahl-Mellingstedt
Bilenbarg
Rodenbeker Quellental
Eichelhäherkamp
Hoisbüttel
Bredenbek
Hamburger Straße
Lottbek
Siedlung Daheim
Kupferteichweg
Mellingburg
Bergstedter Chaussee
Volksdorfer Damm
Bergstedt
Saseler Mühlenweg
Dorfkoppel
Bornkampsweg
Poppenbüttel
Saseler Damm
Waldweg
Saseler Markt
Volksdorf
Eulenkrugstraße
Meienthun
Sasel
Stadtbahnstr.
Saseler Kamp
Wellingsbüttel
Rolfinckstr.
Farmsener Weg
Karlshöhe
Berner Allee
Fasanenweg
Meiendorfer Weg
Volksdorfer Wald
Ring-straße
Meiendorfer Straße
Höltigbaum
Berner Chaussee
Reembusch
Bekassinenau
Zollweg
Berner Str.
75
Bargteheider Str.
Bramfeld
Farmsen-Berne
Rahlstedt
Sieker Landstr.
435
Stapelfelder Str.
Sdlg. Großlohe
Scharbeutzer Str.
of Ohlsdorf
1 2 3 4 5 6 7 8 9 10 11 12 13 14 15 16 17 18 19 20 21 22 23 24 25 26 27 28 29 30 31 32 33 34 35 36 37 38 39 40 41 42 43 44 45 46 47

H Die Walddörfer, Oberalster und Ahrensburg

Die Walddörfer Farmsen, Volksdorf und Wohldorf-Ohlstedt, im 15. bis 16. Jahrhundert in den Besitz der Hansestadt gelangt, bildeten bis zum Groß-Hamburg-Gesetz von 1937 hamburgische Exklaven in der preußischen Provinz Schleswig-Holstein. Bereits vor dem Ersten Weltkrieg setzte eine verstärkte Besiedlung der landschaftlich reizvollen Gegenden am Volksdorfer Wald und an der Oberalster ein, die durch die Bebauungspläne 1914 noch forciert wurde, um der Abwanderung sozial privilegierter Gruppen aus der Hansestadt entgegenzuwirken, wogegen in Farmsen-Berne bis heute der kleinbürgerlich-proletarische Maßstab dominiert (vgl. Nr. G 30). Außerdem wurden die Walddörfer 1918 mit einer U-Bahnstrecke an das hamburgische Stadtgebiet angebunden, die sich in Volksdorf nach Ohlstedt und Großhansdorf verzweigt, letzteres bis 1937 ebenfalls zu den hamburgischen Walddörfern gehörig. Auch das schleswig-holsteinische Ahrensburg, das im 16. Jahrhundert aus einem Schloßbau hervorgegangen war (vgl. Nr. H 43), profitierte von dieser Streckenführung.

Mit dem Groß-Hamburg-Gesetz von 1937 wurde die territoriale Zerrissenheit im Nordwesten der Hansestadt beendet und die ehemals preußischen Dörfer an der Oberalster dem Stadtstaat Hamburg eingegliedert. Während Bergstedt und Lemsahl-Mellingstedt noch heute dörfliche Züge zeigen, bilden Sasel und Poppenbüttel einen zusammenhängenden Siedlungsschwerpunkt um den Endbahnhof der S-Bahn-Strecke nach Wedel. Ausschlaggebend für die Entwicklung der ehemaligen Güter Sasel, Wellingsbüttel und Poppenbüttel war die Verlängerung der Vorortbahn von Ohlsdorf nach Poppenbüttel, die ab 1912 durch das Spekulantenkonsortium ATAG betrieben wurde (vgl. Nr. H 39). Vor allem Sasel, das günstiges Gartenland für die Selbstversorgung bot (vgl. Nr. H 30), entwickelte sich in der Weimarer Republik zu einem bevorzugten Siedlungsgebiet, während Poppenbüttel erst in der NS-Zeit einen starken Bevölkerungszuwachs verzeichnete, nicht zuletzt bedingt durch den Behelfsheimbau während der Kriegsjahre (vgl. Nr. H 32).

H 1 Wohnhaus Ranck

Zum Gutspark 2, Farmsen-Berne
Architekt: Johann Christoph Otto Ranck
1926

Satteldach und Klinkerfassaden kennzeichnen das Wohnhaus von Johann Christoph Otto Ranck, der im Hochbauamt in leitender Funktion einer der engsten Mitarbeiter von Fritz Schumacher war und wohl für eine Reihe Entwürfe verantwortlich zeichnete, die gemeinhin dem Oberbaudirektor zugeschrieben werden. Damit ordnet sich der Bau zwar dem gartenstadtartigen Charakter von Farmsen-Berne unter, weist ansonsten aber kaum Gemeinsamkeiten mit den benachbarten kleinbürgerlichen Einfamilienhauskolonien auf, wie schon das anspruchsvolle, der Landhausarchitektur entlehnte Motiv der Bay-windows deutlich macht. Auch der Grundriß war auf eine Haushaltsführung mit Dienstboten zugeschnitten. Der ehemals sorgfältig gestaltete Garten mußte z. T. dem Ausbau des Berner Heerwegs weichen und präsentiert sich heute in einem vernachlässigten Zustand.

H 2 Gartenstadt Berne

Berner Allee/Blakshörn/Lienaustraße/St. Jürgenstraße/Pferdekoppel/Saselheider Weg/Karlshöher Weg/Hohenberne/Moschlauer Kamp/Kuhkoppel/Farenland/In den Saal/Rooksbarg/Kornpfad/Berner Heerweg u.a., Farmsen-Berne
Architekten: Prestinari. Friedrich R. Ostermeyer (Siedlerhäuser). Kamps & Koch (Altenwohnungen)
1919–30; Altenwohnungen 1938–40

Die Siedlung mit 509 Wohneinheiten wurde als genossenschaftliches Selbsthilfeprojekt errichtet. Den ersten Bauabschnitt bildeten die verputzten Reihenhäuser am Berner Heerweg von Prestinari, der 1920 als verantwortlicher Planer von Friedrich R. Ostermeyer abgelöst wurde. Abgeschlossen wurden die Bauarbeiten 1940 mit den Altenwohnungen an der Kleinen Wiese 1–39, die wie Instenhäuser eines Gutes wirken. Charakteristisch für das Erscheinungsbild der Siedlung sind jedoch vor allem die ein- bis zweigeschossigen Doppelhäuser in Klinker von Ostermeyer, die dem Architekten der Friedrich-Ebert-Höfe überraschend bodenständig gerieten. In städtebaulicher Hinsicht weist die Gartenstadt dagegen kaum besondere Qualitäten auf. Auf die Herausbildung reizvoller Blickachsen und zentraler Bereiche wurde weitgehend verzichtet. Die Gebäude sind zudem durch die übergroßen Grundstücke, die ein Verrieseln der Abwässer ermöglichen sollten, voneinander isoliert. Damit reiht sich das Projekt in die Tradition der Selbstversorgersiedlungen ein – Obst- und Gemüseanbau und Kleinviehhaltung –, wie sie in ähnlich trivialer Form bis in die Nachkriegszeit hinein dutzendfach in Hamburg und seinem Umland entstanden.

H 3 Ehem. Volksschule Berne

Lienaustraße 32, Farmsen-Berne
Architekt: Hochbauwesen, Fritz Schumacher
1929/30

Ein charakteristisches Beispiel für die sachlichen Schulentwürfe des Oberbaudirektors in der zweiten Hälfte der 20er Jahre. Das gestalterische Repertoire der innerstädtischen Großbauten – vgl. die Schule Osterbrook in Hamm-Süd, Nr. B 67 – wird hier auf eine kleinere Vorortschule übertragen.

H 4 Museumsdorf Volksdorf

Im Alten Dorfe 46–48, Volksdorf
17., 18. und 19. Jahrhundert

Das in einen Grünzug eingebettete Freilichtmuseum – unter Obhut des Heimatpflegevereins »De Spieker« von 1962 – hat nur noch wenig mit dem historischen

Ortskern von Volksdorf zu tun. Historische Bauernhäuser, Scheunen und andere Wirtschaftsgebäude, ergänzt um Immenschuur, Backhaus und Bauerngarten mit Heil- und Gewürzkräutern, suggerieren zwar ein intaktes Dorfidyll. Offenkundig wurde aber mehr Wert auf atmosphärische Stimmigkeit als auf historische Authentizität gelegt. So sind von der alten Volksdorfer Dorfschmiede zwar noch die Esse und die Werkzeuge erhalten; das Gebäude selbst, ein schlichter Fachwerkbau von 1839, befand sich aber ursprünglich in Wohldorf-Ohlstedt.

Das Zentrum der fächerförmig vom Haupteingang ausstrahlenden Anlage bildet das Spiekerhus, ein Vollhufnerhaus vom Ende des 17. Jahrhunderts, das bei dem allzu glatten Umbau zu einer Altentages- und Versammlungsstätte (1966) seinen historischen Dokumentationswert einbüßte. Ebenfalls noch »in situ« befindet sich der Harderhof von 1757, der seit seiner Zerstörung durch Brandstiftung 1967 allerdings genauso eine Rekonstruktion darstellt wie das Durchfahrthaus (mit zwei Toren) am Westrand des Geländes, das schon 1954 Im Alten Dorfe 25 einem Kino weichen mußte. Ergänzt wird das Ensemble um eine Durchfahrtscheune von 1652, die von Schnakenburg bei Lauenburg nach Hamburg transloziert wurde, und eine Grützmühle von 1841, die sich ursprünglich in Hummelsbüttel befand.

H 5 Haus Hering

Holthusenstraße 2, Volksdorf
Architekt: Bernhard Steinbrück
1911

Äußerlich mit schlichter Putzfassade, Satteldach und bretterverschaltem Giebel eher dem Typus des Siedlerhauses zuzuordnen, wie ihn z. B. Heinrich Tessenow zu dieser Zeit kultiviert hat, entpuppt sich das Gebäude im Innern als gutbürgerliches Landhaus mit zwei Wohnzimmern, Eßzimmer, Veranda, Küche und Anrichte auf rund 130 m^2 Erdgeschoßfläche. Der Architekt stammte aus Lübeck und war an der dortigen Bauschule tätig, was den Entwurf somit auch zu einem bemerkenswerten Beispiel für die regionale Rezeption zeitgenössischer Architekturtendenzen macht. Privater denkmalpflegerischer Initiative sind der gute Erhaltungszustand des Gebäudes und die Überlieferung zahlreicher Originaldetails zu verdanken.

H 6 Haus Schluck

Mellenbergweg 83, Volksdorf
Architekten: Karl Schneider, Jakob Detlef Peters, Karl Witte
1921/22

Angesichts der späteren architektonischen Entwicklung Karl Schneiders wirkt der Bau, einer seiner ersten selbstverantworteten Entwürfe überhaupt, noch bemerkenswert konservativ. Backstein, Sprossenfenster und ein ausgeprägtes Steildach charakterisieren die Architektur. Auch einige Rückgriffe auf den seinerzeit modischen Expressionismus werden deutlich. Die niedrigen, breitgelagerten Fensteröffnungen und der Kamin am Giebel scheinen dagegen englischen Landhausvorbildern entlehnt.

H 7 Haus Hirche

Huusbarg 53, Volksdorf
Architekt: Bernhard Hirche
1986/87

Haus mit Durchblick! Ein zweigeschossiger Schlitz teilt den kubischen Baukörper im Innern in zwei Hälften, die im ersten Obergeschoß über eine brückenartige Galerie miteinander verklammert werden. Eine Wendeltreppe markiert das Zentrum. Sie wurde betont filigran detailliert, um den offenen Charakter der Wohnhalle nicht zu beeinträchtigen. Das Dachgeschoß nimmt eine Einliegerwohnung ein.

H 8 Ehem. Walddörferschule

Im Allhorn 45, Volksdorf
Architekten: Hochbauwesen, Fritz Schumacher (Ursprungsbau). Burmester & Ostermann; Mitarbeiter: Robert Borger, Gisela Deemering, Helmut Heyken, Erwin Stuhlmann Udo Zahlten (Erweiterung)
1929–31; Erweiterung 1974, 1979–81

Zwei niedrige Gebäudeflügel, ursprünglich für eine Volksschule und eine Oberrealschule errichtet (heute Walddörfer-Gymnasium), und ein Aulapavillon umschließen einen weiträumigen Innenhof. Hinsichtlich der flachen Bauweise und der Außenanlagen, z. B. Terrassen für den Freiluftunterricht, sollte der Schulkomplex dem gartenstadtähnlichen Charakter der Walddörfer entsprechen. Bezeichnend für Schumacher ist die monumentalisierende Symmetrieachse, auch wenn der Entwurf mit Flachdächern und Fensterbändern ansonsten als sachlich-modern zu charakterisieren ist. Die bis 1981 erfolgte Erweiterung dokumentiert die Sensibilisierung für die Qualitäten der Architektur der Schumacher-Ära in den 70er Jahren. Der Innenhof wurde geschickt um ein Geschoß abgesenkt und die Fachräume und das neue »Schulforum«

H 8 Ehem. Walddörferschule

H 6 Haus Schluck
H 12 Haus Boesche

im Untergeschoß angeordnet, um den großzügigen Charakter der Anlage nicht zu zerstören. Gleichzeitig wurde der Altbau einfühlsam instandgesetzt.

H 9 Evangelisch-lutherische Kirche am Rockenhof

Rockenhof 5, Volksdorf
Architekten: Walter Ahrendt (Ursprungsbau). Bernhard Hirche; Mitarbeiterin: Elke Sommerfeld (Umgestaltung)
1936 W, 1950–52; Umgestaltung 1988/89
Traditionalistische Details wie das Stufenportal, die Friese oder der asymmetrisch angefügte Einturm mit Satteldach und Rundbogenöffnungen verdeutlichen, daß der Wettbewerb bereits in der Vorkriegszeit entschieden wurde. Ähnlich konservativ präsentiert sich auch das Innere mit basilikalem Querschnitt, halbrunder Apsis und gotisierenden Stahlbetonbindern, die zu flachen Spitzbögen zusammenlaufen.

H 10 Römisch-katholische Heilig-Kreuz-Kirche

Farmsener Landstraße 181, Volksdorf
Architekten: Walter J. M. Bunsmann und Jörn Rau
1962 W, 1964/65
Das erste katholische Gotteshaus für die Walddörfer, 1933/34 nach einem Entwurf von Bensel & Kamps errichtet, mußte schon nach 30 Jahren wieder einem weitaus umfangreicheren Neubau weichen. Die heutige Kirche ist nicht nur als gestalterische Lösung bemerkenswert, sie stellt hinsichtlich des zentralisierenden Grundrisses auch ein charakteristisches Beispiel für die Umdenkungsprozesse dar, die zu Beginn der 60er Jahre im katholischen Sakralbau einsetzten (II. Vatikanisches Konzil). Altartisch und Taufe sind unter dem zeltartig gefalteten Dach jeweils als Inseln inmitten der Gemeinde angeordnet. Die Stahlbetonbinder der Deckenkonstruktion greifen strebebogenartig über die Umfassungsmauern hinaus, so daß die Außenwände keine tragende Funktion ausüben, wie sich auch an dem umlaufenden Lichtschlitz unterhalb der Decke ablesen läßt. Die Ausstattung stammt von Rudolf Krüger – Betonstele hinter dem Altar und Tabernakel – und Hermann Stehr – granitener Taufstein, Taufdeckel, Kerzenleuchter und Lesepult, letztere drei als frei geformte Edelstahlarbeiten.

H 11 Haus Klöpper

Klosterwisch 8, Volksdorf
Architekten: Rudolf und William Rzekonski
1904/05
Landhaus für den Kaufmann Heinrich Adolph Klöpper, Wollgroßhändler und Kunstliebhaber (vgl. auch das Klöpperhaus, Mönckebergstraße 3, Nr. A 58.12). Der Bau öffnet sich mit Fenstertüren und einem von ionischen Säulen getragenen Altan zur später parzellierten Parkanlage, die ursprünglich nach barockem Vorbild in Parterre und Boskette gegliedert war mit einem Pavillon als Point de vue. Auch das Mansardwalmdach und die beiden galerieartigen Haupträume im Erdgeschoß erwecken Assoziationen an ein Lustschlößchen des ausgehenden 18. Jahrhunderts, wobei wohl wesentliche Anregungen von dem damaligen Kunsthallendirektor Alfred Lichtwark ausgingen, der Klöpper freundschaftlich verbunden war und der bekanntlich auch in gestalterischen Fragen erzieherisch wirken wollte. Heute dient das Gebäude als Gemeinschaftshaus für ein Kinderheim.

H 12 Haus Boesche

Saseler Weg 53, Volksdorf
Architekt: Fritz Höger
1925/26
Das konventionelle, gleichwohl qualitätvolle Landhaus, ursprünglich für die kinderreiche Familie eines Kaufmanns errichtet, wird heute von zwei Parteien bewohnt, wobei sich die baulichen Veränderungen im Innern jedoch auf ein unerläßliches Minimum beschränken. Auch die Fassaden, in einem warmtonigen, erdigbunten Ziegel statt der für die Erbauungszeit typischen dunklen Klinker aufgeführt, sind bis auf die Balkonbrüstung noch weitgehend im Originalzustand erhalten einschließlich der Sprossenrahmen mit Buckelglasscheiben und der Fensterläden.

H 13 Haus Kruse

Wietreie 61, Volksdorf
Architekten: Ingrid Spengler und Manfred Wiescholek
1989, 1990/91

H 13 Haus Kruse
H 14 Haus Uhlmann

Ein schlichtes Satteldachhäuschen aus den frühen 50er Jahren, nach heutigen Ansprüchen mit 78 m^2 Wohnfläche mehr als bescheiden, sollte auf knapp 250 m^2 erweitert werden. (Eine Einliegerwohnung ist abteilbar.) Die Architekten lösten das Problem, indem sie die Eigenschaften des Altbaus souverän negierten, was nicht zuletzt durch die qualitätvollen Detaillösungen überzeugend wirkt. Nur der helle Putz und der gemeinsame Klinkersockel schaffen eine Klammer zwischen den beiden heterogenen, aber spannungsreich zugeordneten Baukörpern, die eine großzügig verglaste Wohndiele umschließen. Bei der Wahl der Baumaterialien wurden ökologische Kriterien geltend gemacht; selbst die Deckenkonstruktion erfolgte ohne Beton. Der ungewöhnliche Entwurf konnte allerdings erst realisiert werden, nachdem sich Oberbaudirektor Kossak persönlich hierfür eingesetzt hatte.

H 14 Haus Uhlmann

Duvenwischen 70, Volksdorf
Architekten: Jacob & Ameis
1910

Inmitten eines ursprünglich 25 ha großen Wald- und Parkgeländes versteckt (und daher von der Straße nicht sichtbar) ließ sich der Spediteur und Inhaber von Lagereibetrieben Martin Uhlmann 1910 ein »herrschaftliches« Landhaus mit Wirtschaftstrakt und Reitstall errichten – wohl eine Nummer zu groß, denn schon 1919 mußte Uhlmann, dessen Unternehmen unter den wirtschaftlichen Folgen des Ersten Weltkriegs gelitten hatte, das Anwesen an den Reeder und Schiffsmakler John Alfred Edye verkaufen. Der Entwurf stammt von den jungen Architekten Alfred Jacob und Otto Ameis, die sich 1909 selbständig gemacht hatten. Er stellt mit rotem Sichtmauerwerk, klassizierenden Architekturdetails und feingliedrigem Sprossenwerk, z. B. an den Bay-windows im Erdgeschoß, ein typisches Beispiel für die englisch beeinflußte Reformarchitektur um 1910 dar, wogegen die Schmuckverbände an dem Stallgebäude norddeutschen Vorbildern entlehnt sind (vgl. auch das eigene Wohnhaus von Ameis, Nr. H 24).

H 15 Siedlung Wensenbalken

Wensenbalken/Ohlendorffs Tannen/Steinreye/Böge/Lottbeker Feld/Lottbeker Platz/Heinrich-von-Ohlendorff-Straße/Brunsdorfer Weg/Volksdorfer Grenzweg, Volksdorf
Architekten: Distel & Grubitz
1922–29

Die Siedlung stellt weniger in architektonischer als in zeitgeschichtlicher Hinsicht ein bemerkenswertes Dokument dar, zumal heute kaum noch Bauten im Originalzustand erhalten sind. 1915 wurde in Berlin der Hauptausschuß für Kriegerheimstätten gegründet, der sein Ziel, die Schaffung von Einfamilienhäusern für die von der Front heimkehrenden Soldaten, jedoch erst nach dem Ersten Weltkrieg verwirklichen konnte. Auch die Siedlung Wensenbalken wurde mit Hilfe staatlicher Zuschüsse von der Hamburger Kriegerheimstätten GmbH errichtet.

Bis etwa 1930 entstanden hier 150 Wohneinheiten mit rund 68 bis 93 m^2 Wohnfläche, meist als zweigeschossige Doppelhäuser mit Klinkerfassaden, so daß die Bebauung großzügiger wirkt als sie tatsächlich ist. In erster Linie sollten bürgerliche Zielgruppen angesprochen werden, wie sich nicht nur an dem überdurchschnittlichen Ausstattungsstandard der Häuser – Badezimmer mit Gasbadeöfen und z. T. zwei Toiletten – ablesen läßt, sondern auch an dem Verzicht auf Stallanbauten. Die etwa 1000 m^2 großen Grundstücke waren vorrangig als Ziergärten gedacht und sollten weniger der Selbstversorgung dienen.

H 16 Norweger-Häuser
H 16.1 Blockhäuser

Ohlstedter Stieg/Ellerbrookswisch, Wohldorf-Ohlstedt; Sarenweg 152–162, Lemsahl-Mellingstedt
Architekt: Werner Kallmorgen
1944/45

H 16.2 Doppelhäuser

Stahmerstraße 41–49/Bredenbekstraße 62/Duvensteder Triftweg 14–16; Wohldorf-Ohlstedt
Architekt: Werner Kallmorgen
1944/45

Nach den schweren Luftangriffen im Sommer 1943 wurden in den Walddörfern – fernab der Zielgebiete der Bombergeschwader – und vereinzelt auch in anderen Gegenden die sogenannten Norweger-Häuser errichtet, vorgefertigte Holzhäuser, die von zwei norwegischen Herstellern stammten und für deren Errichtung Werner Kallmorgen verantwortlich zeichnete. Insgesamt 39 Gebäude kamen zur Aufstellung, wobei es sich um 32 Blockhäuser mit flach geneigtem Grasdach, Sprossenfenstern und Klappläden handelte und sieben Doppelhäuser mit Bretterverschalung und Satteldächern, die z. T. auf einem Souterrain aufgeständert und zu Geschoßwohnbauten mit bis zu sechs Wohnungen ausgebaut wurden.

Schon der Zuschnitt der Blockhäuser, 64 bis 123 m^2 Wohnfläche mit Bad und WC, macht deutlich, daß als zukünftige Mieter bzw. Eigentümer weniger die vielbeschworenen »Volksgenossen« gedacht waren – für die gleichzeitig die weitaus schlichteren »Plattenhäuser« errichtet wurden (vgl. Nr. H 32) – als vielmehr leitende Funktionäre der Gauverwaltung, Angehörige der SS und andere Begünstigte des NS-Regimes, so auch Gauleiter und Reichsstatthalter Karl Kaufmann, der ein Blockhaus mit Bunker (sic!) im Duvenstedter Brook bezog. Nach Kriegsende mußten die idyllisch gelegenen Häuser, die Kallmorgen zudem betont malerisch gruppiert hatte, denn auch von den meisten Bewohnern geräumt werden und wurden statt dessen NS-Opfern zur Verfügung gestellt.

H 17 Haus Müller-Drenkberg

Bredenbekstraße 29, Wohldorf-Ohlstedt
Architekten: Karl Schneider (Ursprungsbau). Joachim Kähne; Mitarbeiter: Cornelius M. Steffen (Instandsetzung)
1928/29; Instandsetzung 1989, 1989–91, 1993/94

Eine der Inkunabeln des Neuen Bauens in der Weimarer Republik. Beherrschendes Motiv der Außenarchitektur sind die umlaufenden Balkondecks, deren helle Vorderkanten sich als markante Horizontalen gegen den dunklen Bockhorner Klinker der Fassaden abheben. Die Hauptfassade zum Garten ist achsensymme-

H 16.1 Blockhäuser

H 17 Haus Müller-Drenkberg (zeitgenössische Aufnahme)

trisch gestaltet. Nur die »Laterne« auf der Dachterrasse mit einer Einliegerwohnung sowie der Kamin bilden hier Kontrapunkte, die der ausgewogenen Gliederung ein Spannungsmoment verleihen. Auch die orangefarbenen Tür- und Fensterflügel setzen Akzente.

Bauherr war der vormalige Reedereidirektor Eduard Müller-Drenkberg, der nach dem Ersten Weltkrieg in leitender Funktion in verschiedenen Baugesellschaften tätig war. Der Grundriß spiegelt denn auch den gutbürgerlichen Lebensstil der Vorkriegsjahre wider mit Eßzimmer, Herrenzimmer und Damenzimmer, deren exklusive Einrichtung ebenfalls von Schneider stammte, sowie einer Dienstmädchenkammer. Heute ist das ursprünglich 7 700 m^2 umfassende Grundstück parzelliert, so daß das Haus, das äußerlich noch weitgehend dem Originalzustand entspricht und auch im Innern problemlos »zurückgebaut« werden konnte, allzu stark von einem Gebäude im konfektionierten »Landhausstil« der 80er Jahre bedrängt wird.

H 18 Haus Völker

Haselknick 22, Wohldorf-Ohlstedt
Architekten: Elingius & Schramm
1925/26

Einer der seltenen expressionistisch gestimmten Entwürfe des Büros mit gotisierenden Spitzbögen, Zackengesims, sternförmigen Fenstern und einem Schornstein als Giebelbekrönung, welcher mit seinen übereckgestellten Ziegelschichten angelsächsisch anmutet. Ungewöhnlich für die Architekten ist auch das weißgeschlämmte Sichtmauerwerk, wobei wohl die isolierte Lage des Gebäudes in den Wiesen der Alsterau den Ausschlag für die rustikale Gestaltung gab.

H 19 Einfamilienhaus

Diestelstraße 5, Wohldorf-Ohlstedt
Architekten: Jacob & Ameis
1912

Der Bau besticht durch seine elegante neoklassizistische Gliederung im »Zopfstil« des ausgehenden 18. Jahrhunderts unter einem geschweiften Blendgie-

H 23 Herrenhaus Wohldorf
H 24 Haus Ameis

bel. Die Fenster und andere Details sind noch im Originalzustand erhalten, die durchgefärbte Edelputzfassade wurde nach dem ursprünglichen Vorbild erneuert. Auch hier kennzeichnet die Innenräume wieder jene behäbig-gemütliche Atmosphäre, die die Entwürfe von Jacob & Ameis vor dem Ersten Weltkrieg so erfolgreich machte: Täfelungen und Schnitzereien in dunkler Eiche, Delfter Kacheln, Wohndiele mit Kaminecke und Wohnraum mit behaglicher Ofennische.

H 20 Schule am Walde

Kupferredder 12, Wohldorf-Ohlstedt
Architekt: Hochbauwesen, Baurat Völker
1930/31

Das sachliche Klinkergebäude, der gestalterischen Handschrift Fritz Schumachers eng verwandt, erweckt einmal mehr Zweifel an der ausschließlichen Autorschaft des Oberbaudirektors bei zahlreichen ihm zugeschriebenen Entwürfen des Hochbauwesens.

H 21 Kupferhof
H 21.1 Kupfermühle

Herrenhausallee 64, Wohldorf-Ohlstedt
18. Jahrhundert

H 21.2 Kupferhof

Herrenhausallee 95, Wohldorf-Ohlstedt
Um 1750

H 21.3 Kate

Kupferredder 74, Wohldorf-Ohlstedt
18. Jahrhundert

1622 wurde die Ammersbek im heutigen Kupferteich gestaut, um die Wasserkraft für die Herstellung von Messingdraht zu nutzen, 1687 wurde hier der Betrieb eines Kupferhammers aufgenommen. Als bauliche Zeugnisse dieser Entwicklung sind noch das Wohnhaus des früheren Mühlenbesitzers, eine Arbeiterkate sowie die ehemalige Kupfermühle selbst erhalten, schlichte Fachwerkbauten, die sich auch hinsichtlich ihrer großzügigen Durchfensterung als typische Nutzarchitektur des 18. Jahrhunderts ausweisen. Lediglich das Eigentümerwohnhaus Herrenhausallee 95 wird durch seine Zweigeschossigkeit und ein mittig angeordnetes Zwerchhaus hervorgehoben.

H 22 Haus Reimann

Herrenhausallee 62a, Wohldorf-Ohlstedt
Architekten: Dinse, Feest, Zurl
1991/92

Mit seinem blechverkleideten Spitztonnendach und den holzverschalten Fassaden erinnert das langgestreckte Gebäude unweigerlich an eine Scheune aus dem Mittelwesten der USA. Damit erschöpfen sich aber auch schon die traditionalistischen Anklänge, denn Details wie die Fensterrahmen, die Terrassendecks oder die Dacherker zeugen von der Lust am Spiel mit industriellen Materialien, für die das Architekturbüro bekannt ist. Souverän wurden hier die gängigen Klischees ortstypischen Bauens negiert – Backstein, Sprossenfenster und Krüppelwalm –, und dennoch gelang ein Bau, der sich sensibel der Landschaft von Wohldorf-Ohlstedt und der Nachbarschaft des denkmalgeschützten Kupferhofs einfügt.

H 23 Herrenhaus Wohldorf

Herrenhausallee 4, Wohldorf-Ohlstedt
Architekt: H. Georg Günther
1712–14

Der repräsentative Fachwerkbau, ursprünglich von dem Zimmermeister Günther als Wohn- und Amtssitz für den »Waldvogt« und die »Waldherren« errichtet – hamburgische Ratsherren, die die Walddörfer von Farmsen bis Großhansdorf verwalteten –, erhebt sich auf einer ehemaligen mittelalterlichen Burginsel. Noch bis 1918 bereiste die Finanzdeputation unter Leitung der dienstältesten Senatoren regelmäßig die ländlichen Exklaven im Nordosten des Hamburger Staatsgebiets. Endziel dieser Inspektionsfahrten war jedesmal das Herrenhaus in Wohldorf, wo traditionell üppige Festgelage stattfanden.

H 24 Haus Ameis

Schleusenredder 21, Wohldorf-Ohlstedt
Architekt: Otto Ameis
1907; Nebengebäude 1912

Das Erstlingswerk von Otto Ameis (1881–1958), dessen Büro Jacob & Ameis für eine Reihe herausragender Landhausentwürfe in den Walddörfern verantwortlich zeichnete. Das Gebäude, ein bemerkenswertes Beispiel für die Heimatschutzstil-Diskussion vor dem Ersten Weltkrieg, nimmt mit Krüppelwalmdach, Fachwerkgiebeln, Schmuckverbänden und der »Grootdör« der Loggia im Erdgeschoß charakteristische Motive des niederdeutschen Bauernhauses auf. Auch die Innenraumgestaltung ordnet sich mit Wandvertäfelungen, sichtbaren Deckenbalken und Delfter Kacheln dem bäuerlich-rustikalen Charakter der Außenarchitektur unter. Ursprünglich nur als Sommerhaus gedacht, erfüllt der Bau doch alle Ansprüche an ein bürgerliches Einfamilienhaus und weicht in dieser Hinsicht kaum von dem seinerzeit üblichen Standard ab.

H 25 Haus Bozenhard

Schleusenredder 9, Wohldorf-Ohlstedt
Architekten: Jacob & Ameis
Um 1912

Der kompakte zweigeschossige Backsteinbau stellt mit Sprossenfenstern, Klappläden und Walmdach sozusagen einen Standardentwurf des bürgerlichen Einfamilienhausbaus in der ersten Jahrhunderthälfte dar. Die schlichten Fassaden werden im ersten Obergeschoß durch einen Erker akzentuiert.

H 26 Haus Bauer

Duvenstedter Triftweg 4, Wohldorf-Ohlstedt
Architekten: Karl Schneider (Ursprungsbau). nps Architekten BDA Nietz, Prasch, Sigl; Mitarbeiter: Walter Ahlers (Instandsetzung)
1925, 1928; Instandsetzung 1992

Kubischer Flachdachbungalow mit weißgeschlämmtem Sichtmauerwerk. Da der Bauherr Ernst Bauer, Besitzer einer holzverarbeitenden Fabrik und späterer Freund des Architekten, gehbehindert war, wurden alle Räume ebenerdig zu einem kompakten, winkelförmigen Grundriß mit fließenden Übergängen angeordnet. Um die Ecken greifende Fensterbänder mit Blockzargen, die an den Gebäudekanten die für Schneider charakteristischen »Negativecken« bilden, öffnen die Räume nach Süden und Westen. Der Wunsch nach Licht, Luft und Sonne – das Ehepaar Bauer war Anhänger der Freikörperkultur – bestimmte auch die Gestaltung der Außenanlagen wie den überdachten Freisitz im Westen (in den 60er Jahren geschlossen), die Dachterrasse für Sonnenbäder und das Schwimmbassin, das gleichsam ein Gelenk zwischen dem Gebäude und der reizvollen Landschaft an der Oberalster bildet. In den 80er Jahren wurde das verwahrloste Gebäude von seinen neuen Eigentümern restauriert. 1992 erfolgte vor allem eine denkmalgerechte Erneuerung der Fenster.

H 27 Haus Edye

Alsterblick 1, Wohldorf-Ohlstedt
Architekt: Fritz Höger
1923/24

Das betont schlichte Einfamilienhaus unterstreicht mit Satteldach und verschaltem Giebel den ländlichen Charakter der Walddörfer.

H 28 Haus Köhnemann

Sarenweg 38, Lemsahl-Mellingstedt
Architekten: v. Gerkan & Marg
1968/69

Offene und geschlossene Betonkuben, z. T. mit dunkel lasierten Holzverschalungen, fügen sich zu einer stark differenzierten Baugruppe, wobei das Gefälle des Grundstücks zur Alster geschickt mit Terrassierungen und einer Einliegerwohnung im Untergeschoß ausgenutzt wird.

H 29 Evangelisch-lutherische Pfarrkirche Bergstedt

Volksdorfer Damm 268/Wohldorfer Damm, Bergstedt
Architekt: Jasper Carstens (Erweiterung)
Baubeginn 1. Hälfte des 13. Jahrhunderts; Erweiterung 1745–50; Instandsetzung 1951/52

Die flach gedeckte Saalkirche im dörflichen Kern von Bergstedt birgt noch die Umfassungmauern einer Feldsteinkirche aus dem 13. Jahrhundert. Mitte des 18. Jahrhunderts wurde dieser bereits gotisch überformte Bau nach Westen erweitert und erhielt über dem Westgiebel einen Fachwerkturm. Bei der Restaurierung 1951/52 wurde die südliche der ehemals zwei in Längsrichtung verlaufenden Emporen abgebrochen und die Holzbalkendecke von 1609 mit Malereien von 1685, die 1828 verschalt worden war, wieder freigelegt. An historischen Ausstattungsstücken sind die Kanzel von 1686 und der ehemalige Kanzelaltar erwähnenswert, der jedoch nur noch ein Pasticcio aus Stücken des 17. Jahrhunderts und einem mittelalterlichen Kruzifix darstellt, seitdem die Kanzel 1952 separat aufgestellt wurde.

H 26 Haus Bauer (vor der Restaurierung)

H 31.1 Herrenhaus Annenhof
H 31.2 Wohnanlage Annenhof

H 30 Siedlerhäuser

Op de Elg 21–29, Sasel
Architekt: Fritz Höger
1921/22

Die Doppelhäuser wurden von einer Baugenossenschaft von Kriegsheimkehrern errichtet. Vermutlich verstand Höger die Gebäude als Prototypen für weitere derartige Projekte, was die Vielzahl der unterschiedlichen Lösungen erklärt, die in der kleinen Wohnanlage realisiert wurden. Die Wohnfläche war mit 72 m^2 für den mittelgroßen der drei Haustypen vergleichsweise großzügig bemessen; der kleinste Typ wies statt eines Wohnraums jedoch nur eine Wohnküche auf. Die Gestaltung ist bei aller Schlichtheit von größter Sorgfalt, wobei das steile Satteldach und der bretterverschalte Giebel schon typische Motive der Siedlungen der NS-Zeit vorwegzunehmen scheinen. Sasel, heute in weiten Bereichen ein kleinbürgerliches Einfamilienhausquartier, wies vor dem Zweiten Weltkrieg eine Vielzahl derartiger Siedlungen auf, die mit ihrem umfangreichen Gartenland in den Zeiten der Not eine Subsistenzmöglichkeit boten. Auf dem Höhepunkt der Weltwirtschaftskrise 1932 waren denn auch von den insgesamt 3 918 Einwohnern 1133 auf staatliche Fürsorgeleistungen angewiesen.

H 31 Herrenhaus und Wohnanlage Annenhof

H 31.1 Herrenhaus

Saselbergweg 29, Sasel
Architekten: Paul Schöß (Ursprungsbau). Holger Schmidt; Mitarbeiter: Vita Römer, Horst Stapelfeldt, Annette Finkeldey, Bischof von Tein (Umbau)
1922–24; Umbau 1990, 1992/93

H 31.2 Wohnanlage

Saselbergweg 23–37, Sasel
Architekten: Rogalla & Kitzmann; Mitarbeiter: Hartwig Ehmer, Susanne Heitgerken, Claus Schlomsky
1990, 1992/93

Wohnanlage in einem 5 ha großen Parkgelände. Die Lindenallee zum Torgebäude des Annenhofs bildet die Symmetrieachse für sechs »Kavaliershäuser«, jeweils mit vier überdurchschnittlich ausgestatteten Geschoßwohnungen von rund 120 bis 127 m^2 Wohnfläche und einem Penthouse von rund 197 m^2; ein weiteres dieser Gebäude verbirgt sich nördlich des Annenhofs zwischen Baumgruppen. Bei der Gestaltung – besonders bemerkenswert auch im Innern – setzten die Architekten bewußt auf »Unterkühlung«, was die Wohnanlage im Endeffekt weitaus exklusiver wirken läßt als die üblichen Stilsurrogate im Landhausstil. Auffällig sind die strahlend weißen Putzfassaden, mit denen sich die Neubauten demonstrativ von der Klinkerarchitektur des Herrenhauses abheben (wie auch vom Denkmalschutzamt gefordert). Der Altbau selbst, ein umfangreicher Komplex aus Hauptgebäude, Wirtschaftsflügel und Torturm, wurde in vier reizvoll ineinander verschachtelte und überaus individuell geschnittene Wohnungen eingeteilt – jeweils mit den Haupträumen im Erdgeschoß und eigenem Hauseingang.

H 32 Gedenkstätte Plattenhaus Poppenbüttel

Kritenbarg 8, Poppenbüttel
Architekten: Georg Hinrichs (Entwurf). Hans Th. Holthey (Bauleitung)
1944/45; Umgestaltung zur Gedenkstätte 1985

Das Gebäude stellt den letzten Rest einer Siedlung dar, die während des Zweiten Weltkriegs auf dem Gelände des heutigen Alstereinkaufszentrums errich-

H 32 Typisches Plattenhaus (Standort unbekannt)

tet wurde und bis Kriegsende ca. 370 sogenannte Plattenhäuser umfaßte: knapp 40 m^2 große Behelfsheime für Ausgebombte aus Betonpfosten und -platten, die im KZ Hamburg-Neuengamme vorgefertigt wurden. Auch für den Bau der Plattenhäuser wurden neben Zwangsarbeitern ab Herbst 1944 KZ-Häftlinge eingesetzt, meist polnische Jüdinnen aus dem Außenlager Sasel des Stammlagers Neuengamme (vgl. auch die Falkenbergsiedlung in Neugraben, Nr. K 64). 1985 wurde das Plattenhaus durch das Museum für Hamburgische Geschichte zu einer Gedenkstätte umgestaltet, die auch einen Eindruck von den damaligen Wohnverhältnissen vermitteln will.

H 33 Wohnanlage Fährkrogweg

Fährkrogweg 1–35, Poppenbüttel
Architekten: Mensinga & Rogalla
1967

Ein bemerkenswerter Beitrag zum Wohnungsbau der 60er Jahre. Zweieinhalb- und Dreieinhalbzimmerwohnungen in Split-level-Bauweise, bei letzteren befinden sich die Wohnräume im Souterrain, kennzeichnen die innere Aufteilung, weißgeschlämmtes Sichtmauerwerk und dunkle Holzverschalungen die unprätentiöse, aber markante äußere Gestaltung der sechs rhythmisch gestaffelten Hauszeilen.

H 34 Hamburg-Bau '78

Garleff-Bindt-Weg/Carsten-Meyn-Weg/Gödersenweg/Ohlendiekskamp/Kreienkoppel/Schusterkoppel u.a., Poppenbüttel
Architekten: Erler und Kahl. Wabnitz und Blohmeyer. Planungsgruppe Witt (städtebauliche Gutachten). A. P. B. Architektengruppe Planen & Bauen. Bäumer & Streb. v .Gerkan, Marg & Partner. PPL Planungsgruppe Professor Laage. Steidle & Partner u. a. (Bauten)
Gutachterverfahren 1976, Bebauungsplan 1977, Bebauung 1977 W, 1977/78

In den 70er Jahren nahm die Stadtflucht in das hamburgische Umland, wo vor allem das günstige Bauland lockte, greifbare Formen an, während die Außengebiete der Stadt bereits extensiv zersiedelt waren. Angesichts dieses Entwicklungstrends entschloß sich der Senat 1976, die Erschließung eines neuen Einfamilienhausgebiets im Nordwesten von Poppenbüttel, für das gerade ein städtebauliches Gutachterverfahren stattgefunden hatte, mit einer Bauausstellung – der »Hamburg-Bau '78« – zu verbinden. Der Zeitrahmen war sehr knapp bemessen. Im Frühjahr 1977 lagen bereits die Aussteller fest. Im selben Jahr wurde auch noch ein Architektenwettbewerb entschieden, der Alternativen zu dem innerhalb der Stadtgrenzen immer weniger erschwinglichen freistehenden Einfamilienhaus aufzeigen sollte.

Prämiiert wurden u. a. die Entwürfe von v. Gerkan, Marg & Partner, deren »Stadthäuser« starke Beachtung fanden, und die Kettenhäuser von A. P. B. Architektengruppe Planen & Bauen. Das Gesamtbild der

H 34.1.2 Kettenhäuser von v. Gerkan, Marg & Partner

Siedlung, insgesamt 221 Häuser, die entlang verkehrsberuhigter Wohnstraßen gruppiert wurden – dabei zum überwiegenden Teil jedoch als konventionelle Reihen- oder Einzelhäuser –, geriet im Endeffekt allerdings eher enttäuschend. Hier fehlte offenbar der planerische Mut, das Repertoire auf einige wenige ausgefeilte und miteinander korrespondierende Haustypen zu beschränken und gestalterische Individualität nicht mit architektonischem Wildwuchs zu verwechseln. An herausragenden Entwürfen hätte es nicht gemangelt, wie die hier vorgestellten Wettbewerbsbeiträge belegen.

H 34.1 Kettenhäuser Gödersenweg

H 34.1.1 Kettenhäuser von A. P. B.

Gödersenweg 1–5/Carsten-Meyn-Weg 28; Gödersenweg 13–27
Architekten: A. P. B. Architektengruppe Planen & Bauen; Mitarbeiter: Gustaf Bachmann, Johannes D. Meyer
1977/78

H 34.1.2 Kettenhäuser von v. Gerkan, Marg & Partner

Gödersenweg 6–20
Architekten: v. Gerkan, Marg & Partner; Partner Planung: Klaus Staratzke; Partner Bauleitung: Rolf Niedballa; Mitarbeiter: Hans-Hauke Huusmann, Marina Auder, Hans Herzlieb, Günther Klau, Georg Kessler
1977/78

Anderthalbgeschossige Kettenhäuser mit versetzten Ebenen, die sich geschickt gegeneinander abschirmen. Auch die Wohnstraßen, die nahezu nahtlos in die Hauszugänge übergehen, sowie halbhohe Gartenmauern und Abpflanzungen schaffen ein differenziertes, ineinander verzahntes Bezugssystem von öffentlichen und privaten Räumen, das nachbarschaftliche Nähe genauso erlaubt wie Zurückgezogenheit und Distanz.

H 34.2 Hausgruppe Kreienkoppel

Kreienkoppel 15–23
Architekten: Steidle & Partner. Ilsemarie Rojan-Sandvoss
1977/78

H 36 Gut Wellingsbüttel

Die Gruppe der sechs zweigeschossigen Bauten, wiederum nach dem Split-level-Prinzip konzipiert, faltet sich am Kopf eines »Wendehammers« fächerförmig auf. Das kompositorische Spiel der Fassadenöffnungen auf den schlichten, weißgeschlämmten Kuben verweist auf die Vorkriegsmoderne.

H 34.3 Stadthäuser Carsten-Meyn-Weg

Carsten-Meyn-Weg 20–26
Architekten: v. Gerkan, Marg & Partner; Partner Planung: Hans-Eggert Bock; Partner Bauleitung: Rolf Niedballa; Mitarbeiter Bauleitung: Hans-Günther Klau, Georg Kessler
1977/78

Im Unterschied zu den vorgenannten Beispielen, die dem Maßstab der Außengebiete verpflichtet sind, klingt mit den Stadthäusern das traditionelle Vorbild der Hamburger Reihenvillen in den urbanen Alstervierteln an. Die Wohn- und Schlafräume sowie Atelier und Dachgarten verteilen sich auf sechs gegeneinander versetzte Ebenen. Auch durch die Integration der Garage und des Heizungsraums in die Eingangsebene wurde das Bauvolumen vergrößert und somit der Eindruck kleinbürgerlicher zweigeschossiger Vorstadtreihenhäuschen vermieden.

H 35 »Schloß Hohenlinden«

Alte Landstraße 270, Poppenbüttel
Architekt: H. Otto Brehmer
1922

Weniger der konventionelle neoklassizistische Landhausstil mit Säulenloggia als die wohlkonservierte Ausstattung der Innenräume rückten das Gebäude in den letzten Jahren in das Blickfeld der Denkmalpflege. Bis hin zur Rufanlage für das Hauspersonal ist hier noch die Lebensführung eines großbürgerlichen Haushalts im ersten Viertel des 20. Jahrhunderts ablesbar – die der Bauherr, der Baustoff-Kaufmann F. W. Bindel, allerdings mit wuchtigem Mobiliar und gründerzeitlich-pompösem Stuckdekor identifzierte, die eher in das wilhelminische Kaiserreich als in die Erbauungszeit zu passen scheinen.

H 36 Gut Wellingsbüttel

Wellingsbütteler Weg 71–75a,b, Wellingsbüttel
Architekten: Georg Greggenhofer (Torhaus), Martin Haller (Umbau des Herrenhauses)
Torhaus 1757; Herrenhaus um 1750; Umbau des Herrenhauses 1889/90; Instandsetzungen des Torhauses 1951–57 und um 1970

Wellingsbüttel gehörte seit 1673 den Freiherren von Kurzrock und war reichsunmittelbar. 1806 gelangte das Dorf an die dänische Krone und wurde holsteinisch, während sich das Gut von 1818 bis 1938 im Besitz Hamburger Bürger befand, um schließlich, ebenso wie die Ortschaft selbst, an die Stadt Hamburg zu wechseln. Aus der Zeit der Freiherren von Kurzrock sind noch das anmutige Torhaus mit Mansardwalmdach und zierlichem Dachreiter – seit 1973 Heimatmuseum Alstertal – sowie das Herrenhaus erhalten. Letzteres, ursprünglich ein eingeschossiger Backsteinbau, wurde allerdings im ausgehenden 19. Jahrhundert von Martin Haller aufgestockt und mit einer neobarocken Putzfassade versehen.

H 37 Evangelisch-lutherische Luther-Kirche

Up de Worth 25, Wellingsbüttel
Architekten: Hopp & Jäger
1936 W, 1937; Pastorat 1951; Gemeindehaus 1953

Der zweite traditionalistische Kirchenbau des Büros an der Oberalster neben der Maria-Magdalenen-Kirche in Ohlsdorf (vgl. Nr. F 12), diesmal mit Fachwerkfassaden und traditionellen Schmuckverbänden im Mauerwerk (u. a. »Donnerbesen«). Auch bei der Gestaltung des Innenraums mit Seitenemporen und Tonnendecke waren die Architekten um den Eindruck eines ländlichen Gotteshauses bemüht.

H 38 Einfamilienhäuser von Fritz Höger

H 38.1 Haus Dr. Knoth

Up de Worth 24, Wellingsbüttel
Architekt: Fritz Höger
1934

H 38.2 Haus Bagge

Up de Worth 26, Wellingsbüttel
Architekt: Fritz Höger
1935

Die beiden Einfamilienhausentwürfe repräsentieren das Spätwerk von Höger, der nach 1933 trotz seiner unverhohlenen Sympathie für das NS-Regime kaum noch bedeutende Bauaufträge erhielt und wohl nur mühsam seinen Platz in der nun herrschenden Architekturdoktrin fand. Der kompakte zweigeschossige Typus der »Kaffeemühle« mit Walmdach wird zugunsten der »bodenständigeren« Satteldachlösung aufgegeben, die sich eher am Siedlerhaus als an der urbanen Vorstadtvilla orientiert. Auch die Bretterverschalungen an den Giebeln wirken betont rustikal. Die für den »Klinkerstricker« Höger charakteristischen Dekorationsformen finden sich nur noch pointiert an wenigen herausgehobenen Stellen wie den Eingängen, wogegen die Fensterbänder – besonders bemerkenswert an der Veranda von Haus Bagge – die Entwicklung der 20er Jahre fortsetzen.

H 39 Ehem. Verwaltungsgebäude der ATAG

Rabenhorst 11, Wellingsbüttel
Architekt: Paul Schöß
Um 1914

Die Alsterthal-Terrain-Actien-Gesellschaft (ATAG) ging 1912 aus der Vereinigung zweier Gesellschaften hervor, deren spekulative Interessen sich in einem zentralen Punkt berührten, nämlich der Verlängerung der Ohlsdorfer Vorortbahn bis Poppenbüttel, die wiederum eine zentrale Voraussetzung für die systematische Aufsiedlung der Gemeinden an der Oberalster bildete. Das Verwaltungsgebäude der ATAG, eine Art Herrenhaus der niederländischen Renaissance en miniature, stammte mit Paul Schöß von einem Architekten, der bis dahin vor allem mit extravaganten Villenentwürfen hervorgetreten war. Die hochgesteckten Erwartungen der Kapitalgeber blieben durch den Kriegsausbruch 1914 und die Inflation jedoch unerfüllt.

H 37 Evangelisch-lutherische Luther-Kirche

H 40 Haus Dr. Sautter

Die Bahnstrecke, 1918 provisorisch in Betrieb genommen, konnte erst 1924 mit Hilfe des Kreises Stormarn fertiggestellt werden. Die Bautätigkeit vollzog sich bis Mitte der 20er Jahre nur schleppend.

Der Zuschnitt der Parzellen sollte Wellingsbüttel von vornherein eine gewisse Exklusivität zusichern. Bei 5 000 m² lag die Mindestgröße für den Verkauf von ATAG-Grundstücken am Alsterlauf, womit hier auch Rücksicht auf den landschaftlichen Charakter genommen wurde, mindestens 2 500 m² waren in den Bereichen Up de Worth/Barkenkoppel und Pfeilshofer Weg/Rabenhorst vorgeschrieben, mindestens 1000 m² südwestlich der Station Hoheneichen. Die jeweils annähernde Verdoppelung der Einwohnerzahl von 1153 (1925) auf 2 047 (1933) und schließlich auf 4115 Einwohner (1937) markiert den Baufortschritt. Wellingsbüttel genießt zwar großes Sozialprestige, der hohe Anteil an unaufwendig gestalteten, traditionalistischen Gebäuden aus den 30er Jahren bedingt jedoch den eigentümlich glanzlosen Charakter des Stadtteils. Es fehlen die architektonischen »Highlights« der Weimarer Republik. Ab 1931 wurden als Folge der Weltwirtschaftskrise ohnehin nur noch kleine Grundstücke verkauft.

H 40 Haus Dr. Sautter

Lockkoppel 21, Wellingsbüttel
Architekt: Peter Schweger
1965, 1967/68

Die kompakten Betonkanten über rotem Sichtmauerwerk ordnen den qualitätvollen Entwurf unzweifelhaft dem Brutalismus zu. Der Bau wurde von innen nach außen entwickelt, wie die komplexe Gebäudestruktur verdeutlicht, die die einzelnen Raumeinheiten ablesbar macht. Wohnraum, Kaminecke und Eßraum gehen ohne merkliche Zäsuren ineinander über und bilden einen großzügig dimensionierten Wohnbereich, der durch eine Schwimmhalle ergänzt wird.

H 41 Einfamilienhaus

Pfeilshofer Weg 10, Wellingsbüttel
Architekt: Friedrich R. Ostermeyer
1928

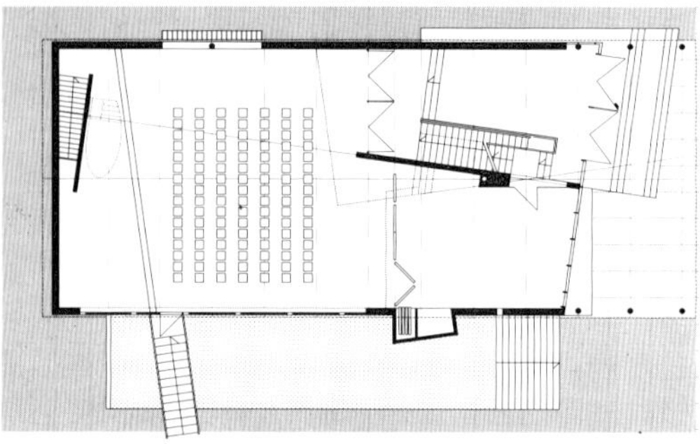

H 42 Gemeindehaus Arche Alstertal

Kompakter zweigeschossiger Bau aus gelbem Backstein. Der eingeschossige Trakt mit Walmdach wurde nachträglich angefügt.

H 42 Gemeindehaus Arche Alstertal

Saseler Chaussee 76a, Wellingsbüttel
Architekt: Marc-Olivier Mathez; Mitarbeiter: Christoph Weeren, Matthias Rudolf
1992/93

Gemeindezentrum für eine Pfingstgemeinde. Gemeindesaal und Gemeinderäume sind, wie bei Freikirchen oder Sekten häufig anzutreffen, unter einem Dach vereint (vgl. auch die baptistische Christuskirche, Nr. C 55); der kompakte Baukörper war nicht zuletzt aber auch durch die knappe Grundstücksfläche bedingt. Die schräg angeordneten Innenwände im Eingangsbereich und in der Altarzone erzeugen trotz der schlichten Grundform des Gebäudes abwechslungsreiche Raumeindrücke. Das flachgewölbte Tonnendach wird von Holzleimbindern getragen und ruht auf Stahlrohrstützen, wie sich auch an dem umlaufenden Oberlichtband ablesen läßt. Originell ist der farbliche Dreiklang der Fassaden aus altrosa Putzflächen, dunkelgrünen Fensterrahmen und hellen Naturholzverschalungen: ein unprätentiöser, aber hinsichtlich seiner konzeptionellen Schlüssigkeit und der wohldurchdachten Details bemerkenswerter Bau.

H 43 Schloß Ahrensburg

Lübecker Straße 1, Ahrensburg (Schleswig-Holstein)
Architekten: Schramm, v. Bassewitz, Hupertz (Restaurierung)
Baubeginn kurz nach 1570; Fertigstellung 1595; Umbauten ab 1759; Umbauten 1855; Restaurierung 1981–85

Schloß Ahrensburg – de facto ein Gutsherrenhaus – wurde von Peter von Rantzau errichtet, der 1569 die Burg Arnesvelde etwa 2,5 km südlich im Forst Hagen von seinem Bruder Daniel geerbt hatte. Pfostenfunde aus dem 1759 zugeschütteten und zu Beginn der 80er Jahre wiederhergestellten Schloßgraben bestätigen die Vermutung, daß der Baubeginn bereits zu jenem Zeitpunkt erfolgte, und nicht erst, wie bisher angenommen, im Jahre 1580. Die Türme waren ursprünglich wohl nicht vorgesehen und wurden nach einer längeren Unterbrechung der Bauarbeiten erst nach 1587 fertigestellt. Das Vorbild für das Ahrensburger Schloß wäre dann eindeutig das Glücksburger Schloß (1583–87), wie dieses ein simpler Baukörper aus drei aneinander gereihten Giebelhäusern mit vier Ecktürmen, die feudalen Machtanspruch signalisieren.

1759 wurde das verschuldete Rantzauer Gut an den Hamburger Kaufmann Heinrich Carl Schimmelmann (1724–82) verkauft, der drei Jahre später auch Gut Wandsbek erwarb, wo er ebenfalls das Schloß umbauen sowie sein Mausoleum errichten ließ (vgl. Nr. G 11). Schimmelmann, ab 1763 dänischer Finanzminister und ab 1779 dänischer Lehnsgraf, kann als einer der reichsten Männer Nordeuropas in der zweiten Hälfte des 18. Jahrhunderts gelten, hatte er doch nicht nur die Meißener Porzellanmanufaktur gepachtet, sondern war auch Besitzer von Zuckerplantagen auf den dänisch-westindischen Inseln. 1932 mußten die Schimmelmanns ihrerseits das Schloß aus wirtschaftlichen Gründen verkaufen, das einschließlich des kostbaren Inventars in öffentlichen Besitz gelangte und seit 1955 als Museum zugänglich ist.

Ließ Schimmelmann äußerlich nur die Giebel in Anlehnung an den ursprünglichen Zustand erneuern, so wurde das Innere grundlegend seinem Bedürfnis nach Repräsentation und Wohnkomfort angepaßt, vor allem durch den Einbau eines Treppenhauses mit Rokokostukkaturen (1761), das die unbequemen Wendeltreppen der Renaissance ersetzte. Die qualitätvolle Eichentäfelung des Speisezimmers im Stil Louis XVI. wurde vermutlich aus Paris bezogen (1766). Noch von den Vorbesitzern stammte dagegen die Ausstattung des Gartensaals mit Wandbildern von Tobias Stranover. Ferner sind das biedermeierliche Wohnzimmer im ersten Obergeschoß (1845) sowie der Festsaal und der Emkendorfsaal hervorzuheben, letztere durch M. Scherer neu gestaltet (1855). Aus einem Kieler Haus stammt das Tapetenzimmer von G. A. Pellicia (1802).

H 44 Ehem. Marstall

Lübecker Straße 4, Ahrensburg (Schleswig-Holstein)
1845

Eingeschossiger Dreiflügelbau mit Walmdach im zeittypischen Rundbogenstil. Die schlichten Backsteinfassaden werden durch Putzlisenen an den Gebäudekanten und Bogenrahmen über den Fensteröffnungen akzentuiert.

H 43 Schloß Ahrensburg

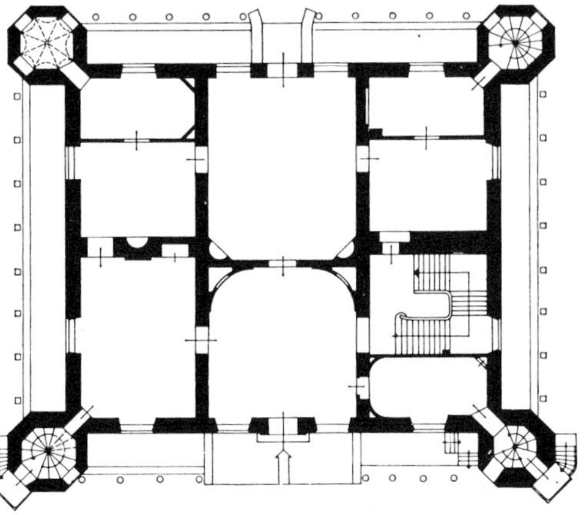

H 45 Schloßkirche und Gottesbuden

Am Alten Markt 1–5, Ahrensburg (Schleswig-Holstein)
1594–96; Grabkapelle und Dach 1745; Turm 1778

Nachgotische Saalkirche mit Spitzbogenfenstern ohne Chor und Apsis. Gegenüber den schlichten Innenwänden sticht die flache, mit vergoldeten Sternen besetzte Kassettendecke aus kleinen Kreuzrippengewölben hervor, die auf Konsolen mit Engelsköpfen ruht. Da die Kirche während des Nordischen Krieges 1713 demoliert wurde, sind aus der Erbauungszeit nur noch die Wangen des vorderen Gestühls und der eichene Altartisch erhalten. Zur Neuausstattung 1716 gehören der reichgeschnitzte Kanzelaltar, der Taufengel und die Pastoren- und Herrschaftsstühle von Carl Döbel. Im Süden und Norden wird die Kirche von den gleichzeitig errichteten Gottesbuden flankiert, einer Stiftung Peter von Rantzaus, die den Armen günstigen bzw. in der Nordreihe sogar kostenlosen Wohnraum bot.

H 45 Schloßkirche und Gottesbuden

H 46 Verwaltungsgebäude edding AG

Bookkoppel 7, Ahrensburg (Schleswig-Holstein)
Architekten: Struhk + Partner
1989/90

Ein architektonischer Lichtblick in einem amorphen Gewerbegebiet. Der H-förmige Baukörper kennzeichnet sich durch Stirnwände aus großformatigen Betonsteinen und Längsfronten mit Vorhangfassaden und außenliegenden Stahlträgern. Auch die hauchdünnen Dächer aus Trapezblech und Details wie die pastellfarben gestreiften Sonnenschutzrollos bewirken den filigranen, pavillonartigen Charakter der Architektur. Eine großzügige Erschließungsachse durchstößt den Komplex in ganzer Länge und verbindet die vier Häuser mit Kombibüros.

H 47 Wohnanlage Bogenstraße

Bogenstraße, Ahrensburg (Schleswig-Holstein)
Architekt: Marc-Olivier Mathez; Mitarbeiter: Ralf Kunze
1993 W, 1995/96

Hinter den beiden viergeschossigen Riegeln an der Bogenstraße (Planungsgruppe Zimmermann) verbirgt sich eine bemerkenswerte Wohnanlage. Neun Doppelhäuser mit jeweils sechs Zwei- bis Dreizimmerwohnungen sind in fünf Zeilen angeordnet. Gegenläufig geneigte Pultdächer und die Staffelung der Gebäude sorgen für ein abwechslungsreiches Erscheinungsbild. Ungewöhnlich an dem Konzept ist auch die Erschließung der Obergeschosse mit Außentreppen, die »Fugen« zwischen den schmalen Baukörpern bilden, während die unkonventionellen Grundrisse durch offene Küchen, Wintergärten und unterschiedliche Raumhöhen auffallen.

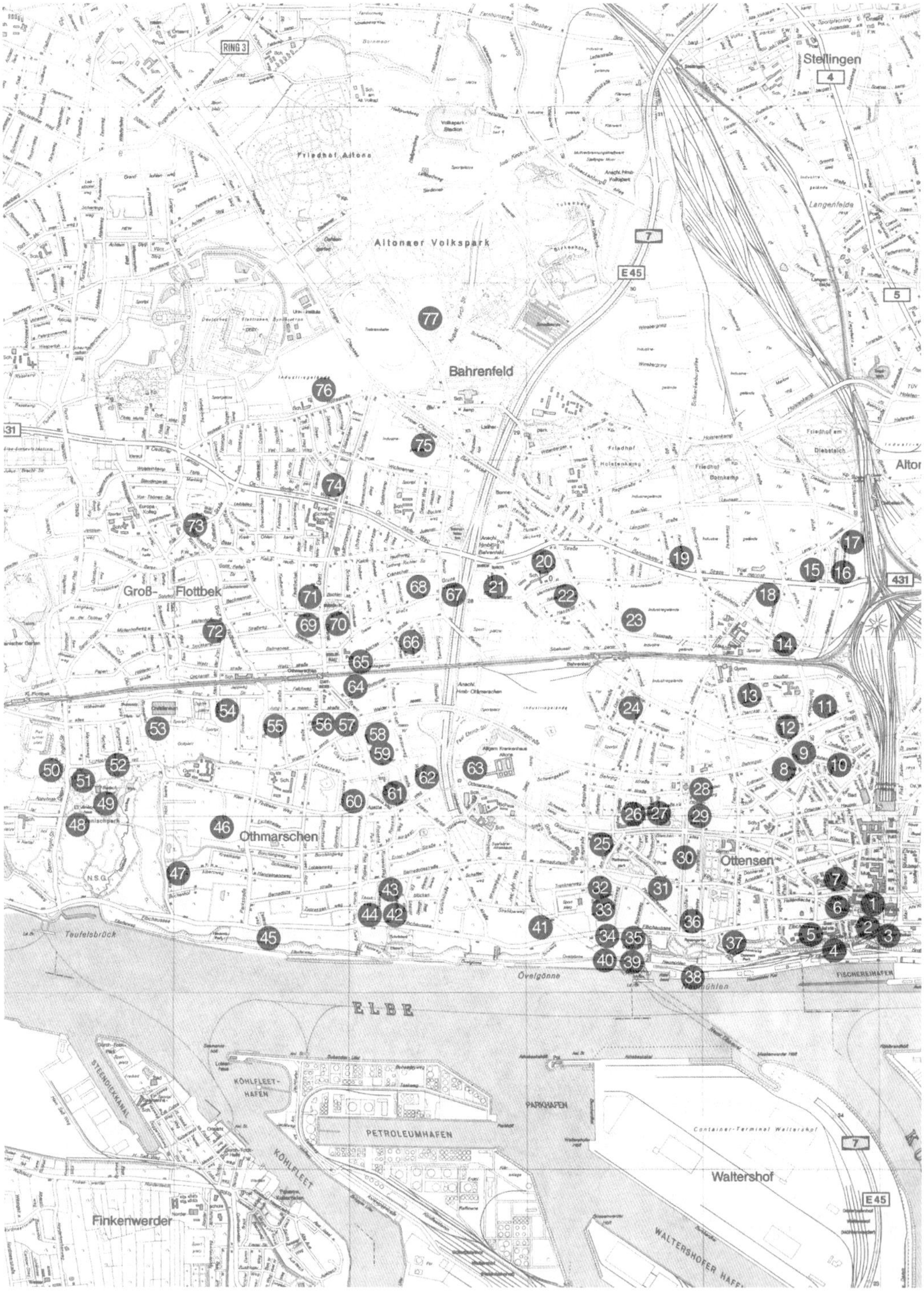
RING 3
Stellingen
Friedhof Altona
Altonaer Volkspark
Bahrenfeld
Groß-
Flottbek
Othmarschen
Ottensen
Övelgönne
Teufelsbrück
ELBE
KÖHLFLEET-HAFEN
PARKHAFEN
PETROLEUMHAFEN
KÖHLFLEET
STEENDIEKKANAL
Container-Terminal Waltershof
Waltershof
Finkenwerder
FISCHEREIHAFEN
E45
7
431

I Ottensen, Bahrenfeld, Othmarschen und Groß Flottbek

Ottensen, dessen ursprünglich dörfliche Strukturen noch heute im Straßennetz ablesbar sind, entwickelte sich ab der Mitte des 19. Jahrhunderts zu einem der wichtigsten Industriestandorte im Hamburger Raum: zwar bereits außerhalb der Freihandelszone von Hamburg, Altona und Wandsbek mit ihren gravierenden Nachteilen für das produzierende Gewerbe gelegen, aber in günstiger Nähe zu den Hafenanlagen, dem Eisenbahnnetz und den Arbeiterwohngebieten. 1889 wurde Ottensen, 1890 das nördlich angrenzende Bahrenfeld in das preußische Altona eingemeindet, das seinerseits wiederum mit dem Groß-Hamburg-Gesetz von 1937 an Hamburg gelangte. Im Krieg kaum zerstört, mischt sich die Wohnbebauung hier noch wie im 19. Jahrhundert mit Fabrikhallen und Gewerbehöfen, die vor allem in Ottensen zu loftartigen Büros und Ateliers umgebaut werden, seit in den 70er Jahren zahlreiche Betriebe schließen mußten oder ins Umland abwanderten (vgl. z. B. Nr. I 8).

Während der bürgerliche Westen von Bahrenfeld heute durch die Autobahnumgehung von Groß Flottbek abgeschnitten ist, bildet der repräsentative Hohenzollernring in Ottensen – ein Ergebnis des Generalplans von Joseph Stübben für die Stadterweiterungsgebiete von Altona (1893/94) – einen stadträumlich wirksamen Übergang zu den Villenquartieren von Othmarschen. Letzteres, ehemals ein Bauerndorf im Weichbild der heutigen Christuskirche (vgl. Nr. I 61) und 1890 nach Altona eingemeindet, entwickelte sich im späten 18. Jahrhundert entlang der Elbchaussee zu einem bedeutenden Landhausviertel. Ein weiterer Siedlungsschwerpunkt entstand ab 1881, als der nördliche Teil der Dorfgemarkung systematisch zur Villenkolonie »Neu-Othmarschen« ausgebaut wurde, wofür die 1867 eröffnete Eisenbahnstrecke nach Blankenese günstige Voraussetzungen bot. Im Norden schließt das ursprünglich ebenfalls dörfliche Groß Flottbek an, das erst 1927 an Altona gelangte, aber bereits seit der Erschließung von »Neu-Othmarschen« mit dem Nachbarviertel zusammengewachsen war.

I 1 Evangelisch-lutherische Christianskirche

Klopstockplatz/Ottenser Marktplatz 6, Ottensen
Architekten: Otto Johann Müller (Ursprungsbau), Albert Petersen (Neugestaltung des Turms), Hopp & Jäger (Wiederaufbau)
1735–38; Neugestaltung des Turms 1897/98; Zerstörungen 1944 und 1945; Wiederaufbau 1946–52

Saalkirche mit fünfseitigem Chorschluß. Das äußere Erscheinungsbild des schlichten Backsteingebäudes wird durch das gedrückt wirkende Mansarddach und den gedrungenen Westturm bestimmt, der im ausgehenden 19. Jahrhundert einschließlich des Portals neugestaltet wurde. Die barocke Innenausstattung ging im Zweiten Weltkrieg verloren und wurde in vereinfachten Formen nachempfunden. Der zerstörte Kanzelaltar aus der Erbauungszeit konnte aus geborgenen Einzelstücken mit Ergänzungen wieder zusammengefügt werden (Altar und Kanzelkorb heute getrennt aufgestellt). Auf dem Friedhof die Grabstätten Friedrich Gottlieb Klopstocks (1724–1803) und seiner beiden Frauen Meta und Johanna Elisabeth.

I 2 Historisches Ensemble Klopstockstraße

I 2.1 Reihenhauszeile

Klopstockstraße 2–8, Ottensen
1797

I 2.2 Wohnhäuser und Zollgebäude

Klopstockstraße 11–29, Ottensen
1845–55

I 2.3 Wohnhaus

Klopstockstraße 5, Ottensen
Architekt: Martin Haller
1881/82

Das historische Ensemble Klopstockstraße, gleichsam das Entree zur Elbchaussee, setzt mit seinen spätklassizistischen Stadtpalais aus den Jahren 1846 bis 1848 (Nr. 15–21) und 1854/55 (Nr. 11/13, Nr. 23/25) die repräsentative Bebauung der Altonaer Palmaille fort. Klopstockstraße 27/29 von 1845 war ursprünglich ein Zollamt. Ergänzt wird diese Gruppe durch eine der charakteristischen Neorenaissance-Architekturen von Martin Haller, ebenfalls mit Fassadenaufbau nach dem Palastschema. Im Kontrast zu diesen noblen Putzarchitekturen steht der behäbige Backsteinbau Klopstockstraße 2–8, teilweise nachträglich verputzt, eine Gruppe von vier Einzelhäusern, die baulich jedoch als Einheit behandelt wurden, so daß die beiden von flachen Dreiecksgiebeln bekrönten Risalite jeweils über zwei Hauseinheiten hinweg greifen.

I 3 Alnwick-Harmstorf-Haus

Klopstockstraße 1, Ottensen
Architekten: Riecke & Karres; Mitarbeiter: Rolf Hartmeyer
1973/74

I 3 Alnwick-Harmstorf-Haus

Souverän haben sich Architekt und Bauherr über die Nachbarschaft des Gebäudes hinweggesetzt. Daß die Reedereiverwaltung dennoch nicht wie ein Mißgriff wirkt, ist neben der geschickten Auflösung des Bauvolumens vor allem der eleganten Detaillierung des Curtain-wall zu verdanken.

I 4 Fachhochschule Hamburg, Fachbereich Seefahrt

Rainvilleterrasse 4, Ottensen
Architekten: Hans Meyer. Preußische Staatshochbauverwaltung
1930 W, Baubeginn 1931, Fertigstellung 1934/35

Die ehemalige Staatliche Seefahrtsschule konnte nach einer längeren Unterbrechung der Bauarbeiten, bedingt durch die Weltwirtschaftskrise, erst 1935 ihrer Bestimmung übergeben werden. Die Ausführungsplanung basierte auf dem siegreichen Wettbewerbsbeitrag des Privatarchitekten Hans Meyer, der vor allem für den Altonaer Bau- und Sparverein tätig war (vgl. z. B. Nr. I 16 oder I 19). Auch hier zeigt sich wieder Altonas eigenständiger Beitrag zur Vorkriegsmoderne: statt schwerer Klinkerarchitekturen wie im öffentlichen Hochbau Hamburgs helle Fassaden in Edelputz, luftige Terrassen und spannungsreich gruppierte Baukörper (im Westen das Direktorenwohnhaus).

I 5 Gartenhaus Heine

Elbchaussee 31, Ottensen
1832; Restaurierung 1975–79

Eingeschossiger Putzbau mit Krüppelwalmdach. Das kleine Gebäude mit klassizistisch dekoriertem Gartensaal, ursprünglich wohl auch als Gärtnerwohnhaus genutzt, stellt das letzte Relikt eines größeren Landhausbesitzes dar, den der Bankier Salomon Heine 1808 erworben und 1830 erweitert hatte.

I 6 Wohn- und Atelierhaus

Holländische Reihe 11, Ottensen
Architekten: Meyer + Fleckenstein; Mitarbeiter: Iris Hanapel, Cord Möller-Ewerbeck
1991, 1992/93

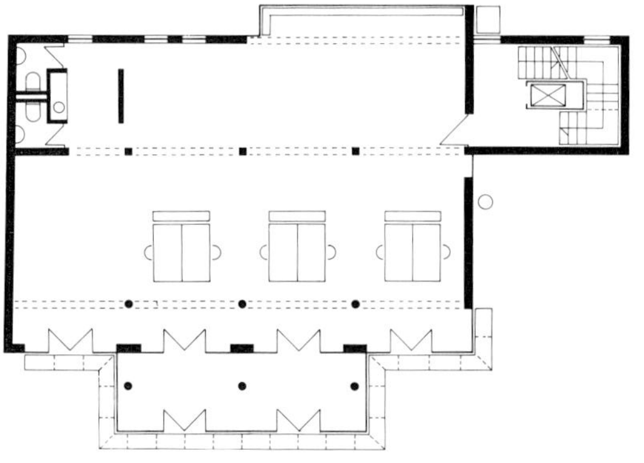

I 4 Fachhochschule Hamburg, Fachbereich Seefahrt

I 6 Wohn- und Atelierhaus

Ein Gemeinschaftsprojekt mehrerer Bauherren. Die Geschosse mußten flexibel einteilbar sein, um den Ansprüchen der unterschiedlichen Nutzer, u. a. auch des Architekturbüros selbst und eines freischaffenden Künstlers, gerecht zu werden. Wie im Gewerbebau wurde deshalb eine Stahlbetonskelettkonstruktion mit einem dezentralen Erschließungskern gewählt, wobei die Details z. B. im Eingangsbereich bewußt »roh« belassen blieben. Auch äußerlich stellt das Gebäude mit seiner Betonsteinfassade und den Fensterbändern einen Bruch an der Holländischen Reihe dar; lediglich der Erker nimmt die Maßstäblichkeit der benachbarten Lochfassaden wieder auf. Die Südseite zum Hof hin ist dagegen ganz in verglaste Wintergärten aufgelöst. – Back to the sixties? – Warum nicht, wenn das Ergebnis so überragend ausfällt wie hier in Ottensen.

I 7 Sanierung Karl-Theodor-Straße
Karl-Theodor-Straße/Arnemannstraße/Holländische Reihe/Ottenser Marktplatz, Ottensen
Architekten: Bertram, Boockhoff, Bünemann. Kammerer & Belz. Planum
Planung 1974/75, 1976–83

Das 1973 von Journalisten der *Zeit*, u. a. auch dem Architekturkritiker Manfred Sack, angestoßene Sanierungsprojekt erbrachte viele beispielhafte Lösungen für die »behutsamen« Stadterneuerungsmaßnahmen der folgenden Jahre: verkehrsberuhigte Wohn- und Spielstraßen, Blockentkernungen – kammförmige Neubaustruktur Karl-Theodor-Straße 7–11 von Kammerer & Belz (1983) –, angepaßte Baulückenschließungen – Ottenser Marktplatz 1 und Karl-Theodor-Straße 20 von Bertram, Boockhoff, Bünemann (1977/78), Holländische Reihe 12 von Planum (1980) – und die Modernisierung des erhaltenswerten Altbaubestands. Dabei wurde ständig der kritische Austausch sowohl der sechs eingeladenen Büros untereinander als auch mit den Betroffenen gesucht. Reagierte die Baubürokratie anfangs noch völlig unflexibel auf diese neuartigen Herausforderungen, so ist aus der Pioniertat von gestern mittlerweile die Routine von heute geworden – mit fatalen Folgen, denn mit dem Qualitätsanspruch von 1975 wird in Hamburg auch noch zwei Jahrzehnte später saniert.

I 8 Medienfabrik Zeisehallen
Friedensallee 7–9, Ottensen

I 8.1 Nördliche Gießereihalle mit Wohn- und Kontorgebäude
Architekten: F. Beyerstedt (Ursprungsbauten). me di um Architekten Jentz, Popp, Wiesner; Mitarbeiter: Barbara Jentz-Koska, Till Hülsemann, Katrin Wolke (Umbau zur Musikhochschule)
Wohn- und Kontorgebäude 1882, 1907 aufgestockt; Gießereihalle 1882/83, 1898 erweitert; Instandsetzung nach Kriegsschäden 1948–50; Umbau zum Supermarkt 1987/88; Umbau zur Musikhochschule 1991/92

I 8.2 Kneipe Eisenstein
Architekten: Peter Dinse. Isabell Feest
1987/88

I 8.3 Südliche Gießerei- und Drehereihalle
Architekten: Schaar & Hintzpeter (Urspungsbau). me di um Architekten Jentz, Popp, Wiesner; Mitarbeiter: Achim Aisslinger, Jasna Bilen, Andreas Bracht, Till Hülsemann, Barbara Jentz-Koska, Monika Lietz, Martin Schuchert, Katrin Wolke (Umbau)
1901; Umbau 1990–93

1868 gegründet, entwickelte sich die Eisengießerei Theodor Zeise ab den 1880er Jahren zu einem der führenden Hersteller von Schiffsschrauben, bis der Niedergang des westdeutschen Schiffbaus das Unternehmen 1979 in den Konkurs trieb. Der umfangreiche Fabrikkomplex besteht aus dem sogenannten Werk II – heute Medienhaus (vgl. Nr. I 9) – und den beiden im Winkel angeordneten Hallen an der Westseite der Friedensallee: anspruchslose Backsteinrohbauten, die kaum über den zeitgenössischen Standard der Gewerbearchitektur hinausweisen. Der Reaktivierung dieser Gebäude lag ein Konzept zugrunde, das die Planungsgruppe me di um 1985 mit Peter Dinse und Isabell Feest für den Wettbewerb »Das Kino von morgen« erarbeitet hatte (1. Preis).

I 8.3 Südliche Gießerei- und Drehereihalle

Bei den Umbauarbeiten sollte der dokumentarische Charakter der historischen Bausubstanz möglichst wenig verfälscht werden. Deshalb blieb das von Nutzungsspuren vernarbte Mauerwerk der Innenwände ebenso erhalten wie die in den Fußboden eingelassene Gußform für Schiffsschrauben in der nördlichen Halle – mit einer Glasplatte abgedeckt – oder der Industrieofen im »Eisenstein«, dessen Einrichtung sich mit Stahlblechen, Normprofilen und Neonröhren ebenfalls kongenial der ruppigen Ästhetik der gründerzeitlichen Werksanlagen unterordnet. Diesen Anspruch erfüllt auch das reversible System von Raumcontainern für Übungs- und Seminarzwecke, das entwickelt werden mußte, als sich mit der Musikhochschule ein neuer Nutzer für die nördliche Gießereihalle fand, die zwischenzeitlich als Supermarkt gedient hatte. Die Container stützen sich auf der ehemaligen Kranbahn ab.

Eine ähnlich komplexe Vielschichtigkeit aus Alt und Neu wurde auch beim Umbau der südlichen Halle in eine Laden- und Gastronomiepassage angestrebt, der Nutzer wie ein Kino, eine öffentliche Video- und Filmbibliothek und ein Kindergarten angegliedert sind. Kaum mehr als eine baufällige Ruine, mußte diesem Gebäude das Korsett einer neuen Binderkonstruktion eingezogen werden, die sich allerdings eher störend mit dem ursprünglichen Tragwerk überschneidet.

Auch die übrigen Einbauten hinterlassen den Eindruck einer verwirrenden Vielgliedrigkeit. Im Detail unbestreitbar von hoher Qualität, sind sie, wie z. B. der Eingangsbereich des Kinos, gerade in der Passage bisweilen zu beliebig und von zu gewollter Originalität.

I 9 Medienhaus
Friedensallee 14–16, Ottensen
Architekten: Arbeitsgemeinschaft Planungsgruppe me di um Jentz, Popp, Störmer, Wiesner mit Peter Dinse und Isabell Feest (Umbau)
Ursprungsbau 1880er Jahre; Fassade 1922/23; Umbau 1986/87

Das sogenannte Werk II der Schiffsschraubenfabrik, 1912 von Zeise erworben, wurde für unterschiedliche Unternehmen der Medienbranche und einen Gastronomiebetrieb umgebaut. Bemerkenswert ist auch hier der Umgang mit der Altbausubstanz. Während die neue Hauptfassade von 1923 an der Friedensallee mit ihren charakteristischen Korbbogenöffnungen unverändert blieb, wurden die dahinterliegenden Räume in eine artifizielle Collage aus unterschiedlichen Bau- und Raumschichten mit komplexen Durchblicken verwandelt, die den Nutzungswandel des Gebäudes ablesbar machen. Besonders deutlich wird dies auch an der Rückfront, wo die fünf Maisonettewohnungen mit ihrer schrägen Blechfassade dem historischen Bau gleichsam aufgestülpt sind.

I 10 Historisches Ensemble Zeißstraße
Ottensen
Anlage und Bebauung der Straße ab 1860

Die Zeißstraße verdeutlicht nicht nur die Entwicklung des ehemals ländlichen Kirchdorfs Ottensen zu einem industriell geprägten Arbeiterviertel, sondern auch den Wandel der Wohnverhältnisse der städtischen Unterschichten in der zweiten Hälfte des 19. Jahrhunderts. Das Gelände wurde 1858 von dem Schuhmachermeister Carl Halsinger erworben in spekulativer Erwartung des neuen Straßendurchbruchs und von ihm bzw. seinen Erben auch teilweise bebaut. In der Regel handelt es sich dabei um zwei- bis dreigeschossige, traufständige Bauten mit Putz- oder Rohbaufassaden ohne besonderen gestalterischen Anspruch, die an Arbeiter und Handwerker verkauft wurden.

I 9 Medienhaus

I 12 Borselhof

Die zuerst errichteten Gebäude entsprechen noch den vorindustriellen Haustypen der innerstädtischen Gängeviertel, nämlich der eingeschossigen Bude – Zeißstraße 17–25 von 1864 (z. T. nachträglich aufgestockt) – und dem zweigeschossigen Sahlhaus mit der charakteristischen Dreitürengruppe, d. h. jede der beiden Erdgeschoßwohnungen verfügt über eine eigene Haustür, während die mittlere in das Obergeschoß führt. Ablesbar ist dies z. T. noch an den Gebäuden Zeißstraße 18–26 (um 1860), 31–49 (um 1864), 42–46 und 61–63 (ebenfalls 1860er Jahre) sowie, als spätestes Beispiel, Nr. 84–88 (um 1872). Das erste moderne Mietshaus mit zentraler Treppenerschließung für alle Wohnungen wurde mit Nr. 67 1867 in der Zeißstraße errichtet, eine Lösung, die bei den um 1874 errichteten Gebäuden Zeißstraße 54–60, 55, 66 und 70 dann schon selbstverständlich war.

I 10.1 Ehem. Drahtstiftfabrik J. D. Feldtmann
Zeißstraße 22–34
Architekten: Rudi Tussing (Umbau und Instandsetzung Fabrikgebäude). Peter Dinse. Isabell Feest, Mitarbeiter: Piotr Forynski (Rekonstruktion Vorderhaus)
Fabrikgebäude 1874, Erweiterungen 1923 u. 1952; Umbau und Instandsetzung Fabrik 1986–89; Vorderhäuser um 1860; Rekonstruktion Vorderhaus 1989, 1990/91

Die ehemalige Drahtstiftefabrik, 1874 gegründet und 1883 an den Altländer Kapitän Johann Dietrich Feldtmann verkauft, steht beispielhaft für die Zulieferbetriebe der typischen Ottenser Industrien. Bis 1975/76 wurden hier Drahtstifte für Fischkisten, Bier- und Milchkästen – Ottensen war für seine Glasbläsereien bekannt – sowie Zigarrenkistchen hergestellt; bis 1985 bestand der Betrieb noch als Großhandel für derartige Produkte. Der Komplex aus den Vorderhäusern der

1860er Jahre, z. T. erneuert (Nr. 30–34), und den Fabrikationsgebäuden im Hof wird heute vom Stadtteilarchiv Ottensen e.V. und anderen Initiativen genutzt, die sich auch erfolgreich für den Erhalt der Bauten einschließlich des Fabrikinventars, z. T. noch aus der Vorkriegszeit stammend, eingesetzt hatten. Außerdem sind hier auch Wohnungen untergebracht.

I 11 Die »Fabrik«

Barnerstraße 36, Ottensen
Architekten: v. Gerkan, Marg & Partner; Mitarbeiter: J. Busack, C. Uroseck (Wiederaufbau)
1889; Zerstörung 1977; Wiederaufbau 1978/79

Die ehemalige Fabrik für Holzbearbeitungsmaschinen, ein dreischiffiger Hallenbau mit einer Innenkonstruktion aus Holz, dient seit 1971 als Jugend- und Kulturzentrum mit einem mittlerweile nahezu legendären Ruf. 1977 bis auf die Umfassungsmauern abgebrannt, wurde das Gebäude in enger Anlehnung an den ursprünglichen Zustand wiederhergestellt, wobei neben feuersicherem Bongossiholz z. T. auch Abbruchmaterial zum Einsatz kam, um auch dem Neubau gleich von Anfang an die charakteristische Patina eines Szenetreffs zu verleihen. Der Kran auf dem Treppenhausanbau stammt von der abgebrochenen Maschinenbaufabrik Menck & Hambrock in der Nachbarschaft.

I 12 Borselhof

Borselstraße 14–18, Ottensen
Architekten: F. Beyerstedt (Kontorgebäude im Hof von 1904). Schaar & Hintzpeter (Kopfbau). Regensburger, Marady, Johannsen (Instandsetzung und Umbau). Christian von Bismarck (Umbau östliche Halle)

I 13 Zeilenbauten Bunsenstraße

Straßenseitige Bauten: Kontorgebäude um 1893, 1909 erweitert; Kopfbau 1909; Hofbauten: Nördliches Fabrik- und Kontorgebäude 1888/89, westlich daran anschließendes Kontorgebäude 1904; südliche Fabrikgebäude 1893, 1898 und 1906 erweitert; östliche Fabrikhalle 1939/40; Instandsetzung und Umbau 1988/89 u. 1993/94 (östliche Fabrikhalle)

Ehemalige Fabrikgebäude der beiden metallverarbeitenden Industrieunternehmen Huckauf & Bülle und Seidler & Spielberg, die heute für Büros und Ateliers sowie ein Theater genutzt werden (Modell des Gesamtkomplexes in der Hofeinfahrt). Handelt es sich bei der Hofanlage um eher unscheinbare Bauten, so stellt der straßenseitige Kopfbau Borselstraße 18 von 1909 ein um so bedeutenderes Zeugnis der zeitgenössischen Gewerbearchitektur dar. Das Stakkato der enggereihten Backsteinpfeiler verlieh dem Eisenbetonskelettbau eine sachlich gefärbte Repräsentativität und machte ihn somit zum Aushängeschild des Unternehmens. Das Gebäude, in dessen Ladehalle die Industriebahn direkt einfahren konnte (vgl. das große Tor), wurde denn auch errichtet, nachdem Huckauf & Bülle die Anlagen von Seidler & Spielberg übernommen und beide Grundstücke vereinigt hatten.

I 13 Zeilenbauten Bunsenstraße

Bunsenstraße/Helmholtzstraße/Ohmstraße/Borselstraße, Ottensen
Architekt: Hochbauamt Altona, Gustav Oelsner
1926/27; Umbau und Aufstockung 1934/35; Teilzerstörung 1943; Wiederaufbau 1950–52

Mit der Anordnung der gelben Klinkerbauten als nordsüdlich ausgerichtete Zeilen, eine der ersten Wohnanlagen dieser Art in Deutschland überhaupt, gelang es Oelsner, die dichte Mischbebauung im Norden von Ottensen aufzulockern. – »Beachtenswert ist allerdings nicht nur die Zeilenanordnung selbst, sondern auch die Art ihrer künstlerischen Interpretation. Die Zeilenblöcke wurden nicht schematisch gereiht, sondern in subtil vor- und zurückspringende Massen verwandelt, mit denen platzartige ... Erweiterungen ... und blickverengende Abschlüsse definiert waren ... Gläserne Treppenhauslichtbänder ... gliederten die Fassaden vertikal und schufen ein Gegengewicht zur Horizontalbetonung. Die Ladenpavillons an der Bunsenstraße wurden ganz in vorgehängte Glasflächen, Eisenbetonstreben und ein hauchdünnes Betonkragdach aufgelöst und in konstruktivistischer Manier in die Stirnseiten der Wohnblöcke verschachtelt« (Christoph Timm 1984, S. 37). – Außerdem erhielten die Gebäude erstmalig Flachdächer, die in der NS-Zeit auf Weisung des Altonaer Magistrats allerdings durch Walmdächer ersetzt werden mußten.

I 14 Geschoßwohnbau

Bahrenfelder Steindamm 37–49/Thomasstraße, Bahrenfeld
Architekt: Hochbauamt Altona, Gustav Oelsner
1927; Umbau und Aufstockung 1934/35

Die gerundete Fassade und die horizontale Gliederung in ockergelbe und rote Klinkerstreifen machten das ursprünglich flach gedeckte Gebäude bei den Bahrenfeldern schon bald unter dem Spitznamen »Schichttorte« bekannt. Auch hier erfolgten, wie bei den Zeilenbauten an der Bunsenstraße, 1934/35 der Ausbau des Attikageschosses zum Wohngeschoß.

I 15 Geschoßwohnbau
Stresemannstraße 309–311/Schützenstraße/Leverkusenstraße, Bahrenfeld
Architekt: Hochbauamt Altona, Gustav Oelsner
1925–27
Eines der ersten großen Wohnungsbauprojekte Gustav Oelsners in Altona, zeitgleich mit seinen Bauten an der Düppelstraße in Altona-Nord (vgl. Nr. C 59). Der Reiz der schlichten Fassadenarchitektur besteht hier vor allem in den gelbbunten, unsortierten Klinkern und dem unterschiedlichen Ziegelformat der Brüstungs- und Fensterzonen, die den Oberflächen im Zusammenspiel mit den feingliedrigen Sprossenfenstern gleichsam eine textile Struktur verleihen.

I 16 Wohnanlage Leverkusenstieg
Stresemannstraße 301–307/Schützenstraße/Leverkusenstraße/Leverkusenstieg/Bessemerweg, Bahrenfeld
Achitekt: Hans Meyer
1. BA 1913–20; 2. BA 1921–28
Die heimatstilige, neobarocke Backsteinarchitektur verweist darauf, daß der Entwurf für den Wohnkomplex bereits aus der Zeit vor dem Ersten Weltkrieg stammt. Bemerkenswert ist auch die abwechslungsreiche Raumbildung im Blockinnern. Mit Hans Meyer war hier wieder der Hausarchitekt des Altonaer Spar- und Bauvereins federführend, der auch am Leverkusenstieg als Bauherr auftrat.

I 17 Laubenganghaus
Leverkusenstraße 40–52, Bahrenfeld
Architekt: Heinrich W. Müller
1930/31
Obwohl das Laubenganghaus mit seinen dynamisch gerundeten Brüstungen in formaler Hinsicht alles andere als anspruchslos ist, entlarvt der unwirtliche Standort des Gebäudes doch den proletarischen Charakter dieser Grundrißlösung.

I 18 Geschäfts- und Bürohaus
Stresemannstraße 342/Stahltwiete 23, Bahrenfeld
Architekten: Pauen Planung; Entwurf: Helmut Wolff; Mitarbeiter: Bergmann-Sager, Westelle, Petersen, Laatz
1991/92
Lernen von Las Vegas! – Der scharfkantige Bau mit Büro- und Ladenflächen macht zwischen Heimwerkermärkten und Fast-food-Restaurants mit Drive-in-Service durch die extravagante Geste einer schrägen Vorderfront auf sich aufmerksam, die wie eine gläserne Kaskade zwischen den beiden spitzwinklig zulaufenden Seitenflügeln hervorzuquellen scheint.

I 16 Wohnanlage Leverkusenstieg
I 17 Laubenganghaus

I 19 Wohnblöcke
Bahrenfelder Chaussee 2a–16/Bornkampsweg/Langbehnstraße/Reichardtstraße/Valparaisostraße, Bahrenfeld
Architekt: Hans Meyer
1928–31
Ein weiterer Entwurf Meyers für den Altonaer Spar- und Bauverein. Die beiden U-förmig umschlossenen Wohnhöfe öffnen sich bemerkenswerterweise nach Norden, wogegen sie nach Süden, d. h. zur Durchgangsstraße, abgeschirmt sind. Die Gestaltung ist mit Flachdächern und schematisch gereihten Fensteröffnungen an den langen Gebäuderiegeln als sachlich zu charakterisieren, läßt im Detail jedoch auch noch Anklänge an den Expressionmus erkennen.

I 20 Grund- und Hauptschule Mendelssohnstraße
Mendelssohnstraße 86, Bahrenfeld
Architekt: Hochbauamt, Erster Baudirektor Paul Seitz
1. BA 1952–54; Fertigstellung 1965

Die Schule Mendelssohnstraße war der Prototyp für das Schulbauprogramm, das unter Paul Seitz, von 1953 bis 1963 Leiter des Hochbauamts, realisiert wurde. Mit rationalisierten Bauverfahren und typisierten Lösungen für die unterschiedlichen Bauaufgaben sollte ein Beitrag zur Senkung der Baukosten geleistet werden. Charakteristisch ist auch die Auflösung der Schulkomplexe in Pavillons, die durch offene Gänge verbunden werden. Auf diese Weise wurde nicht nur die als optimal erachtete beidseitige Belichtung der einzelnen Klassen- und Fachräume gewährleistet, sondern auch eine größere Flexibilität bei Erweiterungen. Auch die Schule Mendelssohnstraße wurde bis Mitte der 60er Jahre nach diesem Baukastenprinzip ausgebaut und u. a. um eine Aula und eine ebenfalls standardisierte Schwimmhalle ergänzt.

I 21 Bauten von Karl Schneider
I 21.1 Geschoßwohnbauten

Bahrenfelder Marktplatz 3–5/Lyserstraße 12–16/Wienbargstraße 2, Bahrenfeld
Architekten: Karl Schneider mit Karl Zöllner
1928/29

I 21.2 Reihenhäuser

Lyserstraße 2–10, 1–13, Bahrenfeld
Architekten: Karl Schneider mit Karl Zöllner
1928/29

Weisen die dreigeschossigen Zeilenbauten entstellende Modernisierungen auf, so sind die Reihenhäuser noch vergleichsweise gut erhalten. Dachterrassen, Fensterbänder und Flachdächer verkörpern hier das Standardrepertoire der Vorkriegsmoderne, wenn auch nicht in weißem Putz, sondern mit ortstypischen Klinkerfassaden. Die Autobahn hat die stadträumlichen Zusammenhänge zerrissen. Schneiders eigenes Wohnhaus, ursprünglich nicht weit von der Lyserstraße entfernt im Weichbild des Villenquartiers Groß Flottbek errichtet, aber noch zu Bahrenfeld gehörig, liegt heute auf der anderen Seite der Verkehrsschneise und ist nur über Umwege zu erreichen (vgl. Nr. I 67).

I 22 Wohnanlage Woyrschweg

Woyrschweg/Bahrenfelder Kirchenweg/Mendelssohnstraße, Bahrenfeld
Architekten: Gustav Markmann. Hans Meyer
1905–12

Die sorgfältige städtebauliche Konzeption und die repräsentative Gestaltung machen die Siedlung, gleichsam ein Vorzeigeprojekt des Altonaer Spar- und Bauvereins, zu einer der bedeutendsten Leistungen des genossenschaftlichen Wohnungsbaus im Großhamburger Raum. Tiefe Vorgärten und begrünte Innenhöfe sowie die breiten Bauwiche zwischen den einzelnen Gebäuden, die die langgestreckten Fronten durchlässig halten, verleihen der Anlage einen gartenstadtähnlichen Charakter. Auch die hellen Putzfassaden, durch Gliederungen und Sockel in Sichtmauerwerk akzentuiert, bestimmen das freundliche Erscheinungsbild. Wie bei anderen vergleichbaren Projekten auch, war das attraktive Wohnraumangebot für Arbeiter jedoch kaum erschwinglich. Hiervon profitierten vor allem die kleinbürgerliche Mittelschicht der Angestellten, Beamten und Handwerker sowie Facharbeiter mit überdurchschnittlich hohem Einkommen.

I 23 Ehem. Conz Elektrizitäts-GmbH

Gasstraße 10, Bahrenfeld
Architekt: Theodor Speckbötel
1912; Aufstockung des Magazingebäudes 1925

Die ehemalige Fabrik für Schiffselektromaschinen stellt eines der qualitätvollsten Beispiele für die Industrie- und Gewerbearchitektur im Großhamburger Raum vor dem Ersten Weltkrieg dar. Ist das Kontorgebäude an der Gasstraße mit Backsteinfassaden, Schweifgiebel und ehemals feingliedrigen Sprossenfenstern noch dem Heimatstil verhaftet (nachteilig verändert), so zeigen die Fabrikationsgebäude schon deutlich den um 1910 einsetzenden Trend zur Versachlichung im Industriebau. Die Fassaden sind hier in einen Raster aus Eisenbetonstreben aufgelöst, dessen filigrane Wirkung durch die Ausfachung mit einem roten Verblender

I 20 Grund- und Hauptschule Mendelssohnstraße

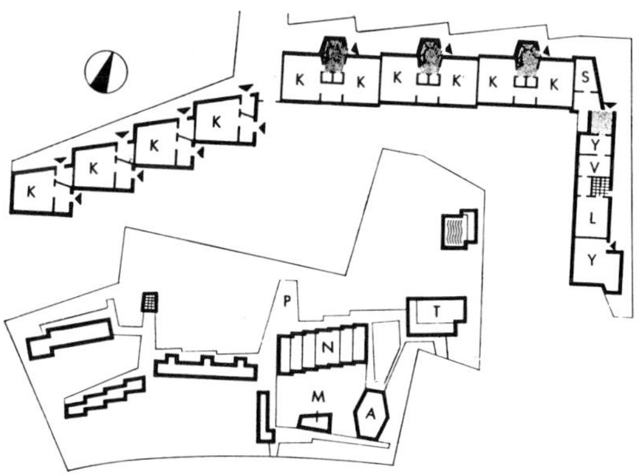

noch gesteigert wird. Auch die ehemalige Maschinenbaufabrik Böttcher & Gessner, Gasstraße 18, stammte von Speckbötel. Hier ist jedoch nur noch das Kontorgebäude erhalten (1913).

I 24 Friedrich-Ebert-Hof

Friedrich-Ebert-Hof/Friedensallee/Griegstraße/Behringstraße/Grünebergstraße/Ottawiweg, Ottensen
Architekt: Friedrich R. Ostermeyer
1928/29

Sah sich Ostermeyer bei anderen vergleichbaren Projekten meist gezwungen, die Bauten dem Prokrustesbett schiefwinkliger Grundstückszuschnitte einzufügen, so können die Gebäudekuben hier frei in den Raum greifen, freilich gebändigt durch das Rückgrat einer Symmetrieachse, die sich ursprünglich von der Friedensallee bis zur Behringstraße erstrecken sollte; heute schiebt sich die Adolf-Jäger-Kampfbahn zwischen die beiden Bauabschnitte. Die sorgfältige Behandlung des Klinkermauerwerks, verstrichene und gefärbte Stoßfugen, unterstreicht noch den lagernden Charakter der Baumassen. Diese monumentale Architekturgeste wurde durchaus politisch verstanden. So schrieb das sozialdemokratische *Hamburger Echo* am 5. 8. 1929: »So wie die Persönlichkeit Friedrich Eberts eine Inkarnation des Machtstrebens der Arbeiterschaft, ihrer völlig veränderten Stellung zum Staate war, so strömt auch diesem gewaltigen Bauwerk der Geist eines unbeugsamen, seiner Mission bewußten Proletariats aus ...«

I 25 Wohnanlage Am Rathenaupark

Am Rathenaupark/Bernadottestraße/Griegstraße/Othmarscher Kirchenweg/Grünebergstraße/Bleickenallee, Ottensen
Architekt: Hochbauamt Altona, Kurt Meyer
1922–24

Die noble Wohnanlage bildet den Auftakt zu den Villenvierteln der Elbvororte. Städtebaulich orientiert sich der Komplex an den englischen Reihenhaus-Crescents; auch die Toreinfahrten am Südende der Grünebergstraße suggerieren Exklusivität. Nicht großzügige Stadthäuser entstanden hier jedoch während der Inflationsjahre, sondern kleinbürgerliche Drei- bis Vierzimmerwohnungen. Der Entwurf stammt von Kurt Meyer, Oelsners Vorläufer im Amt des Altonaer Bausenators.

I 26 Kinderkrankenhaus Altona

Bleickenallee 38, Ottensen
Architekt: Curt F. Francke (Ursprungsbau). Elingius & Schramm (Erweiterung)
1912–14; Erweiterung 1930/31

I 24 Friedrich-Ebert-Hof
I 25 Wohnanlage Am Rathenaupark
I 26 Kinderkrankenhaus Altona
I 27 Lankenau-Stift

Der Bau des Altonaer Kinderkrankenhauses, ein dringendes Desiderat angesichts der hygienischen und sozialen Verhältnisse, die in den Elendsvierteln der Altonaer Altstadt herrschten, wurde durch private Stiftungen ermöglicht. Fast alle Krankensäle orientieren sich nach Süden und öffnen sich mit Loggien zur Sonne. Diese Lösung erzwang allerdings unschöne gestalterische Kompromisse: Die elegante, landhausartige Heimatstilarchitektur wirkt hierdurch wie »durchlöchert«. Erst das Neue Bauen vermochte Funktion und gestalterischen Anspruch zu versöhnen, wie sich an den Sonnendecks der rückwärtigen Erweiterung von Elingius & Schramm ablesen läßt.

I 27 Lankenau-Stift
Bleickenallee 34, Ottensen
Architekten: Raabe & Wöhlecke
1912/13
Auch das Lankenau-Stift, eine Dreiflügelanlage, die wie ein Schloß einen »Ehrenhof« umschließt, greift Landhausmotive der Elbvororte auf. Angesichts dieser anspruchsvollen Gestaltung ist es um so erstaunlicher, daß die Freiwohnungen nicht für verarmte Angehörige der »gebildeten Stände« gedacht waren (vgl. das Betty-Stift, Nr. I 32), sondern für Alleinstehende und Ehepaare aus den unter- und kleinbürgerlichen Schichten.

I 28 Evangelisch-lutherische Kreuzkirche
Hohenzollernring 78a, Ottensen
Architekt: Fernando Lorenzen
1896 W, 1897/98
Kompakter neogotischer Bau in Form eines griechischen Kreuzes mit gedrungenem Vierungsturm. Die konventionelle Longitudinalform des Grundrisses, wie sie den protestantischen Sakralbau vor dem Wiesbadener Programm von 1891 allgemein kennzeichnet, ist zwar noch nicht völlig überwunden, Motive wie die gleichgewichtige Behandlung der Lang- und Querhausarme oder die dominante Vierung verweisen jedoch schon auf die konsequente Zentralraumlösung, die Lorenzen nach der Jahrhundertwende mit der Gnadenkirche in St. Pauli geschaffen hat (vgl. Nr. C 1).

I 29 Wartepavillon
Bleickenallee 26a, Ottensen
Architekt: Hochbauamt Altona, Gustav Oelsner
1927
Kleines Kioskgebäude mit unterirdischer Bedürfnisanstalt. Der mit Klinkerplatten verkleidete Bau, das letzte Beispiel einer Reihe derartiger öffentlicher Pavillons von Oelsner, ist heute stark verwahrlost.

I 30 Geschoßwohnbauten Hohenzollernring
I 30.1 Geschoßwohnbau
Hohenzollernring 31–37/Bleickenallee 15–17, Ottensen
Architekten: Friedrich R. Ostermeyer. Werner Kallmorgen
1. BA 1930; 2. BA 1935/36

I 31 Landhaus Gebauer

I 30.2 Geschoßwohnbau
Hohenzollernring 27–29, Ottensen
Architekt: Fritz Neugebauer
1912
I 30.3 Geschoßwohnbau
Hohenzollernring 23–25, Ottensen
Architekt: August Soll
1926/28
I 30.4 Geschoßwohnbau
Hohenzollernring 28–32, Ottensen
Architekt: Heinrich W. Müller
1930–32
Bürgerliche Etagenwohnhäuser im Übergang vom proletarischen Ottensen zu den Elbvororten. Klinker schweißt die heterogenen Entwürfe zu einem Ensemble zusammen wie die Reformstilbauten Hohenzollernring 27–29 mit den typischen langgestreckten Großwohnungsgrundrissen des Kaiserreichs oder Nr. 28–32 und 31–37, zwei herausragende Beispiele für das Neue Bauen in Altona. Der zweite Bauabschnitt von Hohenzollernring 31–37 konnte in der NS-Zeit zwar nach den ursprünglichen Plänen fertiggestellt werden, mußte aber ein Steildach erhalten.

I 31 Landhaus Gebauer
Philosophenweg 18, Othmarschen
Architekten: Christian Frederik Hansen (Ursprungsbau). Konstantin Kleffel (Restaurierung)
1806; Aufstockung 1871; Restaurierung 1991–93
Ursprünglich mit einem Reetdachkegel bekrönt, präsentiert sich der kuriose Bau seit der Aufstockung 1871 als ungeschlacht wirkender, flach gedeckter Zylinder mit einer ebenfalls wenig ansprechenden Eingangslaube. Erst im Innern erhüllt sich der Reiz der

rationalistischen Gebäudeform, denn dem Kreis ist ein Kreuz aus vier Haupträumen eingeschrieben, wobei sich in den Zwickeln die Nebengelasse und die Treppe verbergen. Dabei bedurfte es in konstruktiver Hinsicht lediglich zweier tragender Längsschotten, zwischen denen die Querwände ganz nach Raumbedarf angeordnet werden konnten.

Inspirationsquelle für den Entwurf war wohl Marc-Antoine Laugiers Vorstellung von der Urhütte – der primitiven Idealform eines Gebäudes –, die der Kunsttheoretiker und Jesuitenpater 1753 in seinem »Essai sur l'architecture« veröffentlicht hatte (1765 ist es auf deutsch erschienen) und von der Hansen vermutlich über seinen Lehrer an der Kopenhagener Akademie, Laugiers Landsmann Nicolas-Henri Jardin, Kenntnis erhielt. Hierauf verweisen neben dem Reetdach und der konstruktiven Lösung der Innenwände nicht zuletzt auch die Reliefs mit musizierenden oder Weintrauben tragenden Putten, die im Mittelsaal die bukolische Stimmung eines bedürfnislosen, aber glücklichen Arkadien verbreiten. – Und was könnte passender für ein Landhaus sein?

I 35 Architektenatelier und Wohngebäude »Elbschlucht«

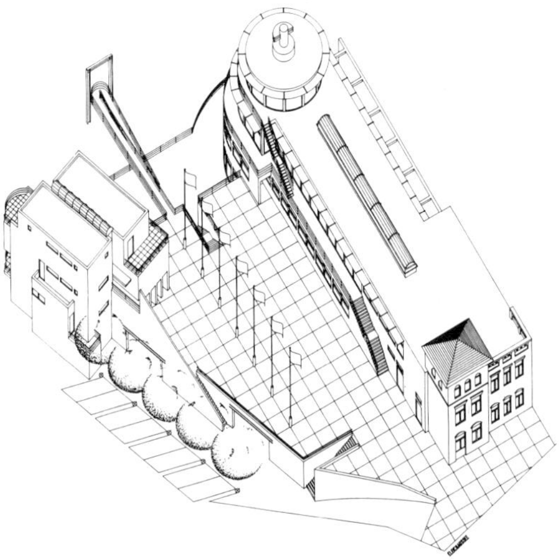

I 32 Betty-Stift

Philosophenweg 29, Othmarschen
Architekten: Raabe & Wöhlecke
1904/05

Die malerische Baugruppe wirkt mit ihrem Torbogen wie der Wirtschaftshof zu einem größeren Anwesen an der Elbchaussee; statt eines Herrenhauses verbirgt sich dahinter aber nur ein reichlich verwilderter Garten. Der Charakter der Stiftung war dem prominenten Standort angemessen: »Zweck dieser Stiftung ist, durch Gewährung von Freiwohnungen an alleinstehende weibliche Personen gebildeter Stände diesen eine ihrem Bildungsgrade entsprechende Lebensführung zu verschaffen« (*HusB*, 1914, Bd. 2, S. 630).

I 33 Reihenhäuser

Rulantweg 2–12, Othmarschen
Architekt: Hochbauamt Altona, Gustav Oelsner
1927

Gruppe von sechs kubischen Reihenhäusern mit gelbem Klinkermauerwerk und Dachterrasse; Nr. 14 und 16 wurden im Krieg zerstört und verändert wiederaufgebaut. Nicht nur die Gestaltung, auch die Reihenhausform bedeutete einen Maßstabsbruch in einem Wohngebiet, in dem traditionell das freistehende Einfamilienhaus dominierte. Dabei waren die Häuser mit 6 1/2 Zimmern durchaus großzügig bemessen und kamen bürgerlichen Wohnvorstellungen entgegen.

I 34 Landhaus Weber

Elbchaussee 153, Othmarschen
Architekt: Franz Gustav Forsmann
1836/37; Umbau 1939

Schlichter, etwas grob proportionierter und gegliederter Putzbau, der sich mit Loggien zum Elbpanorama öffnet. Im Unterschied zum kühlen Klassizismus der Hansen-Zeit legte das Biedermeier offensichtlich mehr Wert auf bequeme und praktische Grundrisse als auf gestalterisches Raffinement; dementsprechend uninspiriert wirken oftmals auch die Gebäude. Bei der Einteilung in Geschoßwohnungen 1939 ging die ursprüngliche Innenausstattung, Bemalungen in pompejanischer Manier, verloren.

I 35 Architektenatelier und Wohngebäude »Elbschlucht«

Elbchaussee 139, Othmarschen
Architekten: v. Gerkan, Marg & Partner; Entwurf: Meinhard v. Gerkan; Mitarbeiter: Jacob Kierig, Kerstin Krause, Peter Sembritzki, Volkmar Sievers, Petra Zacharias, Hauke Huusmann
1987, 1988/89

Da der Baugrund, ein Einschnitt im Geesthang, der im 19. Jahrhundert mit Schutt aufgefüllt worden war, sich als tückisch erwies, machten die Architekten aus der Not eine Tugend: Architekturbüro und Wohnhaus rückten an die sicheren Ränder, die problematische Mitte blieb als öffentlich zugänglicher Platz frei, der einen unvergleichlichen Blick auf das Elbpanorama eröffnet. Leider ist das Betreten der schrägseilverspannten Rampe, die wie ein Schiffssteven über dem Elbhang hinauskragt, nicht erwünscht. Sie führt nämlich zu einem Nobelrestaurant, das sich unter dem Aussichtsplateau verbirgt.

Dampfermotive allenthalben! Der langgestreckte Bürotrakt schiebt sich mit einer zweifach gestaffelten, gläsernen »Kommandobrücke« hart an den Elbhang vor, eine Assoziation, die durchaus wörtlich zu nehmen ist, denn hier liegen die Chefbüros. Relingartige Geländer umziehen die einzelnen Decks. Bullaugenfenster setzen Kontrapunkte. Dabei bestechen innen wie außen die sorgfältig gestalteten, filigranen Architekturdetails. Eher spröde geraten ist dagegen das Wohnhaus Meinhard v. Gerkans, das die Eleganz der Dampfermoderne mit einer grauweißen Bretterverschalung und Sichtbetonstützmauern konterkariert.

I 36 Geschoßwohnbau

Elbchaussee 126, Ottensen
Architekt: Friedrich R. Ostermeyer
1928–30

Kubischer Bau mit weißen Brüstungsbändern. Durch den Verlust der originalen, feingliedrigen Fensterteilung, ursprünglich fünf statt drei Flügel, hat der Bau entscheidend an gestalterischer Qualität eingebüßt.

I 37 Eigentumswohnungen

Elbchaussee 97, Ottensen
Architekten: Architekten-Contor Schäfer–Agather; Mitarbeiter: Christina Kocksch, Michael Irlen
1989 W, 1991/92

Das Investoreninteresse erzwang hier, wie so oft, eine Kompromißarchitektur, wenn auch mit Niveau. 1600 m^2 Wohnfläche, verteilt auf 11 Eigentumswoh nungen, wurden auf dem exponierten Grundstück untergebracht, d. h. mehr als doppelt bis dreimal soviel wie die »normalgroßen« Villen in der Nachbarschaft umfassen. Die Gliederung des Baukörpers in Putz- und Klinkerkuben ist zwar nicht ungeschickt, die Grundrisse sind jedoch wenig elegant ineinander verschachtelt und viel zu tief geschnitten. Mißlich auch, zumal bei dem hier artikulierten Anspruchsniveau, daß es von einigen Balkonen aus möglich ist, in die Fenster der Nachbarwohnungen zu blicken.

I 38 Wohnstift Augustinum

Neumühlen 37, Ottensen
Architekten: Elingius & Schramm mit Heinrich W. Müller (Ursprungsbau). v. Gerkan, Marg & Partner; Mitarbeiter: Klaus Lübbert, Barbara Fleckenstein (Neubau)
Ursprungsbau 1926; Neubau 1990, 1991–93

Die langwierige Geschichte der Umbau- und Umnutzungspläne für das ehemalige Kühlhaus Neumühlen – zeitweise interessierten sich auch das Museum der Arbeit und ein internationaler Hotelkonzern für den wahrzeichenhaften Koloß – kann hier nicht referiert werden. Schließlich mußte der Bau aber doch abgerissen werden, weil entscheidende konstruktive Details wie die Pfahlgründungen oder die Anker, die die expressionistische Klinkerfassade an dem Stahlskelett der Innenkonstruktion hielten, völlig marode waren. Der heutige Bau stellt eine Kopie des ursprünglich fensterlosen Gebäudes dar, dessen Volumen in exklusive Seniorenapartments eingeteilt wurde.

I 39 Historisches Ensemble Neumühlen und Övelgönne

I 39 Historisches Ensemble Neumühlen und Övelgönne

Neumühlen, Ottensen; Övelgönne, Othmarschen
18. und 19. Jahrhundert

Ist das malerische Dorf Övelgönne, seit 1731 selbständig und 1890 nach Altona eingemeindet, bis heute wohlkonserviert, so wurde das bis 1868 ebenfalls selbständige Neumühlen schon im 19. Jahrhundert stark von den Altonaer Hafenanlagen bedrängt. (Noch erhalten sind der Kaispeicher D von 1924 und ein Getreidesilo aus den 30er Jahren, beide für Bürozwecke umgebaut). An das historische Dorf erinnern noch die bescheidenen, zumeist traufständigen Gebäude Neumühlen 24 (um 1800), 33 (1756), 34/35 (um 1800), 43 (um 1830) und 44/45 (um 1800). Auffällig ist der langgestreckte Gebäuderiegel Neumühlen 16–20, eine ehemalige Wollzeug-, Leinen- und Segeltuchfabrik, die Johann Daniel Lawaetz 1802 als »Tempel der Tätigkeit« gestiftet hatte, um die arbeitsfähigen Armen nicht zu reinen Almosenempfängern zu degradieren. Das Landhaus des Altonaer Kaufmanns, ein nobler Hansen-Bau aus der Zeit um 1797, lag übrigens oberhalb der Manufakturen an der Elbchaussee, so daß die soziale Differenzierung auch topographisch anschaulich wurde (1944 zerstört).

Schlichte traufständige Bauten des 18. und frühen 19. Jahrhunderts, ebenfalls ein- bis zweigeschossig, mit Fachwerk- oder Backsteinfassaden und gründerzeitliche Kleine-Leute-Villen kennzeichnen auch das westlich anschließende Övelgönne, das kaum mehr ist als ein schmaler Siedlungsstreifen unterhalb des Geesthangs mit einem Gehweg, dem zur Stromseite

I 41 Landhaus Brandt
I 42 Reihenhäuser
I 43 Haus Wellhausen

hin Gärten vorgelagert sind. Als älteste Bauschicht sind u. a. noch erhalten (nur die Vorderhäuser): Övelgönne 13 (1801), 40–42 (vor 1739), 47/48 (um 1800), 49 (1802), 54/55 (um 1830), 57/58 (18. Jh.), 65/66 (1709–12), 67/68 (1829–31), 72–75 (nach 1729 und vor 1756) und 88/89 und 99/100 (beide 18. Jh.) sowie das ehemalige Schulhaus Schulberg 6 (1743). Die schönen gußeisernen Veranden an einem Teil der späteren Bauten – als wohl ältestes Beispiel Övelgönne 50/51 von 1839 – verweisen zudem darauf, daß das ehemalige Fischer- und Lotsendorf im 19. Jahrhundert auch eine beliebte Sommerfrische war (allerdings erst nachdem hier die »anrüchigen« Gewerbe wie Leimsiede-reien oder Trankochereien ihren Betrieb aufgegeben hatten).

I 40 Reihenhäuser

Övelgönne 3–5, Othmarschen
Architekt: Godber Nissen
1968

Gruppe von zehn Reihenhäusern, die sich am Fuß des Geesthangs staffeln. Weißgeschlämmtes Sichtmauerwerk, flach geneigte Satteldächer und Sichtbetonstreifen charakterisieren die Architektur, die mit ihrem nordischen Charakter dem Genius loci verpflichtet ist, ohne sich ihrer Nachbarschaft heimattümelnd anzubiedern.

I 41 Landhaus Brandt

Elbchaussee 186, Othmarschen
Architekt: Axel Bundsen
Um 1820; Umbau 1936

Eines der repräsentativsten Beispiele für die »weißen Villen« an der Elbchaussee. Dem kubischen Baukörper ist eine zweigeschossige, halbkreisförmige Vorhalle mit 22 (sic!) dorisierenden bzw. ionischen Säulen angefügt, die im Erdgeschoß verschwenderisch in einer Doppelreihe angeordnet sind. Der Entwurf stammt von dem dänischen Architekten Axel Bundsen, wie sein Zeitgenosse Christian Frederik Hansen ein Absolvent der Kopenhagener Akademie. Auch hier fiel die ehemals reiche Ausstattung der Innenräume mit Wandmalereien dem Umbau in ein Mehrfamilienhaus zum Opfer.

I 42 Reihenhäuser

Schlagbaumtwiete 1–9, Othmarschen
Architekten: PPL Planungsgruppe Professor. Laage; Mitarbeiter: Gerd Bolten, Klaus Moser
1971/72

Weißgeschlämmtes Sichtmauerwerk und Sichtbetonstürze kennzeichnen die beiden Reihenhausgruppen. Ein signifikantes Motiv bilden auch die Treppenhauszylinder, die den Bauten eine starke Plastizität verleihen. Die Grundrisse sind dagegen eher konventionell geraten bei vergleichsweise bescheiden dimensionierter Wohnfläche – 151 m^2 je Wohneinheit –, zumal im Hinblick auf die unmittelbare Nachbarschaft der Elbchaussee. Exklusivität erhält die Wohnanlage vor allem durch eine eigene Schwimmhalle mit Sauna.

I 43 Haus Wellhausen

Schlagbaumtwiete 11, Othmarschen
Architekt: Georg Wellhausen
19953

Zweigeschossiges Wohnhaus mit Atelieranbau des Architekten Georg Wellhausen, der seinen Rang in der deutschen Nachkriegsarchitektur nicht zuletzt über seinen Beitrag zum Wiederaufbau von Helgoland be-

I 44 Stallgebäude »Halbmond«

hauptet. Stirnseiten in gelbem Klinker, Fronten in rotem Backstein, rot verfugt, und Dachflächen in Schiefer verleihen dem Gebäude im Zusammenklang mit den weißen Fenstern und dem Naturholz der Balkonbrüstungen eine charakteristische Eigenfarbigkeit. Das flach geneigte Satteldach verweist auf skandinavische Vorbilder, die auch bei der ursprünglichen Inneneinrichtung, z. T. nach Entwürfen des Architekten, Pate standen.

I 44 Stallgebäude »Halbmond«

Elbchaussee 228, Othmarschen
Architekt: Johann Matthias Hansen
1820

Das ehemalige Stall- und Remisengebäude mit Kutscher- und Gärtnerwohnung – heute u. a. in Garagen aufgeteilt – stellt ein Relikt des Landhauses Thornton von Christian Frederik Hansen auf der gegenüberliegenden Seite der Elbchaussee dar (1795/96, 1913 abgebrochen und durch einen neoklassizistischen Bau ersetzt). Auch der »Halbmond«, so benannt nach der markanten Halbkreisform, war ursprünglich ein Bau Hansens. 1820 abgebrannt, mußte er jedoch völlig neuerrichtet werden, wobei als Architekt vermutlich Hansens Neffe Johann Matthias Hansen verantwortlich zeichnete, der sich wohl nur vage an dem ursprünglichen Entwurf orientierte.

I 45 Haus Pinnau

Elbchaussee 245, Othmarschen
Architekt: Cäsar Pinnau
1950/51

Ehemaliges Wohnhaus des Architekten im »Kolonialstil«. Der neoklassizistische Habitus ordnet das Gebäude den weißen Villen an der Elbchaussee zu, die demonstrative Filigranität der Architekturdetails verweist jedoch auch kaum weniger auf die Ästhetik der Wiederaufbaujahre, ebenso das leuchtende Türkisblau der Fensterläden, das dem Originalzustand entspricht. Bemerkenswert ist auch die geschickte Grundrißlösung. Trotz der kompakten Gebäudeform wurde hier mit einer extrem langen Wegachse zwischen Eingang und Atelieranbau der Eindruck von Großzügigkeit und Weite hervorgerufen.

I 46 Ehem. Villa Reemtsma und Verwaltungsgebäude der Reemtsma Cigarettenfabriken GmbH

Parkstraße 51, Othmarschen
Architekten: Martin Elsaesser (Villa). Godber Nissen (Verwaltungsgebäude)
Villa 1930–32; Verwaltungsgebäude 1952/53

Von dem verschwenderischen Villenbesitz des Industriellen Philipp Reemtsma, einer Anlage mit eigenem Badesee, Reitparcours und Gewächshäusern, ist heute neben einigen Nebengebäuden wie dem Pförtnerhaus an der Parkallee nur noch das ehemalige

I 45 Haus Pinnau

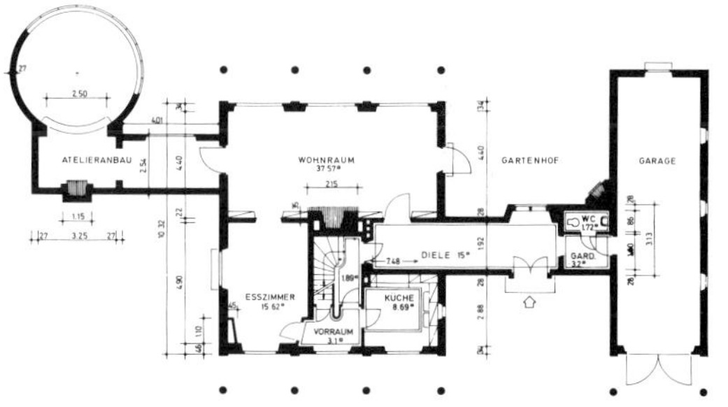

I 46 Verwaltungsgebäude der Reemtsma Cigarettenfabriken GmbH
I 48 Landhaus und Park Jenisch

Wohngebäude erhalten, eine umfangreiche kubische Baugruppe im Sinne des Neuen Bauens mit Flachdächern, Fensterbändern und den obligaten Bullaugen sowie einem mondänen Interieur im seinerzeit modischen Art Déco. Leider wurden die filigranen Bronzerahmen der Fenster und Türen durch Normprofile aus Aluminium ersetzt. Auffällig ist die changierende Keramikverkleidung der Fassaden in einem blassen Patinagrün. Durch den Park führt ein öffentlicher Weg zur Holztwiete .

Nach dem Zweiten Weltkrieg wurde das Schwimmbad der Villa zum Kasino der neuen Hauptverwaltung des Tabakwarenkonzerns erweitert, die Godber Nissen dicht an den Nordrand des Grundstücks rückte, um den weitläufigen Charakter der Grünanlagen nicht zu zerstören: ein betont unprätentiöser Baukomplex aus drei pavillonartigen Trakten mit zeittypischen Rasterfassaden, die mit geschoßhoch verglasten Treppenhäusern aneinander gekoppelt sind. Teakholzfenster, Kalksteingliederungen und Ausfachungen in gelbem Klinker bilden hier einen freundlichen Dreiklang. Skandinavisch inspiriert war ursprünglich auch die Ausstattung der Innenräume, zumal in der Direktionsetage, für die Nissen selber die Einrichtung entworfen hatte.

I 47 Landhaus Kohlsaat

Holztwiete 15, Othmarschen
Architekten: Raabe & Wöhlecke
1909

Mit dem Satteldach und der schlichten neoklassizistischen Backsteinarchitektur, nobilitiert durch eine Säulenloggia, knüpft das Gebäude an einfache Landhausvorbilder aus der Zeit um 1800 an. Betont unaufwendig ist auch die Aufteilung der Haupträume im Erdgeschoß, das durch eine zentrale Diele zweigeteilt wird: links von der Eingangsloggia Eßzimmer und Küche, rechts davon Wohnzimmer und Salon, die durch eine Flügeltür verbunden sind.

I 48 Landhaus und Park Jenisch

Baron-Voght-Straße 50, Othmarschen
Architekt: Franz Gustav Forsmann
1831–34

1828 erwarb der Hamburger Kaufmann und Senator Martin Johann Jenisch das ehemalige Mustergut von Caspar von Voght, dessen Herrenhaus ebenfalls an der Baron-Voght-Staße liegt (vgl. Nr. I 50). Das neue Landhaus für Jenisch, heute als Abteilung des Altonaer Museums öffentlich zugänglich (u. a. Möbel und andere Einrichtungsgegenstände aus dem Haus Baur, Palmaille 49), wirkt in seiner noblen und selbstbewußten Haltung wie aus einem Guß. Tatsächlich ist der Bau aber das Ergebnis eines komplexen Entwurfsprozesses. Denn unzufrieden mit den uninspirierten und konventionellen Entwürfen, die ihm Franz Gustav Forsmann vorlegte, bat Jenisch Karl Friedrich Schinkel um ein Gutachten, der sich natürlich nicht die Gelegenheit entgehen ließ, einen Gegenentwurf einzureichen.

Der realisierte Bau vereinigt Elemente aus beiden Entwürfen. Von Schinkel abgeleitet sind die straffe, dachlose Gebäudeform, der charakteristische Fugenschnitt und die Erhöhung um ein Attikageschoß. Dafür behielt Forsmann aus seinen ursprünglichen Plänen neben einigen Detaillösungen wie der Säulenhalle mit Altan vor allem die innere Disposition bei. Seine wesentliche Leistung ist denn wohl auch darin zu sehen, daß er es verstand, die Qualitäten des Schinkelschen Entwurfs in ein erheblich verringertes Bauvolumen zu übersetzen, ja, sie durch die kompakte Würfelform vielleicht sogar noch steigerte, die das Gebäude in einen spannungsreichen Kontrast zu dem englischen Landschaftspark setzt – eine Liebhaberei von Jenisch und von ihm selber in Zusammenarbeit mit dem Gartenarchitekten Johann Heinrich Ohlendorff gestaltet.

I 49 Ernst-Barlach-Haus

Baron-Voght-Straße 50a, Othmarschen
Architekt: Werner Kallmorgen
1960 W, 1961/62

Ausstellungsbau für die abgeschlossene Barlach-Sammlung des Hamburger Industriellen Hermann F. Reemtsma, der auch das Gebäude von Werner Kallmorgen stiftete, einen weißgeschlämmten Backsteinkubus, der in einen respektvollen Abstand zum

Jenischhaus rückt. Erst beim Betreten des Gebäudes verdeutlicht sich die Subtilität des Entwurfs. Die unterschiedlich großen Säle, Gänge und Kabinette, letztere nur durch Stichwände voneinander getrennt, gruppieren sich um ein Atrium. Auch die variierenden Raumhöhen und Beleuchtungsquellen tragen zu einer abwechslungsreichen Raumfolge bei, die jedem Exponat seinen optimalen Standort zuweist.

I 50 Landhaus Voght

Baron-Voght-Straße 63, Nienstedten
Architekt: Johann August Arens
1794–97; Erweiterung 1798

Das Landhaus bildet mit den Wirtschaftsgebäuden und Instenhäusern an der Baron-Voght-Straße das letzte Relikt der ehemals umfangreichen Besitzungen des Hamburger Kaufmanns Caspar Voght (1802 geadelt), die sich vom Quellental der Kleinen Flottbek bis über die Gelände des heutigen Jenisch-Parks und des Neuen Botanischen Gartens erstreckten und mit deren Ankauf Voght 1785 begann. Nicht ein luxuriöser Landsitz schwebte dem aufgeklärten Philanthropen jedoch vor – Voght war Mitglied der »Patriotischen Gesellschaft« und ein auch international beachteter Erneuerer der Hamburger Armenfürsorge –, sondern die Schaffung eines Musterguts, wie er es bei einem England-Aufenthalt 1793/94 mit dem Landsitz »The Leasowes« des Dichters William Shenstone kennengelernt hatte. Nach diesem Vorbild gestaltete der britische Landschaftsgärtner John Booth ab 1795 Voghts Ländereien zu einer »ornamented farm« um, auf der die Nutzflächen und Wirtschaftsgebäude in einen englischen Park eingebettet wurden, Naturverbundenheit und gesellschaftliche Harmonie suggerierend.

Auch die Gestaltung des Landhauses war programmatisch gemeint. Voght wünschte kein herrschaftliches Anwesen, sondern ein bequemes Wohnhaus, das sich dem ländlichen Charakter der Umgebung unterordnen sollte, wenn die Ausstattung auch nahezu erlesen war. Da Voghts Reformprojekte illustre Gäste anzogen – u. a. experimentierte er erfolgreich mit Anbau- und Düngemethoden und führte neue Kulturfrüchte ein –, wurde schon bald eine Erweiterung um einen Festsaal und Wirtschaftsräume notwendig, die sich allerdings wenig organisch dem Kernbau anfügen. Auffällig ist der »Kolonialstil« des Gebäudes mit umlaufenden, von Säulen getragenen Galerien, die unweigerlich an ein Herrenhaus in den Südstaaten der USA denken lassen. Für diese ungewöhnliche Lösung zeichnete mit Johann August Arens (1757–1806) ein Architekt verantwortlich, dessen Begabung von der »Patriotischen Gesellschaft« entdeckt und gefördert worden war und der mit seinen Entwürfen, u. a. für den Hof von Weimar – Römisches Haus 1791–97 – zu den Wegbereitern des Klassizismus im ausgehenden 18. Jahrhundert zählt.

I 49 Ernst-Barlach-Haus
I 50 Landhaus Voght

I 51 Instenhäuser

Baron-Voght-Straße 52–72, Othmarschen
Architekten: Padberg & Partner mit Dietrich Raeck (Wiederherstellung)
1786–98; Zerstörung 1992; Wiederherstellung 1993/94

Die schlichte, aber stimmungsvolle Fachwerkzeile mit Reetdach und typischen »Klöndoren« – quergeteilte Haustüren, auf deren unterer Hälfte man sich aufstützen kann, um zu klönen (sich zu unterhalten) – diente als Unterkunft für die Arbeiter auf dem Gut von Caspar Voght. Jedes dieser Reihenhäuschen verfügte über ein Zimmer, ursprünglich mit Wandbett, und eine Küche. Leider fiel ein Teil der Anlage 1992 einer Brandstiftung zum Opfer. Bei der Wiederherstellung wurde jedoch soweit wie möglich originales Baumaterial berücksichtigt. Eine Wohnung ist als Außenstelle des Altonaer Museums öffentlich zugänglich, während die übrigen Einheiten durch rückwärtige Erweiterungen und Dachausbauten heutigen Wohnvorstellungen angepaßt wurden. Weitere Instenhäuser, die bereits aus der Zeit von Martin Johann Jenisch stammen, sind an der Jürgensallee in Nienstedten erhalten.

I 52 Historischer Dorfkern Klein Flottbek
I 52.1 Bauernhaus Biesterfeld

Hochrad 69, Othmarschen
1814

I 52.2 Ehem. Erziehungsinstitut Bockendahl
Hochrad 74, Othmarschen
1819

I 52.3 Handwerkerhaus
Hochrad 35, Othmarschen
1. Viertel 19. Jahrhundert; Instandsetzung 1984

I 52.4 Kleinkaten
Ohnsorgweg 7–9, Othmarschen
1. Hälfte 19. Jahrhundert

Die Gemarkung Klein Flottbek wurde mit der Gebietsreform 1937 im wesentlichen auf die Stadtteile Nienstedten und Othmarschen aufgeteilt, ein kleinerer Rest gehört seitdem zu Groß Flottbek und Osdorf. Von dem historischen Dorfkern am Hochrad sind noch einige Relikte erhalten, durchmischt mit kleinbürgerlichen Vorstadthäuschen des 19. Jahrhunderts, die einen reizvollen Maßstabsbruch inmitten der homogenen Villenquartiere bedeuten – wenn auch von ihren Eigentümern nicht immer sensibel modernisiert. Als Zweiständerhaus errichtet, stellt Hochrad 69 ein typisches niederdeutsches Bauernhaus dar, wobei sich der Wohlstand der stadtnahen Bauern hier allerdings in einem andernorts unüblichen zweigeschossigen Anbau für Wohnzwecke manifestiert (sogenanntes Kreuzhaus). Das schlichte zweigeschossige Gebäude Hochrad 74 wurde in den 1820er Jahren als Erziehungsinstitut für 60 Schüler ausgebaut.

I 53 Gymnasium Christianeum
Otto-Ernst-Straße 34, Othmarschen
Architekten: Arne Jacobsen – Otto Weitling Assoc.
Marlow & Partner (Bauleitung)
1965 W, 1968–71 (Inbetriebnahme), Fertigstellung 1972

Der Vorläuferbau des humanistischen Traditionsgymnasiums, 1721 als Lateinschule in der Altonaer Altstadt gegründet und 1936 in die Elbvororte verlagert, mußte der westlichen Autobahnumgehung weichen. Als Standort für den Neubau wurde ein Grundstück in der Nähe der S-Bahn-Strecke nach Wedel gewählt. Die Architektur des flachen, langgestreckten Gebäudes erinnert denn auch unweigerlich an die Parkpalette einer Park-and-ride-Station: Mit Hilfe von 1 500 Edelstahlankern wurde das Dach an einem sichtbaren Stahlbetonskelett aus Stützen und Oberzügen aufgehängt, das den gesamten Schulkomplex einschließlich der Pausenterrassen überspannt. Die Fassaden-, Decken- und Trennwandelemente wurden als Fertigteile montiert. Überflüssig zu erwähnen, daß diese Konstruktionsweise schon bald große Dichtungsprobleme aufwarf. Zu monieren sind auch die unwirtlich geratenen Außenflächen. Auf eine Möblierung mit Entwürfen von Arne Jacobsen wurde aus Kostengründen weitgehend verzichtet.

I 54 Geschoßwohnbau
Grottenstraße 1, Othmarschen
Architekten: Planungsgruppe me di um Jentz, Popp, Störmer, Wiesner, Zimmermann
1973, 1974/75

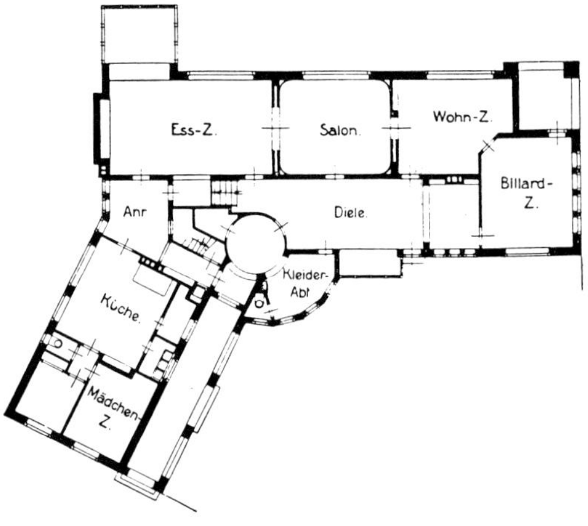

I 56 Haus Bondy

Der bestehende Bebauungsplan – zwei Geschosse plus Staffel –, führte hier einmal nicht zu der üblichen Standardkiste, sondern zu einem stark differenzierten Baukörper, der auch hinsichtlich der Anordnung der Fenster wie von innen nach außen entwickelt wirkt. Bemerkenswert sind auch die Rückgriffe auf das Bauen der 20er Jahre, wie das Zusammenspiel von rotem Ziegelmauerwerk und dunkelgrün lackierten Sprossenfenstern, mit denen der Entwurf bereits wesentliche gestalterische Kennzeichen dessen vorwegnimmt, was wenige Jahre später unter dem Stichwort Genius loci aktuell wurde.

I 55 Haus Carstens
Jungmannstraße 41, Othmarschen
Architekt: Albert Winkler
1890; Anbau im Hof 1925

Eines der frühen Beispiele für die systematische Erschließung und Bebauung Othmarschens im Weichbild der Bahnstation, die ab 1881 durch ein Spekulantenkonsortium erfolgte. Charakteristisch für den Architekten, aber ungewöhnlich für ein repräsentatives Wohngebäude der Gründerzeit im Hamburger Raum, ist die reich gegliederte neogotische Rohbauarchitektur, z. T. mit Fachwerk gemischt, die hier eher anspruchsloseren Bauaufgaben wie Schulen, Stiften oder Gewerbebauten zugedacht war (vgl. die zeitgleichen Villen in der Nachbarschaft). Bei der Aufteilung in ein Mehrfamilienhaus wurde der ursprüngliche Haupteingang an der Jungmannstraße verschlossen.

I 56 Haus Bondy

Jungmannstraße 3, Othmarschen
Architekten: Hans und Oskar Gerson
1908/09

Einer der Höhepunkte der Hamburger Landhausarchitektur vor dem Ersten Weltkrieg. Nur wenige verhalten traditionalistische Elemente wie roter Backstein, weißlackierte Holzverschalungen und Sprossenfenster sowie das geschweifte Mansarddach verleihen dem Gebäude Lokalkolorit. Im Unterschied zu den kompakten Entwürfen von Frejtag & Wurzbach (vgl. Nr. I 59 und I 60) greifen die Bauten der Gebrüder Gerson frei in den Raum aus. Zwei Gebäudeflügel, der Wirtschafts- und der Wohntrakt, letzterer zum Garten hin zweigeschossig, zwischen denen ein kreisrundes Vestibül als Gelenk fungiert, umschließen im stumpfen Winkel den Vorgarten. Dieser war ursprünglich wie ein Gartenhof mit einer halbhohen Mauer abgeschlossen.

I 57 Haus Zadik

Jungmannstraße 1, Othmarschen
Architekten: Hans und Oskar Gerson
1913/14

Was auf den ersten Blick wie formale Willkür wirkt, nämlich der aus einem Kreissegment entwickelte Grundriß, erweist sich bei näherer Betrachtung als logische Konsequenz der Grundstückssituation, denn der gewölbte Baukörper schirmt die nach Südwesten ausgerichtete Terrasse gegen die Straßenkreuzung ab und sammelt wie ein Hohlspiegel das Sonnenlicht. Auch hier besticht wieder die geschickte Grundrißlösung mit einer konsequenten Teilung in Privat- und Wirtschaftsbereich, ohne daß die elegante Gesamtform aufgebrochen wurde.

I 58 Einfamilienhausgruppe

Walderseestraße 59–61, Othmarschen
Architekten: Garten & Kahl
1958/59

Drei Einfamilienhäuser formen einen Baukomplex, dessen Klammer der Erdgeschoßsockel aus rotem Backstein mit ebenso gefärbten Fugen bildet, wogegen die Obergeschosse mit grauen Eternitschindeln verkleidet sind. Durchlaufende Oberlichtbänder und die zierlichen Fassadenstützen, die im Erdgeschoß sichtbar vor dem Mauerwerk liegen, verdeutlichen, daß die Außenwände der Obergeschosse keine tragende Funktion haben. Soviel konzeptionelle Schlüssigkeit ist allerdings nur bedingt typisch für die deutsche Architektur in der Adenauer-Ära; sie verweist auf zeitgenössische Vorbilder aus Großbritannien und den Niederlanden.

I 59 Haus Seip

Reventlowstraße 24, Othmarschen
Architekten: Frejtag & Wurzbach
1908

Zweigeschossiger Walmdachbau mit Sprossenfenstern, Klappläden und schlichten Backsteinfassaden, die lediglich durch Quaderketten akzentuiert werden. Inspiriert von englischen Vorbildern begründete Erich Elingius schon bald nach seinem Eintritt in das Büro Frejtag & Wurzbach im Herbst 1904 – ab 1910 Frejtag & Elingius – eine Entwurfstradition, die im gehobenen Hamburger Einfamilienhausbau bis in die 30er Jahre Gültigkeit besaß. Ebenso unkompliziert wie der Fassadenaufriß ist die Grundrißlösung: Der klaren Dreiteilung der Gartenfront entsprechen auch im Innern drei Achsen.

I 57 Haus Zadik

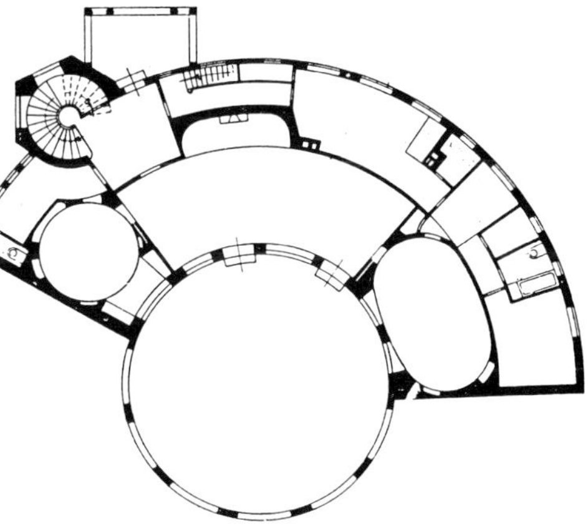

I 60 Haus Möller

I 60 Häuser Möller und Schnackenberg

Reventlowstraße 5/Klein-Flottbeker Weg 6, Othmarschen
Architekten: Hans und Oskar Gerson (Haus Schnackenberg), Freijtag & Elingius (Haus Möller)
1911

Ursprünglich befand sich das gesamte Gelände im Besitz des Gartenarchitekten Schnackenberg, der sich von den Gebrüdern Gerson ein eingeschossiges Wohnhaus in der Nordwestecke des Grundstücks errichten ließ. Ist dieser traditionalistische Bau bei aller Qualität im Detail eher als unauffällig zu charakterisieren, so wird das stattliche Haus Möller von Frejtag & Elingius, ein kompaktes zweigeschossiges Backsteingebäude mit Walmdach und sparsamen Fassadenprofil, wie er auch allgemein für das Büro typisch ist (vgl. auch Nr. I 59) – ebenfalls im Reformstil –, seiner exponierten Lage an der Kreuzung Reventlowstraße gerecht.

Führte der Zufall hier also zwei der wichtigsten Exponenten der Hamburger Landhausarchitektur zusammen, so stellten die Gartenanlagen eine Gesamtplanung von Schnackenberg & Siebold dar mit weiten, von Staudenrabatten gefaßten Rasenflächen und Knicks (bepflanzten Erdwällen) an den Grundstücksgrenzen. Heute ist der ursprüngliche Zusammenhang der beiden Grundstücke jedoch kaum noch ablesbar, denn zwischen Haus Möller und Haus Schnackenberg schiebt sich seit ein paar Jahren ein grobschlächtiger Neubau, dem der ehemals gemeinsam genutzte Tennisplatz geopfert wurde.

I 61 Evangelisch-lutherische Christuskirche

Roosens Weg 28, Othmarschen
Architekten: Albert Petersen (Ursprungsbau), Schramm & Elingius (Gemeindezentrum und Kindergarten), Elingius & Niggemann (Umbau der Kirche), Horst v. Bassewitz (Erweiterung des Gemeindezentrums)
1898–1900; Gemeindezentrum 1955/56; Umbau der Kirche 1969; Erweiterung des Gemeindezentrums 1973 W, 1974/75

Schon allein hinsichtlich der betont rustikalen Oberflächenbehandlung, Tuffstein und Lavakrotzen, hebt sich die Kirche von der schematisierten Backsteingotik der innerstädtischen Gotteshäuser ab. Auch der frühgotische Stil und das landhausartige Pastorat sind ungewöhnlich, wobei der Entwurf US-amerikanische Vorbilder – die rustizierten neoromanischen Fassaden Henry H. Richardsons – und angelsächsische Einflüsse vermischt. Allgemeiner Standard um 1900 war dagegen die zentralisierende Grundrißlösung, hier in Form eines griechischen Kreuzes. Das Innere wurde von Jürgen Elingius purifizierend erneuert und erhielt einen neuen Eingangsvorbau an der Westseite, was für den bis dahin nicht geosteten Innenraum eine völlige Neuorientierung bedeutete, dessen Achse um 90 Grad gedreht wurde.

I 62 Bauernhaus Röper

Agathe-Lasch-Weg 2, Othmarschen
Architekten: Carola Hein, Christoph Mühlhans (Instandsetzung)
1759; Umbauten und Erneuerung des Wirtschaftsgiebels 1898; Instandsetzung sukzessive seit 1983

Das einfühlsam restaurierte Gebäude stellt eines der letzten Relikte des einstmaligen Bauerndorfs Othmarschen dar. (Weitere Bauernhäuser in der Nachbarschaft wurden beim Autobahnbau abgerissen.) Auffällig ist der zweigeschossige Wohnteil mit dem ungewöhnlich steilen Reetdach. Heute ist hier ein stimmungsvolles Café untergebracht, das von einer Behinderteninitiative bewirtschaftet wird. Östlich schließt unmittelbar der ehemalige Wirtschaftsteil mit den Stallungen an, ein typisches niederdeutsches Zweiständerhaus, d. h. mit zwei innenliegenden Stützenreihen, das im 19. Jahrhundert neue Fassaden erhielt.

I 63 Allgemeines Krankenhaus Altona

Paul-Ehrlich-Straße 1, Othmarschen
Architekten: Kallmorgen & Partner mit Hochbauamt
1959 W, 1961–70

Eines jener Krankenhäuser, die der Volksmund gerne als »Krankenhausmaschinen« tituliert. Wie im Bürohausbau wurde das Bauvolumen vertikal konzentriert; auch die Zusammenfassung der OP-Trakte, Labors und Wirtschaftsräume in einem »Breitfuß« ist Bürohausentwürfen entlehnt, wie z. B. dem zur Zeit der Wettbewerbsausschreibung aktuellen Lever House in New York von Skidmore, Owings & Merrill (1952). Die Hochhausscheibe ist zweibündig organisiert mit den Versorungsräumen an der Nord- und den Krankenzimmern an der Südseite (Elbpanorama!). Die elegante, dunkel getönte Vorhangfassade läßt eher an eine Konzernverwaltung à la Mies van der Rohe denken; noch deutlicher verweisen die Nebengebäude auf den Chicagoer Architekten, genauer: seine Entwürfe für das Illinois Institute of Technology in Chicago. Der großzügige Eindruck relativiert sich jedoch sofort beim Betreten der viel zu niedrigen Eingangshalle. Ähnlich beengt wirken auch die Obergeschosse.

I 64 Atelierhaus Dr. Sumfleth

Gottorpstraße 1, Othmarschen
Architekt: Thomas Darboven
1969, Fertigstellung 1975

Wohnhaus mit Atelier für einen Augenarzt, der sich in seiner Freizeit auch erfolgreich der abstrakten Malerei widmete. Der Entwurf stammt von einem Freund der Familie, der hier mit dem »Modulor« von Le Corbusier experimentierte. Zwei Sichtbetonschotten mit einem Achsmaß von nur 2,26 m teilen das Gebäude in Längsrichtung. Auch die Fensteraufteilung orientiert sich an dem Maß- und Proportionssystem des französischen Architekten. Oberlichter über den Innentüren, vielfältige Durchblicke, die geschoßhohen Außenverglasungen und der Verzicht auf unnötige Trennwände lassen das knapp dimensionierte Gebäude im Innern jedoch überraschend großzügig erscheinen.

I 65 Geschoßwohnbau

Rosenhagenstraße 2–4, Groß Flottbek
Architekten: Frejtag & Elingius, Hans und Oskar Gerson
1911

Das gestalterische Repertoire der traditionalistischen Landhausarchitektur, flächige Backsteinfassaden mit sparsam akzentuierenden Quaderlisenen, feingliedrige Sprossenfenster, Mansarddach und barockisierende Schweifgiebel, wurde hier auf ein bürgerliches Mietshaus übertragen.

I 64 Atelierhaus Dr. Sumfleth

I 66 Beamtenwohnhäuser der Deutschen Werft

I 66 Beamtenwohnhäuser der Deutschen Werft

Adickesstraße/Rosenhagenstraße/Wolfsloh/Eckernwoort/Gutzkowstraße, Groß Flottbek
Architekt: Peter Behrens
1921/22

Doppel- und Reihenhäuser für die Angestellten der Deutschen Werft in Finkenwerder (vgl. auch Nr. K 22). Die Bauten bilden kein Gesamtensemble, sondern sind gruppenweise in ihre Nachbarschaft eingestreut. Die Architektur ist mit Sprossenfenstern und Steildach als konventionell zu charakterisieren und ordnet sich somit dem Charakter des bürgerlichen Viertels unter. Im Unterschied zu seinen Hamburger Kollegen wählte Behrens hier aber keinen blauroten Klinker, sondern einen helleren, braunorangen Ziegel, der sich z. T. zu auffälligen Schmuckverbänden fügt.

I 67 Häuser Schneider und Spörhase

Grünewaldstraße 11/Baurstraße 74, Bahrenfeld
Architekt: Karl Schneider
Haus Spörhase 1927/28; Haus Schneider 1928/29

Der Architekturpublizist Rolf Spörhase, mit dem Karl Schneider eng zusammenarbeitete, u. a. bei der Dokumentation und Archivierung seiner Entwürfe, und der Architekt selbst errichteten ihre Wohnhäuser auf unmittelbar aneinandergrenzenden Grundstücken – letzterer an der Grünewaldstraße 11 – und dokumentierten somit ihre freundschaftliche Verbundenheit wie auch ihre Einigkeit in architektonischen Fragen. Der ursprüngliche Zustand der kubischen Gebäude mit weißen Putzfassaden ist heute jedoch, wie bei vielen Einfamilienhäusern von Schneider, nach zahlreichen entstellenden Veränderungen kaum noch ablesbar.

I 68 Haus Neumann

Cranachstraße 27, Groß Flottbek
Architekten: Esselmann & Gerntke
1923

Eines der Hamburger Hauptwerke des Klinkerexpressionismus der Inflationsjahre mit kristallin aufgesplitterten Fassadendetails und pagodenartig aufgefaltetem

I 68 Haus Neumann

Dach. Den Willen zur expressiven Stilisierung unterstreicht auch das Motiv der Dreitürengruppe an der Eingangsfassade.

I 69 Reihenhausgruppe
Dürerstraße 9–13/Cranachstraße 63, Groß Flottbek
Architekt: Friedrich R. Ostermeyer
1913/14
Giebelständige Klinkerbauten mit akzentuierenden klassizistischen Portiken und den für die Heimatschutzdiskussion um 1910 charakteristischen, außen anschlagenden Sprossenfenstern mit Bandeisen (z. T. durch Modernisierungen verändert). Mit den Grundrissen wurde das Raumangebot der großbürgerlichen Stadtvilla zugunsten einer problemloseren Bewirtschaftung vereinfacht, z. B. durch den Verzicht auf einen Anrichteraum zwischen Küche und Eßzimmer. Die Gebäude waren somit auf die Bedürfnisse des gutsituierten Mittelstands zugeschnitten. Der Architekt bewohnte mit Nr. 13 selber eines der Häuser.

I 70 Geschoßwohnbau
Dürerstraße 6–8, Groß Flottbek
Architekt: Friedrich R. Ostermeyer
1912
Zusammen mit der gegenüberliegenden traditionalistischen Reihenhausgruppe in Klinker, ebenfalls von Ostermeyer, illustriert der neoklassizistische Putzbau die Spannweite der Architekturdiskussion vor dem Ersten Weltkrieg. Dabei wurde das Volumen eines gutbürgerlichen Etagenwohnhauses, wie es die innerstädtischen Alsterviertel charakterisiert, auf den Maßstab des Villenvororts herabgezont.

I 71 Römisch-katholische Kirche St. Paulus-Augustinus
Ebertallee 11, Groß Flottbek
Architekten: Bensel & Kamps
1930; Erweiterung 1949; Neugestaltung Innenraum 1966
Wie viele Sakralbauten von Bensel & Kamps, wurde auch diese Kirche innerhalb kürzester Zeit realisiert. Dabei greift der Entwurf auf das Repertoire des Neuen Bauens zurück, zu dessen wichtigsten Vertretern im Großhamburger Raum die beiden Architekten zählten. Nur wenige Jahre später ordnete sich Carl Gustav Bensel jedoch auch problemlos der architektonischen Doktrin der NS-Zeit unter (vgl. das Gemeindehaus der Flottbeker Kirche, Nr. I 73.2).

I 72 Einfamilienhaus
Müllenhoffweg 35, Groß Flottbek
Architekt: Fritz Höger
1927/28
Kubischer gelber Klinkerbau im Sinne des Neuen Bauens mit einem Ziegeldekor, der die Fassaden wie eine breite Strickbordüre umgibt. Die Unentschiedenheit, mit der Höger hier die heterogensten Architekturmotive zu kombinieren versuchte, spiegelte sich auch in den Details wider. Ursprünglich violette Verfugungen und farblich unterschiedlich gefaßte Fensterrahmen machten den Entwurf zu einem verspäteten Vertreter der expressionistischen Architekturdiskussion, von der sich der Architekt offenbar nur mühsam zu emanzipieren vermochte.

I 73 Evangelisch-lutherische Flottbeker Kirche und Gemeindehaus
I 73.1 Kirche
Bei der Flottbeker Kirche 4, Groß Flottbek
Architekten: Raabe & Wöhlecke
1910/11 W, 1911/12
48 Beiträge wurden 1910 zu dem Wettbewerb für eine neue Kirche in dem aufstrebenden Vorort eingereicht, der bis dahin von Nienstedten aus geistlich betreut wurde. Das Preisgericht unter dem prominenten Vorsitz von Fritz Schumacher fällte seine Entscheidung zugunsten eines Entwurfs, der dem damals noch ländlichen Charakter weiter Teile Groß Flottbeks entsprach. Auf das Vorbild der Dorfkirchen im Hamburger Raum verweisen das Kastengesims, die Sprossenfenster und die Zweigeschossigkeit der Langhausfassaden, der im Innern die beiden hölzernen Seitenemporen entsprechen; auch das tonnengewölbte »Mittelschiff« ist hierfür charakteristisch (vgl. die Kirche in Nienstedten, Nr. J 8). Nur vage historische Vorbilder sind dagegen an dem Einturm ablesbar, der mit seiner kompakten Gestalt das Luther-Wort »Ein feste Burg ist unser Gott« zu illustrieren scheint, das über dem Eingang angebracht ist.
I 73.2 Gemeindehaus
Seestraße 1, Groß Flottbek
Architekt: Carl Gustav Bensel
1938/39
Der Bau des Gemeindehauses wurde durch eine Stiftung von Hermann F. Reemtsma ermöglicht. Der winkelförmige, eingschossige Bau mit hohem Satteldach wirkt wie ein Gehöft. Auch das rote Sichtmauerwerk mit Schmuckverbänden im Detail wie die Rissener Kir-

che von Bensel ausgeführt (1936, vgl. Nr. J 42) und bündig eingepaßten, ursprünglich nach außen schlagenden Sprossenfenstern läßt die Architektur »bodenständig« erscheinen.

I 74 Steenkampsiedlung
Steenkamp/Im Hag/Rüsternkamp/Ebertallee/Osdorfer Weg/Wichmannweg/Riemenschneiderstieg/Grotenkamp u. a., Bahrenfeld
Architekten: Fritz Neugebauer. Kurt F. Schmidt (1. BA). Hochbauamt Altona, Kurt Meyer (2. BA); Gustav Oelsner (3. BA). Friedrich R. Ostermeyer
1. BA 1914/15; 2. BA 1919–22; 3. BA 1924–26
Unter mehrfachem Wechsel der Planer und Bauherren wurde die Steenkampsiedlung, ein typisches Beispiel für die Gartenstadtbewegung der Vorkriegszeit, in drei Bauabschnitten errichtet. Es handelt sich dabei überwiegend um zweigeschossige Reihenhäuser mit Putzfassaden, Satteldach und eigenem Gartenland, die sich an schmalen, verschwenkten Erschließungsstraßen zu einer straßenbegleitenden Bebauung gruppieren. Mehrere über die gesamte Siedlung verteilte Läden, ein Schmuckplatz mit Jugend- und Versammlungshaus am Steenkamp und das Frauenledigenheim an der Ebertallee von Friedrich R. Ostermeyer (1919) ergänzen die Anlage.

Der erste Bauabschnitt wurde noch vor dem Ersten Weltkrieg mit den Putzbauten von Neugebauer und Schmidt am Riemenschneiderstieg fertiggestellt, die sich offenkundig an den Entwürfen von Richard Riemerschmid für die Gartenstädte Hellerau bei Dresden und Nürnberg orientierten (1907–13 bzw. 1909–13). Zu Beginn der 20er Jahre folgte das Kernstück zwischen Ebertallee, Rüsternkamp und Im Hag – letztere beide markierten bis 1928 die westliche Altonaer Stadtgrenze. Bis 1926 wurde der Komplex zwischen Osdorfer Weg, Grotenkamp und Wichmannweg nach Entwürfen von Gustav Oelsner vollendet.

I 75 Zeilenbauten Luruper Chaussee
Luruper Chaussee 13–123, Bahrenfeld
Architekt: Hochbauamt Altona, Gustav Oelsner
1929/30; Aufstockung 1934/35
Die Wohnanlage in Zeilenbauweise mit schlichten Putzfassaden, ursprünglich dreigeschossig, wurde Mitte der 30er Jahre um zwei Geschosse aufgestockt und mit Walmdächern versehen. Die knapp geschnittenen Ein- und Zweizimmerwohnungen mit Wohnbzw. Kleinküche und der Verzicht auf Balkone oder Loggien markieren einen Minimalstandard, wie er gegen Ende der 20er Jahre allgemein den Massenwohnungsbau zu dominieren begann.

I 76 Bürokomplex Notkestraße
Notkestraße 9–15, Bahrenfeld
Architekten: Schramm, v. Bassewitz, Hupertz & Partner; Mitarbeiter: Achim Freund, Matthias Klapproth, Birgit Stolle, Christian Löwnau
1992–94
Kennzeichnend für den Bürokomplex ist die Aufgliederung in zwei parallele Gebäuderiegel, die eine begrünte Fußgängerachse zwischen der Notkestraße und dem ehemaligen Reemtsma-Freizeitbad von Godber Nissen (1966/67) markieren. Ein »Flugdach« und die stark kontrastierende Verkleidung der Fassaden mit schwarzem poliertem Granit und Alublechen, die die Auflösung des Bauvolumens in eine kammartige Struktur unterstreicht, setzen einen erfreulichen Akzent in dem ansonsten wenig ansprechenden Büroviertel, das in den letzten Jahren auf dem ehemaligen Werksgelände der Reemtsma Cigarettenfabriken GmbH ausgebaut wurde.

I 77 Altonaer Volkspark
Bahrenfeld
Gartenarchitekt: Ferdinand Tutenberg
1. BA 1914/15; 2. BA 1918–27
Der Altonaer Volkspark stellt im wesentlichen eine Schöpfung von Ferdinand Tutenberg dar, der 1913 zum Altonaer Gartenbaudirektor berufen wurde. Bis 1915 konnte der erste Abschnitt westlich der August-Kirch-Straße mit der großen Spiel- und Liegewiese fertiggestellt werden. In der Weimarer Republik folgten dann die östlich hiervon liegenden Parkabschnitte sowie der Friedhof (1920–23) und die Sportanlagen (1920–24), die zusammen mit dem Park eine Freifläche von 250 ha bilden. Wie bei den anderen beiden Volksparken der Hamburger Trias auch – Altona, Harburg und Stadtpark –, wurde die Gestaltung aus der Landschaft entwickelt, wobei naturbelassene Zonen – Restbestände eines ehemals umfangreichen Waldgebiets – mit gärtnerisch oder architektonisch gestalteten Bereichen in einem reizvollen Kontrast stehen. Im Altonaer Grünflächenplan von 1925 als Bestandteil des »Zweiten Grüngürtels« ausgewiesen, der vom Jenisch-Park in Othmarschen bis nach Bahrenfeld reichen sollte, ist der Altonaer Volkspark heute durch Gewerbegebiete und die westliche Autobahnumgehung nicht nur von diesen Grünflächen, sondern auch von den Siedlungsgebieten abgeschnitten.

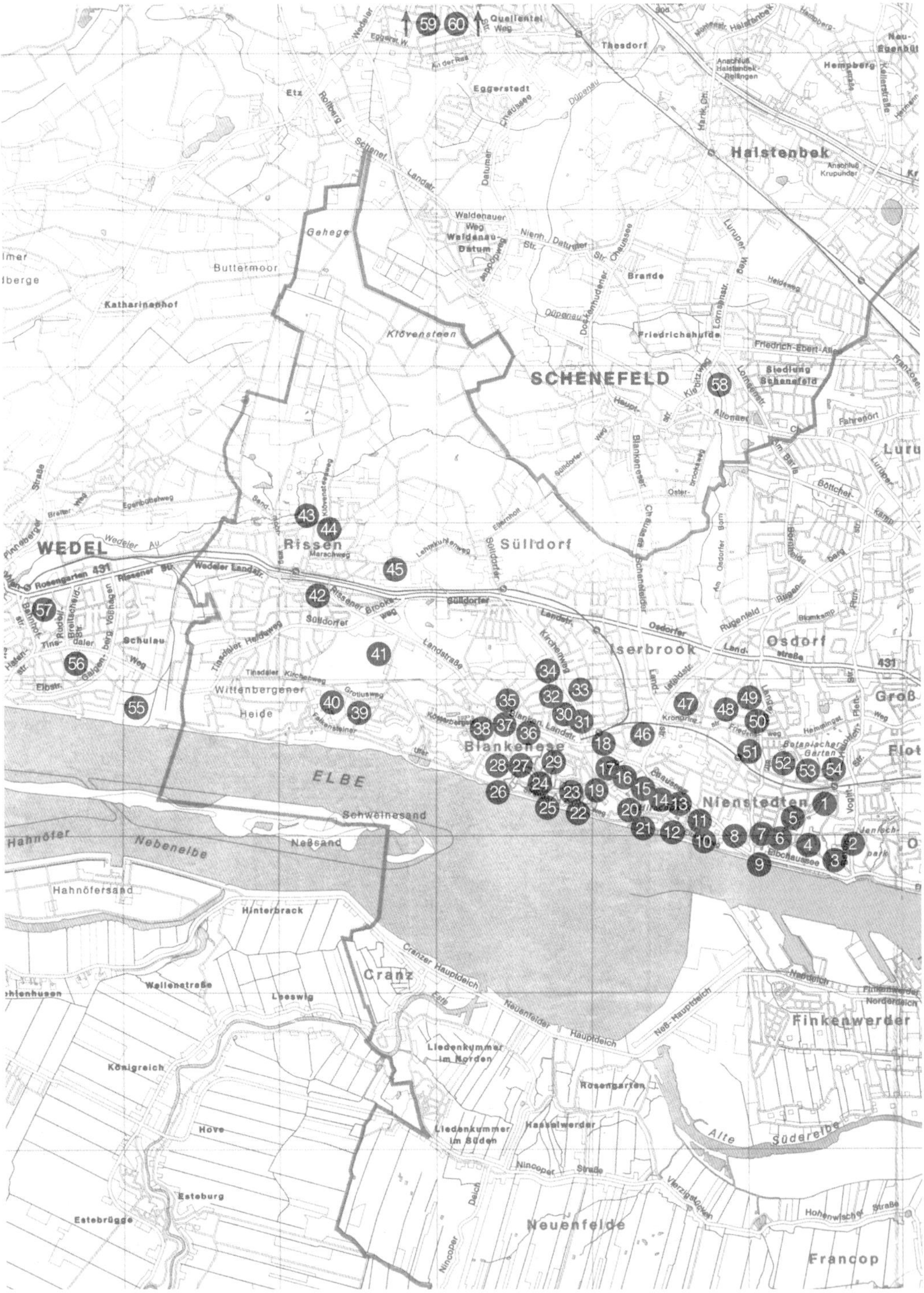

59
60
Quellental Weg
Thesdorf
Eggerstedt
Etz
Rollberg
Halstenbek
Hemmberg
Waldenauer Weg
Waldenau-Datum
Datumer Chaussee
Gehege
Buttermoor
Katharinenhof
Klövensteen
Brande
Friedrichshulde
Friedrich-Ebert-Allee
SCHENEFELD
58
Siedlung Schenefeld
Fahrenort
Lurup
Böttcherkamp
WEDEL
Wedeler Au
Rissen
Sülldorf
Rosengarten
431
Rissener Str.
Wedeler Landstr.
Sülldorfer Landstr.
Schulau
Wittenbergener Heide
Blankenese
Iserbrook
Osdorf
Osdorfer Landstraße
Nienstedten
Botanischer Garten
Elbchaussee
Groß Flottbek
ELBE
Schweinesand
Neßsand
Hahnöfer Nebenelbe
Hahnöfersand
Hinterbrack
Cranz
Cranzer Hauptdeich
Neuenfelder Hauptdeich
Neß-Hauptdeich
Finkenwerder
Norderdeich
Wellenstraße
Leeswig
Liedenkummer im Norden
Königreich
Rosengarten
Hasselwerder
Liedenkummer im Süden
Hove
Alte Süderelbe
Nincoper Straße
Estebrügge
Esteburg
Neuenfelde
Hohenwischer Straße
Francop
1 2 3 4 5 6 7 8 9 10 11 12 13 14 15 16 17 18 19 20 21 22 23 24 25 26 27 28 29 30 31 32 33 34 35 36 37 38 39 40 41 42 43 44 45 46 47 48 49 50 51 52 53 54 55 56 57

J Nienstedten, Blankenese, Rissen, Osdorf und westliche Stadtrandgemeinden

Ende des 18. Jahrhunderts entwickelte sich das topographisch reizvolle Elbufer westlich von Teufelsbrück zu einer bevorzugten Adresse für saisonal genutzte Landhäuser. Die Eröffnung der Eisenbahnstrecke Hamburg–Blankenese 1867 machte es dann auch möglich, hier ganzjährig zu wohnen. Allerdings blieben Blankenese und das 1919 eingemeindete Dockenhuden noch lange Zeit Dörfer, um die sich die Landhäuser einer schmalen gesellschaftlichen Elite von Kaufleuten und Reedern gruppierten, ebenso Nienstedten, das wohl bereits im 12. Jahrhundert als Kirchspiel gegründet worden war. 1896 begann der Ankauf von Grundstücken für die Villenkolonie Hochkamp im Süden von Osdorf (vgl. Nr. J 48); gleichzeitig entstanden die ersten Villen um den Blankeneser Bahnhof. 1927 wurden Nienstedten, Blankenese und Osdorf nach Altona und mit diesem 1937/38 nach Hamburg »zwangseingemeindet«, wie die Sprachregelung bei alten Blankenesern noch heute lautet. Auch Rissen, erst zwischen den Kriegen als Einfamilienhausgebiet verstärkt ausgebaut, vollzog diese Entwicklung.

Die Trias Nienstedten, Blankenese und Hochkamp bietet eine Vielzahl qualitätvoller und auch überregional überaus bedeutender Zeugnisse für die Entwicklung der bürgerlichen Wohnkultur vom Klassizismus bis in die Gegenwart. Der Erste Weltkrieg stoppte jedoch den Ausbau der neuerschlossenen Villenkolonien, die wirtschaftlichen Krisen der Weimarer Republik ließen die hierzu nötigen Mittel schwinden, so daß noch in den 50er Jahren weite Teile von Hochkamp und Nienstedten nicht bebaut waren. Nach 1918 wurden die Villen zunehmend in Wohnungen aufgeteilt und die parkartigen Grundstücke parzelliert (vgl. Nr. J 31), wenn die Anwesen nicht in den Besitz der öffentlichen Hand übergingen. Der Zweite Weltkrieg und die Nachkriegszeit brachten den Verfall selbst kulturhistorisch wertvollster Gebäude, dem nicht selten der Abriß folgte. Nördlich der Elbvororte schließen die konturlosen Suburbs des schleswig-holsteinischen Kreises Pinneberg an, westlich das kleinstädtische Wedel, das bereits im 16. Jahrhundert ein Marktflecken war (Rolandsäule von 1558) und 1875 zur Stadt erhoben wurde.

J 1 Wohnanlage Karl-Jacob-Straße

Karl-Jacob-Straße 1a–31/Jürgensallee 66a–e, 68a–e, 70a–e, Nienstedten
Architekt: Bernhard Hermkes
1950/51

Neun Doppelhäuser mit individuellen Grundrissen und drei Reihenhauszeilen bilden ein Ensemble. Das gelbe Klinkermauerwerk und die flach geneigten Satteldächer verdeutlichen einmal mehr den skandinavischen Einfluß auf die hamburgische Nachkriegsarchitektur. Bemerkenswert ist auch der Verzicht auf Zäune und Hecken zwischen den Grundstücken, durch den die Anlage eine seltene Großzügigkeit erhält. Der Architekt bewohnt selber eine Doppelhaushälfte mit nachträglichem Atelieranbau.

J 2 Landhaus Vorwerk

Baron-Voght-Straße 19, Nienstedten
Architekten: Franz Gustav Forsmann (Ursprungsbau), Martin Haller (Erweiterung)
1840/41; Erweiterung 1895

Eines der schönsten Landhäuser im Weichbild der Elbchaussee für den Kaufmann Georg Friedrich Vorwerk. Dabei stellt der Bau bis hin zu Details wie der gußeisernen Veranda oder der Anordnung der Schornsteine beiderseits des Oberlichts allerdings kaum mehr als eine geschickte Kopie des Landhauses Godeffroy von Patrick Arthur Mee dar (1836), wenn auch mit nicht ganz so großzügiger Innenaufteilung (vgl. Nr. J 10). 1895 wurde das Gebäude an der Eingangsseite erweitert.

J 3 Landhaus Wesselhoeft

Elbchaussee 352, Nienstedten
Um 1826

Schlichter, zweigeschossiger Putzbau auf rechteckigem Grundriß. Die Elbfront ist bis auf den Mittelrisalit mit Dreiecksgiebel und die gequaderten Ecklisenen weitgehend schmucklos. Der Verlust der ursprünglichen Attika hat die Proportionen verändert. Die Ausstattung versammelt eine Reihe bemerkenswerter »Spolien« aus abgebrochenen Häusern von Alexis de Chateauneuf, so die Marmorverkleidung im Vestibül, die aus dem Hudtwalckerschen Haus Hermannstraße 14 stammt (um 1845), und die Kandelaber neben dem Eingangsportal, ursprünglich zum Haus Abendroth am Neuen Jungfernstieg gehörend (1834/35).

J 4 »Elbschlößchen«

Georg-Bonne-Straße 19, Nienstedten
Architekt: Christian Frederik Hansen
1804–06

Landhaus nach dem Vorbild der »Villa Rotonda« von Andrea Palladio für den Altonaer Kaufmann Johann

J 2 Landhaus Vorwerk

J 4 »Elbschlößchen«

Heinrich Baur. Der schlichte, kubische Außenbau, sparsam akzentuiert durch Reliefmedaillons, gerade Fensterverdachungen und einen ionischen Portikus vor der offenen Eingangshalle, läßt zwar kaum etwas von seiner aufwendigen Innengestaltung erahnen. Aber wie in Palladios berühmtem Entwurf, ist auch hier eine zweigeschossige, zylindrische Mittelhalle in den würfelförmigen Baukörper eingeschrieben, die von einer Oberlichtkuppel überwölbt wird. Korinthische Pilaster, ein Gebälk mit Rankenfries, Wandfüllungen mit Stuckornamenten und klassizistische Frauenstatuen in Halbkreisnischen gliedern den Wandaufriß. 1881 wechselte das Grundstück an die neugegründete Elbschloßbrauerei, die in den Parkanlagen ihre Betriebsgebäude errichtete.

J 5 Villa

Jürgensallee 14, Nienstedten
Architekten: Bernstorff Architekten
1992, 1993/94

Der »kastenförmige« Baukörper gliedert sich in drei funktional und gestalterisch klar differenzierte Bestandteile. Die Schlaf- und Nebenräume umschließen im Winkel den Wohnbereich und werden auch nach außen durch Putzfassaden als zusammengehörig definiert, wogegen die Wohnhalle eine Hülle aus Thermocrete-Beton umgibt, in die wiederum der mit patiniertem Kupferblech verkleidete Kubus des Arbeitszimmers eingehängt ist (was angesichts der komplizierten Stahlsubstruktion wortwörtlich zu nehmen ist). Zeigt sich die Außenarchitektur betont schlicht und nahezu grob im Profil, so wurde im Innern eine um so differenziertere Raumfolge mit abwechslungsreichen Durchblicken und Lichtquellen geschaffen, wobei der offene Charakter der Erdgeschoßräume auffällig mit den Schlafbereichen der Eltern und der Kinder kontrastiert, die jeweils autonome Einheiten mit eigenem Bad und eigenem Treppenaufgang bilden – geselliges Familienleben mithin genauso ermöglichend wie ungestörte Privatheit. Ein Schwimmbad im Keller ergänzt das hinsichtlich des Platzangebots und der überaus sorgfältigen Detailbehandlung nahezu als luxuriös zu charakterisierende Ambiente.

J 6 Haus Schlüter

Newmans Park 9, Nienstedten
Architekt: Karl Schneider
1934

Einer der letzten Entwürfe, die Karl Schneider vor seiner Emigration in Hamburg realisieren konnte: ein schlichtes Einfamilienhäuschen mit steilem Satteldach. Vom Anspruch des Neuen Bauens ist kaum mehr als das Bullaugenfenster in der Seitenfront geblieben.

J 7 Haus Markovic und Ronai

Theresenweg 3, Nienstedten
Architekten: MRL Architekten BDA Markovic, Ronai, Lütjen, Voss
1990/91

Ist die Einliegerwohnung in der linken Erdgeschoßhälfte von konventionellem Zuschnitt, so präsentiert sich die Innenaufteilung in der anderen Haushälfte um so großzügiger. Der Wohnbereich greift hier mit einer Galerie über beide Geschosse und findet seine Fortsetzung unter der mit Zinkblech verkleideten Dach-

J 5 Villa

tonne in einem studioartigen Arbeitsraum. Besonders hervorzuheben sind auch, innen wie außen, die zahlreichen sorgfältig durchdachten Details wie z. B. der ausgesucht schöne Torfbrandklinker des Verblendmauerwerks oder die pergoalaartigen Aufbauten über den Dachterrassen, mit denen die Dachkonstruktion aus der Fassade greift.

J 8 Evangelisch-lutherische Kirche Nienstedten

Elbchaussee, Nienstedten
Architekt: Otto Johann Müller
1750/51

Schlichter Fachwerksaal mit nach Osten abgewalmtem Satteldach und eingebautem Westturm; nur die Westfassade ist massiv aufgeführt. Kaum aufwendiger gestaltet ist der Innenraum, der durch zwei Reihen von Holzstützen dreigeteilt wird, jeweils mit Emporen an der Nord- und der Südseite. Ein hölzernes Korbbogengewölbe überspannt den Mittelteil. An Ausstattungsstücken ist vor allem der Kanzelaltar aus der Erbauungszeit bemerkenswert (östlich der Kirche das Doppelpastorat von 1888).

J 9 Landhaus Roosen

Elbchaussee 388, Nienstedten
1798

Auf eine ältere Bauschicht als die Hansenschen Entwürfe an der Elbchaussee verweist das Landhaus für den Hamburger Kaufmann Berend Roosen, obwohl die Baudaten nahezu identisch sind. Als Kreuzhaus, errichtet, d. h. mit T-förmigen Grundriß, spiegelt das Gebäude jedoch noch die traditionelle Gliederung in einen Wohn- und einen rückwärtig anschließenden Wirtschaftstrakt wider, wie er für die Hamburger Landhäuser des 17. und 18. Jahrhunderts typisch ist, die nicht selten aus der Erweiterung von Bauernhäusern hervorgegangen sind und Sommerhaus und landwirtschaftlicher Betrieb in einem waren. Betont ländlich präsentierte sich dabei ursprünglich auch die äußere Gestaltung mit Backsteinfachwerk, heute hinter einer Bretterverschalung verschwunden, und wohl auch einem Reetdach.

J 10 Landhaus R. Godeffroy (die »Bost«)

In de Bost 39, Nienstedten
Architekten: Arthur Patrick Mee (Ursprungsbau). Cäsar Pinnau (Restaurierung und Umbau)
1836; Restaurierung und Umbau 1953/54

Ehemaliges Anwesen des Kaufmanns Richard Godeffroy, der vor allem in London tätig war und mit Arthur Patrick Mee einen Schüler von John Soane mit dem Entwurf seines Hamburger Landhauses beauftragte. Die spätklassizistische Architektur versucht sich hier nicht mehr in prätentiösen antikisierenden Gesten, auch die Grundrißlösung ist vorrangig auf den Wohnwert ausgerichtet. Dies zeigt sich besonders deutlich an der schlichten Elbfront mit dem halbovalen Vorbau, der ursprünglich zudem noch eine gußeiserne Veranda vorgelagert war, wie sie zu dieser Zeit auch erstmalig an den Häuschen der Sommerfrischler in Övelgönne auftaucht (1928 abgebrochen). Gestalterische Raffinesse liegt denn auch vor allem in den Details wie z. B. der geschickten Anordnung der Schornsteine um das Oberlicht der Treppenhalle herum, die wie die Eckpfosten der Balustradenbekrönung wirken (womit kein unwesentliches Entwurfsproblem gelöst wurde, verfügte doch jeder Wohnraum nach angelsächsischer Gewohnheit über einen offenen Kamin). 1953 erwarb der Industrielle Rudolf August Oetker das Gebäude als Gästehaus für seinen Konzern.

J 11 Haus Bouncken

Hirschparkweg 1, Nienstedten
Architekt: Hermann Muthesius
1922

Eingeschossiger Klinkerbau auf winkelförmigen Grundriß mit Walmdach. Nur der Portikus des Haupteingangs und die Erker mit Sprossenfenstern setzen gestalterische Akzente: ein Haustyp, der bis in die Gegenwart hinein Gültigkeit hat.

J 12 Haus Berwanger

In de Bost 10, Nienstedten
Architekt: Walther Baedeker
1922/23

J 10 Landhaus R. Godeffroy (die »Bost«)
J 12 Haus Berwanger

Herrschaftliches Anwesen mit Nebengebäude. Die architektonische Gestaltung greift noch einmal den Reformstil der Jahre vor dem Ersten Weltkrieg auf. Betont malerisch gestaltet ist der Eingangsbau mit Staffelgiebel und effektvoll verschalten Dachgauben, deren Rautenmuster durch einen zweifarbigen Anstrich hervorgehoben wird. Die Villa auf dem rückwärtigen Teil des Geländes – nur vom Hirschparkweg einsehbar – ist ein schlichter, aber umfangreicher Backsteinbau mit Walmdach. Mit der von Seitenrisaliten flankierten Säulenloggia wird hier ein traditionelles Motiv der Landhäuser in den Elbvororten zitiert.

J 13 Landhaus J. C. Godeffroy (»Hirschparkhaus«)

Elbchaussee 499, Nienstedten
Architekt: Christian Frederik Hansen
1789–92; Restaurierung 1939/40

Der erste bedeutende Auftrag, den Christian Frederik Hansen in seiner Altonaer Zeit (1784–1804) realisieren konnte, war das Landhaus für Johann Cesar IV Godeffroy, der auch den Englischen Garten anlegen ließ, während die Wildgehege von einem seiner Nachfolger stammen (um 1860). 1939/40 wurde das Gebäude äußerlich in seinen ursprünglichen Zustand zurückgeführt, wogegen im Innern nur noch die Stuckgliederungen des Vestibüls in ihrer Gesamtheit dem Original entsprechen. Dabei kombiniert der Entwurf eine Reihe zeittypischer Lösungen, die jede für sich genommen eher konventionell sind und somit noch nicht seinen Rang erklären. Von barocken »Maisons de Plaisance« abgeleitet sind der weit ausgreifende, aber wenig tiefe Baukörper und die Enfilade der drei Haupträume mit gerundetem Mittelsaal; frühklassizistische Bauten wie das Petit Trianon in Versailles (1768 fertiggestellt) standen Pate bei der von Säulen getragenen Vorhalle.

Kennzeichnend für das neue Architekturempfinden im ausgehenden 18. Jahrhundert ist dagegen der eigentümlich körperlose, zweidimensionale Charakter der Fassaden, bedingt durch die homogenen weißen Putzflächen mit den rahmenlos eingeschnittenen Fensteröffnungen, die lediglich durch einige sparsame, isoliert wirkende Sandsteingliederungen – die Ädikulen beidseits der Vorhalle und die Säulen – akzentuiert werden. An der Südseite sind die Fassaden bis auf die Eckrustiken sogar völlig schmucklos geblieben, auch das weit überkragende Hauptgesims mit reich geschmückter Unterseite (Tropfenplatten, Rhomben mit Rosetten) bricht hier unvermittelt ab und findet seine Fortsetzung in einem flacheren Profil mit Zahnschnittfries – fast so, als ob der Architekt eine abstrahierende Präsentationszeichnung seines Gebäudes als Kulisse in das Parkgelände gestellt hätte.

J 13 Landhaus J. C. Godeffroy (»Hirschparkhaus«)

J 13.1 »Witthüs«

Um 1800

Strohgedeckter Backsteinmassivbau mit Krüppelwalm. In dem ehemaligen Bauernhaus, das zur ursprünglichen Ausstattung des Godeffroyschen Anwesens gehört, ist heute ein stimmungsvolles Café untergebracht. Von 1931 bis zu seinem Exil auf Bornholm 1934 und von 1950 bis zu seinem Tode 1959 bewohnte Hans Henny Jahnn das Gebäude.

J 14 Haus Heyden

Mühlenberg 8, Blankenese
Architekt: Burkhard Heyden
1970, 1971/72

Südländisch inspiriertes Haus mit geschlämmtem Sichtmauerwerk, roten Pultdächern und einem patioartigen Innenhof, der durch die verschiedenen Ebenen der Wohn- und Schlafbereiche noch zusätzlich an Reiz gewinnt. Die Lage in einer Straßengabelung gab den Ausschlag für die introvertierte Bauweise. 1990/91 wurde das Gebäude mit seinem hohen Anteil an Außenwandfläche ökologisch nachgerüstet mit einem Gewächshaus als Wärmepuffer und einer transparenten Wärmedämmung. Eine Pioniertat waren Ende der 70er Jahre auch die Warmwasser-Sonnenkollektoren, die mangels Steildachfläche wie Segel an verstellbaren Rohrwellen angeordnet sind.

J 15 Haus Overmann

Pepers Diek 8, Blankenese
Architekt: Walther Baedeker
1911

Britische Landhausvorbilder scheinen bei diesem Entwurf durch, besonders an der Südseite mit den drei kleinen Giebeln über den Fensterachsen, die von turmartigen Eckbastionen gerahmt werden.

J 16 Landhaus P. Godeffroy (»Weißes Haus«)

Elbchaussee 547, Blankenese
Architekt: Christian Frederik Hansen
Um 1790; Restaurierung um 1935

Der zweite Entwurf aus der Trias der Dockenhudener Landhäuser von Christian Frederik Hansen – vgl. auch das Hirschparkhaus, Nr. J 13.1, und das Landhaus Blacker, Nr. J 30 – wurde für Peter Godeffroy, den Bruder von Johann Cesar IV Godeffroy, realisiert. Anders als beim Hirschparkhaus entwickelte Hansen hier jedoch einen kompakten Baukörper mit zwei Vollge-

J 19 Landhaus Baur (»Katharinenhof«)

schossen auf H-förmigen Grundriß, so daß das Ein gangsportal auf der Nordseite und die Loggia mit ionischen Säulen auf der Südseite jeweils von Seitenrisaliten flankiert werden. Dabei blieb der Bauschmuck auch weiterhin auf das Hauptgesims und sparsam applizierte Architekturdetails beschränkt – allerdings nicht aus Sandstein, sondern zum überwiegenden Teil aus verputztem Holz gefertigt, einschließlich der Säulen und des Konsolgesimses. Mitte der 30er Jahre ließ der Reeder John T. Essberger das Gebäude restaurieren und die noch weitgehend im Originalzustand befindlichen Erdgeschoßräume wieder mit zeittypischem Mobiliar ausstatten. Das »Weiße Haus« ist heute eines der letzten Landhäuser an der Elbchaussee, die noch ihren ursprünglichen Wohnzweck erfüllen, ohne nachträglich in kleinere Wohneinheiten aufgeteilt worden zu sein.

J 17 Ehem. Apotheke

Elbchaussee 564, Blankenese
Architekt: Johann Matthias Hansen
1836

Das mittig angeordnete Zwerchhaus und ein Krüppelwalmdach verleihen dem eingeschossigen Putzbau trotz seiner ambitionierten klassizistischen Gliederung einen ländlichen oder doch zumindest kleinstädtischen Charakter.

J 18 Evangelisch-lutherische Kirche

Mühlenberger Weg 60, Blankenese
Architekt: Bauinspektor Ehrhardt
1895/96

Das konventionelle Gotteshaus mit reich gegliederten neogotischen Backsteinfassaden im Sinne der »Hannoverschen Schule« und einem steil aufragenden Einturm sei hier als Pars pro toto der reizvollen Villenkolonie erwähnt, die sich südlich des Blankeneser Bahnhofs erstreckt und deren Ausbau ab der Jahrhundertwende die Entwicklung des ländlichen Elbvororts zur Kleinstadt markiert. Der Innenraum wurde in den 50er Jahren leider wenig einfühlsam modernisiert mit einer umlaufenden U-förmigen Empore und einer Flachtonne als neuer Einwölbung, die die strukturellen Eigenheiten der Wandpfeilerkirche auf kreuzförmigem Grundriß völlig negieren.

J 19 Landhaus Baur (»Katharinenhof«)

Mühlenberger Weg 33, Blankenese
Architekten: Johann Matthias Hansen, Ole Jörgen Schmidt
1829–36

Mit dem Landhaus des Konferenzrats Georg Friedrich Baur trat wieder die Familie Baur auf den Plan, die zusammen mit den Godeffroys das Bauen um 1800 in Altona und den Elbvororten maßgeblich geprägt hat. Die Grundstücke am Mühlenberger Weg wurden von 1802 bis 1817 angekauft und von Joseph Jaques Ramée sukzessive zu einem Park im englischen Stil umgestaltet – als einziger übrigens mit malerischen Gartenarchitekuren wie z. B. einem »Chinesischen Turm« (nicht mehr erhalten). Der Landhausentwurf von Johann Matthias Hansen, einem Neffen des gleichnamigen Architekten, der hier vermutlich mit seinem Sozius, dem Hansen-Schüler Ole Jörgen Schmidt, zusammengearbeitet hat, läßt noch einmal den Klassizismus des ausgehenden 18. Jahrhunderts Revue passieren. Wie beim »Weißen Haus« von Christian Frederik Hansen (vgl. Nr. J 16) werden die Hauptfassaden durch Seitenrisalite gegliedert, zwischen denen zur Elbseite hin ebenfalls eine Loggia mit Säulen eingefügt ist. Die Attika schmückt ein Sandsteinrelief mit einer Darstellung des Raubes der Proserpina. Reiche Stuckgliederungen kennzeichnen die Innenräume, die heute von einer Dienststelle des Ortsamtes Blankenese genutzt werden.

J 19.1 Ehem. Stallgebäude

Architekt: Johann Matthias Hansen
1839: Renovierung und Umbau 1955

Nebengebäude des Baurschen Landhauses. Der reizvolle Putzbau, vermutlich ebenfalls ein Entwurf von Johann Matthias Hansen, dient seit dem Umbau 1955 als öffentliche Bücherhalle mit Vortragssaal.

J 20 Historisches Ensemble Mühlenberg

Panzerstraße 6, 10–12, 11–13, 14–16, Blankenese;
Mühlenberg 42–44, 54–56 und 72/Am Hirschpark 2, Nienstedten
18. und 19. Jahrhundert

Der Abstieg vom Katharinenhof zum Elbufer durch die idyllische Panzerstraße bietet eine nicht minder reizvolle Alternative zum »Treppenviertel« unterhalb des Süllbergs (vgl. Nr. J 22). Erhalten sind hier mit den Häusern Nr. 6 (um 1800), Nr. 10–12 (1732), Nr. 11–13 (1803) und Nr. 14–16 (vor 1786) noch einige typische Blankeneser Fischerhäuser in Fachwerkbauweise mit abgewalmten Reet- oder Pfannendach, meist sogenannte »Tweehäuser«, d. h. Doppelhäuser für zwei Familien, die ursprünglich z. T. noch zusätzlich mit »Lüttwohnungen« für Altenteiler ausgestattet waren. Am Mühlenberg setzt sich das historische Ensemble mit

J 21 Haus v. Gerkan

weiteren einfühlsam restaurierten »Tweehäusern« fort (Nr. 42/44 vor 1789, Nr. 54–56 1800, Nr. 72 1802). Ein weiteres Gebäude aus Blankeneses dörflicher Vergangenheit ist mit Am Hirschpark 2 erhalten (vor 1789).

J 21 Haus v. Gerkan

Am Hirschpark 3, Nienstedten
Architekten: v. Gerkan, Marg & Partner; Bauleitung: Jochen Krautberger; Mitarbeiter: Martin Stroh
1979, 1980–82

Ehemaliges Wohnhaus Meinhard v. Gerkan mit Einliegerwohnung. Die Lage am Hang gab den Ausschlag für einen leichten Skelettbau in Holz. Dabei wurden die spezifischen Eigenschaften dieses Materials mit der gleichen Präzision in einen unverwechselbaren gestalterischen Ausdruck transformiert, wie man es bis dahin bei den Architekten schon von Curtainwalls, Betonfertigteilen oder Stahlkonstruktionen her gewöhnt war. Dennoch: Der Betrachter wähnte sich beim Anblick der dunkel lasierten Holzverschalungen und der flach geneigten Pultdächer eher in den »ewigen Tannen« des Schwarzwalds als am nahen Elbstrand. Heute kommt das Gebäude mit einem grauen Anstrich zwar stärker norddeutschen Sehgewohnheiten entgegen, hat dadurch aber auch viel von seinem ursprünglichen Charakter eingebüßt.

J 22 Historisches Ensemble »Treppenviertel«

Osterweg 11–13/Strandweg 16–17/Am Hang 1, 13, 22/Bremersweg 1, 5a/ Op'n Kamp 9, 24, 28/Charitas-Bischoff-Treppe 9/Elbterrasse 4–6, 5–7, 18/Rutsch 1 und 2/Krumdal 14 und 18, Blankenese
18., 19. und 20. Jahrhundert

Das Hanggebiet von Blankenese ist eines der traditionsreichsten Siedlungsgebiete im Hamburger Raum. Treppen und Hohlwege, die zwischen den Stützmauern der terrassierten Gärten hindurchführen, und die bunt zusammengewürfelte Bebauung verleihen dem Viertel einen pittoresken Reiz; auch der unvergleichliche Panoramablick über den Strom lohnt den Aufstieg. Die Bauten sind hinsichtlich ihrer Größe und ihres gestalterischen Aufwands meist von kleinbürgerlichem Zuschnitt, wie die häufiger anzutreffenden traufständigen Gebäude aus dem Biedermeier mit Krüppelwalm und z. T. auch Zwerchhäusern oder die ab etwa 1850 errichteten Bauten mit hohem Drempel und flach geneigtem Satteldach, die ebenfalls weite Bereiche charakterisieren. Ab der Gründerzeit entstanden hier auch verstärkt mehrgeschossige Gebäude wie die Wohn- und Geschäftshäuser entlang der Blankeneser Hauptstraße sowie repräsentative Villen, darunter einige bemerkenswerte Beispiele für die Architekturentwicklung um 1910.

Die älteste Besiedlungsschicht bilden heute die reetgedeckten Fischerhäuser des 18. und frühen 19. Jahrhunderts in Fachwerkbauweise, die aufgrund der beiden Brandkatastrophen 1806 und 1814 und späterer Erneuerungen allerdings nur noch sporadisch erhalten und z. T. auch nur schwer auffindbar sind. Im folgenden wird deshalb ein Weg durch das unübersichtliche Labyrinth des Hanggebiets vorgeschlagen, der die noch erhaltenen Bauten aus diesem Zeitabschnitt berührt. Den vorherrschenden Gebäudetyp stellen dabei die »Tweehäuser« dar wie Osterweg 11–13, die erste Station der Tour, die über Baursweg und Bröers Treppe auch problemlos vom Blankeneser Bahnhof zu erreichen ist: ein Doppelhaus für zwei Familien, das ursprünglich auch noch »Lüttwohnungen« für Altenteiler aufwies (um 1803). Nicht berücksichtigt werden dagegen spätere Beispiele, deren Auswahl zu willkürlich wäre, mit Ausnahme des Doppelhauses Strandweg 16–17 (um 1820), der zweiten Station, das wegen seines reizvollen biedermeierlichen Gartens Erwähnung finden soll.

Horribile dictu: Das Treppenviertel wird zwar als touristisches Kleinod der Hansestadt gehandelt, wer hier aber durchgängig den nostalgischen Charme etwa des Fischer- und Lotsendorfs Övelgönne erwar-

J 22 Historisches Ensemble »Treppenviertel«

tet, wird enttäuscht. In der Nachkriegszeit wurde die Hangsiedlung mit grobschlächtigen Apartmenthäusern und an dieser Stelle völlig deplazierten Wirtschaftswundervillen bekrönt. Auch an der historischen Bausubstanz innerhalb des Hanggebiets wurde durch Abrisse und Modernisierungsmaßnahmen Raubbau getrieben, wie das unsensibel erneuerte Tweehus Am Hang 13 (um 1800) oder das ehemalige Dreehus (Dreifamilienhaus) Am Hang 22 (2. Hälfte 18. Jh.) verdeutlichen: Letzteres, um 1960 äußerlich noch intakt, wurde bald darauf teilzerstört und mit einem trivialen Anbau ergänzt. Sorgfältiger erhalten sind dagegen die Fischerhäuser Am Hang 1 und Bremers Weg 1 und 5a, wobei Bremers Weg über Paarmannsweg und Strandtreppe zu erreichen ist und sich als reizvolle Alternativstrecke für den Aufstieg zur Blankeneser Hauptstraße anbietet. Am Hang 7 steht außerdem einer der wenigen Neubauten, die im Treppenviertel hervorzuheben sind (vgl. unten).

Jenseits der Blankeneser Hauptstraße zweigt die Straße Op'n Kamp ab, wo Nr. 9 ein noch intaktes Tweehus darstellt (vor 1786), wenn auch allzu glatt restauriert, während Nr. 24 und Nr. 28, wie schon die meisten vorgenannten, bereits im 19.Jahrhundert jeweils zur Hälfte erneuert wurden. Mit Haus Goebel, Charitas-Bischoff-Treppe 9, von Karl Schneider (1925/26) hat das Neue Bauen im Treppenviertel Einzug gehalten (völlig entstellt). Über Schlagemihls Treppe gelangt man nun in die Hans-Lange-Straße und von dort in die Elbterrasse, wo neben den beiden Tweehäusern Elbterrasse 5–7 und 18 auch noch das stattliche Dreehus Nr. 4–6 erhalten ist (um 1800), wiederum mit zwei Lüttwohnungen für Altenteiler, d. h. hier versammelten sich ursprünglich sogar fünf Wohneinheiten unter einem Dach. Von der Elbterrasse bietet sich außerdem ein Abstecher in die Süllbergstreppe 3a zum Haus Laage an (vgl. unten). Den Abschluß der Route bilden die stimmungsvollen Tweehäuser Rutsch 1 und 2 und Krumdal 14 und 18; letzterer ist bequem über den Borracksweg zu erreichen und ermöglicht den Aufstieg auf den Geestrücken.

J 23 Haus Huwendiek

Am Hang 7, Blankenese
Architekt: Klaus Huwendiek
1981/82

Verschraubte Stahlprofile mit Spannstäben als Windversteifungen und Holzausfachungen in Red Cedar bilden eine Skelettstruktur, die durch die umlaufende Wartungsgalerie aus verzinkten Gitterrosten und die Stahldrähte – als Rankgerüste – noch zusätzlich an technizistischer Filigranität gewinnt; die nichttragenden Wände der betont offen gestalteten Innenräume bestehen aus Kalksandstein. In der Vegetationsperiode ist das Gebäude völlig mit Knöterich, Geißblatt und Klematis überwuchert und verschwindet optisch zwischen der Hangbebauung. Geschoßhohe Verglasungen öffnen den zweigeschossigen Wohnraum mit Empore zum Elbpanorama.

J 24 Haus Laage

Süllbergstreppe 3a, Blankenese
Architekt: Gerhart Laage; Mitarbeiter: Klaus Moser
1968

Wie bei der Skelettkonstruktion von Haus Huwendiek, bestimmten auch hier das stark abschüssige Gelände und die eingeschränkten Transportmöglichkeiten für Material und Gerät im Blankeneser »Treppenviertel« Gestalt und Bauweise des Gebäudes. Die einzelnen »Decks« mit den Wohn- und Schlafräumen sind auf zwei Scheiben in Hangrichtung gegründet, was ebenso die rationellste Lösung darstellte wie die Wahl des Baustoffs, nämlich Thermocrete-Beton, der einfach nur zur Baustelle gepumpt werden mußte. Der Grundriß war ursprünglich auf die Bedürfnisse einer Familie mit noch nicht erwachsenen Kindern zugeschnitten. Der Wohnraum und die Schlafkojen der Eltern markierten das Obergeschoß als Ruhebereich, das Spielzimmer und die Schwimmbadterrasse das Untergeschoß als Aktivzone. Das Zentrum des Hauses lag mit der Eßküche und den Kinderzimmern im Eingangsgeschoß.

J 25 Richtfeuer

Baurs Park/Strandweg, Blankenese; Rissener Ufer/ Am Leuchturm, Rissen
Architekten: Hamburgische Wasserbaudirektion (Rissen). Garten, Kahl, Hoyer mit Amt für Strom- und Hafenbau (Blankenese)
Rissen 1899; Blankenese 1977 W, 1983/84

J 24 Haus Laage

J 23 Haus Huwendiek

Die Richtfeuer in Rissen und Blankenese sind jeweils paarweise so am Strand und auf dem Geestrücken angeordnet, daß sie die jeweilige Mittellinie des Fahrwassers markieren, wenn die Türme bzw. die nächtens von ihnen ausgesendeten Lichtsignale in Linie übereinander sichtbar sind. Dabei sind die beiden Türme in Rissen für den Verkehr elbabwärts zuständig, während mit denjenigen in Blankenese die letzte Lücke im optischen Leitsystem für Schiffe Richtung Hamburg geschlossen wurde. Besondere Anforderungen wurden hier an die Gestaltung gestellt, mußte das Oberfeuer doch auf dem Kanonenberg und somit in der Parklandschaft des Blankeneser Elbhochufers errichtet werden. Die heute für Leuchtfeuer als so charakteristisch angesehene rote Beringung wurde übrigens erst ab 1927 systematisch durchgeführt, so auch bei den beiden Türmen in Rissen.

J 26 Terrassenbungalows

Strandweg 86, Blankenese
Architekten: Grundmann, Rehder, Zeuner (Planung). Grundmann, Rehder (Realisierung)
1973, 1974/75

Terrassenwohnanlage aus markant gestaffelten, weiß geschlämmten Backsteinkuben, die sich den Geesthang hinaufziehen. Die kompakten Pflanzwannen versperren nicht nur den Blick auf die Terrassen und Atrien der darunterliegenden Wohnungen, sondern sind auch ein effektvolles Gliederungselement. Ein öffentlicher Weg teilt die beiden Baugruppen.

J 27 Haus Hinneberg

Krumdals Weg 9, Blankenese
Architekt: Cäsar Pinnau
1965

Mit klassizistischem Portikus, Kranzgesims und Sprossenfenstern, zur Stromseite als Bay-windows ausgebildet, präsentiert sich der zweigeschossige Backsteinbau als Plagiat eines Südstaaten-Herrenhauses – und entfaltet dabei soviel Charme, daß sich wohl nur bornierte Modernisten an dieser Stilmimikry wirklich stören können. Geopfert wurde hierfür allerdings der Vorgängerbau von Bruno Paul, um 1923 mit unregelmäßiger Bruchsteinverkleidung, kurvig ausschwingenden Balkonen und gekehltem Hauptgesims im Sinne des Expressionismus errichtet, von dem sich vermutlich auch noch Reste im Kern des neuen Gebäudes verbergen. Ansonsten ist hiervon aber nur noch die getäfelte Treppenhalle erhalten, die, wie so viele Interieurs abgebrochener Hamburger Bauten, den Weg in das Museum für Kunst und Gewerbe gefunden hat.

J 28 Haus Reemtsma

Krumdals Weg 17, Blankenese
Architekten: A. P. B. Architektengruppe Planen & Bauen; Mitarbeiter: Ahmad Galedary, Jörn Döring, Susanne v. Kuenheim
1981, 1984/85

Die vergleichsweise sparsame Durchfensterung und die starken Pfeiler, die die Eckloggien verschatten, wollen so gar nicht zu der Weite des Elbpanoramas passen, das sich von dem Grundstück aus eröffnet. Auch das dunkle Klinkermauerwerk verleiht der Architektur einen reservierten Charakter. Die Innenräume gruppieren sich nach dem Split-level-Prinzip um einen zentralen Lichthof. Wie in den »herrschaftlichen« Villen der Vorkriegsjahre sind Wohn- und Wirtschaftsbereich mit eigenen Eingängen deutlich voneinander getrennt; auch das opulente Angebot an Nebenräumen – u. a. ist jedem Schlafraum ein Badezimmer zugeordnet – verweist noch einmal auf die längst verschüttete Tradition großbürgerlicher Wohnkultur. Dabei stand bei der Konzeption der Innenräume jedoch weniger das Streben nach Repräsentation im Vordergrund als vielmehr der Wunsch nach einem ungestörten Arbeitsrefugium. Die Obergeschosse werden weitgehend von der Bibliothek des Hausherrn eingenommen.

J 29 Haus Schüler

Wilmans Park 17, Blankenese
Architekten: Walther Baedeker (Ursprungsbau). Schramm, v. Bassewitz, Hupertz & Partner; Mitarbeiter: Justus zur Nieden, Johannes Ross (Restaurierung)
1922–24; Aufstockung um 1928; Restaurierung 1992–94

Der ursprünglich eingeschossige Putzbau, sparsam nobilitiert durch das ionische Eingangsportal und eine dorische Säulenhalle an der Gartenseite, wechselte 1927 an den Anwalt Alfred Schüler, der das Gebäude aufstocken ließ. Ist das schlichte Äußere nicht weiter auffällig, so überrascht beim Betreten ein um so reichhaltigeres »Innenleben« mit einer zweigeschossigen Oberlichthalle, die mit Medusenhaupt und einem Wasserbassin im Fußboden ursprünglich wie ein antikes Atrium gestaltet war, und einem anderthalbgeschossigen Wohnraum mit goldornamentierter Kassettendecke und ebenso pompöser Pilastergliederung. Atemberaubend ist der Blick, der sich von hier aus über den steil abfallenden, nach barockem Vorbild terrassierten Garten auf die Elbe eröffnet. Leider verbirgt sich dieses extravagante Hollywood-Ambiente, das einem Rudolph Valentino zur Ehre gereicht hätte, hinter einer hohen Mauer. Und auch der neue Hausherr wird wohl weiterhin Wert auf Distanz zur schnöden Umwelt legen, handelt es sich doch um den in Hamburg gebürtigen Modeschöpfer Karl Lagerfeld.

J 25 Richtfeuer

J 30 Landhaus Blacker (»Goßlerhaus«)

Blankeneser Landstraße 34, Blankenese
Architekt: Christian Frederik Hansen
1794/95; Erweiterung 1897; Zerstörung 1901; Wiederaufbau 1901/02

Wie ein dorischer Tempel thronte das Landhaus des in Hamburg ansässigen englischen Kaufmanns John Blacker ursprünglich auf der Anhöhe, denn das Gebäude war bis zum Wechsel an J. H. Goßler 1897 eingeschossig mit flach geneigtem Walmdach und langgestreckten Säulenloggien an den Längsfronten, wie noch an der Nordseite ablesbar (an der Südseite zur

J 30 Landhaus Blacker (»Goßlerhaus«)
J 31 Haus Martens
J 34 Haus Boy

zweigeschossigen Säulenhalle erweitert). Auch der dorische Eingangsportikus und der umlaufende Triglyphenfries repräsentieren noch den Originalzustand. 1901 durch Brand zerstört, wurde das ehemalige Holzgebäude schon bald darauf als Massivbau rekonstruiert, wobei im Erdgeschoß auch weiterhin die Hansensche Raumaufteilung beibehalten wurde. Heute ist hier das Ortsamt Blankenese untergebracht.

J 31 Haus Martens

Goßlers Park 10, Blankenese
Architekt: Walther Baedeker
1926

1924 wurde Goßlers Park von der Gemeinde Blankenese erworben und etwa zur Hälfte als Bauland parzelliert. Dadurch entstand westlich des Sülldorfer Kirchenwegs eine kleine Villenkolonie, die mit einer gemeinschaftlichen Grünfläche besonders sorgfältig gestaltet wurde und sich auch durch die fast durchgängig zweigeschossige Bebauung in Klinker als einheitliches Ensemble hervorhebt. Als beispielhaft hierfür kann Goßlers Park 10 von Walther Baedeker stehen, ein Bau, der dem renommierten Architekten großbürgerlicher Landhäuser allerdings eher bescheiden geraten ist.

J 32 Häuser Mönckeberg-Kollmar und Dr. Gärtner

Goßlerstraße 22–24, Blankenese
Architekten: Bensel & Kamps
Um 1930

Zwei der bemerkenswertesten Zeugnisse der Vorkriegsmoderne im Großhamburger Raum – was den aktuellen Zustand der Gebäude um so bedauerlicher macht, zumal im Hinblick auf die nachträgliche Verkleidung der Fassaden von Nr. 22 mit Eternitplatten. Mit Dachterrassen, Fensterbändern, Bullaugen und relingartigen Geländern wird hier inmitten gründerzeitlicher Stuckbauten und biederer Klinkervillen der Weimarer Republik selbstbewußt auf das gestalterische Repertoire des Neuen Bauens zurückgegriffen, wenn auch vielleicht etwas zu sehr ins Modisch-Gefällige gewendet durch die dynamisch gerundeten Profile an den Eingängen und die Klinkerdetails. Auch die unbekümmerte Geste, mit der der halbrunde Vorbau von Nr. 22 in das Freigelände von Goßlers Park greift, unterstreicht diesen souveränen Eindruck.

J 33 Haus Prahl

Sülldorfer Kirchenweg 46, Blankenese
Architekten: Küntzel & Koebcke
1913

Traditionalistischer Klinkerbau mit Mansardsatteldach und Sprossenfenstern. Die Fassaden sind bis auf die Schmuckverbände im Giebel und an den Fensterbrüstungen schlicht ausgebildet. Ungewöhnlich sind die flachen Kleeblattbögen der Fenster im Dachgeschoß.

J 34 Haus Boy

Sülldorfer Kirchenweg 71, Blankenese
Architekt: Fritz Höger
1906/07

Ein bisher kaum bekannter früher Entwurf des berühmten »Klinkerstrickers«, wenn auch noch in Putz, während sich das später von Höger favorisierte Baumaterial hier nur auf die Pfeiler der »Auslucht« und den Sockel beschränkte, letzterer wegen Bauschäden nachträglich ebenfalls verputzt. Mit seinem steilen Mansarddach, dem asymmetrischen, betont malerischen Fassadenaufbau und der bretterverschalten Loggia stellt das Gebäude allerdings kaum mehr als ein landläufiges kleinbürgerliches Vorstadthäuschen dar – wenn der Bauherr auch Kaufmann war. Bemerkenswert ist der gute Erhaltungszustand, wurde Högers erstes eigenes Wohnhaus in Langenhorn (1905), ebenfalls mit jugendstiligen Putzfassaden, doch in den letzten Jahren völlig entstellt.

J 35 Haus Bock

Anne-Frank-Straße 1, Blankenese
Architekt: Ernst Prinz
1911

Der Satteldachbau fällt durch seine Fachwerkgiebel auf, die wie das bodenständige Zitat eines niederdeutschen Bauernhauses wirken, dabei durch die Loggia aber auch das »moderne« Einfamilienhaus entlarven, das sich hinter dieser rustikalen Fassadenoptik verbirgt. Für den Entwurf zeichnete Ernst Prinz verantwortlich, dessen traditionalistische Entwürfe vor allem das schleswig-holsteinische Bauen vor dem Zweiten Weltkrieg maßgeblich geprägt haben.

J 36 Gorch-Fock-Schule

Karstenstraße 22, Blankenese
Architekt: Paul Marschall
1927–29

Der Entwurf verschmilzt sachliche und traditionalistische Elemente. Die flächigen Klinkerfronten legen sich wie Schilde vor den Mittelteil mit Vorlagengliederung und Schmuckverbänden an den Brüstungen. Besondere Sorgfalt galt auch Details wie den Ziergittern beiderseits des Haupteingangs oder den Ziegelverbänden in der Stützmauer, die den modischen Horizontalismus der Vorkriegsmoderne widerspiegeln.

J 37 Haus Dehmel

Richard-Dehmel-Straße 1, Blankenese
Architekt: Walther Baedeker
1911

Wohnhaus des Dichters Richard Dehmel (1863–1920). Der Bau wurde von Freunden des Künstlers finanziert, u. a. auch von dem Architekten, und Dehmel zum 50. Geburtstag am 18. November 1913 geschenkt. Die äußere Gestaltung des kubischen Putzbaus, der mit seinen Spalieren wie ein Gartenhäuschen wirkt, ist bis auf den feingliedrigen Haupteingang und das elegant geschwungene Vordach nicht weiter auffällig. Im Innern verbirgt sich ein qualitätvolles Jugendstilinterieur, das noch aus Dehmels vormaliger Wohnung stammt und von dem Dichter selbst nach Vorbildern von Peter Behrens gestaltet wurde, ergänzt um einige Entwürfe bedeutender Architekten wie Henry van de Velde. Die »Flora« an der Südfassade von Richard Luksch bildete ursprünglich den Point de vue einer Wegachse durch das später in zwei Grundstücke geteilte Gartengelände. Eine Restaurierung des Gebäudes und sein Umbau zu einem Arbeits- und Tagungszentrum für Künstler und Wissenschaftler sind geplant.

J 38 Haus Köllisch

Kösterbergstraße 12, Blankenese
Architekten: Frejtag & Elingius
1910

Bestechend an dem Entwurf ist das Geschick, mit dem hier völlig heterogene Fassadenlösungen zu einem harmonischen Ganzen gefügt wurden. Denn vermittelt das Gebäude zur Straße hin mit der niedrigen offenen Vorhalle, den kleinen Fensteröffnungen und dem kompakten Mansardwalmdach einen behäbigen und eher bescheidenen Eindruck, so entfaltet sich die Architektur an der Rückseite – das traditionelle Verhältnis von Repräsentation und Öffentlichkeit völlig verkehrend – mit Achsensymmetrien und einer stattlichen zweigeschossigen Front.

J 39 Haus Schucken

Grotiusweg 55, Blankenese
Architekt: Ernst Paul Dorn (Ursprungsbau). Carl Hermann (Umbau)
1906/07; Umbau 1938

Anwesen des Kaffeegroßhändlers Georg Friedrich Stucken. Stucken und seine Teilhaber wurden 1887 Eigentümer des 2,2 km^2 großen Falkensteingeländes im Westen von Blankenese, ehemals zu den umfangreichen Besitzungen der Familie Godeffroy gehörig, deren Handelsimperium 1879 zusammengebrochen war. Nach dem Verlust seiner guatemaltekischen Kaffeeplantagen und der Inflation ereilte das Handelshaus Schucken & Andresen 1924 das gleiche Schicksal. Der Falkenstein wurde parzelliert und entwickelte sich bis in die Nachkriegszeit hinein zu einer der exklusivsten Hamburger Landhauskolonien. 1938 wurde der plumpe Bau aufwendig modernisiert, wobei auch einige Korrekturen an der jugendstilig-barocken Architektur mit Landhauszitaten erfolgten. Der prominenteste Nachfolger in Haus Schucken war übrigens in den 70er Jahren Axel C. Springer.

J 37 Haus Dehmel

J 40 Haus Michaelsen
Grotiusweg 79, Blankenese
Architekten: Karl Schneider (Ursprungsbau). v. Gerkan, Marg & Partner (Restaurierung und Umbau)
1921, 1923, Nordflügel
1925; Restaurierung und Umbau 1985/86

Das Wohnhaus von Hermann Michaelsen, Besitzer einer Eisengießerei in Ottensen, und seiner Frau Ite (Elise), die als Bildhauerin ein gastfreies Haus für die Hamburger Künstlerszene führte, ist eines der frühesten und damit um so kostbareren Dokumente des Neuen Bauens überhaupt. Hatte Schneider anfänglich noch einen expressiv modellierten Baukörper entwickelt mit dynamisch gerundeten Gebäudekanten und einem kastenförmigen Hauptgesims, das sich bandartig um die Traufe legen sollte, so schälte sich schließlich immer stärker die heutige Gebäudeform heraus, die ihre unverwechselbare Prägnanz allein der subtilen Massenverteilung der weißgeschlämmten Backsteinkuben und der spannungsreichen Anordnung der Fassadenöffnungen verdankt. Ein viergeschossiger Atelierturm erhebt sich burgenhaft über dem Komplex und vermittelt als Gelenk zwischen der terrassierten Böschung des Elbhangs und dem Hauptbau, der mit seinem Walmdach und der Lochfassade noch als nahezu konventionell zu charakterisieren ist. Mit einem halbrund auslaufenden Wohnzimmervorbau greift das Gebäude in das Gelände aus. Luxus bedeutete hier zur Erbauungszeit die gewölbte Panoramascheibe.

Die relativ niedrigen Decken der Haupträume und die insgesamt gedrungene und kompakte Gebäudeform lassen kaum die Großzügigkeit erahnen, die im Wohn- und Eßbereich, nur durch einen Vorhang getrennt, herrschte. Eher als kabinenartig zu kennzeichnen waren dagegen die knapp bemessenen Schlafräume im Obergeschoß. Die Familie Michaelsen mußte das Haus schon 1928 wieder aufgeben und vermieten. 1955 wechselte das 7,2 ha große Grundstück an Axel C. Springer, der es 25 Jahre später als Sven-Simon-Park der Stadt Hamburg übereignete. Es ist dem Engagement der Galeristin Elke Dröscher und des Architektenbüros v. Gerkan, Marg & Partner zu verdanken, daß von dem Schneider-Bau, der aufgrund völliger Vernachlässigung durch seinen vormaligen Eigentümer kaum mehr als eine abrißreife Ruine war, zumindest die Außenarchitektur gerettet werden konnte. Dabei wurde auch auf die Wiederherstellung des 1956 abgebrochenen Stallgebäudes verzichtet, das ursprünglich den Hofbereich abschloß – nicht zu verwechseln mit dem nördlichen Flügel von 1925, der von Schneider nicht autorisiert war.

J 40 Haus Michaelsen

J 41 Golfklubhaus Falkenstein
In de Bargen 59, Rissen
Architekten: Elingius & Schramm
1930

Das Neue Bauen im Dienste der mondänen Freizeitkultur (I): Mit weißgeschlämmten Sichtmauerwerk, Flachdächern und Fensterbändern repräsentiert der Bau zwar das Repertoire der Vorkriegsmoderne, die Innenräume verbreiteten mit schweren Polstermöbeln und Windsor-Stühlen jedoch britische Klubatmosphäre und kamen damit den konventionelleren Leitbildern ihrer Benutzer entgegen. Ähnlich pragmatisch und aufgeschlossen gegenüber der architektonischen Moderne hatte sich Erich Eligius, sonst eher einem gediegenen Konservativismus zugeneigt, übrigens wiederholt gezeigt, u. a. auch, als er in einem Gutachten für das nicht unumstrittene Projekt Haus Michaelsen von Karl Schneider Partei ergriff (vgl. Nr. J 40).

J 42 Evangelisch-lutherische Johanneskirche
Dorfstraße/Raalandsweg 5, Rissen
Architekt: Carl Gustav Bensel
1936

Zweischiffiges Gotteshaus mit dörflichem Charakter. Das niedrige südliche Seitenschiff ermöglicht das weit heruntergezogene Satteldach. Altarraum und Turm sind, wie in anderen Entwürfen von Carl Gustav Bensel auch, zu einem kompakten Block zusammengefaßt, hier jedoch ebenfalls mit einem Steildach. Überhaupt wird jeder Anklang an die Moderne der Weimarer Republik vermieden, was den traditionalistischen Entwurf nicht zuletzt auch zu einem wichtigen Dokument für die Anpassungsfähigkeit der hamburgischen Vertreter des Neuen Bauens nach 1933 macht. Typisch für diese Entwicklung ist auch der hellrote Verblender, dem nun allgemein gegenüber dem dunklen Klinker der 20er Jahre der Vorzug gegeben wird.

J 43 Haus Gutschow
Gudrunstraße 69, Rissen
Architekt: Konstanty Gutschow
1938/39

Wohnhaus des Architekten. Die sachliche Gestaltung im Zusammenspiel mit den betont handwerklichen Details, z. B. den Klappläden oder den bündig eingepaßten, nach außen schlagenden Fenstern – letztere um 1940 schon ein völliger Anachronismus –, machen

J 43 Haus Gutschow

den Entwurf zu einem charakteristischen Beispiel für die »traditionalistische Moderne«. Auch die subtile, geradezu kontrapunktische Rhythmisierung der überlangen Fassaden (27 m) verdeutlicht den Einfluß der konservativen »Stuttgarter Schule« – Paul Bonatz, Paul Schmitthenner, Heinz Wetzel – auf das Schaffen von Konstanty Gutschow, der ja auch in der Tat ein Absolvent der Technischen Hochschule in Stuttgart war. Dennoch erweckt diese Art von Architektur nicht nur Sympathien, war sie doch auch ein typischer Ausdruck des Bauens in der NS-Zeit. Zumal an der Rückseite, deren beherrschendes Motiv eine langgestreckte Loggia mit offenem Holzwerk bildet (wie ein Wandelgang), erweckt der Bau denn auch unweigerlich Assoziationen an ein HJ-Heim.

J 44 Ökohäuser

Melkerstieg 9–15, Rissen
Architekt: Burkhard Heyden
1985, 1986/87

Die Gestaltung der beiden großzügig geschnittenen Doppelhäuser mit insgesamt vier Wohneinheiten resultiert aus ihrer Lage auf einem südlich ausgerichteten Waldgrundstück. Während sich die Bauten an der Straßenseite mit Gewächshäusern zur Sonne öffnen, zeigen sie sich nach Norden mit konventionellen Lochfassaden und Klappläden eher reserviert. Die kapuzenartige Verkleidung der Außenmauern mit roten Dachziegeln – statt de facto doch nur vorgetäuschtem Massivmauerwerk – bildet nicht nur einen reizvollen Kontrast zu den völlig verglasten Vorderfronten, sondern zitiert auch das traditionelle Motiv der Mansarddächer der Vorkriegsvillen.

Ein zentraler Bestandteil des energetischen Konzepts war auch die Anordnung der in der Regel wärmeren Wohnräume im Obergeschoß, wo eine Hypokaustenwand noch zusätzlich für ein angenehmes Raumklima sorgt, die durch die Luft aus den Gewächshausern oder durch Kachelöfen erwärmt wird. Hierdurch werden Zugerscheinungen in den offenen Treppenhäusern vermieden. (Warmluft steigt bekanntlich auf.) Bemerkenswert ist schließlich auch die Regenwasserzisterne, deren Inhalt hier nicht nur zur Gartenbewässerung und zur Klosettspülung dient, sondern in einem erfolgreichen Modellversuch der Umweltbehörde auch zum Wäschewaschen genutzt wird. Selbstverständlich kamen nur naturnahe Baustoffe zum Einsatz unter Verzicht auf Tropenholz, giftige Holzschutzmittel und Farben sowie eine großflächige Verwendung von Stahlbeton.

J 45 Ehem. Flakkaserne Rissen

Suurheid 20, Rissen
Um 1936

Die ehemalige Flakkaserne in Rissen, heute Rotes-Kreuz- und Freimaurer-Krankenhaus, wurde, wie viele andere Wehrmachtsobjekte auch – zumal diejenigen der elitären Luftwaffe –, in privilegierter Lage errichtet (vgl. Nr. J 47). Mit seinen dreiflügeligen Unterkunftsgebäuden bleibt der Komplex noch dem schloßartigen Kasernentypus des 19. Jahrhunderts verhaftet; nur bei Seitenansicht stellt sich der Eindruck einer Anlage in Zeilenbauweise ein, wie sie für die 30er Jahre kennzeichnend ist. Eindeutig auf die Erbauungszeit verweisen dagegen die steilen Satteldächer und die schlichten Lochfassaden in rotem Backstein, die den Anspruch des Ortstypischen erfüllen, auch wenn die mit Schmuckverbänden ausgefachten giebelseitigen Utluchten für die Elbvororte eher ungewöhnlich sind. Nachteilig macht sich heute der Verlust der filigranen Sprossenfenster bemerkbar.

J 46 Römisch-katholische Kirche Maria Grün

Schenefelder Landstraße 5, Blankenese
Architekt: Clemens Holzmeister
1928–30

Lösungen wie der flach gedeckte, zylindrische Baukörper oder das Kragdach über dem Eingang verweisen auf das Neue Bauen, das hier aber konservativ ausgedeutet wird durch die Rundbogenfenster und die halbrunde Apsis. Auch die Klinkerfassaden vermitteln das Gebäude mit seinem Umfeld.

J 47 Offizierswohnungen

Bockhorst/Kronprinzenstraße/Köhlerstraße/Wildenbruchstraße/Tietzestraße; Langelohstraße/Bettinastieg/Arnimstraße/Gustav-Schwab-Straße/Friedensweg/Platenkamp/Wüstenstraße, Osdorf
Architekt: Rudolf Klophaus
1939–41

Wie schon in andere bevorzugte Wohnlagen des Großhamburger Raums – z. B. Harvestehude, Rissen oder Alsterdorf –, so drängte sich die Wehrmacht in der NS-Zeit auch in die Villenquartiere im Süden von Osdorf. Während seitdem in Nienstedten eine Kasernenanlage – die heutige Führungsakademie der Bundeswehr – eine streng bewachte »Terra incognita« mit mehreren hundert Metern Längs- und Querausdehnung bildet, enstanden im nicht minder exklusiven Hochkamp zwei Wohnkomplexe in Zeilenbauweise

J 47 Offizierswohnungen

mit insgesamt rund 500 Wohnungen für Offiziere und Unteroffiziere. Dabei waren die Offizierswohnungen mit drei bis fünf Zimmern zuzüglich einer Dienstmädchenkammer im Dachgeschoß zwar auf eine bürgerliche Haushaltsführung zugeschnitten,gestalterisch haben die kompakten Walmdachbauten mit ihredurchgefärbten Edelputzfassaden und schematisch gereihten Segmentbogenöffnungen jedoch die Anmutungsqualität von Kasernenanlagen oder des für die NS-Zeit so typischen Schlichtwohnungsbaus.

J 48 Villenkolonie Hochkamp

Reichskanzlerstraße/Dörpfeldstraße/Friedensweg/Meyerhofstraße/Königgrätzstraße/Marconistraße u. a., Osdorf
Architekten: Franz Bach. Fernando Lorenzen. Edmund Steen u. a.
Ab ca. 1900

Hochkamp bezeichnet heute den Süden von Osdorf. Ursprünglich umfaßte die Villenkolonie, die übrigens von demselben Spekulanten-Konsortium angelegt wurde wie »Neu-Othmarschen« südlich der S-Bahnstation Othmarschen, jedoch weite Teile der ursprünglichen Feldmark von Osdorf, Nienstedten und Dockenhuden. 1896 erfolgte der Ankauf des Geländes.

1898 wurde die Station Hochkamp an der Vorortlinie nach Blankenese eröffnet. Der Ausbau vollzog sich trotz der günstigen Verkehrsanbindung jedoch nur zögerlich, so daß bis zum Ersten Weltkrieg auf dem Osdorfer Teil nur 35 Villen errichtet wurden; 1927 waren es bereits 82 gegenüber 96 in Nienstedten. Charakteristisch für die erste Bebauungsschicht von Hochkamp sind Entwürfe, die mit Holzverschalungen an den Dachgeschossen, Fachwerkgiebeln und asymmetrisch angeordneten Veranden und Erkern einen betont malerischen Eindruck zu vermitteln suchen, wobei Friedensweg 33 als Beispiel für eine einfühlsame Restaurierung besonders hervorgehoben sei.

J 49 Haus Sieveking

Dörpfeldstraße 39, Osdorf
Architekten: Heinrich Amsinck (Ursprungsbau). Karsten Brauer (Restaurierung)
1928; Restaurierung ab 1986

Wohnhaus des späteren Bürgermeisters Kurt Sieveking (1953–57) und seiner Frau Elli, einer dem Bauhaus nahestehenden Künstlerin. Die weißen Putzfassaden und das kompositorische Spiel der Fensteröffnungen machen den Bau zu einem typischen Beispiel für die rationalistische Vorkriegsmoderne (die selten im Hamburger Raum so kompromißlos auftritt wie hier). Auffällig ist der stark differenzierte Baukörper: Zwei terrassenartig abgestufte Flügel strahlen von dem gemeinsamen Gelenk eines dreigeschossigen Turmes aus. Ab 1986 wurde das Haus von seinem neuen Eigentümer einfühlsam restauriert, wobei die Küche, die vordem mit Speiselift und »Leutezimmer« im Keller lag, in das Erdgeschoß rückte (dorthin, wo früher die Anrichte war). Ansonsten herrscht im Innern aber noch der wohlkonservierte Zustand der Erbauungszeit vor, von den Originalbeschlägen der Fenster und Türen bis hin zu der indirekten Deckenbeleuchtung im großzügigen, ohne räumliche Trennung ineinanderfließenden Wohn- und Eßbereich.

J 49 Haus Sieveking
J 53 Poloclubhaus

J 54 Institut für Allgemeine Botanik

J 50 Haus Liebscher
Reichskanzlerstraße 13, Osdorf
Architekten: Barbara Fleckenstein, Johannes Dietrich Meyer
1983/84
Die weißen Putzfassaden verleihen dem Gebäude im Zusammenspiel mit dem flach geneigten roten Satteldach, dem sichtbaren Holzwerk der Dachkonstruktion und den Verschalungen einen süddeutsch anmutenden Charakter. Auch Lösungen wie das Dreieckfenster im Giebel, die Edelstahlrohre der Schornsteine und überhaupt die abwechslungsreiche Gliederung des langgestreckten Baukörpers durch Veranden und Rücksprünge lassen den Entwurf betont individuell und nonkonformistisch wirken – eine rechte »Villa Kunterbunt« inmitten der um hanseatische Seriosität bemühten Landhäuser von Hochkamp.

J 51 Haus Koopmann
Reichskanzlerstraße 9, Osdorf
Architekten: Jacob & Ameis
Um 1910
Friedrich Ostendorf oder Hermann Muthesius – klarer Gebäudeumriß mit klassizierender Gliederung oder freie Durchbildung des Baukörpers –, der ewige Widerstreit im Schaffen eines Architekten der Vorkriegsjahre wurde bei diesem Bau eindeutig zugunsten der Ostendorfschen Prinzipien entschieden. Dabei sind die festongeschmückten Putzfassaden jedoch genauso ungewöhnlich für Jacob & Ameis wie der steife dreiachsige Fassadenaufbau, waren die beiden Architekten doch eigentlich Vertreter der angelsächsischen Landhaustradition und bevorzugten den Backstein.

J 52 Haus Nordwald
Brentanostraße 13, Osdorf
Architekten: Werner Kallmorgen (Ursprungsbau), Wolfgang Nietz (Instandsetzung und Erweiterung)
1929/30; Instandsetzung und Erweiterung 1987/88
Turmartiges Atelierhaus für die Musikpädagogin Felisa Nordwald und ihre Freundin, die Cembalistin Ilse Thate. Herz des Hauses war der Musikraum im zweiten Obergeschoß, mit dessen Akustik und Maßverhältnissen sich auch der Schriftsteller Hans Henny Jahnn, ein Freund der Bauherrin, beschäftigte. Die kontrapunktische – »musikalische« – Anordnung der Fensteröffnungen setzt den einzigen gestalterischen Akzent auf dem weißgeschlämmten Sichtmauerwerk. Ausgesprochen puristisch geriet auch das Innere mit Rohestrich als Treppenbelag und einem gebogenen Gasrohr als Handlauf. 1987/88 wurde das Gebäude von Wolfgang Nietz als eigenes Wohnhaus instandgesetzt und um einen flachen Anbau erweitert: ein heterogenes Paar, das nicht sosehr Korrespondenz als vielmehr spannungsreiches Gegenüber sucht.

J 53 Poloclubhaus
Jenischstraße 26, Osdorf
Architekt: Heinrich Amsinck
1928
Das Neue Bauen im Dienst der mondänen Freizeitkultur (II): Flachdächer, Dachterrasse und Fensterbänder charakterisieren den eleganten Putzbau, der im Laufe der Zeit nur geringfügig durch Umbauten und Modernisierungsmaßnahmen beeinträchtigt wurde (vgl. auch das Golfklubhaus Falkenstein, Nr. J 41).

J 54 Institut für Allgemeine Botanik
Ohnhorststraße 18, Osdorf
Architekten: Arbeitsgemeinschaft Godber Nissen und Patschan, Werner, Winking; Projektleitung: Sven Silcher; Bauleitung: Hubertus Korndörfer; Mitarbeiterinnen: Irene Spitzner-Kracht, Ingeborg Biedermann, Katalin Büssen, Beate Cario
1968 W, Anzucht-Gewächshäuser und Versorgungsgebäude 1972, Institutsgebäude 1980–82
Der Alte Botanische Garten war 1821 in den Wallanlagen westlich der Innenstadt gegründet worden. 1979 konnte der 24 ha große Nachfolger im Südosten von

J 56 Evangelisch-lutherische Christuskirche
J 57 Rathaus Wedel

Osdorf für den Publikumsverkehr eröffnet werden, dessen Herzstück das »Pflanzensystem« mit 3 000 Pflanzenarten aus 165 Familien bildet. Auch Rhododendren, Mittelmeerflora und ein Rosenstammbaum stellen neben den pflanzengeographischen Abteilungen, z. B. einem japanischen Garten, attraktive Angebote dar. In gestalterischer Hinsicht vermag die Gartenanlage dagegen weniger zu überzeugen, wobei schon die Vorplatzgestaltung unangenehm auffällt mit einem Eingangsbau, der wie das Vereinshäuschen einer Kleingartenkolonie wirkt.

Hervorzuheben ist dagegen das neue Institutsgebäude der Hamburger Universität, das ursprünglich den ersten Abschnitt eines weitaus umfangreicheren Ausbaukonzepts bilden sollte. Ein roter Backsteinsockel verklammert den flachen Annex für die Hörsäle mit dem Hochbau für die Labore und Kursräume. Umlaufende Galerien aus verzinkten Blechrosten, über Zugstangen an Kragarmen befestigt, legen sich hier wie ein filigraner Schleier um die Fronten aus dunkelgrünem Leichtmetall.

Das Ausbauraster ermöglicht wahlweise eine zwei- oder dreibündige Aufteilung der Geschoßflächen und somit eine größere Nutzungsflexibilität für das Gebäude. Alle Korridore öffnen sich an den Enden zum Tageslicht.

J 55 HEW-Kraftwerk Wedel

Tinsdaler Weg 146, Wedel (Schleswig-Holstein)
Architekten: Bernhard Hermkes und Gerhart Becker in Zusammenasrbeit mit der Bauabteilung der HEW
1959–65

Der Standort des Kraftwerks der Hamburgischen Electricitäts-Werke AG (HEW) am Elbufer ermöglichte die Anlage eines seeschiffstiefen Kohlenkais, von dem aus die Kessel über aufgeständerte Förderbänder direkt beschickt werden können. Die Westwand und das Dach der Turbinenhalle bestehen aus Stahlbetonhalbrahmen mit einem Y-förmigen Querschnitt, der sich nach Norden auffaltet, um eine direkte Sonneneinstrahlung zu verhindern; an der Ostseite wurde auf die Faltkonstruktion verzichtet, da hier Anbauten anschließen. 1961 ging das Kraftwerk an das Netz. Bis 1965 erfolgte der Ausbau um vier weitere Blockanlagen für eine Leistung von insgesamt 500 000 Kilowatt, so daß Wedel seinerzeit das größte Kraftwerk der HEW war (seit 1993 Heizkraftwerk).

J 56 Evangelisch-lutherische Christuskirche

Feldstraße 32–36, Wedel (Schleswig-Holstein)
Architekten: Asmus Werner (Wettbewerb). Patschan, Werner, Winking; Mitarbeiter: Barbara Jentz-Koska, Siegfried Frontzek (Realisierung). ASW Architekten Silcher, Werner + Partner (Glockenträger)
1968 W, 1969–71; Glockenträger 1986, 1990

Weiß gestrichene Sichtbetonwände, ein Fußboden aus Klinkerplatten und eine wie aufgefaltet wirkende Decke aus hellem Naturholz kennzeichnen das Innere der Kirche, die mit ihrem polygonalen Grundriß die Stuhlreihen um den nur leicht erhöhten Altarbereich sammelt. Die eng gereihten Pfosten der Fensterbänder und die feingliedrigen Falze der Kupfermanschetten an den Traufen rhythmisieren die schmucklosen Klinkerfassaden. Bemerkenswert ist auch die Vorplatzgestaltung (Gartenarchitekt R. Herms).

J 57 Rathaus Wedel

Rathausplatz 3–5, Wedel (Schleswig-Holstein)
Architekten: Patschan, Werner, Winking
1979/80

Der Gebäudekomplex umschließt im Winkel den traditionalistischen Altbau des Rathauses von 1936/37. Eine gebäudehohe verglaste Eingangshalle, die mit ihrer kleinteiligen Sprossenstruktur wie ein überdimensionales Gewächshaus wirkt, fungiert als Gelenk zwischen den beiden Trakten. Das äußere Bild wird von einer kräftigen Skelettstruktur aus Klinkerpfeilern bestimmt. Dabei erscheinen Motive wie der weitgehend fensterlose, polygonal gebrochene Sitzungssaal oder der sanft ausschwingende »Stufenberg« zwischen Altbau und Neubau von Alvar Aalto entlehnt, einem gerade von Asmus Werner besonders geschätzten Architekten.

J 58 Einkaufszentrum Schenefeld

Industriestraße 1/Kiebitzweg 2, Schenefeld (Schleswig-Holstein)
Architekten: v. Gerkan, Marg & Partner mit Klaus Staratzke; Projektleiter: Bernhard Gronemeyer; Mitarbeiter: Karl-Heinz Behrendt, Sabine Bohl, Gerd Feldmeyer, Uwe Gänsicke, Thomas Grotzeck, Lene Jensen, Christa Hahn, Andreas Leuschner, Detlef Papendick, Carsten Plog, Karin Rohrmann, Elke Sethmann, Annette Wendling-Willecke
1988, 1989–91

Kreuzförmige Passagenanlage unter flach gewölbten Glastonnen mit filigranen Stahlträgern. Die drei Geschosse sind nach innen terrassenartig zurückgestaffelt; das oberste Geschoß ist für Praxen und Büros gedacht. Locken andere Konsumtempel mit poliertem Granit und Wasserspielen, so wurde in Schenefeld erfolgreich auf Understatement gesetzt. Unverständlich bleibt allerdings, warum die kleinstädtische Stadtrandgemeinde für ihr Zentrum eine Shopping-Mall nach US-amerikanischem Vorbild gefordert hat – und damit das krasse Gegenbild von Urbanität und einer ihr adäquaten Maßstäblichkeit.

J 59 Evangelisch-lutherische Kirche Rellingen

Kirchenstraße, Rellingen (Schleswig-Holstein)
Architekten: Jacob Bläser (Umgestaltung Turm). Cai Dose (Kirche)
Umgestaltung Turm 1702; Kirche 1754–56

Der ungewöhnliche achteckige Backsteinbau mit Mansardkuppeldach ist eines der Hauptwerke des spätbarocken Sakralbaus in Schleswig-Holstein. Die umlaufenden Emporen und die Anordnung des Gestühls in vier Blöcken um den Kanzelaltar mit darüberliegender Orgel unterstreichen diese zentralisierende Gebäudeform im Sinne einer protestantischen Predigtkirche. Die Fresken in der auffällig hohen Laterne – Wolkenhimmel mit Auge Gottes und musizierenden Engeln in der Kuppel sowie Propheten, Evangelisten und David im Tambour – hat Francesco Martini geschaffen (letztere allerdings 1950 durch Kopien ersetzt). Ebenfalls von Martini stammen die Gemälde

J 58 Einkaufszentrum Schenefeld

J 60 Landdrostei Pinneberg

beiderseits der Kanzel mit den Themen Auferstehung Christi und Christi Himmelfahrt. Der Turm ist im Kern ein romanischer Rundbau, der 1702 von Jacob Bläser barockisiert wurde. In der Nachbarschaft das expressionistische Einfamlienhaus Martens, Hauptstraße 17, vermutlich von Hermann Höger (1923).

J 60 Landdrostei Pinneberg

Dingstätte 23, Pinneberg (Schleswig-Holstein)
1765–67

Stattlicher zweigeschossiger Backsteinbau mit Mansardwalmdach und dreigeschossigen Mittelrisaliten, die mit Dreiecksgiebeln bekrönt sind; Quaderlisenen und applikenhafte Rokokoportale in Sandstein bilden den einzigen Fassadenschmuck. Die Innenräume sind im Originalzustand überliefert mit Sockelpaneelen, Rokokostuckdecken und rundbogigen Ofen- oder Ziernischen in den Zimmerecken. Ursprünglich war das Gebäude der Sitz der Landdroste der Grafschaft Pinneberg, später der Landräte des Kreises Pinneberg. Heute dient es als Kunstgalerie.

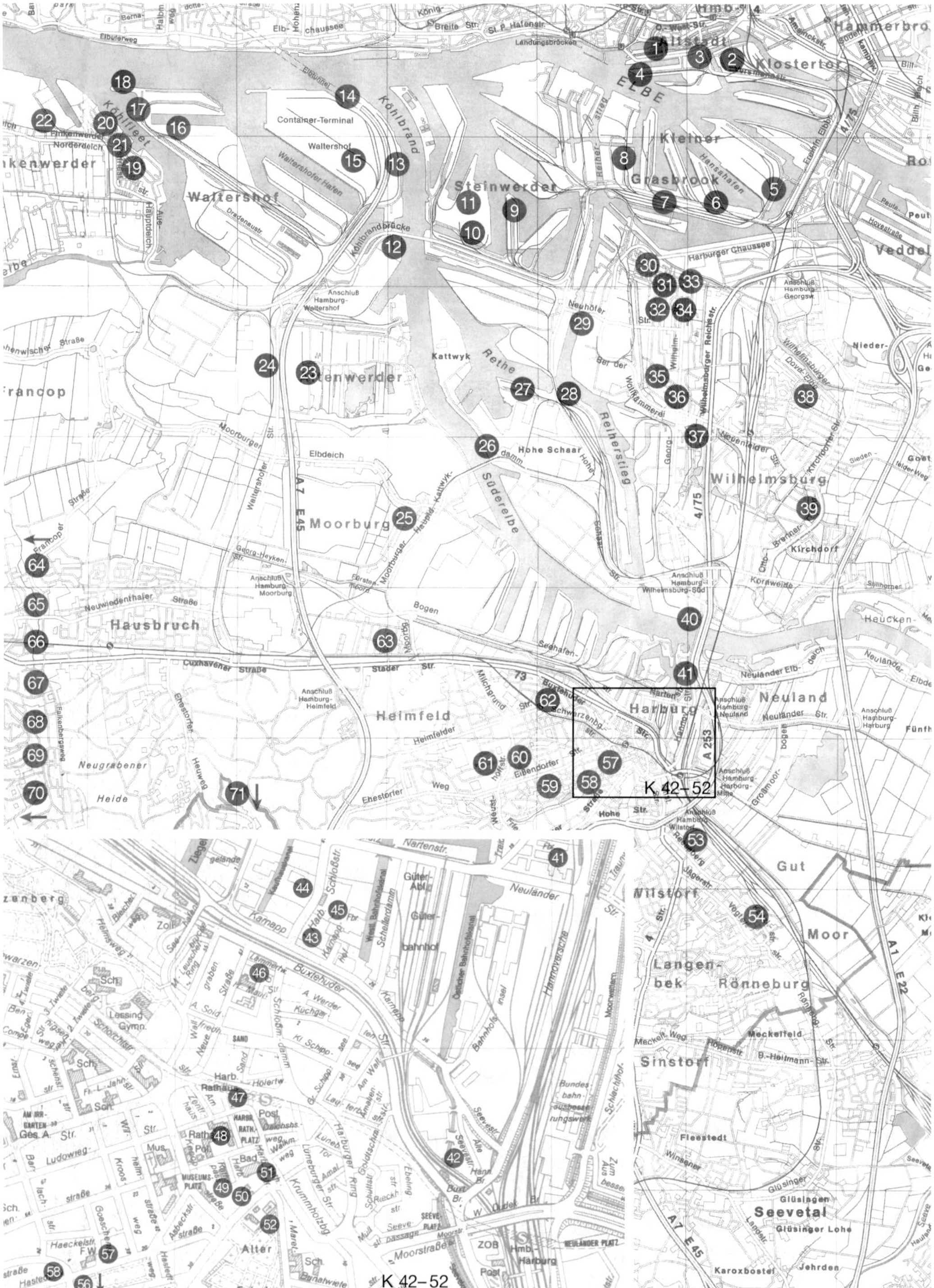
Altstadt
Klostertor
Hammerbrook
ELBE
Kleiner Grasbrook
Hansahafen
Landungsbrücken
Elbuferweg
Container-Terminal
Waltershof
Waltershofer Hafen
Köhlbrand
Köhlfleet
Finkenwerder
Norderdeich
Waltershof
Steinwerder
Köhlbrandbrücke
Harburger Chaussee
Anschluß Hamburg-Waltershof
Neuhöfer
Kattwyk
Rethe
Altenwerder
Francop
Reiherstieg
Hohe Schaar
Elbdeich
Moorburger
Süderelbe
Moorburg
Wilhelmsburger Reichsstr.
Wilhelmsburg
Kirchdorf
Veddel
Anschluß Hamburg-Wilhelmsburg-Süd
Neuwiedenthaler Straße
Hausbruch
Cuxhavener Straße
Stader Str.
Anschluß Hamburg-Heimfeld
Heimfeld
Harburg
Neuland
Neuländer Str.
Heucken-
A 253
Neugrabener Heide
Ehestorfer Weg
Eißendorfer Str.
Hohe Str.
A 7 E 45
4/75
K 42–52
Wilstorf
Gut Moor
Langenbek
Rönneburg
Sinstorf
Fleestedt
Glüsingen
Seevetal
Glüsinger Lohe
Karoxbostel
Jehrden
A 1 E 22
Kamapp
Buxtehuder Str.
Güterbahnhof
Harb. Rathaus
Museumsplatz
Bad
Post
Lüneburger Str.
Krummholzberg
Seevepassage
Moorstraße
ZOB
Hmb.-Harburg
Hastedtplatz
Haeckelstr.
Goeschenstr.
Ludwigstr.
Lessing Gymn.
1
2
3
4
5
6
7
8
9
10
11
12
13
14
15
16
17
18
19
20
21
22
23
24
25
26
27
28
29
30
31
32
33
34
35
36
37
38
39
40
41
42
43
44
45
46
47
48
49
50
51
52
53
54
56
57
58
59
60
61
62
63
64
65
66
67
68
69
70
71
K 42–52

K Freihafen, Wilhelmsburg, Süderelberaum und Altes Land

Der Hamburger Hafen erlebte nach dem Zollanschluß 1888 einen ungeahnten Aufschwung. Bis 1913 hatte sich der Umschlag nahezu vervierfacht, so daß die Hansestadt Rang vier unter den Welthäfen behauptete, rechnet man Altona und Harburg hinzu, sogar Rang drei. Die Keimzelle des modernen Hafens war der Große Grasbrook südlich der Altstadt, der von 1862 bis 1888 ausgebaut wurde, wobei der 1866 eröffnete Sandtorkai die erste Hamburger Kaistrecke überhaupt war, die nicht nur Kailiegeplätze, sondern auch Kaischuppen zum Sortieren und Zwischenlagern der Güter sowie einen Gleisanschluß aufwies und somit zum Prototyp für den weiteren Hafenausbau wurde; außerdem entstand hier ab 1885 mit der »Speicherstadt« ein umfangreiches Lagerhausviertel, für das ein bedeutender Teil der südlichen Altstadt abgebrochen wurde (vgl. Nr. K 1).

Eine zweite Keimzelle des modernen Hamburger Hafens bildete das Industriegebiet am Reiherstieg auf Steinwerder, das mit Trümmerschutt vom Großen Brand 1842 aufgehöht worden war. 1911/12 wurden der Alte Elbtunnel von St. Pauli nach Steinwerder und die Hochbahnlinie eröffnet, was eine erhebliche Verbesserung der Verkehrserschließung des Hafens bedeutete (vgl. Nr. C 30). Bis dahin hatte der Hafen auf Steinwerder seinen größten Wachstumsschub erlebt, als innerhalb kürzester Zeit der Kuhwerderhafen, der Kaiser-Wilhelm-Hafen und der Ellerholzhafen entstanden (1902 bis 1904). Auch die übrigen Häfen östlich des Köhlbrands waren bereits 1914 fertiggestellt, wenn hier auch noch die Bebauung und die Ausrüstung fehlten (vgl. Nr. K 9). Die ebenfalls noch vor 1914 begonnenen Waltershofer Häfen erlangten ihre Bedeutung dagegen erst, als hier ab 1966 der erste Containerterminal des Hamburger Hafens eingerichtet wurde (vgl. Nr. K 15), ausgenommen der neue Petroleumhafen (vgl. Nr. K 16).

Die Wilhelmsburger Elbinseln Kattwyk und Neuhof wurden nach der Gründung der Hamburgisch-Preußischen Hafengemeinschaft 1929 von beiden Ländern gemeinsam überplant, wobei das Schwergewicht auf Massengütern lag, die traditionell ihren Platz in den Harburger und Wilhelmsburger Industriehäfen hatten (z.B. Mineralöle, Ölsaaten, Kali, vgl. Nr. K 27). Der Hafenexpansion wurden aber nicht nur unbebaute Gebiete geopfert, sondern in den 70er Jahren auch das Fischer- und Obstbauerndorf Altenwerder (vgl. Nr. K 23): ein Schicksal, das in weiten Teilen langfristig auch Moorburg droht! Und auch Finkenwerder, seit 1445 zu Hamburg gehörig – mit Ausnahme des bis 1937 preußischen Teils südlich des Finkenwerder Landscheidewegs –, ist längst keine dörfliche Idylle mehr, sondern wird heute von Industriebetrieben und vergifteten Schlickfeldern bedrängt, wobei letztere ebenfalls eine Erblast des Hafenausbaus darstellen.

Die ehemalige Herrschaft Wilhelmsburg wurde 1672 von Herzog Georg Wilhelm von Braunschweig-Lüneburg-Celle aus mehreren bereits im Mittelalter eingedeichten Inseln im Stromspaltungsgebiet gebildet. Erst im späten 19. Jahrhundert entwickelte sich hier ein bedeutender Siedlungsschwerpunkt im Anschluß an die Hamburger Häfen auf Steinwerder und das Wilhelmsburger Industriegebiet am Reiherstieg. 1927 wurde Wilhelmsburg mit Harburg zur preußischen Doppelstadt Harburg-Wilhelmsburg vereinigt. Einschneidende Zäsuren in der Entwicklung Wilhelmsburgs bedeuteten die Kriegszerstörungen 1944/45 und die Sturmflut von 1962, bei der die Deiche brachen. Danach wurde die Deichlinie weit in das ehemalige Siedlungsgebiet hinein verlegt, mit der Folge, daß die Wohnbebauung auf eine von Gewerbegebieten umringte Enklave zusammenschrumpfte.

Der Name Harburg geht auf die Horeburg der Stader Grafen im heutigen Harburger Binnenhafen zurück – 1133/37 erstmals erwähnt –, deren Mauerwerk aus dem ausgehenden 14. Jahrhundert noch den Kern des Gebäudes Bauhofstraße 8 bildet. 1257 wechselte die Burg an die Herzöge von Braunschweig-Lüneburg. 1705 gelangte die Stadt, zwischenzeitlich zur bescheidenen Residenz einer Nebenlinie der Welfen aufgestiegen, an das Kurfürstentum bzw. spätere Königreich Hannover. Obwohl Harburg 1297 bereits Stadtrecht erhielt, blieb es lange Zeit ein unbedeutender Provinzflecken. Erst die Eröffnung der Eisenbahnlinie nach Hannover 1847 brachte einen starken wirtschaftlichen Aufschwung. Der Zusammenschluß mit Wilhelmsburg 1927 machte aus Harburg schließlich sogar eine Großstadt, bis es 1937/38 in Hamburg aufging (das es wieder zu einem provinziellen Anhängsel degradierte). Lohnende Abstecher ins niedersächsische Umland bieten das traditionelle Obstanbaugebiet Altes Land mit seinen malerischen Gehöften und dem mittelalterlichen Zentrum Buxtehude (vgl. Nr. K 69) sowie die Nordheide, deren Baukultur im Freilichtmuseum am Kiekeberg dokumentiert wird (vgl. Nr. K 71).

K 1 Speicherstadt

Kehrwieder/Brook/Alter Wandrahm/Neuer Wandrahm/Brooktorkai/Bei St. Annen/St. Annenufer/Pickhuben/Am Sandtorkai, Altstadt

Architekten: Georg Thielen u. a. (Blöcke D, E, G, H, L, M, P). Stammann & Zinnow und Hanssen & Meerwein (Block O). Hanssen & Meerwein (Blöcke Q, R, U, V). Gustav Schrader (Blöcke S und W). Bauabteilung der HFLG, Raywood (Blöcke X und 2. Hälfte W). Werner Kallmorgen bzw. Kallmorgen & Partner (Wiederaufbau). Werner Kallmorgen und Schramm & Elingius (Kaffeebörse)

1. BA 1885–88; 2. BA 1891–96; 3. BA 1899–1912; 2. Hälfte Block W 1925–27; Zerstörungen 1943/44; Wiederaufbau 1946–67; Kaffeebörse 1954–56

Die Speicherstadt wurde in drei Abschnitten von Westen nach Osten gebaut: von 1885 bis 1888 von der Kehrwiederspitze bis zum Kannengießerort, von 1891

bis 1896 bis zur Straße Bei St. Annen und schließlich von 1899 bis 1912 bzw. 1927 (Fertigstellung von Block W) bis zur Poggenmühle. Ein vierter Abschnitt (Blöcke Y und Z) konnte, bedingt durch den Ersten Weltkrieg und die nachfolgenden Wirtschaftskrisen, nicht mehr errichtet werden, so daß die Ericusspitze unbebaut geblieben ist. Mit rund 26 ha Lagerfläche ist die Speicherstadt der größte zusammenhängende Lagerhauskomplex der Welt. Sie zählt heute ca. 1 500 Arbeitskräfte, im wesentlichen in spezialisierten Lagerfirmen – Quartiersmannbetriebe –, bei Schiffsausrüstern, im Orientteppichhandel und in Handelshäusern.

Der Bau des Lagerhausviertels war eine mittelbare Folge des 1881 zwischen Hamburg und dem Deutschen Reich geschlossenen Zollanschlußvertrags, der die Eingliederung der Hansestadt in das deutsche Zollgebiet bis zum Jahr 1888 vorsah. Weil die hiesige Kaufmannschaft nicht ihr Privileg einbüßen wollte, Waren zollfrei einführen, lagern und verarbeiten zu können, wurden weite Teile des aktuellen und zukünftigen Hafenareals als zollfreies Gebiet aus der Stadt ausgegrenzt. Einschneidende Folgen hatte auch die Entscheidung, die Lagerkapazitäten für diesen neuen Freihafen auf den Brookinseln im Süden der Altstadt zu konzentrieren. Hier erhob sich nämlich bis dahin der wohl malerischste Teil des alten Hamburg mit winkligen Fachwerkgassen und Kaufmannsgrachten, so daß rund 18 000 Menschen durch den Bau der Speicherstadt ihre Wohnung verloren.

1883 wurde am Kehrwieder mit dem Abriß der Bebauung begonnen. Das eingeebnete Gelände wurde aufgehöht und mit einem Netz von Kanälen durchzogen, die bis zur Verdrängung der Hafenschute durch Lkw und Container in der Nachkriegszeit nicht nur die Hauptverkehrswege für die Warenanlieferung aus dem Hafen, sondern auch für den Abtransport der Güter z. B. zu den Fabriken bildeten. Sämtliche Brücken mußten neu errichtet werden einschließlich derjenigen über den Zollkanal, für den das Mühren- und das Dovenfleth verbreitert wurden. Die »Stadttore« an den Brückenköpfen machten bis zu ihrer Zerstörung das Bild einer »Stadt aus Speichern« augenfällig, zumal auch die Zollbauten entlang des Kanals – nur noch am Alten Wandrahm erhalten – den Lagerhauskomplex gleichsam wie eine Stadtbefestigung abgrenzten Die Speicher erheben sich auf bis zu 10 m langen Pfahlgründungen, die mit Dampfkraft in den Marschboden getrieben wurden. Die Skelettkonstruktionen der bis 1892 fertiggestellten Speicher wurden z. T. völlig unabhängig von den Außenwänden errichtet, wobei Gitterstützen aus Schmiedeeisen oder Walzeisen zum Einsatz kamen, die vorgefertigt aus dem Ruhrge-

K 1 Speicherstadt

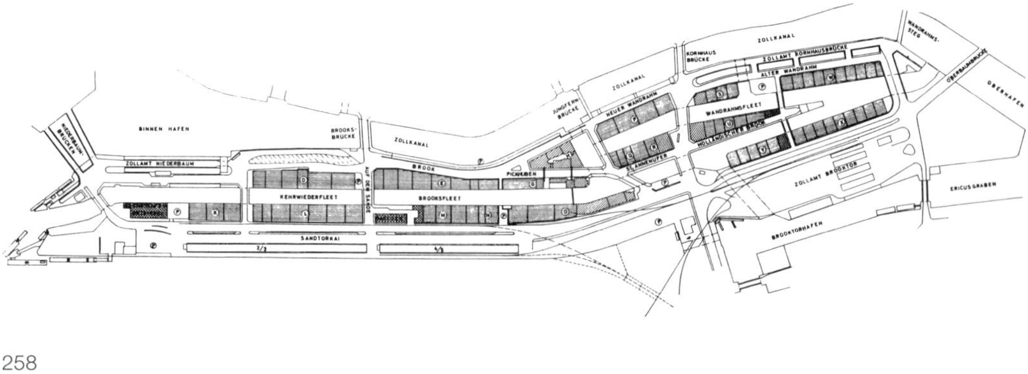

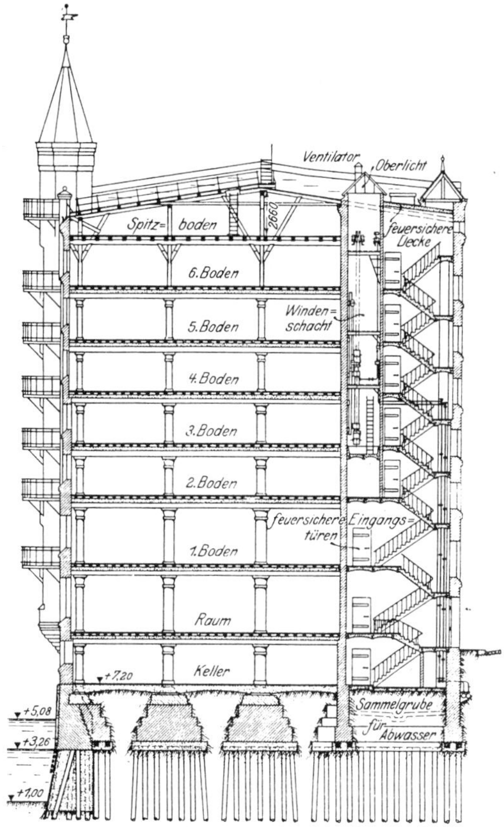

K 1 Speicherstadt. Schnitt durch einen Speicher

biet geliefert wurden (Blöcke D bis P, nach 1945 z. T. in Stahlbeton wiederaufgebaut). Bei den folgenden Blöcken wurde aus Brandschutzgründen jedoch wieder zur bewährten Zimmermannskonstruktion in Holz gegriffen (Blöcke Q bis U), was nur scheinbar paradox ist, denn unverkleidetes Eisen verliert bei starker Hitzeentwicklung schnell seine Festigkeit. Bei den Blöcken V, W, und X wurden feuersicher unmantelte Stützen aus Gußeisen oder Stahl erprobt.

Die gotisierende Backsteinarchitektur der Speicher mit ihren Zinnen, Staffelgiebeln und Türmchen, die ihre Vorbilder in den mittelalterlichen Hansestädten hat, läßt die Speicherstadt unweigerlich als ein Denkmal der hamburgischen Wirtschaftskraft erscheinen. Die Gestaltung der Lagerhäuser war jedoch auch kaum weniger gründerzeitlichen Stilkonventionen für Industrie- und Gewerbebauten verpflichtet, wie sie für Norddeutschland maßgeblich von der Technischen Hochschule in Hannover geprägt wurden Der Einfluß dieser »Hannoverschen Schule« auf die Architektur der Speicherstadt konnte sich bis weit nach der Jahhundertwende behaupten. Erst in den 20er Jahren brachten die straff gegliederten Klinkerfassaden der östlichen Hälfte von Block W (1925–27) einen völlig neuen Klang in das Lagerhausensemble.

Im Zweiten Weltkrieg wurde die Speicherstadt zu über 50 Prozent zerstört. Die Blöcke A, B, C und J wurden nicht wiederaufgebaut. Es ist vor allem das Verdienst von Werner Kallmorgen, daß die teilzerstörten Bauten beim Wiederaufbau einfühlsam ergänzt wurden (vgl. Blöcke D, E und M) und sich auch die Neubauten mit Lukenachsen und Windenhäuschen problemlos in das historische Ensemble einordnen (vgl. Block O). Beim Bau der Bürohäuser beschritten Kallmorgen und seine Mitarbeiter jedoch neue Wege. Die aus Ziegelvorlagen entwickelten Backsteinraster des Kontorhauses in Block G und des ehemaligen Freihafenamts in Block R (beide 1953/54) sind im hamburgischen Wiederaufbau ohne Beispiel. Block T von 1967 galt auch ein Jahrzehnt später noch als vorbildhaft (vgl. z. B. das Hanseviertel, Nr. A 90, von v. Gerkan, Marg & Partner).

K 1.1 Ehem. Verwaltungsgebäude der HFLG

Bei St. Annen 1

Architekten: Johannes Grotjan. Hanssen & Meerwein

1901/02 W, 1902/03

In der Wettbewerbsausschreibung für das Verwaltungsgebäude der HFLG (Hamburger Freihafen-Lagerhaus-Gesellschaft), der Eigentümerin der Speicherstadt, wurde zwar ein Bau gefordert, der sich dem Lagerhauskomplex harmonisch einfügt, diesen Bezug gewährleistet jedoch nur der hellrote Verblender der Fassaden. Völlig ortsuntypisch ist dagegen das reiche spätgotische Maßwerk aus Oberkirchner Sandstein, das eher auf süddeutsche Vorbilder verweist. Auch mit »Arkaden« im Erdgeschoß, Balkon,

K 1.1 Verwaltungsgebäude der HFLG

Uhrturm und einer gotisierenden Eingangsdiele entspricht das Gebäude, das ja auch in der Tat als Verwaltungszentrum einer eigenen Stadt aus Speichern dient, der Rathausikonographie des Kaiserreichs. Heute residiert in diesem »Hafen-Rathaus« die staatliche HHLA (Hamburger Hafen- und Lagerhaus-AG), zu der die ehemals halbstaatliche HFLG 1935 mit der Staatlichen Kaiverwaltung vereinigt wurde.

K 1.2 Zentralstation

Sandtorkai 30

Architekt: Ingenieurwesen, Oberingenieur Franz Andreas Meyer

1886/87

Der Antrieb der Speicherwinden erfolgte ursprünglich hydraulisch. Das Herz der Speicherstadt bildete daher die Zentralstation mit Maschinen- und Kesselhaus, letzteres ursprünglich mit zwei hohen Schornsteinen. Zur Dampferzeugung dienten hier neun kohlebefeuerte Cornwall-Kessel; der Wasserdruck für den Windenantrieb wurde von vier Dampfmaschinen mit direkt gekuppelten Differentialpumpen geliefert, die im Maschinenhaus standen (Stand 1909). Ein insgesamt 14,5 km langes Rohrnetz leitete das auf 50 Atm verdichtete Wasser in die einzelnen Speicher; dazwischen waren fünf Druckspeichertanks geschaltet, von denen sich zwei in dem kleinen Turm des Kesselhauses befanden. Außerdem wurde im Maschinenhaus schon ab 1888 Strom für die Speicherbeleuchtung erzeugt, die aus Feuerschutzgründen voll elektrifiziert war.

K 1.3 Hanseatic Trade Center (HTC)

Kehrwieder/Sandtorkai

Architekten: Dieter Heusch (Umbau Speicher K). Kohn, Pedersen, Fox (Phase I). Nägele, Hofmann, Tiedemann & Partner (Phase II). Kleffel, Köhnholdt, Gundermann (Phase III). v. Gerkan, Marg & Partner (Phase IV). Schweger & Partner (Brücken und Stege)

Ideenwettbewerb 1989/90; Planungsgutachten 1990, Baubeginn 1992

K 1.3 Hanseatic Trade Center (HTC)

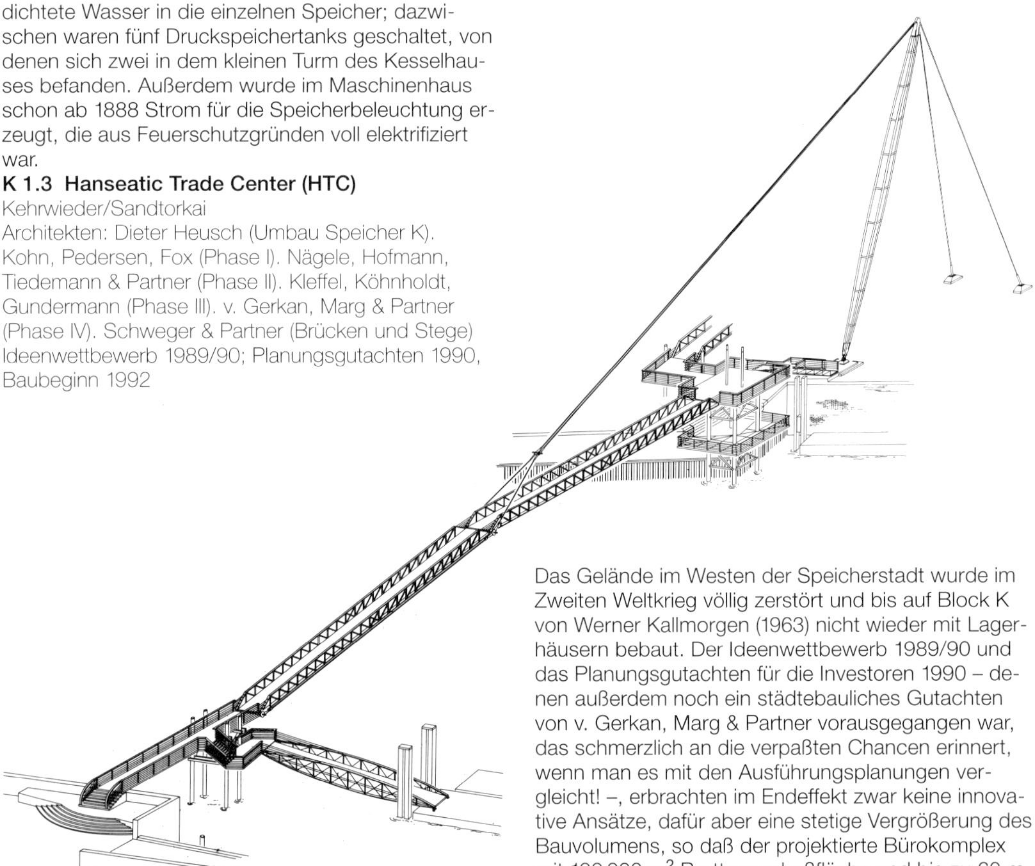

Das Gelände im Westen der Speicherstadt wurde im Zweiten Weltkrieg völlig zerstört und bis auf Block K von Werner Kallmorgen (1963) nicht wieder mit Lagerhäusern bebaut. Der Ideenwettbewerb 1989/90 und das Planungsgutachten für die Investoren 1990 – denen außerdem noch ein städtebauliches Gutachten von v. Gerkan, Marg & Partner vorausgegangen war, das schmerzlich an die verpaßten Chancen erinnert, wenn man es mit den Ausführungsplanungen vergleicht! –, erbrachten im Endeffekt zwar keine innovative Ansätze, dafür aber eine stetige Vergrößerung des Bauvolumens, so daß der projektierte Bürokomplex mit 100 000 m² Bruttogeschoßfläche und bis zu 60 m

Höhe schließlich viel zu massig für das historische Lagerhausviertel zu werden droht.

Wenig überzeugend geriet bisher der Umbau des ehemaligen Speichers K , Sandtorkai 37, zu einem Bürohaus, wobei Dieter Heusch offenbar an der großen Gebäudetiefe scheiterte, die durch das Stahlbetonskelett vorgegeben war: Trotz der seitlichen Belichtungsschlitze wurde aus dem schlichten, aber charaktervollen Nutzbau (vgl. den Kaispeicher A, ebenfalls von Kallmorgen, Nr. K 4) eine plumpe Ziegelkiste, »garniert« mit Blechbrüstungen in einem unattraktiven Feldgrau à la Bundeswehr und funktional überflüssigen Metallgestängen. Auch der kaum weniger grobschlächtige erste Neubauabschnitt am Sandtorkai 70–73, Architekten Kohn, Pedersen, Fox, hat die schlimmsten Befürchtungen der Kritiker des Projekts nur bestätigt.

Für die weiteren Bauabschnitte zeichnen zwar u. a. die bekannten Hamburger Architekturbüros v. Gerkan, Marg & Partner und Kleffel, Köhnholdt, Gundermann verantwortlich, die ein höheres Qualitätsniveau versprechen; außerdem haben Schweger & Partner ein System von Fluchtgalerien und -brücken in Höhe der ersten Obergeschosse entwickelt, das zusammen mit einer ebenso filigranen schrägseilverspannten Brücke über den Binnenhafen auch bei Hochwasser ein Verlassen des Geländes erlaubt. Bestehen bleibt aber auch weiterhin der Kritikpunkt, daß das geplante Volumen für den exponierten Standort viel zu umfangreich ist und sich die Auseinandersetzung mit dem »Genius loci« des Hafenrands im reichlichen Gebrauch von rotem Backstein erschöpft.

K 2 Kaispeicher B

Magdeburger Straße 1, Klostertor
Architekt: Alexander Schäffer (Umbau)
1878/79; Umbau 1884

Der kraftvoll gegliederte Backsteinrohbau, ein naheliegendes Vorbild für die in seiner Nachbarschaft errichtete Speicherstadt, diente ursprünglich z. T. der Silolagerung von Getreide, wurde aber schon 1884 völlig zu einem konventionellen Speicher umgebaut. Als Torso ist noch der Schornstein für die Dampfmaschinen des Becherwerks erhalten, mit dem das Getreide in den Silo befördert wurde. Damit ist der Kaispeicher ein frühes Dokument für die Mechanisierung des Massengutumschlags, die hier nur einen entscheidenden Nachteil aufwies: Da die Förderanlage stark rüttelte, löste sie zuviel Staub und Spellen von dem Getreide – und diese Gewichtsminderung »rechnete« sich nicht.

K 3 Erweiterung Amt für Strom- und Hafenbau

Dalmannstraße 4, Altstadt
Architekten: Dinse, Feest, Zurl
1989 W, 1992/93

Fensterbänder binden das Gebäude gestalterisch an einen groben Fertigteilbau aus den 70er Jahren an, der bei den Planungen zu berücksichtigen war und

K 4 Kaispeicher A

ursprünglich mit dunkelblauen Keramikplatten verkleidet werden sollte, wie bei dem raffinierten »Materialmix« der Außen- und Innenarchitektur Verkleidungen und Beläge in den unterschiedlichsten Varianten überhaupt eine Schlüsselrolle spielen. Das Gebäude ist aus Flutschutzgründen auf Betonstützen aufgeständert, die mit ihrem verjüngten Profil wie ein Rückgriff auf die Architektur der Wiederaufbaujahre wirken, wogegen die Blechfassaden, die Terrassen und die Bullaugen Schiffsaufbauten assoziieren; auch die Holzplanken vor dem Eingang sind ein unterschwelliges maritimes Zitat. Die besondere Sorgfalt der Architekten galt auch hier wieder der Innenraumgestaltung, wobei neben der Eingangshalle vor allem die Bibliothek hervorzuheben ist.

K 4 Kaispeicher A

Dalmannstraße, Altstadt
Architekt: Werner Kallmorgen
1960, 1963–65

Der wuchtige Stahlbetonskelettbau wurde als Ersatz für den im Zweiten Weltkrieg weitgehend zerstörten Kaiserspeicher von 1875 errichtet, dessen erhaltener Westturm – ein populäres Wahrzeichen des Hamburger Hafens – 1963 gesprengt wurde. Die schlichten, sparsam durchfensterten Backsteinfassaden umschließen eine Nettolagerfläche von 30 140 m^2. Die Integration der Maschinen für die Winden und Aufzüge in das Dachgeschoß ermöglichte den geschlossenen, blockhaften Umriß. Eine neuartige Entwicklung waren die Ladeklappen, die nicht nur den Lukenverschluß bilden, sondern gleichzeitig auch als Arbeitsplattformen dienen; hier können größere Warenpartien direkt vom Seeschiff übernommen werden.

K 5 Lagerhäuser G und F

Dessauer Ufer/Dessauer Straße, Kleiner Grasbrook
Architekten: Bauabteilung der HFLG (Haus G), Bauabteilung der HHLA, Hans-Georg Münchau (Haus F)
Haus G 1903–07; Haus F 1957–61

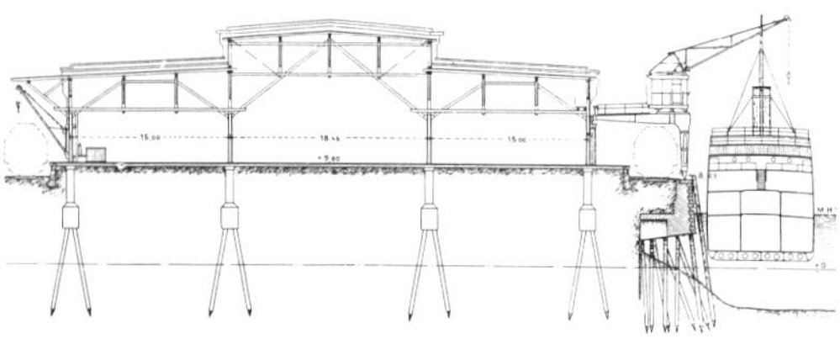

K 6 Schuppen 50 und 51

Gleichzeitig mit der Speicherstadt entstand am Melniker und am Dessauer Ufer ein zweites Lagerhausviertel, das in gestalterischer Hinsicht allerdings weitaus bescheidener geriet als sein Gegenstück auf dem Nordufer der Elbe. Hier wurden vor allem große Warenpartien, z. B. Kaffee, Tabak oder Zucker, langfristig eingelagert. Block G diente ab 1944 als Außenlager des KZs Neuengamme; im September 1944 waren hier z. B. 1 500 jüdische Frauen aus Ungarn, Polen und der Tschechoslowakei eingesperrt, die zu Aufräumarbeiten nach den Bombenangriffen im Hafen herangezogen wurden oder Zwangsarbeit in der Hafenindustrie leisten mußten. Haus F mit den markanten schrägen Flügelmauern an den Lukenachsen wurde auf den alten Fundamenten neuerbaut.

K 6 Schuppen 50 und 51

Bremer Kai/Australiastraße, Kleiner Grasbrook
Architekt: Amt für Strom- und Hafenbau
1909/10

Schuppen 50 stellt das letzte noch im Originalzustand erhaltene Beispiel eines Stückgutschuppens aus der Zeit vor dem Ersten Weltkrieg dar, wenn auch mit starken Veränderungen an der wasserseitigen Fassade (Schuppen 51 ist verändert wiederaufgebaut worden). Dreischiffige Binderkonstruktionen aus Holz und schmale Schiebetore, die vor der Einführung des Gabelstaplers für den Sackkarrenverkehr ausreichend waren, kennzeichneten über Jahrzehnte diese bis zu 300 m langen und rund 50 m tiefen Bauten, in denen die Ladung von zwei Seeschiffen gleichzeitig zwischengelagert und nach Empfängern sortiert werden konnte. Die Reformarchitektur der Kopfgebäude bedeutete eine demonstrative Abkehr von der Neogotik, die die Hamburger Hafenarchitektur bis dahin beherrscht hatte.

K 7 Schuppen 59

Windhukkai/Veddeler Damm, Kleiner Grasbrook
Architekt: Amt für Strom- und Hafenbau
1930/31

Mit Schuppen 59 wurde erstmalig im Hamburger Hafen beim Bau eines Stückgutschuppens auf die traditionelle Zimmermannskonstruktion verzichtet. 36 quer zur Längsachse des Schuppens stehende flache Stahlbetonschalen, System Zeiss-Dywidag, mit einer Stärke von nur 5,5 cm am Scheitelpunkt und 8 cm an den Rändern verleihen dem Gebäude ein unverwechselbares Erscheinungsbild. Die Betonbauweise galt nicht nur als feuersicherer und wartungsärmer, sie benötigte auch weniger Innenstützen, so daß eine größere Bewegungsfreiheit für die damals neuartigen Elektrokarren und -kräne gegeben war. Bei der Gestaltung des Betriebsgebäudes, hier erstmalig in der Schuppenmitte angeordnet, wurde Fritz Schumacher als Berater hinzugezogen. Im Zweiten Weltkrieg schwer zerstört, wurde das Gebäude mit Ausnahme der Lichtraupen auf dem Dach 1949 wiederhergestellt. Der heutige Zustand ist das Ergebnis jahrzehn-

K 7 Schuppen 59
K 9.2 Kühlhaus

telanger Vernachlässigung des auch im internationalen Vergleich der Hafenarchitektur herausragenden Gebäudes.

K 8 Ehem. Polizeikaserne

Worthdamm 49, Kleiner Grasbrook
Architekt: Hochbauwesen, Erster Baudirektor Johann Christoph Otto Ranck
1926/27
Der aufwendig im expressionistischen Stil dekorierte Klinkerbau diente ursprünglich als Kaserne des Hafenschutzes.

K 9 Umschlagsanlagen und Kühlhaus auf der Roß
K 9.1 Schuppen 82–85 und Betriebsgebäude

Roßkai/Chilekai/Breslauer Straße, Steinwerder
Architekt: Amt für Strom- und Hafenbau
1921–30
Ein Teil der Kaimauern wurde schon vor dem Ersten Weltkrieg fertiggestellt, die Bebauung und Ausrüstung erfolgten jedoch erst in den 20er Jahren. Drei der ehemals vier Vorkriegsschuppen mit Holzbindern sind noch erhalten, wenn auch z. T. mit starken Verstümmelungen; von Schuppen 84 steht nur noch der Kopfbau am Roßhöft. Damit stellt die Kaizunge den einzigen Bereich im Hafen dar, der noch den typischen Aufbau einer Anlage im konventionellen Stückgutumschlag in den Vorkriegsjahren vermittelt. Bemerkenswert sind auch die qualitätvollen Kopfbauten, bei Schuppen 84 (1921/22) und 85 (1926/27) mit traditionalistischen, bei Schuppen 82 und 83 (1927–30) mit sachlich-modernen Klinkerfassaden. An der Breslauer Straße 2–4 ist außerdem der Werkstattpavillon von 1928 erhalten, in dem die elektrischen Hebezeuge und Flurfördergeräte – u. a. die Vorläufer unserer heutigen Gabelstapler – gewartet wurden, die hier erstmalig zum Einsatz kamen.

K 9.2 Kühlhaus

Breslauer Straße, Steinwerder
Architekt: Otto Hoyer
1926
Der zehngeschossige Klinkerkoloß, sparsam mit Lisenen dekoriert, bietet etwa 20 000 m^2 Nutzfläche; weitere 2 600 m^2 entfielen ursprünglich auf das horizontal gegliederte Kontorgebäude, das dem Kühlhaus zur Breslauer Straße hin angegliedert ist (im Zweiten Weltkrieg teilzerstört). Das genietete Stahlskelett des Gebäudes wurde aus isolationstechnischen Gründen unabhängig von der selbsttragenden Klinkerfassade errichtet und ist mit dieser nur über gelenkig gelagerte Flachstäbe verbunden.

K 10 Ehem. MAN-Motorenwerk

Roßweg/Hachmannkai, Steinwerder
Architekten: Wilhelm Wichtendahl; Entwurf: Bernhard Hermkes
1938–42; Wiederaufbau 1955–57
Die sechs Hallen, deren Gesamtfläche 60 000 m^2 beträgt, wurden auf Reichskosten errichtet und von der

K 10 Ehem. MAN-Motorenwerk

MAN gepachtet. Ursprünglich für den Bau von Großdieselmotoren für die von der Marine geplanten Schlachtschiffe gedacht, wurden hier während der Kriegsjahre vor allem U-Bootmotoren produziert. Die disziplinierte Stahl-Glas-Architektur der Werkshallen mit ihren mächtigen Wandscheiben in Klinker, den Vollwandstahlbindern und den charakteristischen Laternen auf den Dächern erinnert an die Heinkel-Flugzeugwerke in Oranienburg von Herbert Rimpl (1936/37). Es war das erste große Projekt für die Rüstungsindustrie, an dem Bernhard Hermkes beteiligt war. Nach Kriegsende wurden die Produktionseinrichtungen als Reparationsgut demontiert. 1955 von der MAN für den Bau und die Reparatur von Schiffsdieseln zurückgepachtet, wird der Komplex heute als Lagerzentrum für Kaffee, Getreide und Kakao genutzt.

K 11 Ehem. Tischlerei der Vulcan-Werft (Halle G)

Roßweg, Steinwerder
Architekt: Gustav Schrader
1906/07
Trotz ihrer Jugendstilornamente bleibt die ehemalige Tischlerei für Schiffseinrichtungen noch der gotisierenden Gewerbearchitektur der Jahre vor dem Ersten Weltkrieg verhaftet, für die z. B. die Putzspiegel zwischen den Backsteingliederungen typisch sind. Der Bau stellt eines der letzten Relikte der Vulcan-Werft dar, die 1909 als Hamburger Zweigbetrieb des Stettiner Vulcan eröffnet worden war. Hier lief u. a. 1912 die »Imperator« der HAPAG, damals das weltgrößte Passagierschiff, vom Stapel.

K 12 Köhlbrandbrücke

Konstruktion und Ausführung: ARGE Köhlbrand-Hochbrücke; Gestalterische Beratung: Egon Jux
1970–74
Der stählerne, schrägseilverspannte, 520 m lange Überbau der Brücke ist schwebend in den beiden 130 m hohen Pylonen gelagert und liegt nur auf den Endpfeilern der Rampen auf. Insgesamt ist die Brücke mit den beiden Rampen 3 940 m lang. Ihre 325 m

breite und 53 m hohe Mittelöffnung gestattet selbst größten Schiffen die Durchfahrt zum Hansaport (Erzumschlag) und den Häfen in Harburg und an der Rethe. Die Brücke ersetzte die Fährschiffe nach Waltershof, die über 60 Jahre lang die einzige Verbindung zwischen den beiden Freihafenteilen darstellten.

K 13 Kabelhaus am Köhlbrand

Altenwerder Damm, Waltershof
Um 1910

Das turmartige Gebäude, ein schönes Beispiel für die Sorgfalt, die früher selbst den scheinbar nebensächlichsten Bauaufgaben galt, diente der Aufnahme der Freileitung des Kraftwerks Waltershof, die hier in einem Unterwasserkabel unter dem Köhlbrand weitergeführt wurde. Es hatte ursprünglich noch ein Gegenstück auf dem östlichen Ufer.

K 14 Autobahn-Elbtunnel westliche Umgehung

Konstruktion und Ausführung: ARGE Elbtunnel
Architekten: Egon Jux (Tunnelportal und Lüfterbauwerk Süd). Godber Nissen (Lüfterbauwerk Mitte). Horst Reimann (Lüfterbauwerk Nord)
1968–75

Die Idee einer Elbquerung von Othmarschen nach Waltershof nahm erstmalig im Rahmen des Elbuferwettbewerbs 1937 konkrete Formen an, als neben Monumentalbauten für die NSDAP (»Gauforum«) auch eine Hängebrücke im Zuge einer westlichen Autobahnumgehung gefordert wurde, die mit ihren monumentalen, 180 m hohen Pylonen zugleich ein wahrzeichenhaftes »Eingangstor« zum Hamburger Hafen bilden sollte. Von Oberbaudirektor Werner Hebebrand 1953 noch brüsk als »städtebaulicher Unsinn« abgetan, wurde dieses Konzept nicht einmal zehn Jahre später wieder aufgegriffen, diesmal jedoch als Tunnellösung. Baubeginn des neuen Elbtunnels war im Juni 1968. Im Januar 1975 konnten zwei, im Mai alle drei Tunnelröhren des 3 325 m langen Bauwerks ihrer Bestimmung übergeben werden, wovon 2 653 m geschlossen sind, d. h. ohne die Rasterdecken für die Lichtadaption.

Von besonderem Interesse ist vor allem der südliche Bauabschnitt mit dem markanten Tunnelportal und der 1 075 m langen Unterwasserstrecke, deren 8 Stahlbetonsegmente von jeweils 46 000 t Gewicht eingeschwommen und unter Wasser aneinandergekoppelt wurden. Das Baulos II, die rund 1 113 m lange Strecke unter dem bis zu 35 m aufsteigenden Geestrücken am Nordufer der Elbe, wurde dagegen im Schildvortriebsverfahren hergestellt, wobei die Tunnelkonstruktion hier aus gußeisernen Ringsegmenten besteht, Baulos III, das Nordende, in der offenen Baugrube. Eine Erweiterung des mittlerweile völlig überlasteten Tunnels auf vier Röhren ist in Planung.

K 15 Containerterminal Burchardkai

Burchardkai/Athabaskakai, Waltershof
Ausbau der Kaistrecken ab 1928; Ausbau des Containerterminals ab 1966

Der moderne Hafen ist ohne Container nicht mehr denkbar. 78 Prozent aller Stückgüter werden in Hamburg heute containerisiert umgeschlagen, wobei die Hansestadt auf Platz 7 der Rangliste der international

K 12 Köhlbrandbrücke

bedeutendsten Containerhäfen liegt. Als erster Containerterminal wurde hier 1967 die Anlage der HHLA (Hamburger Hafen- und Lagerhaus-AG) am Burchardkai eröffnet, die mittlerweile eine Fläche von 1,5 km^2 umfaßt und somit ausreichend Platz bietet für den Umschlag und die Zwischenlagerung von rund 1,2 Mio. TEU (= Twenty Feet Equivalent Units, d. h. der 20-Fuß-Container bildet die Bemessungsgrundlage) mit einer Ladung von insgesamt 12,34 Mio. t (Stand 1993). Damit wird knapp die Hälfte aller Container im Hamburger Hafen am Burchardkai und am Athabaskakai umgeschlagen. Beeindruckend ist auch die technische Ausrüstung: Stand hier 1968 erst eine Containerbrücke zur Verfügung, so zählte der Terminal gut 25 Jahre später 16 Containerbrücken; 70 Van Carriers bewältigen außerdem den Transport der Container an Land.

K 16 Ehem. Verwaltungsgebäude der Öllager AG Harburg

Tankweg 1, Waltershof
Architekten: Block & Hochfeld
1927

Das kubische Klinkergebäude, ein herausragendes Beispiel für den Einfluß des Neuen Bauens auf die Industriearchitektur, wenn auch heute durch Modernisierungen und Ausbesserungen im Mauerwerk stark entstellt, dokumentiert zusammen mit dem gegenüberliegenden Pumpenhaus den Ausbau des Petroleumhafens in den 20er Jahren (1913 eröffnet). Der störende rückwärtige Teil mit Satteldach war schon vorhanden, als das Gebäude errichtet wurde.

K 17 Ehem. Jachthaus

Jachtweg 10, Waltershof
Architekt: Hochbauwesen, Fritz Schumacher
1914–20

Der landhausartige Bau war ursprünglich nicht nur als »Seglerheim«, sondern auch als Speisehalle für Hafenarbeiter gedacht. Als der Ausbau der Häfen auf Waltershof in der Weimarer Republik zurückgestellt werden mußte, diente das Gebäude aber ausschließlich dem geselligen Beisammensein der Sportbootbesitzer. Anfang der 60er Jahre wurde der Jachthafen nach Wedel verlagert, weil die Liegeplätze im Köhlfleethafen einer Anlage für den Mineralölumschlag weichen mußten.

K 18 Lotsenhaus

Bubendeyweg, Waltershof
Architekten: Hochbauwesen, Fritz Schumacher (Ursprungsbau). Kahl & Hoyer (Erweiterung)
1913/14; Instandsetzung und Erweiterung 1992–94

Bis 1914 befand sich die Lotsenstation am Lotsenhöft auf Steinwerder, dem heutigen Betriebsgelände von Blohm & Voss. Der Neubau folgte der Expansion des Hamburger Hafens nach Westen über den Köhlbrand hinweg. Fritz Schumacher fügte dem gedrungenen Klinkerbau mit den Arbeits-, Schlaf- und Aufenthalts-

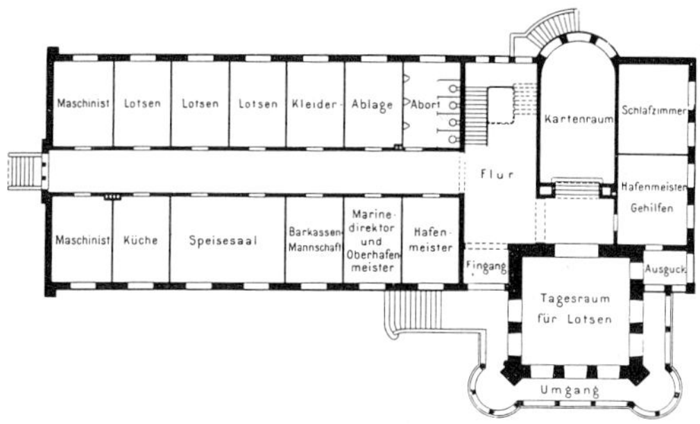

K 18 Lotsenhaus

räumen für das Stationspersonal eine Art Wehrturm mit Ausguck an, der die Hafeneinfahrt wahrzeichenhaft markiert. Anfang der 90er Jahre mußte das Gebäude umfassend instandgesetzt werden, wobei auch der Verblender erneuert wurde. Die neue Beobachtungskanzel am Fuß des Uhrturms setzt geschickt die Galerie des Schumacher-Baus fort.

K 19 Siedlung Ostfrieslandstraße

Ostfrieslandstraße/Emder Straße/Auricher Damm/Jeverländer Weg/Rüstringer Weg/Langeooger Weg/Wittmunder Weg/Butjardinger Weg, Finkenwerder
Architekten: Dyrssen & Averhoff. Wilhelm Fischer. Georg Hinrichs. Gerhard Langmaack (Ursprungsbauten). J. Garms (Wiederaufbau und Fertigstellung)
1938–41; Wiederaufbau und Fertigstellung 1948–54

Mit der Großwerft Deutsche Werft AG und der Luftwerft von Blohm & Voss war Finkenwerder in der NS-Zeit ein wichtiger Standort der Rüstungsindustrie, so daß der Bau der Siedlung auch während der Kriegsjahre Priorität genoß und 1941 weitgehend abgeschlossen werden konnte. Mit den nordsüdlich ausgerichteten, niedrigen Zeilen und dem hohen Grünflächenanteil knüpften die Planer an die fortschrittlichsten Konzepte der Weimarer Republik an, die Gestal-

K 19 Siedlung Ostfrieslandstraße

tung der Bauten war jedoch betont traditionsverhaftet mit Steildach, Strukturputzfassaden und Fensterläden. Die Wohnungen sollten für Arbeiterfamilien erschwinglich sein. Dies wurde durch Einsparungen beim Baumaterial ebenso erreicht wie durch die kompakten Grundrisse der Geschoßwohnungen mit Dusch- statt Wannenbädern und mit gefangenen Zimmern. Die Reliefs von Karl Opfermann nehmen Bezug auf den Standort der Siedlung und ihre Bewohner. Reihenhäuser mit eigenem Gartenland ergänzen das Wohnraumangebot (Wangerooger Stieg ff.)

K 20 Gorch-Fock-Halle

Focksweg 12–14, Finkenwerder
Architekt: Hochbauwesen, Fritz Schumacher
1929/30

Die Turnhalle ist nach Finkenwerders berühmtesten Sohn, dem populären Heimatschriftsteller Hans Kinau alias Gorch Fock (1880–1916), benannt. Sie sollte jedoch nicht nur sportlichen Zwecken dienen, sondern mit einer Bühne und einer öffentlichen Bibliothek auch eine Art »Volkshaus« für den wachsenden Stadtteil bilden, der sich seit dem Ersten Weltkrieg immer stärker vom Fischerdorf zum Arbeitervorort wandelte.

K 21 Wohnblöcke Benittstraße
K 21.1 Wohnblock

Benittstraße 20–26/ Finksweg/Focksweg/Schloostraße, Finkenwerder
Architekten: Klophaus & Schoch
1925–27

K 21.2 Wohnblock

Benittstraße 2–6/Butendeichsweg/Focksweg/Wriedestraße, Finkenwerder
Architekt: Hochbauwesen, Oberbaurat Carl Bruncke
1923–25

Die beiden aufwendig mit Gurt- und Sohlbankgesimsen und anderen traditionellen Motiven, z. B. Staffelgiebeln, gegliederten Klinkerblöcke markieren zusammen mit der Gorch-Fock-Halle das Ortszentrum von Finkenwerder. Der Block Benittstraße 2–6 wurde zwar noch vom Hochbauwesen der Baudeputation entworfen, wie auch die ersten Geschoßwohnbauten in der Dulsberg-Siedlung (vgl. Nr. G 1.2), dann aber vom genossenschaftlichen Bau- und Sparverein zu Hamburg realisiert.

K 22 Werkmeistersiedlungen der Deutschen Werft
K 22.1 Einfamilienhäuser

Finkenwerder Norderdeich 120–132/Neßdeich, Finkenwerder
Architekten: Werksarchitekten der Deutschen Werft
1919/20

K 22.2 Laubenganghäuser

Focksweg 13–23, Finkenwerder
Architekten: J. Dethlefs, F. Schulze
1922

Die schlichten Laubenganghäuser am Focksweg und die deutlich anspruchsvolleren Einfamilienhausgruppen am Finkenwerder Norderdeich bzw. am Neßdeich, beide mit Gartenland, sind zwei der in Hamburg seltenen Beispiele von Werkssiedlungen, wenn auch nur für die privilegierten Mitarbeiter der Deutschen Werft. (Werkmeister standen im Angestelltenverhältnis.) Für seine Beamten, d. h. die leitenden Angestellten, ließ das Unternehmen außerdem gleichzeitig durch Peter Behrens Wohnhäuser jenseits der Elbe im bürgerlichen Groß Flottbek errichten (vgl. Nr. I 66).

K 23 Evangelisch-lutherische Kirche St. Gertrud

Kirchendorfweg, Altenwerder
1831; Turm 1895

Die klassizistische Kirche mit dem neugotischen Turm soll als einziges Relikt des ehemaligen Fischer- und Obstbauerndorfs Altenwerder – 1250 erstmalig urkundlich erwähnt und 1937/38 nach Hamburg eingemeindet – erhalten bleiben, das ab 1973 gegen den erbitterten Widerstand seiner Bewohner nahezu vollständig abgebrochen wurde. Die geplante Hafenerweiterung, die nun schon seit über zwei Jahrzehnten auf sich warten läßt, ist allerdings erst durch die politischen Veränderungen der letzten Jahre wieder in greifbare Nähe gerückt, allen voran die Wiedervereinigung, die für Hamburg auch in wirtschaftlicher Hinsicht eine Öffnung nach Osten bedeutete. Bis zur Jahrtausendwende werden deshalb aller Voraussicht nach die verwilderten Obstgärten mit Baggergut aufgespült, um hier einen neuen Containerterminal mit einem Logistikzentrum einzurichten.

K 24 Betriebsgebäude Hafenbahnhof Alte Süderelbe

Altenwerder
Architekten: me di um Architekten Jentz, Popp, Wiesner; Mitarbeiter: Klaus Roloff, Martin Stroh, Friedhelm König, Katrin Wolke, Jutta Bruhn, Peer Hillmann
1991 W, 1993/94

Duch die Erweiterung des Bahnhofs Alte Süderelbe der stadteigenen Hafenbahn wird der Haupthafenbahnhof Waltershof, dessen Kapazitäten sukzessive verdoppelt werden sollen, während der Umbauphase entlastet. Zu begrüßen war die Entscheidung, für das neue Betriebsgebäude in Altenwerder einen Wettbewerb unter freien Architekten durchzuführen, wobei die Wahl mit dem Entwurf von me di um auf eine betont technizistische Lösung fiel mit einer Aluminiumfassade in Pfosten-Riegel-Konstruktion über einem Sockel aus Betonsteinen. Beherrschendes Motiv ist der Tower mit filigranen Außengalerien aus Alu-Lochblechen, die zugleich einen Sonnenschutz bieten, und weit überkragenden Kanzelgeschossen, die an dem runden Betonschaft von einer Stahlkonstruktion im Dreiecksverband abgefangen werden. Sie verleihen dem Leitstand einen signifikanten Umriß und machen das mehr als 25 m hohe Bauwerk zu einer unverwechselbaren Landmarke in der flachen Marsch des Süderelberaums.

K 25 Evangelisch-lutherische Kirche St. Maria Magdalena

Nehusweg/Moorburger Elbdeich 129, Moorburg
Architekten: Lorenz Dohmsen (Ursprungsbau); Johann Heinrich Martin Brekelbaum (Umgestaltung 1878/79)
1684–88; Umgestaltungen 1878/79 und 1906/07; Instandsetzungen des Innenraums 1951–53 und 1956/57

Der ursprüngliche Fachwerkbau der Dorfkirche von 1596/97 wurde im 17. Jahrhundert angehoben und nach Plänen von Lorenz Dohmsen, dem Baumeister der St.-Nikolai-Kirche in Moorfleet (vgl. Nr. L 34), umgestaltet und erweitert. 1878/79 wurde das morsche Fachwerk durch massive Außenwände im neogotischen Stil ersetzt, die auch hinsichtlich ihrer bewegten Umrißlinie und der auffälligen roten und gelben Zweifarbigkeit des Mauerwerks nicht zu der Barockkirche paßten und deshalb schon drei Jahrzehnte später unter dem Einfluß der Heimatschutzbewegung stark bereinigt und in rotem Backstein erneuert wurden.

K 24 Betriebsgebäude Hafenbahnhof Alte Süderelbe

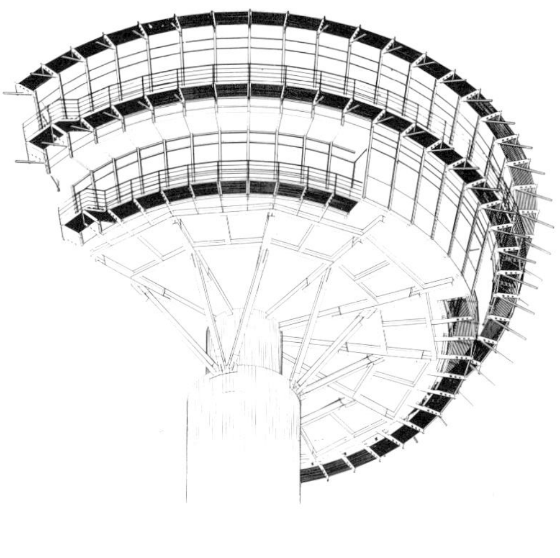

K 26 Kattwyk-Hubbrücke

Die Restaurierung des Innenraums in den 50er Jahren zielte darauf ab, den Eindruck einer bäuerlichen Marschenkirche wiederherzustellen (Marmorierungen, Baluster an der Empore, Neugestaltung der Decke). Bemerkenswert sind vor allem Altar, Taufe und Landherrenloge aus der Erbauungszeit (1688), bei denen es sich genauso um Arbeiten von Valentin Preuß handelt wie bei dem prachtvollen Epitaph für Pastor Becker, den Initiator der Kirchenerneuerung (1693 gestiftet). Der heute separat aufgestellte Kanzelkorb stammt von 1787, als der Altar zum Kanzelaltar umgebaut wurde.

K 26 Kattwyk-Hubbrücke

Konstruktion und Ausführung: Salzgitter Stahlbau GmbH, Gg. Noell & Co. August Prien
1970, 1971–73

Eine Durchfahrtshöhe von 53 m, die auch Seeschiffen die Passage nach Harburg erlaubt, und eine freie Durchfahrt von 100 m bei einer Gesamtlänge des beweglichen Mittelteils von 106 m machen die Eisenbahn- und Straßenbrücke zur größten Hubbrücke Europas. Die Hubtürme sind fünfstöckige Rahmen mit je zwei vollwandigen Stielen, die jeweils eine Grundfläche von nur 2 x 3 m aufweisen. Die oberen Querriegel tragen den Antrieb und die Treib- bzw. Umlenkscheiben. Im Unterschied zur Brücke über die Rethe, wo der Hubteil über eine Zahnstangenkette angetrieben wird (vgl. Nr. K 28), wurde hier auf das Fahrstuhlprinzip zurückgegriffen; die Reibung zwischen den angetriebenen Umlenkrollen und den Seilen ist für die Bewegung der Brücke ausreichend. Dabei wird der 740 t schwere mittlere Überbau auf jeder Seite durch ein Gegengewicht von 370 t ausbalanciert, so daß die Türme allein durch die hohe Belastung auch ohne rückwärtige Versteifung stehen.

K 27 Kali-Umschlagsanlage an der Rethe

Kalikai/Blumensand, Wilhelmsburg
Architekten: Wasserbauamt Harburg-Wilhelmsburg, Hermann Muthesius (architektonische Gestaltung)
1926–28; Wiederaufbau bis 1954

Der überwiegende Teil der deutschen Kaliausfuhr nach Übersee erfolgte in den 20er Jahren über die Häfen im Großhamburger Raum. 1926 entschloß sich das Kalisyndikat, die Lagerung und den Umschlag der Kalisalze an der Rethe zu konzentrieren. Die seinerzeit hochmoderne Anlage hatte bei einer Gesamtlänge von 228 m ein Fassungsvermögen von bis zu 100 000 t und war mit drei Greiferbrücken und vier Bandbrücken ausgerüstet, was zusammen mit den mechanischen Förderanlagen im Innern eine erhebliche Rationalisierung des Umschlags ermöglichte. Die Anlieferung erfolgte mit dem Binnenschiff oder der Eisenbahn. Bis zu 400 t Kali in der Stunde konnten direkt oder aus den Lagerhallen auf das Seeschiff umgeschlagen werden. Die Lagerräume und die Förderkanäle waren beheizbar, um das zur Verklumpung neigende Lagergut trocken zu halten. Die klassizierende Backsteinfassade ist einer der letzten Entwürfe, die Hermann Muthesius realisieren konnte.

K 28 Rethe-Hubbrücke

Wilhelmsburg
Ingenieure: Döring & Voss; Entwurf: F. Voss
1931, 1933/34; Instandsetzung und Aufstockung 1986/87

Die Weltwirtschaftskrise verzögerte den Bau der Rethe-Hubbrücke, die Ende der 20er Jahre notwendig geworden war, um das Hafenerweiterungsgebiet Kattwyk-Hohe Schaar an den Hamburger Freihafen und die Industriegebiete von Harburg-Wilhelmsburg anzubinden. Das Heben und Senken des 73 m langen Hubteils erfolgt über motorengetriebene Gelenkzahnstangenketten (ein Sonderentwurf der MAN), von denen sich jeweils zwei in den genieteten, ursprünglich 50 m hohen Türmen befinden. Die beiden 320 t schweren Gegengewichte sind jeweils an 16 Stahlseilen aufgehängt. 1986/87 wurden die Türme ausgebaut und mit einem 11,6 m hohen geschweißten Unterbau aufgestockt.

K 29 Reiherstiegklappbrücke

Wilhelmsburg
Ingenieure: Amt für Strom- und Hafenbau, Thyssen Engineering. Architekt: Amt für Strom- und Hafenbau, Rüdiger Stellfeld
1982, Fertigstellung 1985

Die heutige Klappbrücke über den Reiherstieg, eine einarmige Waagebalkenbrücke mit hochliegendem Gegengewicht, ist seit 1898 die dritte Brücke an dieser Stelle; die letzte Vorgängerin von 1956 war dem Schwerlastverkehr nicht mehr gewachsen und mußte erneuert werden. Auch durch die Anordnung des Steuerstands in einem gesonderten Turm erhält der Neubau von 1985 ein markantes Erscheinungsbild.

K 30 Geschoßwohnbauten

Fährstraße 92–106/Heinrich-Gross-Straße, Wilhelmsburg
Architekt: Ernst Vicenz
1910

Der Wohnkomplex, ein Projekt der Deutschen Schiffszimmerer-Genossenschaft, kennzeichnet sich durch schlichte Putzfassaden, die durch Sockel und Gliederungen in Backstein markant akzentuiert werden. Auch die Dachlandschaft der hohen Mansardgiebeldächer hebt die Bauten in ihrem Umfeld hervor.

K 31 Wohnanlage der HAPAG

Fährstraße 7–23, Wilhelmsburg
Architekten: Ernst Vicenz, Wilhelm Behrens
1910/11

Wohnanlage für die Kaiarbeiter der Hamburg-Amerika-Linie in günstiger Lage zu den Häfen auf Kuhwerder (beim Wiederaufbau völlig entstellt). Dabei konnte

K 27 Kali-Umschlagsanlage an der Rethe

die HAPAG von den Erfahrungen des Bau- und Sparvereins zu Hamburg profitieren, der auf Rechnung der Reederei den Bau der Wohnanlage an der Fährstraße übernahm und hierfür mit Ernst Vicenz auch seinen Hausarchitekten beauftragte. Zwei- bis Dreizimmerwohnungen mit innenliegenden WCs, in Wilhelmsburg seinerzeit im Unterschied zu Hamburg nicht selbstverständlich, und eine Badeanstalt mit 20 Wannen- bzw. Brausebädern markierten hier für damalige Verhältnisse einen überdurchschnittlichen Wohnstandard.

K 32 Gewerbehof Sanitasstraße

Sanitasstraße 23, Wilhelmsburg
Architekt: Architekturbüro Streb; Mitarbeiterin: Regine Elwart-Geißler
1992, 1994/95

Als U-förmiger Baukomplex mit soliden Backsteinfassaden und umlaufenden Galerien nimmt die Anlage an der Sanitasstraße das traditionelle Muster von Gewerbehöfen wieder auf, wie sie vor allem für die Jahre vor dem Ersten Weltkrieg typisch sind; ein Gastronomiebetrieb, der der Grünfläche am Veringkanal zugeordnet ist, ergänzt das Raumangebot. Die Stahlbetonskelettbauweise und Leerschächte für zusätzliche Installationsleitungen sorgen für Flexibilität hinsichtlich der Nutzbarkeit und Aufteilung der Bauten. Besonders hervorzuheben ist auch die gestalterische Sorgfalt, die der Ausbildung der Fassadenöffnungen galt. Sie können nach einem festgelegten Schema mit einem charakteristischen Wechsel von Glasbausteinen zu Klarglasflächen, Rolltoren oder konventionellen Türen den jeweiligen Bedürfnissen der Mieter angepaßt werden, so daß das einheitliche Fassadenbild auch bei unterschiedlichen Nutzungen pro Achse oder einem Wechsel der Nutzer nicht aufgebrochen wird. Die gewölbten Pultdächer bestehen aus Trapezblechfertigteilen.

K 33 Wohnungsbau der Weimarer Republik

K 33.1 Geschoßwohnbauten

Sanitasstraße 20–26/Mannesallee 33–36, Wilhelmsburg
1924/25; Zerstörung 1945; Wiederaufbau 1949

K 33.2 Geschoßwohnbauten

Georg-Wilhelm-Straße 13–25/Rotenhäuser Damm/Fährstraße, Wilhelmsburg
Um 1930

K 33.3 Geschoßwohnbauten

Georg-Wilhelm-Straße 18–44/Fährstraße/Mannesallee/Zeidlerstraße, Wilhelmsburg
1928–31; Zerstörungen 1944 und 1945; Wiederaufbau bis 1951

K 33.4 Geschoßwohnbauten

Veringstraße 46–56, Wilhelmsburg
Um 1925; Zerstörung 1944; Wiederaufbau 1950

K 33.5 Geschoßwohnbauten

Veringstraße 47–91, Wilhelmsburg
Architekt: Stadtbauamt Harburg-Wilhelmsburg
1927; Zerstörung 1944; Wiederaufbau bis 1952

K 33.4 Geschoßwohnbauten

Wilhelmsburg verzeichnete auch in der Weimarer Republik eine rege Bautätigkeit mit einem überraschend hohen Qualitätsniveau, z. B. Veringstraße 46–56 mit einer bizarr aufgefalteten Putzarchitektur, die nahezu wie eine Kulisse aus dem Stummfilmklassiker »Nosferatu« wirkt, oder Sanitasstraße 10–26, ebenfalls mit einer vielgliedrigen expressionistischen Fassade. Überaus bemerkenswert sind auch die beiden blockfüllenden Komplexe an der Georg-Wilhelm-Straße, wobei besonders Nr. 13–25 hervorsticht. Zwar ist auch hier der Architekt nicht bekannt. Mit der kubischen Gebäudeform, den hofseitigen Laubengängen und den seriell gereihten Fensteröffnungen stellt die Wohnanlage aber eines der qualitätvollsten Beispiele für das Neue Bauen in der Großstadt Harburg-Wilhelmsburg dar, zu der die beiden Städte 1927 vereinigt wurden.

K 34 Evangelisch-lutherische Emmauskirche und Gemeindebauten

K 34.1 Kirche

Mannesallee, Wilhelmsburg
Architekten: Hugo Louis (Ursprungsbau). Hopp & Jäger (Neubau Kirchenschiff)
1895/96; Zerstörung 1945; Neubau Kirchenschiff 1952 bis 1954

K 34.2 Pastorat

Eckermannstraße 1/Mannesallee 23, Wilhelmsburg
Architekten: Hugo Louis (Ursprungsbau). Karl Mohrmann (Erweiterung)
1895; Erweiterung 1910/11

K 34.3 Gemeindehaus
Rotenhäuser Damm 11, Wilhelmsburg
Architekt: Karl Mohrmann
1907
Die neogotische Emmauskirche wurde im Zweiten Weltkrieg weitgehend zerstört; nur der schlanke Turm mit der oktogonalen Pyramide bewahrt heute noch die Erinnerung an die Vorgängerin. Das neue Kirchenschiff von Hopp & Jäger wirkt mit seiner breit gelagerten Baugestalt und dem flachen Satteldach dagegen eher wie ein neutraler Saalbau. Im ursprünglichen Zustand überliefert sind aber noch das Gemeindehaus, mit Staffelgiebeln, Kleeblattbogenfriesen und Rosetten wie ein mittelalterliches Rathaus gestaltet, und das Doppelpastorat, dessen Erweiterung hinsichtlich der Fackwerkgiebel und der Schmuckverbände bereits den Heimatschutzstil reflektiert, der seine Motive ja ebenfalls aus dem vorindustriellen ländlichen Bauen bezog. Die skulpturale Ausstattung der Kirche stammt von Fritz Fleer.

K 35 Römisch-katholische Kirche St. Bonifatius
Bonifatiusstraße, Wilhelmsburg
Architekten: Landesbauinspektor Herzig (Ursprungsbau). Karl Sterra (Wiederaufbau). Egon Pauen (Umgestaltung)
1897/98; Teilzerstörung 1944; Wiederaufbau 1954; Umgestaltung 1965–67

K 36 Wasserturm

Im ausgehenden 19. Jahrhundert verzeichnete Wilhelmsburg einen starken Zuzug von Arbeitern aus Sachsen, Schlesien und vor allem der preußischen Provinz Posen, so daß das aufstrebende Gemeinwesen um 1910 einen katholischen Bevölkerungsanteil von 26 Prozent aufwies und somit eine wichtige Enklave im protestantischen »Diasporagebiet« des Bistums Osnabrück bildete. St. Bonifatius ist eine neoromanische Backsteinbasilika mit einer für den Hamburger Raum ungewöhnlichen Doppelturmfassade, die den Bau ebenso wie die Stilwahl gegenüber den gleichzeitig errichteten protestantischen Gotteshäusern hervorhebt und auch in gestalterischer Hinsicht seine Zusammengehörigkeit mit der nur wenige Jahre zuvor fertiggestellten St.-Marien-Kirche in St. Georg unterstreicht, dem bis dahin einzigen bedeutenden katholischen Neubau im Großhamburger Raum (vgl. Nr. B 18). Auffällig an St. Bonifatius ist außerdem der Verzicht auf eine ostwestliche Ausrichtung; die Türme flankieren nicht das Hauptportal, sondern den Chor. Nahezu gleichzeitig entstanden das Pastorat Bonifatiusstraße 1 (1899) und die katholische Schule Bonifatiusstraße 2 (1902/03), während das Gemeindehaus Bonifatiusstraße 6 erst um 1920 errichtet wurde (1956 wiederaufgebaut).

K 36 Wasserturm
Groß Sand, Wilhelmsburg
Architekt: Wilhelm Brünicke
1911/12
Das 46 m hohe Bauwerk wurde als Eisenbetonskelettbau errichtet; das Wasserreservoir ruht auf acht Pfeilern, die durch Zwischendecken versteift werden. Das konvex und konkav verschliffene Klinkermauerwerk spannt sich gleichsam wie eine Haut über dieses Skelett und läßt das Gerippe »durchschimmern«.

K 37 Ehem. Rathaus Wilhelmsburg
Mengestraße 19, Wilhelmsburg
Architekten: A. P. B. Architektengruppe Planen & Bauen;
Mitarbeiter: Jörn Döring, Eberhard Dudenhausen (Erweiterung und Umbau)
1902/03; Erweiterung 1981 W, 1982–84
Der konventionelle Backsteinrohbau in neogotischen Formen war ursprünglich mit drei Flügeln geplant, von denen jedoch nur einer fertiggestellt werden konnte. Auch die exzentrische Lage des Rathauses, heute Ortsamt, am Rande des damaligen Wilhelmsburger Siedlungsgebiets belegt, welche Erwartungen um die Jahrhundertwende an das Wachstum der Industriegemeinde geknüpft wurden. Einfühlsamkeit beweist die Erweiterung durch A. P. B, deren kräftiger Backsteinraster problemlos mit dem unprätentiösen Charakter des historischen Gebäudes korrespondiert.

K 38 Bauernhaus
Schönenfelder Straße 33, Wilhelmsburg (Georgswerder)
Um 1969; Instandsetzung 1950–55

Das reetgedeckte Gebäude, der älteste erhaltene Fachwerkbau in Wilhelmsburg, markiert das ehemalige Ortszentrum von Georgswerder. Auffällig ist die Zweigeschossigkeit der deichseitigen Front, die auch durch die geschnitzten Knaggen als repräsentative Schauseite hervorgehoben wird. Die Windmühle Schönenfelder Straße 99 stammt von 1875.

K 39 Historischer Ortskern Kirchdorf
K 39.1 Museum der Elbinsel Wilhelmsburg
Kirchdorfer Straße 163, Wilhelmsburg (Kirchdorf)
1724
Das ehemalige Hannoversche Amtshaus, ein schlichter traufständiger Backsteinbau mit verputzter Eingangsseite, dient heute als Heimatmuseum. Das adlige Gut Stillhorn ging 1672 an Herzog Georg Wilhelm von Braunschweig und wurde mit den Inseln Georgswerder und Reiherstieg/Rotehaus zur Herrschaft Wilhelmsburg zusammengelegt, deren Name wohl an die Burg des Gutes erinnert, auf deren Grundmauern das neue Amtshaus später errichtet wurde.
K 39.2 Evangelisch-lutherische Kreuzkirche
Kirchdorfer Straße 170, Wilhelmsburg (Kirchdorf)
1614; Erneuerung und Erweiterung 1894; Instandsetzung 1951–56
Die Kreuzkirche liegt zum Schutz vor Überflutungen auf einer Warft. Der Fachwerksaal wurde 1894 mit einer neogotischen Backsteinfassade ummantelt, wobei gleichzeitig eine Erweiterung um Chor und Querhaus erfolgte; nur die Nordseite des Langhauses und der Giebelreiter repräsentieren heute noch den Originalzustand. Im Innern sind Taufe, Kanzel und Empore aus der Erbauungszeit bemerkenswert, außerdem die Herzogsloge mit einem Portrait Herzog Georg Wilhelms von Braunschweig (nach 1672). In den 1955/56 neugestalteten Altaraufsatz wurden die vier Evangelisten und ein Christus aus dem Altar der 1944 zerstörten Dreifaltigkeitskirche in Harburg eingefügt (1689).
K 39.3 Ehem. Kirchenschulhaus
Kirchdorfer Straße 173, Wilhelmsburg (Kirchdorf)
17. Jahrhundert
Der malerische Fachwerkbau mit Reetdach gehört ebenfalls noch zu den Zeugnissen der »Frühgeschichte« des ehemals ländlichen Wilhelmsburg. 1865 wurde der Schulbetrieb in das Amtshaus verlegt.

K 40 Harburger Elbbrücke
Ingenieure: Maschinenbau-Actiengesellschaft Nürnberg. Architekt: Georg Thielen (Brückentore)
1896 W, 1897–99
Die Fachwerkbogenbrücke mit vier Überbauten bildete die erste feste Straßenverbindung zwischen Harburg und der Elbinsel Wilhelmsburg, nachdem 1872 bereits 240 m weiter östlich eine Eisenbahnbrücke errichtet worden war. Die Brückentore sind mit den Wappen der beiden preußischen Nachbarstädte geschmückt, die in Glasmosaik gefertigt wurden. Sie waren ursprünglich noch jeweils mit einem schmiedeeisernen Adler bekrönt.

K 41 Ehem. Harburger Gummi-Kamm-Co.
Nartenstraße 19, Harburg
Architekten: H. Hagn & Söhne und Baugeschäft H. C. Hagemann (Erweiterungen)
1870er Jahre; Erweiterungen 1905, 1907, 1909 und 1912; Kesselhaus 1907/08
1856 gegründet, war die Harburger Gummi-Kamm-Co. die erste deutsche Hartkautschukfabrik. Die kraftvoll durch Vorlagen, Sohlbänke und Friese gegliederten Rohbaufassaden entsprechen dem damaligen Standard in der Gestaltung von Industriebauten, wobei vor allem der Ursprungsbau aus den 1870er Jahren hervorzuheben ist, 1907 und 1909 zu beiden Seiten erweitert, der noch den »Rundbogenstil« der Jahrhundertmitte zeigt.

K 42 Montagehalle des ehem. Eisenwerks G. Koeber
Alte Seevestraße 2, Harburg
Architekten: Distel & Grubitz (Erweiterung)
1906; Erweiterung 1910
Von der einstmals größten norddeutschen Eisengießerei, 1855 gegründet und als Hersteller von Extraktions- und Veredelungsanlagen ein bedeutender Zulieferbetrieb der für Harburg und Wilhelmsburg ehemals typischen Speiseölraffinerien, sind heute nur noch die Montagehallen erhalten. Ist der dreischiffige Kernbau von 1906 mit der zinnenbekrönten Schildwand nicht weiter außergewöhnlich, so verkörpert die Erweiterung von 1910 den fortschrittlichsten Entwicklungsstand, den die Gewerbarchitektur bis dahin erreicht hatte: Mansardgiebel zeichnen an den Stirnfronten den Querschnitt der Binderkonstruktion nach, auch das straffe Vorlagenrelief der Backsteinfassaden läßt unweigerlich an die zeitgleichen Entwürfe von Peter Behrens denken.

K 43 Bürgerhaus Karnapp
Karnapp 5, Harburg
Architekten: Padberg, Stietzel, Reumschüssel & Partner (Restaurierung)
Um 1645; Restaurierung 1988/89
Der Karnapp wurde bereits um 1500 angelegt. Auch das unscheinbare Gebäude Karnapp 5 gehört zur ältesten noch erhaltenen Bauschicht Harburgs, allerdings mit verputzter Straßenfront aus dem 19. Jahrhundert, so daß sich das wahre Alter des Gebäudes nur an dem hofseitigem Fachwerkgiebel zeigt.

K 44 Historisches Ensemble Harburger Schloßstraße
Harburger Schloßstraße, Harburg
17., 18. und 19. Jahrhundert
Die Harburger Schloßstraße bildete über Jahrhunderte zusammen mit dem Schloßmühlendamm die wichtigste Nord-Süd-Verbindung durch die Harburger Innenstadt zur Zitadelleninsel des Harburger Schlosses. Mit dem Ausbau der ehemaligen Befestigungsgräben zu einem Binnenhafen (ab 1845) entwickelte sich dieser

K 44 Harburger Schloßstraße, Harburg

Bereich jedoch immer stärker zu einem Gewerbeviertel und wurde zudem durch den Bau der Eisenbahnstrecke nach Cuxhaven (1881) von der übrigen Innenstadt abgeschnitten. Trotz der schweren Verluste in den Kriegs- und Nachkriegsjahren sind hier noch einige historische Bürgerhäuser in Fachwerkbauweise erhalten, wie der ehemalige Gasthof »Goldener Engel«, Harburger Schloßstraße 7 (nach 1740, nach Brandschaden 1990–92 wiederhergestellt), Nr. 9 (Ende des 18. Jahrhunderts), Nr. 13 (spätes 17. Jahrhundert, 1781 renoviert), Nr. 29 und Nr. 33 (Baudaten nicht bekannt) sowie Nr. 45 (um 1800): der ehemalige Gasthof »Stadt Lüneburg« mit der Königlich Hannoverschen Posthalterei. Bei dem Fachwerkgiebelhaus Nr. 5 handelt es sich dagegen um die Rekonstruktion eines Gebäudes aus der Zeit um 1750 (1974/75). Bemerkenswert ist auch der spätklassizistische Putzbau Harburger Schloßstraße 43 (vor 1848), ehemals Wohnhaus und Geschäftssitz des Kaufmanns H. Knoop.

K 45 MAZ Mikroelektronik-Anwendungszentrum

Karnapp 5, Harburg
Architekt: Architekturbüro Streb; Projektleiter: Henning Ancker; Mitarbeiter: Peter Michael (Wettbewerb), Uwe Grutschus, Dietmar Schwalb (Bauleitung), Birgit Firus, Karl-Heinz Michaelis, Andrea Bassermann. Ingenieure: AB & P Assmann Beraten und Planen (Tragwerksplanung)
1991 W, 1993/94

Die Ansiedlung des Mikroelektronik-Anwendungszentrums im Harburger Binnenhafengebiet zählt zu den Wirtschaftsförderungsmaßnahmen der Stadt Hamburg für den Süderelberaum. Hier werden Softwareprogramme entwickelt, die maßgeschneiderte Lösungen für die spezifischen Bedürfnisse mittelständischer Wirtschaftsunternehmen bieten. 80 Wissenschaftler und 40 studentische Hilfskräfte finden Platz in einem rund 100 m langen, viergeschossigen Gebäuderiegel. Diese Großform wurde gewählt, damit sich das Gebäude in seinem amorphen Umfeld behaupten kann; mit der kleinteiligen Struktur der Erdgeschoßzone – Labore, Versammlungs- und Werkstatträume – und den filigranen Baudetails wird dagegen die Maßstäblichkeit der unmittelbaren Nachbarschaft aufgegriffen. Die Hauptgeschosse sind für Kombibüros reserviert, d. h. im Unterschied zum herkömmlichen Dreibund bildet die mittlere Zone hier eine offene Kommunikationsachse, die das Gebäude in ganzer Länge durchzieht. Der Innenausbau wahrt bewußt Rohbaucharakter mit offenen Leitungsschienen, die zudem problemlos Nachrüstungen ermöglichen. Auch das äußere Erscheinungbild wird von robusten Materialien wie Sichtbeton, Betonsteine oder Metallverkleidungen bestimmt, wobei die vereinzelten Putzflächen sparsame, aber kräftige Farbakzente setzen.

K 46 Historisches Ensemble Lämmertwiete

Lämmertwiete/Neue Straße, Harburg
17. und 18. Jahrhundert

Südlich der Buxtehuder Straße finden sich weitere Zeugnisse der vorindustriellen Bebauung Harburgs wie die Gebäude Neue Straße 47 (um 1625) – in der Mitte des 17. Jahrhunderts an diesen Standort versetzt – oder Neue Straße 59 (um 1780) sowie die schlichten Fachwerkbauten in der zur Fußgängerzone umgestalteten Lämmertwiete, wobei besonders Nr. 9

K 45 MAZ Mikroelektronik-Anwendungszentrum
K 49 Landeszentralbank (Zweigstelle Harburg)

von 1683 mit einer reichgeschnitzten Tür zu erwähnen ist. Die 1975 einsetzenden Sanierungs- und Restaurierungsmaßnahmen hatten starke Verluste an Originalsubstanz zur Folge.

K 47 Salzburger Häuser

Harburger Ring 33–35, Harburg
Architekten: Amorelli, Sembritzki, Tran Viet, Zadeh, Architekten BDA; Mitarbeiter: Oliver Brüch, Martina Funke, Martina Hildebrandt, Gudrun Niesel
1990 W, 1990–93
In der durch Kriegszerstörungen, Sanierungsmaßnahmen und Verkehrsschneisen ramponierten Harburger Innenstadt schließt der umfangreiche Wohn- und Gewerbekomplex – Arbeitsamt, Sozialamt und Studentenapartments sind hier unter einem Dach vereinigt – eine langjährige störende Baulücke und leistet somit »Stadtreparatur« im besten Sinne. Hinsichtlich der Materialwahl – selbstredend Klinker – und des disziplinierten Fassadenaufbaus werden dabei die wesentlichen Kennzeichen des gegenüberliegenden Centrumshauses von 1930 wiederaufgenommen (Architekt Georg Hinrichs).

K 48 Harburger Rathaus

Harburger Rathausplatz 1, Harburg
Architekt: Christoph Hehl
1888 W, 1889–92; Teilzerstörung 1944; Wiederaufbau 1950
Das älteste Harburger Rathaus von 1733 befand sich bis zu den Kriegszerstörungen an der Schloßstraße, ein zweiter Bau von 1830 am Sand. Die Standortwahl für den dritten Rathausbau von 1892 verdeutlicht mithin die sukzessive Verlagerung des Harburger Geschäfts- und Verwaltungszentrums nach Süden infolge des Stadtwachstums und des geplanten Bahnhofneubaus (1896/97, Hubert Stier). Die Entscheidung der Preisrichter – unter ihnen auch der Architekt des Reichstags Paul Wallot – fiel mit dem Entwurf von Christoph Hehl zwar auf einen Vertreter der neogotischen »Hannoverschen Schule«, der Stil war in der Ausschreibung jedoch genauso vorgegeben wie das Fassadenmaterial oder die Raumdisposition, so daß Hehl nicht die Formen der norddeutschen Backsteingotik wählte, sondern die auch allgemein als repräsentativer erachtete niederländische Renaissance mit ihrer charakteristischen Mischung aus Ziegel und Werkstein. 1944 schwer beschädigt, wurde beim Wiederaufbau des Gebäudes auf die Bekrönung des Hauptgesimses mit Balustraden und Obelisken sowie den Dachreiter verzichtet. Der Südflügel wurde stark vereinfacht wiederhergestellt.

K 49 Landeszentralbank (Zweigstelle Harburg)

Bremer Straße 20–22, Harburg
Architekten: Patschan, Werner, Winking; Projektleiter: Sven Silcher; Mitarbeiter: Klaus Mensinga, Thomas Bunzel, Florentine Gemmert, Uwe Gronow
1982, 1984–87

K 50 Ehem. Badeanstalt

In unmittelbarer Nachbarschaft der ehemaligen Badeanstalt von 1929 errichtet (vgl. Nr. K 50), fügt sich die Landeszentralbank souverän in die komplexe und heterogene städtebauliche Situation ein. Der Hauptbau nimmt hinsichtlich seiner Maßstäblichkeit und der Materialwahl, es handelt sich um einen ausgesucht schönen blaubunten Klinker, Bezug auf das Nachbargebäude aus den 20er Jahren. Der flache, mit Spiegelglas verkleidete dreigeschossige Anbau, der sich aus diesem Klinkerkubus in sanften Wellenlinien gleichsam herauszuschlängeln scheint, vermittelt zwischen der geschlossenen Bebauung an der Bremer Straße und dem zur Harburger Rathauspassage anschließenden solitärhaften Gebäude. Tradition und Innovation, die konventionelle Lochfassade und der elegante Curtain-wall, gehen somit eine spannungsvolle Synthese ein.

K 50 Ehem. Badeanstalt

Bremer Straße 18, Harburg
Architekt: Stadtbauamt Harburg-Wilhelmsburg, Carl Lembcke
1928/29
Das Gebäude bot ursprünglich Wannen- und Brausebäder für die Bewohner der angrenzenden Arbeiterviertel, die in der Regel nicht über den Luxus eines eigenen Badezimmers verfügten. Das soziale Anliegen wird mit der monumentalen Klinkerarchitektur der Fassade formal überhöht, deren Vorbilder eher dem Art déco als heimischen Bautraditionen oder gar dem Neuen Bauen entlehnt zu sein scheinen.

K 51 Ehem. Hannoversche Bank

Harburger Rathausstraße 44, Harburg
Architekt: Bernhard Weise
1912/13
Die lisenengegliederten Fassaden aus blaurotem Klinker werden durch Gesimse, Portale und Fenstergewände in gelbem Sandstein markant akzentuiert. Das Mansarddach und ein Frontispiz über dem Hauptportal unterstreichen den barock gestimmten Charakter der Architektur, die sowohl dem Monumentalstil des späten Kaiserreichs als auch regionalistischen Tendenzen verpflichtet ist. Die Schlußsteine der Erdgeschoßfenster zieren Reliefköpfe von Fischern, Arbeitern und Bauern als Verweis auf die Wirtschaft des Süderelberaums.

K 52 Evangelisch-lutherische Kirche St. Johannis

Bremer Straße 15, Harburg
Architekt: Karl Trahn (Ursprungsbau). Hans J. Schoop (Erweiterung und Umbau)
1951 W, 1953/54; Erweiterung und Umbau 1993
Mit gelbem Backstein ausgefachte Stahlbetonbinder kennzeichnen Hamburgs ersten modernen Kirchenneubau nach dem Zweiten Weltkrieg. Orientierte sich die hiesige Sakralarchitektur bis Mitte der 50er Jahre eher an konventionellen Leitbildern, so gelang Karl Trahn und seinem jungen Mitarbeiter Einhart Hölscher hier ein Entwurf, der seinerzeit auch international als richtungweisend rezipiert wurde. Gestaltung, Raumkonzeption und Lichtführung orientieren sich dabei offenkundig an der reformierten Kirche in Zürich-Altstetten von Werner M. Moser (1938–41). Eine nahezu organisch ausschwingende, asymmetrische Wegachse führt im Innern auf ein großes Holzkreuz zu, das zwischen Kanzel und Altar vermittelt. Auch durch seine stadträumlichen Qualitäten – Turmstele, Kirchenschiff und Nebengebäude sind als Baugruppe in den Ausläufer eines Grünzugs eingebettet – hob sich dieser Entwurf 1951 gegenüber den anderen Wettbewerbsbeiträgen deutlich hervor. Bei den Umbau- und Erweiterungsmaßnahmen 1993 blieb der Innenraum zwar weitgehend unangetastet, sein Charakter wurde aber durch die Abtrennung des Raumes unter der Empore verändert, der heute Gemeindezwecken dient. Auch die groben Profile der Anbauten und die unsauberen Übergänge zwischen Bestand und Erweiterung sind unbefriedigend.

K 52 Evangelisch-lutherische Kirche St. Johannis

K 53 Geschoßwohnbau

Anzengruberstraße 2–4, Wilstorf
Architekten: Architekturbüro Streb; Mitarbeiter: Peter Müller, Katrin Wolke
1985 W, 1987–88
Der Bau fügt sich mit den hellen Putzfassaden und der klaren Dreiteilung in Sockel, Obergeschosse und Dachzone problemlos in die gründerzeitliche Blockrandbebauung ein. Der einschwingende Eingangsbereich mit den Laubengängen und der konkaven Kante bildet nicht nur eine markante Zäsur in der gleichförmigen Straßenfront, sondern umschließt auch eine unterirdische Regenwasserzisterne, die die WC-Spülungen speist. Bemerkenswert ist auch die disziplinierte Rückseite mit den Wintergärten, die heute, wo die Postmoderne passé ist, vielleicht sogar noch stärker zu überzeugen vermag.

K 54 Haus Radicke

Radickestraße 31, Wilstorf
Architekten: Dyrssen & Averhoff
1929/30
Der Bau variiert das gestalterische Repertoire des »Internationalen Stils«, das um 1930 allerdings schon zur Konvention zu werden drohte: Flachdach, profillose Putzfassaden (wenn auch auf »heimischem« Klinkersockel), Fensterbänder und das »Dampfermotiv« der bullaugenartigen Rundfenster. Auf den Einfluß Karl Schneiders, mit dem Friedrich Dyrssen zeitweilig zusammengearbeitet hatte, verweist dabei der halbrund aus dem Gebäudekubus greifende Wohnraum (vgl. Schneiders Haus Michaelsen, Nr. J 40).

K 55 Kirche in Sinstorf

Sinstorfer Kirchweg 21, Sinstorf
Um 1200; Erweiterungen um 1416 und 1660; Giebelreiter 1698; Instandsetzung 1906/07

Bereits am Stadtrand liegt das noch dörflich geprägte Sinstorf (bis 1937/38 selbständig) mit seiner mittelalterlichen Kirche. Der schlichte Feldsteinbau erhebt sich auf einem Kirchenhügel, der ursprünglich befestigt war. Der heutige Saalbau integriert Teile des Ursprungsbaus von 1200, einer dreischiffigen Basilika, wie sich an der Außenseite der Nordwand ablesen läßt, wo noch die vermauerten Langhausarkaden zu erkennen sind. Um 1416 wurde das nördliche Seitenschiff abgerissen und das Mittelschiff mit dem Südschiff zu einem Saal vereinigt. Um 1660 wurde der Rundturm im Westen abgebrochen und der eingezogene Chor auf Langhausbreite verbreitert. Der Eingangsvorbau und die Fensterteilung der Südwand stellen Ergebnisse der Instandsetzungsmaßnahmen von 1906/07 dar. Die Ausstattungsstücke stammen z. T. aus dem 17. Jahrhundert.

K 56 Harburger Stadtpark

Wilstorf
Architekten: Stadtbauamt Harburg bzw. Harburg-Wilhelsburg, Gartendirektoren Georg und Ferdinand Hölscher
1913–27; Schulgarten 1929–32

1907 wurde seitens der Stadt mit dem Ankauf von Grundstücken für die Schaffung eines »Volksparks« im Sinne der Reformbewegung begonnen. Die Gestaltung des Harburger Stadtparks ist das Werk zweier Generationen von Gartenarchitekten. Für die Gesamtplanung zeichnete Gartendirektor Georg Hölscher verantwortlich; Ferdinand Hölscher, sein Sohn und Nachfolger im städtischen Bauamt, konnte die Anlage zu Beginn der 30er Jahre fertigstellen. Der Park besteht in weiten Bereichen aus naturbelassenen Gehölzen, in die die gärtnerisch gestalteten Räume wie die Freilichtbühne oder der Schulgarten mit seinen heckengesäumten Wegen kontrapunktisch eingefügt wurden.

K 57 Ehem. Feuerwache Hastedtstraße

Hastedtstraße, Harburg
Architekten: Stadtbauamt Harburg
1924; Wiederaufbau 1949

Der Komplex wurde bis zum Umbau zu einer Außenstelle des Harburger Helms-Museums von der 1921 gegründeten Harburger Berufsfeuerwehr genutzt. Der Schlauchturm, das Hauptgebäude mit Fahrzeughalle und Mannschaftsräumen sowie ein Nebengebäude mit Wohnungen bilden eine kubische Baugruppe im Sinne des Neuen Bauens. Hinsichtlich der Klinkerfassaden, der Sprossenfenster und der Walmdächer, am Nebengebäude beim Wiederaufbau verkürzt, bleibt die Architektur jedoch bewährten bodenständigen Traditionen verhaftet.

K 58 Wohnblock Hastedtstraße,

Hastedtstraße 34–48/Mergellstraße/Hirschfeldstraße, Harburg
Architekten: Ernst und Eduard Theil
1926–28

K 58 Wohnblock Hastedtstraße

Konventioneller Großwohnblock mit Klinkerfassaden und Steildach. Die Dreieckserker und expressionistischen Dekorationsformen spiegeln das Repräsentationsbedürfnis der Mieter wider, deren Interessen hier durch die Angestellten-Baugenossenschaft »Heimat« vertreten wurden. In Hamburg und seinen Nachbargemeinden entstanden weitere derartige Projekte der Gebrüder Theil, deren gestalterischer Anspruch das »White-collar-Milieu« der Weimarer Republik charakterisiert (vgl. Nr. E 55).

K 59 Zeilenbauten Hoppenstedtstraße

Hoppenstedtstraße/Eißendorfer Straße/Damaschkestraße/Adolf-Wagner-Straße, Eißendorf
Architekt: Karl Schneider
1929/30

Hinter dem Querriegel Eißendorfer Straße 125–133, ebenfalls von Karl Schneider, verbirgt sich eine der ersten Siedlungen im Großhamburger Raum, die konsequent in Zeilenbauweise konzipiert wurden, wenn auch in stark entstelltem Zustand. Denn nicht nur die für Schneider charakteristischen, halbrund über die Gebäudekanten greifenden Balkone sind verlorengegangen, auch die Flachdächer mußten wegen Durchfeuchtung flach geneigten Satteldächern weichen. Die Siedlung machte wegen der starken Bauschäden denn auch schon bald nach ihrer Fertigstellung Negativschlagzeilen. Obwohl Schneider hierfür den Generalunternehmer als Verursacher glaubhaft machen konnte, der die Bauarbeiten in eigener Regie durchgeführt hatte, bedeutete dieser Vorfall doch eine ernsthafte Bedrohung seiner Karriere und leistete reaktionären Diffamierungen des Architekten Vorschub.

K 60 Adolf-von-Elm-Hof

Adolf-von-Elm-Hof/Mehringweg/Femerlingstraße, Eißendorf
Architekten: Berg & Paasche
1928; Wiederaufbau 1950

Die Namensgebung und ein Denkmal im Hof (Ernst Küster) ehren einen entscheidenden Förderer der Arbeiterkonsumgenossenschaften. Im Unterschied zu vergleichbaren Wohnanlagen in Hamburg, Altona oder Wandsbek – Adolf-von-Elm-Hof, Friedrich-Ebert-Höfe, (vgl. Nr. E 61.7, G 1.7 und I 24) – verzichteten die Architekten hier jedoch auf eine geschlossene Blockrandbebauung. Drei parallele Zeilen öffnen den Block nach Norden. Bemerkenswert sind die halbrund auskragenden Balkone an den nördlichen Zeilenenden, die sich an der kurvig verlaufenden Femerlingstraße effektvoll hintereinanderstaffeln.

K 61 Siedlung Denickestraße

Denickestraße/Eißendorfer Pferdeweg/Schüslerweg/Weusthoffstraße/ Riepenhausenweg, Heimfeld
Architekten: Ingeborg und Friedrich Spengelin. Otto Kindt. Trahn & Hölscher
1956 W, 1958/59

Bemerkenswert ist hier vor allem das von den Spengelins entwickelte Konzept des verdichteten Einfamilienhausbaus, nämlich Winkelbungalows mit kleinen Gartenhöfen, die sich an schmalen Wohnwegen dicht aneinandergereiht den Hang an der Denickestraße hinaufziehen: die sogenannten »Teppichhäuser«. Auch die Punkthäuser am Schüslerweg wurden von dem Architektenehepaar entworfen, wogegen Otto Kindt hier für die Zeilenbauten sowie die konventionellen Reihenhausgruppen verantwortlich zeichnete. Die Punkthäuser jenseits der Weusthoffstraße stammen dagegen von Trahn & Hölscher. Hier finden sich auch noch weitere »Teppichhäuser«. Als Eigenheime geplant, sind sie großzügiger dimensioniert als diejenigen unterhalb der Schüslerstraße, die im Rahmen des sozialen Wohnungsbaus errichtet wurden.

K 59 Zeilenbauten Hoppenstedtstraße

K 60 Adolf-von Elm-Hof

K 62 Friedrich-Ebert-Halle

Alter Postweg, Heimfeld
Architekt: Stadtbauamt Harburg-Wilhelmsburg
1929/30

Mit der Friedrich-Ebert-Halle setzte die sozialdemokratisch regierte Doppelstadt Harburg-Wilhelmsburg nicht nur dem ehemaligen Reichspräsidenten ein Denkmal, die Stadthalle ist auch ein Zeugnis des Selbstbewußtseins der jungen Großstadt, zu der Harburg durch die Vereinigung mit Wilhelmsburg 1927 aufgestiegen war. Außerdem diente der Festsaal als Aula für die Realschule und das Realgymnasium, die ursprünglich in den beiden sachlich gestalteten Flügelbauten untergebracht waren, die den monumentalisierenden achteckigen Hallenbau flankieren.

K 63 Technologiepark Fürstenmoor

Tempowerkring 4, Heimfeld
Architekten: me di um Architekten Jentz, Popp, Wiesner;
Mitarbeiter: Klaus Roloff, Gerd Leonhardt
1989 W, 1991/92

Der Technologiepark ist Bestandteil eines Förderprogramms für junge Unternehmer, die z. B. nach einem Studium an der TU Harburg den Sprung in eine selbständige Existenz wagen. Die Gestaltung unterstreicht den modularen Charakter des Ausbaukonzepts: Zwei Gebäude, die mit einem großzügig verglasten Verbindungstrakt aneinandergekoppelt werden, bilden jeweils eine Einheit mit flexibel einteilbaren Werkstätten sowie einem gemeinsamem Service- und Besprechungsbereich; die flach gewölbten Tonnendächer machen die innere Aufteilung in drei Konstruktionsachsen ablesbar. Auch das auffällig gestreifte Mauerwerk verleiht den Bauten ein unverwechselbares Erscheinungsbild. Von dem umfangreichen Gesamtkonzept konnte bisher allerdings nur der erste Bauabschnitt realisiert werden.

K 64 Falkenbergsiedlung

Neugrabener Bahnhofsstraße/Sandheide/Hangheide/Südheide/Kiefernheide/Föhrenheide/Grundheide/Ostheide/Nordheide/Kleine Heide/Querheide, Neugraben-Fischbek
Architekten: Heinrich Fischer und Hergenröder (Ursprungsbauten). Bernhard Dexel (Sanierung)
1943/44; Sanierung 1956–64

Die landschaftlich reizvoll gelegene Falkenbergsiedlung ist eines der letzten Beispiele für die zahlreichen Behelfsheimsiedlungen, die während des Zweiten Weltkriegs als Ersatzwohnraum für Ausgebombte in »Schnellbauweise« aus Betonplatten und genuteten Betonpfosten errichtet wurden. Dabei wurde nicht nur das Baumaterial im KZ Neuengamme vorgefertigt, auch beim Bau dieser »Plattenhäuser« kamen KZ-Häftlinge und Zwangsarbeiter zum Einsatz. Das Lager für Neugraben-Fischbek befand sich am Falkenbergsweg. Hier waren anfänglich italienische Militärinternierte (»Imis«) untergebracht; vom September 1944 bis Februar 1945 dienten die Baracken aber auch als Unterkunft für 500 Jüdinnen aus dem KZ Neuengamme, die ebenfalls zu den Bauarbeiten eingesetzt wurden. Bis Anfang der 70er Jahre wurden die meisten dieser Siedlungen abgerissen. Nur die 330 Einzel- bzw. Doppelhäuser der Falkenbergsiedlung blieben in ihrer Gesamtheit erhalten und wurden nach einem Konzept von Bernhard Dexel saniert, wobei die rund 40 m² Wohnfläche jeder Einheit verdoppelt wurden und die für Plattenhäuser charakteristischen außenliegenden Stützpfosten hinter einer Holzverschalung verschwanden (vgl. auch Nr. H 32).

K 65 Evangelisch-lutherische Kirche St. Pankratius

Organistenweg 7, Neuenfelde
1682–87; Turm 1841

Der Zugang zu der Kirche führt durch ein 1750 entstandenes Torhaus. Die schlichten, nur durch Strebepfeiler gegliederten Backsteinfassaden des Saalbaus mit dreiseitigem Chorschluß lassen kaum etwas von seiner reichen Innenausstattung ahnen. Die von marmorierten Pilastern getragene Tonnendecke wurde 1683 von den Hamburger Malern Hinrich Berichau und Henrich Christopher Wördenhoff mit einem Wolkenhimmel über einer Balustrade ausgemalt. Eher

K 61 Siedlung Denickestraße

K 65 Evangelisch-lutherische Kirche St. Pankratius

naiv als illusionistisch geraten, dient er als Hintergrund u. a. für ein Engelskonzert (über der Orgel) und ein jüngstes Gericht (über dem Altar); Engel mit Spruchbändern der passenden Bibelzitate kommentieren und erläutern das Geschehen. Ebenfalls noch aus der Erstausstattung stammen der Kanzelaltar sowie die dahinterliegende Empore von Christian Precht (1688), die 1693 um Logen für den Propst Johann Henricus von Finckh, einen wichtigen Förderer der Kirche, und den berühmten Orgelbauer Arp Schnitger – seit 1684 in Neuenfelde ansässig – ergänzt wurde (jeweils mit den Familienwappen der beiden Männer und ihrer Frauen bekrönt). Bemerkenswert sind außerdem, neben den übrigen Emporen, der aufwendige Taufstein (1683, Taufdeckel vor 1620), der Beichtstuhl in Form eines Pavillons (1730) und das sogenannte »bunte Gestühl« (1729). Das wohl bedeutendste Ausstattungsstück stellt jedoch die Orgel von Arp Schnitger dar (1688), der auch in der Kirche beigesetzt wurde (1648–1719).

K 66 Bauernhaus
Nincoper Straße 45, Neuenfelde
1778
Das Bauernhaus wurde nach einem Brand neu errichtet. Auf den Vorgängerbau verweist aber noch die reich verzierte hölzerne Prunkpforte von 1683. Da das Anwesen im ausgehenden 17. Jahrhundert dem Propst Johann Henricus von Finckh gehörte, dem Förderer des Baus von St. Pankratius, wird sie Handwerkern zugeschrieben, die an der Ausstattung der Kirche beteiligt gewesen waren.

K 67 Bauernhäuser
Stellmacherstraße 9 und 14, Neuenfelde
3. Viertel des 18. Jahrhunderts
An der Stellmacherstraße sind noch zwei weitere reich geschmückte Bauernhäuser erhalten, Nr. 9 (um 1775) ebenfalls mit Prunkpforte (Inschrift 1619, wahrscheinlich zu lesen als 1679), Nr. 14 ohne Pforte, dafür mit kunstvollen Schmuckverbänden ausgefacht (1779).

K 68 Historisches Ensemble Jork
An der Bürgerei/Am Gräfengericht u. a., Jork (Niedersachsen)
17., 18. und 19. Jahrhundert
Das historische Zentrum der heutigen Gesamtgemeinde Jork sei als Pars pro toto für die malerischen Altländer Bauerndörfer erwähnt, die mit ihren schmucken Fachwerkhäusern nicht nur während der Obstbaumblüte ein beliebtes Ausflugsziel bieten. Besonders bemerkenswert ist das Portausche Haus An der Bürgerei 7 für das Hohe Gericht und die Ständeversammlung von Jork (1659), das 1932, vom Abriß bedroht, um einige Meter weiter nordwärts verschoben werden mußte, wie eine Hausinschrift überliefert. Knapp zehn Jahre früher wurde der Harensche Hof (Gräfenhof) Am Gräfengericht 2 errichtet (1649–51), ein Kreuzhaus mit zweigeschossigem Wohnteil und eingeschossigem Wirtschaftsflügel, bis 1980 als Rathaus restauriert. Authentisch ist seitdem allerdings nur noch das Wohngebäude, denn von dem ursprünglichen Langhaus blieb nur der mit Löwen geschmückte Türsturz am Wirtschaftsgiebel erhalten, während der Giebel selbst von dem abgebrochenen Bauernhaus Westerjork 55 (1823) stammt. Die Matthiaskirche, eine Saalkirche mit dreiseitig gebrochenem Chorschluß, wurde um 1709 errichtet.

K 69 Altstadt Buxtehude
Westfleth/Ostfleth/Lange Straße/Fischerstraße/St.-Petri-Platz u. a., Buxtehude (Niedersachsen)
16. bis 20. Jahrhundert
Buxtehude erhielt 1328 Stadtrecht. Rund vier Jahrzehnte früher wurde bereits mit dem Bau einer Stadtkirche begonnen – nach einer Änderung des ursprünglichen Konzepts wohl erst ab 1296 weitergebaut (vgl. Nr. K 70) – und die Stadtbefestigung mit dem Viver angelegt, einem von der Este gespeisten Staugewässer von rund anderthalb Kilometer Länge, das den Altstadtkern mit dem gleichzeitig angelegten Fleth umschließt (Flethmühle von 1860, 1979 zu einem Hotel umgebaut). Heute ist allerdings nur noch der

K 67 Bauernhaus Stellmacherstraße 14

Marschtorzwinger im Nordwesten erhalten (1530), seitdem die Stadtmauer 1683 abgebrochen und ein Teil des Vivers verfüllt wurde. Sanierungen und vor allem der Stadtbrand vom 14. August 1911, der fast den gesamten Block zwischen der Breiten Straße und der St.-Petri-Kirche zerstörte, u. a. das Rathaus von 1408, haben zwar die vorindustrielle Bausubstanz stark dezimiert, das Stadtzentrum konnte aber seinen beschaulichen Charakter bewahren.

Hervorzuheben sind das Fuhrmannshaus Fischerstraße 3 mit reichen Schnitzereien (1553), die ehemalige Lateinschule Fischerstraße 2 (1. Hälfte 18. Jahrhundert), das Abthaus Abtstraße 6 (1618–28), das Ackerbürgerhaus Kirchenstraße 15 (1650) sowie der Kaufmannshof Lange Straße 19 (1548) mit gemauerten Kellergewölben, die für den moorigen Altstadtgrund ungewöhnlich sind. Der Fachwerkbau des Heimatmuseums (1580) am St.-Petri-Platz erhielt seine aufwendigen Schmuckverbände erst 1912/13. Das neue Rathaus wurde 1913/14 von Alfred Sasse als Backsteinbau mit monumentalisierenden Werksteingliederungen errichtet. Außerhalb der Altstadt an der Harburger Straße 6 liegt die ehemalige königliche Baugewerkschule von 1875 – heute Fachhochschule für Architektur und Bauingenieurwesen –, ein Renaissancepalazzo mit Sgraffito-Schmuck und überraschend prosaischen, aber zeittypischen Fensterrahmen aus Gußeisen.

K 70 Evangelisch-lutherische Kirche St. Petri

Kirchenstraße, Buxtehude (Niedersachsen)
Architekt: Karl Börgemann (Restaurierung und Teilneubau)
Vermutlich 1296–1320 (oder 1393?); Turmspitze 1855; Restaurierung und Teilneubau 1898/99; Instandsetzungen 1963–67 und 1986–90

Dreischiffige Basilika mit Einturm und fünfseitig gebrochenem Chorschluß ohne Nebenabsiden. 1853 fiel die barocke Turmspitze einem Blitzschlag zum Opfer. 1898/99 wurden Seitenschiffe und Chor in Anlehnung an den mittelalterlichen Bau neu errichtet. Nur das Mittelschiff entspricht noch dem Originalzustand mit kantonierten Rundpfeilern, d. h. mit vier aufgelegten Kleeblattdiensten, und pfeilerbreiten, markant profilierten Scheidarkaden wie in der St.-Johannis-Kirche in Lüneburg. Abweichend von diesem für den norddeutschen Sakralbau maßgeblichen Schema – vgl. St. Jacobi in Hamburg, Nr. A 55 – wurde St. Petri jedoch nicht als Hallenkirche fertiggestellt, sondern als Basilika nach dem Vorbild von St. Marien in Lübeck (Chor 1280 begonnen).

Ein Kruzifix von 1470 und Teile des Chorgestühls (um 1410) gehören zu den spärlichen Relikten der mittelalterlichen Ausstattung. Der Halepaghenaltar von Wilm Dedeke mit der Passionsgeschichte Christi (um 1510), der barocke Hauptaltar von Hans Hinrich Römers (1710) und die Kanzel von 1674 stammen aus Hamburger Werkstätten. Ihre beiden bedeutendsten Ausstattungstücke hat die Kirche jedoch eingebüßt: 1853 verbrannte die Orgel von Arp Schnitger im Turm, 1904 wurde der Marienaltar aus der Werkstatt des in Hamburg tätigen Meisters Bertram aus Minden (1410) als Leihgabe an die Hamburger Kunsthalle gegeben. Die einfühlsame Neufassung der Ausmalung auf weißgeschlämmtem Grund erfolgte in den 60er Jahren.

K 67 Bauernhaus Stellmacherstraße 9

K 71 Freilichtmuseum am Kiekeberg

Am Kiekeberg, Rosengarten-Ehestorf (Niedersachsen)
16. bis 20. Jahrhundert

Das Freilichtmuseum wurde in den 50er Jahren als Außenstelle des Helms-Museums in Harburg eingerichtet und ging 1987 von der Stadt Hamburg an den Landkreis Harburg über. Stand ursprünglich die Idee im Vordergrund, eine Heidehofanlage mit typischen Nebengebäuden – z. B. Honigspeicher oder Bienenzaun – aufzubauen, so wird seit 1987 auch das ländliche Leben in den Marschgebieten des Kreises Harburg dokumentiert. Ergänzt wird das bedeutende historische Gebäudeensemble durch eine umfangreiche landtechnische Sammlung, die die Entwicklung der Landwirtschaft von den ersten Agrarreformen des 18. Jahrhunderts bis zur Vollmechanisierung um 1970 verdeutlicht und dabei auch Themen wie die Elektrifizierung der ländlichen Haushalte oder die Versorgung der Landbevölkerung mit Konsumgütern berührt. Nähere Informationen über die einzelnen Gebäude und ihre Ausstattung sollten den Erläuterungen vor Ort oder dem sehr ausführlichen Museumsführer entnommen werden.

K 72 Turm auf Neuwerk

1376–79; Leuchtturmaufsatz 1892

Hamburgs mittelalterlicher Vorposten in der Elbmündung, die Insel Neuwerk, wechselte mit dem Groß-Hamburg-Gesetz von 1937 an Preußen und wurde 1962 durch Kauf vom Land Niedersachsen zurückerworben. Der mächtige Backsteinbau, ursprünglich ein Wachtturm, geht auf einen Vorgänger von 1309 zurück, der nach einem Brand weitgehend erneuert werden mußte.

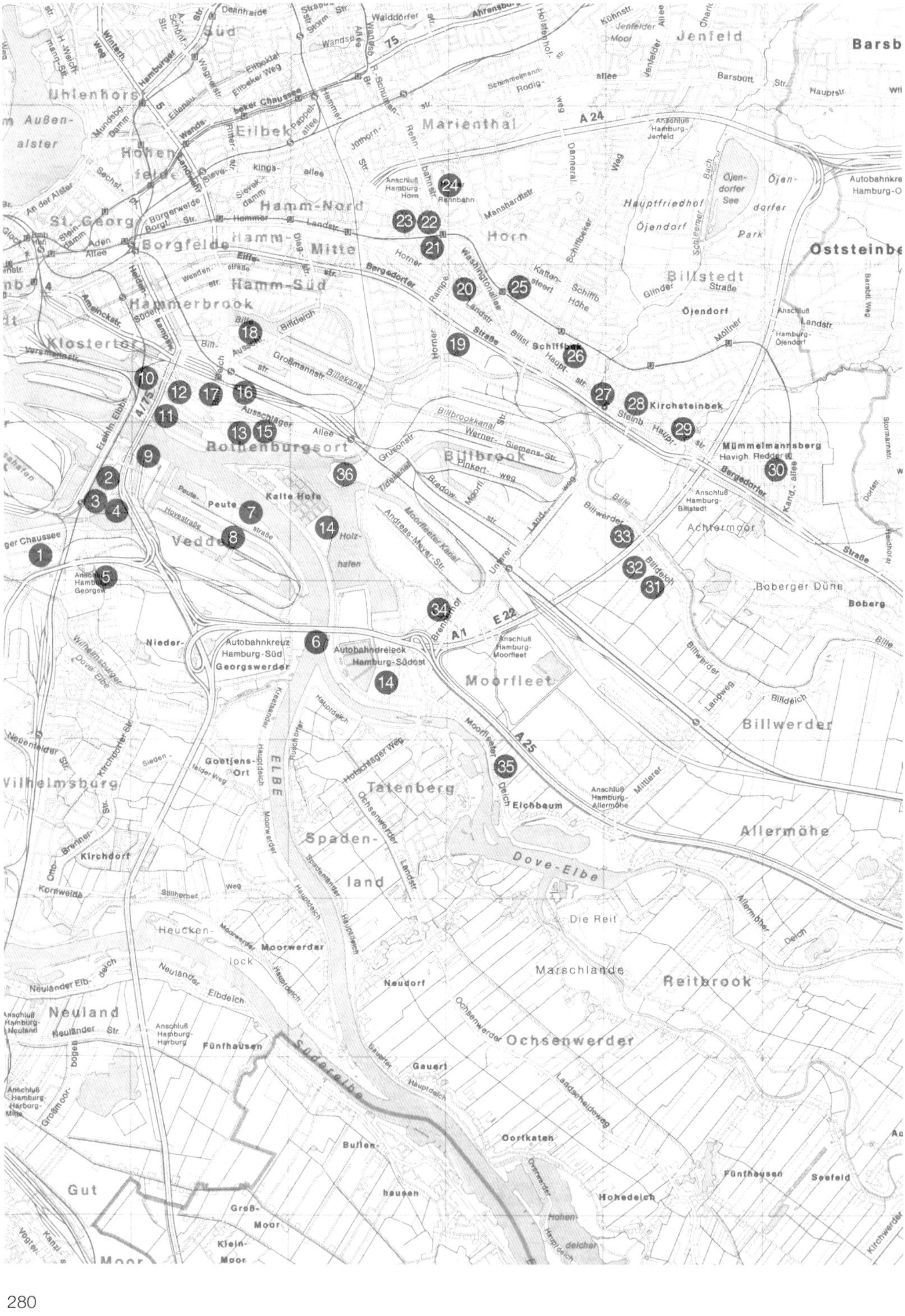
Jenfeld
Barsb
Uhlenhorst
Außen-
alster
Hohenfelde
Eilbek
Marienthal
A 24
Anschluß Hamburg-Jenfeld
Öjendorfer See
Hauptfriedhof Öjendorf
Park
Autobahnkreuz Hamburg-O
Oststeinbek
St. Georg
Borgfelde
Hamm-Nord
Hamm-Mitte
Hamm-Süd
Horn
Rennbahn
Anschluß Hamburg-Horn
Billstedt
Hammerbrook
Klostertor
Bergedorfer
Landstr.
Washingtonallee
Kaltenkircher Höhe
Schiffbek
Kirchsteinbek
Mümmelmannsberg
Öjendorf
Anschluß Hamburg-Öjendorf
Rothenburgsort
Billbrook
Billbrookkanal
Werner-Siemens-Str.
Pinkertweg
Peute
Veddel
Kalte Hofe
Holzhafen
Moorfleeter Kanal
Andreas-Meyer-Str.
Anschluß Hamburg-Billstedt
Achtermoor
Boberger Düne
Boberg
Billwerder
Anschluß Hamburg-Georgswerder
Nieder-
Autobahnkreuz Hamburg-Süd
Georgswerder
Autobahndreieck Hamburg-Südost
A 1
E 22
Anschluß Hamburg-Moorfleet
Moorfleet
A 25
Moorfleeter Deich
Eichbaum
Anschluß Hamburg-Allermöhe
Allermöhe
Wilhelmsburg
Goetjens-Ort
ELBE
Tatenberg
Spadenland
Kirchdorf
Dove-Elbe
Die Reit
Heuckenlock
Moorwerder
Marschlande
Reitbrook
Neuland
Anschluß Hamburg-Neuland
Anschluß Hamburg-Harburg
Fünfhausen
Ochsenwerder
Gauert
Süderelbe
Anschluß Hamburg-Harburg-Mitte
Oortkaten
Bullenhausen
Hohedeich
Fünfhausen
Seefeld
Gut
Groß-Moor
Klein-Moor
Moor
Hohendeicher
1
2
3
4
5
6
7
8
9
10
11
12
13
14
15
16
17
18
19
20
21
22
23
24
25
26
27
28
29
30
31
32
33
34
35
36

L Die Marschgebiete von Rothenburgsort bis Billwerder; Horn und Billstedt

Vergiftet, zerbombt, zersiedelt – und außerdem in weiten Bereichen akut von Verslumung bedroht: Die Entwicklung des Hamburger Ostens liest sich wie ein Sündenregister der städtebaulichen und umweltpolitischen Versäumnisse und Fehlentscheidungen der letzten hundert Jahre. So präsentiert sich die Veddel, die 1768 mit dem Gottorper Vertrag an Hamburg kam und in den 20er Jahren zu einer Großsiedlung mit imposanten Klinkerblöcken ausgebaut wurde (vgl. Nr. L 2), heute als isolierte Wohnenklave inmitten von Autobahnen, Hafenanlagen und Industriegebieten. Und auch das ehemals dörfliche Horn, seit 1383 hamburgisch und erst in den 30er Jahren verstärkt erschlossen, und der Vorort Billstedt, 1927/28 aus dem Zusammenschluß von Schiffbek, Kirchsteinbek und Öjendorf entstanden und 1937/38 nach Hamburg eingemeindet, haben sich zu sozialen Problemgebieten gewandelt, wozu hier vor allem der unattraktive Wohnungsbau der ersten drei Nachkriegsjahrzehnte beiträgt.

Rothenburgsort, ein Teil des ehemaligen Billwerder Ausschlags, der bis 1385 an Hamburg gelangte, entwickelte sich ein halbes Jahrtausend später zu einem dicht bebauten Arbeiterquartier. Seit dem Wiederaufbau in den 50er Jahren weist das Viertel allerdings eher den Charakter einer antiurbanen Schlafstadt auf, abgeschnürt durch Bahnanlagen und Gewerbeflächen. Altlasten besonderer Art bergen die angrenzenden Marschgebiete wie Moorfleet, wo in der 31 ha umfassenden Bille-Siedlung beiderseits des Tatenberger Wegs großflächig giftiger Hafenschlick abgetragen werden mußte – einschließlich eines Großteils der Siedlungshäuser – oder der seit Ende des 19. Jahrhunderts zum Industrieviertel ausgebaute Billbrook. 1952 wurde hier in dem Boehringer-Werk an der Andreas-Meyer-Straße die Produktion chlorierter Pestizide – vor allem Lindan – aufgenommen. Für über drei Jahrzehnte bis zur zwangsweisen Schließung der Anlagen 1984 wurde der Osten Hamburgs bis nach Billstedt und bis zum Wasserwerk Kaltehofe (vgl. Nr. L 14) kontinuierlich durch z. T. dioxinhaltige Abgase, Abwässer, Stäube und Abfälle verseucht, die ebenfalls umfangreiche Sanierungsmaßnahmen erfordern.

L 1 Geschoßwohnbauten

Harburger Chaussee 25–119, Kleiner Grasbrook
Architekt: Ernst Vicenz
Block I 1914–16; Block II 1919–21; Block III 1920/21

Die Wohnanlage wurde in unmittelbarer Hafen- und somit Arbeitsplatznähe errichtet (der Kleine Grasbrook gehört seit 1888 fast völlig zum Freihafengebiet). Die langgestreckten, sorgfältig detaillierten Backsteinfassaden im Reformstil des späten Kaisereichs, aufgelockert durch hufeisenförmige Einsprünge, und steile Mansardwalmdächer heben die Wohnanlage in ihrem amorphen Umfeld als signifikantes Ensemble hervor. Die unmittelbar hinter den Gebäuden verlaufende Grenze nach Preußen (bis 1937) bedingte ihre bis heute isolierte Lage. Noch im ersten Kriegsjahr begonnen, wurde der Komplex nach 1918 fertiggestellt mit einem Baufortschritt von Osten nach Westen. Bauherr war, wie bei vielen anderen Objekten von Ernst Vicenz auch, der genossenschaftliche Bau- und Sparverein zu Hamburg (vgl. auch Nr. L 12).

L 2 Siedlung Veddel

Veddeler Brückenstraße/Am Gleise/Passierzettel/Sieldeich/Wilhelmsburger Straße/Slomanstraße/Immanuelplatz, Veddel
Architekten: Wilhelm Behrens. Distel & Grubitz. Elingius & Schramm. Hermann Höger u. a.
1926–31; Zerstörung 1943; Wiederaufbau 1950–52

L 2.1 Bebauung am Zollhafen

Uffelnsweg/Am Zollhafen
Architekten: Patschan, Architekten; Mitarbeiter: Bettina Berding, Heike Keyenburg, Niels Christian Otzen, Klaus Horstmann
1993/94

Die Veddel bot in den 20er Jahren Ersatzwohnraum für die ehemaligen Bewohner der südlichen Altstadt, die durch den Abriß des dicht besiedelten Gängeviertels zwischen Steinstraße und Meßberg verdrängt wurden, wo das neue Kontorhausviertel um Chilehaus und Sprinkenhof entstand. Auch der neuen Großsiedlung Veddel mußte ein bestehendes Wohngebiet weichen, nämlich eine Einfamilienhauskolonie, die zwischen 1879 und 1890 von der Gemeinnützigen Baugesellschaft unter Federführung des Reeders Robert M. Sloman als Musterprojekt für Hafenarbeiter mit Doppelhäusern und eigenem Gartenland angelegt worden war. Bei der Neubebauung wurde eine geschlossene Bauweise mit urbaner Dichte angestrebt. Auch die sorgfältig gestalteten Klinkerfassaden schweißen die Blöcke zu einer Einheit zusammen.

Besonders bemerkenswert sind die expressionistisch gegliederten Fassaden Immanuelstieg 2–8 und Wilhelmsburger Straße 76–90 von Elingius &

L 2 Siedlung Veddel. Immanuelstieg 2–8

L 2 Siedlung Veddel

Schramm und Hermann Höger bzw. Distel & Grubitz (beide 1926/27) mit Luken im Dachgeschoß, da das Heizmaterial in Hamburg früher auf den Dachböden gelagert wurde. Bei aller Liebe zum gestalterischen Detail waren die Wohnungen auf der Veddel, weiterhin vor allem für Hafenarbeiter gedacht, jedoch bescheiden dimensioniert und ausgestattet, z. T. nur mit Dusche oder sogar gänzlich ohne Bad, wie in der langgestreckten Zeile Veddeler Brückenstraße 69–111 von Hermann Höger (1931). Und auch der Grünflächenanteil ist gering, da die Freiflächen im wesentlichen auf einen Sportplatz entfallen, ohne daß in der Nähe ein Ausgleich zur Verfügung steht.

Heute zählt die Veddel aufgrund ihrer isolierten und unattraktiven Lage zwischen Verkehrsanlagen und stark emittierenden Industrien zu den Problemgebieten unter den Hamburger Großsiedlungen, auch wenn ihr Wohnwert durch umfangreiche Modernisierungsmaßnahmen (ab 1980) und die Sperrung der Veddeler Brückenstraße für den Durchgangsverkehr mittlerweile entscheidend verbessert wurde und der negative soziale Entwicklungstrend abgebremst werden konnte. 1993/94 wurde das Siedlungsgebiet außerdem um einen weiteren Großwohnblock am Uffelnsweg arrondiert, der die Charakteristika der Vorkriegsbebauung auf der Veddel wieder aufnimmt und mit seinem zum Müggenburger Zollhafen geöffneten Innenhof auch das Wasser einbezieht, das hier bislang immer nur als Verkehrsfläche eine Rolle gespielt hatte.

L 2.2 Ehem. Volksschule Veddel
Slomanstieg 1–3
Architekt: Hochbauwesen, Fritz Schumacher
1929/30

Flachdach und Fensterbänder kennzeichnen den Klinkerbau, der nicht nur ein typisches Beispiel für das Hamburger Volksschulbauprogramm der späten 20er Jahre darstellt, sondern mit 38 Klassen auch das größte Hamburger Volksschulprojekt vor dem Zweiten Weltkrieg überhaupt war (vgl. auch die Volksschule Osterbrook, Nr. B 67).

L 3 Ehem. Polizeikaserne
Am Zollhafen 5a, Veddel
Architekt: Hochbauwesen, Erster Baudirektor Johann Christoph Otto Ranck
1926

Blockfüllender Gebäudekomplex mit traditionalistischer Klinkerarchitektur. Neben einer Polizeikaserne waren hier auch 20 Wohnungen für Polizeibeamte untergebracht.

L 4 Feuerwache Veddel
Am Zollhafen 11, Veddel
Architekt: Hochbauwesen, Fritz Schumacher
1927/28; Zerstörung 1943; Wiederaufbau 1952/53

Klinkerkuben mit flach geneigtem Dach und dynamisch gerundeten Vorbauten fügen sich zu einer rhythmisch gestaffelten Gruppe im Sinne des Neuen Bauens.

Dabei vermied Schumacher jedoch auch bei diesem Bau, wie bei vielen seiner Arbeiten nach dem Ersten Weltkrieg, durch die Wahl traditionalistischer Motive – Rundbogen, Achsensymmetrien – einen allzu kühnen Vorstoß zur Moderne.

L 5 Sinti-Siedlung

Georgswerder Ring, Wilhelmsburg (Georgswerder)
Architekt: Carl Groth
1981/82

Das bemerkenswerte Wohnmodell wurde im Rahmen des sozialen Wohnnungsbaus realisiert, wobei aus Kostengründen Fertigteile beim Innenausbau zum Einsatz kamen und auf Unterkellerungen in dem feuchten Marschgebiet verzichtet wurde. Hatten die rund 150 Mitglieder der schon seit langem in Georgswerder ansässigen Sinti-Sippe bis dahin unter menschenunwürdigen Bedingungen in einem Barackenlager gelebt, so entstand mit den 42 Kettenhäusern am Georgswerder Ring eine Wohnanlage, die mit Wohnküchen, Kohleherden und einem ausreichenden Platzangebot speziell auf die Bedürfnisse von Sinti-Großfamilien zugeschnitten ist – wenn auch in einem zwischenzeitlich durch die Autobahnumgehung Veddel belasteten Umfeld und in Sichtweite einer dioxinverseuchten Mülldeponie.

L 2.2 Ehem. Volksschule Veddel
L 4 Feuerwache Veddel

L 6 Norderelbbrücke

L 6 Norderelbbrücke

Architekten und Ingenieure: Harro Freese und Egon Jux mit Rheinstahl Union Brückenbau AG
1958 W, 1959–62; Umbau 1986

Der erste Neubau einer Strombrücke in Hamburg nach dem Zweiten Weltkrieg wurde im Zuge der östlichen Autobahnumgehung errichtet. Das 411 m lange, schrägseilverspannte Bauwerk ist an den Uferböschungen noch zusätzlich auf Pendelstützen gelagert, so daß nur der rund 172 m lange Mittelteil frei über dem Strom schwebt. Dabei wurde hier erstmalig in der Bundesrepublik eine Lösung mit Mittelträgern realisiert, deren Reiz noch dadurch gesteigert wurde, daß die Pylone weit über die Auflagesättel der Seile hinaus ragten und damit beinahe doppelt so hoch waren wie eigentlich nötig. Und auch in der Nahsicht verfehlte die strenge Form mit den gleichmäßigen Nietenreihen nicht ihre Wirkung.

Diese Lösung wurde zwar als richtungweisend rezipiert, sie wies jedoch auch von vornherein eine Reihe entscheidender Schwachpunkte auf, wie die Windbelastungen, denen die überhohen Pylone ausgesetzt waren. Als die Brücke 1986 auf sechs Spuren ausgebaut wurde, d. h. einschließlich der ursprünglichen Randstreifen, wurde denn auch das gesamte Seiltragwerk ausgewechselt. Die neuen, geschweißten Pylone sind stärker. Vor allem aber erhielt die Verspannung einen steileren Winkel und die Aufhängung wurde verändert, d. h. die Seile wurden nun einzeln in den Pylonen und im Überbau eingehängt, wobei sie sich im Mittelträger auf vier statt, wie zuvor, auf zwei Punkte verteilen.

L 7 Gewerbebau

Peutestraße 51–53, Veddel
Um 1930

Der Gewerbebau im Stil des Neuen Bauens ist bemerkenswert gut erhalten. Fensterbänder, Klinkermauerwerk und großzügig verglaste Treppenhausachsen kennzeichnen die sachlich-strenge Architektur. Auffällig ist der mit Kupferblech verkleidete Dachaufbau.

L 8 Ehem. Lager- und Produktionseinrichtungen der GEG

Peutestraße 22–26/Peutestraße 30–32, Veddel
Architekten: Bauhütte Bauwohl
1925–27

Die beiden Gewerbebauten im Hafenindustriegebiet Peute gehörten ursprünglich zur GEG (Großeinkaufsgesellschaft Deutscher Consumvereine GmbH – vgl. auch das ehemalige Verwaltungsgebäude der GEG am Besenbinderhof in St. Georg, Nr. B 24). Der markante, durch pfeilerartige Vorlagen gegliederte Klinkerkubus Peutestraße 22–26 war eine chemische Fabrik; hier wurden Waschpulver und Körperpflegemittel hergestellt. Der rückwärtig angegliederte Flachbau diente der Papiererzeugung. Weiter östlich, unmittelbar am Hovekanal und damit mit Wasseranschluß für Hafenschuten und andere Binnenschiffe, liegt das ehemalige Zentrallager der GEG, dessen mit Backstein ausgefachte Stahlbetonrasterfassaden 20 000 m^2 Lagerfläche umschließen.

L 9 Luftschutzturm Veddel

Peutestraße/Neuhäuser Damm, Veddel
Architekt: Hochbauamt
1940

L 9 Luftschutzturm Veddel

L 11 Komplex Forum Hotel Hamburg, Boarding House und Bürogebäude

Einer der zwölf Luftschutztürme, die 1939/40 nach dem »System Zombeck« errichtet wurden. 600 Menschen fanden theoretisch auf der schiefen Ebene Platz, die im Innern spiralförmig nach oben führt. (Tatsächlich drängten sich hier im Ernstfall bis zu dreimal so viele Schutzsuchende.) An dem Kegeldach mit der verstärkten Spitze, wie die Wände aus 100 cm starkem Stampfbeton ohne Eiseneinlage errichtet, sollten die Bomben abprallen. Von der festungsartigen Architektur und den Hohheitsadlern, die an manchen Bunkern über den Eingängen angebracht waren, erhoffte man sich wohl eine psychologische Wirkung: Hier versprach das Reich seinen Bürgern Schutz.

L 10 Ehem. Reedereigebäude und Kaischuppen

Brandshofer Deich 114–116, Rothenburgsort
Architekt: Otto Hoyer
1928/29

Verwaltungsgebäude der Schlesischen Dampfer-Compagnie Berliner Lloyd A.-G. Die expressionistischen Fassaden werden wie bei dem Freihafenkühlhaus an der Breslauer Straße, ebenfalls ein Entwurf von Hoyer (vgl. Nr. K 9.2), durch dreieckige Lisenen gegliedert. Sachlicher wirken dagegen die östlich angrenzenden Kaischuppen. Die anspruchsvolle Architektur und der vergleichsweise gute Erhaltungszustand machen den Komplex am Billhafen zu einem zentralen Dokument der Binnenschiffahrt auf der Elbe. Hier wurden die sogenannten Oberelbkähne für den Hinterlandverkehr elbaufwärts und in den Berliner Raum abgefertigt.

L 11 Komplex Forum Hotel Hamburg, Boarding House und Bürogebäude

Billhorner Brückenstraße/Billwerder Neuer Deich, Rothenburgsort
Architekt: Bernd Richter; Projektleiter: Horst Melzer; Mitarbeiter: Günter Kramer, Elisabeth Kalettka, Kiril Martschinkow, Alexander Schönemann, Christine Contzen, Elfriede Bdeawie
1991–95

Weiße Putzflächen und Risalite in dunklem Klinker kennzeichnen den umfangreichen Komplex aus Büros, einem Boarding House und einem Hotel. Wenn auch im Detail nicht ganz frei von allzu modischen Anklängen wie dem »Dampfermotiv« der Aufbauten des Hotelhochhauses, die wie eine Schiffsbrücke wirken, sind die Qualitäten dieses Entwurfs doch nicht zu leugnen. Dank der signifikanten, dem Genius loci verpflichteten Architektur und der geschickten Auflösung des Bauvolumens gelang eine markante Betonung der städtebaulich bedeutsamen Situation am Kopf der Norderelbbrücken.

L 12 Wohnblock des Bau- und Sparvereins zu Hamburg

Hardenstraße 36–42/Billhorner Mühlenweg/Billwerder Neuer Deich, Rothenburgsort
Architekt: Ernst Vicenz
1900/01; Teilzerstörung 1943

Der Wohnblock in Rothenburgsort, heute teilzerstört, war das zweite richtungweisende Projekt des genossenschaftlichen Bau- und Sparvereins zu Hamburg nach der Wohnanlage am Stellinger Weg in Eimsbüttel (vgl. Nr. C 65). Zweispänner mit Querlüftung, direkt belichtete Treppenhäuser und die U-förmig einspringende Blockrandbebauung an der Hardenstraße – die sogenannte »Hamburger Burg« –, die den Verzicht auf die für Hamburg typischen rückwärtigen Flügel mit schlitzartigen Lichthöfen ermöglichte, ohne auf eine hohe Ausnutzung der Grundstücke verzichten zu müssen, markieren die wohnreformerischen Errungenschaften der Jahrhundertwende. Die Wohnungen waren mit zwei bis drei Zimmern auf die Bedürfnisse der Arbeiterschaft und des unteren Kleinbürgertums zugeschnitten.

L 13 Ehem. Stadtwasserkunst

Billhorner Deich, Rothenburgsort
Ingenieure: William Lindley. William Chadwell Mylne.
Architekt: Alexis de Chateauneuf
1843, 1844–48

Eine der zentralen Modernisierungsleistungen beim Wiederaufbau der Hamburger Innenstadt nach dem Großen Brand 1842 war die Verbesserung der Trinkwasserversorgung, die bis dahin nur unzulänglich durch Schöpfwerke an der Binnenalster und Brunnen gewährleistet wurde. 1848 konnte die neue »Stadtwasserkunst« in Rothenburgsort einschließlich eines 62 km langen Leitungsnetzes und 1300 Feuerlöschhydranten in Betrieb genommen werden, die William Lindley in Zusammenarbeit mit dem Hamburger Architekten Alexis de Chateauneuf und vor allem seinem Landsmann Mylne, dem Oberingenieur der Londoner New-River-Wasserwerke, entwickelt hatte.

Das Elbwasser wurde in dem neuen Wasserwerk in drei Absetzbecken geleitet, die sich auf dem heutigen Gelände von Trauns Park befanden. Nach dieser Grobreinigung wurde es mit Hilfe zweier Cornwall-Dampfmaschinen in eine Steigleitung in dem heute

L 13 Ehem. Stadtwasserkunst

noch erhaltenen 65 m hohen Turm gepumpt, der fälschlicherweise oft für ein Wasserreservoir gehalten wird, dessen Wassersäule aber nur für den nötigen Druck im Leitungsnetz sorgen sollte, ohne daß die Pumpstöße direkt auf die spröden gußeisernen Leitungen übertragen werden mußten. Außerdem diente der zweischalige Bau als Schornstein des Kesselhauses, so daß durch die Abwärme ein Einfrieren der Rohrleitungen verhindert wurde.

Da die Sandfiltration, die für eine weitere Ausbaustufe vorgesehen war, nicht realisiert wurde, mußten sich die Hamburger jahrzehntelang mit unzureichend gereinigtem Elbwasser begnügen. Erst 1891 wurde mit dem Bau eines neuen Wasserwerks weiter stromaufwärts begonnen (vgl. Nr. L 14) – zu spät, wie sich auf verheerende Weise bei der Cholera-Epidemie 1892 zeigen sollte, als sich die Krankheitserreger ungehindert mit dem Trinkwasser verbreiten konnten und schließlich 8600 Tote zu beklagen waren.

L 14 Ehem. Wasserwerk Kaltehofe und Billwerder Insel

Kaltehofe Hinterdeich/Kaltehofe Hauptdeich/Moorfleeter Hauptdeich, Rothenburgsort
Ingenieure: Ingenieurwesen der Baudeputation
1891–93

Unter dem Eindruck der Cholera-Epidemie des Jahres 1892 wurde der Ausbau des Wasserwerks auf Kaltehofe und der Billwerder Insel forciert vorangetrieben. Das Wasserwerksgelände ist insgesamt rund einen Quadratkilometer groß, wovon zwei Drittel ursprünglich auf die Wasserflächen entfielen. Zuerst wurde das Elbwasser auf der Billwerder Insel in vier Absetzbecken gepumpt, in denen die groben Verschmutzungen mit Hilfe von Alaunlösung (schwefelsaure Tonerde) ausgeflockt wurden. Anschließend wurde das vorgereinigte Wasser auf der stromabwärts gelegenen Elbinsel Kaltehofe in 22 – ab 1896 26 – offenen Filterbecken durch eine Filterschicht aus Steinen, Kies und Sand geleitet. Bestimmend für das Bild dieser Anlage sind die runden Brunnenhäuser für den Zu- bzw. Abfluß des Wassers mit ihren charakteristischen Kegeldächern, die die Dämme zwischen den Wasserbecken säumen. Von dort gelangte das Wasser dann durch einen Düker (Unterwasserrohr) zum Pumpwerk in Rothenburgsort. Seit 1990 stillgelegt, ist das bedeutende Technikdenkmal heute durch Pläne gefährdet, die eine Verfüllung der Becken und eine Bebauung des Geländes vorsehen.

L 15 Werksgebäude Lucas Meyer GmbH & Co.

Ausschläger Elbdeich 68–72, Rothenburgsort
Architekten: Architekten Kähler (Produktionsanlage)
Fabrik- und Lagergebäude 1889/90; Kontorgebäude 1890er Jahre; westl. Lagergebäude 1906; Produktionsanlage 1989, 1990/91

Bei der Gestaltung der ehemaligen Speiseölfabrik des Vereins Deutscher Ölfabriken, 1887 als Aktiengesellschaft durch einen Zusammenschluß der bedeutendsten süddeutschen Speiseölhersteller gegründet, stand die Lagerhausarchitektur Pate. Wie in der Speicherstadt, so werden die Backsteinfassaden auch hier kraftvoll durch Lisenen und Windenhäuschen über den Lukenachsen gegliedert. 1990/91 wurde der heterogene Baukomplex noch um ein Gebäude für die Lecithin-Herstellung erweitert. Die Architekten entwickelten hierfür einen technizistisch-filigranen Stahlskelettbau, der mit seiner gewellten Aluminiumhaut und dem verglasten, postmodern-dekorativen Fassadenschlitz betont auf Distanz zu der schrundigen Rohbauarchitektur der Jahrhundertwende geht.

L 18 Janusz-Korczak-Schule

L 16 Ehem. Kinderkrankenhaus Rothenburgsort

Marckmannstraße 129, Rothenburgsort
Architekten: Walter Martens und Henry Grell (Ursprungsbau). Grell & Pruter (Erweiterung)
1914–17; Erweiterung 1927/28; Zerstörung 1943; Wiederaufbau 1950

Der Klinkerbau mit markantem Steildach belegt die maßstabbildende Kraft von Fritz Schumachers Entwürfen im öffentlichen Hochbau, an denen sich offensichtlich auch Privatarchitekten orientierten. Die Erweiterung aus den 20er Jahren ist mit expressionistischen Dekorationsformen und einer Skulptur von Richard Kuöhl geschmückt.

L 17 Römisch-katholische Kirche St. Erich

Billhorner Röhrendamm 151, Rothenburgsort
Architekt: Reinhold Hofbauer
1961–63

Der kühne Schwung der Flügelmauern des Glockenturms, der an eine Skisprungschanze erinnert, und die Innenausstattung lassen die Kirche als einen Nachzügler des »Nierentisch-Stils« der Wiederaufbaujahre erscheinen. Bei näherer Betrachtung werden aber auch Rückgriffe auf das organhafte Gestalten der 20er Jahre deutlich, z. B. an den hochliegenden Fensterbändern in den ausschwingenden Seitenschiffen, die von Hugo Häring stammen könnten. Die äußere Polarität von Chorhaupt und Glockenstuhl findet im Innern ihre Entsprechung in der Gegenüberstellung von Altar und Taufbecken – letzteres befindet sich in der Eingangshalle im Turm. Im Unterschied zum Außenbau wirkt der Innenraum, der noch zusätzlich durch das überhohe Altarpodest zergliedert wird, durch die Anfügung der niedrigen Seitenschiffe jedoch wenig organisch, obwohl Langhaus und Seitenschiffe im Grundriß zu einem Dreieck verschmelzen.

L 18 Janusz-Korczak-Schule

Bullenhuser Damm 92–94, Rothenburgsort
Architekt: Hochbauwesen, Albert Erbe
1908–10

Das bemerkenswerte Gebäude, ehemals eine Volksschule in einem unterprivilegierten Arbeiterviertel, verdeutlicht einmal mehr, daß der Weg für die reformerischen Ansätze von Fritz Schumacher längst geebnet war, als dieser 1909 sein Amt als Leiter des Hochbauamts der Hansestadt antrat. Die schmucklose Südfassade ist nach dem Vorbild der Kontorhäuser in eine Pfeilerstruktur mit großzügigen Fensterflächen aufgelöst. Ähnlich unaufwendig gestaltet ist auch die nach Norden liegende Hauptfront. Terrakottareliefs mit Märchenszenen und Darstellungen spielender Kinder bilden hier den einzigen Schmuck, dessen naive, lebensfrohe Thematik jedoch gerade an diesem Bau beklemmend wirkt, denn am 20. April 1945 wurden hier 20 jüdische Kinder mit ihren Betreuern von der SS erhängt, um die Spuren grausamer medizinischer Experimente zu verwischen. Außerdem wurden 24 sowjetische Kriegsgefangene ermordet. Der Rosengarten auf dem Schulgelände, der bis 1985 von Lili Fischer als Mahnmal gestaltet wurde, erinnert an dieses Verbrechen. Seit 1980 ist die Schule nach Janusz Korczak, dem Leiter eines jüdischen Waisenhauses in Warschau, benannt, der 1942 mit den Kindern des Waisenhauses in Treblinka ermordet wurde.

L 19 Ehem. Werksanlagen H. C. E. Eggers & Co

Kolumbusstraße 8, Horn
Architekten: Gustav Schrader mit Baugeschäft Neugebauer & Schybilski
1908/09

Weniger die konventionelle Gestaltung als der gute Erhaltungszustand machten die ehemalige Fabrik für Eisenhochbau und Brückenbau, 1865 als Geldschrankfabrik gegründet, zu einem der wichtigsten Zeugnisse der Industriearchitektur in Hamburg aus den Jahren vor dem Ersten Weltkrieg. Sie ist darüber hinaus ein Dokument für die Erschließung der Marschgebiete unterhalb der Geest von Horn und Billstedt als Industrierevier, die ab der Jahrhundertwende erfolgte. Weitere zeitgenössische Beispiele für diese Entwicklung finden sich noch am Billbrookdeich in Billbrook.

Von den ursprünglichen Werksanlagen stehen heute noch die dreischiffige Montagehalle – eine der größten erhaltenen Fabrikhallen ihrer Zeit in Hamburg –, das Büro- und Sozialgebäude sowie das Kesselhaus. Für den Entwurf zeichnete Gustav Schrader verantwortlich, damals einer der führenden Hamburger Industriearchitekten, der auch hier seiner gotisierenden Handschrift treu blieb, wenn auch mit Zugeständnissen an die aktuellere Reformarchitektur wie das Mansarddach des Bürogebäudes. Sachliche und monumentalisierende Elemente verschmolzen dagegen bei der Gestaltung des neuen Verwaltungsgebäudes, vermutlich aus den 30er Jahren.

L 20 Sonderschule Weddestraße

Weddestraße 28, Horn
Architekt: Gustav Hassenpflug; Mitarbeiter: Bernhard Dexel
1. BA 1953/54; 2. BA 1964 (Turnhalle und vier weitere Klassenräume)

Die Sonderschule Weddestraße ist das einzige Neubauprojekt, das Gustav Hassenpflug während seiner Amtszeit als Direktor der Landeskunstschule (1950 bis 1956) in der Hansestadt realisieren konnte. Eingeschossige, nach Süden orientierte Klassenpavillons reihen sich an Korridoren mit Fenstern, die fast bis zum Fußboden reichen; ein zweigeschossiger Trakt mit Werkstätten, Schulküche und Verwaltung bildet in diesem locker gruppierten Ensemble eine »Dominante«. Das äußere Erscheinungsbild wird von gelbem Ziegelmauerwerk und flach geneigten Satteldächern nach skandinavischem Vorbild bestimmt.

Bemerkenswert sind die Gestaltung und Aufteilung der Innenräume, wobei nicht nur berücksichtigt wurde, daß die Schüler behindert sind, sondern z. T. auch aus sozialen Randgruppen stammen. Um ihnen die Orientierung zu erleichtern, erhielt jede Klassenraumtür einen eigenen Farbton, in dem auch die Fugen des Sichtmauerwerks der angrenzenden Korridorwand gefärbt wurden. Jeder Klasse war zudem ein Wasch- und Garderobenraum angegliedert. Die ursprüngliche Idee, in der Schule auch eine Musterwohnung mit Wohn- und Schlafraum einzurichten, um die Kinder zur selbständigen Erledigung von Tätigkeiten im Haushalt anzuhalten, wurde dagegen aus Kostengründen aufgegeben.

L 21 Ehem. Volksschule Beim Pachthof

Beim Pachthof 15–17, Horn
Architekt: Hochbauwesen, Fritz Schumacher
1929–31

Das Schulgebäude, das im Winkel einen Sportplatz umklammert, stellt mit seiner sachlichen, ganz auf das Wesentliche reduzierten Architektur einen der wohl qualitätvollsten Entwürfe Schumachers nach dem Ersten Weltkrieg dar. Der Stahlbetonskelettbau ist nicht mit einem konventionellen Ziegelverband verkleidet, sondern mit tiefroten Keramikplatten. Auch die großen Fensteröffnungen, die sich über die gesamte Klassenlänge erstrecken, betonen, daß die Außenwände keine tragende Funktion haben. Die Fassaden sind bis auf die umlaufenden Betonbänder schmucklos. Nur die in kleinteilige Stahlbetonraster aufgelösten Fensterwände der Treppenhäuser setzen Akzente.

L 22 Geschoßwohnbauten

Sievekingsallee 201–213/Sebastiangasse/Rennbahnstraße; Sievekingsallee 204–218/Bei den Zelten/Horner Weg, Horn
Architekt: Ernst H. Dorendorf
1938/39

Horn wurde erst in den 30er Jahren verstärkt ausgebaut, so daß hier eine traditionellere und schlichtere Bebauung vorherrscht als in den Stadterweiterungsgebieten der Weimarer Republik. Bezeichnend hierfür sind die beiden blockfüllenden Großwohnbauten an der Einmündung der Sievekingsallee mit ihren schmucklosen roten Backsteinfassaden, den Segmentbögen bzw. auf Stich gemauerten Stürzen und den sparsamen Akzentuierungen durch Erker, torartige Rundbogenöffnungen und schmiedeeiserne Gitter und Laternen. Entsprechend der Hamburger Baupolizeiverordnung vom Juni 1938 durften die Blockkanten nicht mehr geschlossen bebaut werden, sondern mußten zumindest an einer Stelle geöffnet bleiben, wie sich an den Fronten zur Sebastiangasse und zur Straße Bei den Zelten ablesen läßt. Die beiden niedrigeren Bauten, die den Blöcken vorgeschaltet sind, machen zusammen mit dem weiter westlich liegenden

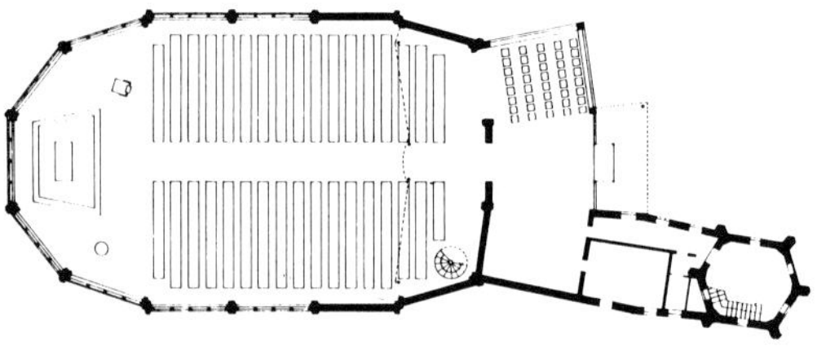

L 23 Evangelisch-lutherische Kapernaumkirche

Horner Kreisel – der Einmündung der schon in der Vorkriegszeit begonnenen Autobahnstrecke nach Berlin – aus der Sievekingsallee eine Art Stadtentree.

L 23 Evangelisch-lutherische Kapernaumkirche

Sievekingsallee/Rennbahnstraße 51, Horn
Architekt: Otto Kindt
1958–61

Der mit rotem Backstein ausgefachte Stahlbetonskelettbau stellt hinsichtlich der polygonal gebrochenen Grundrißform, der diaphanen Wandstrukturen und des Faltdachs, das im Innern eine Art Sternrippengewölbe bildet, ein typisches Beispiel für den gotisierenden Trend im Sakralbau der Nachkriegszeit dar – vgl. z. B. die Christuskirche in Bochum von Dieter Oesterlen (1959). Eine sakrale Wirkung erzeugen auch die rautenförmigen, verglasten Betonformsteine in den Umfassungsmauern, die zum Altar hin immer tiefer greifen, bis die Wand schließlich fast völlig aufgelöst ist. Einen Akzent im Stadtraum setzt der wie eine Nadel aufragende Campanile, der überhoch gestaltet wurde, um sich gegenüber der benachbarten Hochhaussiedlung behaupten zu können.

L 24 Bauten der Horner Rennbahn

Rennbahnstraße, Horn

L 24.1 Geschoßwohnungen und Stallungen

Architekten: Bernhard Gössler + Daniel Gössler; Mitarbeiter: Irmel Kunz, Gerd Kurth
1993/94

L 24.2 Richterturm

Architekten: Meyer + Fleckenstein
1991

Möglichkeiten zum Wohnungsbau bieten sich offenbar überall, seitdem über die Nachverdichtung bestehender Wohnquartiere diskutiert wird. Ein besonders auffälliges Beispiel hierfür sind die Geschoßwohnungen oberhalb der neuen Stallungen der Horner Rennbahn: kein zu vernachlässigendes Nebengebäude, wie sonst bei derartigen Bauaufgaben üblich, sondern ein abwechslungreich gegliederter Bauriegel mit Laubengang. Auch der Richterturm zählt zu den bemerkenswerten Neubauten auf dem Rennbahngelände, heute als Park öffentlich zugänglich, ein bizarres Metallgestänge, wenn auch wohl etwas zu grob detailliert und somit eher solides Schlosserhandwerk als feingliedrige Kunstschmiedearbeit – wie man sie eigentlich von den Architekten gewöhnt ist, die z. B. den betont filigranen Stahl-Glas-Pavillion auf dem Carl-von-Ossietzky-Platz in St. Georg (vgl. Nr. B 16) gestaltet haben.

L 25 Wohnanlage Legienstraße und Vierbergen

Legienstraße/Vierbergen/Riedweg/Im Ried/Riedeck/Riedgrund/Riedstieg/Helma-Steinbach-Weg, Horn
Architekt: Carl Winand
1. BA 1934/35; 2. BA 1937/38; 3. BA 1939 (Helma-Steinbach-Weg); Teilzerstörung 1943; Wiederaufbau 1950

Die schlichten Putzzeilen – ursprünglich mit Sprossenfenstern und Fensterläden – stellen eine besondere Hinterlassenschaft der NS-Zeit dar. Der erste Bauabschnitt zwischen Legienstraße und Riedgrund wurde als sogenannte Not- und Behelfswohnungen errichtet und war für Obdachlose gedacht. Die Grundrisse der äußerst knapp geschnittenen Wohnungen mit Wohnküche, zwei Schlafkammern und WC wurden in einem Wettbewerb ermittelt, der unter Architekten des dem Nationalsozialismus nahestehenden »Kampfbundes deutscher Architekten und Ingenieure« ausgeschrieben wurde und den Carl Winand für sich entscheiden konnte. Die »Volkswohnungen« für einkommensschwache Familien im zweiten Bauabschnitt fielen mit 35 bis 42 m^2 zwar etwas größer aus und waren vor allem von besserer Bauqualität, behielten aber das Grundrißschema bei. Mit dieser Siedlung sollte jedoch nicht nur ein – wenn auch äußerst primitiver – Beitrag zur Behebung der Wohnungsnot geleistet werden; ebenso ausschlaggebend war auch der kontrollierende Zugriff auf gesellschaftliche Randgruppen, wie das nicht realisierte Projekt eines Gemeinschaftshauses mit Versammlungssaal im Zentrum der Anlage belegt. Auch die geplanten Bunker an der Legienstraße wurden nicht gebaut.

L 26 Römisch-katholische Kirche St. Paulus
Öjendorfer Weg 10, Billstedt
Architekten: Bensel & Kamps (Ursprungsbau)
1929; Erweiterungen 1963 und 1968
Innerhalb von nur acht Monaten wurde die St.-Paulus-Kirche errichtet, ein flach gedecktes, kubisches Gebäude im Sinne des Neuen Bauens mit basilikalem Querschnitt und halbrunder Apsis, die effektvoll von dem blockhaften Chorraum mit seitlich angefügtem Turm überragt wird. 1963 wurde das Dach erneuert, wobei das Kirchenschiff ein Oberlichtband erhielt. Auch der gleichzeitig errichtete Eingangsvorbau und das Gemeindezentrum von 1968 fügen sich taktvoll dem Altbau an, wenn auch die neuen Gemeinderäume einen Teil der Apsis verdecken. Abschließend wurde 1969 der Innenraum purifizierend erneuert und der Altar stärker in den Raum hineingerückt. Das Triumphkreuz (1966) stammt von Rudolf Krüger.

L 27 Geschoßwohnbau
Kapellenstraße 8–12a/Billstedter Mühlenweg 21–31, Billstedt
Architekten: Berg & Paasche
1928–1930
Der sachliche Klinkerbau bot Kleinwohnungen für die Arbeiter des südlich angrenzenden Industriereviers Billbrook. Strenggenommen handelt es sich jedoch

L 24.2 Richterturm

L 26 Römisch-katholische Kirche St. Paulus

nur um einen Torso, denn ursprünglich sollte das gesamte Areal zwischen Billstedter Mühlenweg und der Straße An der Schleemer Mühle bebaut werden. Statt des geplanten monumentalen Großblocks entstanden dann aber auf dem übrigen Gelände von 1938 bis 1940 Zeilenbauten mit traditionellem Satteldach (Architekten Gumm & Dähn).

L 28 Wohnanlage Korverweg
Korverweg 21–27, Billstedt
Architekten: Boockhoff + Rentrop; Mitarbeiter: Elke Scheifele
1991/92
Die vier Reihenhaus- bzw. Geschoßwohnungszeilen mit weißen Putzfassaden und Pultdächern wurden im Rahmen eines Modellversuchs zur Senkung der Baukosten in Holzfertigteilbauweise errichtet. Das Ergebnis in Billstedt läßt nur wünschen, daß noch weitere derartige Projekte folgen, überzeugt hier doch nicht nur der vorstädtisch-bescheidene, gleichwohl unverwechselbare architektonische Charakter, sondern auch das Grundrißkonzept: Durch den durchgängigen Verzicht auf Flure erhalten selbst die Dreizimmerwohnungen (70 m^2) eine gewisse Großzügigkeit.

L 29 Evangelisch-lutherische Dreieinigkeitskirche
Steinbeker Berg 3, Billstedt
Architekten: Otto Ritscher (Ursprungsbau). Walter Ahrendt (Wiederherstellung)
1883/84; Wiederherstellung 1953–55
Konventionelle Wandpfeilerkirche mit hohem Einturm. Abweichend von den gestalterischen Konventionen der »Hannoverschen Schule« sind die neogotischen Backsteinfassaden hier allerdings nicht als reiner Rohbau ausgeführt sondern mit Zementgußgliederungen, die Sandstein imitieren sollen. Kanzel, Altar und Altarrelief in dem nach Kriegsschäden wiederhergestellten Innenraum stammen von Fritz Fleer, die Fenster von Claus Wallner.

L 30 Großsiedlung Mümmelmannsberg

Kandinskyallee/Mümmelmannsberg/Havighorster Redder/Steinbeker Grenzdamm u. a., Billstedt
Architekten (Gesamtkonzept): Werkgemeinschaft freier Architekten Karlsruhe (Hirsch, Hoinkis, Lanz, Schütz, Stahl). Neue Heimat und Landesplanungsamt
1968 W; 1. BA 1970–74 (Westteil einschließlich Einkaufszentrum); 2. BA 1974–79 (Süd- und Ostteil)

Die Planungen für die Großsiedlung – 7 289 Wohnungen für rund 19 000 Einwohner – illustrieren die Umdenkungsprozesse der 60er Jahre, als nicht nur die anti-urbanen städtebaulichen Konzepte des Wiederaufbaus auf Kritik stießen – das Leitbild der »gegliederten und aufgelockerten Stadt« –, sondern auch der prognostizierte Flächenbedarf einer Revision unterzogen werden mußte. Mitte der 60er Jahre kaufte die Neue Heimat das landwirtschaftlich genutzte Gelände im Osten Billstedts auf, das Werner Hebebrands Aufbauplan 1960 noch unangetastet gelassen hatte, und drängte darauf, es als Bauland frei zu geben.

Dem Bebauungsplan liegt der Entwurf zugrunde, mit dem sich die Werkgemeinschaft Karlsruhe 1968 in einem beschränkten Wettbewerb behaupten konnte. Nach der Siedlung Steilshoop ist Mümmelmannsberg das zweite bedeutende Großprojekt in Hamburg, bei dem die Architekten übersichtliche Bezugs- und Wegachsen entwickelten und zur Blockrandbebauung zurückkehrten, wenn auch noch in Form teilweise geöffneter, mäanderartiger Strukturen. Außerdem wurden die Terrassen der Erdgeschoßwohnungen durch Stützmauern abgeschirmt, so daß an die Stelle des üblichen offenen Distanzgrüns zwischen exponierten Zeilenbauten ein differenzierteres System von öffentlichen und privaten Räumen trat.

Der Standard der Wohnungsausstattung und der Grundrisse ist gut, d. h. Zweispänner und das Prinzip des »Durchwohnens« von einer Außenfront zur gegenüberliegenden herrschen vor. Demgegenüber ist die architektonische Gestaltung jedoch mehr als unbefriedigend. Nachdem auch die Bewohner Kritik an den Montagebauten in Waschbeton übten, die den ersten Bauabschnitt beherrschen, wurde der zweite Abschnitt wieder in konventioneller Bauweise errichtet. Auch der Mangel an Freizeitangeboten vor allem für Jugendliche, aber auch generell im Hinblick auf alle Bewohner, stellt einen Minuspunkt dar. Erst zehn Jahre nach der Fertigstellung der Siedlung wurde die U-Bahnstation Kandinskyallee in Betrieb genommen.

L 30 Großsiedlung Mümmelmannsberg

L 30.1 Gesamtschule Mümmelmannsberg
Mümmelmannsberg 54
Architekten: Arbeitsgemeinschaft Jacob B. Bakema, Jos Weber, Graaf & Schweger, Klaus Nickels, Timm Ohrt
1969 W; 1. BA 1972–74; Fertigstellung 1978
Schulkomplex für etwa 2 400 Schüler mit öffentlicher Bücherhalle, Volkshochschuleinrichtungen und Haus der Jugend. Die Konzepte für die integrierten Gesamtschulen der neuen Großsiedlungen Mümmelmannsberg und Steilshoop wurden im Rahmen eines beschränkten Gutachterwettbewerbs unter acht Architektengruppen ermittelt.

Was als pädagogisches Experiment nicht ohne Euphorie begann, scheiterte letztendlich allerdings an der baulichen Umsetzung. Die große Schülerzahl und der Wunsch nach flexiblen Raumstrukturen führten zu hypertrophen, unübersichtlichen Gebilden mit großen Gebäudetiefen, die z. T. nur künstlich zu belüften und zu belichteten sind und zwangsläufig anonymisierend wirken müssen – so auch in Mümmelmannsberg, wo kräftige Farben und eine dominante Nord-Süd-Achse, Öffentlichkeit und Kommunikation suggerierend, »Schulstraße« genannt, die Orientierung erleichtern sollen.

L 30.2 Evangelisch-lutherisches Gemeindezentrum Mümmelmannsberg
Havighorster Redder 50
Architekten: Grundmann, Rehder, Zeuner (Wettbewerb). Grundmann, Rehder; Mitarbeiter: Luis Moreno, Peter Suck (Realisierung)
1973 W, 1974–76
Weniger eine Kirche im konventionellen Sinne als ein Gemeindesaal, wirkt der schlichte, polygonal gebrochene Bau in seinem reizlosen Umfeld vor allem durch die poppig-bunt emaillierten Außenwände, die Hans Kock ebenso gestaltet hat wie die Inneneinrichtung. Dabei sollte das Gebäude möglichst flexibel nutzbar sein, u. a. auch durch die Möglichkeit, die einzelnen Räume variabel miteinander zu verbinden.

L 30.1 Gesamtschule Mümmelmannsberg

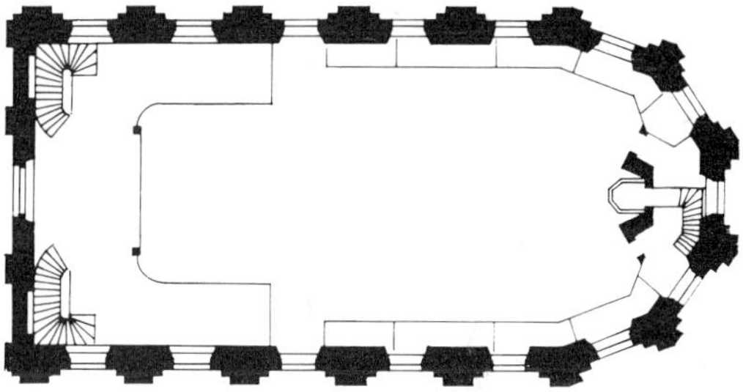

L 31 Evangelisch-lutherische Kirche St. Nikolai

L 31 Evangelisch-lutherische Kirche St. Nikolai
Billwerder Billdeich 140, Billwerder
Architekten: Johann Nikolaus Kuhn (Ursprungsbau). Fernando Lorenzen (Wiederaufbau)
1737–39; Turm 1884; Zerstörung 1911; Wiederaufbau 1911–13
Der barocke Backsteinsaal brannte 1911 ab. Beim Wiederaufbau berücksichtigte Lorenzen die pilastergeschmückten Umfassungsmauern der zerstörten Kirche und den gründerzeitlichen Turm, der sich den Formen des 18. Jahrhunderts geschickt anpaßt. Auch der tonnengewölbte Innenraum wurde dem ursprünglichen Zustand nachempfunden.

L 32 Predigerwitwenhaus
Billwerder Billdeich 96, Billwerder
2. Hälfte des 17. Jahrhunderts
Das ab 1850 von der Kirchengemeinde St. Nikolai als Wohnsitz für Predigerwitwen genutzte Gebäude stellt

mit dem Glockenhaus (vgl. Nr. L 33) eines der letzten beiden Beispiele für die einstmals zahlreichen Landhäuser wohlhabender Hamburger Bürger in Billwerder dar. Die pilasterartigen Vorlagen und das Kranzgesims der überkragenden Balkenköpfe verweisen auf den für Hamburg in der zweiten Hälfte des 17. Jahrhunderts maßgeblichen Einfluß des niederländischen Barock. Mit diesem Bau wurde städtische Repräsentationsarchitektur, wenn auch in stark vereinfachter Form, in die Landgebiete übertragen.

L 33 Glockenhaus

Billwerder Billdeich 72, Billwerder
Kernbau um 1600; Ausbau 1779–85; rückwärtiger Anbau um 1910; Restaurierung 1972–83

Das nach seinem Dachreiter benannte Glockenhaus – seit 1984 Deutsches Maler- und Lackierer-Museum – birgt im Innern noch Reste eines Vorgängerbaus. Der rückwärtige Wirtschaftstrakt aus dem 16. Jahrhundert brannte 1909 ab und wurde durch einen schlichten

L 33 Glockenhaus
L 35 Ehem. Landhaus

L 34 Evangelisch-lutherische Kirche St. Nikolai

Neubau ersetzt. Die Wand- und Deckenmalereien aus verschiedenen Epochen, die die Innenräume schmücken, sind z. T. nach Befunden rekonstruiert und somit genausowenig authentisch wie die Außenarchitektur, die unter erheblichen Verlusten an Originalsubstanz restauriert wurde. Das vielleicht allzu stimmige und geschönte Bild eines Landhauses aus dem 18. Jahrhundert wird durch die Nachschöpfung eines Barockgartens abgerundet.

L 34 Evangelisch-lutherische Kirche St. Nikolai

Moorfleeter Kirchenweg 64, Moorfleet
Architekten: Lorenz Thomsen (Dohmsen); Hugo Groothoff (Instandsetzung 1903)
1680/81; Turm 1884/85; Instandsetzung 1903; Restaurierung 1962–74, Pastorat 1741/42

Die Moorfleeter Nikolaikirche, ein für die Vier- und Marschlande charakteristischer Fachwerksaal mit fünfseitigem Chorschluß und Kastengesims – vgl. die Dreieinigkeitskirche in Allermöhe, Nr. M 4 –, bildet zusammen mit dem Pastorat von 1741/42 ein weiteres idyllisches Einsprengsel in den durch die Industrialisierung zerstörten Hamburger Landgebieten. Der neogotische Turm wirkt wie ein Fremdkörper an dem schlichten Bauwerk, zumal die 1903 erfolgte Instandsetzung und die Restaurierungen der Nachkriegszeit darauf abzielten, die gotisierenden Überformungen des 19. Jahrhunderts, z. B. die Fensterteilungen, wieder rückgängig zu machen. Von der Innenausstattung sind der Altaraufsatz und der Taufdeckel von Valentin Preuß (1688 bzw. 1689) sowie der reliefgeschmückte Kanzelkorb von Hein Baxmann hervorzuheben (1621/22), aus dessen Werkstatt auch die Reliefs des Juratengestühls stammen (1625). Altar und Kanzel sind allerdings unvollständig, da sie 1843 zu einem Kanzelaltar zusammengefügt und erst nach dem Zweiten Weltkrieg wieder getrennt wurden.

L 35 Ehem. Landhaus

Moorfleeter Deich 359, Moorfleet
Um 1683; Restaurierung 1980

Das zweigeschossige Landhaus eines Stadtbürgers wurde an ein älteres Hufnerhaus angebaut. Im Obergeschoß sind noch Grisaillemalereien vom Ende des 17. Jahrhunderts an der Decke und einer Stirnwand erhalten (Scheinarchitekturen, Szenen mit Amor und Psyche). Bei der Restaurierung 1980 wurden die großzügig durchfensterten Fachwerkfassaden wiederhergestellt, die im Laufe der Zeit massiv erneuert bzw. verputzt worden waren.

L 36 HEW-Kraftwerk Tiefstack

Ausschläger Allee 22–26, Billbrook
Architekten: Schramm, v. Bassewitz, Hupertz & Partner; Mitarbeiter: Guido Scholten
1984, 1989–93

Das Kraftwerk Tiefstack der Hamburgischen Electricitäts-Werke AG (HEW), eine Kombination aus Heizkraftwerk und Heizwerk, wurde als Ersatz für den denkmalschutzwürdigen Altbau von Carl Gustav Bensel errichtet (1914–17), dessen markante Schornsteingruppe das Bild der Marschgebiete im Osten von Rothenburgsort beherrscht. Auch der Neubau strebt nach gestalterischer Signifikanz. Bestimmendes Motiv der neuen Anlage sind die beiden 70 m hohen Kohlekessel – ursprünglich waren drei geplant –, die von dem schlanken, 110 m hohen Viererbündel der Schornsteinrohre überragt werden. Ein roter Ziegelsockel von 24 m Höhe verklammert die heterogene Baugruppe, die mit dem gerundeten Verwaltungstrakt effektvoll in die Billwerder Bucht ausgreift. Die darüberliegenden Fassadenteile sind mit großformatigen Alu-Blechpaneelen in einem lichten Blau verkleidet. Auch die gerundeten Dächer mit den Firstlüftungen tragen zu einer starken Fernwirkung bei. Dabei waren dem gestalterischen Engagement der Architekten durch die Vorgaben der HEW allerdings enge Grenzen gesetzt, wie der Verzicht auf den dritten Kohlekessel verdeutlicht. Hierdurch ist die ursprünglich achsensymmetrische Konzeption der Anlage leider nur noch bedingt nachvollziehbar.

L 36 HEW-Kraftwerk Tiefstack

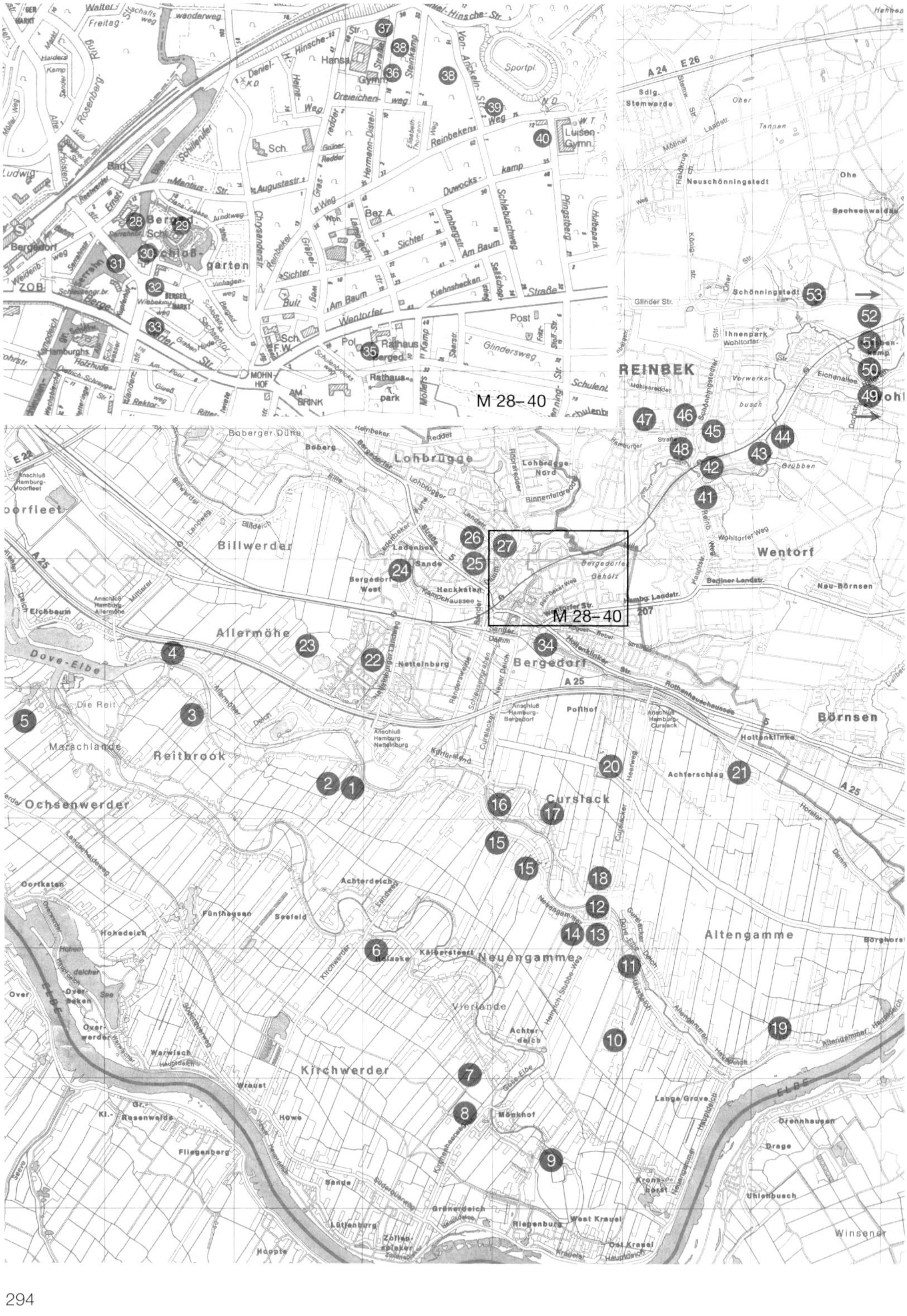
M 28–40
Bergedorf
Schloßgarten
Sportpl.
Luisen-Gymn.
Rathaus
Post
ZOB
REINBEK
Neuschönningstedt
Schönningstedt
Sachsenwaldau
Ohe
A 24 E 26
Wentorf
Nau-Börnsen
Börnsen
Lohbrügge
Lohbrügge-Nord
Boberger Düne
Boberg
Billwerder
Allermöhe
Dove-Elbe
Die Reit
Marschlande
Reitbrook
Ochsenwerder
Nettelnburg
Bergedorf West
Sande
Pollhof
Achterschlag
Curslack
Altengamme
Neuengamme
Vierlande
Kirchwerder
Seefeld
Fünfhausen
Oortkaten
Hohedeich
Warwisch
Fliegenberg
Howe
Mönkhof
Riepenburg
Krauel
Zollenspieker
Grünerdeich
Lange Grove
Kronshorst
Drennhausen
Drage
Uhlenbusch
Winsen
Elbe
A 25
E 22
Holtenklinke
Borghorst
Wohltorf
Grübben
1
2
3
4
5
6
7
8
9
10
11
12
13
14
15
16
17
18
19
20
21
22
23
24
25
26
27
28
29
30
31
32
33
34
35
36
37
38
39
40
41
42
43
44
45
46
47
48
49
50
51
52
53

M Die Vier- und Marschlande, Lohbrügge, Bergedorf und Sachsenwaldgemeinden

Die bis heute dörflich geprägten Vier- und Marschlande umfassen 130 km^2, mithin mehr als ein Sechstel der Gesamtfläche Hamburgs. Sie galten lange Zeit als Kornkammer der Hansestadt und waren schon in früheren Jahrhunderten ein beliebtes Ausflugsziel bzw. Aufenthaltsort für die Sommerfrische. Zum »Küchengarten« wurde der Landstrich dagegen erst ab Mitte des 18. Jahrhunderts, als der Anbau von Obst und Gemüse gerade den zahlreichen Kätnern ein Auskommen bot. Die Baukultur spiegelt dieses wirtschaftliche Gedeihen bzw. den hierdurch erworbenen Wohlstand wider, wobei der Höhepunkt im 17. Jahrhundert lag, wie die reich mit Mosaiken und Schmuckverbänden ausgezierten Hufnerhäuser und Katen dieser Zeit, belegen, z. B. in Neuengamme (vgl. Nr. M 11, M 12, M 15 und M 17).

Die Marschlande umfassen Allermöhe, Reitbrook, Ochsenwerder, Spadenland, Tatenberg, Moorfleet und Billwerder (zu letzteren beiden vgl. Kapitel L); die Vierlande bestehen aus Curslack, Altengamme, Neuengamme und Kirchwerder. Diese Unterscheidung hat historische Ursachen. 1180 wurde mit der Eindeichung der geestnahen Bereiche unter dem Sachsenherzog Heinrich dem Löwen begonnen. 1200 erhielt Graf Adolf III. von Schauenburg diese Dörfer sowie weitere noch zu kolonialisierende Ländereien zum Lehen, die jedoch schon 1201 an den Dänenkönig Waldemar fielen. Als Graf Adolf IV. von Schauenburg 1227 in der Schlacht von Bornhöved den Sieg über die Dänen davontrug, erhob auch Herzog Albrecht I. von Sachsen Anspruch auf diese Gebiete, so daß es schließlich zu der noch heute in der Namensgebung deutlich werdenden Teilung kam, wobei den Sachsenherzögen die Vierlande einschließlich Bergedorfs zugesprochen wurden.

Hamburg trat dagegen erst im ausgehenden 14. Jahrhundert in den Vier- und Marschlanden auf den Plan, als die Hansestadt mächtig genug geworden war, um ihr Territorium zu arrondieren und somit ihre Handelswege und Schiffahrtsinteressen zu sichern. 1395 kamen der Billwerder, der ursprünglich auch Allermöhe und Moorfleet umfaßte, sowie der Ochsenwerder durch Verpfändung bzw. Kauf in hamburgischen Besitz. (Der später ebenfalls hamburgische Reitbrook gehörte dagegen von 1350 bis 1786 dem Kloster bzw. Amt Reinbek.) 1420 gelang es Hamburg zusammen mit Lübeck, die Bergedorfer Burg zu erobern, so daß Bergedorf, die Vierlande und Geesthacht für nahezu 450 Jahre gemeinsam von den beiden Hansestädten verwaltet wurden, bis Lübeck seine Rechte 1867 an Hamburg abtrat (vgl. Nr. M 29). Nordöstlich von Bergedorf schließen die schleswig-holsteinischen Sachsenwaldgemeinden an, teilweise spekulative Neugründungen der Kaiserzeit wie z. B. Aumühle (vgl. Nr. M 49), die ihr Sozialprestige nicht zuletzt ihrer Nachbarschaft zu Schloß Friedrichsruh, dem Wohnsitz des Reichskanzlers Otto von Bismarck, verdankten.

M 1 Odemannscher Fährhof

Vorderdeich 5, Reitbrook
Architekt: Simon Lange
1605

Der Odemannsche Fährhof ist eines der letzten Beispiele in den Vier- und Marschlanden für ein sogenanntes Kreuz- oder T-Haus mit zweigeschossigem Wohnteil und eingeschossigem rückwärtigem Stallanbau: ein Haustyp, wie er allgemein charakteristisch war für Höfe, die eine bäuerliche Wirtschaft mit einer Sondernutzung wie einem Pastorat, einer Fährstelle oder dem Landhaus eines Stadtbürgers verbanden. Der behäbige, obgleich stattliche Eindruck des Wohnhauses wird durch den reetgedeckten Krüppelwalm und die vorkragenden Obergeschosse mit Wulstknaggen und profilierten Konsolen hervorgerufen. Die Gefache sind nicht, wie zu dieser Zeit üblich, im Zierverband ausgemauert. Vermutlich verdeutlichen sich hierin nachträgliche Erneuerungsmaßnahmen.

M 2 Windmühle

Vorderdeich 11, Reitbrook
1870

Die heutige Schrotwindmühle, ein Galerieholländer mit drehbarer Kappe, hatte bereits 1773 einen ersten Vorläufer, der 1870 abbrannte. Das unscheinbare Müllerhaus Vorderdeich 9 war das Geburtshaus des späteren Kunsthallendirektors Alfred Lichtwark (1852–1914), dessen Vater 1837 den Mühlenbetrieb übernommen hatte.

M 3 Bauernhaus Odemann

Vorderdeich 275, Reitbrook
Architekt: Bruno Wieck
1942/43

Wiederaufbau eines vermutlich kriegszerstörten Bauernhauses durch Bruno Wieck, der bereits in der Heimatschutz-Diskussion vor dem Ersten Weltkrieg eine wichtige Rolle spielte (vgl. Nr. M 38). Auch der Entwurf aus den Kriegsjahren ordnet sich mit rotem Backstein, Klappläden und Sprossenfenstern dem Charakter der Marschlande unter. Landschaftsverbundenheit signalisiert aber vor allem das reetgedeckte Krüppelwalmdach, das den Komplex gestalterisch zusammenschweißt, denn Haupthaus und Wirtschaftsgebäude sind in Abkehr von dem bis dahin üblichen Hallenhausschema nur durch einen niedrigen Anbau miteinander verbunden – was seinerzeit als hygienische und betriebswirtschaftliche Neuerung begrüßt wurde.

M 4 Evangelisch-lutherische Dreieinigkeitskirche

Allermöher Deich 99, Allermöhe
Architekten: Simon Lange (Ursprungsbau), Hugo Groothoff (Instandsetzung)
1611–14; Erneuerungen 1723–25, 1750; Instandsetzung 1900/01

Die Dreieinigkeitskirche ist ein Fachwerksaal mit hölzernem Tonnengewölbe und fünfseitigem Chorschluß. Auffällig sind das wuchtige Kastengesims und der gedrungene hölzerne Glockenturm, der noch von dem Vorgängerbau stammt. 1750 wurde die Südwand erneuert. Die originalen Ausstattungsstücke sind weitgehend verloren. Während der Instandsetzungsarbeiten in den Jahren 1900/01 im Pastorat ausgelagert, fielen sie bis auf den Altaraufsatz von Hein Baxmann (1613/14), der in der Kirche verblieben war, einem Brand zum Opfer. Kanzel und Gestühl wurden unter Einbeziehung einiger erhaltener Reste dem ursprünglichen Bestand nachempfunden.

M 5 Evangelisch-lutherische Kirche St. Pankratius und Pastorat

M 5.1 Kirche

Alter Kirchdeich 8, Ochsenwerder
Architekten: Johann Leonhard Prey (Turm). Julius Faulwasser (Instandsetzung 1910). Hans Philipp (Instandsetzung 1958–62)
1673/74; Turm 1739–41; Instandsetzungen 1910 und 1958–62

M 4 Evangelisch-lutherische Dreieinigkeitskirche
M 6 Hufnerhaus

Der barocke Backsteinsaal mit hölzerner Tonne und fünfseitig gebrochenem Chor wie in der Dreieinigkeitskirche in Allermöhe (vgl. Nr. M 4) büßte bei der Instandsetzung 1910 die Fachwerkanbauten an der Nord- und Südseite ein; auch das Gestühl wurde erneuert. Die Renovierungsmaßnahmen bis 1962 brachten vor allem umfangreiche Instandsetzungen am Außenmauerwerk, das einschließlich der Strebepfeiler neu aufgeführt wurde. Die wertvollsten Ausstattungsstücke bilden der Flügelaltar von Hein Baxmann (1632/33) und die Orgel von Arp Schnitger (1707/08).

M 5.2 Pastorat

1643
Bei dem Pastoratsgebäude, das älteste erhaltene in den Vier- und Marschlanden, handelt es sich um den ehemaligen Kopfbau eines Kreuzhauses (vgl. den Odemannschen Fährhof, Nr. M 1). Der Wirtschaftsteil wurde 1945 bei einem Luftangriff zerstört.

M 6 Hufnerhaus

Kirchwerder Hausdeich 24, Kirchwerder
Um 1720
Seit der Mitte des 17. Jahrhunderts wurden die Wandtafeln der Vierländer Fachwerkhäuser immer seltener als echte Zierverbände oder Mosaiken ausgeführt. Stattdessen wurde eine Putzschicht auf das Mauerwerk gelegt und nachträglich Ornamente ausgekratzt oder in Sgrafittotechnik aus roten und weißen Deckschichten – Kalk und Ziegelmehl – ausgeführt. Dabei fällt Kirchwerder Hausdeich 24 durch seinen besonders reichen Giebelschmuck auf, der für die Bauzeit um 1720 eigentlich schon ungewöhnlich ist.

M 7 Ehem. Bahnhof »Kirchwärder-Nord«

Norderquerweg 148, Kirchwerder
Architekt: Hermann Schomburgk
1912
Jahrhundertelang wurde der Gütertransport zwischen den Vier- und Marschlanden und der Stadt Hamburg vor allem auf dem Wasserwege bewältigt. Erst im 20. Jahrhundert erhielt das traditionelle Obst- und Gemüseanbaugebiet, das selbst die Berliner Märkte belieferte, auch einen Eisenbahnanschluß. 1911/12 wurde die Vierländer Bahn von Bergedorf-Süd über Curslack, Neuengamme und Kirchwerder nach Zollenspieker fertiggestellt, 1919 bis 1927 folgte dann auch sukzessive die bereits vor dem Ersten Weltkrieg projektierte Marschbahn von Geesthacht über Altengamme und Ochsenwerder nach Billbrook, die ursprünglich bis zu den Großmarkthallen am Deichtor durchgeführt werden sollte. Heute ist die ursprüngliche Streckenführung nur noch an den Radwanderwegen ablesbar, die nach dem Abbau der Gleise auf den Trassen angelegt wurden.

Für die Stationsgebäude der Vierländer Bahn wurde ein Wettbewerb unter den Mitgliedern des Hamburger Architekten- und Ingenieurvereins ausgeschrieben, den Karl Elkart und Karl Pewe für sich entscheiden konnten (z. B. die Station Curslack-Neuen-

M 7 Ehem. Bahnhof »Kirchwärder-Nord«

gamme, Odemannsheck 5 von Pewe). Zum wohl anspruchsvollsten Projekt auf dieser Strecke geriet aber die Station »Kirchwärder-Nord« von Hermann Schomburgk, die exemplarisch den »Neu-Vierländer Stil« verkörpert, wie er sich mit der Heimatschutzdiskussion um 1900 durchzusetzen begann (vgl. Nr. M 19.2): Hohe Krüppelwalmdächer über Fachwerkgiebeln und die Zierverbände der Wandtafeln lassen eher an das Haupthaus eines stattlichen Gehöfts als an ein Verkehrsbauwerk denken. Sachlicher gestaltet waren die Stationen der 20er Jahre, u.a. von Grell & Pruter, wenn auch hinsichtlich der expressionistischen Dekorationsformen kaum weniger repräsentativ.

M 8 Evangelisch-lutherische Kirche St. Severin und Pastorat

Kirchenheerweg 6, Kirchwerder

M 8.1 Kirche

Kernbau 13. Jahrhundert; Brauthaus 1649/50; Erweiterung und Umbau 1785–91

St. Severin birgt noch Reste einer Feldsteinkirche aus dem 13. Jahrhundert, die im Laufe der Zeit mehrfach mit Ziegelmauerwerk erweitert und ausgebessert wurde. Die Erneuerungsmaßnahmen von 1785 bis 1791 kamen in weiten Teilen einem Neubau in Backstein gleich. Dabei erhielt das Kirchenschiff auch ein Tonnengewölbe statt der bisherigen flachen Decke, so daß der Saalbau mit fünfseitigem Chorschluß schließlich auch in dieser Hinsicht dem allgemein üblichen Sakralbautypus in den Vier- und Marschlanden entsprach (vgl. Nr. M 4 und M 5). Die Ausstattung stammt im wesentlichen aus dem ausgehenden 18. Jahrhundert, z. T. unter Verwendung älterer Stücke, sowie von 1806 (Kanzel und Taufe). Der schlichte Holzturm, der bereits 1604 vorhanden war (Turmspitze 1771), befindet sich als Solitär auffällig abseits des Kirchenschiffs.

M 8.2 Pastorat

Architekten: Distel & Grubitz
1924

Der kompakte Klinkerbau mit rotem Pfannendach wirkt bodenständig. Die Spitzbogenfenster und die dreieckigen Dachgauben sind typische modische Zutaten des Klinkerexpressionismus. Auch der ursprüngliche Anstrich der Fenster, chromgelb mit zinnoberroten Leisten, belegt einmal mehr die Experimentierfreudigkeit der Architekten während der Inflationsjahre.

M 9 Hof Eggers

Kirchwerder Mühlendamm 5, Kirchwerder
Turmspeicher um 1535; Längsdielenscheune 1631; Fachwerkscheune um 1820; Haupthaus 1834

Das Gehöft, einige hundert Meter abseits der Hauptstraße versteckt, stellt eines der besterhaltenen bäuerlichen Anwesen in den Vier- und Marschlanden dar. Dabei ist nicht nur die Hofstruktur selbst mit ihren typischen Nebengebäuden von hohem dokumentarischen Wert, diese Gebäude stammen zudem auch noch aus verschiedenen Epochen, wie der Turmspeicher von 1535, der der Lagerung von Getreide diente und der älteste überlieferte Bau dieser Art überhaupt ist, oder die hundert Jahre jüngere Längsdielenscheune, ebenfalls in Holzbauweise. Zeittypisch ist der elegante Bogenwalm über dem Wirtschaftsgiebel des Haupthauses von 1834. Bemerkenswert ist schließlich auch die Gestaltung der Außenbereiche. Durch den Verzicht auf die heute übliche Oberflächenversiegelung der Verkehrswege und des Hofs sowie die schlichte Vorgartengestaltung vermittelt sich hier ebenfalls noch der Eindruck eines vorindustriellen Agrarbetriebs. Heute wird auf dem Hof mit ökologischen landwirtschaftlichen Methoden gearbeitet.

M 10 Ehem. Konzentrationslager Neuengamme

Jean-Dolidier-Weg, Neuengamme
1940–44

Nur wenige Gebäude sind heute noch von dem Konzentrationslager erhalten, das 1938 als Außenlager des KZs Sachsenhausen in einer stillgelegten Neuengammer Ziegelei untergebracht worden war, bevor ab 1940 mit dem systematischen Ausbau der Lagereinrichtungen begonnen wurde. Insgesamt 106 000 Menschen waren im Neuengammer Stammlager und seinen norddeutschen Außenlagern bis kurz vor Kriegsende inhaftiert. Rund die Hälfte von ihnen kam durch die unmenschlichen Haft- und Arbeitsbedingungen ums Leben oder wurde systematisch ermordet. Ein Teil der Gefangenen wurde auch von hier aus in die polnischen Vernichtungslager deportiert. Nachdem die skandinavischen Häftlinge im März und April 1945 mit Hilfe des Schwedischen Roten Kreuzes in ihre Heimatländer zurückkehren durften, wollte die SS keine weiteren Zeugen ihrer Verbrechen hinterlassen. Kurz vor Kriegsende wurden deshalb die verbliebenen Häftlinge auf Todesmärsche in andere Lager geschickt oder auf Schiffen eingesperrt, die schutzlos in der Lübecker Bucht lagen. Das zynische Kalkül ging auf. Am 3. Mai 1945 wurden die Cap Arkona und die Thielbek durch einen Bombenangriff der Royal Air

M 10 Ehem. Konzentrationslager Neuengamme. Klinkerwerk

Force versenkt. Etwa 7000 Häftlinge kamen dabei kurz vor der Kapitulation ums Leben.

Den Auftakt der ehemaligen Lagereinrichtungen bildet die kleine Einfamilienhausgruppe am Klinkerweg für die Wachleute des KZs und ihre Angehörigen. Das heutige Gelände der Gedenkstätte und des Dokumentenhauses (vgl. unten) war ursprünglich die Lagergärtnerei. Hier wurde mit der Asche aus dem Lagerkrematorium gedüngt! Im ehemaligen Klinkerwerk Jean-Dolidier-Weg 45 der SS-eigenenen »Deutschen Erd- und Steinwerke GmbH« (1940–42) sollte der Klinker für die Umgestaltung Hamburgs zur »Führerstadt« unter Konstanty Gutschow hergestellt werden; nach den schweren Luftangriffen im Sommer 1943 wurden hier außerdem Betonfertigteile für den Behelfsheimbau produziert (»Plattenhäuser«, vgl. Nr. H 32 und K 64). Während die Ziegelfabrikation automatisiert war, zählte die harte körperliche Arbeit in den Tongruben zu den »Todeskommandos«. Ein sadistisches Vergnügen bereitete es den SS-Wachmannschaften offenbar auch, die völlig entkräfteten Häftlinge mit den schwerbeladenen Tonloren die schräge Rampe des Klinkerwerks hinaufzutreiben. Auch bei der Regulierung der Dove Elbe und beim Bau des Stichkanals für den Abtransport der Ziegel mit Schuten wurde die Losung von der »Vernichtung durch Arbeit« umgesetzt.

Südlich des Klinkerwerks schloß die SS-Kaserne an, von der außer den Werkstatt- und Garagengebäuden nur noch das Pförtnerhaus mit dem Wachturm erhalten ist: schlichte, traditionalistisch gefärbte Klinkerarchitekturen wie auch der übrige überlieferte Baubestand. Die Häftlingsunterkünfte bestanden dagegen zum überwiegenden Teil aus primitiven Holzbaracken, die die Gefangenen 1940 selber errichten mußten. Sie befanden sich auf dem Gelände der heutigen Justizvollzugsanstalt Jean-Dolidier-Weg 75, seit 1943/44 abgeschirmt von den beiden parallelen Klinkertrakten, in denen ebenfalls Häftlinge untergebracht waren. Im Süden der Baracken lag der Arrestbunker, der nicht nur zu Haftzwecken unter verschärften Bedingungen diente, sondern auch als Hinrichtungsstätte. Ihm benachbart war das Krematorium, heute eine weitere Gedenkstätte. Die südöstlich hiervon angesiedelten Werkshallen wurden von der Waffenfabrik Walther genutzt (heute Dokumentationszentrum). Auch andere große Unternehmen nutzten die billigen Arbeitskräfte.

M 10.1 Ehem. Dokumentenhaus und Gedenkstätte

Architekten: Hochbauamt (Gedenkstätte). Walter J. M. Bunsmann und Paul-Gerhard Scharf (Dokumentenhaus)

Gedenkstätte 1965; Dokumentenhaus 1980/81

Die Gedenkstätte in Neuengamme wurde maßgeblich auf Initiative der »Amicale de Neuengamme«, einer Organisation ehemaliger Häftlinge des Konzentrationslagers, eingerichtet – während der Hamburger Senat sich gegenüber diesem Anliegen immer zögerlich verhalten hatte. Zwei Mauern grenzen eine Rasenfläche aus dem ehemaligen Lagergelände aus; Schrifttafeln erinnern an die Außenlager des KZs, die Zahl der Opfer und ihre Herkunftsländer. Die 20 m hohe Stele soll den Schornstein des Krematoriums symbolisieren. Die expressive Bronzeplastik eines sterbenden Häftlings stammt von der französischen Bildhauerin Françoise Salmon, einer Überlebenden des Vernichtungslagers Auschwitz. Erst anderthalb Jahrzehnte später erhielt die Gedenkstätte auch ein Dokumentationszentrum.

M 11 Kate

Zwischen den Zäunen 17, Neuengamme

Wohngiebel um 1660; Wirtschaftsgiebel im 19. Jahrhundert erneuert

Der Wohngiebel der Kate Zwischen den Zäunen 17 stellt mit seinen Zierverbänden und Putzmosaiken ein herausragendes Beispiel für den aufwendigen Baustil dar, der die Vierländer Architektur des 17. Jahrhunderts kennzeichnet (vgl. Nr. M 12).

M 11 Kate

M 12 Kate

Neuengammer Hausdeich 254, Neuengamme
Mitte 16. Jahrhundert; Außenfachwerk von 1653

»Am deutlichsten demonstriert die Kate Neuengammer Hausdeich 254 ... die Baukunst des 17. Jahrhunderts. Das einfache Fachwerk wird von in Zierverbänden gelegten Wandtafeln geschmückt, die Holzteile sind üppig mit Kerbschnittmotiven an Schwellen, Füllhölzern, Knaggen und sogar an den Kragbalken ausgeziert. Sie ist die prächtigste erhaltene Kate dieser Zeit und zeigt, sicherlich abhängig von der materiellen Potenz ihrer Erbauer, den Wert, der einem im Detail gut ausgearbeiteten Außenbau beigemessen wurde« (Schmal [1986], S. 29). – Um so unverständlicher bleibt angesichts dieser kunsthistorischen Würdigung, warum das seit 1942 in die Denkmalliste eingetragene Gebäude am Ostgiebel durch einen plumpen Anbau mit Flachdach (!) entstellt werden konnte. Auch der Altbau selbst hat durch eine neue Ausmauerung der Gefache stark an Authentizität eingebüßt.

M 13 Hufnerhaus

Neuengammer Hausdeich 245, Neuengamme
Um 1585; Außenfachwerk 1828

Der stattliche Bau mit den unaufwendigen, in ihrer seriellen Struktur aber um so wirkungsvolleren klassizistischen Fachwerkfassaden stammt im Kern noch aus dem 16. Jahrhundert. Kaum wesentlich jünger ist die Längsdielenscheune von 1598, die somit eine der ältesten in den Vier- und Marschlanden ist.

M 14 Evangelisch-lutherische Kirche St. Johannis und Pastorat

Feldstegel 18, Neuengamme

M 14.1 Kirche

Architekten: Sandtmann & Grundmann (Instandsetzung Innenraum)
Kernbau 13. Jahrhundert; Chor vermutl. 14. Jahrhundert; Brauthaus 1619; Glockenturm 1750; Instandsetzung und Erweiterung 1801–03; Instandsetzung und Umgestaltung des Innenraums 1956–59

Von der Feldsteinkirche des 13. Jahrhunderts, 1261 erstmalig erwähnt, sind noch Reste in den Langhausmauern erhalten. Der fünfseitig gebrochene gotische Chor wurde bereits in Backstein aufgeführt, ebenso die Erweiterung des frühen 19. Jahrhunderts, bei der die Kirche ihren ebenfalls polygonalen Westschluß und das hölzerne Tonnengewölbe erhielt. Die Instandsetzungsmaßnahmen der Nachkriegszeit zielten darauf ab, den ursprünglichen Raumeindruck des Chors wiederherzustellen, so daß nicht nur die Emporen, sondern auch der klassizistische Altar entfernt wurden, die die Spitzbogenfenster verstellten. An Ausstattungsstücken sind vor allem die mit Intarsien und Schnitzereien geschmückten Wangen und Türen des Gestühls bemerkenswert, die in Teilen noch aus dem 17. und 18. Jahrhundert stammen und an den den Männern vorbehaltenen Sitzreihen bizarr geformte Hutständer aufweisen.

M 14 Evangelisch-lutherische Kirche St. Johannis

M 14.2 Pastorat

Architekt: Wilhelm Matthies
1906

Schönes Beispiel für die heimatstiligen Tendenzen, die sich ab der Jahrhundertwende im Bauen der Vierlande durchzusetzen begannen.

M 15 Hufnerhäuser

M 15.1 Hufnerhaus

Neuengammer Hausdeich 343, Neuengamme
1626

M 15.2 Hufnerhaus

Neuengammer Hausdeich 413, Neuengamme
Kernbau um 1559; Wohngiebel Anfang 17. Jahrhundert; Hofgiebel und Seitenwände 1900

Die beiden Hufnerhäuser ragen durch ihre aufwendig gestalteten Wohngiebel heraus, wobei neben den Schmuckverbänden in den Wandtafeln vor allem die geschweiften Andreaskreuze der Fachwerkverbände auffallen. Deutlich ablesbar an Neuengammer Hausdeich 343 ist die ursprüngliche Lage der Deichtür (heute vermauert). Sie verweist auf den bis 1660 üblichen Deichgang im Kammerfach (Wohnteil), der die Wohnung der Bauernfamilie von der des Altenteilers trennte. Als 1660 diese getrennte Haushaltsführung untersagt wurde, wohl um die Höfe nicht in ihrer Wirtschaftskraft zu schwächen, denn im Kriegsfall wurden Abgaben an die Besatzungstruppen haushaltsweise erhoben, wurden die Deichtüren geschlossen und der nun überflüssige Gang den Stuben zugeschlagen.

M 16 Haus Peters

Neuengammer Hausdeich 482, Neuengamme
Architekt: Friedhelm Grundmann
1969/70

Schlichter Backsteinbau für den Bildhauer H. W. Peters; Wohn- und Atelierteil werden nach außen durch die Pultdächer differenziert: die angenehmere Alterna-

M 17 Freilichtmuseum Rieckhaus

tive zu den »Friesenhäusern« und Walmdachbungalows, die das Bauen in dieser Gegend heute beherrscht.

M 17 Freilichtmuseum Rieckhaus
Curslacker Deich 284, Curslack
Kernbau um 1530; Wohnteil 1663; Restaurierung 1948–54

M 18 Evangelisch-lutherische Kirche St. Johannis

Das außergewöhnlich schöne Hufnerhaus stammt im Kern aus der Zeit um 1530. 1663 wurde der Wohnteil neu erbaut mit einem aufwendig gestalteten Giebel, der nicht nur die in der ersten Hälfte des 17. Jahrhunderts häufiger anzutreffenden Fachwerkverbände in Form von Andreaskreuzen zeigt (vgl. Nr. M 15), sondern auch ungewöhnliche viertelkreisförmige Fußbänder, die sonst an keinem der noch erhaltenen Häuser in den Vierlanden auftauchen. Am Giebel ist noch die Lage der Deichtür ablesbar, die ursprünglich als Haupteingang diente (vgl. ebenda). Nach dem Zweiten Weltkrieg wurde das baufällige Gebäude sukzessive instandgesetzt und als Außenstelle des Altonaer Museums zu einem Freilichtmuseum ausgebaut. Eine Scheune von 1663, ein sogenannter Heuberg – ursprünglich zur offenen Getreidelagerung, später vor allem für Heu genutzt – sowie die letzte noch erhaltene Feldentwässerungsmühle mit einer archimedischen Schraube, die 1780 auf Initiative der Patriotischen Gesellschaft in den Vier- und Marschlanden eingeführt wurde und das bis dahin gebräuchliche Schaufelrad ersetzte, ergänzen das Ensemble.

Das Rieckhaus ist ein typisches Vierländer Fachhallenhaus in Zweiständerbauweise, d. h. mit zwei innenliegenden Stützenreihen. Die Längsdiele mit den Kübbungen (Stallabseiten), das Flett – die querliegende Wohndiele – und das Kammerfach (Wohnteil) mit den Dönsen (Stuben) sind unter einem Dach vereint. Dabei unterscheiden sich Hufnerhäuser und Hallenkaten zwar hinsichtlich ihrer Grundfläche, nicht aber des

M 19.1 Evangelisch-lutherische Kirche St. Nikolai

Grundrisses voneinander. Charakteristisch für die Vierlande ist auch die Aufteilung des Kammerfachs in die Lüttdöns für den Altenteiler und die Grootdöns für die Bauernfamilie, jeweils mit Wandbetten und -schränken sowie Wandverkleidungen aus niederländischen Kacheln. Im Flett ist noch ein Bodenherd erhalten, der jedoch bereits im 16. Jahrhundert durch Wandherde (Diggen) mit Holztüren zum Schutz vor Funkenflug verdrängt wurde; der offene Herd für den Altenteiler befindet sich in einem Vorraum. Das Vierländer Bauernhaus war bis in das 19. Jahrhundert hinein ein Rauchhaus, d. h. der Rauch zog ohne Schornstein ab. Um wenigstens die Stuben rauchfrei zu halten, wurden die Bilegger (Öfen) vom Flett aus beheizt.

M 18 Evangelisch-lutherische Kirche St. Johannis

Tönerweg/Rieckweg 3, Curslack
1599–1603; Umbau und Erweiterung 1801/02; Instandsetzungen 1903 und 1979–81

Der Fachwerksaal wurde 1801/02 um Querarme erweitert. Die schöne geschweifte Turmhaube stammt von 1761. An Ausstattungsstücken ist vor allem der Altaraufsatz von 1689 hervorzuheben, der aus den geborgenen Fragmenten des Barockaltars der 1944 zerstörten Harburger Dreifaltigkeitskirche zusammengesetzt wurde (weitere Bestandteile diese Altars befinden sich heute in der Kreuzkirche in Wilhelmsburg, Nr. K 39). An weiteren Ausstattungsstücken sind die Kanzel von 1599 erwähnenswert (Kanzelfuß im 18. Jahrhundert erneuert), die Beichtkammer von 1775 und die hierüber angebrachte ehemalige Orgelempore von 1621. Schmiedeeiserne Hutständer markieren die Bankreihen, die ursprünglich den männlichen Gottesdienstbesuchern vorbehalten waren. Den Eingang zum Kirchhof flankiert die schlichte, aber stattliche Kate Tönerweg 2 von 1802.

M 19 Evangelisch-lutherische Kirche St. Nikolai und Pastorat

Kirchenstegel 11, Altengamme

M 19.1 Kirche

Architekt: Julius Faulwasser (Instandsetzung 1907/08)
1. Hälfte 13. Jahrhundert; Umbau 1748–52; östliches Portalvorhaus 1637 erstmalig erwähnt; westliches Portalvorhaus 1837; Instandsetzung und östliches Brauthaus 1907/08; Instandsetzung 1950–54

Die St.-Nikolai-Kirche in Altengamme, ein schlichter Feldsteinsaal, ursprünglich mit eingezogenem Chor, erhielt ihr heutiges Erscheinungsbild in der Mitte des 18. Jahrhunderts. Der Turm datiert im Kern von 1605. Ebenfalls zum überwiegenden Teil aus der Umbauzeit um 1750 stammt die Innenausstattung, die mit skurrilen schmiedeeisernen Hutständern, farbenfrohen Marmorierungen der hölzernen Einbauten, Goldleisten

M 21 Hufnerhaus

und reichen Intarsien an den Wangen und Türen des Gestühls die Schmuckfreude der ländlichen Bevölkerung belegt und St. Nikolai wohl zum malerischsten aller Gotteshäuser in den Vier- und Marschlanden macht. Von der früheren Ausstattung sind noch das Bronzetaufbecken aus dem 14. Jahrhundert und der Taufdeckel aus dem 17. Jahrhundert erhalten.

M 19.2 Pastorat

Architekt: Hugo Groothoff
1902

1901 wurde der Verein für Vierländer Kunst und Hei matkunde gegründet, einer der ersten Heimatschutzvereine im Hamburger Raum überhaupt, der von so namhaften Persönlichkeiten wie den Museumsdirektoren Alfred Lichtwark (Kunsthalle) und Justus Brinckmann (Museum für Kunst und Gewerbe) oder den Architekten Julius Faulwasser, Hugo Groothoff und Erich Elingius gefördert wurde. Eine Pioniertat des Vereins war die Gestaltung des Pastorats von St. Nikolai, das Groothoff zusammen mit dem Maler Oskar Schwindrazheim nach Skizzen des Altengammer Pastors Natus gestaltet hatte und das mit Fachwerkgiebeln, Schmuckverbänden sowie dem Krüppelwalmdach wesentliche Kennzeichen des traditionellen Vierländer Bauernhauses wiederaufnimmt – wobei hinsichtlich der kompakten Bauform, der Veranda und des Verzichts auf einen Wirtschaftsteil mit Stallungen jedoch auch deutlich die Vorstadtvilla der Jahrhundertwende durchscheint. Auch das Wohnhaus des Kirchendieners Kirchenstegel 9 (1908), das von dem Zimmermeister Ernst Carsten Hamester stammt, ist beispielhaft für diese Entwicklung.

M 20 Enteisungswerk

Curslacker Heerweg 137, Curslack
Architekt: Hans L. M. Loop
1928

Das Enteisungswerk des Grundwasserwerks Curslack gehört zu dem Vierländer Wasserschutzgebiet, das sich zwischen Curslacker Neuem Deich und Altengamme-Borghorst erstreckt und der Wasserversorgung der Stadt Hamburg dient. Die expressive Gliederung der langgestreckten Front durch scheibenartige Vorlagen macht die Konstruktionsachsen des Stahlbetonskelettbaus ablesbar. Auch der überhöhte Eingangsrisalit verweist auf den Klinkerexpressionismus der Weimarer Republik, während die Fensterbänder und das flächige Mauerwerk bereits dem Einfluß des Neuen Bauens zuzurechnen sind.

M 21 Hufnerhaus

Horster Damm 345, Altengamme
Um 1800

Mit dem Übergang in das 19. Jahrhundert beginnt sich das Bild der Bauernhäuser in den Vier- und Marschlanden zu wandeln. Auf Putzmosaike und Zierverbände in den Ausfachungen wird nun meist verzichtet. Auch das Fachwerk selbst präsentiert sich weitaus schlichter. Vorkragungen werden nur noch angedeutet, schmuckhafte Balkensetzungen fehlen ganz. Eine Ausnahme bildet jedoch das Hufnerhaus Horster Damm 345, wo nicht nur die beiden Dachgeschosse noch deutlich vorkragen, sondern auch die Balkenköpfe in Voluten auslaufen. Außerdem sind die Rähmen mit reichen Schnitzereien geschmückt, wobei jedoch offenbleiben muß, ob dieser Zierrat nicht eine Zutat der Gründerzeit ist.

M 22 Großsiedlung Neu-Allermöhe Ost (Allermöhe I)

Rahel-Varnhagen-Weg/Anita-Rée-Straße/Henriette-Herz-Ring/Fanny-Lewald-Ring u.a., Allermöhe
Architekten: Architektenbüro Petzold-Hansjacob (Funktionsplan). Patschan, Werner, Winking (städtebaulicher Rahmenplan). A. P. B. Architektengruppe Planen & Bauen. Johannes Lupp. PPL Planungsgruppe Professor Laage. nps Architekten BDA Nietz, Prasch, Sigl. Planum. Stabenow & Siemonsen u.a. (Bebauung)
1979; Feststellung Bebauungsplan
1982; Bebauung 1984–94

M 22.3.1 Reihenhäuser mit Maisonettes

Allermöhe wurde im Flächennutzungsplan 1973 als Siedlungsgebiet ausgewiesen und sollte ursprünglich mit einem weitaus größeren Umfang als verdichtete Großsiedlung für 78 000 Einwohner Gestalt annehmen. Der angestrebte Maßstab und das städtebauliche Konzept stießen jedoch schon bald auf so heftige Kritik, daß das Projekt 1976 gestoppt werden mußte. Der ab 1979 neu erarbeitete städtebauliche Entwurf sah statt dessen eine kleinstädtische Bebauung für 9 000 Einwohner vor (Geschoßflächenzahl 0,6), die in weiten Bereichen durch ein- bis zweigeschossige Reihenhäuser gekennzeichnet wird. Auch die »Grachten«, die von Grünzügen begleitet werden, verweisen auf den niederländischen Siedlungsbau. Die städtebauliche Umsetzung dieser Leitbilder kann als geglückt bezeichnet werden. Der gestalterische Anspruch der betont abwechslungsreichen Bebauung – zwischen moderater Postmoderne und schlichten Polder-Reihenhäuschen mit Pultdach und Carport schwankend –, läßt mit Ausnahme einiger weniger Entwürfe (vgl. unten) jedoch mehr als zu wünschen übrig. Außerdem wurde mit der Ausweisung der ehemaligen Ackerfläche als Siedlungsgelände der Raubbau an der einzigartigen Kulturlandschaft der Vier- und Marschlande forciert.

M 22.1 Geschoßwohnbauten

Rahel-Varnhagen-Weg 26 und 38
Architekten: A. P. B. Architektengruppe Planen und Bauen; Mitarbeiter: Matthias Preugschas, Michael Martin, Dirk Hansen, Anke Zimmermann
1985 W, 1993/94

Zu den eindeutigen Minuspunkten von Allermöhe I zählt die unattraktive Gestaltung des Ladenzentrums an der S-Bahnstation Nettelnburg. Nur die beiden Geschoßwohnbauten von A. P. B. fallen hier positiv auf: disziplinierte Klinkerarchitekturen mit großstädtischem Anspruch, die sich auffällig von der inszenierten Kleinstadtidylle der Siedlung abheben.

M 22.2 Römisch-katholische Kirche Edith Stein

Edith-Stein-Platz 1
Architekten: A. P. B. Architektengruppe Planen & Bauen; Mitarbeiter: Bernd Wessling, Dirk Hinzpeter, Marjan Grossmann, Sabine Wenzel
1989 W, 1991–93

Einer der bemerkenswertesten Sakralbauten, die seit dem Ende des Kirchenbaubooms um 1970 in Hamburg noch realisiert wurden. Dabei ist die beengte Lage auf einem Eckgrundstück im Ladenzentrum von Neu-Allermöhe alles andere als günstig; Jeans-Shop, Supermarkt und Sparkassenfiliale konkurrieren hier mit dem Gotteshaus. Auf einen konventionellen Glockenturm wurde denn auch verzichtet. Eine klösterlich anmutende Ummauerung schirmt den Gemeindekomplex gegenüber seinem Umfeld ab. Nur ein Kreuz verweist formelhaft auf die Funktion des orangebunten Klinkerzylinders, der den Gottesdienstraum enthält. Auch im betont nüchternen Innern wurde auf sakralisierende Gesten verzichtet. Hier setzt ein Glasfenster von W. Gies den sparsamen Akzent.

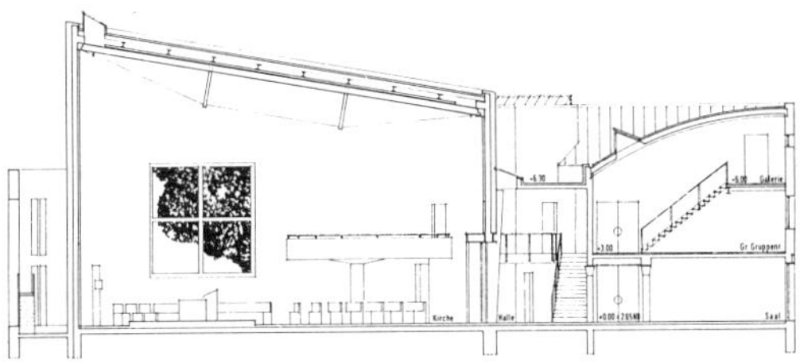

M 22.2 Römisch-katholische Kirche Edith Stein

M 22.3 Reihenhäuser Fanny-Lewald-Ring
M 22.3.1 Reihenhäuser mit Maisonettes

Fanny-Lewald-Ring 25–53b
Architekten: PPL Planungsgruppe Professor Laage; Mitarbeiter: Roman Olszowka
1991–93

Waren hier ursprünglich zweigeschossige Reihenhäuser vorgesehen, so wurde die Bebauungsdichte angesichts des akuten Wohnungsmangels um ein zusätzliches Vollgeschoß mit Maisonettes erhöht, die durch Schlafgalerien unter den Dachschrägen einen besonderen Reiz erhalten. Die Wohnungen sind vergleichsweise knapp geschnitten, aber sorgsam durchdacht. Hervorzuheben ist auch die städtebauliche Lösung. Die Reihenhauszeilen formen Blockkanten und bilden somit ein ordendes Element in dem offenen Gelände der Marsch. Auch die patinagrünen Verkleidungen der Obergeschosse und die pastellfarbenen Haustüren verleihen den Bauten im Zusammenklang mit dem dunklen Klinker eine starke Signifikanz.

M 22.3.2 »Gestapelte Reihenhäuser«

Fanny-Lewald-Ring 208–258
Architekten: A. P. B. Architektengruppe Planen & Bauen; Mitarbeiterin: Sabine Ahlreip
1990, 1991/92

Auch die Reihenhauszeilen am südlichen Abschnitt des Fanny-Lewald-Rings verkörpern einen bemerkenswerten Ansatz zur intensiveren Ausnutzung des knappen Baugrunds. Die zweigeschossigen Wohnungen sind jeweils wie konventionelle Reihenhäuser aufgeteilt: unten Wohnraum und Küche, oben Schlafräume und Bad. Auffällig ist dabei der sparsame Einsatz der gestalterischen Mittel: Hier werden – bei aller Qualität im Detail – nicht mehr die wirtschaftlichen Zwänge geleugnet, denen der öffentlich geförderte Wohnungsbau heute wieder unterliegt (was nicht nur in architektonischer Hinsicht an den Siedlungsbau der Weimarer Republik erinnert). Bedauerlich ist nur, daß auf eine stärkere Gliederung der Baukörper verzichtet wurde und somit z. B. auf Risalite, die die exponierten Balkone und Außengänge abgeschirmt hätten – im rauhen norddeutschen Klima ein unabdingbares Muß!

M 22.4 Grund- und Gesamtschule Allermöhe-Ost

Architekten: MRL Architekten BDA Markovic, Ronai, Lütjen, Voss; Mitarbeiter: Michael Stumpf, Darko Milicevic (Wettbewerb), Achim Niemann, Silke Hubert, Bernd Ohrenberg, Britta Callsen, Sven Schäfer, Oliver Brüch, Dennis Matthiesen (Projektbearbeitung)
1991 W, 1993–1995

Die signifikante Bauform des Schulgebäudes resultiert aus seiner Lage; der kreisrunde Baukörper mit den Fensterbändern öffnet die Klassen nicht nur zu den Grünflächen, sondern bildet stadträumlich auch gleichsam das »Scharnier« zwischen Allermöhe I und Allermöhe II, während der langgestreckte Riegel an der Eingangsseite die Schule an das rechtwinklige Layout des neuen Siedlungsgebiets anbindet. Die Materialwahl unterstreicht diese Zweiteilung: Klinker für den Riegelbau, Profil- bzw. Lochbleche für die Brüstungen und den Sonnenschutz des Rundlings.

M 23 Großsiedlung Neu-Allermöhe West (Allermöhe II)

Allermöhe
Architekten: FPB, Freie Planungsgruppe Berlin (städtebauliches Strukturkonzept). APB. Architekten. v. Bassewitz, Patschan, Hupertz, Limbrock. Busack & Göb. nps Architekten Nietz, Prasch, Sigl u.a. (Bebauung)
Planungsbeginn 1989, Realisierung ab 1993

Im Unterschied zu Allermöhe I (vgl. Nr. M 22), das ringartig erschlossen wird, liegt Allermöhe II eine übersichtliche rechtwinklige Struktur zugrunde, die diagonal von einer Pappelallee als Fußwegachse durchschnitten wird. Außerdem wurde hier eine höhere Bebauungsdichte angestrebt, so daß die Siedlung bei insgesamt 4500 Wohneinheiten nur 800 Einfamilienhäuser aufweist. Ein Grünzug mit Kleingärten und Badesee trennt die beiden Siedlungsgebiete. Die Läden konzentrieren sich an einer neu anzulegenden S-Bahnstation, wo auch das Studentenwohnheim von v. Bassewitz, Patschan, Hupertz, Limbrock liegt. Herausragend sind die »Stadtvillen« am Fleet, u. a. von Busack & Göb und APB. Architekten, und die Geschoßwohnbauten an der Von-Moltke-Straße, ebenfalls von APB. Architekten sowie Nietz, Prasch, Sigl. Auch für die Grundschule zeichneten APB. Architekten verantwortlich.

M 24 Berufsschulzentrum Bergedorf

Billwerder Billdeich 614–622, Bergedorf
Architekten: v. Gerkan, Marg & Partner (G 13). Graaf, Schweger & Partner (G 20). Hochbauamt (G 19).
1974 W, 1976–78

Das Gewerbeschulzentrum für insgesamt 2500 Schüler umfaßt, von Norden nach Süden gesehen, die Staatlichen Gewerbeschulen Chemie, Pharmazie, Agrarwirtschaft G 13, Arbeits- und Werktechnik G 20 und Bautechnik G 19 sowie zwei Sporthallen. Außerdem gehört zu dem Komplex das Bauernhaus Billwerder Billdeich 616 (1719), das als Gemeinschaftszentrum dient. Der Rahmenplan ging aus einem städtebaulichen Wettbewerb hervor, den v. Gerkan, Marg & Partner für sich entscheiden konnten. In Abkehr von den »Bildungsmaschinen« der frühen 70er Jahre wurde bei diesem Projekt wieder nach Überschaubarkeit und menschlichem Maßstab gestrebt. Backsteinfassaden und Sprossenfenster mit kräftigem Profil bestimmen das äußere Erscheinungsbild.

M 25 Fachhochschule Bergedorf und Studentenwohnheim

Lohbrügger Kirchstraße 65/Billwiese, Lohbrügge
Architekten: Arbeitsgemeinschaft Heinz Graaf und Peter Schweger (Planung). Graaf & Schweger (Realisierung)
Fachhochschule 1964, 1967–72; Studentenwohnheim 1965–69

Nutzungsflexibilität und rationalisierte Bauverfahren sind die Schlagworte, die die architektonische Diskussion der 60er Jahre beherrschten, hier aber ausnahmsweise einmal nicht zum völligen Maßstabsverlust und zur Vernachlässigung gestalterischer und sozialer Belange geführt haben. Vielmehr gelang mit der Fachhochschule für Produktions- und Verfahrenstechnik ein stark differenzierter, auch im Innern lichter und weiträumiger Baukomplex, der zudem über eine unverwechselbare architektonische Identität verfügt. Der Konstruktion liegt ein Raster von 8,4 m x 8,4 m zugrunde, das durch einen Stahlbeton-»Tisch« mit

M 25 Fachhochschule Bergedorf

vier Stützen gebildet wird, der beliebig aneinandergereiht und bis zu maximal fünf Einheiten hoch übereinandergestapelt werden kann; der Innenausbau erfolgt im Achsmaß von 1,2 m. Die Decke ist als Hohlkastenstruktur ausgebildet, wodurch die Verlegung der Installationsleitungen entscheidend vereinfacht wird. Auch das Studentenwohnheim an der Billwiese wurde nach dem »Baukastenprinzip« errichtet mit U-förmigen Betonelementen, die jeweils zwei Zimmer überspannen. Hier vermag das Ergebnis jedoch weniger zu überzeugen, zumal im Hinblick auf die plumpen Endlosbrüstungen der Balkone.

M 26 Evangelisch-lutherische Erlöserkirche

Lohbrügger Kirchstraße 9, Lohbrügge
Architekt: Hugo Groothoff
1897–99

Reich gegliederter neogotischer Backsteinbau im Sinne der »Hannoverschen Schule« mit Einturm: ein Kirchentypus, der um 1900 im Hamburger Raum längst zur Konvention geworden war.

M 27 Ehem. Volksschule Leuschnerstraße

Leuschnerstraße 13, Lohbrügge
Architekt: Preußische Staatshochbauverwaltung
1931/32

Qualitätvolles Beispiel für das Neue Bauen im Großhamburger Raum. Lohbrügge gelangte erst mit dem Groß-Hamburg-Gesetz von 1937 an die Hansestadt. Nicht Schumachersche Klinkerstrickerei bestimmte hier denn auch den Schulentwurf, sondern die sachliche Moderne der preußischen Hochbauverwaltung.

M 28 Amtsgericht Bergedorf

Ernst-Mantius-Straße 8, Bergedorf
Architekt: Hochbauwesen, Fritz Schumacher
1926/27

Der Komplex aus Gerichtsgebäude und Gefängnis wurde in einer schmalen Seitenstraße errichtet. Die Gliederungsmotive an der langgestreckten Klinkerfront beschränken sich angesichts dieser beengten Lage im wesentlichen auf Gurt- und Sohlbankgesimse, die der gleichmäßig durchfensterten Lochfassade einen dynamischen Zug verleihen. Die Terrakotten stammen von Richard Kuöhl.

M 29 Bergedorfer Schloß

Bergedorfer Schloßstraße, Bergedorf
Architekt: Ingenieurwesen, Oberingenieur Franz Andreas Meyer (Nordflügel und Torturm)
Ostflügel 1589/90; Westflügel 1610; Südflügel 1661; Nordflügel und Torturm 1897–1901

Geschlossene Vierflügelanlage mit Torturm und Wassergraben (ab 1805 entfestigt). Der Burgbau wurde 1212 erstmalig urkundlich erwähnt. 1420 wurde die Bergedorfer »Raubburg« von Hamburg und Lübeck erobert; der letzte Burgherr Herzog Erich IV. von Sachsen-Lauenburg war offenbar nicht willens oder in der Lage gewesen, den Beutezügen seiner Adeligen,

M 29 Bergedorfer Schloß

die den Handel zwischen den beiden Hansestädten bedrohten, Einhalt zu gebieten. Danach war das Schloß bis 1867 Sitz der Amtmänner von Bergedorf, die abwechselnd von Hamburg und Lübeck gestellt wurden.

Die Nutzung als Kaserne während der französischen Besetzung 1806–13 hinterließ das Gebäude in einem ruinösen Zustand. Der Zwinger von 1512/13 an der Nordwestecke des Schlosses stürzte 1816 ein. Der Ostflügel birgt in seinen Fundamenten noch Reste eines mittelalterlichen Vorgängerbaus aus den Jahren 1467–69. Die Sandsteinbänderung der Ziegelfassaden und die Staffelgiebel verweisen auf Vorbilder aus der niederländischen Renaissance.

Bei den Erneuerungsmaßnahmen ab 1897, bei denen der Nordflügel von 1593 abgerissen und zusammen mit dem Torturm in der glatten neogotischen Backsteinarchitektur der »Hannoverschen Schule« neu errichtet wurde sowie der Ostflügel seinen reich geschmückten Giebel erhielt, wurde das Schloß allerdings zur mittelalterlichen Burg uminterpretiert – stellt es doch eines der letzten baulichen Zeugnisse der Hansezeit in Hamburg dar. Heute ist hier das Museum für Bergedorf und die Vierlande untergebracht.

M 30 Evangelisch-lutherische Kirche St. Petri und Pauli und Pastorat

M 30.1 Kirche

Alte Holstenstraße/Bergedorfer Schloßstraße 5, Bergedorf
Um 1500; westliche Erweiterung 1589–91; Turm 1608/09; südlicher Querarm 1660–70; nördlicher Logenanbau 1707–23; umfassende Erneuerungen 1836 und 1956

Der dörflich anmutende Fachwerksaal ist in architektonischer Hinsicht nicht weiter auffällig. Ungewöhnlich erscheint lediglich der nördliche Anbau von 1723 mit Logen, die an der Außenseite jeweils über eigene Zugänge verfügen. Im stimmungsvollen Innenraum ist noch eine Vielzahl Ausstattungsstücke des 17. und 18. Jahrhunderts erhalten, so vor allem der Altar von 1662 mit einem Kreuzigungsbild von Henrich Dittmers und der Kanzelkorb von 1586, der 1602 seinen heutigen Schalldeckel erhielt. Das Organistenhaus (Hasse-Haus) stammt von 1630. Sein markanter Rundturm gehört seit 1836 zum Bild der Alten Holstenstraße.

M 30.2 Pastorat

Bergedorfer Schloßstraße 2, Bergedorf
Architekten: Distel & Grubitz
1913/14

Der kompakte zweigeschossige Bau läßt mit Backsteinfassaden und Fachwerkverbänden in den Giebeln heimatstilige Bezüge anklingen, wie sie zu dieser Zeit auch typisch für die Vierländer Pastorate waren (vgl. Nr. M 14.2 und M 19.2).

M 31 Historisches Ensemble Alte Holstenstraße und Sachsentor

Alte Holstenstraße/Sachsentor, Bergedorf
17., 18. und 19. Jahrhundert

In der Alten Holstenstraße und am Sachsentor sind noch typische Bergedorfer Bürgerhäuser in Fachwerkbauweise erhalten, z. B. die schlichten Giebelhäuser Alte Holstenstraße 82 (17. und 18. Jahrhundert) und 84 (1713) oder Sachsentor 50 (1700), 52 (1683) und 54 (1625). Weitaus stattlicher wirkt dagegen der traufständige Bau Sachsentor 28 von 1750 mit einem Zwerchhaus, das von einem Dreiecksgiebel bekrönt wird. Von der ehemaligen Kornwassermühle Alte Holstenstraße 86 (1839, 1868 aufgestockt) steht nur noch ein Nachbau, denn 1973 wurde dasGebäude abgebrochen und durch eine reichlich vergröbernde Fachwerkkulisse mit einem Stahlbetonkern ersetzt.

M 32 Ehem. Gasthof »Stadt Hamburg«

Sachsentor 2, Bergedorf
Architekt: Gaedtgens (Rekonstruktion)
Eckhaus um 1550; Giebelhaus um 1650; Rekonstruktion 1958/59

Bereits 1908 wurde das malerische Gasthaus, das eigentlich aus zwei Gebäuden besteht, von der Stadt Hamburg erworben. Geplant war ursprünglich eine Erweiterung zum Heimatmuseum. Aber erst nach dem Zweiten Weltkrieg fand sich mit einem Gastronomiebetrieb eine angemessene Nutzung. Der heutige Bau stellt in großen Teilen eine Rekonstruktion dar, für die das Fachwerkskelett um etwa sieben Meter versetzt wurde. Der Abbruch des im Laufe der Zeit stark veränderten Gebäudes ermöglichte Rückschlüsse auf den ursprünglichen Zustand. Vor allem das Eckgebäude hatte seine großzügige Durchfensterung eingebüßt. Das schöne schmiedeeiserne Herbergszeichen von 1767 stammt von dem Bergedorfer Herbergshaus der Schmiede und Schlosser in der Sachsenstraße und war zuletzt an einem Haus in der Töpfertwiete angebracht, das 1957 abgebrochen wurde.

M 30.1, 32 Evangelisch-lutherische Kirche St. Petri und Pauli sowie ehem. Gasthof »Stadt Hamburg«

M 31 Historisches Ensemble Alte Holstenstraße und Sachsentor

M 33 Geschoßwohnbauten
Vierlandenstraße 2–4, 3–15, Bergedorf
Architekten: Distel & Grubitz
1930/31
Die beiden Geschoßwohnbauten brachten mit ihren sachlich-modernen Klinkerfassaden und den vier Obergeschossen einen völlig neuen Maßstab in die Bergedorfer Altstadt, die zwar gründerzeitlich überformt war, bis zum brutalen Durchbruch der Bergedorfer Straße Ende der 50er Jahre aber in weiten Bereichen noch einen kleinteiligen, vorindustriellen Charakter besaß. Daß der Bau der Straße bereits 1930 vorgesehen war, belegt die turmartig überhöhte Gebäudecke von Vierlandenstraße 15, die die Einmündung der neuen Straße markieren sollte.

M 34 Ehem. Bahnhof
Neuer Weg 54, Bergedorf
Architekt: Alexis de Chateauneuf
1842; Restaurierung 1990–92
Der schlichte Fachwerkbau mit Bretterverschalung, bis 1992 allzu tiefgreifend restauriert, stellt das letzte bauliche Zeugnis der ersten Hamburger Eisenbahnstrecke dar, die offiziell am 17. Mai 1842 zwischen Hamburg und Bergedorf eröffnet wurde – und zugleich eines der ältesten erhaltenen Bahnhofsgebäude in Deutschland überhaupt. Dabei stammten nicht nur die Ingenieure der neuen Verkehrsverbindung, William Lindley und George Giles, aus Großbritannien, auch der Lokomotivführer, der die beiden ersten Lokomotiven »Hansa« und »Berlin« zu führen verstand, wurde in England angeworben. Die Station am Neuen Weg büßte allerdings schon bald wieder ihre Bedeutung ein, denn im Dezember 1846 wurde die Eisenbahnstrecke nach Berlin in Betrieb genommen, die nördlich an Bergedorf vorbeiführt. Seine erste »Feuerprobe« bestand das neue Verkehrsmittel in Hamburg übrigens während des Großen Brandes vom 5. bis zum 8. Mai 1842, als mit der Eisenbahn Evakuierte und Obdachlose aus der Stadt herausgebracht wurden.

M 35 Ehem. Rathaus
Wentorfer Straße 38, Bergedorf
Architekten: Johannes Grotjan (Ursprungsbau). Stadtbaumeister Krüger und Georg Lindner (Erweiterung und Umbau)
1898/99; Erweiterung und Umbau 1925, 1926/27; Restaurierung 1990
Das Bergedorfer Rathaus, heute Bezirksamt, birgt als Kernbau noch die ehemalige Villa des Kaufmanns Hermann Friedrich Meßtorff, die von dem Hamburger Architekten Johannes Grotjan stammt. Während das Äußere bei den Erweiterungs- und Umbaumaßnahmen in den 20er Jahren mit schlichten Putzfassaden vereinheitlicht wurde, blieb im Innern mit den ehemaligen Repräsentationsräumen der Villa und dem neobarocken Treppenhaus noch ein wesentlicher Teil des opulenten großbürgerlichen Interieurs der Kaiserzeit erhalten, das sich hier durch besonders reichen Stuckdekor, z. T. vergoldet, Holztäfelungen und Spiegelverglasungen auszeichnet. Bemerkenswert sind auch die 1926/27 neugestalteten Räume im seinerzeit modischen Art Déco.

M 36.1 Turnhalle

M 36 Hansa-Gymnasium
Hermann-Distel-Straße 25, Bergedorf
Architekt: Hochbauwesen, Fritz Schumacher
1912–14; westliche Erweiterung 1972; Nordflügel 1974
Eine der charakteristischen feingliedrigen Backsteinarchitekturen Fritz Schumachers aus den Jahren vor dem Ersten Weltkrieg, wenn auch, der Bauaufgabe entsprechend, durch einzelne Gliederungen in Haustein gegenüber der üblichen Schularchitektur hervorgehoben. Auch die am Dachhaus angebrachten vier Statuen antiker Schriftsteller von Arthur Storch verweisen darauf, daß die ehemalige Hansaschule bis 1936 ein humanistisches Gymnasium und somit eine privilegierte Bildungseinrichtung war (ein Anspruch, der hier mit dezidiertem Konservativismus allerdings auch heute noch kultiviert wird).

M 36.1 Turnhalle
Architekten: MRL Architekten BDA Markovic, Ronai, Lütjen, Voss; Mitarbeiter: Udo Jahns, Karen Uffrecht
1984 W, 1986/87
1969 wurde der dreigeschossige Turnhallen- und Aulaanbau des Hansa-Gymnasiums durch Brand zerstört. Die neue Turnhalle von 1986/87 wurde bewußt niedriger gehalten, um zwischen dem kompakten Schulgebäude und der angrenzenden Villenkolonie maßstäblich zu vermitteln. Das flach gewölbte Tonnendach korrespondiert mit dem Kuppelturm der Schule. Ein klassizierender Umgang legt sich als äußere Hülle um den eigentlichen Hallenbau und verringert ihn dadurch optisch an Gewicht. Die markante Staffelung der Fenster in der Stirnwand resultiert aus der Anordnung des Ballkorbs. Dabei leugnet der Neubau mit seinem Dreiklang aus hellrotem Backstein, Zinkblech und Glasbausteinen aber nicht seine Eigenständigkeit gegenüber der Schumacherschen Reformarchitektur.

M 37 Haus Distel

Hermann-Distel-Straße 31, Bergedorf
Architekt: Hermann Distel
1910

Wohnhaus des Architekten Hermann Distel (Distel & Grubitz). In demonstrativer Abkehr von der um 1910 in Hamburg aktuellen Backsteinarchitektur entschied sich Distel bei seinem eigenen Wohnhaus für Rauhputzfassaden – und leistete damit ein offenes Bekenntnis zum Reformstil süddeutscher Provenienz, der dem Absolventen der Technischen Hochschulen in Stuttgart und Karlsruhe offenbar immer mehr lag als das hiesige rote Ziegelmaterial. Obwohl sich das Büro Distel & Grubitz zu dieser Zeit bereits auf Erfolgskurs befand, nicht zuletzt durch den Auftrag für das ebenfalls süddeutsch gestimmte Vorlesungsgebäude der Universität in Rotherbaum (1909–11, vgl. Nr. D 16), entstand in Bergedorf doch keine »herrschaftliche« Villa, sondern ein eher bescheidenes, ganz auf Behaglichkeit ausgerichtetes Wohnhaus mit Holztäfelungen in den Wohnräumen und einer Erkernische, die von Otto Fischer-Trachau ausgemalt wurde.

M 38 Häuser von Bruno Wieck

Steinkamp 13/Von-Anckeln-Straße 3, Bergedorf
Architekt: Bruno Wieck
Um 1910

Zwei herausragende Beispiele für die Heimatschutzdiskussion vor dem Ersten Weltkrieg. Mit Fachwerkgiebeln, Schmuckverbänden in den Wandtafeln und anderen überlieferten Motiven wie Windmühle und Donnerbesen oder »Windfedern« mit Pferdeköpfen am First greifen die beiden Entwürfe auf das traditionelle gestalterische Repertoire der vorindustriellen Bauernhäuser in den Vierlanden zurück.

M 39 Häuser von Frejtag & Wurzbach

M 39.1 Haus Pöhl

Von-Anckeln-Straße 4, Bergedorf
Architekten: Frejtag & Wurzbach
1909

M 39.2 Häuser Stachow Erben

Reinbeker Weg 61–67, Bergedorf
Architekten: Frejtag & Wurzbach
1909

Der Entwurfsstil des Büros Frejtag & Wurzbach, seit 1910 Frejtag & Elingius, wurde ab 1904 maßgeblich durch Erich Elingius geprägt, nämlich rote Ziegelfassaden im Zusammenklang mit filigranen weißen Sprossenfenstern und Klappläden, nobilitiert durch klassizierende Details, wie sie auch die heterogene Gebäudegruppe in Bergedorf zu einem Ensemble zusammenschweißen. Vor allem im großbürgerlichen Landhausbau, für den hier das Haus Pöhl als beispielhaft steht, hat das Schaffen von Elingius deutliche Spuren hinterlassen (vgl. auch die Häuser Seip und Möller in Othmarschen, Nr. I 59 bzw. I 60). Die reizvolle Einfamilienhausgruppe am Reinbeker Weg war dagegen auf die Verhältnisse des gutsituierten Mittelstands zugeschnitten, wie sich bei Nr. 63–67 nicht nur an der geringeren Wohnfläche, sondern auch am Verzicht auf einen Anrichteraum zwischen Küche und Eßzimmer ablesen läßt.

M 40 Luisenschule

Reinbeker Weg 76, Bergedorf
Architekt: Hochbauwesen, Fritz Schumacher
1929–31

Das Lyzeum war 1888 als private Mädchenschule gegründet worden, wie in Hamburg allgemein üblich – erst 1904 nahm sich auch die Stadt dieser Bildungsaufgabe an –, und wurde 1921 verstaatlicht. Der wenig elegante hohe Aulaflügel verstellt bewußt den Blick auf den als störend empfundenen Wasserturm, der den Doktorberg seit 1902 bekrönt. Der Entwurf verdeutlicht einmal mehr Schumachers zwiespältiges Verhältnis zur Moderne, der sich offenbar scheute, ganz im Unterschied zu seinem Altonaer Kollegen Gustav Oelsner übrigens, Stahlbetonskelettbauten nur aus ihren konstruktiven Merkmalen heraus zu entwickeln: Die Längsfassade ist zwar in eine Pfeilerstruktur aufgelöst, diese wurde aber durch Gewände aus glasierten Keramikplatten veredelt und mit ornamenthaften Ziegelverbänden ausgefacht.

M 41 Haus Sellschopp

Am Mühlenteich 17, Wentorf (Schleswig-Holstein)
Architekten: Elingius & Schramm
1925/26

Die weißgeschlämmten Backsteinfassaden und der zurückhaltende expressionistische Dekor lassen unweigerlich an ein englisches Landhaus denken. Ähnlich kultiviert präsentiert sich auch der Grundriß, der mit getrennten Wohn- und Wirtschaftsbereichen auf eine großbürgerliche Haushaltsführung mit Hauspersonal und »Kinderfräulein« zugeschnitten war.

M 37 Haus Distel

M 42 Reinbeker Schloß

Schloßstraße, Reinbek (Schleswig-Holstein)
Architekten: Schramm, v. Bassewitz, Hupertz (Restaurierung)
1572–76; Umbau 1874; Restaurierung 1975, 1977–87

Das Reinbeker Schloß teilt die wechselvolle Geschichte Schleswig-Holsteins. Ursprünglich als Jagdschloß für Herzog Adolf von Schleswig-Holstein-Gottorf errichtet, diente der repräsentative Renaissancebau ab 1647 als Sitz der herzoglichen und ab 1773 der königlich-dänischen Amtmänner von Reinbek, um schließlich 1868 an den ersten preußischen Landrat von Holstein zu wechseln. 1874 wurde das Gebäude verkauft und wenig einfühlsam zu einem Hotel umgebaut. 1939 erfolgte die Umwandlung in ein »Reichsinstitut für ausländische und koloniale Forstwirtschaft«. 1972 übernahmen der Kreis Stormarn und die Stadt Reinbek das Schloß, das heute als Veranstaltungs- und Ausstellungszentrum dient.

Während die Gottorfer Residenz ein konventioneller Vierflügelbau ist und die später fertiggestellten Schlösser in Glücksburg und Ahrensburg (vgl. Nr. H 43) die simple, landestypische Form dreier aneinander gereihter Giebelhäuser zeigen, entstand in Reinbek erstmalig eine Dreiflügelanlage nach französischem Vorbild, deren Hof lediglich durch eine Mauer geschlossen wurde. Auch die Hofarkaden mit toskanischen Säulen stellten nördlich der Elbe ein Novum dar. Für den Entwurf und wohl auch die Ausführung zeichneten Niederländer verantwortlich, wie sich nicht nur an den roten Backsteinfassaden mit Bändern und Fensterkreuzen aus Sandstein, sondern auch an einer Vielzahl konstruktiver Details ablesen läßt.

1972 war der baugeschichtliche Rang des Reinbeker Schlosses allerdings kaum mehr erkenntlich. Bereits 1768 war die nördliche Hofarkade vermauert worden. 1874 folgten auch noch die östlichen Bögen, vor die ein neugotischer Treppenhausanbau gesetzt wurde. Außerdem wurden die Sandsteinkreuze der Fenster herausgebrochen. Die Restaurierung stand unter dem Anspruch, den ursprünglichen Zustand soweit wie möglich wiederherzustellen, zumal die Architekten auf Pläne von 1730 zurückgreifen konnten (Gutachten von Horst v. Bassewitz 1975). Von der Originalausstattung der Innenräume ist bis auf die 1978/79 freigelegte Bemalung der Deckenbalken aus dem späten 16. Jahrhundert nichts erhalten.

M 41 Haus Sellschopp

M 42 Reinbeker Schloß

M 43 Wohnanlage

Bahnsenallee 4–8, Reinbek (Schleswig-Holstein)
Architekten: Kleffel, Köhnholdt, Gundermann
1991/92

Flach geneigte Satteldächer und offene Laubengänge kennzeichnen das bei aller Schlichtheit ansprechende Erscheinungsbild der kleinen Wohnanlage. Originell sind die filigranen Außentreppen, die wie Gangways zu den Obergeschossen führen.

M 44 Haus Grossmann

Bahnsenallee 71, Reinbek (Schleswig-Holstein)
Architekt: Fritz Höger
1936

Ein bisher unbekannter Bau des Chilehaus-Architekten. Das Einfamilienhaus ist mit steilem Satteldach und Holzverschalungen an den Giebeln typisch für die traditionalistisch gestimmten Entwürfe Högers in den 30er Jahren (vgl. auch Nr. H 38).

M 45 Evangelisch-lutherische Maria-Magdalenen-Kirche

Kirchenallee 1, Reinbek (Schleswig-Holstein)
Architekten: Hugo Groothoff (Ursprungsbau), Friedhelm Grundmann (Instandsetzung)
1898, 1900/01; Instandsetzung 1968/69

Neugotische Saalkirche mit hölzerner Spitztonne und polygonaler Apsis. Bei den Instandsetzungsmaßnahmen 1968/69 wurde der Charakter des schlichten Innenraums zwar nicht prinzipiell in Frage gestellt, die steinsichtigen Architekturglieder, z. B. die Fenstergewände, verschwanden jedoch unter einem einheit-

M 47 Evangelisch-lutherische Nathan-Söderblom-Kirche

lichen Anstrich, so daß die neuen Glasfenster von Klaus Arnold mit ihren dunklen Blau- und Rottönen und dem expressiven Craquelé allzu hart in den weißen Flächen der Innenwände stehen. Die gründerzeitliche Kanzel ist mit Renaissancefiguren von Henning Heidtrider aus der ehemaligen Reinbeker Schloßkapelle geschmückt (um 1620).

M 46 Sachsenwaldschule

Schulstraße 19, Reinbek (Schleswig-Holstein)
Architekt: Heinrich Bomhoff
1925/26; Südflügel 1928

Das Gymnasium wurde auf Initiative eines Zweckverbands gegründet, zu dem sich 1924 Reinbek und die dörflichen Gemeinden zwischen Havighorst, Börnsen und Witzhave zusammengeschlossen hatten. Klassentrakt und Aulaflügel, letzterer durch eine Reihung von Dreiecksgiebeln vor dem schlichten Walmdach hervorgehoben, umfassen eine Rasenfläche, die sich zur Schulstraße öffnet. Nach Süden wird dieser Vorplatz von einem flachen Wohngebäude begrenzt.

M 47 Evangelisch-lutherische Nathan-Söderblom-Kirche

Berliner Straße 4, Reinbek (Schleswig-Holstein
Architekt: Friedhelm Grundmann; Mitarbeiter: Horst Schlund
1965 W, 1966/67

Die Kirche, eine Komposition aus Backsteinkuben mit markanten Sichtbetondetails wie die St.-Simeon-Kirche in Hamburg-Hamm, ebenfalls von Friedhelm Grundmann (vgl. Nr. B 58), stellt eines der bemerkenswertesten Beispiele für den norddeutschen Sakralbau in den 60er Jahren dar. Der dreischiffige Innenraum präsentiert sich mit weißgeschlämmtem Sichtmauerwerk betont asketisch; rote Sitzbänke setzen einen umso kräftigeren Akzent. Die künstlerische Ausstattung stammt von H. W. Peters.

M 48 Verlagsgebäude der Rowohlt GmbH

Hamburger Straße 17, Reinbek (Schleswig-Holstein)
Architekt: Fritz Trautwein
1959; 2. BA 1968-70

Die Verlagsgebäude bilden ein Pavillonensemble in landschaftlich reizvoller Lage. Weißgeschlämmtes Sichtmauerwerk, Pultdächer und Vorhangfassaden mit dunkelblauen Glasflächen charakterisieren die eingeschossigen Gebäude des ersten Bauabschnitts, die auf ihren Sockelplatten gleichsam über dem Gelände zu schweben scheinen; umlaufende Galerien mit filigranen Streben à la Egon Eiermann die zweigeschossige Erweiterung am Völckers Park.

M 49 Ehem. Villenkolonie Sachsenwald-Hofriede

Emil-Specht-Allee/Dora-Specht-Allee/Pfingstholzallee/Tannenweg/Oberförsterkoppel/Bismarckallee/Hofriedeallee/Alte Hege, Aumühle (Schleswig-Holstein)
Architekten: Gustav Blohm. Max Gerhardt. Johannes Grotjan. Frejtag & Elingius u. a.
Ab 1894

Das Bauerndorf Aumühle-Billenkamp – offizielle Bezeichnung seit 1959 Aumühle – war bei der Hamburger Bevölkerung vor allem als Ausflugsziel bekannt, als der Gastronom und Kaufmann Emil Specht hier 1891 mit dem Kauf von Grundstücken begann, um sie für den Bau einer Villenkolonie zu erschließen (1921 nach Aumühle-Billenkamp eingemeindet). Die verkehrsgünstige Lage an der Eisenbahnstrecke nach Berlin und wohl auch die Nachbarschaft zu Schloß Friedrichsruh, dem Wohnsitz von Reichskanzler Otto von Bismarck, bedingten den raschen Aufschwung der exklusiven Neugründung. Als erste Straße wurde 1894 die Bismarckallee angelegt; 1902 erstreckte sich das Terrain bereits von der Pfingstholzallee bis zur Alten Hege. Zwischen den beiden Weltkriegen stagnierte allerdings der Ausbau. Außerdem wurden die Villen zunehmend in kleinere Wohneinheiten aufgeteilt, wenn nicht ganz abgerissen.

Einen Teil der Gebäude ließ Emil Specht auf eigene Rechnung selber errichten, um sie dann mit ungewöhnlichen Werbemaßnahmen – u. a. der Möglichkeit des Probewohnens – zu verkaufen. Kennzeichnend für diese Bauabschnitte, vor allem an der Bismarckallee, ist eine betont vielgliedrige Architektur mit Veranden, Türmchen, Fachwerk und holzverschalten Loggien entsprechend dem ländlichen Charakter der Sachsenwaldsiedlung. Als beispielhaft für die architektonische Reformbewegung um 1910 können dagegen das rustikale Haus Heuser, Börnsener Straße 26 von Max Gerhardt (1911) und Haus Meyer, Alte Hege 5 von Frejtag & Elingius (1910) gelten, letzteres ein traditionalistischer Backsteinbau mit behäbigem Mansardgiebeldach. Ein Kuriosum war Spechts privates Bismarck-Museum, 1926 aufgelöst, das er in dem Wasserturm der Siedlung am Berliner Platz einrichten ließ (1898/99, Architekt Hermann Schomburgk).

M 50 Evangelisch-lutherische Bismarck-Gedächtniskirche

Börnsener Straße 25, Aumühle (Schleswig-Holstein)
Architekten: Bomhoff & Schöne (Ursprungsbau). Friedhelm Grundmann (Umgestaltung)
1928–30; Umgestaltung 1965/66

Der Entwurf für den kreisrunden Klinkerbau mit kupfernem Kegeldach und bekrönendem Glockenturm in Form einer überhohen Laterne ging aus einem Wettbewerb hervor, dessen Preisgericht mit Otto Bartning und Martin Elsaesser mehr als prominent besetzt war. Im Innern wurde diese zentralräumliche Lösung jedoch ursprünglich durch eine Mittelstütze verfälscht, die eine wenig praktische Aufstellung der Bänke mit zwei Seitengängen erzwang; außerdem war die Altarnische aus dem Rund herausgezogen. Bei den Umgestaltungsmaßnahmen wurde die Decke deshalb mit Stahlträgern und -stützen abgefangen und das störende Konstruktionsteil »herausoperiert« (Friedhelm Grundmann). Der neue Altartisch von Hans Kock, von dem auch die übrige Ausstattung stammt, rückte weit in den Raum hinein. Ein Lampenkranz an einem Reifen unterstreicht diese Anordnung.

M 51 Haus Grethe

Sachsenwaldstraße 39a, Aumühle (Schleswig-Holstein)
Architekten: Bernhard Gössler + Daniel Gössler; Mitarbeiter: Katharina Holm, Gerd Kurth, Biriz Sencer
1993/94

Der zweigeschossige Bau mit hölzerner Fensterfront, Klinkersockel und Kupferblechverkleidung wurde in einer Senke errichtet. Eine Treppenhalle verbindet die gegeneinander versetzten Ebenen; auch der Verzicht auf Trennwände bedingt den offenen, loftartigen Charakter der Haupträume. Daß das weiträumige Haus dennoch nicht ungemütlich wirkt, ist der gekrümmten Wandschale der Rückfront zu verdanken, über die sich kapuzenartig das Dach stülpt. Durch die Rundungen der Außenwände und der Decke erscheint das Innere anheimelnd wie eine ausgebaute Mansarde.

M 49 Ehem. Villenkolonie Sachsenwald-Hofriede

M 52 Bismarck-Mausoleum

Am Museum, Aumühle-Friedrichsruh (Schleswig-Holstein)
Architekt: Ferdinand Schorbach
1889/90

Mausoleum für Otto Fürst von Bismarck (1815–98) und seine Frau Johanna (1824–94). Der Tuffsteinbau gliedert sich in eine schlichte Saalkirche mit halbrunder Apsis und eine oktogonale zweigeschossige Kapelle mit Rippengewölbe und ungewöhnlichen, der rheinischen Spätromanik entlehnten Fächerfenstern, in der die beiden Sarkophage aufgestellt sind; darunter befindet sich eine Krypta mit den Sarkophagen weiterer Familienangehöriger. Damit ist der Entwurf beispielhaft für die Romanikbegeisterung des Kaiserreichs, das die Hohenzollern gerne mit den Geschlechtern der Salier und vor allem der Staufer identifizierte. So könnte denn auch die achteckige Ulrichskapelle der bis 1879 wiederhergestellten und bis 1897 u.a. mit einer Allegorie zur Reichsgründung 1871 ausgemalten Kaiserpfalz in Goslar das Vorbild für das Bismarck-Mausoleum geliefert haben, zumal Schorbach aus Hannover stammte.

M 53 Bismarck-Säule

Reinbek-Schönningstedt (Schleswig-Holstein)
Architekt: Wilhelm Kreis
1899 W, 1903

1898, im Todesjahr Bismarcks, erging ein Aufruf der deutschen Studentenschaft zur Errichtung von Bismarck-Säulen, die an den Bismarck-Gedenktagen Flammenschalen tragen sollten. Der daraufhin ausgeschriebene Wettbewerb erbrachte 320 Beiträge, die im April 1899 von Hermann Ende, Franz Andreas Meyer, Carl Schäfer, Friedrich von Thiersch und Paul Wallot sowie drei Studentenvertretern auf der Wartburg begutachtet wurden. Der Entwurf von Wilhelm Kreis (1. Preis) kann mit seiner simplen, archaisierenden Grundform – ein viereckiger Turm mit wulstigem Gesims wird von vier Ecksäulen ohne Kapitell und Basis flankiert – und dem grob behauenen Granit als richtungweisend für die Denkmalarchitektur des späten Kaiserreichs gelten. Auf den ehemaligen Reichskanzler selbst verweist nur das Familienwappen am Turmschaft. 47 Bauten wurden von verschiedenen Archiekten mit Änderungen nach dem Vorbild des Wettbewerbsbeitrags von 1899 errichtet, wobei das Exemplar an der Landstraße von Aumühle nach Schönningstedt dem Ursprungsentwurf entspricht.

Literaturauswahl

Alberts, Klaus, und Ulrich Höhns (Hrsg.), *Architektur in Schleswig-Holstein seit 1945. 200 Beispiele*, Hamburg 1994.

Architekten- und Ingenieurverein (Hrsg.), *Hamburg und seine Bauten 1890*, Hamburg 1890.

Architekten- und Ingenieurverein (Hrsg.), *Hamburg und seine Bauten 1914*, 2 Bde., Hamburg 1914.

Architekten- und Ingenieurverein (Hrsg.), *Hamburg und seine Bauten 1918–1929*, Hamburg 1929.

Architekten- und Ingenieurverein (Hrsg.), *Hamburg und seine Bauten 1929–1953*, Hamburg 1953.

Architekten- und Ingenieurverein (Hrsg.), *Hamburg und seine Bauten 1954–1968*, Hamburg 1969.

Architekten- und Ingenieurverein (Hrsg.), *Hamburg und seine Bauten 1969–1984*, Hamburg 1984.

Architekten- und Ingenieurverein (Hrsg.), *Konstruktion zwischen Kunst und Konvention, Ingenieurbaukunst in Hamburg von 1950 bis 2000*, Hamburg 1994.

Architektur in Hamburg, Jahrbücher 1989, 1990, 1991, 1992, 1993, 1994, 1995, herausgegeben von der Hamburgischen Architektenkammer, Hamburg 1989–1995.

Architektur in Schleswig-Holstein 1900 bis1980, zusammengestellt von Hartwig Beseler, Klaus Detlefsen und Kurt Gelhaar, Neumünster 1980.

Aufgaben und Perspektiven der Hafendenkmalpflege (Schriftenreihe des Deutschen Nationalkomitees für Denkmalschutz, 40), Bonn o. J.

Baark, Katharina, *Hamburger Häuser erzählen Geschichte*, Hamburg 1991.

Bartels, Olaf (Hrsg.), *Rudolf Lodders, Schriften zum Neuaufbau 1946–1971* (Schriftenreihe des Hamburgischen Architekturarchivs), Hamburg 1989.

Die Bau- und Kunstdenkmale der Freien und Hansestadt Hamburg, Bd. I: Bergedorf, Vierlande, Marschlande, bearbeitet von Renata Klée Gobert, Hamburg 1953.

Die Bau- und Kunstdenkmale der Freien und Hansestadt Hamburg, Bd. II: Altona, Elbvororte, bearbeitet von Renata Klée Gobert, 2. Aufl., Hamburg 1970.

Die Bau- und Kunstdenkmale der Freien und Hansestadt Hamburg, Bd. III: Innenstadt. Die Hauptkirchen St. Petri, St. Katharinen, St. Jacobi, bearbeitet von Renata Klée Gobert und Peter Wieck, Hamburg 1968.

Bauche, Ulrich, Heinz Brüdigam, Ludwig Eiber und Wolfgang Wiedey (Hrsg.), *Arbeit und Vernichtung. Das Konzentrationslager Neuengamme 1938 bis 1945*, Ausstellungskatalog, Hamburg 1986.

Behr, Karin von, *Ferdinand Streb 1907 bis 1970, Zur Architektur der fünfziger Jahre in Hamburg* (Schriftenreihe des Hamburgischen Architekturarchivs), Hamburg 1991.

Bose, Michael, Michael Holtmann, Dittmar Machule, Elke Pahl-Weber und Dirk Schubert, *»... ein neues Hamburg entsteht...«. Planen und Bauen von 1933 bis 1945* (Beiträge zur städtebaulichen Forschung, 2), Hamburg 1986.

Brandenburger, Dietmar, und Gert Kähler (Hrsg.), *Architektour. Bauen in Hamburg seit 1900*, Braunschweig und Wiesbaden 1988.

Brandt, Heinz Jürgen, *Das Hamburger Rathaus. Eine Darstellung seiner Baugeschichte und eine Beschreibung seiner Architektur und künstlerischen Ausschmückung*, Hamburg 1957.

Brunswig, Hans, *Feuersturm über Hamburg. Die Luftangriffe auf Hamburg im Zweiten Weltkrieg und ihre Folgen*, Stuttgart 1978.

Bucciarelli, Piergiacomo, *Fritz Höger. Hanseatischer Baumeister 1877–1949*, Berlin 1992.

Bund Deutscher Architekten Hamburg (Hrsg.), *Architektur für Hamburg. Geplantes – Gebautes – Ungebautes*, Ausstellungskatalog, Hamburg 1994.

Busch, Harald, und Ricardo Federico Sloman, *Das Chilehaus in Hamburg, sein Bauherr und sein Architekt*, Hamburg 1975.

Busch, Ralf (Hrsg.), *Von den Sachsen zur Hammaburg. Bilder aus Hamburgs Frühzeit* (Veröffentlichung des Helms-Museums, 50), Neumünster 1987.

Dehio, Georg, *Handbuch der Deutschen Kunstdenkmäler. Hamburg, Schleswig-Holstein*, bearbeitet von Johannes Habich, Christoph Timm und Lutz Wilde, 2. Aufl., München und Berlin 1994.

Eissenhauer, Michael, *Die Hamburger Wohnstiftungen des 19. Jahrhunderts* (Arbeitshefte zur Denkmalpflege in Hamburg, 9), Hamburg 1987.

Elingius, Jürgen, und Christiane Leiska, *Erich Elingius. Ein Architekt in Hamburg. Landhäuser, Villen, Herrenhäuser, Siedlungsbau, Sozialer Wohnungsbau von 1906 bis 1946* (Veröffentlichungen des Vereins für Hamburgische Geschichte, 34), Hamburg 1989.

Ellermeyer, Jürgen, Klaus Richter und Dirk Stegmann (Hrsg.), *Harburg. Von der Burg zur Stadt. Beiträge zur Geschichte Harburgs 1288–1938* (Veröffentlichung des Helms-Museums, 52, und Veröffentlichungen des Vereins für Hamburgische Geschichte, 33), Hamburg 1988.

Fest, Joachim C., *Cäsar Pinnau, Architekt*, hrsg. von Ruth Irmgard Pinnau, Hamburg 1982.

Fischer, Manfred F., *Fritz Schumacher. Bauten und Planungen in Hamburg. Ein Stadtführer*, Hamburg 1994.

Frank, Hartmut (Hrsg.), *Fritz Schumacher. Reformkultur und Moderne*, Stuttgart 1994.

Frühauf, Anne, *Die Bauwerke des Schienenverkehrs in Hamburg* (Hamburg-Inventar. Themen-Reihe, 5), Hamburg 1994.

Frühauf, Anne, *Fabrikarchitektur in Hamburg* (Arbeitshefte zur Denkmalpflege in Hamburg, 10), Hamburg 1991.

Grundmann, Günther, *Großstadt und Denkmalpflege. Hamburg 1945 bis 1959*, Hamburg 1960.

Hannmann, Eckart, *Carl Ludwig Wimmel 1786–1845, Hamburgs erster Baudirektor* (Studien zur Kunst des neunzehnten Jahrhunderts, 33), München 1975.

Hansen, Ingrid, *Hamburger Bau- und Kunstdenkmale, Innenstadt und Hafenrand*, Hamburg 1989.
Harms, Hans, und Dirk Schubert, *Wohnen in Hamburg – Ein Stadtführer zu 111 ausgewählten Beispielen* (Stadt, Planung, Geschichte, 11), Hamburg 1989.
Haspel, Jörg, *Hamburger Hinterhäuser, Terrassen – Passagen – Wohnhöfe* (Hamburg-Inventar, Themen-Reihe, 3).
Hesse, Frank P., Sylvia Bormann, Jörg Haspel u. a., *»Was nützet mir ein schöner Garten ...«. Historische Parks und Gärten in Hamburg*, Hamburg 1990.
Heydorn, Volker Detlef, *Das Blankeneser Oberland vom Baurs Park zur Richard-Dehmel-Straße* (Schriftenreihe des Blankeneser Bürger-Vereins, 3), Hamburg 1987.
Heydorn, Volker Detlef, *Rund um den Krähenberg* (Schriftenreihe des Blankeneser Bürger-Vereins, 2), Hamburg 1985.
Hipp, Hermann, *Colonnaden* (Arbeitshefte zur Denkmalpflege, 2), Hamburg 1975.
Hipp, Hermann, *Freie und Hansestadt Hamburg. Geschichte, Kultur und Stadtbaukunst an Elbe und Alster* (DuMont Kunst-Reiseführer), Köln 1989.
Hipp, Hermann, *Harvestehude/Rotherbaum* (Arbeitshefte zur Denkmalpflege in Hamburg, 3), Hamburg 1976.
Hipp, Hermann, *Wohnstadt Hamburg. Mietshäuser der zwanziger Jahre zwischen Inflation und Weltwirtschaftkrise* (Hamburg-Inventar, Themen-Reihe, 1), Hamburg 1982.
Höhns, Ulrich (Hrsg.), *Das ungebaute Hamburg. Visionen einer anderen Stadt in architektonischen Entwürfen der letzten hundertfünfzig Jahre* (Schriftenreihe des Hamburgischen Architekturarchivs), Hamburg 1991.
Hübenbecker, Klaus, Klaus Huwendieck und Abrecht Puffert, *Wohnungsbau 1920–1980, dokumentiert an Hamburger Beispielen*, Hamburg 1983.
Jochmann, Werner, und Hans-Dieter Loose (Hrsg.), *Hamburg. Geschichte der Stadt und ihrer Bewohner*, 2 Bde., Hamburg 1982/1986.
Jung-Köhler, Evi, *Verlust und Chance, Hamburg 1842, Stadtmodernisierung beim Wiederaufbau nach dem Großen Brand* (Veröffentlichungen des Vereins für Hamburgische Geschichte, 37), Hamburg 1991.
Kähler, Gert, *Wohnung und Stadt. Hamburg, Frankfurt, Wien, Modelle sozialen Wohnens in den zwanziger Jahren*, Braunschweig und Wiesbaden 1985.
Kludas, Arnold, Dieter Maass und Susanne Sabisch, *Hafen Hamburg. Geschichte des Hamburger Freihafens von den Anfängen bis zur Gegenwart*, Hamburg 1988.
Koch, Robert, und Eberhard Pook, *Karl Schneider, Leben und Werk (1892 bis 1945)*, Hamburg 1992.
Kossak, Egbert, *Hamburg. Stadt im Überfluß, Optionen für eine wachsende Stadt*, Hamburg 1993.
Kossak, Egbert, und Mirjana Markovic, *Hamburg. Stadt im Fluß*, Hamburg 1989.
Kunst-Topographie Schleswig-Holstein, bearbeitet im Landesamt für Denkmalpflege Schleswig-Holstein und im Amt für Denkmalpflege der Hansestadt Lübeck, Neumünster 1969.
Lange, Günther, *Alexis de Chateauneuf, ein Hamburger Baumeister (1799–1853)*, Hamburg 1965.
Lange, Ralf, *Hamburg – Wiederaufbau und Neuplanung 1943 bis 1963*, Königstein/Ts. 1994.
Lange, Ralf, *Vom Kontorhaus zum Hochhaussolitär. Bürohäuser und Geschäftsviertel in Hamburg 1945 bis 1970*, Diss., Universität Hamburg 1994.
Leisner, Barbara, Heiko K. L. Schulze und Ellen Thormann, *Der Hamburger Hauptfriedhof Ohlsdorf. Geschichte und Grabmäler* (Hamburg-Inventar, Themenreihe, 4), 2 Bde., Hamburg 1990.
Leo, Gustav H., *William Lindley. Ein Pionier der technischen Hygiene*, Hamburg 1969.
Lüde, Annegret von, und Christoph Timm, *Dreifaltigkeit Hamburg-Hamm. Der modernste Kirchenbau der fünfziger Jahre in Hamburg,* Hamburg 1981.
Lutz, Annemarie, *Altrahlstedt an der Rahlau. Heimatgeschichtliche Betrachtungen aus den ersten Jahrzehnten des 20. Jahrhunderts*, Hamburg 1989.
Maak, Karin, *Die Speicherstadt im Hamburger Freihafen. Eine Stadt an Stelle der Stadt* (Arbeitshefte zur Denkmalpflege in Hamburg, 7), Hamburg 1985.
Marg, Anke und Volkwin, *Hamburg, Bauen seit 1900. Ein Führer zu 120 ausgewählten Bauten*, Hamburg o. J.
Marg, Volkwin, und Gudrun Fleher, *Architektur in Hamburg seit 1900. Ein Führer zu 192 sehenswerten Bauten*, Hamburg 1983.
Marg, Volkwin, und Rainer Schröder, *Architektur in Hamburg seit 1900*, Hamburg 1993.
Meyer-Veden, Hans, und Hermann Hipp, *Hamburger Kontorhäuser*, Hamburg 1988.
Meyer-Veden, Hans, und Manfred Sack, *Die Hamburger Speicherstadt*, Photographien von Hans Meyer-Veden, Einführung von Manfred Sack und Beschreibungen von Ralf Lange, Berlin 1990.
Meyhöfer, Dirk, und Klaus Frahm, *Hamburgs Backstein. Zur Geschichte des Ziegelbaus in der Hansestadt*, Hamburg 1986.
Möller, Ilse, *Hamburg* (Klett Länderprofile), Stuttgart 1985.
Neuschäffer, Hubertus, *Schlösser und Herrenhäuser in Südholstein*, Würzburg 1984
Nicolaisen, Dörte, *Studien zur Architektur in Hamburg 1910–1930*, Nijmegen 1985.
Nicolaisen, Dörte, und Johannes Spallek, *Övelgönne/Neumühlen* (Arbeitshefte zur Denkmalpflege in Hamburg, 1), Hamburg 1975.
Pinnau, Ruth Irmgard, *Ein Architekt als Zeitzeuge. Cäsar Pinnau 1906-1988*, Werkverzeichnis, Hamburg 1989.

Plagemann, Volker (Hrsg.), *Industriekultur in Hamburg. Des Deutschen Reiches Tor zur Welt* (Industriekultur Deutscher Städte und Regionen), München 1984.
Plagemann, Volker (Hrsg.), *Kunst im öffentlichen Raum, Anstöße der 80er Jahre*, Köln 1989.
Plagemann, Volker (Hrsg.), *Übersee, Seefahrt und Seemacht im Deutschen Kaiserreich*, München 1988.
Plagemann, Volker, *»Vaterstadt, Vaterland ...«. Denkmäler in Hamburg* (Hamburg-Inventar, Themen-Reihe, 2), Hamburg 1986.
Rackowitz, Dorothee, und Caspar von Baudissin, *700 Jahre Wellingsbüttel 1296–1996*, Hamburg 1993.
Rauschnabel, Kurt, *Stadtgestalt durch Staatsgewalt? Das Hamburger Baupflegegesetz von 1912* (Arbeitshefte zur Denkmalpflege in Hamburg, 6), Hamburg 1984.
Rosenfeld, Angelika, *Sasel. Ein Stadtteil hat Geschichte*, Hamburg 1991.
Rudhard, Wolfgang, *Das Bürgerhaus in Hamburg* (Das deutsche Bürgerhaus, 21), Tübingen 1975.
Schaeffer-Lübeck, Karl (Hrsg.), *Hamburger Staatsbauten von Fritz Schumacher*, 2 Bde., Berlin 1919, 1920.
Schiefler, Gisela, *Wir, Eduard Brinkama. Ein Leben für eine schönere Stadt – in Pöseldorf fing alles an...*, Hamburg 1978.
Schildt, Axel, *Die Grindelhochhäuser. Eine Sozialgeschichte der ersten deutschen Wohnhochhausanlage Hamburg-Grindelberg 1945 bis 1956* (Schriftenreihe des Hamburgischen Architekturarchivs), Hamburg 1988.
Schiller, Gertrud, *Hamburgs neue Kirchen 1951–1961*, Hamburg 1961.
Schindler, Reinhard, *Ausgrabungen in Alt-Hamburg*, Hamburg 1959.
Schindler, Reinhard, *Die Bodenaltertümer der Freien und Hansestadt Hamburg*, Hamburg 1960.
Schmal, Helga, *Vier- und Marschlande* (Denkmaltopographie Bundesrepublik Deutschland – Hamburg-Inventar, Stadtteilreihe 6.1), Hamburg 1986.
Schoell-Glass, Charlotte (Hrsg.), *»Fleetinsel« in Hamburg*, Hamburg 1994.
Schramm, Jost, Horst von Bassewitz und Stephan Hupertz, *Häuser aus einem Hause. 100 Jahre eines Architektenbüros in Hamburg*, Hamburg 1985.
Schumacher, Fritz, *Das Entstehen einer Großstadt-Straße (Der Mönckebergstraßen-Durchbruch)* (Fragen an die Heimat, 3), Braunschweig und Hamburg 1922.
Schumacher, Fritz, *Das Werden einer Wohnstadt. Bilder vom neuen Hamburg*, Hamburg 1932.
Schumacher, Fritz, *Wie das Kunstwerk Hamburg nach dem großen Brand entstand. Ein Beitrag zur Geschichte des Städtebaus*, Berlin 1920.
Seebach, Carl-Heinrich, *800 Jahre Burgen, Schlösser und Herrenhäuser in Schleswig-Holstein*, 2. verb. Auflage, Neumünster 1988.
»70 Jahre Hamburger Stadtpark«, *Das Gartenamt*, 29, 1980, S. 543–573.
Skrentny, Werner (Hrsg.), *Hamburg zu Fuß. 20 Stadtteilrundgänge durch Geschichte und Gegenwart*, Hamburg 1986.
Spörhase, Rolf, *Bau-Verein zu Hamburg Aktiengesellschaft. Entstehung und Geschichte im Werden des gemeinnützigen Wohnungswesens in Hamburg seit 1842*, Hamburg 1940.
Stein, Irmgard, *Jüdische Baudenkmäler in Hamburg* (Hamburger Beiträge zur Geschichte der deutschen Juden, 11), Hamburg 1984.
Stephan, Rolf, *Brücken für Hamburg. Johann Hermann Maack, Bauinspektor von 1841 bis 1868*, Hamburg 1987.
Timm, Christoph, *Altona-Altstadt und -Nord* (Denkmaltopographie Bundesrepublik Deutschland – Hamburg-Inventar, Bezirk Altona, Stadtteilreihe, 2.1), Hamburg 1987.
Timm, Christoph, *Gustav Oelsner und das Neue Altona. Kommunale Architektur und Stadtplanung in der Weimarer Republik*, Hamburg 1984.
Wamser, Ursula, und Wilfried Weinke (Hrsg.), *Ehemals in Hamburg zu Hause: Jüdisches Leben am Grindel*, Hamburg 1991.
Wietek, Gerhard (Hrsg.), *Christian Frederik Hansen 1756–1845 und seine Bauten in Schleswig-Holstein*, Neumünster 1982.

Bautenregister

Ein Stern verweist darauf, daß es sich um keinen selbständigen Eintrag handelt, sondern um eine Erwähnung.

Namenregister

Photonachweis

Die Standorte der Photos sind in Klammern nachgewiesen. Wo dies nicht der Fall ist, stammen die Aufnahmen aus den Archiven der betreffenden Architekten bzw. Photographen.

Amt für Strom- und Hafenbau, Hamburg, Lichtbildnerei K 26
Archiv v. Bassewitz, Patschan, Hupertz, Limbrock F 37.1, J 54
Archiv Bernstorff Architekten, Hamburg J 5
Archiv Jürgen Elingius, Hamburg D 6, E 34, E 35, L 2, M 41
Archiv Friedhelm Grundmann, Hamburg G 7
Archiv Heinle, Wischer & Partner, Stuttgart G 18
Archiv Meyer + Fleckenstein, Hamburg L 24.2
Archiv Planerkollektiv, Hamburg E 53
Archiv PPL Planungsgruppe Prof. Laage, Hamburg I 42, M 22.3.1
Archiv Ralf Lange, Hamburg A 20
Archiv Schweger & Partner, Hamburg A 62, D 44, E 58, F 1.5, H 40, L 30.1, M 25
Stefan Arend, Berlin E 64
Gert von Bassewitz, Hamburg I 66, Titelphoto
Baubehörde Hamburg, Lichtbildnerei D 76
Norbert Baues, Hamburg E 43
Georg Baur, Hamburg B 46, B 58, B 64, C 74, L 23, M 47
Willi Beutler, Hamburg (Staatliche Landesbildstelle Hamburg) A 115.3, B 57, D 57
Hans Breuer, Hamburg (Staatliche Landesbildstelle Hamburg) A 16, A 51.2, A 58.9, A 114, C 26
Arno Declair, Hamburg A 38.4
Deutsche Bauzeitung, 1931, H. 93/94, A 51.7
Deutsche Bauzeitung, 1941, H. 29, K 19
Dürkop Public Relations, Hamburg K 1.3
Herbert Eisenhauer, Hamburg (Staatliche Landesbildstelle Hamburg) F 10.2, I 48, K 18
Bernt Federau, Hamburg H 34.1.2, J 21
Klaus Frahm, Hamburg A 42, A 51.5, A 51.6, A 92, A 140, A 145.1, C 14, C 18, C 20, C 40, C 42, C 70, C 84, C 87, D 12, D 49.1, E 24, F 10.5, F 36.2, F 37.2, G 1.8, G 27, I 6, I 8.3, I 9, I 35, I 56, I 57, I 68, J 58, K 1.1, M 22.2, M 30.1
Sabine Ganczarsky (Staatliche Landesbildstelle Hamburg) A 1, A 55, A 58.6, A 85, A 108, B 4, C 6, C 22, C 43.1–4, C 44, C 50, C 50.1, C 60, C 61, D 48, D 59, D 61.3, D 65, D 79.1, D 86, E 9, E 58.1, G 29, H 6, H 14, H 26, H 31.1, I 3, I 12, J 13, J 19, J 37, J 40, J 43, L 18, L 33, L 34, L 35, M 4, M 7, M 11, M 17, M 19.1, M 21, M 37
K. von Grana, Braunschweig C 63
Bernadette Grimmenstein, Hamburg E 27
Johannes Grubenbecher, Hamburg (Hamburgisches Architekturarchiv) D 38.3
Johann und Heinrich Hamann, Hamburg (Staatliche Landesbildstelle Hamburg) A 118, E 6, G 1.1
Hamburg-Information A 90.1, A 111.1, A 142, C 43.1.5., H 36, K 12
Hamburger Aero Lloyd G 1.11
Hanseatische Luftphotogesellschaft A 156
Hans Hartz, Hamburg (Archiv Ruth Irmgard Pinnau) I 45
H. Heidersberger, Wolfsburg B 22, F 1.6
Oliver Heissner, Hamburg A 47
Thomas Helms, Hamburg E 47, L 36
Friedrich Hewicker, Kaltenkirchen (Hamburgisches Architekturarchiv) A 7, I 43
Otmar Landt, Hamburg (Staatliche Landesbildstelle Hamburg) A 152, B 1
Ralf Lange, Hamburg B 45, B 59, G 15, L 26
Heiner Leiska, Hamburg A 6.1, A 59.3, A 75, B 37, C 51, C 64.2, E 32, G 22, G 35, I 60
Rudolf Menk J 24
Müller/Hansen, Hamburg M 36.1
Museum der Arbeit, Hamburg A 5.2, A 26, A 58.2, H 32,
Hermann Nodop, Hamburg (Hamburgisches Architekturarchiv) B 52, C 35
Tibor Pataki, Hamburg (Hamburger Hafen- und Lagerhaus-AG) J 25, K 9.2
Henning Rademacher, Hamburg A 32, A 33, A 37, A 40, A 58.12, A 74.1, A 97, A 113.4, A 116, A 117, A 129, A 138, A 143.1, A 147/148, B 3, B 20, B 29, B 42, B 67, C 1, C 5, C 45, C 76, D 5, D 8, D 9, D 11.1, D 29, D 33,34, D 39, D 42.1, D 52, D 54, D 62, D 71, E 17, E 20, F 4, F 5, F 10, F 20, F 33.4, F 40, G 1.2, H 12, H 16.1, H 24, H 37, H 43, H 45, I 4, I 25, I 26, I 27, I 31, I 64, J 23, J 31, J 34, J 47, J 49, J 53, J 60, K 1, K 6, K 10, K 33.4, K 36, K 44, K 58, K 60, L 2.2, L 4, L 6, L 9, L 11, L 13, M 6, M 10, M 31, M 42, M 49
Rheinländer Photoatelier GmbH, Hamburg B 5
Ernst Scheel, Hamburg (Archiv Jürgen Elingius) A 12
Ernst Scheel, Hamburg (Hamburgisches Architekturarchiv) E 18, F 26
Ernst Scheel (aus: Robert Koch und Eberhard Pook [Hrsg.], Karl Schneider, Hamburg 1992) H 17, K 59
Holger Schnaars, Berlin F 31
Jan Schoppmeier, Braunschweig H 42
Sterphan Schrick A 31, A 137, A 145.2
Staatliche Landesbildstelle Hamburg A 8, A 51.1, A 56, A 60.1, A 73, A 94, A 103, A 107, A 112, A 141, A 157, A 161, B 19.1, B 28, B 32, B 34, B 51, B 53, C 25, C 30, C 53, C 67.1, C 67.2, D 16, D 19, D 19.1, D 79.5, D 85, E 5, E 8, E 36, E 42, E 45, E 51, E 61, E 61.1, E 61.7, F 1.1, F 10.4, F 36.1, G 4, G 10, G 24, G 32, G 33, H 8, H 23, I 13, I 16, I 17, I 20, I 24, I 39, I 41, I 44; I 50, J 2, J 4, J 10, J 12, J 22, J 30, K 65, K 67, L 30, L 31, M 18, M 29
Hans-Rüdiger Strey, Hamburg D 4, E 14
Jörn Thiermann, Hamburg K 45
Eberhard Troeger, Hamburg (Hamburgisches Architekturarchiv) I 46, I 49
Eberhard Troeger, Hamburg K 61
Vermessungsamt der Baubehörde Hamburg A 51, L 2 (Luftaufnahmen hergestellt im Auftrag des Vermessungsamtes Hamburg, freigegeben am 6. September 1995)
Klaus Dieter Weiß, Minden H 13
Peter Wels, Hamburg D 3, H 31.2
Gustav Werbeck (Hamburger Hafen- und Lagerhaus-AG) K 1, K 27
Asmus Werner, Hamburg C 9, C 28, D 47, D 58, D 63, D 69, D 72, D 82, E 46, J 56; J 57, K 7, K 49, K 50
Harald Zoch, Bornhöved (Museum der Arbeit) K 4

Die Veröffentlichung der Karten A bis M erfolgt mit freundlicher Genehmigung des Vermessungsamtes der Baubehörde Hamburg.